Frank Bansen

Grundsicherung für Arbeitsuchende

Überblick
und
höchstrichterliche
Rechtsprechung
zum SGB II

6. Auflage

Impressum

ISBN 9798292049678

Verfasser: Frank Bansen, Gummersbach

Herstellung und Druck: siehe letzte Seite

Inhalt

Abkürzungsverzeichnis

Abs.	Absatz
AEUV	Vertrag über die Arbeitsweise der Europäischen Union
a. F.	alte Fassung
ALG II – VO	Verordnung zur Berechnung von Einkommen sowie zur Nichtberücksichtigung von Einkommen und Vermögen beim Arbeitslosengeld II/Sozialgeld (Arbeitslosengeld II/Sozialgeld-Verordnung)
AsylbLG	Asylbewerberleistungsgesetz
BA	Bundesagentur für Arbeit
BAföG	Bundesausbildungsförderungsgesetz
BAG	Bundesarbeitsgericht
BBiG	Berufsbildungsgesetz
BEG	Bundesentschädigungsgesetz
BGB	Bürgerliches Gesetzbuch
BGH	Bundesgerichtshof
BKGG	Bundeskindergeldgesetz
BMAS	Bundesministerium für Arbeit und Soziales
BMWA	Bundesministerium für Wirtschaft und Arbeit
BRD	Bundesrepublik Deutschland
BSG	Bundessozialgericht
BSHG	Bundessozialhilfegesetz
BVerfG	Bundesverfassungsgericht
BVerwG	Bundesverwaltungsgericht
BVG	Bundesversorgungsgesetz
EFA	Europäisches Fürsorgeabkommen
EP	Entgeltpunkt
ESGV	Verordnung zur Bemessung von Einstiegsgeld (Einstiegsgeldverordnung)
etc.	et cetera
EuGH	Europäischer Gerichtshof
ff.	fortfolgende (Paragraphen/ Seiten)
g. A.	gewöhnlicher Aufenthalt
gem.	gemäß
HwO	Handwerksordnung
i. d. R.	in der Regel
IHK	Industrie- und Handelskammer
i. S. d.	im Sinne des

i. V. m.	in Verbindung mit
KdU	Kosten der Unterkunft
Kfz.	Kraftfahrzeug
LG	Landgericht
lit.	Litera (Buchstabe)
Lj.	Lebensjahr
LSG	Landessozialgericht
n.	nach
n. d.	nach dem
n. F.	neue Fassung
Nr.	Nummer
S.	Satz
SG	Sozialgericht
SGB I	Sozialgesetzbuch – Erstes Buch (I) – Allgemeiner Teil
SGB II	Sozialgesetzbuch – Zweites Buch (II) – Grundsicherung für Arbeitsuchende
SGB III	Sozialgesetzbuch – Drittes Buch (III) – Arbeitsförderung
SGB V	Sozialgesetzbuch – Fünftes Buch (V) – Gesetzliche Krankenversicherung
SGB VI	Sozialgesetzbuch – Sechstes Buch (VI) – Gesetzliche Rentenversicherung
SGB VIII	Sozialgesetzbuch – Achtes Buch (VIII) – Kinder- und Jugendhilfe
SGB IX	Sozialgesetzbuch – Neuntes Buch (IX) – Rehabilitation und Teilhabe behinderter Menschen
SGB X	Sozialgesetzbuch – Zehntes Buch (X) – Sozialverwaltungsverfahren und Sozialdatenschutz
SGB XI	Sozialgesetzbuch – Elftes Buch (XI) – Soziale Pflegeversicherung
SGB XII	Sozialgesetzbuch – Zwölftes Buch (XII) – Sozialhilfe
SGG	Sozialgerichtsgesetz
str.	streitig
u. a.	unter anderem, und andere(s)
usw.	und so weiter
u. U.	unter Umständen
VAG	Gesetz über die Beaufsichtigung der Versicherungsunternehmen
z. B.	zum Beispiel
z. Z.	zur Zeit

Vorwort

Mit der 6. Auflage will ich Sie wieder auf den neuesten Stand der Rechtsprechung bringen und Ihnen helfen, die Dynamik und Komplexität des SGB II besser zu beherrschen, will beitragen zu mehr Qualität im Jobcenter und mehr Erfolg vor Gericht.

Sie finden in diesem Buch 738 Auszüge aus den Entscheidungen des Bundessozialgerichts; das bringt wieder mehr Klarheit und mehr Sicherheit.

Mehr Unsicherheit bringt der Koalitionsvertrag. Aus dem Bürgergeld soll eine neue Grundsicherung für Arbeitsuchende werden:

- Rechte und Pflichten für beide Seiten verbindlich regeln.
- Jede arbeitslose Person muss sich um Arbeit bemühen.
- Mehr Qualifizierung, bessere Gesundheitsförderung.
- Mitwirkungspflichten und Sanktionen verschärfen, bis zum vollständigen Leistungsentzug.
- Karenzzeit für Vermögen abschaffen. Schonvermögen an die Lebensleistung koppeln.
- Bei unverhältnismäßig hohen KdU entfällt die Karenzzeit.
- Die Anreize, in die Sozialsysteme einzuwandern, reduzieren.
- Die Finanzkontrolle Schwarzarbeit weiter stärken.
- Instrumente und Strukturen der Bundesagentur für Arbeit und der Jobcenter auf ihre Wirksamkeit prüfen und anpassen.
- Schulabschluss und Ausbildung für jeden jungen Menschen.

Was auch immer davon Gesetz wird – es bleibt spannend im Jobcenter.

Frank Bansen, 30. April 2025

1. Aufgabe und Ziele des Gesetzes

- Schnelle und passgenaue Vermittlung in Arbeit
- Ausreichende materielle Sicherung bei Arbeitslosigkeit in Abhängigkeit vom Bedarf („armutsfeste“ Absicherung)
- Vermeidung einseitiger Lastenverschiebung zwischen den Gebietskörperschaften
- Effiziente und bürgerfreundliche Verwaltung
- Breite Zustimmungsfähigkeit

Diese Ziele verfolgt der Gesetzgeber mit der **Zusammenlegung von Arbeitslosenhilfe und Sozialhilfe** zur Grundsicherung für Arbeitsuchende.

Am besten zu verstehen sind die Ziele mit einem Blick in die Vergangenheit; sie sind das Gegenteil des Zustandes vor 2005: hohe Arbeitslosigkeit, vor allem wachsende Zahl der Langzeitarbeitslosen, „Verschiebebahnhöfe“ zwischen Arbeits- und Sozialverwaltung, wenig wirksame Arbeitsvermittlung, vielfältige Kritik am System, vor allem an der Zweigleisigkeit von Sozial- und Arbeitsverwaltung und der daraus oft resultierenden Doppelzuständigkeit.

Wegen der hohen Arbeitslosigkeit und deren unzulänglichen Bekämpfung hat die Bundesregierung im Jahr 2002 die **Kommission „Moderne Dienstleistungen am Arbeitsmarkt“** gebildet. Sie hat Vorschläge zur Herstellung einer neuen Ordnung auf dem Arbeitsmarkt erarbeitet. Ein Teil der Empfehlungen der Kommission floss zum 1. Januar 2003 in das Erste und Zweite und zum 1. Januar 2004 in das Dritte Gesetz für moderne Dienstleistungen am Arbeitsmarkt.

Mit dem **Vierten Gesetz für moderne Dienstleistungen am Arbeitsmarkt** wurden zum 1. Januar 2005 Arbeitslosenhilfe und Sozialhilfe für Erwerbsfähige im Zweiten Buch des Sozialgesetzbuches zusammengeführt. Das bisherige Nebeneinander der beiden staatlichen Fürsorgesysteme war ineffizient, intransparent und wenig bürgerfreundlich.

Zum gleichen Zeitpunkt löste der Gesetzgeber das Bundessozialhilfegesetz ab durch das Zwölfte Buch des Sozialgesetzbuches. In der reformierten Sozialhilfe verblieben im Wesentlichen nicht erwerbsfähige Leistungsberechtigte.

Das Dritte Buch des Sozialgesetzbuches enthält seitdem keine Fürsorgeleistungen mehr; seine Leistungen, vor allem das Arbeitslosengeld I, basieren grundsätzlich auf Versicherungsansprüchen.

§ 1 Abs. 1 SGB II formuliert zum 1. April 2011 die **Aufgabe** der Grundsicherung für Arbeitsuchende: Sie soll den Leistungsberechtigten ermöglichen, ein Leben zu führen, das der **Würde des Menschen** entspricht.

Die Grundsicherung für Arbeitsuchende soll die **Eigenverantwortung** der Hilfebedürftigen **stärken** und dazu beitragen, dass sie ihren Lebensunterhalt **unabhängig von der Grundsicherung** bestreiten können (§ 1 Abs. 2 S. 1 SGB II).

Im Einzelnen sollen die Leistungen der Grundsicherung

- Erwerbsfähige unterstützen bei der Aufnahme und ggf. der Aufrechterhaltung einer Erwerbstätigkeit (aktive Leistungen)

- den Lebensunterhalt der Hilfebedürftigen sichern (passive Leistungen).

Hierbei

- ist geschlechtsspezifischen Nachteilen entgegenzuwirken

- sind die familienspezifischen Lebensverhältnisse zu berücksichtigen und

- behindertenspezifische Nachteile zu überwinden.

2. Leistungsformen

Nach § 4 Abs. 1 SGB II werden die Leistungen der Grundsicherung für Arbeitsuchende erbracht in Form von

- **Dienstleistungen**
- **Geldleistungen** und
- **Sachleistungen**.

Dienstleistungen sind vor allem Information, Beratung und umfassende Unterstützung durch einen **persönlichen Ansprechpartner**.

Geldleistungen sind in erster Linie Leistungen zur Sicherung des Lebensunterhalts (Bürgergeld). Geldleistungen können auch gewährt werden zur Eingliederung Erwerbsfähiger in Arbeit.

Sachleistungen sind z. B. die Leistungen psychosozialer Dienste oder die Betreuung von Kindern. Sachleistungen können im Einzelfall auch anstelle von Geldleistungen gewährt werden, z. B. für Möbel und Kleidung (§ 24 Abs. 3 SGB II), bei Drogen- oder Alkoholabhängigkeit sowie unwirtschaftlichem Verhalten (§ 24 Abs. 2 SGB II), bei unabweisbarem Bedarf nach § 24 Abs. 1 SGB II, bis 5. November 2019: bei einer Minderung des Regelbedarfs um mehr als 30 % nach § 31a Abs. 3 SGB II.

Die *Reihenfolge* der Aufzählung entspricht der Gewichtung des Gesetzgebers: Im Vordergrund stehen Dienstleistungen zur Eingliederung in Arbeit.

Die Träger der Grundsicherung für Arbeitsuchende wirken darauf hin, dass Hilfebedürftige die erforderliche Beratung anderer Träger erhalten, vor allem der Kranken- und Rentenversicherung (§ 4 Abs. 2 SGB II). Der kommunale Träger wirkt auch darauf hin, dass Kinder und Jugendliche Zugang erhalten zu geeigneten Angeboten der gesellschaftlichen Teilhabe.

Diese Vorschrift korrespondiert mit dem Nachrang der SGB-II-Leistungen nach § 5 Abs. 1 SGB II. Hilfebedürftige müssen vorrangig Angebote und Leistungen anderer Träger nutzen. Fordert der SGB-II-Träger sie hierzu auf, ergibt sich für sie eine Mitwirkungspflicht nach § 60 SGB I.

BSG, Urteil vom 22.09.2009, B 4 AS 13/09 R:

„Der Kläger hat .. **keinen Anspruch** darauf, ihm einen **unbefangenen und qualifizierten persönlichen Ansprechpartner** zu benennen. ...
§ 14 Satz 2 SGB II beinhaltet nur eine objektiv-rechtliche Aufgabenzuweisung... Die Zuordnung eines persönlichen Ansprechpartners soll ein **kompetentes Fallmanagement** sicherstellen, ein **Vertrauensverhältnis** zwischen dem erwerbsfähigen Hilfebedürftigen und dem Leistungsträger fördern sowie der **Effizienz der Betreuung** des erwerbsfähigen Hilfebedürftigen dienen... Der persönliche Ansprechpartner ist damit ein Teil des Fallmanagements, bei dem es sich um die Idee eines anspruchsvollen beraterischen Ansatzes handelt, der die besondere Lage des Hilfebedürftigen in einem kooperativ strukturierten Prozess feststellen und insbesondere dadurch verändern will, dass die individuellen Kompetenzen des Hilfebedürftigen, seine Lage zu verändern, gestärkt werden... Dies soll etwa durch die für eine kompetente Aufgabenerledigung notwendige Qualifizierung des Ansprechpartners erreicht werden..."

3. Leistungen zur Eingliederung in Arbeit

Das SGB II will die Eingliederungschancen der Leistungsempfänger in ungeförderte Beschäftigung verbessern, vor allem durch Beratung und Betreuung. Grundsätzlich wird eine **Eingliederung in den allgemeinen Arbeitsmarkt** angestrebt. Zur Unterstützung stehen fast alle Instrumente der Arbeitsförderung zur Verfügung.

Soweit eine Eingliederung in den allgemeinen Arbeitsmarkt nicht möglich ist, sollen erwerbsfähige Leistungsberechtigte Beschäftigungsangebote in einem öffentlich geförderten Arbeitsmarkt erhalten.

Um die Hilfebedürftigkeit rasch zu überwinden, richtet das **Fallmanagement** die Eingliederungsleistungen maßgeschneidert auf den erwerbsfähigen Hilfebedürftigen aus. Das Fallmanagement ist ein Kernelement der Grundsicherung für Arbeitsuchende: Unter Mitarbeit des Leistungsberechtigten trägt es den Besonderheiten seiner Person Rechnung und plant und steuert so seine Eingliederung in das Erwerbsleben.

Die Eingliederungsleistungen gehen deshalb über die Leistungen der aktiven Arbeitsförderung im SGB III hinaus.

Leistungen zur Eingliederung in Arbeit haben **Vorrang vor Leistungen zum Lebensunterhalt**; das macht schon die Reihenfolge im Gesetz deutlich (§§ 14 – 18 SGB II).

Unter Beachtung der Grundsätze des Forderns und Förderns

- soll ein **Kooperationsplan** erstellt werden und
- können **Leistungen zur Eingliederung** erbracht werden.

Darüber hinaus regelt das Gesetz

- das Verhältnis zu **Einrichtungen und Diensten** sowie
- die **Zusammenarbeit** mit den Beteiligten des örtlichen Arbeitsmarktes.

3.1 Kooperationsplan

Nach § 15 SGB II soll die Agentur für Arbeit im *Einvernehmen mit dem kommunalen Träger* mit jedem erwerbsfähigen Leistungsberechtigten einen Kooperationsplan erstellen. Basis ist eine **Potentialanalyse**.

Der Kooperationsplan ersetzt zum 1. Juli 2023 die Eingliederungsvereinbarung. Dieser soll **nicht rechtsverbindlich** sein!

Der Gesetzgeber sieht im Kooperationsplan keinen öffentlich-rechtlichen Vertrag. Seine Rechtsnatur wäre dann wohl als schlichtes, informelles Verwaltungshandeln zu qualifizieren. Seine wesentliche Funktion als Instrument zur kooperativen Planung des Integrationsprozesses soll eine vertrauensvolle Zusammenarbeit auf **Augenhöhe** erleichtern.

Erwerbsfähige Leistungsberechtigte und Integrationsfachkräfte sollen den Kooperationsplan **gemeinsam erarbeiten** und diesen **klar und verständlich formulieren**.

Seit dem 1. August 2016 ist die **Laufzeit** der Eingliederungsvereinbarung nicht mehr regelhaft auf sechs Monate festgelegt, sondern im Interesse eines kontinuierlichen Eingliederungsprozesses der späteste Zeitpunkt für eine Überprüfung und **Aktualisierung** der Vereinbarung. Das gilt auch für den Kooperationsplan. Er soll als **„roter Faden" im Eingliederungsprozess** regelmäßig in seinen Bestandteilen überprüft und anlassbezogen **fortgeschrieben** werden.

Neu ist: Der erwerbsfähige Leistungsberechtigte erhält den Kooperationsplan in **Textform**.

Der Eingliederungsprozess soll aufgrund der Erfahrungen und des Verlaufs der bisherigen Leistungen zur Eingliederung angepasst werden. Dieser Prozess ist zu dokumentieren.

Muss-Inhalt

Im Kooperationsplan „werden das Eingliederungsziel und die wesentlichen Schritte zur Eingliederung festgehalten" (§ 15 Abs. 2 SGB II).

Diese Formulierung zeigt die Angst des Gesetzgebers vor dem Imperativ, ist aber vermutlich so zu verstehen, dass das **Eingliederungsziel** und **wesentliche Schritte zur Eingliederung** Pflichtinhalt sind.

Bis ein Kooperationsplan erstellt ist, spätestens bis zum Ablauf des 31. Dezember 2023, ist § 15 a. F. weiter anzuwenden (§ 65 Abs. 1 SGB II). Damit will der Gesetzgeber sicher stellen, dass die Verpflichtung zu Integrations- oder Sprachkursen aus Eingliederungsvereinbarungen auch 2023 weiter gelten:

Ist die Teilnahme an einem ***Sprachkurs*** *erforderlich und kann der Leistungsberechtigte nicht unmittelbar in Arbeit oder Ausbildung vermittelt werden, ist eine entsprechende Pflicht als vorrangige Maßnahme in die Eingliederungsvereinbarung aufzunehmen (§ 3 Abs. 2a SGB II a. F.).*

Soll-Inhalt

Der Kooperationsplan *soll* Folgendes festhalten:

- Welche **Leistungen** zur Eingliederung in Ausbildung oder Arbeit kommen in Betracht?
- Welche **Bemühungen** unternimmt der erwerbsfähige Leistungsberechtigte mindestens und weist er nach?
- Die Teilnahme an einem **Integrationskurs** oder an einer Maßnahme der berufsbezogenen Deutschsprachförderung.
- Wie werden **Leistungen anderer Leistungsträger** einbezogen?
- In welche **Ausbildung**, **Tätigkeiten** oder Tätigkeitsbereiche soll der Leistungsberechtigte vermittelt werden? In der EGV war das ein Kann-Inhalt.
- Kommt eine berufliche oder medizinische **Rehabilitation** in Betracht?

Zum 1. Juli 2023 fällt die Möglichkeit weg, den Leistungsberechtigten zu verpflichten, eine **Arbeitsunfähigkeit** und deren voraussichtliche Dauer unverzüglich anzuzeigen und spätestens vor Ablauf des dritten Kalendertages nach Eintritt der Arbeitsunfähigkeit eine ärztliche Bescheinigung über die Arbeitsunfähigkeit und deren voraussichtliche Dauer vorzulegen (§ 56 Abs. 1 SGB II a. F.). Diese Pflichten ergeben sich ab dem 1. Juli 2023 unmittelbar aus § 56 Abs. 1 SGB II n. F.

Kann-Inhalt

Der Kooperationsplan *kann* auch festhalten,

- Maßnahmen und Leistungen der aktiven Arbeitsförderung
- welche Eingliederungsleistungen für andere **Mitglieder der Bedarfsgemeinschaft** in Betracht kommen, um Hemmnisse des erwerbsfähigen Leistungs-berechtigten zu beseitigen oder zu verringern; diese Personen sind zu beteiligen.

Bei der ersten Einladung zum Gespräch zur Erstellung der Potenzialanalyse und des Kooperationsplans dürfen wir nicht über die **Rechtsfolgen bei Nichtteilnahme** belehren (§ 15 Abs. 4 SGB II). Mit dieser merkwürdigen Formulierung will der Gesetzgeber wohl sagen: es hat keine Folgen, wenn der Leistungsberechtigte nicht erscheint.

Das Jobcenter muss **regelmäßig prüfen**, ob der erwerbsfähige Leistungsberechtigte die im Kooperationsplan festgehaltenen **Absprachen** einhält. Aufforderungen hierzu *sollen* mit **Rechtsfolgenbelehrung** versehen werden, vor allem bei Maßnahmen nach §§ 16 und 16d *ist* über die Rechtsfolgen zu belehren (§ 15 Abs. 5 SGB II). Das heißt: wer nicht kooperiert wird sanktioniert.

Kommt ein Kooperationsplan nicht zustande oder kann nicht fortgeschrieben werden, sind Aufforderungen zu **Mitwirkungshandlungen** mit Rechtsfolgenbelehrung zu versehen (§ 15 Abs. 6 SGB II). Was der Gesetzgeber unter Mitwirkungshandlungen versteht, sagt er uns nicht. Gemeint sind vermutlich vor allem Eigenbemühungen, Teilnahme an Maßnahmen, Bewerbungen auf Vermittlungsvorschläge.

<u>BSG, Urteil vom 14.12.2021, B 14 AS 77/20 R:</u>

„Gegenstand des ersetzenden Verwaltungsakts war die Beauftragung eines Maßnahmeträgers und die Verpflichtung des Klägers zur Teilnahme an einer Maßnahme zur Aktivierung und beruflichen Eingliederung... Die Maßnahme begann am 7.8.2019 und endete am 14.5.2020 (9,25 Monate). ... Die **Anfechtungsklage** ... ist **unzulässig**. Es fehlt an einem wirksamen Verwaltungsakt... **Der die EinglVb ersetzende Verwaltungsakt hat sich durch Zeitablauf erledigt** (vgl. § 39 Abs. 2 SGB X)... Im konkreten Fall kommt hinzu, dass sich der Sanktionsbescheid ... auf § 31 Abs. 1 Satz 1 Nr. 3 SGB II (Nichtantritt einer zumutbaren Maßnahme zur Eingliederung in Arbeit) und nicht auf § 31 Abs. 1 Satz 1 Nr. 1 SGB II (Nichterfüllung von Pflichten, die in einer EinglVb ... festgelegt sind) stützt. ... Soweit der Kläger ... hilfsweise beantragt hat festzustellen, dass der die EinglVb ersetzende Verwaltungsakt ... rechtswidrig war, ist die ... **Fortsetzungsfeststellungsklage** .. **unzulässig**, weil für ein berechtigtes Interesse an dieser Feststellung ... nichts ersichtlich ist. Ein berechtigtes Interesse ... setzt jedenfalls voraus, dass die angestrebte Entscheidung geeignet ist, die Position des Klägers zu verbessern... Nicht ausreichend ist insoweit, dass der Kläger nur seine Rechtsauffassung bestätigt sehen oder einen "Prinzipienstreit" führen möchte... Unerheblich ist insoweit, dass der Kläger den Zugang des Maßnahmeangebots ... bestreitet. ... Für das Sanktionsverfahren ohne Bedeutung ist insbesondere, ob ... **Ermessensfehler** im Hinblick auf die Festlegung des Geltungszeitraums des ... Bescheids vorliegen."

<u>BSG, Urteil vom 21.03.2019, B 14 AS 28/18 R:</u>

„Die Bescheide ... sind rechtswidrig, weil sie jeweils keine konkrete Regelung eines Überprüfungs- und Fortschreibungsmechanismus enthalten, der auf ihren Geltungszeitraum abgestimmt ist. ...der Geltungszeitraum *(kann)* im Rahmen des § 15 Abs. 3 Satz 1 SGB II flexibel vereinbart werden. Dies schließt die **Möglichkeit einer unbefristeten Geltung** ein. Diese kann ausdrücklich vereinbart sein ("bis auf weiteres") oder sich stillschweigend aus dem Fehlen einer vereinbarten Regelung zur Laufzeit ergeben. ... Die Einzelheiten dieses ... Überprüfungsmechanismus sind in der EinglVb konkret zu regeln. ... Ermöglicht sind durch § 15 Abs. 3 SGB II auch spezielle Regelungen, die Änderungen der Vereinbarung unter weniger strengen Voraussetzungen zulassen, als sie für eine Anpassung und Kündigung durch § 59 SGB X für öffentlich-rechtliche Verträge vorgesehen sind. ... In einem eine EinglVb ersetzenden Verwaltungsakt kann auch dessen Geltung "**bis auf weiteres**" geregelt und damit ein unbefristeter Geltungszeitraum bestimmt werden. ... **Erkennen lassen muss der Verwaltungsakt jedoch, welchen Geltungszeitraum er sich beimisst**. Die insoweit getroffene Regelung muss zudem von hinreichenden **Ermessenserwägungen** getragen sein. ... Hiermit korrespondiert, dass nach § 15 Abs. 3 Satz 1 und 3 SGB II auch der eine EinglVb ersetzende Verwaltungsakt regelmäßig, spätestens jedoch nach Ablauf von sechs Monaten gemeinsam überprüft und fortgeschrieben werden soll. Die Einzelheiten hierzu sind im Verwaltungsakt konkret zu regeln. Ein ... ersetzender Verwaltungsakt ist rechtswidrig, wenn er keine **konkrete Regelung eines Überprüfungs- und Fortschreibungsme-**

chanismus enthält, der **auf den Geltungszeitraum abgestimmt** ist. Dies erfordert ... jedenfalls konkrete Regelungen zu den Anlässen oder Zeitpunkten für die gemeinsame Überprüfung während der Geltung des Verwaltungsakts. ...beide Verwaltungsakte sind jedenfalls rechtlich zu beanstanden, weil sie keine konkreten Regelungen hinsichtlich der Überprüfung und Fortschreibung ihrer Inhalte treffen, insbesondere keinen **spätesten Zeitpunkt** dafür **benennen**."

BSG, Urteil vom 04.04.2017, B 11 AL 19/16 R:
„Die wirksame Eingliederungsvereinbarung hat ... die **Nachweispflicht** dahingehend konkretisiert, dass der Kläger in der bis 31.1.2012 bestimmten Frist eine einfache **Auflistung seiner Bewerbungen** vorzulegen hatte. Mit deren Vorlage bei der Beklagten hätte er seine Nachweispflicht erfüllt. ... Wird der Nachweis der geforderten Eigenbemühungen aber nicht in der vereinbarten Weise erbracht, kann dies unter weiteren Voraussetzungen den Eintritt der Sperrzeit begründen... Im Ergebnis verlangt § 144 Abs. 1 Satz 2 Nr. 3 SGB III aF von den Leistungsberechtigten, dass sie zum Zwecke der Überprüfung, ob die konkreten Eigenbemühungen im Einzelfall vorgenommen worden sind, deren Vornahme im Einzelfall auch nachweisen... Der mögliche **Irrtum über den Zeitpunkt**, bis zu dem er der Nachweispflicht nachkommen muss, stellt **keinen wichtigen Grund** dar, weil ein solcher objektiv vorliegen müsste... An dem fehlenden Nachweis trifft den Kläger auch Verschulden ... Mit dem Übersehen der datumsmäßig festgelegten Verpflichtung, den Nachweis in der vereinbarten Frist vorzulegen, hat der Kläger die von ihm zu fordernde Sorgfalt verletzt."

BSG, Urteil vom 23.06.2016, B 14 AS 42/15 R:
„Ob und mit welchen Inhalten eine EinglVb durch Verwaltungsakt ersetzt wird, hat das Jobcenter ... nach pflichtgemäßem Ermessen zu entscheiden. ... Als öffentlich-rechtlicher Vertrag ... unterliegt der Abschluss einer EinglVb den Anforderungen des § 55 Abs. 1 Satz 2 SGB X... Muss danach die Gegenleistung, zu der sich der Vertragspartner der Behörde verpflichtet, "den gesamten Umständen nach angemessen sein und im sachlichen Zusammenhang mit der vertraglichen Leistung der Behörde stehen", so gilt nichts anderes, wenn das Jobcenter "die Regelungen" ... durch Verwaltungsakt zu ersetzen hat... Eingliederungsverwaltungsakte *(dürfen sich)* ... auch in Bezug auf das Sanktionsregime der §§ 31a, 31 Abs. 1 Satz 1 Nr. 1 SGB II nicht auf die Bestimmung der ... Eigenbemühungen beschränken ..., sondern *(haben)* ... zur **Meidung eines Formenmissbrauchs** jeweils ebenso **situationsangepasste Eingliederungszusagen** vorzusehen. ...in Eingliederungsvereinbarungen *(darf)* **nicht an Zielen starr festgehalten** werden, die sich als erfolglos erwiesen haben... ...die Chancen, eine Arbeitsstelle auf dem ersten Arbeitsmarkt zu erlangen, *(sind)* bei erwerbsfähigen Hilfebedürftigen, die die Voraussetzungen des § 16d Abs. 1 Satz 1 SGB II erfüllen, deutlich herabgesetzt... Von Bedeutung ist schließlich ebenfalls die Arbeitsmarktlage in der konkreten Bewerbersituation... ...das BSG *(hat)* es indes regelmäßig ausreichen lassen, wenn die auf

Antrag bestehenden Ansprüche dem Grunde nach verbindlich bezeichnet waren... Unzureichend war jedoch, dass der .. Eingliederungsverwaltungsakt über den Verweis auf die Rechtsansprüche zur **Erstattung von Bewerbungskosten** und der Zusage, bei geeigneten Angeboten Vermittlungsvorschläge zu unterbreiten, hinaus **keine konkreten Leistungen zur Eingliederung** in Arbeit im Sinne der angestrebten "maßgeschneiderten Ausrichtung der Eingliederungsleistungen" ... bezeichnet hat, **ohne** dass dies von hinreichenden **Ermessenserwägungen** getragen wäre. ... Soll auf Eingliederungsangebote ..., die auf die individuelle Situation zugeschnitten sind, verzichtet werden, setzt das ... die Ausübung pflichtgemäßem Ermessens voraus ..., wofür mangels jeder Begründung der angefochtenen Entscheidungen (§ 35 Abs. 1 Satz 3 SGB X) hier nichts erkennbar ist. ...eine ... Ersetzungsentscheidung *(ist)* nach dem Rechtsgedanken des § 58 Abs. 3 SGB X aber insgesamt zu Lasten des Regelungsadressaten rechtswidrig, wenn sie sich auf die Vorgabe allein ihn verpflichtender Maßgaben beschränkt."

BSG, Urteil vom 15.06.2016, B 4 AS 45/15 R.
„Die Anfechtungsklage ist durch **Erledigung des Eingliederungs-VA** unzulässig geworden. ... Auch die Fortsetzungsfeststellungsklage ist unzulässig. ...es*(fehlt)* an der Zulässigkeitsvoraussetzung des berechtigten Interesses an der begehrten Feststellung. ... Bei den ... benannten Passagen handelt es sich nicht um hoheitliche Regelungen der Behörde mit Außenwirkung im Einzelfall (§ 31 S. 1 SGB X), sondern um **Erläuterungen zur Rechtslage**. ... Dass der Beklagte keine Rechtsfolgen im Einzelfall begründet hat, ... wird schon durch die Gestaltung und Gliederung des Eingliederungs-VA deutlich. Darin sind die Pflichten des Beklagten und die Pflichten des Klägers optisch herausgehoben dargestellt, indem sie jeweils in ein Kästchen mit entsprechender Überschrift gesetzt worden sind. Dagegen finden sich die beanstandeten **Aussagen zur Erreichbarkeit** in dem sich anschließenden Fließtext. ... In diesem Sinne hat der Beklagte ... nur den Text der EAO wiedergegeben. Dabei ist er weder auf spezifische Gegebenheiten des Einzelfalls eingegangen, noch hat er die rechtlichen Vorgaben der EAO im Hinblick auf die Person des Klägers modifiziert. ... Rechte und Pflichten werden durch derartige Hinweise und Belehrungen weder begründet noch abgeändert... Schließlich erscheint auch **zweifelhaft**, ob das **Vorliegen der Voraussetzungen des § 7 SGB II** zum **Gegenstand einer Eingliederungsvereinbarung** oder eines sie ersetzenden Verwaltungsakts gemacht werden kann... Denn ... § 7 Abs. 4a SGB II a. F. i. V. m. §§ 1 bis 3 EAO gilt schon kraft gesetzlicher Anordnung ... und steht nicht zur Disposition der Beteiligten. Eine Eingliederungsvereinbarung über diese Fragen könnte nur in Betracht kommen, wenn es sich um eine Konkretisierung der Bemühungen des Klägers zur Eingliederung in Arbeit handelte..., die deren Abschluss und ggf. die Besonderheiten des Einzelfalls, hier den Leistungsbezug bei Ausübung einer selbständigen Erwerbstätigkeit, berücksichtigen soll."

BSG, Urteil vom 02.04.2014, B 4 AS 26/13 R:

„Es ist höchstrichterlich noch nicht entschieden, welche **Rechtsqualität** der EinglVb ... zukommt. Der erkennende Senat neigt ... dazu, die EinglVb ... der Rechtsform des öffentlich-rechtlichen Vertrags zuzuordnen..., konkret der Form eines **subordinationsrechtlichen Austauschvertrags** gemäß § 53 Abs. 1 S. 2, § 55 SGB X... Hieraus folgt, dass sich die rechtliche Beurteilung vertraglicher Störungen nach § 40 Abs. 1 S. 1 SGB II i. V. m. §§ 53 ff. SGB X richtet ..., mit der Konsequenz, dass vorliegend die gesamte **EinglVb nichtig** ist (§ 58 Abs. 3 SGB X). Der Kläger kann daher nicht mit Erfolg einen Anspruch auf ergänzende **Unterkunftsleistungen** aus der EinglVb herleiten. Der vereinbarten Verpflichtung ..., Leistungen zur Sicherung des Lebensunterhalts während der Dauer des geplanten Studiums zu zahlen, steht das Vertragsformverbot gemäß § 53 Abs. 1 S. 1 Halbs. 2 SGB X entgegen. ... Die Gewährung von Leistungen für Unterkunft und Heizung ... durch einen öffentlich-rechtlichen Vertrag in Gestalt einer EinglVb ... - gleichsam ausgehandelt zwischen den beiden an dem Vertrag beteiligten - ist rechtlich nicht zulässig... Soweit der Kläger meint, aus § 15 Abs. 1 S. 2 Nr. 3 SGB II ... schließen zu können, dass auch Leistungen zur Sicherung des Lebensunterhalts Regelungsgegenstand der EinglVb sein könnten, verkennt er, dass sich auch dieser Beispielsfall eines Vereinbarungsinhalts nur auf die Beantragung von Eingliederungsleistungen bezieht. ... Die ... vereinbarten Leistungen sollen den Leistungsberechtigten zudem unabhängig machen von den passiven Leistungen ..., zumindest den Anspruch auf diese ... mindern. Ihr Zweck ist es mithin - im Idealfall -, dass sich die Gewährung von passiven Leistungen erübrigt. Dem widerspräche es, wenn Alg II oder Teile dessen zugleich Gegenstand der EinglVb sein könnten. ... Auch soweit Ziff. 1 der EinglVb der Rechtsform nach als **Zusicherung** i. S. von § 34 SGB X anzusehen sein sollte ..., ergäbe sich kein anderes Ergebnis. Eine Zusicherung, Leistungen zur Sicherung des Lebensunterhalts im Gegenzug zur Absolvierung eines Studiums oder dessen Abschluss zu gewähren, wäre ebenfalls nichtig."

BSG, Urteil vom 14.02.2013, B 14 AS 195/11 R:

„Der Kläger hat ... den Abschluss einer Eingliederungsvereinbarung ohne Begründung abgelehnt. In einem solchen Fall steht dem Grundsicherungsträger nur die Handlungsform **Verwaltungsakt** zur Verfügung... Der Gesetzeswortlaut legt ... einen **Vorrang der konsensualen Lösung** gegenüber dem hoheitlichen Handeln durch Verwaltungsakt nahe... Dieses gesetzgeberische Anliegen ist auch nicht deshalb vernachlässigenswert, weil die Durchsetzung der Ansprüche auf Eingliederungsleistungen nicht davon abhängt, ob diese in einer Eingliederungsvereinbarung oder einem ersetzenden Verwaltungsakt festgelegt worden sind und zudem der jeweilige Sachbearbeiter des Jobcenters womöglich am besten beurteilen kann, welcher Weg am ehesten einen raschen Eingliederungserfolg verspricht (so aber BSG Urteil vom 22.9.2009 - B 4 AS 13/09 R...) ... Wortlaut, Entstehungsgeschichte ... und Sinn und Zweck des § 15 Abs. 1 SGB II sprechen ... dafür, dass ein ... ersetzender Verwaltungsakt nur in Betracht kommt, wenn der Grundsicherungsträger zuvor den Versuch unternommen hat, mit dem Arbeitsuchenden eine Vereinbarung zu schließen oder im Einzelfall besondere Gründe vorliegen, die den Abschluss einer Vereinbarung als nicht sachgerecht erscheinen lassen; was im ersetzenden Verwaltungsakt ... darzulegen wäre... Die Rechtswidrigkeit des ursprünglich angefochtenen Verwaltungsakts ... ergibt sich hier aus der Tatsache, dass der Beklagte entgegen der gesetzlichen Vorgabe **ohne Ermessenserwägungen** eine **Geltungsdauer** von **zehn Monaten** angeordnet hat. Zwar verweist Satz 6 des § 15 Abs. 1 SGB II wegen des eine Eingliederungsvereinbarung ersetzenden Verwaltungsakts allein auf "die Regelungen nach Satz 2". Es ist jedoch nicht zu erkennen, dass der Grundsicherungsträger die **Geltungsdauer** eines ersetzenden Verwaltungsakts ohne Bindung an die Vorgabe des Satzes 3 nach freiem Ermessen festlegen können sollte. Nach § 15 Abs. 1 Satz 3 SGB II soll die Eingliederungsvereinbarung für sechs Monate geschlossen werden. Aufgrund des Verhältnisses der Regelungen in Satz 1 und 2 des § 15 Abs. 1 SGB II zu Satz 6 ... gilt dies auch für den die Eingliederungsvereinbarung ersetzenden Verwaltungsakt. Bei der Entscheidung über die Geltungsdauer ist das Ermessen des Grundsicherungsträgers danach gebunden."

BSG, Urteil vom 06.12.2012, B 11 AL 15/11 R:
„Die **Eingliederungsvereinbarung** ist ein öffentlich-rechtlicher Vertrag. Nach § 59 Abs. 1 SGB X setzt dessen **Kündigung** bei Änderung der Verhältnisse voraus, dass das Festhalten am Vertrag nicht zuzumuten ist. Im Fall des Klägers war es dem Rechtsvorgänger des Beigeladenen jedoch zuzumuten, an der Eingliederungsvereinbarung festzuhalten und die **Weiterbildungskosten bis zum Ende der Maßnahme** am 21.12.2006 als Zuschuss zu erbringen. Denn dieser hatte zum einen versäumt, bereits die Eingliederungsvereinbarung selbst auf den schon bei deren Abschluss absehbaren Wegfall der Förderungsvoraussetzungen zum 30.6.2006 abzustellen. Zum anderen kann es nicht als von vornherein systemfremd angesehen werden, wenn ein SGB-II-Träger die angefangene Förderung einer Weiterbildungsmaßnahme durch einen Zuschuss **auch nach dem Wegfall der Hilfebedürftigkeit** des Erwerbsfähigen zu Ende führt. Dass die Restförderung inzwischen auf der Grundlage eines im einstweiligen Rechtsschutzverfahren geschlossenen Darlehensvertrags abgewickelt wurde, steht der Feststellung der Leistungsverpflichtung des Beigeladenen nicht entgegen."

BSG, Urteil vom 22.09.2009, B 4 AS 13/09 R:
„Empfänger von Arbeitslosengeld II haben gegen die Grundsicherungsträger **keinen Anspruch auf den Abschluss einer individuellen Eingliederungsvereinbarung**. Soweit die Verwaltung aufgefordert ist, mit jedem erwerbsfähigen Hilfebedürftigen eine Eingliederungsvereinbarung zu schließen (§ 15 Abs. 1 Satz 1 SGB II), handelt es sich um eine reine Verfahrensvorschrift, die das Vorgehen der Grundsicherungsträger steuern soll. Der Grundsicherungsträger trifft insoweit eine nicht justiziable Opportunitätsentscheidung darüber, welchen Verfahrensweg er zur Erfüllung des Ziels der Eingliederung des erwerbsfähigen Hilfebedürftigen wählt. Der erwerbsfähige Hilfebedürftige kann durch ein

"Nichtverhandeln" keinen Rechtsverlust erleiden, zumal er das inhaltliche Ergebnis einer durch Verwaltungsakt abgelehnten oder bewilligten Eingliederungsleistung gerichtlich voll überprüfen lassen kann. Ebenso wenig besteht ein Rechtsanspruch auf die **Benennung eines persönlichen Ansprechpartners**, weil auch die insoweit maßgebliche Vorschrift (§ 14 Satz 2 SGB II) eine an den Grundsicherungsträger adressierte verfahrensleitende Vorschrift auf dem Weg der Erreichung des Ziels der Eingliederung ist. Der Anspruch des Klägers auf Eingliederungsleistungen wird dadurch nicht berührt."
Zitiert nach dem Bericht über die „Tätigkeit des Bundessozialgerichts im Jahr 2009"

3.2 Leistungen zur Eingliederung

Nach § 16 Abs. 1 SGB II stehen alle wesentlichen Eingliederungsleistungen des SGB III auch den Empfängern von Bürgergeld zur Verfügung.

Der Zugang der Erwerbsfähigen zu diesen **Beratungs-, Vermittlungs- und Qualifizierungsleistungen** umfasst

- Beratung und Vermittlung (§§ 29 ff. SGB III)
- Leistungen zur Aktivierung und beruflichen Eingliederung (§§ 44 ff. SGB III)
- Einstiegsqualifizierung (§ 54a SGB III)
- Leistungen zur Berufsausbildung (§§ 73 ff. SGB III)
- *Berufliche Weiterbildung (§§ 81 ff. SGB III)*
- Sonderregelungen zur beruflichen Weiterbildung (§ 131a SGB III)
- Weiterbildungsförderung in der Altenpflege (§ 131b SGB III)
- Eingliederungszuschuss (§§ 88 ff. SGB III)
- Teilhabe behinderter Menschen am Arbeitsleben (§§ 112 ff. SGB III, nach Maßgabe des § 16 Abs. 1 S. 3 SGB II)

Weitere Änderungen durch das Gesetz zur Verbesserung der Eingliederungschancen am Arbeitsmarkt zum 1. April 2012:

- Der Vermittlungsgutschein (bisher § 421g SGB III) ist in die Leistungen zur Aktivierung und beruflichen Eingliederung integriert und kann nun als Aktivierungs- und Vermittlungsgutschein erbracht werden (§ 45 Abs. 4 SGB III).

- Die Förderung beschäftigter Arbeitnehmer bei beruflicher Weiterbildung (bisher § 417 SGB III) ist in die Leistungen zur beruflichen Weiterbildung einbezogen.

- Der Verweis auf den bisherigen § 421k SGB III (Befreiung von Beiträgen zur Arbeitsförderung bei Beschäftigung älterer Arbeitnehmer) entfällt trotz dessen Fortgeltung im SGB III (heute § 418 SGB III).

- Berufsorientierungsmaßnahmen werden künftig für alle junge Menschen aus Beitragsmitteln finanziert und damit in die Zuständigkeit der BA als Träger der Arbeitsförderung überführt. Das soll eine unterschiedliche Behandlung von Schülern und Doppelzuständigkeiten beim Übergang von der Schule in den Beruf vermeiden.

Überbrückungsgeld und Existenzgründungszuschuss („Ich-AG“) für Selbständige wurden durch das Optionsgesetz wieder gestrichen.

§ 16 Abs. 1 SGB II ist als Kann-Regelung ausgestaltet. Politiker und Ministerialbeamte äußerten im Gesetzgebungsverfahren, es handele sich nur um ein **Auswahlermessen**. Der Träger der Grundsicherung für Arbeitsuchende könne also lediglich entscheiden, *welche* Leistungen gewährt werden.

§ 16a SGB II regelt die bis zum 31. Dezember 2008 in § 16 Abs. 2 S. 2 Nr. 1 – 4 SGB II normierten **kommunalen Eingliederungsleistungen**:

- Betreuung minderjähriger oder behinderter Kinder
- häusliche Pflege von Angehörigen
- Schuldnerberatung
- psychosoziale Betreuung
- Suchtberatung

Die **Generalklausel** für weitere Leistungen entfiel zum 1. Januar 2009. Durch die restriktive Interpretation der BA konnte die Vorschrift ihr Potential ohnehin nicht entfalten.

Leistungen zur **Eingliederung von Selbständigen** regelt seit dem 1. Januar 2009 § 16c SGB II. Neben dem Einstiegsgeld können Selbständige Darlehen und Zuschüsse bis zu 5.000 € für die Beschaffung von **Sachgütern** erhalten, die notwendig und angemessen sind. Notwendig sind Sachgüter, die für die Aufnahme, Fortführung oder den Erhalt der ausgeübten Tätigkeit bereits während der Hilfebedürftigkeit benötigt werden.

Erwerbsfähige Hilfebedürftige müssen die selbständige Tätigkeit *hauptberuflich* aufnehmen oder ausüben. Es muss zu erwarten sein, dass die selbständige Tätigkeit die Hilfebedürftigkeit in angemessener Zeit überwindet oder verringert. Angemessen sind i. d. R. bis zu 12 Monate.

Ab dem 1. April 2012 kann auch eine Beratung durch geeignete Dritte gefördert werden. Das soll Selbständige unterstützen, ihre Hilfebedürftigkeit zu überwinden oder im Einzelfall die Selbständigkeit zu beenden und eine Beschäftigung aufzunehmen.

Das Gesetz zur Neuausrichtung der arbeitsmarktpolitischen Instrumente brachte zum 1. Januar 2009 die Möglichkeit einer „**freien Förderung**" (§ 16f SGB II). In diesen Topf durften zunächst bis zu 10 Prozent der Eingliederungsmittel fließen. Seit dem 1. April 2012 sind es *20 Prozent*; einzurechnen sind aber die Mittel für die Förderung von Arbeitsverhältnissen nach § 16e SGB II (§ 46 Abs. 2 S. 3 SGB II a. F.). Die Ausgabenobergrenze ist seit dem 1. Januar 2019 aufgehoben.

Die Leistungen dürfen gesetzliche Leistungen nicht umgehen oder aufstocken; ausgenommen sind Leistungen für

- Langzeitarbeitslose und
- Unter-25-Jährige mit schwerwiegenden Vermittlungshemmnissen,

bei denen die herkömmlichen Instrumente innerhalb einer angemessenen Zeit von i. d. R. 6 Monaten keinen Erfolg versprechen. Leistungen an Arbeitgeber müssen Wettbewerbsverfälschungen vermeiden.

Das Gesetz zur Verbesserung der Eingliederungschancen am Arbeitsmarkt fasst die Instrumente der öffentlich geförderten Beschäftigung zum 1. April 2012 zu zwei Instrumenten zusammen: Gefördert werden **Arbeitsgelegenheiten** mit Mehraufwandsentschädigung (§ 16d SGB II) und Arbeitsverhältnisse durch Zuschüsse zum Arbeitsentgelt (§ 16e SGB II).

Arbeitsgelegenheiten sind **nachrangig**; Vorrang haben Vermittlung in Arbeit und Ausbildung sowie Qualifizierung. Die Zuweisungsdauer ist auf 2 Jahre innerhalb von 5 Jahren begrenzt; eine Verlängerung um 12 Monate ist seit dem 1. August 2016 möglich.

Die Arbeitsgelegenheiten müssen zusätzlich sein und im öffentlichen Interesse liegen. Und sie müssen wettbewerbsneutral sein:

Eine Arbeitsgelegenheit ist **zusätzlich**, wenn sie ohne die Förderung nicht, nicht in diesem Umfang oder erst zu einem späteren Zeitpunkt durchgeführt würde (§ 16d Abs. 2 SGB II).

Eine Arbeitsgelegenheit liegt im **öffentlichen Interesse**, wenn ihr Ergebnis der Allgemeinheit dient und mit ihr kein Gewinn erzielt werden soll (§ 16d Abs. 3 SGB II).

Eine Arbeitsgelegenheit ist **wettbewerbsneutral**, wenn sie Bestand und Entwicklung ungeförderter Arbeitsplätze nicht gefährdet (§ 16d Abs. 4 SGB II). Marktchancen von Unternehmen dürfen nicht negativ beeinflusst, der Wettbewerb darf nicht verzerrt werden.

Vermutlich sind folgende Arbeiten förderfähig:

- Umwelt verbessernde Arbeiten und Naturschutz in Wald und Flur
- Graben-, Gewässer- und Biotoppflege, Waldarbeiten
- Verbesserung der touristischen Infrastruktur und Naherholung, vor allem außerörtlich
- Gestaltung und Pflege außerörtlicher Rad- und Wanderwege
- Pflege der Spiel- und Sportplätze
- Vor- und Nachbereitung von Veranstaltungen

Arbeitsgelegenheiten sind im Rahmen einer *Entschädigung für Mehraufwendungen* zusätzlich zum Bürgergeld zu fördern. Sie begründen kein Arbeitsverhältnis; die Schutzvorschriften des Arbeitsrechts sind jedoch anzuwenden. An die Stelle von Arbeitsgelegenheiten in der Entgeltvariante tritt die Förderung von Arbeitsverhältnissen nach § 16e SGB II (ab 01.01.2019: Eingliederung von Langzeitarbeitslosen).

§ 16g SGB II (bis 31. Dezember 2008 § 16 Abs. 4 SGB II) ermöglicht Erwerbsfähigen die **Fortsetzung** der Teilnahme an einer **Eingliederungsmaßnahme**, wenn die Hilfebedürftigkeit während der Maßnahme entfallen ist.

Seit dem 1. Januar 2019 können Arbeitgeber zur Förderung von **Teilhabe am Arbeitsmarkt** für die Beschäftigung von zugewiesenen erwerbsfähigen Leistungsberechtigten Zuschüsse zum Arbeitsentgelt erhalten, wenn sie mit einer erwerbsfähigen leistungsberechtigten Person ein sozialversicherungspflichtiges Arbeitsverhältnis begründen (§ 16i SGB II).

<u>BSG, Urteil vom 10.04.2024, B 7 AS 1/23 R:</u>
„...im Verhältnis zu den §§ 45 ff SGB X *(ist § 92 Abs. 2 SGB III) ... (die)* speziellere Rechtsgrundlage... Der Bescheid über die **Bewilligung des Eingliederungszuschusses** ... hat sich mit Erlass dieses Rückforderungsbescheids gemäß § 39 Abs. 2 SGB X insoweit "**auf andere Weise**" **erledigt**... Die von der Klägerin gegenüber H am letzten Tag des Förderungszeitraums ausgesprochene **Kündigung** zum gleichen Tag löst im Grundsatz die **Rückzahlungsverpflichtung** aus. Ob die Klägerin hiervon befreit ist, weil einer der gesetzlich normierten **Ausnahmetatbestände** nach § 92 Abs. 2 Satz 2 Nr. 1 bis 5 SGB III objektiv vorliegt, kann nicht abschließend beurteilt werden. Eine durch **Analogie** zu schließende **Regelungslücke** für den Fall der "Kündigung während der Probezeit ohne Angabe von Gründen" **besteht** jedenfalls **nicht**. ... Im Anwendungsbereich des § 92 Abs. 2 Satz 2 Nr. 1 SGB III ... genügt ... das objektive Vorliegen eines zur Kündigung berechtigenden Grundes im Verhalten oder der Person des geförderten Arbeitnehmers, um eine Rückzahlungspflicht auszuschließen... Eine **Kündigung** ist i. S. des § 1 Abs. 2 Satz 1 KSchG durch Gründe im Verhalten des Arbeitnehmers bedingt und damit **sozial gerechtfertigt**, wenn dieser seine vertraglichen Haupt- oder Nebenpflichten erheblich und in der Regel schuldhaft verletzt hat, eine dauerhaft störungsfreie Vertragserfüllung in Zukunft nicht mehr zu erwarten steht und dem Arbeitgeber eine Weiterbeschäftigung des Arbeitnehmers über die Kündigungsfrist hinaus in Abwägung der Interessen beider Vertragsteile nicht zumutbar ist... Eine **Kündigung** aus Gründen im **Verhalten des Arbeitnehmers** ist daher ... berechtigt, wenn **prognostisch** aus der konkreten Vertragspflichtverletzung ... geschlossen werden kann, der Arbeitnehmer werde den Arbeitsvertrag auch nach einer Kündigungsandrohung erneut oder in ähnlicher Weise verletzen. Das Vorliegen oder Fehlen einer **Abmahnung** bildet daher nicht den rechtlichen Maßstab für die Rechtfertigung der verhaltensbedingten Kündigung, sondern dient ... nur der **Objektivierung der Negativprognose**... ...auch ... Sinn und Zweck der Regelung *(sprechen nicht)* für eine Erweiterung der Befreiungstatbestände um "Kündigungen innerhalb der Probezeit ohne Angabe von Gründen". ... **Zweck der Befreiungstatbestände** in § 92 Abs. 2 SGB III ist .. die Schaffung eines **Interessenausgleichs**. Einerseits wird die dauerhafte Eingliederung von Per-

sonen mit Vermittlungserschwernissen in den Arbeitsmarkt angestrebt und sollen Einstellungshemmnisse bei Arbeitgebern abgebaut werden. Andererseits gilt es zu vermeiden, dass Arbeitgeber Eingliederungszuschüsse als dauerhafte Lohnsubvention nutzen, indem sie Beschäftigte noch während der Probezeit ohne Angabe von Gründen entlassen und gegen andere geförderte Beschäftige austauschen... Dem würde eine Erweiterung der Befreiungstatbestände ... widersprechen."

BSG, Urteil vom 14.12.2023, B 11 AL 2/23 R:
„Die Klägerin hat keinen Anspruch auf Gewährung einer **Weiterbildungsprämie**. Ein Anspruch auf eine Weiterbildungsprämie besteht **nur** beim Abschluss einer Weiterbildung, die **aufgrund des § 81 SGB III** gefördert worden ist. Die Absolvierung einer ... gemäß **§ 82 SGB III geförderten Weiterbildung** löst hingegen **keinen Anspruch** auf eine solche Prämie aus. Das Tatbestandsmerkmal der "nach § 81 geförderten beruflichen Weiterbildung" in § 131a Absatz 3 SGB III alter Fassung (jetzt § 87a Absatz 1 SGB III) bezieht sich auf alle materiellen Fördervoraussetzungen des § 81 SGB III und nicht nur auf das Bildungsgutscheinverfahren. Eine **analoge Anwendung** des § 131a Absatz 3 SGB III alter Fassung auf nach Maßgabe von § 82 SGB III geförderte Weiterbildungen ist **nicht möglich**. Der hierfür erforderliche Nachweis einer planwidrigen Regelungslücke lässt sich nicht führen. Den entstehungsgeschichtlichen Materialien lässt sich nicht mit hinreichender Sicherheit entnehmen, dass der Gesetzgeber auch Weiterbildungen im Sinne des § 82 SGB III durch die Gewährung einer Prämie fördern wollte, dies sich aber bei der Abfassung des Normtextes nicht niedergeschlagen hat."
Zitiert nach dem Terminbericht Nr. 54/23 des Bundessozialgerichts

BSG, Urteil vom 09.03.2022, B 7/14 AS 31/21 R:
„...ob der Kläger eine dem Grunde nach über das BAföG förderfähige Ausbildung absolviert ... oder den Berufsabschluss des Erziehers im Rahmen einer Maßnahme erworben hat, die berufliche Weiterbildung war *(ist)* für die ... Leistungen zur Eingliederung in Arbeit ... nicht entscheidend. Der **Leistungsausschluss** aus **§ 7 Abs. 5 SGB II bezieht sich** ... nur **auf** die **Leistungen zur Sicherung des Lebensunterhalts** ... Übt ein Leistungsträger sein **Ermessen** dergestalt aus, dass er eine der Leistungen nach § 16 Abs. 1 Satz 2 SGB II erbringt, ist er nach § 16 Abs. 2 Satz 1 SGB II hinsichtlich der Voraussetzungen und der Rechtsfolgen grundsätzlich an die Regelungen im SGB III gebunden (Rechtsgrundverweisung). Ein Ermessen steht dem Leistungsträger mithin nur dann zu, wenn auch das SGB III ein solches vorsieht... Das ist im Rahmen des § 131a Abs. 3 SGB III nicht der Fall. ... **Unmittelbar** aus § 131a Abs. 3 Nr. 1 SGB III kann der Kläger zwar keinen Zahlungsanspruch auf die **Prämie** i. H. v. 1000 Euro ableiten, weil die Vorschrift für Zwischenprüfungen bei Weiterbildungsmaßnahmen gilt, die zu einem Berufsabschluss führen, der vom BBiG und vergleichbaren Vorschriften erfasst wird. ... **§ 131a Abs. 3 Nr. 1 SGB III ist jedoch entsprechend anzuwenden**. Der Kläger hat den ersten Teil einer

Abschlussprüfung erfolgreich absolviert. Die Dauer der Maßnahme der beruflichen Bildung und der Zeitraum zwischen dem ersten und dem zweiten Teil der Abschlussprüfung gebieten .. eine Gleichstellung mit Fällen, in denen im Rahmen einer beruflichen Weiterbildung an einer Zwischenprüfung teilgenommen werden kann... Diese Fälle hat der Gesetzgeber (unbewusst) planwidrig nicht geregelt... ...von § 131a Abs. 3 Nr. 1 SGB III *(ist)* auch die **Zwischenprüfung bei nach § 81 SGB III geförderter beruflicher Weiterbildung** erfasst, die einen beruflichen Abschluss aufgrund **schulischer** Berufsbildung vermittelt. Eine Beschränkung allein auf betriebliche Berufsbildung ergibt sich aus ... §§ 81 ff. SGB III nicht. ... Da das Gesetz Fälle des erfolgreich absolvierten ersten Teils einer in zwei Teile auseinanderfallenden Abschlussprüfung ... nicht ausdrücklich als prämienauslösend erfasst und eine Auslegung des § 131a Abs 3 Nr. 1 SGB III in diesem Sinne ausscheidet, liegt eine planwidrige Regelungslücke vor. Diese erfordert einen Lückenschluss durch Analogie.“

BSG, Urteil vom 21.07.2021, B 14 AS 18/20 R:
„Es ist bei der Prüfung der **Erforderlichkeit** zwischen den **Zielperspektiven** einzelner Eingliederungsleistungen zu **differenzieren**. ... Neben Leistungen, die auf die unmittelbare Aufnahme einer Erwerbstätigkeit ... gerichtet sind ..., sollen andere - wie die kommunale **Schuldnerberatung** - die **Aufnahme einer Erwerbstätigkeit** erst **vorbereiten** oder **flankierend unterstützen**... Auch wenn das primäre **Ziel der Schuldnerberatung** also in einer der eigentlichen Eingliederung vorgelagerten Bewältigung von Motivationsproblemen, der Stabilisierung der Betroffenen, der Klärung von Ursachen von Ver- und Überschuldung und auch psychosozialer Betreuung liegt ... und an diesen Kriterien also die Erforderlichkeit der Leistung zu beurteilen ist, verliert sie dadurch nicht ... ihren **finalen Bezug zum übergeordneten Ziel der Eingliederung** in Arbeit... Deshalb kann trotz bestehender Schuldenproblematik im Rahmen des § 16a Nr. 2 SGB II die Erforderlichkeit der Leistung ermessensfehlerfrei dann zu verneinen sein, wenn prognostisch eine Eingliederung in das Erwerbsleben trotz Schuldnerberatung auch mittelfristig nicht erreichbar erscheint, z. B. weil die leistungsberechtigte Person zu keiner Eingliederung in den Arbeitsmarkt ... bereit ist. ... Zur Beurteilung der Erforderlichkeit ... ist eine **Prognose** notwendig, ob das mit der Leistung verfolgte Eingliederungsziel erreicht werden kann und dafür erforderlich ist, weil in der Verschuldenssituation ein arbeitsmarktspezifisches Eingliederungshindernis begründet liegt... Das LSG hat lediglich festgestellt ..., der Kläger habe in der Vergangenheit ihm angebotene niedrigschwellige Eingliederungsmaßnahmen nicht angenommen, zudem seien mehrfach Meldeversäumnisse eingetreten und er habe die ihm durch Eingliederungsverwaltungsakt abverlangten Bewerbungsbemühungen nicht nachgewiesen. ... Das LSG hat ... nicht zukunftsgerichtet geprüft, ob die (behauptete) Verschuldenssituation den Integrationsprozess tatsächlich hindert und deshalb prospektiv eine Schuldnerberatung erforderlich sein kann, dieses mögliche Vermittlungshemmnis zu beseitigen. Dies wird das LSG nachzuholen haben.“

BSG, Urteil vom 14.12.2021, B 14 AS 61/20 R:

„*(Die Klägerin)* hat Anspruch auf Übernahme der **Verpflegungskosten** ihrer Kinder als **Kosten der Kinderbetreuung** in tatsächlich entstandener Höhe **während der Weiterbildungsmaßnahme**... Rechtsgrundlage hierfür sind § 16 Abs. 1 Satz 2 Nr. 4 1. Alt. SGB II i. V. m. §§ 83 Abs. 1 Nr. 4 und 87 SGB III. Nach § 83 Abs. 1 Nr. 4 SGB III sind Weiterbildungskosten u. a. Kosten für die Betreuung von Kindern, wenn sie unmittelbar durch die Weiterbildung entstehen. Durch die Weiterbildung entstehen Kinderbetreuungskosten bereits dann, wenn während der Weiterbildung die Beaufsichtigung der Kinder sichergestellt werden muss, eine Teilnahme an der Maßnahme ohne die Betreuung der Kinder also nicht möglich ist. Sind in diesem Sinne **Kosten für die Kinderbetreuung durch die Weiterbildung** entstanden, **erfassen** diese **auch die Verpflegung der Kinder während ihres Aufenthalts in der "Betreuung"**. Ein normativer Ansatzpunkt, zwischen Kinderbetreuungskosten "im engeren Sinn", d. h. beschränkt auf die Dienstleistung "Betreuung", und sonstigen Kosten, u. a. die Verpflegung der Kinder, zu differenzieren, findet sich in den §§ 83 ff. SGB III nicht. Gegen ein solches Verständnis spricht auch nicht, dass bei Weiterzubildenden und ihren Kindern, die im SGB II-Leistungsbezug stehen, Aufwendungen für Verpflegung vom Regelbedarf umfasst sind und die Kinder für die gemeinschaftliche Mittagsverpflegung nach § 28 Abs. 6 SGB II Leistungen zur Bildung und Teilhabe beanspruchen könnten. Aus der in § 16 Abs. 1 SGB II enthaltenen Rechtsgrundverweisung auf die ... §§ 81 ff. SGB III folgt, dass diese Vorschriften abschließend im Hinblick auf den in Bezug genommenen Leistungskatalog sind. Zugleich ist der Träger damit aber auch an die dortigen Leistungsvoraussetzungen und den Leistungsumfang gebunden. Da weder § 83 Abs. 1 Nr. 4 noch § 87 SGB III die Erbringung von Kosten der Kinderbetreuung von der finanziellen Leistungsfähigkeit des Teilnehmenden abhängig machen oder Sonderregelungen für Bezieher existenzsichernder Leistungen vorsehen, verbietet sich ein Verständnis, das die Auslegung des Begriffs der Betreuungskosten von der Frage der Finanzierung des Lebensunterhalts des Teilnehmenden abhängig macht. Zudem sind die **aktiven Leistungen** durch Rechtsgrundverweisung auf das bedarfsunabhängige SGB III **gegenüber** den **passiven Leistungen** nach dem SGB II **vorrangig**, also auch gegenüber Leistungen der Mittagsverpflegung nach § 28 Abs. 6 SGB II. Der Beklagte hat allerdings ... nur **Kosten in dem tatsächlich entstandenen Umfang** zu übernehmen und nicht pauschal 130 Euro pro Kind. Der in **§ 87 SGB III** benannte Betrag ist ein **Höchstbetrag**, der die zu übernehmenden Aufwendungen der Höhe nach deckelt.“

Zitiert nach dem Terminbericht Nr. 44/21 des Bundessozialgerichts

BSG, Urteil vom 04.03.2021, B 4 AS 59/20 R:

„Die Revision der Klägerin hatte keinen Erfolg. Die Ablehnung von **Einstiegsgeld für die Aufnahme einer Arbeitsgelegenheit in der Entgeltvariante** ist rechtmäßig. Das SGB II unterscheidet grundsätzlich zwischen Arbeitsgelegenheiten einerseits und Erwerbstätigkeiten auf dem allgemeinen Arbeitsmarkt andererseits. Diese systematische Trennung würde unterlaufen, wenn eine Ar-

beitsgelegenheit zugleich als Erwerbstätigkeit zur Eingliederung auf den allgemeinen Arbeitsmarkt anzusehen wäre und zu einer (weiteren) Förderung führen könnte. Bei einer Arbeitsgelegenheit handelt es sich zudem um eine seitens des Beklagten **"angebotene" Beschäftigung** im Sinne von § 2 Abs. 1 Satz 3 SGB II und nicht um eine durch aktive Bemühungen des Hilfebedürftigen zustande gekommene Beschäftigung. In dieser Konstellation könnte das Einstiegsgeld die ihm nach Sinn und Zweck zukommende **Anreizfunktion** nur **eingeschränkt** erfüllen. Die Anspruchsvoraussetzungen für das Einstiegsgeld müssen sich im Übrigen unmittelbar auf die konkret beabsichtigte Beschäftigung beziehen, was sich aus dem Gesetzeswortlaut ("bei Aufnahme") ergibt. Eine Förderung mit dem Einstiegsgeld als "Zwischenschritt" zur Eingliederung in nachfolgende Tätigkeiten auf dem allgemeinen Arbeitsmarkt kommt damit ebenfalls nicht in Betracht. Auf die Frage, ob aufgrund der nach § 27 Abs. 3 Nr. 5 b) SGB III bestehenden Versicherungsfreiheit in der Arbeitslosenversicherung schon keine "**sozialversicherungspflichtige Erwerbstätigkeit**" vorliegt, wie es § 16b Abs. 1 Satz 1 SGB II a. F. verlangt, kommt es vor diesem Hintergrund nicht an."
Zitiert nach dem Terminbericht Nr. 7/21 des Bundessozialgerichts

<u>BSG, Urteil vom 04.03.2021, B 4 AS 60/20 R:</u>
„Die Revision der Klägerin hatte in dieser Sache ebenfalls keinen Erfolg, denn auch die Ablehnung der **Übernahme von Fahrkosten für die Aufnahme der Arbeitsgelegenheit** ist rechtmäßig. § 45 Abs. 1 Satz 1 SGB III a. F. als Anspruchsgrundlage ordnet ausdrücklich an, dass Leistungen aus dem **Vermittlungsbudget** für die Anbahnung oder Aufnahme einer "**versicherungspflichtigen**" nicht jedoch einer "sozialversicherungspflichtigen" Beschäftigung erbracht werden können. Damit wird auf die Regelungen zur Versicherungspflicht in den §§ 24 ff. SGB III Bezug genommen, was sich zudem aus den Gesetzgebungsmaterialien ergibt. ...die aufgenommene Beschäftigung *(ist)* als **Arbeitsgelegenheit in der Entgeltvariante** nach § 27 Abs. 3 Nr. 5 b) SGB III (in der bis 31.3.2012 geltenden Fassung) in der Arbeitslosenversicherung indes **versicherungsfrei** gewesen. Offenbleiben kann deshalb, ob die Förderung aus dem Vermittlungsbudget, wie das LSG meint, auch die Aufnahme einer Beschäftigung auf dem sogenannten ersten bzw. allgemeinen Arbeitsmarkt voraussetzt."
Zitiert nach dem Terminbericht Nr. 7/21 des Bundessozialgerichts

<u>BSG, Urteil vom 17.09.2020, B 4 AS 5/20 R:</u>
„Ein **AVGS** kann zur Auswahl eines Trägers berechtigen, der eine ausschließlich erfolgsbezogen vergütete Arbeitsvermittlung in versicherungspflichtige Beschäftigung anbietet (§ 45 Abs. 4 Satz 3 Nr. 2 SGB III). ... Die Vergütung wird in Höhe von 1000 Euro nach einer sechswöchigen und der Restbetrag nach einer sechsmonatigen Dauer des Beschäftigungsverhältnisses gezahlt (§ 45 Abs. 6 Satz 5 SGB III). Der ausgewählte Träger hat der Agentur für Arbeit den AVGS nach erstmaligem Vorliegen der Auszahlungsvoraussetzungen vorzule-

gen (§ 45 Abs. 4 Satz 5 SGB III). ... Aus diesen Regelungen ... folgt ein **öffentlich-rechtlicher Zahlungsanspruch des privaten Arbeitsvermittlers**..., der im Einzelnen Folgendes voraussetzt: Erstens die **Ausstellung eines AVGS**; zweitens ein wirksamer, vor Beginn der Vermittlungstätigkeit abgeschlossener schriftlicher **Vermittlungsvertrag** mit daraus resultierendem Zahlungsanspruch des Vermittlers gegen den Arbeitnehmer; drittens innerhalb der Geltungsdauer des AVGS die erfolgreiche **Vermittlung in eine sozialversicherungspflichtige Beschäftigung** mit mindestens 15 Wochenstunden; viertens für die Auszahlung der ersten Rate eine **sechswöchige Dauer des Beschäftigungsverhältnisses**... Für Vermittlungsfälle ab dem 1.1.2013 bedarf es fünftens der **Zulassung des Arbeitsvermittlers** durch eine Zertifizierungsstelle... Dem Anspruch der Klägerin steht jedenfalls entgegen, dass sie keinen **AVGS im Original**, sondern nur eine unvollständige Kopie vorgelegt hat. ...aus § 45 Abs. 4 Satz 5 SGB III *(folgt)* die Pflicht, das Original vorzulegen. Eine Verletzung dieser Pflicht verhindert, dass ein Zahlungsanspruch entsteht, hat also materiell-rechtliche Bedeutung und betrifft nicht nur das Verfahren. Die Vorlagepflicht nach § 45 Abs. 4 Satz 4 SGB III, die sich an Maßnahmeträger und Arbeitgeber richtet, die besondere Maßnahmen anbieten, und ebenso die Vorlagepflicht nach § 45 Abs. 4 Satz 5 SGB III, die Träger der Arbeitsvermittlung betrifft, bezieht sich jeweils ausdrücklich auf "den Aktivierungs- und Vermittlungsgutschein". Schon dieser Wortlaut deutet darauf hin, dass ein Abbild in Form einer Kopie nicht ausreicht... Sinn und Zweck der Vorschrift legen ... ebenfalls nahe, dass der AVGS im Original vorgelegt werden muss. Schon um seine Vermittlungstätigkeit auf dessen Inhalt ausrichten zu können, ist es erforderlich, dass der Vermittler bereits zu Beginn seiner Tätigkeit Kenntnis vom vollständigen und richtigen Inhalt hat.“

BSG, Urteil vom 12.12.2017, B 11 AL 26/16 R:

„Ein Anspruch ... auf Förderung aus dem **Vermittlungsbudget** lässt sich zunächst nicht unmittelbar aus der Eingliederungsvereinbarung (EV) herleiten, da in der ... EV Leistungen für die Aufnahme eines **Bundesfreiwilligendienstes** (BFD) nicht vorgesehen waren. Auch auf § 45 Abs. 1 Satz 1 SGB III a. F. ... lässt sich das Begehren nicht stützen. ... Eine Förderung aus dem Vermittlungsbudget muss stets auf das Ziel der beruflichen Eingliederung durch eine versicherungspflichtige Beschäftigung ausgerichtet sein. Daran fehlt es hier... Die Förderung kann zwar sowohl für die Anbahnung als auch für die Aufnahme einer versicherungspflichtigen Beschäftigung erfolgen. Doch bedarf es einer hinreichenden Konkretisierung dieser angestrebten versicherungspflichtigen Beschäftigung, selbst wenn die Förderung in der Phase der Anbahnung erfolgt. Nur dann besteht ein Bezugspunkt, der im ersten Schritt eine Prüfung der Anspruchsvoraussetzung Anbahnung oder Aufnahme einer Beschäftigung und im zweiten Schritt die Notwendigkeit der Förderung für die berufliche Eingliederung ermöglicht. Hier bezieht sich die ... Förderung unmittelbar auf die Aufnahme des BFD ..., der für sich genommen schon **nicht als versicherungspflichtige Beschäftigung** ... anzusehen ist. Beitragsrechtlich ist der BFD einer versicherungspflichtigen Beschäftigung zwar gleichgestellt... Doch führt dieser Schutz nicht dazu, dass der BFD tatsächlich als Beschäftigung i. S. des § 7

Abs. 1 SGB IV zu gelten hat... Denn Ziel der aktiven Arbeitsförderung ist die Förderung von Beschäftigung i. S. des § 7 Abs. 1 SGB IV. ...der BFD *(stellt)* von seiner Konzeption her eine freiwillige Betätigung für das Allgemeinwohl ... dar und ist daher einem **Ehrenamt ähnlich**. Als konkreter Bezugspunkt für eine auf die Anbahnung einer versicherungspflichtigen Beschäftigung gerichteten Förderung scheidet der ... BFD ebenfalls aus. Soweit der BFD ... auf lebenslanges Lernen ausgerichtet ist und das Ziel verfolgt, soziale, ökologische, kulturelle und interkulturelle Kompetenzen zu vermitteln ..., können diese Kompetenzen zwar .. auch für ein "normales" Beschäftigungsverhältnis verwertbar sein. Deshalb ist es vorstellbar, dass auch ein **BFD** jedenfalls **mittelbar Gegenstand einer Förderung aus dem Vermittlungsbudget sein kann**. Doch würde dies voraussetzen, dass ein solches Förderziel, nämlich den BFD als Schritt auf dem Weg zu einer versicherungspflichtigen Beschäftigung zu fördern, konkret in den Blick genommen wurde, wofür es .. keine Hinweise gibt."
Zitiert nach dem Terminbericht Nr. 59/17 des Bundessozialgerichts

<u>BSG, Urteil vom 17.03.2016, B 4 AS 18/15 R:</u>
„... das ... **Insolvenzgeld** *(kann)* **nicht** als **Arbeitsentgelt** ... angesehen werden. ... Durch die Ansprüche auf Insolvenzgeld ... erfüllt der Arbeitgeber seine ... Pflicht zur Zahlung des Arbeitsentgelts jedoch nicht. Obgleich I. demnach die **Zweckbestimmung** zur Verwendung des bewilligten **Beschäftigungszuschusses** nicht erfüllt hat, kann ... der **Widerruf** keinen Bestand haben, weil der Beklagte jedenfalls das ... **Ermessen** ... fehlerhaft ausgeübt hat. ... Der Beklagte hätte ... die Inhalte des Gesprächs ... mit der Klägerin und anderen Beteiligten sowie das dort vereinbarte Vorgehen zur Fortführung der geförderten Beschäftigung mit dem Ziel des nahtlosen Übergangs ... in eine Anschlussbeschäftigung berücksichtigen müssen. ... Der ermessensfehlerhafte Widerruf kann auch nicht ... nach § 40 Abs. 1 S. 1 und 2 Nr. 1 SGB II i. V. m. § 330 Abs. 3 S. 1 SGB III i. V. m. § 48 Abs. 1 SGB X bestehen bleiben... Ausgehend von den materiell-rechtlichen Kriterien für die Bewilligung des Beschäftigungszuschusses begründete die (bloße) Nichtzahlung des Arbeitsentgelts ... keine wesentliche Änderung, weil sie nicht zu einer anderen Bewilligungsentscheidung hätte führen müssen. ... Vielmehr verdeutlicht der Begriff des "Beschäftigungszuschusses", dass die "Beschäftigung" an sich gefördert werden soll. ... Die hieraus folgende und einklagbare Zahlung von Arbeitsentgelt ist jedoch nicht als weitere tatbestandliche Anspruchsvoraussetzung ... normiert; sie ist von den Arbeitsvertragsparteien um- und durchzusetzen."

<u>BSG, Urteil vom 11.03.2014, B 11 AL 19/12 R:</u>
„Der **Zahlungsanspruch des Vermittlers** ... hat .. im Wesentlichen folgende Voraussetzungen: Erstens die Ausstellung eines **Vermittlungsgutschein**s; zweitens ein wirksamer, vor Beginn der Vermittlungstätigkeit abgeschlossener schriftlicher **Vermittlungsvertrag** mit daraus resultierendem Zahlungsanspruch des Vermittlers gegen den Arbeitnehmer; drittens innerhalb der Geltungsdauer des Vermittlungsgutscheins die erfolgreiche **Vermittlung** in eine

sozialversicherungspflichtige Beschäftigung mit mindestens 15 Wochenstunden; viertens für die Auszahlung der ersten Rate eine **sechswöchige Dauer des Beschäftigungsverhältnisses** ...nach Erteilung eines Vermittlungsgutscheins *(richtet)* sich die Dauer grundsätzlich nach § 421g Abs. 1 S. 6 SGB III ... und ... aus dem Gesetz *(ergeben sich)* keinerlei Anhaltspunkte dafür, der **Wegfall eines Alg-Anspruchs** habe unmittelbar das Erlöschen der Gültigkeit des Vermittlungsgutscheins zur Folge... die Erteilung des Vermittlungsgutscheines im Verhältnis *(stellt)* zwischen der BA und dem Arbeitsuchenden einen Verwaltungsakt dar. ... dieser **Verwaltungsakt *(bleibt)* wirksam**, solange und soweit er nicht zurückgenommen, widerrufen oder aufgehoben worden oder durch Zeitablauf erledigt ist (§ 39 Abs. 2 SGB X)."

BSG, Urteil vom 12.12.2013, B 4 AS 14/13 R:
„Einem Kostenerstattungsanspruch gegen den Beklagten wegen dessen möglicher Verpflichtung zur Erbringung der gegenüber den Leistungen der Eingliederungshilfe nach dem SGB XII gleichartigen **beruflichen Rehabilitationsleistungen** nach § 16 SGB II i. V. m. den §§ 97 ff. SGB III steht hier die Spezialregelung des § 14 SGB IX entgegen. Die Erstattungsregelungen dieser Vorschrift begründen einen Ausgleich dafür, dass der zweitangegangene Rehabilitationsträger bei Vorliegen eines entsprechenden Bedarfs Rehabilitationsmaßnahmen selbst dann ... erbringen muss, wenn er der Meinung ist, hierfür nicht zuständig zu sein. Als Konsequenz scheidet ein Erstattungsanspruch für den erstangegangenen Träger regelmäßig mangels Notwendigkeit aus, weil er nach § 14 Abs. 1 S. 1 und 2 SGB IX eine **Prüfungs-, Ablehnungs- und Weiterleitungskompetenz** hat. Die Konstellation der irrtümlichen Annahme einer eigenen Zuständigkeit lag hier nicht vor. Entsprechend seiner Verpflichtung als i. S von § 14 Abs. 2 SGB IX und § 6a S 2 SGB IX zuständiger Rehabilitationsträger für die Leistungen zur Teilhabe am Arbeitsleben bei behinderten erwerbsfähigen Leistungsberechtigten hat der Beklagte die für die Feststellung des Rehabilitationsbedarfs und den Eingliederungsvorschlag zuständige Bundesagentur für Arbeit beteiligt. Allein der Umstand, dass der Beklagte dem Kläger nach Eingang deren Stellungnahme mitteilte, dass aus seiner Ansicht kein Rehabilitationsfall gegeben war, berechtigte den Kläger nicht zur "Vorleistung", nachdem er sich zuvor für unzuständig erklärt hatte. Die Rechtsbeziehungen zwischen unterschiedlichen Sozialleistungsträgern ... erfordern es im Rahmen der §§ 102 ff. SGB X, aber auch bei Anwendung des § 14 SGB IX, dass jeder Leistungsträger die Regelungsbefugnis des zuständigen bzw. - im Rahmen des § 14 SGB IX als zuständig festgelegten - Trägers respektiert und seinen eigenen Entscheidungen zugrunde legt."
Zitiert nach dem Terminbericht Nr. 59/13 des Bundessozialgerichts

BSG, Urteil vom 12.12.2013, B 4 AS 7/13 R:
„Der Kläger hat **keinen Anspruch auf eine Ermessensentscheidung** über seinen Antrag auf **Mobilitätshilfen**. Die Voraussetzungen des § 16 Abs. 1 S. 2 SGB II i. V. m. § 53 SGB III a. F. hierfür liegen nicht vor, weil die vom Kläger aufgenommene **Referendartätigkeit** nicht der Versicherungspflicht unterlag.

Der Tatbestand des § 53 SGB III a. F. ist bei seiner Anwendung im Geltungsbereich des SGB II insoweit nicht einzuschränken. Für die darin liegende Ungleichbehandlung liegen hinreichende sachliche Gründe vor. Schließlich eröffnet auch die ... Generalklausel des § 16 Abs. 2 Satz 1 SGB II a. F. einen Anspruch auf Förderungsleistungen nicht. Bei der Anwendung der Generalklausel galt auch ohne ausdrückliche Regelung ein Umgehungsverbot. Die nach derzeitiger Rechtslage für die Freie Förderung nach § 16f SGB II vorgesehenen Ausnahmen vom Aufstockungs- und Umgehungsverbot fanden im streitigen Zeitraum noch keine Anwendung."
Zitiert nach dem Terminbericht Nr. 59/13 des Bundessozialgerichts

<u>BSG, Urteil vom 22.08.2013, B 14 AS 75/12 R:</u>
„Es kann nicht dahingestellt bleiben, ob die **Arbeitsgelegenheit** zusätzlich i. S. des § 16 Abs. 3 SGB II war oder nicht. Denn Voraussetzung für einen **öffentlich-rechtlichen Erstattungsanspruch** ist u. a. eine Leistung ohne Rechtsgrund. Ein solcher könnte in der Zuweisung vom 31.10.2008 liegen, wenn diese ein Verwaltungsakt ist und nicht wirksam angefochten wurde, was die Klägerin aber z. B. unter Berufung auf die mangelnde Zusätzlichkeit zu erreichen sucht, oder in der **Eingliederungsvereinbarung**, die aber **bei fehlender Zusätzlichkeit nichtig** sein könnte. Ein .. durchgreifender allgemeiner "Vorrang des Primärrechtsschutzes" ist nicht zu erkennen. Dem Erstattungsanspruch könnte jedoch entgegenstehen, dass die Klägerin gegen eine Obliegenheit aus ihrem Grundverhältnis zum Beklagten verstoßen hat, indem sie ihn über die aus ihrer Sicht nicht bestehende Zusätzlichkeit, die vom LSG noch zu klären ist, nicht informiert hat."
Zitiert nach dem Terminbericht Nr. 41/13 des Bundessozialgerichts

<u>BSG, Urteil vom 16.02.2012, B 4 AS 77/11 R:</u>
„Das LSG hat zutreffend entschieden, dass (*die Klägerin*) keinen Anspruch auf Vergütung aus dem **Vermittlungsgutschein** des Beigeladenen für dessen Vermittlung in eine sozialversicherungspflichtige Beschäftigung gegen den Beklagten hat. Die Zahlung der Vergütung ist nach § 16 Abs. 1 Satz 2 SGB II i. V. m. § 421g Abs. 3 Nr. 4 SGB III ausgeschlossen. Danach muss der Vermittler nachweisen, dass er die Arbeitsvermittlung als Gegenstand seines Gewerbes angezeigt hat. Dies war hier nicht der Fall. ...die Klägerin (*verfügte*) im hier rechtlich maßgeblichen Zeitpunkt des Beginns der vermittelten sozialversicherungspflichtigen Beschäftigung am 1.10.2006 nicht über eine Gewerbeanmeldung mit dem Gegenstand "Arbeitsvermittlung". **Der Nachweis des angezeigten Gewerbegegenstandes "Personal- und Unternehmensberatung" genügt nicht** den Anforderungen des § 421g Abs. 3 Nr. 4 SGB III. "Arbeitsvermittlung" ist vom Wortlaut her auf die Vermittlung einer konkreten Person in Arbeit gerichtet, während die "Personal- und Unternehmensberatung" in erster Linie der Beratung von Unternehmen dient. Aus der Gesetzesbegründung, der systematischen Stellung der Vorschrift innerhalb des Normgefüges des SGB III sowie dem Sinn und Zweck des Vergütungsausschlusses im Falle des fehlenden Nachweises der Arbeitsvermittlung als Gegenstand des Gewerbes folgt,

dass das **Gewerbe ausdrücklich auf die "Arbeitsvermittlung" ausgerichtet** sein muss."
Zitiert nach dem Terminbericht Nr. 9/12 des Bundessozialgerichts

BSG, Urteil vom 27.08.2011, B 4 AS 1/10 R:
„Ansprüche ... auf ... Arbeitsentgelt bestehen nicht, weil der Beschäftigung der Klägerin ... kein Arbeitsverhältnis zugrunde lag. ... Der Senat schließt sich der Rechtsprechung des 14. Senats ... insofern an, als die für diesen Erstattungsanspruch erforderliche Vermögensmehrung jedenfalls dann gegeben ist, wenn die gesetzliche Voraussetzung der **Zusätzlichkeit** ... einer **Arbeitsgelegenheit** nicht vorgelegen hat... Insofern wird zu prüfen sein, ob die Klägerin Aufgaben verrichtet hat, die aufgrund rechtlicher Verpflichtung zur ordnungsgemäßen Aufgabenerfüllung gehören und für die marktgängige Preise gezahlt werden müssen... Liegt eine Zusätzlichkeit der Reinigungsarbeiten nicht vor, kann sich der Beigeladene im Rahmen des **öffentlich-rechtlichen Erstattungsanspruchs** auch nicht darauf berufen, dass ein Vermögensvorteil nur im Verhältnis zwischen dem Maßnahmeträger und der Klägerin auszugleichen wäre. ... Da das **Interesse des öffentlich-rechtlichen Trägers** darauf gerichtet sein muss, eine ohne Rechtsgrund eingetretene Vermögensverschiebung zu beseitigen und den **rechtmäßigen Zustand wiederherzustellen**, sind ihm entsprechende Einwendungen gegen den öffentlich-rechtlichen Erstattungsanspruch verwehrt... Bei fehlender Zusätzlichkeit rechtfertigt insofern bereits die Zweckverfehlung innerhalb des sozialrechtlichen Leistungsverhältnisses zwischen dem Hilfebedürftigen und dem Maßnahmeträger die Anwendung des öffentlich-rechtlichen Erstattungsanspruchs..."

BSG, Urteil vom 13.04.2011, B 14 AS 98/10 R:
„Der Beklagte hat vom Kläger eine Leistung ohne rechtlichen Grund erlangt, wie es der **öffentlich-rechtliche Erstattungsanspruch** zunächst voraussetzt. ... Die vom Kläger erbrachte Leistung muss sich der Träger der Grundsicherung zurechnen lassen, auch wenn .. die Arbeitsgelegenheit von der Stadt Mannheim als Maßnahmeträger durchgeführt und mit den durchgeführten Umzugsarbeiten eine Aufgabe der Stadt Mannheim erfüllt worden ist. Mit der Schaffung der Arbeitsgelegenheit und der Zuweisung des Hilfebedürftigen in die Maßnahme hat der Beklagte die Arbeitsleistung im öffentlichen Interesse veranlasst und an den Maßnahmeträger "vermittelt". ... Ob (auch) beim Maßnahmeträger durch eine rechtswidrige Schaffung einer Arbeitsgelegenheit ein Vermögensvorteil entstanden ist, der auszugleichen wäre, bleibt innerhalb der Rechtsbeziehungen zwischen Träger der Grundsicherung und Maßnahmeträger zu klären. ... Der Erstattungsanspruch für rechtsgrundlos erbrachte Arbeit ist der Höhe nach auf den **Ersatz ihres Wertes** gerichtet, da die erlangte Arbeitsleistung selbst nicht herausgegeben werden kann (vgl. § 818 Abs. 2 BGB). ... Ein Erstattungsanspruch gegen den Beklagten besteht allerdings nur insoweit, als er durch die ihm erbrachte Arbeitsleistung im Verhältnis zu den von ihm erbrachten Aufwendungen zur Sicherung des laufenden Lebensunterhalts

bereichert ist. ... Es ist .. **arbeitstäglich** zu berücksichtigen, welche **Aufwendungen** der Beklagte hatte und welcher **Vermögensvorteil** diesem gegenüberstand. Bei der Ermittlung dieser Aufwendungen sind nicht nur die auf einen Tag entfallenden Leistungen nach §§ 19, 22 SGB II und die bereits geleistete Mehraufwandsentschädigung anzusetzen. Der Beklagte hat ... auch die Beiträge zur Kranken-, Pflege- und Rentenversicherung unmittelbar gezahlt und endgültig getragen... Der täglichen Arbeitsleistung im Wert von 43,60 Euro stehen bereits erbrachte Aufwendungen für den Kläger in Höhe von 31,46 Euro gegenüber. Die Differenz ... von 12,14 Euro steht dem Kläger für insgesamt 16 Tage einer rechtsgrundlos erbrachten Arbeitsleistung zu."

<u>BSG, Urteil vom 13.04.2011, B 14 AS 101/10 R:</u>
„Soweit der Träger der Grundsicherung den erwerbsfähigen Hilfebedürftigen in eine bestimmte Arbeitsgelegenheit ... zuweist, handelt es sich ... regelmäßig um einen **Verwaltungsakt** ... Entgegen der Auffassung des SG kann der Hilfebedürftige einen **öffentlich-rechtlichen Erstattungsanspruch** gerichtet auf **Wertersatz** für eine rechtsgrundlos erbrachte Arbeit nicht lediglich dann beanspruchen, wenn die Eingliederungsvereinbarung bzw. ein entsprechender ersetzender Bescheid ... an rechtlichen Mängeln leidet... Insbesondere wenn eine solche Maßnahme zwar auf eine im öffentlichen Interesse liegende Arbeit im Sinne einer wertschöpfenden, fremdnützigen Tätigkeit gerichtet ist, sich aber nicht als zusätzlich i. S. des § 16 Abs. 3 Satz 2 SGB II darstellt, kann die erbrachte Arbeit rechtsgrundlos zugewandt sein... Dabei kann der Senat vorliegend offen lassen, inwieweit ein Hilfebedürftiger sich auf die Rechtswidrigkeit der Maßnahme aus diesem Grund berufen und einen Wertersatz für geleistete Arbeit verlangen kann, wenn er einen entsprechenden Zuweisungsbescheid zunächst nicht angegriffen hat."

<u>BSG, Urteil vom 06.04.2011, B 4 AS 117/10 R:</u>
„Anspruchsgrundlage für die **Fahrkostenerstattung** ... ist § 16 Abs. 1 Satz 2 SGB II i. V. m. § 81 Abs. 2 SGB III und § 5 Abs. 1 BRKG. ... Der Beklagte hat dem Kläger die fragliche **Weiterbildungsmaßnahme**, die auch das **Praktikum** umfasste, dem Grunde nach bindend bewilligt. Damit hat er die ihm maximal eingeräumte Möglichkeit zur Ermessensbetätigung jedoch ausgeschöpft und ist nunmehr verpflichtet, die Leistung in dem in § 81 SGB III zwingend vorgesehen Umfang zu erbringen. ...
Nach § 5 Abs. 1 Satz 2 BRKG beträgt sie bei Benutzung eines Kfz oder eines anderen motorbetriebenen Fahrzeuges **20 Cent je Kilometer zurückgelegter Strecke**, höchstens jedoch 130 Euro. Der Betrag der Fahrkostenerstattung ist ... doppelt so hoch, wie von dem Beklagten rechtswidrig ... zugrunde gelegt, da der Beklagte davon ausgegangen ist, lediglich 0,20 Euro für die einfache Wegstrecke ansetzen zu dürfen. ... § 6 Abs. 1 Nr. 3b Alg II-V legt .. die Höhe der Absetzbarkeit der Fahrkosten vom Einkommen fest und bestimmt nicht die Höhe der im Rahmen einer Eingliederungsmaßnahme ... zu übernehmenden Fahrkosten. ... Aus den vorgenannten Gründen **scheidet auch eine analoge Anwendung des § 6 Abs. 1 Nr. 3b Alg II-V aus**. Es mangelt bereits an einer

planwidrigen Lücke im Hinblick auf die Fahrkostenerstattung im SGB II. Nach dem ausdrücklichen Gesetzesbefehl i. S. des § 16 Abs. 1 Satz 2 i. V. m. § 16 Abs. 2 Satz 1 SGB II ist auf die gesetzlichen Regelungen des SGB III zurückzugreifen."

BSG, Urteil vom 13.07.2010, B 8 SO 14/09 R:
„Die erwerbstätige Klägerin hatte im Jahr 2005 ein monatliches Nettoeinkommen ... von über 1.400 Euro. Wegen Überschuldung nahm sie die Schuldnerberatung des beigeladenen Caritas-Verbandes in Anspruch; der Sozialhilfeträger hat die Übernahme der dafür angefallenen Kosten abgelehnt, weil die Klägerin als Erwerbsfähige keinen Anspruch hierauf nach §§ 11, 15 SGB XII habe. Während das Sozialgericht der Klage stattgegeben hat, hat das Landessozialgericht nach Beiladung des nach dem SGB II zuständigen Leistungsträgers (ARGE) diesen verurteilt, über den Anspruch auf Kostenübernahme zu befinden.
Der 8. Senat des Bundessozialgerichts hat die Entscheidung des LSG zwar darin bestätigt, dass der erwerbsfähigen Klägerin keine Schuldnerberatung nach dem SGB XII zur Vermeidung des Eintritts von Hilfebedürftigkeit zustehen könne. Aufgehoben wurde jedoch das Urteil des LSG, soweit die beigeladene ARGE als nach dem SGB II zuständiger Leistungsträger verurteilt worden ist. Entgegen der Ansicht des LSG **setzt die Schuldnerberatung nach § 16 Abs. 2 a. F. SGB II** zum einen eine bereits **bestehende Hilfebedürftigkeit** und zum anderen **voraus**, dass sie **für die Eingliederung** des Erwerbsfähigen in das Erwerbsleben **erforderlich** ist. Beide Voraussetzungen erfüllt die Klägerin nicht. **Anders als im SGB XII genügt** insbesondere **nicht, dass eine Hilfebedürftigkeit erst droht**. Dem steht nicht entgegen, dass die §§ 1, 3 SGB II auch auf die Vermeidung von Hilfebedürftigkeit hinweisen. Diese Vorschriften beinhalten lediglich Programmsätze, die der Umsetzung in der jeweiligen Anspruchsnorm bedürfen. Dies ist in § 16 SGB II für die Schuldnerberatung der Erwerbsfähigen gerade nicht geschehen. Hierin liegt keine unzulässige Ungleichbehandlung gegenüber den Nichterwerbsfähigen, für die §§ 11, 15 SGB XII auch eine präventive Schuldnerberatung vorsehen. Von einem erwerbsfähigen Nichthilfebedürftigen kann erwartet werden, dass er auf eigene Kosten präventive Maßnahmen ergreift, um den Eintritt von Hilfebedürftigkeit zu vermeiden und seine Erwerbstätigkeit beizubehalten."
Zitiert nach der Medieninformation Nr. 29/10 des Bundessozialgerichts

BSG, Urteil vom 01.06.2010, B 4 AS 63/09 R:
„Zu Recht hat das LSG jedoch einen Anspruch auf darlehensweise Übernahme der **Reparaturkosten für den Pkw** nach ... § 23 SGB II verneint. ... Für das Begehren des Klägers kommt als Anspruchsgrundlage jedoch die **Generalklausel des § 16 Abs. 2 Satz 1 SGB II** in der bis zum 31.12.2008 geltenden Fassung in Betracht. ... Nur wenn die beabsichtigte Tätigkeit eine konkrete und realistische Möglichkeit auf wirtschaftlichen Erfolg von einiger Dauer bot und die Instandsetzung des Pkw ein geeignetes Mittel zur Erreichung dieses Ziels

darstellt, ist der Weg zu einer Ermessensentscheidung darüber eröffnet, ob und in welchem Umfang eine Kostenübernahme erfolgen kann.“

BSG, Urteil vom 16.12.2008, B 4 AS 60/07 R:
„Die Beklagte hat dem Kläger eine Tätigkeit angeboten, die den Anforderungen an eine Arbeitsgelegenheit nach § 16 Abs. 3 Satz 2 SGB II genügt. Die **Arbeitsgelegenheiten** sind nach der geltenden Gesetzeslage **keine Gegenleistung für** die dem Hilfebedürftigen gewährten **Grundsicherungsleistungen**. Sofern der Gesetzgeber im Bereich der Grundsicherung für Arbeitsuchende unter dem "Gesichtspunkt des Forderns" sog "Workfare-Elemente" für angemessen hält, muss er dies im Gesetz klar und unmissverständlich zum Ausdruck bringen. Dies ist nach der derzeitigen Gesetzeslage nicht der Fall. Die Arbeitsgelegenheiten gehören systematisch vielmehr zum Katalog der in § 16 SGB II geregelten Eingliederungsleistungen. Deren **Aufgabe** ist die umfassende **Unterstützung der erwerbsfähigen Hilfebedürftigen** mit dem **Ziel** der **Eingliederung in Arbeit**. Arbeitsgelegenheiten sind Mittel der Grundsicherungsträger zur Umsetzung des Grundsatzes des **Förderns**. Eine besondere Regelung gilt für die im öffentlichen Interesse liegenden, zusätzlichen Arbeiten, die nicht nach § 16 Abs. 1 SGB II als Arbeitsbeschaffungsmaßnahmen gefördert werden: Bei Ausübung einer derartigen Arbeitsgelegenheit wird dem erwerbsfähigen Hilfebedürftigen zuzüglich zum Alg II eine angemessene Entschädigung für Mehraufwendungen gezahlt.
Arbeitsgelegenheiten müssen - bezogenen auf den konkreten Hilfebedürftigen - daher **erforderlich**, **geeignet** und auch im engeren Sinne **angemessen sein**, diesem Ziel - Eingliederung in Arbeit - näher zu kommen. Dabei steuert das für alle Eingliederungsleistungen geltende **ungeschriebene Merkmal** der **Erforderlichkeit** auch die Dauer und den zeitlichen Umfang der Inanspruchnahme.
Entgegen der Auffassung des LSG widerspricht es den für Arbeitsgelegenheiten geltenden Grundsätzen nicht grundsätzlich, wenn für die Ausübung einer derartigen Tätigkeit ein zeitlicher **Umfang** von **bis zu 30 Stunden** anzusetzen ist. Eine gesetzliche Regelung hierzu existiert nicht. Tätigkeiten im Rahmen von Arbeitsgelegenheiten sind keiner isolierten Betrachtung zugänglich. Sie stellen vielmehr - wie andere Eingliederungsleistungen auch - lediglich einen **Zwischenschritt zum** angestrebten **Endziel der Eingliederung** des erwerbsfähigen Hilfebedürftigen in Arbeit dar. Handelt es sich bei den Arbeitsgelegenheiten nach § 16 Abs. 3 Satz 2 SGB II damit ihrem Charakter nach um Förderungsleistungen, die die **Erwerbsfähigkeit** des Hilfebedürftigen **erhalten, verbessern oder wiederherstellen** sollen, kann es nicht entscheidend darauf ankommen, ob und in welchem Umfang während des Zeitraums der Ausübung der Tätigkeit die Relation von Leistung und Gegenleistung gewahrt ist. Gegen eine zeitliche Inanspruchnahme in dem hier fraglichen Umfang kann auch nicht ins Feld geführt werden, dass durch eine zeitliche Begrenzung die Gefahr einer Verdrängung regulärer Arbeitsverhältnisse verhindert werde. Denn die **Verdrängungsgefahr resultiert** nicht aus dem Umfang, sondern **allein aus der Art der Tätigkeit**. ...

Das LSG ... wird nach Zurückverweisung prüfen müssen; ob ein **Arbeitsangebot** vorliegt, das hinreichende Angaben zur **Art der Tätigkeit**, zur wöchentlichen **Arbeitszeit**, zur zeitlichen **Lage der Arbeitszeiten** und zum **Umfang der Aufwandsentschädigung** enthält."
Zitiert nach dem Terminbericht Nr. 65/08 des Bundessozialgerichts

<u>BSG, Urteil vom 13.11.2008, B 14 AS 66/07 R:</u>
„Die angemessene **Mehraufwandsentschädigung** in Höhe von 1 Euro wird von der Beklagten (dem Grundsicherungsträger) und gerade nicht von dem Maßnahmeträger als "Arbeitgeber" geleistet. Es handelt sich insofern also nicht um Arbeitslohn, sondern um eine **Sozial-Leistung** nach dem SGB II, die etwa gemäß § 11 Abs. 1 Satz 1 SGB II nicht als Einkommen des Hilfebedürftigen gilt. ... Der Kläger hat unter Berücksichtigung des Rechtscharakters der Mehraufwandsentschädigung i. S. des § 16 Abs. 3 Satz 2 SGB II **keinen Anspruch** darauf, dass ihm **zusätzlich** zu dem ihm bereits gewährten 1 Euro pro Stunde die **Fahrtkosten** in tatsächlicher Höhe erstattet werden. Ausgangspunkt für diese Überlegung ist, dass dem Teilnehmer an einer Maßnahme ... eine Entschädigung für diejenigen Aufwendungen geleistet wird, die ursächlich auf die Wahrnehmung der Arbeitsgelegenheit zurückzuführen sind und die ohne die "Arbeitsleistung" nicht anfallen würden... Wie schon aus dem Wortlaut des § 16 Abs. 3 Satz 2 SGB II folgt, wird die **Entschädigung** mithin **nicht** deshalb gezahlt, **weil der Kläger Tätigkeiten verrichtet**, sondern deshalb, weil ihm durch die Wahrnehmung der Arbeitsgelegenheit **Mehraufwendungen** entstehen... Als "durch die Arbeit" bedingter Mehrbedarf kommen dabei in erster Linie **Fahrtkosten** in Betracht, jedoch ist auch ein Mehrbedarf für **Arbeitskleidung** und **Wäsche**, **Körperreinigung**, zusätzliche Kosten für **Wäschewaschen** und Reinigung sowie **Ernährung** denkbar.
Die Aufwandsentschädigung ... muss sich an dem tatsächlich erforderlichen Aufwand des Leistungsempfängers orientieren... Hieraus kann allerdings nur abgeleitet werden, dass die Mehraufwandsentschädigung gemäß § 16 Abs. 3 Satz 2 SGB II zumindest so zu bemessen ist, dass die **zusätzlichen Aufwendungen** auf Grund des "Ein-Euro-Jobs" **nicht aus der Regelleistung** bzw. dem sonstigen Alg II bestritten werden müssen... Mithin besteht ein höherer Anspruch auf Mehraufwandsentschädigung immer dann, wenn der erwerbsfähige Hilfebedürftige im Einzelnen nachweist, dass er mit der ihm - pauschal - gewährten Mehraufwandsentschädigung von etwa 1 Euro in der Stunde die tatsächlich anfallenden Unkosten, die durch die Arbeitsgelegenheit verursacht werden, nicht decken kann. ... Ob eine Entschädigung, die genau die Mehrkosten deckt und darüber hinaus keinerlei "Entlohnung" bzw. Anreiz für den Leistungsempfänger mehr enthält, noch angemessen iS des § 16 Abs. 3 Satz 2 SGB II wäre ... , kann hier dahinstehen. ... Entgegen der Rechtsansicht des Klägers soll die Mehraufwandsentschädigung ... aber gerade **nicht** das Niveau eines Mindestlohns erreichen bzw. **als Anreiz** dafür dienen, dauerhaft in sog "Ein-Euro-Jobs" zu verbleiben."

BSG, Urteil vom 06.12.2007, B 14/7b AS 50/06 R:
„Der Kläger begehrt die Erstattung von **Fahrkosten** für die Anfahrt **zu zwei Gesprächen** bei der Beklagten in Höhe von insgesamt **3,52 Euro**. ... Die Beklagte hat ermessensfehlerhaft die Erstattung der Kosten abgelehnt. ... Sowohl nach § 59 SGB II iVm § 309 Abs. 4 SGB III als auch nach § 16 Abs. 1 Satz 1 SGB II iVm §§ 45 Satz 2 Nr. 2, 46 Abs. 2 SGB III besteht .. ein Anspruch ... auf ermessensfehlerfreie Entscheidung über die Übernahme der Reisekosten zum Beratungstermin. ... **Die Beklagte kann ihre Ermessensentscheidung** insbesondere **nicht auf ihre eigenen internen Geschäftsanweisungen stützen**, die in Anlehnung an eine inzwischen weggefallene Anordnung des Verwaltungsrates der BA eine Erstattung von Beträgen unter 10 DM ausschließen. Die Ausübung von Ermessen nach näherer Maßgabe von ermessenslenkenden Verwaltungsvorschriften ist zwar grundsätzlich nicht zu beanstanden... Derartige Vorschriften haben aber lediglich verwaltungsinterne Bedeutung ohne Verbindlichkeit für die Auslegung des zugrundeliegenden Gesetzes. Sie können allenfalls eine Selbstbindung der Verwaltung bewirken und einen Anspruch auf Gleichbehandlung begründen... Es unterliegt der gerichtlichen Nachprüfung, ob die Richtlinien sachliche Differenzierungskriterien enthalten und mit der ... Ermächtigung zur Ermessensausübung übereinstimmen... Festlegungen in ermessenslenkenden Verwaltungsvorschriften müssen ihrerseits den generellen Anforderungen an eine ordnungsgemäße Ermessensausübung genügen. ...
Der Leistungsträger hat ... die Höhe der Belastung einerseits und die Vermögensverhältnisse des Betroffenen andererseits zu berücksichtigen... **Eine Ablehnung der Kostenübernahme wird** danach **gegenüber Leistungsempfängern nach dem SGB II regelmäßig nicht in Betracht kommen.** Die von der Beklagten angeführten Gesichtspunkte der unverhältnismäßigen Verwaltungskosten und der Verwaltungsvereinfachung können angesichts der wirtschaftlichen Verhältnisse der Leistungsempfänger nach dem SGB II grundsätzlich kein Absehen von der Kostenerstattung rechtfertigen. Ob etwas anderes bei ganz geringfügigen Kosten gelten kann, mit denen keine im Verhältnis zur Regelleistung ins Gewicht fallende Belastung verbunden ist, kann offen bleiben, weil davon jedenfalls bei dem streitigen Betrag, erst recht aber bei einem Betrag ... von 6 Euro nicht die Rede sein kann. ... Soweit die Beklagte vorträgt, dass sie im Interesse besserer Erreichbarkeit Außenstellen eingerichtet habe, mag dies die Qualität ihrer Leistungen verbessern und dazu beitragen, Fahrkosten zu minimieren. Ein im Rahmen der Ermessensausübung zu berücksichtigendes Argument lässt sich hieraus nicht gewinnen."

BAG, Urteil vom 26.09.2007, 5 AZR 857/06:
„**Arbeitsgelegenheiten mit Mehraufwandsentschädigung**, wie sie in § 16 Abs. 3 Satz 2 SGB II geregelt sind, **begründen** ein von Rechtssätzen des öffentlichen Rechts geprägtes Rechtsverhältnis und **kein Arbeitsverhältnis**... Die Einbeziehung eines (privaten) Dritten, eines Maßnahmeträgers, wie sie nach § 17 Abs. 1 Satz 1 SGB II bei der Erbringung von Leistungen zur Eingliederung in Arbeit die Regel sein soll, führt nicht dazu, dass das Rechtsverhältnis zwischen dem Hilfebedürftigen und dem Dritten privatrechtlich gestaltet ist.

Ein privatrechtliches Rechtsverhältnis entsteht **auch dann nicht, wenn** bei der Verschaffung der Arbeitsgelegenheit **die gesetzlichen Zulässigkeitsschranken** nach § 16 Abs. 3 SGB II für Arbeitsgelegenheiten mit Mehraufwandsentschädigung **nicht eingehalten werden**... Eine Missachtung der gesetzlichen Grenzen (insbesondere fehlende Zusätzlichkeit der Arbeit und fehlendes öffentliches Interesse) führt allenfalls zur Rechtswidrigkeit der Durchführung der Arbeitsgelegenheit, aber nicht zu deren Nichtigkeit und auch nicht zu einem privatrechtlichen Vertragsverhältnis zwischen den Parteien."

BSG, Urteil vom 23.11.2006, B 11b AS 3/05 R:
„§ 16 Abs. 2 Satz 1 SGB II enthält damit eine **Generalklausel** für ergänzende Eingliederungsleistungen aller Art, für die die nicht abschließend in Satz 2 der Vorschrift aufgeführten Einzelleistungen die Rolle von Hauptbeispielen übernehmen... Im Ansatz kommen damit neben dem Einstiegsgeld ... **weitere** davon zu unterscheidende und insoweit vom Aufstockungsverbot ... nicht erfasste **Leistungen** zur Fortsetzung selbständiger Erwerbstätigkeit in Betracht, welche schon ... nach ... § 30 BSHG als Hilfe zur Sicherung der Lebensgrundlage durch eigene Tätigkeit möglich waren...
Die ebenfalls zu prüfende **Erforderlichkeit** einer Eingliederungsleistung nach § 16 Abs. 2 Satz 1 SGB II **beurteilt sich nach den Zielvorgaben der §§ 1, 3 SGB II** ... Diese sind zwar für sich nicht anspruchsbegründend, stecken aber als programmatische Kernaussagen und Grundsätze den Leistungsrahmen der Grundsicherung für Arbeitsuchende ab... Die Erforderlichkeit in diesem Sinn kann jedoch nur vorliegen, wenn ein **Eingliederungserfolg mit hinreichender Sicherheit vorhergesagt werden kann**... Diese **Prognose** wiederum setzt eine **Plausibilitätsprüfung** voraus und deshalb ein **schlüssiges Konzept**, wie aus der in Aussicht genommenen Tätigkeit der Lebensunterhalt bestritten werden soll... Es ist nicht Anliegen der Grundsicherung für Arbeitsuchende, eine Persönlichkeitsentfaltung ohne Rücksicht auf die Sicherung der Lebensgrundlage zu ermöglichen... Lagen ... für die hier zu prüfende Eingliederungsleistung sowohl Hilfebedürftigkeit als auch Erforderlichkeit vor, wären damit allerdings nur die Voraussetzungen des Ermessens nach § 16 Abs. 2 Satz 1 SGB II erfüllt. Dann könnte das LSG lediglich im Falle einer Ermessensschrumpfung auf Null ... durchentscheiden. ... sei jedoch darauf hingewiesen, dass im Falle der Erforderlichkeit der Eingliederungsleistung das **Entschließungsermessen entfallen kann** und im Rahmen des **Auswahlermessen**s auch an eine darlehensweise Leistungsgewährung zu denken wäre."

3.3 Einrichtungen und Dienste

§ 17 Abs. 1 S. 1 SGB II normiert ein weitreichendes **Zurückhaltungsgebot** für die SGB-II-Träger:

Sie sollen eigene Einrichtungen und Dienste nicht schaffen, soweit Dritte diese vorhalten, ausbauen oder in Kürze schaffen können. „Dritte" können z. B. Kommunen oder Wohlfahrtsverbände sein.

Voraussetzungen sind *Leistungsfähigkeit* und *Flexibilität*, damit die Leistungen zur beruflichen Eingliederung den Erfordernissen im Einzelfall Rechnung tragen können.

Satz 2 normiert ein **Unterstützungsgebot**:

Die Träger der Grundsicherung für Arbeitsuchende sollen Träger der freien Wohlfahrtspflege angemessen unterstützen. Der Gesetzgeber bekennt sich damit zur Bedeutung der freien Wohlfahrtspflege für die Wahrnehmung sozialer Aufgaben.

Erbringen Dritte Dienst- oder Sachleistungen, gelten die Regeln der Zusammenarbeit des SGB III. Soweit das SGB III keine Regelungen enthält, muss der SGB-II-Träger mit dem Leistungserbringer eine **Vereinbarung** schließen (§ 17 Abs. 2 SGB II).

Die Vereinbarung muss

- die Leistung
- die Vergütung und
- die Prüfung der Qualität und der Wirtschaftlichkeit regeln.

Sie muss den Grundsätzen der Wirtschaftlichkeit, der Sparsamkeit und Leistungsfähigkeit entsprechen.

BSG, Urteil vom 10.08.2016, B 14 AS 23/15 R:
„Die Klage ist hinsichtlich des materiell-rechtlich entscheidenden Begehrens des Klägers, ihm einen **Zugang zur entgeltlichen Schuldnerberatung** nach § 16a Nr. 2 SGB II ... zu eröffnen, abgewiesen worden. Die Revision wurde nur hinsichtlich der ... Bescheide zurückgewiesen und deren Aufhebung bestätigt,

weil der Beklagten angesichts der von § 17 Abs. 2 SGB II vorgegebenen vertraglichen Regelungen mit den Leistungserbringern **kein Recht zu einer** hoheitlichen **Regelung durch Verwaltungsakt** eingeräumt ist. Der Kläger hat jedoch ... keinen Anspruch auf Abschluss eines öffentlich-rechtlichen Vertrages ... über ... Leistungen der entgeltlichen Schuldnerberatung. Die Beklagte hat zumindest das ihr hinsichtlich der qualitativen Anforderungen an die Personen, die für die unmittelbare Erbringung dieser Leistung gegenüber den Leistungsberechtigten bei ihren Vertragspartnern zuständig sind, eingeräumte **Ermessen** rechtsfehlerfrei ausgeübt. Insbesondere ist angesichts der einleitenden Zielbeschreibung in § 16a SGB II "zur Verwirklichung einer ganzheitlichen und umfassenden Betreuung und Unterstützung bei der Eingliederung in Arbeit" nicht zu beanstanden, dass sie eine **rein rechtliche Beratung** als **unzureichend** ansieht und darüber hinaus eine spezifische **Beratungskompetenz** durch eine Beratungsausbildung oder die Zusatzqualifikation "Schuldnerberatung" auch von einem Volljuristen fordert."
Zitiert nach dem Terminbericht Nr. 34/16 des Bundessozialgerichts

3.4 Zusammenarbeit

Die Träger der Grundsicherung für Arbeitsuchende müssen mit den **Beteiligten des örtlichen Arbeitsmarktes** zusammenarbeiten beim Erbringen von Eingliederungsleistungen.

Die Träger und Stellen müssen als Partner in vertrauensvoller Zusammenarbeit

- für möglichst **gleichmäßige** und **flächendeckende** Eingliederungsleistungen sorgen und

- **Leistungsmissbrauch** verhindern oder aufdecken.

Zu den Beteiligten des örtlichen Arbeitsmarktes zählen vor allem

- Gemeinden
- Kreise
- Bezirke
- Träger der freien Wohlfahrtspflege
- Arbeitgeber- und Arbeitnehmervertretungen
- Kammern (z. B. IHK)
- berufsständische Organisationen
- Sozialleistungsträger
- Ausländerbehörden
- Bundesamt für Migration und Flüchtlinge
- Schulen und Hochschulen.

Die Agenturen für Arbeit sollen mit den Gemeinden, Kreisen und Bezirken auf deren Verlangen **Vereinbarungen** schließen über das Erbringen von Eingliederungsleistungen; ausgenommen sind die in § 16 Abs. 1 SGB II genannten originären Leistungen der Agentur für Arbeit.

Die Vereinbarungen können öffentlich- oder privatrechtlich sein und jede Form der Zusammenarbeit betreffen.

Das Bundesministerium für Wirtschaft und Arbeit hat am 4. November 2004 die *Mindestanforderungen* an solche Vereinbarungen durch *Rechtsverordnung* geregelt.

Die Aufnahmefähigkeit des örtlichen Arbeitsmarktes ist für die Tätigkeiten der SGB-II- und SGB-III-Träger eine entscheidende Bestimmungsgröße. Für die Beteiligten auf dem örtlichen Arbeitsmarkt muss das Spektrum der aktiven Leistungen transparent und für Entscheidungen zugänglich gemacht werden.

Nach § 18 Abs. 3 SGB II sind deshalb die Leistungen nach dem SGB II in das regionale **Arbeitsmarktmonitoring** der Agenturen für Arbeit einzubeziehen.

Ziel des Arbeitsmarktmonitorings ist es, Informationen für die Arbeitsmarktpolitik zu gewinnen und den Akteuren der Arbeitsmarktpolitik für ihre Planungen zur Verfügung zu stellen.

Das Arbeitsmarktmonitoring soll vor allem folgende Fragen beantworten:

- Wie viele und welche Arbeitskräfte benötigen die Unternehmen?
- Welche Qualifikationen und Kompetenzen sollen sie haben?
- Welche Qualifizierungsmaßnahmen sind sinnvoll für die Arbeitsuchenden und die Unternehmen?

4. Leistungen zur Sicherung des Lebensunterhalts

Abschnitt 2 des SGB II normiert die Leistungen zur Sicherung des Lebensunterhalts. Diese decken den Bedarf

- der erwerbsfähigen Leistungsberechtigten und
- der mit ihnen in Bedarfsgemeinschaft lebenden Angehörigen.

Die Leistungen werden in der Regel **pauschaliert**, ausgenommen die Leistungen für Unterkunft und Heizung.

Das Gesetz unterscheidet

- **Bürgergeld**

  für erwerbsfähige Leistungsberechtigte und

- **Bürgergeld**

  für deren nicht erwerbsfähige Angehörige.

4.1 Bürgergeld

Das Bürgergeld sichert den Lebensunterhalt erwerbsfähiger Hilfebedürftiger. Es umfasst

- einen **Regelbedarf** (§ 20 SGB II)
- Leistungen für **Mehrbedarfe** (§ 21 SGB II)
- Leistungen für **Unterkunft** und **Heizung** (§ 22 SGB II)
- Darlehen für **unabweisbare Bedarfe** (§ 24 Abs. 1 SGB II)
- **einmalige Leistungen** (§ 24 Abs. 3 SGB II)
- Beiträge zur **Kranken- und Pflegeversicherung** (§ 26 SGB II)
- *Leistungen für **Bildung** und **Teilhabe** (§§ 28 ff. SGB II – kein Bürgergeld i. S. d. Gesetzes)*

Nicht als Bürgergeld gelten **Leistungen für Auszubildende** nach § 27 SGB II (§ 27 Abs. 1 Satz 2 SGB II). Diese Fiktion soll in erster Linie das Entstehen der Sozialversicherungspflicht verhindern.

Empfänger von Bürgergeld erhalten grundsätzlich **keine ergänzenden Hilfen zum Lebensunterhalt** außerhalb von Einrichtungen nach dem Sozialhilferecht (§ 5 Abs. 2 SGB II).

Wie in der Sozialhilfe, bleiben **Schulden** beim Bürgergeld unberücksichtigt. Unter bestimmten Voraussetzungen können allenfalls Miet- und Energieschulden als Darlehen übernommen werden (§ 22 Abs. 8 SGB II).

Das Bürgergeld ist eine nachrangige Fürsorgeleistung und deshalb abhängig von Bedürftigkeit. Hieraus folgt die Minderung der Leistung um das zu berücksichtigende **Einkommen** und **Vermögen**, wobei gewisse Freibeträge abzusetzen sind.

Einkommen und Vermögen mindern zunächst die Geldleistungen der Agentur für Arbeit, und erst in zweiter Linie die Leistungen der kommunalen Träger (§ 19 Abs. 3 SGB II).

BSG, Urteil vom 07.11.2006, B 7b AS 8/06 R:
„...ordnet **§ 19 Satz 2 SGB II** ausdrücklich an, dass zu berücksichtigendes Einkommen und Vermögen zunächst die Geldleistungen der Agentur für Arbeit (ungenaue Formulierung: gemeint ist "der BA") und erst danach die Leistung der kommunalen Träger mindert. Diese Regelung **gilt auch für den Fall, dass eine Arbeitsgemeinschaft deren Aufgaben wahrnimmt**...
§ 19 Satz 2 SGB II gewährleistet mithin eine korrekte Einkommensberücksichtigung auch für den Fall, dass sich die Mitglieder der Bedarfsgemeinschaft nur gegen die Leistungen wehren, die nach der Gesetzessystematik von den kommunalen Leistungsträgern gewährt würden, wenn nicht die Arbeitsgemeinschaft mit der Durchführung dieser Aufgaben betraut worden wäre."

4.1.1 Regelbedarf

Der Regelbedarf zur Sicherung des Lebensunterhalts umfasst nach § 20 Abs. 1 SGB II vor allem

- Ernährung
- Kleidung
- Körperpflege
- Hausrat
- Haushaltsenergie, ohne Heizung und Erzeugung von Warmwasser
- persönliche Bedürfnisse des täglichen Lebens; hierzu gehört in vertretbarem Umfang eine Teilhabe am sozialen und kulturellen Leben in der Gemeinschaft.

§ 20 Abs. 1 S. 4 SGB II stellt zum 1. Januar 2011 klar: Die Leistungsberechtigten verwenden den Regelbedarf eigenverantwortlich; dabei müssen sie für unregelmäßig anfallende Bedarfe sparen.

Der Regelbedarf beträgt seit dem 1. Januar 2024

563 Euro	für Alleinstehende, Alleinerziehende und Personen, deren Partner minderjährig ist
506 Euro	für jeden Partner einer Ehe, einer eheähnlichen Gemeinschaft und einer eingetragenen Lebenspartnerschaft
471 Euro	für sonstige erwerbsfähige Angehörige der Bedarfsgemeinschaft, die das 18. Lebensjahr noch nicht vollendet haben
451 Euro	für sonstige erwerbsfähige Angehörige der Bedarfsgemeinschaft.

Der Regelbedarf wird jeweils zum **1. Januar** eines Jahres **fortgeschrieben** um die Veränderungsrate nach § 28a SGB XII. Der Gesetzgeber stellt nicht mehr auf den aktuellen Rentenwert in der gesetzlichen Rentenversicherung ab; maßgeblich ist nun ein **Mischindex**, der die Entwicklung der Preise und Nettolöhne berücksichtigt. Das BMAS veröffentlicht die neuen Regelbedarfe jeweils spätestens bis zum 1. November im Bundesgesetzblatt (§ 20 Abs. 5 SGB II).

Liegen die Ergebnisse einer neuen Einkommens- und Verbrauchsstichprobe vor, wird die Höhe der Regelbedarfe neu ermittelt (analog § 28 Abs. 1 SGB XII).

Der Regelbedarf von **Flüchtlingen in Gemeinschaftsunterkünften** kann sich reduzieren, soweit dort Sachleistungen für Ernährung und Haushaltsenergie erbracht werden (§ 68 SGB II).

BVerfG, Beschluss vom 23.07.2014, 1 BvL 10/12, 1 BvL 12/12, 1 BvR 1691/13:

„Die **Leistungen** zur Sicherung des Lebensunterhalts ... sind **derzeit noch verfassungsgemäß.** ... Insgesamt ist die vom Gesetzgeber festgelegte Höhe der existenzsichernden Leistungen tragfähig begründbar. Soweit die tatsächliche Deckung existenzieller Bedarfe in Einzelpunkten zweifelhaft ist, hat der Gesetzgeber eine tragfähige Bemessung der Regelbedarfe bei ihrer anstehenden Neuermittlung auf der Grundlage der Einkommens- und Verbrauchsstichprobe 2013 sicherzustellen. ... Das gilt beispielsweise für den **Haushaltsstrom**, wo der Gesetzgeber im Falle außergewöhnlicher Preissteigerungen bei dieser gewichtigen Ausgabeposition verpflichtet ist, die Berechnung schon vor der regelmäßigen Fortschreibung anzupassen. Es gilt auch für den **Mobilitätsbedarf**, wo der Gesetzgeber Ausgaben für ein Kraftfahrzeug nicht als existenznotwendig berücksichtigen muss, aber sicherzustellen hat, dass der existenznotwendige Mobilitätsbedarf künftig tatsächlich gedeckt werden kann. Zudem muss eine Unterdeckung beim Bedarf an **langlebigen Gütern** (wie Kühlschrank oder Waschmaschine), für die derzeit nur ein geringer monatlicher Betrag eingestellt wird, durch die Sozialgerichte verhindert werden, indem sie die bestehenden Regelungen über einmalige Zuschüsse neben dem Regelbedarf verfassungskonform auslegen. Fehlt diese Möglichkeit, muss der Gesetzgeber einen existenzsichernden Anspruch schaffen."

BVerfG, Urteil vom 09.02.2010, 1 BvL 1/09:

„§ 20 Absatz 2 1. Halbsatz und Absatz 3 Satz 1, § 28 Absatz 1 Satz 3 Nr. 1 1. Alternative, jeweils in Verbindung mit § 20 Absatz 1 Sozialgesetzbuch Zweites Buch ... , § 28 Absatz 1 Satz 3 Nr. 1 1. Alternative in Verbindung mit § 74 Sozialgesetzbuch Zweites Buch ... jeweils in Verbindung mit § 20 Absatz 1 Sozialgesetzbuch Zweites Buch ... sowie die Bekanntmachungen über die Höhe der **Regelleistung** ... vom 20. Juli 2006 ... vom 18. Juni 2007 ... , vom

26. Juni 2008 ... und vom 17. Juni 2009 ... sind **mit** Artikel 1 Absatz 1 **Grundgesetz** in Verbindung mit dem Sozialstaatsprinzip des Artikel 20 Absatz 1 Grundgesetz **unvereinbar**. Bis zur Neuregelung, die der Gesetzgeber bis spätestens zum 31. Dezember 2010 zu treffen hat, sind diese Vorschriften weiter anwendbar.
Der Gesetzgeber hat bei der Neuregelung einen **Anspruch auf Leistungen zur Sicherstellung eines unabweisbaren, laufenden, nicht nur einmaligen, besonderen Bedarfs** für die nach § 7 Sozialgesetzbuch Zweites Buch Leistungsberechtigten vorzusehen, der bisher nicht von den Leistungen nach §§ 20 folgende Sozialgesetzbuch Zweites Buch erfasst wird, zur Gewährleistung eines menschenwürdigen Existenzminimums jedoch zwingend zu decken ist. Bis zur Neuregelung durch den Gesetzgeber wird angeordnet, dass dieser Anspruch nach Maßgabe der Urteilsgründe **unmittelbar aus Artikel 1 Absatz 1 Grundgesetz in Verbindung mit Artikel 20 Absatz 1 Grundgesetz** zu Lasten des Bundes geltend gemacht werden kann. ...
Ein solcher ist ... erforderlich ... weil die Einkommens- und Verbrauchsstatistik ... allein den Durchschnittsbedarf in üblichen Bedarfssituationen widerspiegelt, nicht aber einen darüber hinausgehenden, besonderen Bedarf aufgrund atypischer Bedarfslagen. ... Durch die Gewährung eines Darlehens nach **§ 23 Abs. 1 SGB II** wiederum können nur vorübergehende Spitzen besonderen Bedarfs aufgefangen werden. Zur Deckung eines dauerhaften, besonderen Bedarfs ist die Gewährung eines Darlehens hingegen **ungeeignet**... Auch **§ 73 SGB XII** bietet in der Auslegung ... des Bundessozialgerichts ... keine Gewähr, dass sämtliche atypischen Bedarfslagen berücksichtigt werden. Das Bundessozialgericht hat einen solchen Bedarf ... bislang nur für Kosten angenommen, die einem geschiedenen Elternteil zur Wahrnehmung seines Umgangsrechtes mit entfernt lebenden Kindern entstehen... Im Übrigen ist in Rechtsprechung und Literatur umstritten, ob und in welchen Fällen zusätzliche Leistungen nach § 73 SGB XII in Betracht kommen können...
Tritt in Sondersituationen ein höherer, überdurchschnittlicher Bedarf auf, erweist sich die Regelleistung als unzureichend. Auch hier können einmalige oder kurzfristige Spitzen im Bedarf durch ein Darlehen nach § 23 Abs. 1 SGB II ausgeglichen werden. Bei einem längerfristigen, dauerhaften Bedarf ist das indessen nicht mehr möglich. Deshalb bedarf es neben den in §§ 20 ff. SGB II vorgegebenen Leistungen noch eines zusätzlichen Anspruchs auf Leistungen bei unabweisbarem, laufendem, nicht nur einmaligem und besonderem **Bedarf** zur Deckung des menschenwürdigen Existenzminimums. Er **entsteht erst**, **wenn** der Bedarf so erheblich ist, dass die Gesamtsumme der dem Hilfebedürftigen gewährten Leistungen - einschließlich der Leistungen Dritter und unter Berücksichtigung von Einsparmöglichkeiten des Hilfebedürftigen - das menschenwürdige **Existenzminimum nicht mehr gewährleistet**. Dieser zusätzliche Anspruch dürfte angesichts seiner engen und strikten Tatbestandsvoraussetzungen **nur in seltenen Fällen** entstehen.
Der Gesetzgeber hat wegen dieser Lücke in der Deckung des lebensnotwendigen Existenzminimums eine **Härtefallregelung** in Form eines Anspruchs auf Hilfeleistungen zur Deckung dieses besonderen Bedarfs für die nach § 7 SGB II Leistungsberechtigten vorzugeben."

BVerfG, Beschluss vom 07.11.2007, 1 BvR 1840/07:
„1. Über die Frage, ob die **Höhe der Regelleistung** des Arbeitslosengeldes II hinreichend ermittelt und festgesetzt worden ist, konnte **bisher verfassungsrechtlich** noch **nicht entschieden** werden.
2. Bei der Beurteilung dieser Frage sind **neben der Regelleistung auch die Einmalbedarfe und sonstige Anspruchsgrundlagen** innerhalb und außerhalb des SGB II **zu berücksichtigen**. Eine Verfassungsbeschwerde erfordert, dass der **Beschwerdeführer substantiiert darlegt, inwieweit er selbst in seinem Existenzminimum gefährdet ist**.“

BSG, Urteil vom 15.02.2023, B 4 AS 2/22 R:
„Mit Einzug ihres Ehemanns standen der Klägerin Leistungen nur noch in Höhe der Regelbedarfsstufe 2 statt 1 zu. Auch wenn der **Ehemann ohne Aufenthaltserlaubnis** selbst **kein Arbeitslosengeld II** erhalten konnte, wurde er mit seinem Einzug in die Wohnung **Teil der Bedarfsgemeinschaft**. Mit den ihnen bewilligten Leistungen (Sozialgeld nach **Regelbedarfsstufe 2** und Asylbewerberleistungen nach § 3 AsylbLG alte Fassung) waren die Klägerin und ihr Ehemann **in der Lage, "aus einem Topf" zu wirtschaften und Einsparmöglichkeiten zu erzielen**. Auch die (um 50 Euro) niedrigere Leistungshöhe des ausbezahlten Grundleistungsbetrags nach § 3 AsylbLG führte ... nicht dazu, dass von der typisierenden Annahme eines niedrigeren Bedarfs für gemeinsam wirtschaftende Partner abgewichen werden müsste. Der Klägerin und ihrem Ehemann war es ... möglich, insbesondere im Bereich Lebensmittel, Energie und Wohnungsinstandhaltung sowie Nachrichtenübermittlung gemeinsam zu wirtschaften und Ersparnisse zu erzielen. Dies gilt auch für den Bereich Hausrat, der in den Grundleistungsbedarf nach dem AsylbLG nicht als Geldleistungsbetrag eingeflossen ist und daher wesentlich zur Differenz des ausgezahlten monatlichen Betrags führt, für den im Bedarfsfall aber gesondert Geld- oder Sachleistungen erbracht werden. Selbst wenn die Berechnung der Grundleistungen nach § 3 AsylbLG nicht den verfassungsrechtlichen Vorgaben entsprechen sollte, könnte die Klägerin für sich keinen höheren Leistungsanspruch gegen den Beklagten ableiten.“
Zitiert nach dem Terminbericht Nr. 3/23 des Bundessozialgerichts

BSG, Urteil vom 14.06.2018, B 4 AS 23/17 R:
„Der Kläger bildete eine Bedarfsgemeinschaft mit seinem ... Sohn ... sowie mit seiner - damals - nicht getrennt lebenden, sondern ebenfalls in diesem Haushalt lebenden Ehefrau... Die Voraussetzungen des § 20 Abs. 2 Satz 1 SGB II sind nicht erfüllt, weil der **Kläger nicht alleinstehend oder alleinerziehend** und seine in 1988 geborene **Ehefrau nicht minderjährig** war. ... Die **Ehefrau** des Klägers **hätte** grundsicherungsrechtlich **einen Antrag auf Leistungen nach dem SGB II stellen** und diese beim Vorliegen der Voraussetzungen in Anspruch nehmen **können**, ein Ausschlusstatbestand lag mit den **Nebenbestimmungen zur Aufenthaltserlaubnis** nicht vor... Die Gründe, warum die

Ehefrau keinen Antrag gestellt hat, vermögen keine Änderung der Leistungsvoraussetzungen nach dem SGB II hinsichtlich des Klägers, ihres Ehemanns, zu bewirken... Angesichts dessen kann dahinstehen, ob die von der Ehefrau angeführten **aufenthaltsrechtlichen Gesichtspunkte** überhaupt zutreffend sind, woran im Übrigen jedoch Zweifel bestehen. Selbst wenn die Nebenbestimmung "Erlischt bei Bezug öffentlicher Leistungen" der Aufenthaltserlaubnis der Ehefrau ein Erlöschen der Aufenthaltserlaubnis nach sich zöge (§ 51 Abs. 1 Nr. 2 AufenthG) und eine Ausreisepflicht begründete (§ 50 Abs. 1 AufenthG), wäre diese gleichwohl nur dann vollziehbar, wenn die Ehefrau vor Eintritt der auflösenden Bedingung keinen Verlängerungsantrag (§ 8 Abs. 1 AufenthG) gestellt hätte..., zumal es beim Ehegattennachzug möglich ist, vom Erfordernis der Sicherung des Lebensunterhalts abzusehen, wenn die eheliche Lebensgemeinschaft fortbesteht (§ 30 Abs. 3 AufenthG), und das Zusammenleben mit dem Sohn auch zu beachten gewesen wäre. ... Im Übrigen war die Ehefrau von Leistungen nach dem SGB II nicht grundsätzlich ausgeschlossen, hätte also zum "Familieneinkommen" beitragen können."

<u>BSG, Urteil vom 12.10.2017, B 4 AS 37/16 R:</u>
„Das Urteil des BSG vom 6.10.2011 ist zur Rechtslage des Jahres 2006 ergangen, in der die **Partner der gemischten Bedarfsgemeinschaft** "ungleich wertige Existenzsicherungsleistungen erhalten" haben... Diese Entscheidung ... kann auf die ... Sach- und Rechtlage des Jahres 2014 keine Anwendung mehr finden; vielmehr ist ... der **Regelsatz** ... durch **analoge Anwendung des § 20 Abs. 4 SGB II** zu ermitteln. Denn die Leistungen in den ... existenzsichernden Leistungssystemen sind nach dem Urteil des BSG ... einander weitgehend angeglichen worden. ... Trotz der aufgezeigten Unterschiede ist während der ... vom BVerfG getroffenen Übergangsregelung die wesentliche Voraussetzung für einen geminderten Regelbedarf für erwachsene Leistungsberechtigte, die in Bedarfsgemeinschaft leben, erfüllt. Denn § 20 Abs. 4 SGB II nimmt für Bedarfsgemeinschaften nach dem SGB II typisierend an, dass die betreffenden Personen durch **gemeinsames Wirtschaften** (aus einem Topf) **Haushaltsersparnisse** erzielen können... Da für gemischte Bedarfsgemeinschaften keine ausdrückliche Regelung besteht ..., ist die Regelungslücke ... durch eine entsprechende Anwendung des § 20 Abs. 4 SGB II zu schließen. Denn ... das Erzielen von Haushaltsersparnissen *(ist)* auch solchen Personen möglich, die in gemischter Bedarfsgemeinschaft von SGB II- und AsylbLG-Berechtigten leben... Auch bei der Erbringung von Sachleistungen kann die Bedarfsgemeinschaft in den meisten regelbedarfsrelevanten Verbrauchen ... gemeinsam wirtschaften und so Einsparungen erzielen. ...im Fall der Zuerkennung der Regelbedarfsstufe 1 ..., *(stünden)* die gemischten Bedarfsgemeinschaften aus SGB II- und AsylbLG-Berechtigten besser, als Bedarfsgemeinschaften bestehend aus zwei Leistungsberechtigten nach dem SGB II oder dem SGB XII oder gemischt aus diesen Gruppen."

BSG, Urteil vom 11.02.2015, B 4 AS 27/14 R:
„Der Beklagte hat ... zu Recht den **Regelbedarf eines Alleinlebenden** ... zugrunde gelegt. Zwar ist grundsätzlich bei nicht dauernd getrennt lebenden Ehegatten der Bedarf auch dann nach § 20 Abs. 4 SGB II ... zu bemessen, wenn die Ehegatten nicht in einer gemeinsamen Wohnung leben... Ungeachtet dessen findet § 20 Abs. 4 S. 1 SGB II aber dann keine Anwendung, auch nicht analog, wenn wie hier **ein Partner mangels eines gewöhnlichen Aufenthalts in Deutschland** von Leistungen nach dem SGB II **ausgeschlossenen** ist. Der Reduzierung des Regelbedarfs auf 90 vH liegt die Annahme zugrunde, dass durch eine gemeinsame Haushaltsführung Kosten erspart werden. Diese Annahme trifft auf die wirtschaftliche Lage des Klägers nicht zu. ...eine Regelleistung von 90 vH *(ist)* nur dann gerechtfertigt, wenn beide Partner in einer Haushaltsgemeinschaft umfassend "aus einem Topf" wirtschaften mit der Folge, dass zwei zusammenlebende Partner einen finanziellen Mindestbedarf haben, der unter dem Doppelten des Bedarfs eines Alleinwirtschaftenden liegt... Wenn dagegen nicht mehr "aus einem Topf" gewirtschaftet werden kann, kann zwar weiterhin eine **Bedarfsgemeinschaft - auch grenzüberschreitend** - bestehen, die genannten Einsparmöglichkeiten durch das gemeinsame Wirtschaften entfallen jedoch. Die Bedarfslage entspricht dann der eines Alleinstehenden..."

BSG, Urteil vom 12.06.2013, B 14 AS 50/12 R:
„Auch dem Haushalt eines Leistungsberechtigten regelmäßig, aber nur zeitweise angehörende minderjährige Kinder können .. mit diesem eine temporäre Bedarfsgemeinschaft ... bilden und .. für jeden Tag des Aufenthalts (mit mehr als 12 Stunden) in dieser Bedarfsgemeinschaft (zumindest) **Regelleistungen** ... erhalten... Diese Auslegung des § 7 Abs. 3 Nr. 4 SGB II ... stellt eine SGB-II-immanente Lösung des Problems der Umgangskosten sicher, die angesichts der besonderen Förderungspflicht des Staates nach Art. 6 Abs. 1 GG geboten ist. ... Ob in temporären Bedarfsgemeinschaften für die minderjährigen Kinder daneben berücksichtigungsfähige **Unterkunftskosten** bestehen können oder solche Kosten ... im Einzelfall dem Elternteil zuzuordnen wären, kann offen bleiben... Einem Anspruch auf anteilige Regelleistung steht nicht entgegen, dass dem Kläger ... für jeweils 30 Tage pro Monat **Regelleistungen als Mitglied der Bedarfsgemeinschaft mit seiner Mutter** bewilligt worden sind. Zwar ist im Ausgangspunkt zutreffend, dass dem Kläger auch bei regelmäßigen Aufenthalten in zwei Bedarfsgemeinschaften monatlich insgesamt Ansprüche nur für 30 Tage zustehen. ... Entstehen nachgewiesenermaßen in einem der Haushalte laufend höhere Bedarfe wegen der wechselnden Aufenthalte des Kindes, die nicht durch vorrangige Unterhaltsleistungen gedeckt sind, kommt hinsichtlich solcher Bedarfe ... allenfalls einen **Mehrbedarf** nach § 21 Abs. 6 SGB II ... in Betracht. ... Lebt ein Kind regelmäßig in zwei Bedarfsgemeinschaften, ist der Bedarf in der einen Bedarfsgemeinschaft nicht deckungsgleich mit dem Bedarf in der anderen Bedarfsgemeinschaft. Dies ist Folge der Regelungen in § 9 Abs. 2 Sätze 2 und 3 SGB II, wonach der jeweilige Bedarf eines Mitglieds der Bedarfsgemeinschaft nur in Abhängigkeit zum Bedarf der übrigen Mitglieder der Bedarfsgemeinschaft festgestellt werden kann... Da die Bedarfs-

gemeinschaften im Falle des umgangsbedingten Wechsels des Aufenthalts eines Kindes nicht personenidentisch sind, handelt es sich um **zwei Ansprüche**, die unterschiedlich hoch sein können und sich in zeitlicher Hinsicht gerade ausschließen. Die Leistungen für Regelbedarfe an den Tagen des Aufenthalts beim Vater sind nicht lediglich fehlerhaft an die Mutter … ausgezahlt worden. Für die Tage, an denen sich der Kläger weniger als 12 Stunden bei seiner Mutter aufhielt, bestand dort kein (Regel)Bedarf und also … kein Anspruch auf Regelleistung. …**von der Mutter** *(sind)* an den Kläger auch tatsächlich **keine Zahlungen wegen der Aufenthalte in der Bedarfsgemeinschaft mit dem Vater** erfolgt. Solche tatsächlichen Zahlungen wären allenfalls wie sonstige Zuwendungen von Dritten nach den Grundsätzen des § 9 Abs. 1 i. V. m. § 11 SGB II zu berücksichtigen.“

<u>BSG, Urteil vom 16.04.2013, B 14 AS 71/12 R:</u>
„Auch wenn die Feststellungen des LSG ergeben, dass mangels Trennungswillens ein "dauerndes Getrenntleben" nicht vorgelegen hat, ist gleichwohl der für die Klägerin maßgebliche Regelbedarf in Höhe der **Regelleistung für Alleinstehende** oder Alleinerziehende anzusetzen… …eine Regelleistung von 90 v. H. *(ist)* nur dann gerechtfertigt, wenn beide Partner in einer Haushaltsgemeinschaft umfassend "aus einem Topf" wirtschaften mit der Folge, dass zwei zusammenlebende Partner einen finanziellen Mindestbedarf haben, der unter dem doppelten des Bedarfs eines Alleinwirtschaftenden liegt… Wenn dagegen **nicht mehr "aus einem Topf" gewirtschaftet** werden kann, besteht zwar weiterhin eine Bedarfsgemeinschaft, die genannten Einsparmöglichkeiten durch das gemeinsame Wirtschaften entfallen jedoch. Es ergibt sich deshalb ein Anspruch der Klägerin auf Berücksichtigung der vollen Regelleistung aus der analogen Anwendung des § 20 Abs. 2 SGB II, denn ihre Bedarfslage entspricht der einer Alleinstehenden. … Wenn der **Ehemann** im streitigen Zeitraum dauerhaft in einer **stationären Einrichtung** i. S. des § 13 SGB XII untergebracht war …, ist sein **Bedarf** - abweichend vom Regelfall einer gemischten Bedarfsgemeinschaft … nicht nach dem SGB II zu bestimmen, sondern **nach dem SGB XII**.“

<u>BSG, Urteil vom 28.03.2013, B 4 AS 12/12 R:</u>
„Der erkennende Senat ist … von der Verfassungsmäßigkeit der Höhe der Regelbedarfe nach dem SGB II in der Fassung des RBEG überzeugt, soweit es den **Regelbedarf** für **Alleinstehende** und **erwachsene Ehepartner**, die zusammenleben sowie für Erwachsene in einem Paarhaushalt mit Kind und ein Kind bis zur Vollendung des zweiten Lebensjahres betrifft. … Aus dem bloßen Fehlen einer Begründung für die Ableitung des Regelbedarfs der Erwachsenen in einem Paarhaushalt ausschließlich von dem eines Alleinstehenden kann … noch nicht auf eine Unvereinbarkeit mit Art. 1 Abs. 1 GG i. V. m. Art. 20 Abs. 1 GG geschlossen werden. … Aus dem Erfordernis, alle existenznotwendigen Aufwendungen in einem transparenten und sachgerechten Verfahren realitätsgerecht sowie nachvollziehbar auf der Grundlage verlässlicher Zahlen und schlüssiger Berechnungsverfahren zu bemessen, folgt jedoch nicht, dass die

Höhe des existenznotwendigen Lebensunterhalts durch den Einsatz einer **allein richtigen Berechnungsmethode** punktgenau ermittelt werden kann und jede Abweichung als Verfassungsverstoß anzusehen ist..."

BSG, Urteil vom 12.07.2012, B 14 AS 153/11 R:
„Die **Regelbedarfe für Alleinstehende** sind **nicht** in **verfassungswidrig**er Weise zu niedrig festgesetzt worden. ... Der Gesetzgeber hat den ihm zugewiesenen Auftrag, das Grundrecht auf ein menschenwürdiges Existenzminimum zu gewährleisten, erfüllt. Bei der verfassungsrechtlichen Überprüfung der Neuermittlung der Regelbedarfe ist der Entscheidungsprozess des Gesetzgebers bei der Neuordnung der §§ 28 ff. SGB XII auf die Bemessung des Regelbedarfs in § 20 Abs. 2 Satz 1 SGB II n. F. zu übertragen. Er hat den Umfang des konkreten gesetzlichen Anspruchs in einem **transparenten und sachgerechten Verfahren** ermittelt, das den Vorgaben des BVerfG im Urteil vom 9.2.2010 ... - realitätsgerecht sowie nachvollziehbar auf der Grundlage verlässlicher Zahlen und schlüssiger Berechnungsverfahren - entspricht. Dabei konnte sich der Gesetzgeber des vom BVerfG gebilligten Statistikmodells bedienen. Innerhalb dieses Ansatzes hat er, ausgehend von der Einkommens- und Verbrauchsstichprobe (EVS) 2008 die Referenzgruppe anhand der unteren Einkommensgruppen bestimmt, ohne seinen gesetzgeberischen Gestaltungsspielraum zu überschreiten. Im Rahmen des Statistikmodells ist die **begründete Herausnahme einzelner Positionen** durch den Gesetzgeber **nicht zu beanstanden**. Die regelleistungsrelevanten Ausgabepositionen und -beträge sind ... so bestimmt, dass ein interner Ausgleich möglich bleibt. Auch bei der Kennzeichnung einzelner Verbrauchspositionen als bedarfsrelevant und dem Ausschluss bzw. der Kürzung anderer Verbrauchspositionen hat der Gesetzgeber seinen Gestaltungsspielraum nicht überschritten. Zutreffend hat er sich schließlich bei der Regelung eines Fortschreibungsmechanismus an seiner Entscheidung für das Statistikmodell orientiert."

BSG, Urteil vom 06.10.2011, B 14 AS 171/10 R:
„Der **Ehemann** der Klägerin zu 1 erhielt **Grundleistungen nach dem AsylbLG**... Das LSG hat den Beklagten im Ergebnis zu Recht verurteilt, ... Leistungen ... unter Berücksichtigung der **vollen Regelleistung** ... zu zahlen. ... Die bestehende Regelungslücke kann ... nicht im Wege einer direkten ... oder analogen ... Anwendung des § 20 Abs. 3 Satz 1 SGB II geschlossen werden mit dem Ergebnis, dass die Klägerin zu 1 nur 90 vH der Regelleistung erhalten würde. Dem stehen Wortlaut, Entstehungsgeschichte und Sinn und Zweck der Norm entgegen. ... . Eine **analoge Anwendung von § 20 Abs. 3 Satz 1 SGB II** auf nicht erwerbsfähige Hilfebedürftige, die mit Partnern in einer Bedarfsgemeinschaft leben, kommt jedoch ... **bei einer Anspruchsberechtigung nach dem SGB XII** in Betracht. ... Auf gemischte Bedarfsgemeinschaften, in denen kein Anspruch auf jeweils 90 vH der Regelleistung nach § 20 Abs. 2 SGB II besteht, ... ist dagegen § 20 Abs. 3 Satz 1 SGB II nicht anwendbar. ... Eine Gleichbehandlung von zwei nach dem SGB II leistungsberechtigten

Partnern mit zwei Partnern, von denen einer nach dem AsylbLG anspruchsberechtigt ist, entspricht dem gesetzgeberischen Gesamtkonzept erkennbar nicht. Im Ergebnis folgt der Anspruch der Klägerin zu 1 auf die Berücksichtigung der vollen Regelleistung aus der **analogen Anwendung des § 20 Abs. 2 SGB II**, denn die wirtschaftliche Situation des Leistungsberechtigten nach dem SGB II, der mit einem Leistungsberechtigten nach § 3 AsylbLG zusammenlebt, ist mit derjenigen eines Leistungsberechtigten vergleichbar, der alleinstehend ist oder dessen Partner jedenfalls nicht in den Genuss der vollen Regelleistung für Erwachsene kommt. ... Ist ein Lebenssachverhalt dagegen nicht unter § 20 Abs. 3 Satz 1 SGB II zu subsumieren, ist auf § 20 Abs. 2 SGB II als Grundtatbestand für die Erbringung pauschalierter existenzsichernder Leistungen zu regelleistungsrelevanten Bedarfen ... abzustellen."

BSG, Urteil vom 18.02.2010, B 4 AS 29/09 R:
„**Für einen Anspruch auf höhere Leistungen mangelt es an einer einfachgesetzlichen Anspruchsgrundlage im SGB II**. Ebenso scheidet eine entsprechende Anwendung von § 28 Abs. 1 Satz 3 Nr. 4 SGB II bzw. von § 30 Abs. 1 Nr. 2 SGB XII aus. Ein Anspruch nach diesen Vorschriften scheitert jedenfalls daran, dass die Regelungen nur für erwerbsunfähige Hilfebedürftige gelten. Auf Grund der Feststellung des LSG steht für den Senat bindend fest, dass die Klägerin im fraglichen Zeitraum erwerbsfähig war. Der 14. Senat hat insoweit bereits entschieden, dass eine Ausweitung der Anspruchsberechtigten über den reinen Wortlaut hinaus auch auf Erwerbsfähige nicht in Betracht kommt. Dem schließt sich der erkennende Senat an, denn es fehlt an einer planwidrigen Lücke.
Inwieweit die Klägerin allerdings einen **Anspruch** auf Leistungen **aus Art 1 Abs. 1 i. V. m Art 20 Abs. 1 GG zur Deckung eines laufenden, nicht nur einmaligen, besonderen Bedarfs** hat, der zur Gewährleistung des Existenzminimums zwingend zu decken ist, vermag der Senat nach den Feststellungen des LSG nicht zu entscheiden. Die Klägerin hat bisher nur eine pauschale Abgeltung des Bedarfs beantragt, was auf einfachgesetzlicher Grundlage ... rechtlich nicht möglich ist. Ihrem Begehren ist auch zu entnehmen, dass sie wegen eines besonderen Bedarfs auf Grund der Schwerbehinderung und erheblichen Gehbehinderung die ihr gewährte Regelleistung der Höhe nach für unzureichend hält. Sind in einem **laufenden und noch nicht abgeschlossenen Verfahren Anhaltspunkte für eine atypische Bedarfslage** vorhanden, bedarf es jedoch der Feststellung des konkreten Bedarfs und der anschließenden Bewertung, ob es sich um einen nach Maßgabe der Entscheidung des Bundesverfassungsgerichts vom 9.2.2010 zwingend zu deckenden Bedarf handelt."

BSG, Urteil vom 02.07.2009, B 14 AS 75/08 R:
„Die Regelleistungen für den Lebensunterhalt ... stehen den Klägern ... im Falle ihrer Hilfebedürftigkeit für Zeiten des Bestehens der **temporären Bedarfsgemeinschaft** auch in voller Höhe zu. **Abschläge** für Bedarfe, die in der

temporären Bedarfsgemeinschaft regelmäßig oder gar typischerweise nicht zu decken sind (Bekleidung, Haushaltsgeräte, usw.), **kommen nicht in Betracht**."

BSG, Urteil vom 23.11.2006, B 14/7b AS 32/06 R:

„Bei der Regelleistung würden Frauen generell benachteiligt, weil sie einen geschlechtsspezifischen Mehrbedarf hätten, der biologisch und kulturell bedingt sei (insbesondere Menstruationskosten, BH-Kosten, Friseurkosten). Da Männern solche Kosten nicht entstehen, stünde diesen in der Regel mehr Geld zur Verfügung als Frauen, worin ein Verstoß gegen Art. 3 Abs. 2 und Abs. 3 1. Alternative sowie Art 1 GG zu sehen sei... **Es bestehen keine verfassungsrechtlichen Bedenken gegen die Höhe der Regelleistung von 345 Euro** ... Der Senat kann auch nicht erkennen, dass die für Frauen und Männer in gleicher Höhe festgesetzte Regelleistung von 345 Euro eine **mittelbare Diskriminierung von Frauen** beinhaltet... Es ist auch nicht rechtswidrig, dass § 20 Abs. 3 Satz 1 SGB II eine **Abstufung der Regelleistung auf 90 vH** (hier 311 Euro) vornimmt, wenn zwei Angehörige der Bedarfsgemeinschaft das 18. Lebensjahr vollendet haben. Der Gesetzgeber geht in nicht zu beanstandender Weise davon aus, dass die sog. Gestehungskosten, die in jedem Haushalt anfallen, zumindest partiell eingespart werden können, wenn in einem Haushalt mehrere Personen zusammen leben... Der Hinweis des Klägers ... auf die vereinbarte Gütertrennung bzw. ihr Zusammenleben als reine "Zweckgemeinschaft" verfängt nicht, weil das Institut der **Bedarfsgemeinschaft** im SGB II grundsätzlich **nicht auf den zivilrechtrechtlichen Güterstand abstellt** und auch **den familienrechtlichen Unterhaltsregeln nicht folgen muss**...
Der Anpassungsmechanismus des § 20 Abs. 4 Satz 1 SGB II mit seiner Anknüpfung an die Entwicklung der gesetzlichen Rentenversicherung wird in der sozialrechtlichen Literatur als offensichtlich sachwidrig angesehen... **Aus einer Sachwidrigkeit des § 20 Abs. 4 SGB II kann** jedoch **nicht ohne weiteres auf eine Verfassungswidrigkeit** der Norm **geschlossen werden**... Eine Verfassungswidrigkeit des § 20 Abs. 4 Satz 1 SGB II würde vielmehr voraussetzen, dass aus dem GG selbst (etwa aus Art 1 i. V. m. Art 20 GG) ein grundrechtlich gestützter Rechtsanspruch auf eine kontinuierliche Anpassung der Regelleistung nach einem bestimmten Mechanismus (Ausgleich der Inflationsrate o. Ä.) abgeleitet werden könnte."

BSG, Urteil vom 23.11.2006, B 11b AS 1/06 R:

„Durchgreifende **verfassungsrechtliche Bedenken bestehen** ferner **nicht** gegen die in § 20 Abs. 2 und 3 SGB II gesetzlich festgeschriebene Höhe der Regelleistungen. Der Senat folgt insbesondere nicht dem Vorbringen der Revision, die genannten Vorschriften gewährleisteten nicht das verfassungsrechtlich garantierte Existenzminimum und verstießen gegen die Menschenwürde sowie gegen fürsorgerechtliche Strukturprinzipien. ... Die gemäß **§ 20 Abs. 3 SGB II** im konkreten Fall nur zu 90 % berücksichtigte Regelleistung (311 EUR) **begegnet ebenfalls keinen verfassungsrechtlichen Bedenken**. Da bei zwei Angehörigen einer Bedarfsgemeinschaft ein Wirtschaften "aus einem Topf" zu Kostenersparnissen führt, ist nicht zu beanstanden, dass der Gesetzgeber dies typisierend berücksichtigt... Die Kostenersparnis bei gemeinsamer Haushaltsführung war schon der Grund für die gestaffelten Regelleistungen nach dem BSHG..."

BSG, Urteil vom 07.11.2006, B 7b AS 14/06 R:
„Ausgangspunkt der Entscheidung des SG und damit materiell-rechtliche Grundlage seines Urteils ist eine unzulässige **Erhöhung des Regelsatzes** des... Eine solche Erhöhung ist nach dem Konzept des SGB II (§ 5 Abs. 2 S. 1) **ausgeschlossen**...; insoweit hat das SG die Grenzen einer zulässigen verfassungskonformen Auslegung überschritten... Die Leistungen zur Sicherung des Existenzminimums müssen ... die Ausübung des **Umgangsrecht**s bei Bedürftigkeit ermöglichen. ... Vor diesem Hintergrund kann eine atypische Bedarfslage angenommen werden, die die Anwendung des **§ 73 SGB XII** ... rechtfertigt ..., ohne dass die Norm zur allgemeinen Auffangregelung für Leistungsempfänger des SGB II mutiert."

BSG, Urteil vom 07.11.2006, B 7b AS 6/06 R:
„Leben **mehrere volljährige** (ab 1. April 2006: über 25-jährige) **Hilfebedürftige** in einem Haushalt zusammen, ohne eine Bedarfsgemeinschaft zu bilden, so steht jedem die **Regelleistung in voller Höhe** zu. Der Gesetzgeber des SGB II hat im Gegensatz zur Regelsatzverordnung im Sozialhilferecht (BSHG bzw. SGB XII) bewusst auf die Normierung der Rechtsfigur eines "Haushaltsvorstandes" verzichtet.
Durch § 20 Abs. 3 SGB II wird klargestellt, dass immer dann, wenn zwei Angehörige der Bedarfsgemeinschaft das 18. Lebensjahr vollendet haben, ihre Regelleistung jeweils 90 v.H., also den rechnerischen Durchschnitt zwischen der Regelleistung für den Alleinstehenden und für seinen Partner beträgt. Eine Bedarfsgemeinschaft liegt aber nicht vor, wenn z.B. eine Altersrentnerin mit ihrem erwachsenen Sohn in einem Haushalt zusammenlebt."
Zitiert nach dem Bericht über die „Tätigkeit des Bundessozialgerichtes im Jahre 2006"

4.1.2 Mehrbedarfe

Für bestimmte typisierte Bedarfe, die nicht durch den Regelbedarf abgedeckt sind, werden nach § 21 SGB II Mehrbedarfe gezahlt. Die Regelungen orientieren sich weitgehend am Sozialhilferecht.

Die **Höhe** der Leistungen für Mehrbedarfe bemisst sich nach Prozentsätzen von dem maßgebenden Regelbedarf.

Anerkannt wird ein Mehrbedarf

• für *erwerbsfähige* **werdende Mütter** nach der 12. Schwangerschaftswoche	von **17 %** des maßgebenden Regelbedarfs
• für **Alleinerziehende** mit einem Kind unter 7 Jahren oder mit zwei oder drei Kindern unter 16 Jahren	von **36 %** des maßgebenden Regelbedarfs
• für Alleinerziehende, die nicht unter die vorstehende Regelung fallen	von **12 %** des maßgebenden Regelbedarfs **pro Kind**, max. jedoch 60 % des maßgebenden Regelbedarfs
• für erwerbsfähige **Behinderte**, die Leistungen zur Teilhabe am Arbeitsleben nach § 49 SGB IX erhalten sowie sonstige Hilfen zur Erlangung eines Arbeits- oder Ausbildungsplatzes oder Eingliederungshilfe nach § 112 SGB IX	von **35 %** des maßgebenden Regelbedarfs
• für Leistungsberechtigte, die aus medizinischen Gründen einer **kostenaufwändigen Ernährung** bedürfen	in angemessener Höhe
• für Leistungsberechtigte, die einen **unabweisbaren besonderen** Bedarf	

haben; bei einmaligem Bedarf ist ein Darlehen nach § 24 Abs. 1 SGB II zu prüfen	
• für **Schulbücher** und Arbeitshefte	in Höhe des Eigenanteils
• für Leistungsberechtigte mit **dezentraler Warmwasserversorgung**	von **2,3 %** des Regelbedarfs für Alleinstehende, Alleinerziehende, erwachsene Angehörige der BG und Partner; **1,4 %** des Regelbedarfs für Kinder ab Beginn des 15. Lj.; **1,2 %** des Regelbedarfs ab Beginn des 7. Lj.; **0,8 %** bis zur Vollendung des 6. Lj.

Die Summe der Mehrbedarfe nach Abs. 2 bis 5 ist begrenzt auf die Höhe des maßgebenden Regelbedarfs.

Zum Mehrbedarf für werdende Mütter: Seite 61
Zum Mehrbedarf für Alleinerziehende: Seite 62 ff.
Zum Mehrbedarf für Behinderte: Seite 65 ff.
Zum Mehrbedarf für kostenaufwändigere Ernährung: Seite 68 ff.
Zum Mehrbedarf für unabweisbaren, besonderen Bedarf: Seite 71 ff.
Zum Mehrbedarf für Warmwasser: Seite 81 f.
Sonstiges: Seite 82 f.

Zum Mehrbedarf für werdende Mütter:

BSG, Urteil vom 01.12.2016, B 14 AS 21/15 R:
„Nach § 21 Abs. 2 SGB II beträgt der Mehrbedarf 17 % des ... maßgebenden Regelbedarfs... Der Errechnung der **Höhe des Schwangeren-Mehrbedarfs** aus dem jeweiligen persönlichen Regelbedarf der Schwangeren stehen **keine** durchgreifenden **verfassungsrechtlichen Bedenken** entgegen, insbesondere liegt ... kein Verstoß gegen Art. 3 Abs. 1 GG vor. Die Regelung bewegt sich noch im Rahmen der zulässigen Typisierungen, weil hinsichtlich des Mehrbedarfs zwischen Schwangeren, die alleinlebend sind, und solchen, die wie die Klägerin mit einem Elternteil zusammenleben, pauschalierend von Unterschieden im Bedarf an Dienst- und Hilfeleistungen angenommen werden kann."
Zitiert nach dem Terminbericht Nr. 46/16 des Bundessozialgerichts

Zum Mehrbedarf für Alleinerziehende:

BSG, Urteil vom 11.07.2019, B 14 AS 23/18 R:
„...ein - .. **hälftiger** - **Mehrbedarf bei Alleinerziehung** *(kann)* ... ausnahmsweise ebenfalls anzuerkennen sein, wenn sich getrennt lebende Eltern bei der Pflege und Erziehung des gemeinsamen Kindes in größeren, mindestens eine Woche umfassenden Intervallen **abwechseln** und sich die anfallenden **Kosten in etwa hälftig teilen**. In dieser Konstellation ist es weder angemessen, Berechtigten den Mehrbedarf bei Alleinerziehung gänzlich zu versagen noch erscheint es sachgerecht, ihnen den vollen Mehrbedarf zuzubilligen."

BSG, Urteil vom 12.11.2015, B 14 AS 23/14 R:
„*(Der Kläger)* hat keinen Anspruch auf ... Berücksichtigung eines ... Alleinerziehendenmehrbedarfs nach § 21 Abs. 3 SGB II. Mit dem Mehrbedarf wegen Alleinerziehung wird eine besondere Familienkonstellation verbunden, die an die **Hauptverantwortung für ein Kind** anknüpft. Diese besondere Situation einer Alleinerziehung kann ... auch dann vorliegen, wenn sich getrennt lebende Eltern bei der Pflege und Erziehung des gemeinsamen Kindes in größeren, mindestens eine Woche umfassenden Intervallen gleichmäßig abwechseln und die Kosten annähernd hälftig teilen... Eine solche Gestaltung lag hier ... nicht vor. Eine Übertragung dieser Rechtsprechung auf andere Betreuungskonstellationen, bei denen ... **abweichende Anteile der Betreuungsleistungen** der Eltern praktiziert werden, scheidet aus, weil dies letztlich zur **Aufhebung der spezifischen Situation Alleinerziehung** führen würde... Daran vermag auch der Umstand nichts zu ändern, dass die Tochter .. zumindest einmal durchgehend für mehr als einen Monat bei dem Kläger lebte, weil dies nicht zu der Dauersituation führte, wie sie dem "Wechselmodell" zugrunde liegt."
Zitiert nach dem Terminbericht Nr. 48/15 des Bundessozialgerichts

BSG, Urteil vom 11.02.2015, B 4 AS 26/14 R:
„Die **Tochter** des Klägers hat sich an 56 Tagen des Bewilligungszeitraums bei ihm aufgehalten. Sie wurde somit ... **zu rund 30 %** ... **vom Kläger betreut**. ... die ... Grundsätze zur hälftigen Zuerkennung des Mehrbedarfs wegen Alleinerziehung nicht auf andere Gestaltungen, bei denen tatsächlich ein abweichender Anteil der Pflege- und Erziehungsaufgaben praktiziert wird, übertragen werden. Übernimmt ein Elternteil in **geringerem als annähernd hälftigem zeitlichen Umfang** diese Betreuung des gemeinsamen Kindes, so steht die **Mehrbedarf**sleistung **allein dem anderen Elternteil** zu... Dabei verknüpft der Gesetzgeber den Anspruch auf einen Mehrbedarf für Alleinerziehende bereits nach dem Wortlaut der Norm mit einer besonderen Familienkonstellation ("allein für deren Pflege und Erziehung sorgen") und verbindet damit zugleich regelhaft die Annahme, dass das Schwergewicht der Betreuung und Erziehung nur bei einem Elternteil liegt. Bereits hieraus folgt, dass diese Mehrbedarfsleistung nicht zwischen einem "Hauptverantwortlichen" für die Pflege und Erziehung und dem anderen Elternteil mit einem geringeren Anteil an Pflege- und

Erziehungsleistungen aufzuteilen ist. ... Auch die Erbringung der Mehrbedarfsleistung in Form einer Pauschale spricht gegen die Aufteilung nach Betreuungsanteilen. ... Mit seinem Vorbringen, es fielen Kosten für die Ernährung der Tochter, für gemeinsame Freizeitveranstaltungen, für die vermehrte Nutzung der Waschmaschine, für erhöhten Strom- und Wasserverbrauch und Haushaltskosten einschließlich Geschirrschäden sowie für den Erwerb von Kleidung an, macht er nur Ausgaben geltend, die unabhängig von der Anzahl der Betreuungspersonen entstehen und bereits durch das ... anteilig anerkannte Sozialgeld für die Tochter bzw. die tatsächliche Übernahme der Aufwendungen für Unterkunft und Heizung für zwei Personen abgegolten sind..."

BSG, Urteil vom 23.08.2012, B 4 AS 167/11 R:
„Entgegen der Ansicht des LSG sind die vom BSG formulierten Anforderungen an eine **alleinige Sorge für Pflege und Erziehung** i. S. des § 21 Abs. 3 SGB II auch nicht unter teleologischen Gesichtspunkten grundsätzlich in Frage zu stellen. ... Die Beantwortung der komplexen Fragestellung, ob wegen eines Wandels der tatsächlichen Lebensumstände die vom Gesetzgeber bei Einfügung der Regelung in das BSHG typisierend und beispielhaft angenommenen Bedarfslagen bei Alleinerziehenden tatsächlich nicht (mehr) bzw. nicht mehr in der pauschalierend angenommenen Höhe existieren, obliegt dem Gesetzgeber. ...der Anspruch ... auf den Mehrbedarf für Alleinerziehende *(kann)* auch nicht mit der Begründung abgelehnt werden, diese hätte wegen der Wohnverhältnisse im Bedarfsfall auf die Unterstützung ihrer Eltern oder ihrer Schwester zugreifen können. ...nur eine **regelmäßige und erhebliche Unterstützung** bei der Pflege und Erziehung der Kinder durch weitere Personen *(kann)* einem Anspruch ... entgegenstehen... Allein die (potentielle) Möglichkeit des Rückgriffs auf andere Personen oder Einrichtungen führt nicht zum Anspruchsausschluss. ... Diese Auslegung findet ihre Rechtfertigung in der Bedeutung der persönlichen Sorge der Eltern und deren Kompetenz zur Auswahl von Betreuungsalternativen für das Kindeswohl. ... Das **Zusammenleben mit weiteren Personen in einer Haushaltsgemeinschaft** hat der Gesetzgeber ... gerade nicht ausreichen lassen, um typisierend von dem Wegfall der besonderen Lebensumstände von Alleinerziehenden auszugehen."

BSG, Urteil vom 03.03.2009, B 4 AS 50/07 R:
„Der .. Mehrbedarf wird unabhängig von der konkreten Höhe des Bedarfes gewährt, wenn bei einem Leistungsberechtigten die besondere Bedarfssituation der Alleinerziehung vorliegt. Das Gesetz geht insoweit von besonderen Lebensumständen aus, bei denen typischerweise ein zusätzlicher Bedarf zu bejahen ist. Derartige besondere Lebensumstände, die die Zuerkennung des in § 21 Abs. 3 SGB II geregelten Mehrbedarfs rechtfertigen, liegen grundsätzlich vor, wenn sich **geschiedene und getrennt wohnende Eltern bei der Pflege und Erziehung des gemeinsamen Kindes in größeren, mindestens eine Woche umfassenden Intervallen abwechseln und sich die anfallenden Kosten in etwa hälftig teilen**. ... Denn es ist bei einer derartigen Situation weder angemessen, Berechtigten den Mehrbedarf wegen Alleinerziehung

gänzlich zu versagen, noch erscheint es sachgerecht, ihnen den vollen Mehrbedarf zuzubilligen. Der Senat trägt insoweit den Wertungen des Familienrechts Rechnung, das die gemeinsame elterliche Sorge auch bei Getrenntleben der Eltern zumindest fördern will... Die **Begriffe "Pflege" und "Erziehung"** beschreiben die umfassende Verantwortung für die Lebens- und Entwicklungsbedingungen des Kindes. Pflege konkretisiert die Sorge für das körperliche Wohl, Erziehung die Sorge für die seelische und geistige Entwicklung, die Bildung und Ausbildung der minderjährigen Kinder. Es geht um die gesamte Sorge für das Kind, mithin die Ernährung, Bekleidung, Gestaltung des Tagesablaufs und emotionale Zuwendung... Die Rechtfertigung dieses Mehrbedarfszuschlages ergab sich nach den Materialien vor allem dadurch, dass Alleinerziehende wegen der Sorge für ihre Kinder **weniger Zeit** haben, **preisbewusst einzukaufen** sowie zugleich **höhere Aufwendungen** zur **Kontaktpflege** und zur **Unterrichtung in Erziehungsfragen** tragen müssen. ... Der Senat hält es allerdings für geboten, in Fällen der vorliegenden Art die Rechtsfolgen des § 21 Abs. 3 SGB II teleologisch zu reduzieren und den Mehrbedarf bei der gebotenen pauschalierenden Betrachtungsweise auf die **Hälfte** der ausdrücklich geregelten Leistung zu begrenzen. ... Ist ein Elternteil in geringerem als hälftigem zeitlichen Umfang für die Pflege und Betreuung des Kindes zuständig, so steht die Leistung allein dem anderen Elternteil zu. Die Zuerkennung des hälftigen Mehrbedarfs erscheint ... auch dann nicht gerechtfertigt, wenn sich Betreuung in kürzeren als wöchentlichen Intervallen vollzieht.“

BSG, Urteil vom 27.01.2009, B 14/7b AS 8/07 R:
„Der Kläger bildet ... allein für seine Person "eine Bedarfsgemeinschaft"... Die beiden **Pflegekinder** sind keiner der in den Nr. 1 bis 4 des § 7 Abs. 3 SGB II genannten Fallgruppen zuzuordnen. Kinder i. S. des § 7 Abs. 3 Nr. 4 SGB II sind nur leibliche und angenommene Kinder der in § 7 Abs. 3 Nr. 1 bis 3 genannten Personen... Der **Mehrbedarf** wegen **Alleinerziehung** ist **auch bei Pflege und Erziehung von Kindern** zu berücksichtigen, **mit denen der Begünstigte keine Bedarfsgemeinschaft bildet**. Abweichend von § 7 Abs. 3 Nr. 4 SGB II kommt es bei Prüfung des § 21 Abs. 3 Nr. 1 SGB II nur auf das **Zusammenleben** mit Kindern in einer Haushaltsgemeinschaft an..., sodass etwa das Zusammenleben von einem Großelternteil allein mit seinen **Enkelkindern** bei dem Erziehenden den Anspruch auf einen Mehrbedarf begründen kann... Der Berücksichtigung des Mehrbedarfs steht schließlich die Gewährung von Leistungen nach § 39 SGB VIII nicht entgegen. Dem Gesetz lässt sich kein Anhalt dafür entnehmen, dass die Gewährung eines Erziehungsbeitrages nach § 39 Abs. 1 Satz 2 SGB VIII den Mehrbedarf wegen Alleinerziehung schon dem Grunde nach entfallen lässt...“

Zum Mehrbedarf für Behinderte:

<u>BSG, Urteil vom 05.07.2017, B 14 AS 27/16 R:</u>
„Zusätzlich zum Mehrbedarf wegen kostenaufwändiger Ernährung ist beim Kläger ... wegen seiner Tätigkeit im Rahmen der **stufenweisen Wiedereingliederung** ein Mehrbedarf bei Behinderung anzuerkennen. ... Die Anspruchsvoraussetzungen hierfür erfüllt der Kläger ... zunächst insofern, als er zum Kreis der erwerbsfähigen behinderten Leistungsberechtigten gehört. ... Jedoch ergibt sich aus den Ausführungen zum Mehrbedarf wegen Ernährung, dass ... eine **dialysepflichtige Niereninsuffizienz** besteht (Niereninsuffizienz mit Peritonealdialyse). Das bedingt einen GdB von 100... Mit der stufenweisen Wiedereingliederung nach § 28 SGB IX, für die der **Rentenversicherungsträger Übg gezahlt** hat, hat dieser ... auch eine sonstige Hilfe zur Erlangung eines geeigneten Platzes im Arbeitsleben ... erbracht. ... Unerheblich für den Mehrbedarf nach § 21 Abs. 4 SGB II ist schließlich, dass die Hilfe ... nicht auf einer Bewilligung des Beklagten beruht. Ausreichend für die Erfüllung des Merkmals "erbracht werden" ist vielmehr, dass eine ... Eingliederungsmaßnahme tatsächlich durchgeführt wird, unabhängig davon, wer Träger der Teilhabeleistung ist..."

<u>BSG, Urteil vom 12.11.2015, B 14 AS 34/14 R:</u>
„Soweit das LSG einen Anspruch ... auf höheres Alg II wegen eines Mehrbedarfs für erwerbsfähige behinderte Leistungsberechtigte ... verneint hat, weil die **Arbeitsgelegenheit** schon deswegen keine Leistung zur Teilhabe am Arbeitsleben nach § 33 SGB IX gewesen sei, da das beklagte **Jobcenter kein Reha-Träger** i. S. d. § 6 SGB IX sei, kann dem nicht gefolgt werden. Denn Leistungsträger hinsichtlich der ... Arbeitsgelegenheit nach § 16d SGB II war nach § 6 Abs. 1 Satz 1 Nr. 1 SGB II, § 6a SGB IX die Bundesagentur für Arbeit, die ein Träger für Leistungen zur Teilhabe am Arbeitsleben ist..., die Rechtsvorgängerin des Beklagten hatte nur die **Wahrnehmungszuständigkeit**. Ob die Arbeitsgelegenheit ... eine Leistung zur Teilhabe am Arbeitsleben nach § 33 SGB IX oder eine sonstige Hilfe zur Erlangung eines geeigneten Platzes im Arbeitsleben war, kann ... aufgrund fehlender Feststellungen des LSG nicht beurteilt werden... Voraussetzung für ... Leistungen zur Teilhabe behinderter Menschen am Arbeitsleben ist ..., dass die Aussichten der behinderten Menschen, am Arbeitsleben teilzuhaben, wegen Art oder Schwere ihrer Behinderung ... nicht nur vorübergehend wesentlich gemindert sind und sie deshalb Hilfen zur Teilhabe am Arbeitsleben benötigen (§ 19 Abs. 1 SGB III). Welche Behinderungen beim Kläger bestehen und welche Auswirkungen diese auf seine Aussichten, am Arbeitsleben teilzuhaben, nach sich ziehen, hat das LSG nicht festgestellt. Liegt diese Voraussetzung für die Gewährung von Teilhabeleistungen vor, ist es **nicht erforderlich**, dass diese eine **spezielle Maßnahme für behinderte Menschen** ist (vgl. § 98 SGB III in der damals geltenden Fassung = § 113 SGB III in der heute geltenden Fassung)."
Zitiert nach dem Terminbericht Nr. 48/15 des Bundessozialgerichts

BSG, Urteil vom 05.08.2015, B 4 AS 9/15 R:
„Die … **Teilnahme** des Klägers **an zwölf, teils nur eintägigen Kursen der Volkshochschule** A (VHS) im Rahmen des Projektes "Kurs finden 50plus" … erfüllte jedoch nicht die Anforderungen, die an eine den Mehrbedarf für Behinderte auslösende Teilhabeleistung in den drei Alternativen des § 21 Abs. 4 SGB II zu stellen sind. … Bezogen auf beide Leistungsarten fehlt es aber an einer Teilnahme an einer **regelförmigen besonderen Maßnahme**, die … für den Mehrbedarf für erwerbsfähige behinderte Leistungsberechtigte vorausgesetzt wird… Insofern hat der Senat bereits entschieden, dass auch die "sonstigen Hilfen" i. S. des § 21 Abs. 4 SGB II über das hinausgehen müssen, was dem Jobcenter etwa im Rahmen des § 14 SGB II als allgemeine Unterstützungsaufgabe zugewiesen ist. … Hiernach ist wesentlich für eine Maßnahme, dass ein mit der Förderung angestrebtes Maßnahmeziel formuliert wird, diese regelmäßig auf eine auf dem Arbeitsmarkt einsetzbare Qualifikation gerichtet ist … und ihr ein festgelegter Lehrplan zugrunde liegt, in dem einzelne unselbständige Bestandteile in einem engen zeitlichen, inhaltlichen und organisatorischen Zusammenhang stehen. Erforderlich ist eine organisatorische Verbundenheit, die unterschiedliche Veranstaltungen in aller Regel schon im Vorhinein als einheitliche Maßnahme ausgewiesen sein lässt… Diese Schwelle erreichen die … Veranstaltungen des **Projektes BINS50plus** nicht.“

BSG, Urteil vom 06.04.2011, B 4 AS 3/10 R:
„Dem Kläger sind weder mit der allgemeinen Beratungs- und Betreuungsleistung durch den Beklagten, noch der Durchführung einer psychotherapeutischen Behandlung Teilhabeleistungen i. S. des § 33 SGB IX oder eine sonstige Hilfe zur Erlangung eines geeigneten Platzes im Arbeitsleben erbracht worden. … Die Bewertung der **Beratungs- und Betreuungsleistungen** des Beklagten als Leistungen zur Teilhabe am Arbeitsleben i. S. des § 33 SGB IX scheitert bereits daran, dass es sich insoweit nicht um Leistungen im Rahmen einer regelförmigen Maßnahme handelt. … Bei der Beratung und Betreuung … durch den Beklagten handelt es sich auch nicht um eine sonstige Hilfe zur Erlangung eines geeigneten Platzes im Arbeitsleben. Bereits aus systematischen Gründen muss die "sonstige Hilfe" i. S. des § 21 Abs. 4 SGB II über das hinausgehen, was dem Jobcenter etwa im Rahmen des § 14 Satz 1 SGB II als allgemeine Unterstützungsaufgabe zugewiesen ist. … Auch die **Psychotherapie** ist keine Maßnahme i. S. des § 21 Abs. 4 SGB II, die eine Mehrbedarfsleistung auslösen könnte. … Zutreffend hat das LSG … die Psychotherapie als medizinische Maßnahme und nicht als eine solche zur Teilhabe am Arbeitsleben beurteilt. … Die **Abgrenzung von medizinischen Akutmaßnahmen** im krankenversicherungsrechtlichen Sinne, medizinischer und beruflicher **Rehabilitation** hat danach zu erfolgen, wo nach dem Inhalt der Maßnahme deren **Schwerpunkt** liegt, also etwa in der Verbesserung bzw. Erhaltung des gesundheitlichen Zustandes oder der Befähigung zur Teilhabe am Arbeitsleben… Der Schwerpunkt der … Maßnahme lag … auf der Erhaltung und/oder Besserung seines Gesundheitszustandes. Sie war damit nicht in erster Linie darauf aus-

gerichtet, die Erwerbsfähigkeit des Klägers zu erhalten, zu verbessern, herzustellen oder wiederherzustellen und ihre Teilhabe am Arbeitsleben möglichst auf Dauer zu sichern, wie es § 33 Abs. 1 SGB IX voraussetzt."

BSG, Urteil vom 15.12.2010, B 14 AS 44/09 R:
„Nach § 21 Abs. 4 Satz 1 SGB II (i. d. F. vom 20.7.2006) erhalten erwerbsfähige behinderte Hilfebedürftige, denen Leistungen zur Teilhabe am Arbeitsleben nach § 33 SGB IX sowie sonstige Hilfen zur Erlangung eines geeigneten Platzes im Arbeitsleben oder Eingliederungshilfen erbracht werden, einen Mehrbedarf von 35 v. H. der nach § 20 maßgebenden Regelleistung. Die dem Kläger bewilligte **Hilfe zu selbstbestimmtem Leben in betreuten Wohnmöglichkeiten** zählt nicht hierzu. Der Mehrbedarf für erwerbsfähige behinderte Hilfebedürftige wegen der Gewährung von Leistungen zur Teilhabe am Arbeitsleben setzt ... die Teilnahme an einer regelförmigen Maßnahme voraus, an der es hier fehlt. Der erwerbsfähige Kläger kann einen Anspruch auf Mehrbedarf auch nicht aus einer (entsprechenden) Anwendung des § 28 Abs. 1 Nr. 4 SGB II herleiten. Andere Anspruchsgrundlagen gegen den beklagten Grundsicherungsträger scheiden aus. Anders als die Vorinstanzen meinen, scheidet dagegen ein Anspruch gegen den Beigeladenen aus **§ 73 SGB XII** nicht schon deshalb aus, weil der Bereich der Grundrechtsausübung nicht tangiert wäre. Durch eine nicht ausreichende Versorgung des Stumpfes und einen nicht ausreichenden Ausgleich seiner Behinderung könnte das Recht des Klägers auf Leben (Gesundheit) und körperliche Unversehrtheit gemäß Art. 2 Abs. 2 GG berührt sein. Soweit der Kläger allerdings Kosten für Behandlungen anführt, die die medizinisch notwendige Krankenbehandlung betreffen, muss er sich als nach dem SGB V gesetzlich Versicherter auf die Krankenbehandlung nach § 27 Abs. 1 SGB V verweisen lassen."
Zitiert nach dem Terminbericht Nr. 67/10 des Bundessozialgerichts

BSG, Urteil vom 22.03.2010, B 4 AS 59/09 R:
„Der Kläger kann einen Mehrbedarf nach § 21 Abs. 4 SGB II ... nur beanspruchen, wenn er ... an einer **regelförmigen Maßnahme** teilgenommen hat. ... Ausgehend vom .. Zweck der Mehrbedarfe ist ferner nicht zwingend erforderlich, dass die fragliche Leistungsgewährung auf Bewilligungsbescheiden des Grundsicherungsträgers beruht. ... Ausreichend ist vielmehr, dass die **Leistungsgewährung auf Veranlassung des Grundsicherungsträgers** erfolgt. Letzteres ist der Fall, wenn ... dem Hilfebedürftigen in einer **Eingliederungsvereinbarung** tatsächlich aufgegeben wird, an einer Eingliederungsmaßnahme teilzunehmen. ... Das LSG wird dementsprechend aufzuklären haben, ob sich die **Vermittlungs- und Beratungstätigkeit in einem organisatorischen Mindestrahmen** vollzogen hat, der die Zuerkennung des Mehrbedarfs wegen der Teilnahme an einer Maßnahme rechtfertigt. Es kann hierbei auf die Grundsätze zurückgreifen, die vom BSG zum Begriff der förderungsfähigen Maßnahme im Recht der Weiterbildungsförderung entwickelt worden sind... Die Anforderungen würden danach nicht erfüllt, wenn lediglich kurze Gespräche durchgeführt worden sein sollten, wie sie auch im Rahmen der "regulären"

Arbeitsvermittlung ... mit jedem erwerbsfähigen Hilfebedürftigen geführt werden."

Zum Mehrbedarf für kostenaufwändigere Ernährung:

BSG, Urteil vom 20.01.2016, B 14 AS 8/15 R:
„Voraussetzung ... ist ein medizinisch begründetes besonderes Ernährungsbedürfnis... Ein solches liegt vor, wenn mit der Regelernährung bestimmte Inhaltsstoffe nicht vermieden werden können, sodass **aus physiologischen Gründen** ein objektiver Bedarf an einer **besonderen Ernährung** bedingt ist, die auf einer spezifischen Ernährungsempfehlung beruht... Das objektive Erfordernis ... ist zu unterscheiden von einem bestimmten Ernährungsverhalten oder einem Umgang mit Lebensmitteln, dem keine spezifische, physiologisch bestimmte Kostform zugrunde liegt. ... Das LSG hat .. ein .. Ernährungsverhalten ... festgestellt, bei dem er zum Teil hochpreisige Nahrungsmittel kauft, diese nach einem bestimmten Vorkostsystem aussortiert, um sie sodann in größerem Umfang ungenutzt wegzuwerfen. ... Der Kläger hat auch **keinen** Anspruch ... aufgrund eines **Härtefallmehrbedarfs** nach § 21 Abs. 6 SGB II. ... Angesichts der **psychischen Erkrankung** ... ist eine **Krankenbehandlung** ... eine vorrangige und zumutbare Alternative, sodass es an der Unabweisbarkeit fehlt. Das gilt selbst dann, falls für die Erkrankung ... organische Ursachen vorliegen sollten, denn solange er sich nicht untersuchen oder behandeln lässt, unterbindet er eine mögliche Hilfe durch Dritte. ... Gegen die Unabweisbarkeit des geltend gemachten Betrags ... spricht im Übrigen der Umstand, dass der Kläger von 2005 bis 2010 einen monatlichen Mehrbedarf für Ernährung ... von 25,56 Euro erhielt, der anscheinend jahrelang ausreichte, sodass es nicht nachvollziehbar ist, warum ... nun ... 180 Euro benötigt werden *(sollen)*."

BSG, Urteil vom 20.02.2014, B 14 AS 65/12 R:
"Eine **glutenfreie Ernährung** ... ist ... eine kostenaufwändige Ernährung i. S. des § 21 Abs. 5 SGB II, für eine Vollkosternährung *(hier für* ***Eisenmangelanämie****)* gilt dies aber nicht... Ausgehend von der Konkretisierung des Mehrbedarfs wegen kostenaufwändiger Ernährung in Relation zum Regelbedarf ist kostenaufwändiger ... eine Ernährung, die von dem im Regelbedarf umfassten typisierten Bedarf abweicht und von diesem nicht gedeckt ist... Die tatsächliche **Einhaltung einer solchen Ernährung** oder ggf. der Nachweis tatsächlicher Mehraufwendungen ... **keine Anspruchsvoraussetzung**. ... Der Anspruch der Klägerin scheitert daran, dass sie ... bis zum 31.3.2010 keine **Kenntnis von ihrem Bedarf** an glutenfreier und damit kostenaufwändiger Ernährung hatte. Zwar ist dem Wortlaut des § 21 Abs. 5 SGB II nicht ausdrücklich die Kenntnis der betreffenden Person von ihrem ... besonderen Ernährungsbedarf zu entnehmen, diese weitere Voraussetzung folgt jedoch aus dem subjektive Elemente beinhaltenden Wort "**bedürfen**", der Zusammenschau mit den anderen Mehrbedarfen und den Sonderbedarfen sowie dem Sinn und Zweck des ernährungsbedingten Mehrbedarfs. ... Ohne Kenntnis des Zusammenhangs zwi-

schen den gesundheitlichen Einschränkungen und einer bestimmten Ernährungsempfehlung, also der bedarfsauslösenden Umstände, besteht kein "Bedürfnis" der Person, eine besondere Kostform einzuhalten und hierfür höhere Beträge als im Regelbedarf eingepreist aufzuwenden..."

BSG, Urteil vom 14.02.2013, B 14 AS 48/12 R:
„Die Annahme ..., eine **Laktoseintoleranz** begründe von vornherein keinen Mehrbedarf, weil lediglich bestimmte Nahrungsmittel vermieden und durch andere, vom Regelbedarf abgedeckte Grundnahrungsmittel ersetzt werden müssten, vermengt die ... **Prüfungsschritte** in unzutreffender Weise... Zunächst *(ist)* zu überprüfen, welches besondere **Ernährungsbedürfnis** medizinisch, d. h. durch die Erkrankung, begründet ist. Insbesondere wenn ein besonderes Ernährungsbedürfnis abhängig von der Schwere der Erkrankung ausgelöst wird, sind die Erfordernisse an die besondere Ernährung im jeweiligen Einzelfall zu überprüfen. Erst wenn feststeht, welches medizinisch begründete Ernährungsbedürfnis im Einzelfall besteht, kommt es darauf an, ob hierdurch auch **höhere Kosten** entstehen... Bei der Prüfung eines besonderen, medizinisch begründeten Ernährungsbedürfnisses lässt nicht schon die fehlende Auflistung der entsprechenden Erkrankung in den Empfehlungen des Deutschen Vereins vom 1.10.2008 ... den Schluss zu, dass es sich nicht um eine Erkrankung handelt, die einen Mehrbedarf auslösen kann. ... Wenn weit verbreitete Erkrankungen wie die Laktoseintoleranz in den Mehrbedarfsempfehlungen 2008 nicht genannt sind, kann dieser Umstand damit nur eine Orientierungshilfe sein, die den Umfang der Ermittlungen im Einzelfall steuert. ... Zwar ist denkbar, dass mit zunehmendem Alter eines Kindes sich **Nahrungsmittel**, die Milchzucker enthalten, besser **vermeiden** lassen. Je weiter außerdem eine Erkrankung, die eine besondere Ernährung erfordert, verbreitet ist, umso mehr wird dies das Ernährungsverhalten der gesamten Bevölkerung beeinflussen. Dies mag zu günstigeren Preisen für Ersatz- oder Ergänzungsnahrungsmittel ... führen und sofern ein bestimmtes Ernährungsverhalten allgemein üblich wird ggf. auch die Höhe des Regelbedarfs mitbestimmen. Ob der Klägerin im Einzelfall nicht gleichwohl ein Mehrbedarf zusteht, lässt sich aber allein mit solchen Annahmen nicht ausschließen."

BSG, Urteil vom 22.11.2011, B 4 AS 138/10 R:
„Bei der Gewährung eines Mehrbedarfs wegen kostenaufwändiger Ernährung handelt es sich ... nicht um einen abtrennbaren Streitgegenstand. Die Höhe der Leistungen ist unter jedem rechtlichen Gesichtspunkt zu prüfen. Insoweit fehlt es bereits an der Feststellung der Anspruchsvoraussetzungen des § 7 SGB II... Anhand der vom LSG getroffenen Feststellungen kann auch nicht beurteilt werden, ob der Kläger einen Anspruch auf Mehrbedarf wegen Krankenkost hat. Das LSG hat insoweit gegen den Amtsermittlungsgrundsatz verstoßen, weil es Ermittlungsmöglichkeiten nicht genutzt hat, die sich vernünftigerweise aufdrängten. Das LSG hat insbesondere keine sachverständigen **Auskünfte der den Kläger behandelnden Ärzte** eingeholt, so dass keine belastbaren Feststellungen dazu getroffen worden sind, **welche Krankheiten** ...

vorliegen und **welche Anforderungen an sein Ernährungsverhalten hieraus folgen**. Zur Klärung dieser medizinischen Fragen genügt die vom LSG im Wege des Urkundenbeweises eingeführte amtsärztliche Stellungnahme nicht, weil sie weder relevante Tatsachen noch nachvollziehbare Schlussfolgerungen enthält. Unabhängig von diesen Anforderungen weist der Senat darauf hin, dass allein mit den **Empfehlungen des Deutschen Vereins** vom 1.10.2008 zur Gewährung von Krankenkostzulagen in der Sozialhilfe Verfahren der vorliegenden Art nicht erledigt werden können. Es handelt sich insoweit insbesondere **nicht** um ein **antizipiertes Sachverständigengutachten**, das auf der Grundlage der Angaben der Antragsteller normähnlich angewandt werden könnte."
Zitiert nach dem Terminbericht Nr. 58/11 des Bundessozialgerichts

BSG, Urteil vom 26.05.2011, B 14 AS 146/10 R:
„§ 21 Abs. 5 SGB II scheidet als Rechtsgrundlage für den geltend gemachten Mehrbedarf aus, weil die Klägerin ... keine kostenaufwändige Ernährungsweise, sondern die Notwendigkeit der ergänzenden **Einnahme von nicht verschreibungspflichtigen Arzneimitteln** geltend macht. ... § 23 Abs. 1 SGB II ... scheidet ebenfalls aus, weil es sich ... um wiederkehrende Bedarfe handelt, die einer darlehensweisen Gewährung nicht zugänglich sind...
§ 34 Abs. 1 Satz 2 SGB V ermächtigt den Gemeinsamen Bundesausschuss (G-BA), in Richtlinien ... festzulegen, welche nicht verschreibungspflichtigen Arzneimittel, die bei der Behandlung schwerwiegender Erkrankungen als Therapiestandard gelten, ... mit Begründung des Vertragsarztes ausnahmsweise verordnet werden können. Hiervon hat der G-BA Gebrauch gemacht... Ausdrücklich genannt sind ... verschiedene nicht verschreibungspflichtige Arzneimittel, die unter anderem bei ... **Osteoporose** und **Eisenmangelanämie** ... unter bestimmten weiteren Voraussetzungen als Therapiestandard gelten... Damit ist ohne weitere Ermittlungen ... davon auszugehen, dass **grundrechtsrelevante Beeinträchtigungen** durch eine nicht ausreichende Krankenbehandlung, die durch ergänzende Leistungen der Grundsicherung abzuwenden wären, **ausscheiden**. Im Grundsatz ist eine Behandlung u. a. von Osteoporose und Eisenmangelanämie auch durch OTC-Präparate zu Lasten der gesetzlichen Krankenversicherung dann gesichert, wenn die Erkrankung lebensbedrohlich ist oder wenn sie ... die Lebensqualität auf Dauer nachhaltig beeinträchtigt. ... Die **übrigen Kosten für Gesundheitspflege** ... sind in der **Regelleistung** abgebildet und lösen damit grundsätzlich keinen Bedarf nach § 73 SGB XII aus."

BSG, Urteil vom 10.05.2011, B 4 AS 100/10 R:
„**Mit "medizinischen Gründen" sind nur krankheitsbedingte Gründe gemeint**. Dies ergibt sich aus der Entstehungsgeschichte der Norm. Der Gesetzgeber hat mit der Regelung des § 21 Abs. 5 SGB II bewusst an den Rechtszustand des § 23 Abs. 4 BSHG angeknüpft. ... **Anspruchsvoraussetzung** bei § 21 Abs. 5 SGB II ist daher immer das Vorliegen eines **ursächlichen Zusammenhangs** zwischen einer drohenden oder bestehenden Erkrankung und der

Notwendigkeit einer kostenaufwändigen Ernährung. ... Unabhängig von der in der Rechtsprechung umstrittenen Frage, ob die Empfehlungen 2008 als antizipiertes Sachverständigengutachten anzusehen sind ..., können die **Empfehlungen 2008** jedenfalls als **Orientierungshilfe** dienen und es sind weitere Ermittlungen im Einzelfall nur dann erforderlich, sofern Besonderheiten, insbesondere von den Empfehlungen abweichende Bedarfe, substantiiert geltend gemacht werden...
Die Ernährung mit einer sog "**Vollkost**" bei Diabetes mellitus I/II unterfällt nicht § 21 Abs. 5 SGB II, da es sich nicht um eine Krankenkost handelt, auf die die Vorschrift abzielt, sondern um eine Ernährungsweise, die auf das Leitbild des gesunden Menschen Bezug nimmt. Die Vollkost ist jedoch aus der **Regelleistung** zu bestreiten."

BSG, Urteil vom 24.02.2011, B 14 AS 49/10 R:
„Zutreffend hat das SG ... dargelegt, dass die entsprechenden **Konservierungsstoffe** ... in der Lebensmittelverarbeitung eine Kennzeichnungspflicht auslösen. ... Die ... Würdigung des SG, die Klägerin könne durch aufmerksames und lediglich zeitaufwändiges, aber nicht kostenintensives Verbraucherverhalten das Allergen gut vermeiden, sodass die erforderliche Ernährungsweise sich nicht als kostenaufwändig darstelle, ist dagegen weder eine allgemeinkundige Tatsache ... noch wird aus dem Urteil sonst erkennbar, worauf das SG diese Schlussfolgerung stützt. Die Annahme, auch bei strikter Vermeidung von Lebensmitteln, die Parahydroxybenzoat enthielten, würden keine weitergehenden Kosten im Hinblick auf eine ausgewogene Ernährung entstehen, kann **nicht** als **allgemeines Erfahrungswissen** des Gerichts unterstellt werden. Es ist durchaus denkbar, dass eine so **große Anzahl von Lebensmitteln vermieden** bzw. **ersetzt** werden muss, dass dies **nicht kostenneutral** erfolgen kann. ... Erst wenn geklärt ist, wie konsequent die Klägerin die fraglichen Konservierungsstoffe vermeiden muss, um gesundheitliche Beeinträchtigungen auszuschließen, wie häufig die ... ggf. strikt zu vermeidenden Konservierungsmittel eingesetzt werden, welche Möglichkeiten bestehen, auf andere Lebensmittel auszuweichen bzw. auf welche Lebensmittel bei einer ausgewogenen Ernährung verzichtet werden kann, kann entschieden werden, ob und ggf. welche Mehrkosten für eine solche Ernährungsweise entstehen."

Zum Mehrbedarf für unabweisbaren, besonderen Bedarf:

BSG, Urteil vom 17.12.2024, B 7 AS 17/23 R:
„Der Senat vermochte ... keinen **Mehrbedarf** wegen des Erwerbs von **COVID-19-Selbsttests** in der Pandemie nach § 21 Absatz 6 SGB II zu erkennen. Zwar ist § 21 Absatz 6 SGB II auch auf im Zusammenhang mit der COVID-19-Pandemie stehende Bedarfe anwendbar. **Tests** sind auch dem Grunde nach **mehrbedarfsfähig**, weil sie ihrer Höhe oder Art nach im Regelbedarf nicht enthalten sind. Dem **steht** die Regelung zur **Einmalzahlung** aus Anlass der COVID-19-Pandemie nach § 70 SGB II in Höhe von 150 Euro **nicht entgegen**. Weder der Wortlaut noch die Entwurfsbegründung zu § 70 SGB II ergeben einen Hinweis

darauf, welche Bedarfe konkret durch die Einmalzahlung abgedeckt werden sollen. Ob es sich insoweit um einen erheblichen Bedarf handelt, hängt alsdann von den **Umständen des Einzelfalls** ab. Bei der Prüfung der Unabweisbarkeit des Bedarfs ist zwar grundsätzlich die Einmalzahlung nach § 70 SGB II zu beachten. Nach den nicht angefochtenen Feststellungen des Landessozialgerichts waren die geltend gemachten **Bedarfe** im konkreten Fall jedoch **nicht unabweisbar**."
Zitiert nach dem Terminbericht Nr. 46/24 des Bundessozialgerichts

BSG, Urteil vom 27.09.2023, B 7 AS 13/22 R:
„Der Kläger war als Mitglied der Bedarfsgemeinschaft mit seiner ... Mutter grundsätzlich leistungsberechtigt. ... Ob der Beklagte allerdings zurecht davon ausgegangen ist, dass er an Tagen, an denen er sich mehr als 12 Stunden bei seinem Vater aufhielt, nicht mehr der Bedarfsgemeinschaft mit seiner Mutter angehörte, kann der Senat nicht abschließend überprüfen. ... Insbesondere ist unklar, ob zwischen den Eltern ein sogenanntes paritätisches **Wechselmodell** mit einer etwa hälftigen Aufteilung der Betreuungs- und Erziehungszeiten vereinbart war oder ob die Betreuung überwiegend durch die Mutter erfolgte. Zwar könnte in beiden Fällen, die Leistungsberechtigung des Vaters insoweit unterstellt, eine temporäre Bedarfsgemeinschaft des Klägers mit seinem Vater anzunehmen sein. Da die Höhe der Ansprüche des Klägers aber wegen der .. horizontalen Bedarfsberechnung auch vom Umfang der Ansprüche der Mutter abhängt und diese sich wiederum je nach Betreuungsmodell - etwa im Hinblick auf den Mehrbedarf für Alleinerziehende - unterschiedlich darstellen können, sind entsprechende Feststellungen nicht entbehrlich. Zudem fehlt es an Feststellungen dazu, ob der **Vater** des Klägers ... selbst **leistungsberechtigt** nach dem SGB II war. War dies **nicht** der Fall, war der Kläger **nicht Mitglied von zwei Bedarfsgemeinschaften**. **Für eine Aufteilung seiner pauschalierten Regelbedarfe fehlt es in diesem Fall an einer gesetzlichen Grundlage**. Ob dies auch dann gilt, wenn der Kläger sich nicht überwiegend im Haushalt seiner hilfebedürftigen Mutter aufhielt, zum Beispiel im Fall eines paritätischen Wechselmodells, bedarf .. keiner Entscheidung. ... Der entstehungsgeschichtlich geprägte Sinn und Zweck der Norm, ihr Wortlaut sowie die Systematik der Regelung stehen der ... **Pauschalierung von Mehrbedarfen** des Klägers in der Bedarfsgemeinschaft mit seiner Mutter in Zeiten seiner zeitweisen Zugehörigkeit zur - insoweit unterstellten - Bedarfsgemeinschaft mit dem Vater sowohl hinsichtlich des "Ob" als auch in Bezug auf ihre Höhe entgegen. Erforderlich ist ein besonderer, unabweisbarer Bedarf aufgrund der konkreten Lebenssituation."

BSG, Urteil vom 06.06.2023, B 4 AS 5/22 R:
„...der Anspruch aus § 26 Abs. 1 Satz 1 SGB II *(ist)* auf den Betrag begrenzt, den der privat krankenversicherte Leistungsberechtigte zu zahlen hätte, wenn er bei seiner **privaten Krankenversicherung** im **Basistarif** versichert wäre... Der Senat lässt offen, ob der Anspruch nach § 26 Abs. 1 Satz 1 SGB II ...

davon abhängig ist, ob der SGB II-Leistungsträger den Hilfebedürftigen hinsichtlich des Wechsels in den Basistarif **beraten** hat. ... § 26 Abs. 1 Satz 1 SGB II stellt die Begrenzung des Beitragszuschusses auch **nicht unter den Vorbehalt**, dass dem Leistungsberechtigten ein Wechsel in den Basistarif **zumutbar** ist. ... Der Kläger hat auch **keinen Anspruch auf einen Härtefallmehrbedarf aus § 21 Abs. 6 SGB II**. ...§ 26 Abs. 1 Satz 1 SGB II ist vorrangig. § 21 Abs. 6 SGB II ist nicht anwendbar, wenn es um Bedarfe geht, die der Gesetzgeber **außerhalb des Regelbedarfs in einer gesonderten Norm** geregelt hat... § 21 Abs. 6 SGB II dient dazu, Bedarfe zu erfassen, die aufgrund ihres individuellen Charakters bei der pauschalierenden Regelbedarfsbemessung der Art oder der Höhe nach nicht erfasst werden können... An der Notwendigkeit und damit an der Rechtfertigung für einen Rückgriff auf die Härtefallklausel fehlt es, wenn der Gesetzgeber die Deckung bestimmter Bedarfe ... außerhalb des Regelbedarfs festgelegt hat. ... Vor diesem Hintergrund kommt es auf die ... Frage, ob und in welcher Weise die ... §§ 3 und 6 UnbilligkeitsV bei der Anwendung des § 21 Abs. 6 SGB II im hiesigen Kontext zu berücksichtigen sind, nicht an. ...die UnbilligkeitsV *(regelt)* lediglich die Ausnahmetatbestände, unter denen Leistungsberechtigte nach Vollendung des 63. Lebensjahrs ausnahmsweise ... nicht verpflichtet sind, eine Rente wegen Alters vorzeitig in Anspruch zu nehmen. Ihre Tatbestandsvoraussetzungen sind abschließend... Im Übrigen kann eine **analoge Anwendung** allenfalls bewirken, dass eine im Gesetz vorgesehene Rechtsfolge auf einen im Gesetz nicht geregelten, aber gleich gelagerten Sachverhalt erstreckt wird... §§ 3 und 6 UnbilligkeitsV begründen aber keine Leistungsansprüche, wie sie der Kläger hier geltend macht."

<u>BSG, Urteil vom 26.01.2022, B 4 AS 81/20 R:</u>
„Der Kläger hat keinen Anspruch auf weitere Grundsicherungsleistungen wegen der **Fahrtkosten zu ärztlichen und psychotherapeutischen Behandlungen** im Zeitraum von April bis Juli 2015. Die Voraussetzungen eines Härtefallmehrbedarfs nach § 21 Abs. 6 SGB II liegen nicht vor. Mit dem Charakter des Härtefallmehrbedarfs ist es schon im Grundsatz nicht vereinbar, die vom Kläger geltend gemachte Pauschale ... von **30 Cent pro gefahrenem Kilometer** anstelle des tatsächlichen Mehrbedarfs zu berücksichtigen. Selbst bei Berücksichtigung dieser Pauschale wäre aber kein erheblich vom durchschnittlichen Bedarf abweichender Mehrbedarf anzunehmen. Maßstab dafür sind der Regelbedarf insgesamt und der darin enthaltene Anteil für Aufwendungen der betroffenen Bedarfsposition für Verkehr. Auch Fahrten zur Wahrnehmung von Arztterminen sind dem **Bedarf Verkehr** zuzurechnen. Die vom Kläger geltend gemachten Aufwendungen lagen nur in den Monaten April und Juli 2015 über dieser Bedarfsposition und dies nur zu dem geringen Anteil von 1,88 % bzw. 1,69 % des gesamten Regelbedarfs. Sie können daher **nicht** als **erheblich** angesehen werden. Vor diesem Hintergrund konnte offenbleiben, ob zusätzlich auch die im Regelbedarf berücksichtigten Aufwendungen für Gesundheitspflege in die Beurteilung der Erheblichkeit einzubeziehen waren."

BSG, Urteil vom 26.01.2022, B 4 AS 3/21 R:
„Der Senat konnte nicht abschließend entscheiden, ob die Klägerin für ihre **Fahrten zur JVA** einen Anspruch auf Berücksichtigung eines Härtefallmehrbedarfs nach § 21 Abs. 6 SGB II für Februar 2015 hat. Zwar kann ein **Härtefallmehrbedarf auch zur Pflege zwischenmenschlicher Beziehungen entstehen** und ist nicht von vornherein auf die Beziehungspflege zu solchen Personen beschränkt, deren Verhältnis dem Schutzbereich des Art. 6 Abs. 1 GG unterfällt oder familienrechtlich geregelt ist. Ein Bedarf ist aber nur unabweisbar, wenn ein **besonderes Näheverhältnis** zu der von der Beziehungspflege betroffenen Person besteht. Diese Voraussetzung kann auch erfüllt sein, wenn **keine Verantwortungs- und Einstandsgemeinschaft** im Sinne des § 7 Abs. 3 Nr. 3 Buchstabe c SGB II vorliegt, aber die beiden betroffenen Personen in einer **ähnlich engen**, exklusiven und gegenüber allen anderen zwischenmenschlichen Beziehungen der leistungsberechtigten Person prioritären **Beziehung** gelebt haben. Ob diese Voraussetzungen ... erfüllt sind, kann der Senat anhand der Feststellungen des LSG nicht abschließend beurteilen. In die Beurteilung, ob ein hinreichendes Näheverhältnis besteht, ist insbesondere die **Situation vor** Beginn der durch die **Inhaftierung** verursachten räumlichen Trennung einzubeziehen. Für die Beurteilung der Unabweisbarkeit fehlen zudem Feststellungen dazu, ob **Möglichkeiten zur Kostensenkung** bestanden haben. Ist dies nicht der Fall, wären die von der Klägerin geltend gemachten Kosten ... von **79,78 Euro** als **erheblich** ... anzusehen. Sie übersteigen den im Regelbedarf enthaltenen Anteil für Verkehr von 25,12 Euro um 54,66 Euro und entsprechen einem Anteil von knapp 14 % am maßgeblichen Regelbedarf von 399 Euro. Dies liegt über der Erheblichkeitsschwelle, selbst wenn man berücksichtigt, dass die Klägerin darüber hinaus auch sonstige im Regelbedarf für die Pflege zwischenmenschlicher Beziehungen enthaltene Beträge teilweise für die Fahrtkosten verwenden könnte.“

BSG, Urteil vom 12.05.2021, B 4 AS 88/20 R:
„Leistungen nach § 21 Abs. 6 SGB II müssen .. nicht gesondert beantragt werden (Umkehrschluss zu § 37 Abs. 1 Satz 2 SGB II...). ... Es handelt sich bei **§ 21 Abs. 6 SGB II** um eine **Ausnahmevorschrift** für atypische Bedarfslagen, dessen Tatbestandsvoraussetzungen ... eng und strikt sind... Die Härtefallklausel dient dazu, Bedarfe zu erfassen, die aufgrund ihres individuellen Charakters bei der pauschalierenden Regelbedarfsbemessung ... nicht erfasst werden können... Sie hat nicht die Funktion, eine ... unzureichende Höhe des Regelbedarfs auszugleichen... Der Senat lässt ... offen, ob die Kosten des **Tablets** unabweisbar waren. ... Bereits auf der Bedarfsseite fehlt es an der **Unabweisbarkeit**, wenn der Bedarf ohne **rechtliche Verpflichtung** entstanden ist... Da der Besitz eines Tablets oder das Eigentum an einem solchen nicht generell zur Sicherstellung eines menschenwürdigen Existenzminimums erforderlich ist, wäre der Kauf ... unabweisbar gewesen, wenn und soweit dessen Eigentum zur Erfüllung der **Schulpflicht** erforderlich gewesen wäre... Bei den **Kosten** ... handelt es sich jedenfalls nicht um einen laufenden, nicht nur **einmaligen** Bedarf. Das Tatbestandsmerkmal "laufender“ Bedarf in § 21 Abs. 6 SGB II in der **bis zum 31.12.2020** geltenden Fassung setzt voraus, dass es sich um einen

regelmäßig wiederkehrenden, dauerhaften und längerfristigen Bedarf handelt... *(Es)* ist nicht auf die Nutzung eines Gegenstands, sondern auf dessen **Anschaffung** abzustellen... **Unerheblich** sind die vom Leistungsberechtigten vereinbarten **Zahlungsmodalitäten**. Ein einmaliger Beschaffungsvorgang wird beispielsweise nicht dadurch zum laufenden Bedarf, dass der Leistungsberechtigte Ratenzahlung, ein Finanzierungsdarlehen oder Mietkauf vereinbart. ... Der Leistungsberechtigte hat **kein Wahlrecht**, ob er statt eines Darlehens nach § 24 Abs. 1 SGB II einen Zuschuss nach § 21 Abs. 6 SGB II erhalten möchte... Die ... **analoge Anwendung** des § 21 Abs. 6. SGB II **kommt nicht in Betracht**. Die Gewährung von existenzsichernden Sozialleistungen bedarf der parlamentsgesetzlichen Grundlage... Erweisen sich die kodifizierten Regelungen ... als unzureichend, ist es nicht Sache ... des Gesetzgebers, zusätzliche Ansprüche zu schaffen... Es besteht auch kein Anspruch ... gegen den ... Sozialhilfeträger nach **§ 73 Satz 1 SGB XII**."

BSG, Urteil vom 26.11.2020, B 14 AS 23/20 R:
„Auf die Revision des beklagten Jobcenters ist das Urteil des LSG aufgehoben und die Berufung des Klägers ... zurückgewiesen worden. Er hat **keinen Anspruch** auf Übernahme der im Oktober 2017 angefallenen **Kosten der Kryokonservierung** seiner Samenzellen ..., auch wenn solche Kosten nicht in den Regelbedarf eingeflossen sind. Die Voraussetzungen eines Härtefallmehrbedarfs nach § 21 Abs. 6 SGB II sind nicht erfüllt, weil die Kosten **kein unabweisbarer, besonderer Bedarf** sind. Sie sind nicht Teil des Grundrechts auf Gewährleistung eines menschenwürdigen Existenzminimums... Die Kryokonservierung männlicher Samenzellen stellt **keine medizinisch notwendige Behandlung** dar, denn durch sie kann die natürliche Zeugungsfähigkeit des Betroffenen nicht wiederhergestellt werden. Sie beinhaltet nur die Möglichkeit einer späteren künstlichen Befruchtung mit eigenem Erbgut. Aus der staatlichen Pflicht zum Schutz von Ehe und Familie nach Art. 6 Abs. 1 GG kann eine so weitreichende Förderungspflicht des Gesetzgebers ebenfalls nicht abgeleitet werden. Für dieses Ergebnis spricht zudem die zwischenzeitlich erfolgte Regelung der Kryokonservierung durch den Gesetzgeber in **§ 27a Abs. 4 SGB V** und die damit einhergehende Weiterentwicklung der gesetzlichen Krankenversicherung, die auch den in ihr versicherten Alg II-Empfängern ... zu Gute kommt."
Zitiert nach dem Terminbericht Nr. 43/20 des Bundessozialgerichts

BSG, Urteil vom 08.05.2019, B 14 AS 6/18 R:
„Kosten für **Schulbücher**, die Schüler **mangels Lernmittelfreiheit** selbst kaufen müssen, sind durch das Jobcenter als Härtefallmehrbedarf nach § 21 Abs. 6 SGB II zu übernehmen. ... Der Bedarf für Schulbücher ist im **Regelbedarf** aufgrund der Lernmittelfreiheit in der Mehrzahl der Bundesländer **strukturell nicht realitätsgerecht** und der Höhe nach zu niedrig erfasst, wenn keine Lernmittelfreiheit besteht. ... Das Ergebnis der Regelbedarfsermittlung für Schulbücher ist folglich nicht auf Schüler übertragbar, soweit für diese anders als in den

meisten Bundesländern keine Lernmittelfreiheit gilt. … Zur Deckung des Bedarfs für Schulbücher kann danach weder auf den Regelbedarf … und die mit ihm verbundene Ansparkonzeption verwiesen werden noch auf ein Darlehen nach § 24 Abs. 1 SGB II, denn auch die Verweisung hierauf setzt voraus, dass ein Bedarf bei der Ermittlung des Regelbedarfs in strukturell realitätsgerechter Weise zutreffend erfasst worden ist und nicht bloß ein individuell vom Regelbedarf abweichender Bedarf im Streit steht. … Für eine solche Sondersituation sieht das SGB II zur Bedarfsdeckung den Härtefallmehrbedarf nach § 21 Abs. 6 SGB II vor, dessen Voraussetzungen bei verfassungskonformer Auslegung dem Grunde nach erfüllt sind. … Ob der Mehrbedarf auch in voller Höhe unabweisbar war, d. h. nicht zumindest teilweise unter Berücksichtigung von Einsparmöglichkeiten … gedeckt werden konnte, kann der Senat auf der Grundlage der Feststellungen des LSG nicht abschließend entscheiden… Den Jobcentern kommt (auch) insoweit die Stellung als "**Ausfallbürgen**" zu… Das LSG wird … zu entscheiden haben, ob der … Bedarf zumindest teilweise unter Berücksichtigung von Einsparmöglichkeiten …, etwa durch den Erwerb gebrauchter Bücher, gedeckt werden konnte."

<u>BSG, Urteil vom 28.11.2018, B 14 AS 48/17 R:</u>
„Wegen der strittigen **Kosten zum Besuch ihrer inhaftierten Tochter** kann die Klägerin für Februar 2010 bis Januar 2011 einen Anspruch auf einen Härtefallmehrbedarf … haben. Der Auffassung des LSG, dass die Rechtsprechung zur Übernahme der Kosten des **Umgangsrechts** mit minderjährigen Kindern nach § 21 Abs. 6 SGB II **nicht auf Besuche zwischen Eltern und volljährigen Kindern zu übertragen** sei, ist zuzustimmen. Dennoch kann sich aus dem Härtefallmehrbedarf, da er der Realisierung des Grundrechts auf Gewährleistung eines menschenwürdigen Existenzminimums … dient…, in einer **Sondersituation** ein Anspruch auf Übernahme der Aufwendungen für den **Besuch eines nahen Angehörigen**, zB bei dessen Inhaftierung, ergeben und zwar **auch im Ausland**. Für Januar 2010 wird das LSG einen Anspruch entsprechend § 73 SGB XII gegen den im wiedereröffneten Berufungsverfahren beizuladenden zuständigen Sozialhilfeträger zu prüfen haben."
Zitiert nach dem Terminbericht Nr. 51/18 des Bundessozialgerichts

<u>BSG, Urteil vom 28.11.2018, B 14 AS 47/17 R:</u>
„*(Der Kläger)* hat … keinen Anspruch auf Übernahme der **Kosten für einen jährlichen Besuch seiner in China lebenden Ehefrau**. Es ist nicht ersichtlich, dass die Kosten eines solchen Besuchs im Rahmen des SGB II als Teil seines aus dem Grundrecht auf Gewährleistung eines menschenwürdigen Existenzminimums … folgenden existenznotwendigen Bedarfs zu übernehmen sind… Der Kläger und seine Ehefrau sind darauf zu verweisen, durch Betreiben des gesetzlich vorgesehenen **Visumverfahrens** die **räumliche Trennung** zwischen ihnen zu **beenden**. Der Ehegattennachzug zu einem deutschen Staatsangehörigen richtet sich nach § 28 iVm § 30 AufenthG. Diese Vorschriften dienen dem Schutz von Ehe und Familie nach Art. 6 Abs. 1 GG und sind im Lichte

dieses Grundrechts auszulegen. Sollte die Versagung des Nachzugs aufenthaltsrechtlich auch im Angesicht des Art. 6 Abs. 1 GG nicht zu beanstanden sein, ist ein aus § 21 Abs. 6 SGB II folgender Anspruch auf einen Härtefallmehrbedarf ebenfalls zu verneinen."
Zitiert nach dem Terminbericht Nr. 51/18 des Bundessozialgerichts

BSG, Urteil vom 12.09.2018, B 4 AS 33/17 R:
„Dass der Bedarf eines ausländischen Alg II-Beziehers für einen **Pass** grundsätzlich vom **Regelbedarf** umfasst ist, folgt aus dem Konzept des Regelbedarfs als monatlicher Pauschalbetrag zur Sicherung des Lebensunterhalts und der Ermittlung des Regelbedarfs aufgrund des durchschnittlichen Verbrauchsverhaltens der maßgeblichen Referenzgruppe und dem gleichermaßen für Aus- wie Inländer bestehenden Bedarf an einem Pass bzw. Ausweis, dessen Kosten in die Ermittlung des Regelbedarfs eingeflossen sind. ... Angesichts dieser vergleichbaren Bedarfe ist nicht ersichtlich, dass der Gesetzgeber den ... Bedarf eines Ausländers an Passbeschaffungskosten aus dem Regelbedarf herausnehmen wollte. ... Zwar sind in die Ermittlung des Regelbedarfs nur die Kosten eines deutschen Personalausweises eingeflossen (**28,80 Euro** ... und hierfür bei einer Geltungsdauer von zehn Jahren monatlich **0,25 Euro** angesetzt worden ...). Schon die zugrunde liegende Annahme, dass für die Beschaffung des Personalausweises auch bei Bedürftigkeit Gebühren anfallen, unterliegt Zweifeln, weil gemäß § 1 Abs. 6 PAuswGebV die **Gebühr** ermäßigt oder von ihrer Erhebung **abgesehen werden kann**, wenn die Person, die die Gebühr schuldet, bedürftig ist. ... Vorliegend ist nicht erkennbar, dass ... durch die Kosten für den benötigten, neuen **türkischen Reisepass** ... von **217 Euro** eine Unterdeckung aufgetreten ist, die mit seinem Grundrecht auf Gewährleistung eines menschenwürdigen Existenzminimums ... nicht vereinbar wäre. Der Gesetzgeber darf grundsätzlich darauf verweisen, dass **punktuelle Unterdeckungen intern ausgeglichen** werden, wenn ein im Regelbedarf nicht berücksichtigter Bedarf nur vorübergehend anfällt oder ein Bedarf deutlich kostenträchtiger ist als der statistische Durchschnittswert, der zu seiner Deckung berücksichtigt worden ist. ... Für eine Übernahme der Kosten nach **§ 21 Abs. 6 SGB II** als Härtefall-Mehrbedarf wegen eines unabweisbaren, **laufenden**, nicht nur einmaligen besonderen Bedarfs, ... ist kein Raum, weil trotz fortlaufender Passpflicht der Bedarf hinsichtlich der **Kosten** des Passes **nur im Zeitpunkt seiner Beschaffung** entsteht."

BSG, Urteil vom 11.02.2015, B 4 AS 27/14 R:
„Der geltend gemachte Bedarf ist ein besonderer Bedarf i. S. des § 21 Abs. 6 SGB II durch **Reisekosten zum Besuch des leiblichen Kindes**... Prägend für einen besonderen Bedarf ist, dass eine andere, weitergehende Bedarfslage vorliegt als bei typischen Empfängern von Grundsicherungsleistungen... Es muss daher ein Mehrbedarf im Verhältnis zum "normalen" Regelbedarf gegeben sein... Dies ist bei den Fahrtkosten zur Ausübung des Umgangsrechts bei getrennt lebenden Eltern ungeachtet der Tatsache der Fall, dass im Regelbedarf ein Anteil für Fahrtkosten enthalten ist... Auch wenn der Gesetzgeber ...

bei der Einfügung des § 21 Abs. 6 SGB II im Mai 2010 die Kosten zur Wahrnehmung des Umgangsrechts bei "getrennt lebenden" Eltern als Anwendungsfall der Härtefallklausel im Blick hatte ..., ist die Regelung nicht auf diese Sachverhalte beschränkt...... Daher kann auch bei **Ehegatten mit zeitweise getrennten Wohnsitzen**, ebenso wie bei dauernd getrennt lebenden Ehegatten und unverheirateten getrennt lebenden Elternteilen, zur Aufrechterhaltung des Kontaktes und Umgangs mit einem Kind ein besonderer Aufwand erforderlich sein... Zu berücksichtigen war im ... die **besondere Entfernung zwischen den Wohnorten von Vater und Kind**, sodass der "laufende" Bedarf zwangsläufig von einer geringeren Häufigkeit der Besuche geprägt sein musste. Wenn ... **über das Jahr** betrachtet **drei Mal Besuche** bei einem ... zehnjährigen Kind durchgeführt werden, ist das Tatbestandsmerkmal der laufenden Aufwendungen erfüllt. ... Wenn der Kläger das verfassungsrechtlich geschützte Umgangsrecht mit seinem Kind ausüben möchte, ist das Entstehen des Bedarfs durch Fahrtkosten dem Grunde nach unabweisbar... Offen bleibt ..., ob der Bedarf auch der Höhe nach unabweisbar war, also nicht durch Zuwendungen Dritter gedeckt werden konnte und ob er in der ... geltend gemachten Höhe gerechtfertigt war oder Einsparmöglichkeiten, auch im Hinblick auf die wegen der bestehenden Ehe anzunehmenden familienrechtlichen Pflichten, bestanden. ... Bei familienrechtlich nicht getrennt lebenden Eheleuten ist darüber hinaus zu prüfen, unter welchen Voraussetzungen fortbestehende familienrechtliche Pflichten der Begründung oder Aufrechterhaltung getrennter Wohnsitze entgegenstehen. Ist das **(erneute) Zusammenleben** zumutbar, liegt hierin ebenfalls eine **Einsparmöglichkeit**, durch die besondere Bedarfe als Folge des Getrenntlebens vollständig vermieden werden können.“

<u>BSG, Urteil vom 18.11.2014, B 4 AS 4/14 R:</u>

„Der Kläger hat ... keinen Anspruch auf eine Mehrbedarfsleistung für die **Fahrtkosten zur Ausübung des Umgangsrechts** mit seiner Tochter von mehr als 340 Euro. Zwar handelt es sich bei den Fahrtkosten zur Ausübung des Umgangsrechts um einen besonderen Bedarf i. S. des § 21 Abs. 6 SGB II, der auch laufend und nicht nur einmalig ist. Ebenso ist er dem Grunde nach unabweisbar. Der Höhe nach bestehen jedoch **Einsparmöglichkeiten durch die Nutzung öffentlicher Verkehrsmittel**. Bei der Bestimmung der grundsicherungsrechtlich gebotenen Einsparmöglichkeit ... ist Ausgangspunkt die verfassungsrechtliche Absicherung dieses Rechts durch Art. 6 Abs. 2 GG. Ebenfalls zu berücksichtigen ist, dass Leistungen nach § 21 Abs. 6 SGB II Ausfluss des Anspruchs auf Gewährleistung des Existenzminimums ... sind. In diesem Rahmen ist andererseits bei der Beurteilung der "Einsparmöglichkeiten" zu beachten, dass die getätigten **Ausgaben** im Sinne eines durch Grundsicherungsleistungen zu deckenden Bedarfs aus Sicht eines verständigen Leistungsberechtigten **nicht offenkundig außer Verhältnis** zu dem stehen dürfen, was **einfachen und grundlegenden Bedürfnissen** entspricht. Die Aufwendungen für die Kosten des Umgangsrechts müssen folglich unter Berücksichtigung der Umstände des Einzelfalls angemessen im Sinne des Grundsicherungsrechts sein; der Leistungsberechtigte muss also die **kostengünstigste** und gleichwohl im Hinblick auf den verfassungsrechtlichen Schutz des Umgangsrechts

verhältnismäßige sowie zumutbare Variante zur Bedarfsdeckung wählen bzw. hat nur Anspruch auf Leistungen in deren Höhe."
Zitiert nach dem Terminbericht Nr. 53/14 des Bundessozialgerichts

<u>BSG, Urteil vom 04.06.2014, B 14 AS 30/13 R:</u>
„Der Mehrbedarf für die Ausübung des **Umgangsrecht**s ist ... unabweisbar. ... Ebenso wenig liegen ... **Einsparmöglichkeiten** müssten ausdrücklich festgestellt werden, ein Leistungsberechtigter muss die Möglichkeiten tatsächlich haben, also z. B. im Besitz einer Monatskarte sein. Hypothetische Einsparmöglichkeiten reichen insoweit nicht aus. ... Die im Grundsatz gegebene Einsparmöglichkeit durch "**Umschichtung**" ... scheidet vorliegend aus, denn dieser Gedanke kommt nur zum Tragen bei Bedarfen, die dem Grunde nach vom Regelbedarf umfasst sind... Das Merkmal der Erheblichkeit gemäß § 21 Abs. 6 SGB II ist vorliegend ebenfalls erfüllt. ... Eine Anknüpfung an § 6 Abs. 1 Nr. 3 Buchst. b Alg II-V, wonach nur die Entfernungskilometer ... maßgeblich sind, verbietet sich in Fällen wie dem vorliegenden. ... Dass bei einem tatsächlich zu deckenden Bedarf neben der Alg II-V auch das BRKG herangezogen werden kann, hat das BSG bereits ... entschieden... Der Anspruch ... scheitert auch nicht an einer ... allgemein gültigen **Bagatellgrenze**. Eine Rechtsgrundlage für die ... Bagatellgrenze in Höhe von 10 % der Regelleistung ist nicht zu erkennen."

<u>BSG, Urteil vom 12.12.2013, B 4 AS 6/13 R:</u>
„Die Voraussetzungen für die Gewährung einer Mehrbedarfsleistung wegen einer Härte auf Grundlage der Entscheidung des BVerfG vom 9.2.2010 (*BVerfGE 125, 175*) lagen ... nicht vor. Zwar ergibt sich nach Aktenlage, dass im Bewilligungszeitraum ein Bedarf durch die Aufwendungen für die Behandlung aufgrund einer **Forderung des Kieferorthopäden** entstanden war. Der Bedarf war jedoch **nicht unabweisbar**. Unabweisbar i. S. des Grundsicherungsrechts kann wegen der Subsidiarität dieses Leistungssystems ein medizinischer Bedarf **nur** sein, **wenn nicht die Krankenversicherung** als Dritter zur Leistungserbringung, also zur Bedarfsdeckung **verpflichtet** ist. Dazu hat der Leistungsberechtigte den Bedarf grundsätzlich zunächst einmal gegenüber der Krankenkasse geltend zu machen. Erst nachdem diese die Leistungsgewährung ablehnt, kann, wenn es sich gleichwohl um einen medizinisch notwendigen Bedarf handelt, unter weiteren Voraussetzungen eine Bedarfsdeckung durch existenzsichernde Leistungen in Betracht kommen. Im Bereich der kieferorthopädischen Versorgung sind im SGB V zwar Beschränkungen im Hinblick auf die Leistungsverpflichtung der gesetzlichen Krankenversicherung vorgesehen. Insoweit handelt es sich jedoch "nur" um Beschränkungen beim Zugang zur Versorgung. Wird eine kieferorthopädische Versorgung ... durch die gesetzliche Krankenversicherung gewährt, erbringt sie auf Grundlage von § 27 SGB V die medizinisch notwendige Versorgung. Die medizinische Notwendigkeit für die ergänzenden Behandlungsmaßnahmen des Kieferorthopäden war damit bereits aus diesem Grunde nicht gegeben."
Zitiert nach dem Terminbericht Nr. 59/13 des Bundessozialgerichts

BSG, Urteil vom 10.09.2013, B 4 AS 12/13 R:
„Die Deckung von Bedarfen für den Schulunterricht, die der Durchführung des Unterrichts selber dienen, liegt in der **Verantwortung der Schule** und darf von den Schulen oder Schulträgern nicht auf das Grundsicherungssystem abgewälzt werden. Dies gilt auch für die **Leihgebühren für ein Musikinstrument**, das zum Besuch des musischen Zweigs einer Schule genutzt werden muss... Unabhängig davon kommt hier eine Leistungsgewährung nach § 21 Abs. 6 SGB II jedoch bereits deswegen nicht in Betracht, weil es an der Unabweisbarkeit des .. Bedarfs mangelt. ...für die Nutzung des Cellos *(mussten)* in der Klassenstufe 7 ... keine Leihgebühren gezahlt werden. Die Nutzung des Instruments war ... bei der Teilnahme am Unterricht im Rahmen des Musikprofils kostenfrei, soweit sie nicht zusätzlich mit einem außerschulischen Einsatz verbunden war. ... Unerheblich ist hierbei, dass die Mutter ... offensichtlich unzutreffend informiert war oder die Rechtslage nicht zur Kenntnis genommen hatte und sich aus dem laufenden Vertrag zur Zahlung verpflichtet sah. Der Begriff der "**Unabweisbarkeit** des Bedarfs" beinhaltet ..., dass der Bedarf auch **nicht durch alternative Handlungen abgewendet oder vermindert** werden kann..."

BSG, Urteil vom 19.08.2010, B 14 AS 13/10 R:
„Der Kläger begehrt Erstattung der Kosten für den bei ihm anfallenden **Mehrbedarf für Hygiene**. ... Er hat eine Stellungnahme der Aidshilfe eingereicht, woraus der typische, nicht durch die Regelleistung abgedeckte Bedarf von **HIV-Infizierten** ersichtlich werde. Er leide krankheitsbedingt an verstärkter Schweißbildung, müsse sich häufiger duschen, mindestens zweimal täglich die Wäsche und alle ein bis zwei Tage die Bettwäsche wechseln.
Die Gewährung eines Mehr- oder Sonderbedarfs im SGB II ist nur in den ausdrücklich gesetzlich normierten Fällen möglich. ... Zu Recht hat das SG weiterhin entschieden, dass dem Kläger gegen den Beigeladenen ein Anspruch aus **§ 73 SGB XII** zusteht. ... Erforderlich ist zunächst, dass eine sog **atypische Bedarfslage** vorliegt, weshalb etwa ein Anspruch auf Erstattung der Kosten für Schulbücher über § 73 SGB XII ausscheidet, weil es sich hier um einen typischen, innerhalb des SGB II zu befriedigenden Bedarf handelt...Durch das Abstellen auf eine sog atypische Bedarfslage soll verhindert werden, dass die Norm zu einer allgemeinen Auffangregelung für Leistungsempfänger des SGB II mutiert. Voraussetzung eines Anspruchs nach § 73 SGB XII ist mithin eine besondere Bedarfslage, die eine gewisse Nähe zu den speziell in den §§ 47 bis 74 SGB XII geregelten Bedarfslagen aufweist. ... vielmehr ist das Recht des Klägers auf Leben (Gesundheit) und körperliche Unversehrtheit gemäß Art 2 Abs. 2 GG berührt... Maßgebend für die Atypik einer Bedarfslage ist vielmehr, dass ein den Grundrechtsbereich tangierender Bedarf ungedeckt bleibt ... der vom Rechtssystem "eigentlich" gedeckt werden müsste. So liegen die Verhältnisse auch hier. ... Die Leistungen, die der Sozialhilfeträger an den Kläger zu erbringen hat, rechtfertigen auch den Einsatz öffentlicher Mittel... Macht ein Kläger nur Bagatellbeträge geltend, so kann eine Verurteilung nach § 73 SGB

XII möglicherweise hieran scheitern, weil dann trotz vorliegender Grundrechtsbetroffenheit die entsprechenden Kosten selbst zu tragen wären. ... Zwar eröffnet § 73 SGB XII ... Ermessen. Hier war jedoch das Ermessen auf Null geschrumpft. ... Da der Kläger bereits einen (einfachgesetzlichen) Anspruch ... aus § 73 SGB XII hat..., stellt sich die weitere Problematik, inwieweit der vom BVerfG ergänzend geforderte verfassungsrechtliche Anspruch auf Deckung fortlaufender atypischer Bedarfe auch für in der Vergangenheit liegende Zeiträume anwendbar sein muss... Der Kläger wird **in Zukunft** seinen **Anspruch** ohnehin **unmittelbar auf § 21 Abs. 6 SGB II** stützen können..."

BSG, Urteil vom 19.08.2010, B 14 AS 47/09 R:
„Zu Recht haben die Vorinstanzen zunächst die Klage auf Erstattung der Kosten für **Schulbücher** ... abgewiesen. ... Schulbücher waren weder als Mehrbedarfe in § 21 SGB II gesondert normiert, noch als Sonderbedarfe nach § 23 Abs. 3 SGB II vorgesehen. ... Entgegen der Rechtsauffassung des LSG war aber auch eine **Verurteilung des Sozialhilfeträgers gemäß § 73 SGB XII rechtsfehlerhaft**, weil es sich bei den Schulbüchern um keinen atypischen Bedarf des Klägers handelte. ... Der typische Schulbedarf ... war mithin innerhalb des SGB II zu decken, das aber in verfassungswidriger Weise keine ausreichende Leistung bzw. keinen gesetzlichen Anspruch für den Schulbedarf normierte. ... Das BVerfG hat in seinem Urteil vom 9.2.2010 auch gefordert, dass für unabweisbare, laufende, nicht nur einmalige, besondere Bedarfe ein zusätzlicher verfassungsrechtlicher Anspruch auf Leistungsgewährung besteht. Dieser verfassungsrechtliche Anspruch greift hier schon deshalb nicht ein, weil es sich bei dem ... Erstattungsanspruch auf Schulbücher nicht um einen solchen besonderen Bedarf handelt. ... Für solche "typischen" Bedarfe ist der neue verfassungsrechtliche Anspruch ersichtlich nicht gedacht. Im Übrigen handelt es sich ... nicht um einen fortlaufend wiederkehrenden, regelmäßigen Anspruch. ... Der Bedarf ... kann schließlich auch nicht über eine aus verfassungsrechtlichen Gründen notwendige rückwirkende Anwendung des Rechtsgedanken des § 24a SGB II gedeckt werden."

Zum Mehrbedarf für Warmwasser:

BSG, Urteil vom 18.05.2022, B 7/14 AS 1/21 R:
„Die Klägerin hat ... Anspruch auf um 5,06 Euro höheres Alg II, weil der **Betriebsstrom der Therme** einen **Mehrbedarf** für die dezentrale Warmwassererzeugung auslöst... Die Voraussetzungen für den Mehrbedarf ... liegen ... vor, denn das Warmwasser wird durch eine **in der Unterkunft installierte Vorrichtung** - hier die Kombitherme - erzeugt. Zugleich wird ... kein Bedarf für zentral bereitgestelltes Warmwasser anerkannt. ... Die beiden Vorgaben des § 21 Abs. 7 Satz 1 SGB II sind nicht getrennt voneinander zu betrachten. Sie regeln insgesamt betrachtet ("und deshalb") einen Bedarf, der abzudecken ist, wenn Leistungsberechtigte Aufwendungen im Zusammenhang mit der Beschaffung von Energie für die Erzeugung von Warmwasser aus Kaltwasser haben und

jedenfalls ein Teil dieser Komponenten nicht über § 22 Abs. 1 Satz 1 SGB II erfasst wird. Solche Kosten werden im Mietverhältnis mit zentraler Warmwassererzeugung über die Nebenkosten erfasst, zu denen auch der Betriebsstrom der Anlage gehört ... und auf die Nutzer verteilt... Sie sind als dem Vermieter geschuldete Zahlungen für Warmwasser Aufwendungen i. S. von § 22 Abs. 1 Satz 1 SGB II und unterfallen bei der Belieferung mit Warmwasser durch Dritte ebenfalls dieser Vorschrift. Bei **dezentraler Warmwassererzeugung** sind sie über den **Mehrbedarf** nach § 21 Abs. 7 SGB II abzudecken. ... Anhaltspunkte für eine abweichende Bedarfsbemessung ... bestehen nicht. Eine sog gemischte Warmwasserversorgung ... erfolgt nicht. Ebenso wenig hat der Beklagte einen Teil des angemessenen Warmwasserbedarfs nach § 22 Abs. 1 SGB II anerkannt, soweit er auf den Stromabschlag entfällt. Er hat 1,50 Euro als den Bedarfen für Heizung zuzuordnen übernommen. Weil sich ein Anspruch der Klägerin auf um 5,06 Euro höheres Alg II schon aus § 21 Abs. 7 SGB II ergibt, kommt es auf die **Schätzung** der Kosten für den Betriebsstrom der Heizung nicht an."

BSG, Urteil vom 28.03.2013, B 4 AS 47/12 R:
„Aus den Ausführungen des SG zu den Kosten der Unterkunft und Heizung, wonach "die Grundmiete inklusive **Heizkostenpauschale** 300 Euro beträgt", ist nicht ersichtlich, ob eine **zentrale oder dezentrale Warmwasserversorgung** bestand. Es ist nicht klar, ob von der "Heizkostenpauschale" auch die Kosten für Warmwasser umfasst waren. ... Das Antragsformular ... enthielt nur eine Beantragungsmöglichkeit für Mehrbedarfe nach § 21 Abs. 1 bis 6 SGB II und auch keine Rubrik, in der die Art der Warmwasserversorgung abgefragt wurde... Vor dem Hintergrund des mit Wirkung zum 1.1.2011 erst durch das Gesetz vom 24.3.2011 ... eingeführten Mehrbedarfs bei dezentraler Warmwasserversorgung nach § 21 Abs. 7 SGB II bestand grundsätzlich eine **Hinweis-, Aufklärungs- und Informationspflicht** des Beklagten über diese neue Mehrbedarfsleistung. Allein aus fehlenden Angaben der Klägerin hierzu ist daher ein Rückschluss nicht möglich, dass ein Bedarf bei dezentraler Warmwasserversorgung nicht besteht."

Sonstiges:

BSG, Urteil vom 25.06.2008, B 11b AS 19/07 R:
„Zutreffend sind die Vorinstanzen zunächst davon ausgegangen, dass eine Erhöhung der Regelleistung ... nach dem Konzept des SGB II für atypische Bedarfe ausgeschlossen ist...
Ein Anspruch gegen die Beklagte auf Zahlung eines **Essenszuschuss**es kann dem Kläger auch **nicht auf der Grundlage eines Mehrbedarfs behinderter Menschen** nach § 28 Abs. 1 Satz 3 Nr. 2 i. V. m. § 21 Abs. 4 SGB II zugesprochen werden... Weitere Anspruchsgrundlagen auf Übernahme der Essenskosten sind im SGB II nicht ersichtlich. Eine gesetzliche Regelung über einen Mehrbedarf für eine Mittagsverpflegung im Rahmen von Ganztagesangeboten

befindet sich im Gesetzgebungsverfahren... Ist eine Leistungsberechtigung nach § 53 Abs. 1 SGB XII zu bejahen, weil der Kläger im streitigen Zeitraum durch eine Behinderung i. S. von § 2 Abs. 1 Satz 1 SGB IX wesentlich in seiner Fähigkeit, an der Gesellschaft teilzuhaben, eingeschränkt oder von einer solchen wesentlichen Behinderung bedroht ist, sind die weiteren Voraussetzungen des **§ 54 Abs. 1 Satz 1 Nr. 1 SGB XII** zu prüfen. Hierzu gehört insbesondere, dass die Leistung zur Erreichung des im Gesetz formulierten Ziels geeignet und erforderlich ist. Das LSG wird in diesem Zusammenhang zu prüfen haben, welchen **Stellenwert** die **Einnahme eines gemeinsamen Mittagessens als gemeinschaftsfördernde erzieherische Maßnahme in der Schule für Sprachbehinderte** gehabt hat..."

BSG, Urteil vom 27.02.2008, B 14/7b AS 64/06 R:

„Einen **Mehrbedarf für Arzneimittel ... sieht § 21 SGB II nicht vor**. Der nach § 5 Abs. 1 Nr. 2 Buchst a Sozialgesetzbuch Fünftes Buch (SGB V) pflichtversicherte Kläger hat einen Anspruch auf Versorgung mit notwendigen Arzneimitteln gegen seine Krankenkasse nach § 27 Abs. 1 Satz 2 Nr. 3 SGB V. Das LSG hat zutreffend ausgeführt, dass die Kosten für medizinisch nicht notwendige Arzneimittel von der Regelleistung gedeckt sind."

4.1.3 Unterkunft und Heizung

Seit der Änderung des § 19 SGB II zum 1. Januar 2011 sind die Leistungen für Unterkunft und Heizung integraler Bestandteil des Arbeitslosengeldes II (ab 1. Januar 2023: Bürgergeld); der Bedarf für Unterkunfts- und Heizkosten lässt sich nicht mehr abtrennen.

Unterkunfts- und **Heizkosten** sind in *tatsächlicher* Höhe anzuerkennen, *soweit* sie angemessen sind (§ 22 Abs. 1 S. 1 SGB II).

Was *angemessen* ist, richtet sich nach dem Einzelfall und hängt von mehreren Faktoren ab: Zunächst ist die Wohnungsgröße zu berücksichtigen, dann der Wohnstandard. Im Ergebnis kommt es auf die Kosten an, also auf das Produkt aus angemessener Wohnfläche und Standard. Grundlage bilden die angemessenen Wohnflächen im sozialen Wohnungsbau sowie die vor Ort durchschnittlichen Aufwendungen für Wohnraum **einfachen Standards**.

Der Leistungsberechtigte ist über die angemessenen Unterkunfts- und Heizkosten zu belehren und aufzufordern, unangemessene Aufwendungen zu senken.

Unangemessene Unterkunfts- und Heizkosten sind nur solange als Bedarf zu berücksichtigen, wie es dem Leistungsberechtigten oder der Bedarfsgemeinschaft nicht möglich oder nicht zuzumuten ist, die Aufwendungen zu senken (z. B. durch Wohnungswechsel oder Vermieten). Höhere Aufwendungen werden i. d. R. längstens für **6 Monate** übernommen.

Eine Senkung der Aufwendungen muss nicht gefordert werden, wenn dies unwirtschaftlich wäre unter Berücksichtigung der bei einem Wohnungswechsel zu erbringenden Leistungen (z. B. Umzugskosten, Kaution). Erforderlich ist eine Prognose, die vor allem berücksichtigt, ob der Leistungsberechtigte in naher Zukunft aus dem Leistungsbezug ausscheidet.

Ab dem 1. Januar 2023 gilt für Unterkunftskosten eine **Karenzzeit** von einem Jahr ab Beginn des Monats, für den **erstmals** SGB-II-Leistungen bezogen werden:

In der Karenzzeit sind Unterkunftskosten in **tatsächlicher Höhe** anzuerkennen, ausgenommen Leistungen nach § 22 Abs. 2 SGB II. Waren die KdU gedeckelt, bleiben sie gedeckelt. Unterbrechungen des Leistungsbezugs verlängern die Karenzzeit; sie beginnt erst erneut, wenn der Leistungsbezug für mindestens drei Jahre unterbrochen war.

Verstirbt ein Mitglied der Bedarfs- oder Haushaltsgemeinschaft, darf das Jobcenter 12 Monate nicht zur Kostensenkung auffordern, wenn die Unterkunfts- und Heizkosten davor angemessen waren.

Erhöhen sich die Unterkunfts- und Heizkosten nach einem nicht erforderlichen Umzug innerhalb des Vergleichsraums, ist nur der bisherige Bedarf zu berücksichtigen.

Zu den Unterkunftskosten gehören bei einem angemessenen und selbstbewohnten Eigentum auch die unabweisbaren Aufwendungen für **Instandhaltung** und **Reparatur**, soweit diese Aufwendungen angemessen sind (§ 22 Abs. 2 SGB II). Unabweisbar sind nur besonders dringliche Aufwendungen, die unerlässlich sind.

Rückzahlungen und Guthaben aus **Neben- und Heizkostenabrechnungen** mindern den Bedarf im Folgemonat (§ 22 Abs. 3 SGB II).

Vor Abschluss eines neuen Mietvertrags soll der Hilfebedürftige die **Zusicherung** des für die neue Unterkunft örtlich zuständigen Jobcenters einholen zur Übernahme der Aufwendungen für die neue Unterkunft. Dieses muss nur zusichern, wenn die Aufwendungen angemessen sind (§ 22 Abs. 4 SGB II).

Personen, die das **25. Lebensjahr noch nicht vollendet** haben und eine Wohnung beziehen wollen, sollen vorher die **Zustimmung** des Jobcenters einholen (§ 22 Abs. 5 SGB II).
In **Härtefällen** kann von der Zusicherung abgesehen werden, wenn es dem Betroffenen aus wichtigem Grund nicht zumutbar war, die Zusicherung vorher einzuholen.
Ohne Zustimmung werden bis zur Vollendung des 25. Lebensjahres keine Leistungen für Unterkunft und Heizung gezahlt. Das Jobcenter muss zustimmen, wenn aus **schwerwiegenden sozialen Gründen** ein Verweis des Jugendlichen auf die Wohnung der Eltern nicht möglich ist, der Umzug erforderlich ist zur Aufnahme einer **Erwerbstätigkeit** oder aus sonstigen ähnlich schwerwiegenden Gründen.

Absatz 6 regelt, dass

- **Wohnungsbeschaffungskosten**
- **Mietkautionen** und **Genossenschaftsanteile** sowie
- **Umzugskosten**

bei vorheriger Zusicherung übernommen werden können. Das Jobcenter soll die Zusicherung erteilen, wenn

- er den Umzug veranlasst hat oder
- der Umzug aus anderen Gründen notwendig ist oder
- ohne die Zusicherung eine Unterkunft in angemessener Zeit nicht gefunden werden kann.

Unterkunfts- und Heizkosten sind auf Antrag des Leistungsberechtigten direkt an den **Vermieter** oder einen anderen Empfangsberechtigten zu zahlen. Eine Abzweigung soll erfolgen, wenn eine zweckentsprechende Verwendung der Leistungen nicht gewährleistet ist. Dies ist z. B. der Fall, wenn bereits Miet- oder Energierückstände bestehen oder bei Alkohol- oder Drogensucht. Der Leistungsberechtigte ist über die Abzweigung zu informieren.
§ 22 Abs. 7 SGB II begründet keine Rechte und Pflichten von Vermietern oder Empfangsberechtigten gegenüber dem Jobcenter.

Die Übernahme von Schulden gehört grundsätzlich nicht zum Leistungskatalog des SGB II. Einzige Ausnahme können **Mietschulden** sein, soweit dies gerechtfertigt ist,

- zur Sicherung der Unterkunft oder
- zur Behebung einer vergleichbaren Notlage.

Sie *sollen* übernommen werden, wenn

- dies gerechtfertigt und notwendig ist und
- sonst Wohnungslosigkeit droht.

Die Hilfe soll als **Darlehen** gewährt werden.

Seit dem 1. August 2016 kann der kommunale Träger eine Gesamtangemessenheitsgrenze im Sinne einer **Bruttowarmmiete** bilden (§ 22 Abs. 10 SGB II).

Die Länder können durch Gesetz die Kreise und kreisfreien Städte ermächtigen oder verpflichten, die Angemessenheit der Unterkunfts- und Heizkosten durch **Satzung** zu bestimmen (§ 22a SGB II). In einer solchen Satzung ist zu bestimmen

- welche Wohnfläche angemessen ist und
- in welcher Höhe Aufwendungen für Unterkunft angemessen sind.

Die Satzung kann auch die Angemessenheit der Heizkosten regeln.

Zur Angemessenheit von Unterkunftskosten: Seite 87 ff.
Zu Nebenkosten/Erhaltungsaufwand: Seite 147 ff.
Zu Heizkosten: Seite 162 ff.
Zur Zusicherung: Seite 173 ff.
Zu Wohnungsbeschaffungs-, Umzugskosten und Kaution: Seite 176 ff.
Zu Renovierungskosten: Seite 181 ff.
Zur Zahlung an Vermieter oder andere: Seite 184 f.
Zu Miet- und Energieschulden: Seite 186 ff.

Zur Angemessenheit von Unterkunftskosten:

<u>BVerfG, Beschluss vom 10.10.2017, 1 BvR 617/14:</u>
„Art. 1 Abs. 1 in Verbindung mit Art. 20 Abs. 1 GG gewährleistet das gesamte Existenzminimum einer Person durch eine einheitliche grundrechtliche Garantie... Dazu gehört das **physische Existenzminimum**, zu dessen Sicherung die Bedarfe für **Unterkunft und Heizung** zu decken sind. Das Grundgesetz selbst gibt insoweit keinen exakt bezifferten Anspruch auf Sozialleistungen vor... Die Gewährleistung eines menschenwürdigen Existenzminimums muss aber durch ein Gesetz gesichert sein, das einen konkreten Leistungsanspruch enthält... Dies schließt die Verwendung unbestimmter, konkretisierungsbedürftiger Begriffe nicht aus, solange sich der Regelungsgehalt der Norm mit den üblichen Auslegungsmethoden ... bestimmen lässt... Die Begrenzung der Übernahme von Kosten der Unterkunft und Heizung durch **das Tatbestandsmerkmal der Angemessenheit lässt sich durch Auslegung hinreichend konkretisieren**. ... Was angemessen ist, kann des Weiteren in Anknüpfung an die sozialhilferechtliche Vorgängerregelung bestimmt werden... Die Regelung zur Angemessenheit war ... auch insoweit hinreichend bestimmt, als der Gesetzgeber zu diesem Zeitpunkt noch nicht vorgegeben hatte, wie die marktüblichen Wohnungsmieten zu ermitteln sind. Der zu ordnende Lebenssachverhalt ist von so

unterschiedlichen Faktoren bestimmt, dass die Vorgabe angemessener Kostenerstattung als hinreichend bestimmt anzusehen ist. ... Dem Ziel der Konkretisierungspflicht, dass Normadressaten sich auf Entscheidungen der Verwaltung einstellen können ..., ist verfahrensrechtlich Rechnung getragen worden. ... Aus verfassungsrechtlicher Sicht ist insoweit entscheidend, dass die **Untergrenze eines menschenwürdigen Existenzminimums nicht unterschritten** wird, die gesetzlichen Regeln also tatsächlich eine menschenwürdige Existenz sichern... Danach ist die **Begrenzung auf angemessene Kosten** in § 22 Abs. 1 Satz 3 SGB II **nicht zu beanstanden**. Zwar handelt es sich bei den Kosten für Unterkunft und Heizung um eine der grundrechtsintensivsten Bedarfspositionen, denn sie betreffen die grundlegende Wohn- und Lebenssituation eines Menschen... Doch ergibt sich daraus keine Verpflichtung, jedwede Unterkunft im Falle einer Bedürftigkeit staatlich zu finanzieren und insoweit Mietkosten unbegrenzt zu erstatten."

BSG, Urteil vom 08.05.2024, B 8 SO 18/22 R:
„... im vorliegenden Fall *(ist)* **keine Abweichung vom Kopfteilprinzip** angezeigt, **weil die Klägerin, nicht aber ihr Sohn, auf eine barrierefreie Wohnung angewiesen ist**. ...das Kopfteilprinzip ist auch unter Berücksichtigung dieses Umstands nicht ausgeschlossen. Von der Rechtsprechung sind allerdings Ausnahmen vom Kopfteilprinzip anerkannt, wenn und soweit die Leistungsberechtigung durch sozialhilferechtlich bedeutsame Umstände gekennzeichnet ist, die ohne Weiteres objektivierbar sind. ... als denkbare Fälle einer Abweichung vom Kopfteilprinzip *(sind)* stets höhere Unterkunftsbedarfe wegen **Behinderung** oder **Pflegebedürftigkeit** ... genannt worden, die objektivierbar und gerade wegen der Behinderung oder der Pflegebedürftigkeit etwa einen größeren Flächenanteil zu Wohnzwecken benötigt ... Die Klägerin ist zwar behindert und deshalb auf eine barrierefreie Wohnung angewiesen... **Es lassen sich** allerdings **nicht bestimmte Flächenanteile** der Wohnung **den behinderungsbedingten Wohnbedarfen der Klägerin zuordnen**... Vielmehr nutzen die Klägerin und ihr Sohn die Wohnung in gleicher Weise. Es besteht vor dem Hintergrund der behinderungsbedingten Einschränkungen der Klägerin damit auch keine Möglichkeit, die Wohnfläche der konkret bewohnten Wohnung objektivierbar zwischen ihr und dem nichtbehinderten Sohn aufzuteilen, was für die Aufteilung der Kosten zu gleichen Teilen spricht. Soweit das LSG dagegen - unter Anlegung **abstrakter** Maßstäbe - die im Stadtgebiet der Beklagten durchschnittlich anfallenden **Kosten für barrierefreie Wohnungen** ermittelt und sodann eine Quote gebildet hat, mit der ausgedrückt werden soll, welcher Anteil an den Kosten auf die behinderungsbedingten Wohnbedarfe entfällt, folgt der Senat diesem Ansatz nicht. Die gebildete Quote gibt keinen Aufschluss, ob überhaupt und inwieweit die **konkret** angemietete Wohnung wegen ihrer Ausstattungsmerkmale teurer ist als eine Wohnung, die die Klägerin (gemeinsam mit dem Sohn) ohne ihre Behinderung hätte anmieten können. Es würden zudem in allen Fällen eines Zusammenlebens von behinderten mit nichtbehinderten Personen Ermittlungen zu einem weiteren Segment des Wohnungsmarkts erforderlich werden, die gerade nicht zu einer Verwaltungsvereinfachung, sondern zu einem erheblichen **Mehraufwand** ... führen würde, ohne dass damit

die Bedarfe des einzelnen behinderten Menschen gesichert und abschließend abgedeckt würden…"

BSG, Urteil vom 06.10.2022, B 8 SO 7/21 R:
„Die **Möglichkeit**, eine **Wohnung** zu einem nach einem **schlüssigen Konzept** angemessenen Quadratmeterpreis zu **finden**, besteht nicht uneingeschränkt, wenn Leistungsberechtigte individuelle **Zugangshemmnisse zum Wohnungsmarkt** aufweisen, was z. B. bei geistigen, psychischen oder seelischen Behinderungen der Fall sein kann. Hierfür lassen sich zwar den Feststellungen des LSG deutliche Anhaltspunkte entnehmen, es fehlen aber Feststellungen zu Umfang und Auswirkungen der Beeinträchtigungen sowohl hinsichtlich der Klägerin als auch ihres Ehemannes. Führen bestehende individuelle Beeinträchtigungen zu einer erheblichen Einschränkung bzw. Verschlossenheit des Wohnungsmarktes, wird das LSG zu berücksichtigen haben, dass in derartigen Fällen regelmäßig eine individuelle **Hilfestellung des Leistungsträgers** geboten ist, um eine Wohnung zu finden, andernfalls ist grundsätzlich von der konkreten Angemessenheit der Wohnung auszugehen. Soweit ein Kostensenkungsverfahren erforderlich ist, bedarf es außerdem einer **Kostensenkungsaufforderung** auch für den nichtleistungsberechtigten Ehegatten (§ 35 Abs. 2 Satz 1 SGB XII). Zu treffen sind ggf. auch Feststellungen zu etwaigen Absetzbeträgen vom Renteneinkommen der Klägerin."
Zitiert nach dem Terminbericht Nr. 36/22 des Bundessozialgerichts

BSG, Urteil vom 02.09.2021, B 8 SO 13/19 R:
„Allein die **Unwirksamkeitserklärung** *(Anmerkung F. B.: einer **Satzung**)* löst keinen Anspruch des Leistungsberechtigten auf unbegrenzte Übernahme der Aufwendungen für Unterkunft und Heizung aus. …ein sog. **schlüssiges Konzept** zur Bestimmung von abstrakt angemessenen Unterkunftskosten … *(muss)* nicht auch die "spezifischen Bedarfe älterer Menschen" abbilden. …**besondere Bedarfe älterer Menschen** *(sind)* nicht der abstrakten, sondern **der konkreten Angemessenheit zuzuordnen**… Hieran ist auch unter Berücksichtigung des mit Wirkung vom 1.4.2011 eingefügten § 35a Satz 1 SGB XII festzuhalten. … Allein der Umstand, dass die Kläger, die wegen Alters grundsicherungsberechtigt sind, ihre **Wohnung seit 1974 bewohnen**, die Wohnung auf dem Hausgrundstück des klägerischen Elternhauses liegt und die Tochter der Kläger ebenfalls dort wohnt, löst für sich genommen noch **keine Unzumutbarkeit einer Kostensenkung** aus. Es bedarf einer **Würdigung aller konkreten Umstände des Einzelfalls**, in die neben der Behinderung des Klägers und der fraglos bestehenden Bindung an das Wohnumfeld etwa auch die Notwendigkeit einer bestimmten Größe oder eines bestimmten Zuschnitts der Wohnung oder einer bestimmten, nur vor Ort gewährleisteten Betreuungsstruktur z. B. im Hinblick auf Pflegebedürftigkeit oder - bei fortschreitendem Alter - im Hinblick auf **drohende Vereinsamung** fallen kann."

BSG, Urteil vom 05.08.2021, B 4 AS 82/20 R:
„Allein die fehlende hinreichende **Erreichbarkeit des Kreisgebiets durch den ÖPNV** vermag die Annahme einer fehlenden verkehrlichen Verbundenheit nicht zu rechtfertigen. ...der ÖPNV im **Kreis Dithmarschen** *(besitzt)* einen **Verkehrsmarktanteil** von unter **drei Prozent**... Fast 90 Prozent der Kreisbevölkerung nutzen den ÖPNV selten oder nie. Zudem weist die Bevölkerung ... einen hohen Motorisierungsgrad auf. ...der ÖPNV *(spielt)* .. für die Bevölkerung im täglichen (Nah-)Verkehr keine oder nur eine völlig untergeordnete Rolle. ...die verkehrliche Verbundenheit im Kreisgebiet *(wird)* vorwiegend durch den **Individualverkehr** sichergestellt. Die alleinige Berücksichtigung des ÖPNV missachtet damit die örtlichen Gegebenheiten, insbesondere die tatsächliche Verkehrsstruktur ..., und ist daher nicht geeignet, um die **verkehrliche Verbundenheit** ... wiederzugeben. ... Das Abstellen allein auf den ÖPNV im ländlichen Raum könnte zudem dazu führen, dass wiederum besonders schlecht angeschlossene Gebiete einen eigenen, sehr kleinen Vergleichsraum bilden, für den nicht ausreichend Mietdaten erhoben werden könnten. ...
Bei der Vergleichsraumbildung ist nicht zu berücksichtigen, ob und inwiefern generell **SGB II-Empfänger** entsprechend der örtlichen Verkehrsstruktur in der Lage sind, den gesamten Vergleichsraum zu erreichen. Der Vergleichsraum soll denjenigen Raum darstellen, der "insgesamt" betrachtet einen homogenen Wohn- und Lebensbereich bildet. Hinsichtlich der örtlichen Gegebenheiten ist daher auf die **Verhältnisse der Gesamtbevölkerung** abzustellen. ...es *(ist)* unerheblich, dass Ausgaben für Pkw und deren Nutzung nicht regelbedarfsrelevant sind, zumal bei unterentwickeltem ÖPNV **Umschichtungen im Regelbedarf** durch Einsparungen insbesondere in der EVS-Abteilung 7 "Verkehr" denkbar sind.
...Rückgriff auf **ältere Bestandsmieten** *(kann)* durch die Berücksichtigung von Angebotsmieten "kompensiert" werden... Vorliegend sind neben Bestandsmieten auch Angebots- und Neuvertragsmieten bei der Erstellung des Konzepts erhoben und berücksichtigt worden. Die Berücksichtigung von Angebotsmieten erfolgte im Rahmen des sog. **iterativen (Annährungs-)Verfahrens**. ... Diese Vorgehensweise ist von der Methodenfreiheit des Grundsicherungsträgers gedeckt... ...der Beklagte *(durfte)* auch auf **Bestandsmieten** zurückgreifen, denen Mietverträge zugrunde lagen, die vor **mehr als vier Jahren** vor Erstellung des Konzepts 2016 abgeschlossen oder geändert worden waren. ...eine potentiell nicht hinreichende Berücksichtigung der **Daten privater Vermieter** in der Datenauswertung *(spricht)* gegen die Annahme eines schlüssigen Konzepts... Dem Beklagten die **Möglichkeit zu einer Nachbesserung** zu geben, ist auch nicht dadurch entbehrlich geworden, dass er mit der Erstellung des Korrekturberichts 2016 bereits die Gelegenheit hatte, sein Konzept nachzubessern. Denn die dort vorgenommenen Nachbesserungen reagierten ... auf die Urteile ... des BSG vom 30.1.2019 ... zur Bildung von Wohnungsmarkttypen ... und nicht auf ein konkret gefasstes Nachbesserungsbegehren des LSG.“

BSG, Urteil vom 21.07.2021, B 14 AS 31/20 R:
„Gründe und Umfang des Aufenthalts des minderjährigen Kindes bei den Klägern führen **nicht** zu seiner über das **Kopfteilprinzip** zu beachtenden **Mitnutzung der Wohnung**. ... Für minderjährige Kinder als Mitglieder einer temporären Bedarfsgemeinschaft ist ... ein **eigener notwendiger Wohnbedarf** ... nur bezogen auf den **Lebensmittelpunkt des Kindes** anzuerkennen. ... Diese Wertung ist **auf andere Umgangsrechte** (z. B. der Großeltern ... oder enger Bezugspersonen des Kindes aus sozial-familiären Beziehungen...) **zu übertragen**, in denen der räumliche Lebensmittelpunkt des minderjährigen Kindes - **hier in der Einrichtung** - nicht der Ort ist, an dem der Umgangskontakt gepflegt wird. ... Zutreffend hat das LSG ... auf Werte nach dem WoGG zurückgegriffen. ... Dass der Beklagte zuvor das Stadtgebiet von **Erfurt** als örtlichen **Vergleichsraum** festgelegt hat ..., hat das LSG überprüft und nicht beanstandet; Rügen hiergegen haben die Kläger nicht erhoben. ... Die **Einzelfallprüfung** ist auch vorzunehmen, wenn ... die Angemessenheit in einem ersten Schritt anhand von **Werten nach dem WoGG** bestimmt worden ist. ... Für die **Ausübung eines Umgangsrechts** ***(kann)*** ... ein besonderer ... zu berücksichtigender **Unterkunftsbedarf entstehen**. ... Daher gehört es zur **Dialogförmigkeit des Kostensenkungsverfahrens**, dass das Jobcenter auf aus seiner Sicht bedeutsame Änderungen der Sachlage reagiert und daraufhin **angepasste Werte mitteilt**... Anhand der Feststellungen des LSG kann der Senat aber nicht entscheiden, ob die **fehlerhaft zu niedrige Angabe übergangsweise** dazu führt, dass die **vollen Aufwendungen** für Unterkunft und Heizung anzuerkennen sind. Ausgenommen von der Unbeachtlichkeit der objektiv fehlerhaften Angabe vom Jobcenter für konkret angemessen gehaltener Aufwendungen ... sind Fälle, in denen Leistungsberechtigte durch die **Falschangabe** ihre **Suche nach angemessenem Wohnraum** in wesentlichem Umfang **beschränken**... Diesen Ausnahmefall hat das LSG nicht geprüft, weil es wegen des nach der Kostensenkungsaufforderung aufgenommenen Umgangs der Kläger mit dem Kind in der Wohnung davon ausgegangen ist, dass es auf einen - hier nicht zu erhebenden - Vorwurf an den Beklagten ankommen könne, zeitnah keine geänderte Kostensenkungsaufforderung veranlasst zu haben. Es hat dabei außer Acht gelassen, dass es wegen möglicher Beschränkungen bei der Suche nach einer konkret angemessenen Unterkunft auf das **Ausmaß der objektiven Fehlerhaftigkeit** der Angaben in der **Kostensenkungsaufforderung** ankommen kann. Insoweit sind auch Veränderungen während des Kostensenkungsverfahrens zu beachten."

BSG, Urteil vom 19.05.2021, B 14 AS 19/20 R:
„Nachträglich für die Nutzung von Wohnraum in **Aufnahmeeinrichtungen** durch nicht mehr nach dem AsylbLG, sondern nach dem SGB II leistungsberechtigte Ausländer erhobene **Gebühren** sind bei Auseinanderfallen von Entstehung und Fälligkeit keine dem Zeitpunkt der tatsächlichen Nutzung zuzuordnenden Bedarfe. Sie können unter weiteren Voraussetzungen **im Monat der Fälligkeit** ... zu decken sein. ... Zeitlich den Bedarfen nach § 22 Abs. 1 Satz 1 SGB II zuzuordnen sind ... grundsätzlich alle unterkunfts- und heizungsbezo-

genen Zahlungsverpflichtungen, denen Leistungsberechtigte im jeweiligen Monat als dem maßgeblichen Leistungszeitraum ausgesetzt sind, die sie also ungeachtet der tatsächlichen Zahlung in diesem Monat als fällige Forderung zu erfüllen haben. ... Dass gegenüber Leistungsberechtigten erhobene Forderungen vor ihrer Fälligkeit entstanden sind, ändert hieran nichts. Nach der Konzeption des § 22 Abs. 1 Satz 1 SGB II löst nicht die faktische Befriedigung des Bedürfnisses nach einer Unterkunft den ... zu deckenden Bedarf aus, sondern die **tatsächliche Aufwendung**. ... Danach ist der Leistungsanspruch auf eine **kalendermonatsweise Betrachtung** angelegt und sind die Bedarfe eines Monats den Bedarfsdeckungsmöglichkeiten dieses Monats gegenüberzustellen; eine **Unterdeckung** in diesem Zeitraum begründet den **Leistungsanspruch** für diesen Monat... Unbeachtlich ist hingegen grundsätzlich, für welchen Zeitraum die bedarfsbegründende Aufwendung - hier die Gebührenforderung - jeweils bestimmt ist... Solange abweichende normative Vorgaben nicht bestehen, sind unterkunfts- und heizungsbezogene Zahlungsverpflichtungen allein im **Fälligkeitsmonat** bedarfsrelevant und so wenig (fiktiv) einem vergangenen Zeitraum zuzuordnen wie für vergangene Zeiten nachgezahltes Einkommen... Daran ändert sich nichts dadurch, dass die Fälligkeit durch den Erlass eines Gebührenbescheids oder eine anderweitige Bestimmung der Leistungszeit durch Rechnungslegung ... vom Gläubiger **gesteuert** werden kann. ... Allein in eng umgrenzten Ausnahmefällen steht der Berücksichtigung von Aufwendungen für eine Unterkunft nicht entgegen, dass diese **nicht mehr bewohnt** wird. ... Die **Gleichbehandlung** der **Gebührennachforderung** mit den Fällen der Abrechnung von **Betriebskosten** ist geboten, soweit der Gebührentatbestand durch die Nutzung der Unterkunft entsteht und leistungsberechtigte Schuldner den davon abweichenden Zeitpunkt der Fälligkeit der Gebührenforderung nicht beeinflussen können."

<u>BSG, Urteil vom 19.05.2021, B 14 AS 39/20 R:</u>
„Die Kläger haben Anspruch auf die zusätzliche Berücksichtigung der **Stellplatzmiete** i. H. v. 25,56 Euro als Bedarf für die Unterkunft und Heizung. Aufwendungen für einen Stellplatz oder eine Garage sind als Bedarf für die Unterkunft und Heizung anzuerkennen, wenn ... Wohnung und Stellplatz **Bestandteile eines einheitlichen Mietverhältnisses** sind und die **Gesamtmiete angemessen** ist. Eine Obliegenheit zur Kostensenkung, z. B. durch **Untervermietung** des Stellplatzes, besteht unter diesen Voraussetzungen nicht. ... Entscheidend für die fehlende "**Abtrennbarkeit**" ist im Sinne eines "Alles-oder-nichts", ob es dem Leistungsberechtigten möglich ist, seinen Wohnraumbedarf mietvertraglich zu decken, ohne zugleich zur Zahlung der Miete für einen Stellplatz verpflichtet zu sein. Danach gilt vorliegend, dass die Kosten ... als Bedarf für die Unterkunft und Heizung anzuerkennen sind. Es fehlt an einer "Abtrennbarkeit", weil die **Wohnung ohne Stellplatz nicht anmietbar** ist und der **Stellplatz** auch **nicht separat gekündig**t werden kann. Vielmehr sind Wohnung und Stellplatz Bestandteile eines einheitlichen Mietverhältnisses... Die Übernahme der Kosten des Stellplatzes hängt nicht ... davon ab, ob die Kläger sich bemüht haben, die Kosten zu senken, insbesondere durch eine Untervermie-

tung des Stellplatzes. Dies ist keine (weitere) Voraussetzung für die Anerkennung der Stellplatzmiete als Bedarf für die Unterkunft. ... § 2 Abs. 1 Satz 1 SGB II ... ist ebenfalls keine ausreichende Rechtsgrundlage, um die Übernahme der Kosten für den Stellplatz abzulehnen. ... § 22 SGB II ermöglicht ... keinen Spielraum für die Nichtberücksichtigung von Unterkunftsbedarfen, wenn die Aufwendungen für die Unterkunft insgesamt angemessen sind."

BSG, Beschluss vom 23.03.2021, B 4 AS 8/21 BH:
„Weil schon nach dem Wortlaut des § 22 Abs. 1 Satz 1 SGB II nur tatsächlich entstandene Bedarfe zu berücksichtigen sind, führen **Mietminderungen** - jedenfalls dann, wenn sie wie hier **nicht offensichtlich unwirksam** sind ... - zu einem entsprechend **geringeren Anspruch** auf Alg II in dem Monat der Minderung, selbst wenn zu einem späteren Zeitpunkt Mietnachzahlungen zu leisten sind..."

BSG, Urteil vom 27.01.2021, B 14 AS 35/19 R:
„Ob die Klägerin Anspruch auf Anerkennung der vollen Aufwendungen für Unterkunft und Heizung ihrer Wohnung hat oder nur eines Kopfteils, kann vom Senat aufgrund der Feststellungen des LSG nicht abschließend beurteilt werden. Das **Kopfteilprinzip** dient neben der Verwaltungsvereinfachung insbesondere der Zuweisung von Bedarfen an Personen, die mietvertraglich keinen Verpflichtungen unterliegen, wie oftmals den Kindern einer Familie... Es dient aber auch der **Abgrenzung der Bedarfe** von in einer Wohnung lebenden Leistungsberechtigten nach dem SGB II von den Bedarfen möglicher anderer Personen, die dieselbe Wohnung nutzen. Denn es ist **nicht Sinn und Zweck** des § 22 Abs. 1 SGB II, wirtschaftlich ggf. leistungsfähigen Angehörigen einer Leistungen nach dem SGB II beziehenden Person ein **kostenfreies Mitwohnen** in deren Wohnung zu ermöglichen... Ob die Tochter der Klägerin in diesem Sinne die Wohnung nutzte und für die Klägerin nur ein Kopfteil zu berücksichtigen ist, kann den Feststellungen des LSG nicht entnommen werden. Eine Abweichung vom Kopfteilprinzip zugunsten der Klägerin setzt bedarfsbezogene Gründe voraus. Diesen könnte insbesondere ein **Anspruch der Tochter nach § 27 SGB II** entgegenstehen, hinsichtlich dessen ebenfalls Feststellungen des LSG fehlen."
Zitiert nach dem Terminbericht Nr. 4/21 des Bundessozialgerichts

BSG, Urteil vom 17.09.2020, B 4 AS 11/20 R:
„Die gerichtliche Verpflichtung zur Amtsermittlung findet ihre Grenze in der **Mitwirkungslast der Beteiligten** ..., die .. dadurch geprägt ist, dass die Methodenauswahl dem Jobcenter vorbehalten ist und es **nicht Aufgabe des Gerichts** ist, **ein unschlüssiges Konzept** mit sachverständiger Hilfe **schlüssig zu machen**. ... In Ermangelung eines in der rechtlich gebotenen Weise bestimmten Angemessenheitswerts darf es dann auf die durch die erhöhten Wohngeldwerte begrenzten tatsächlichen Aufwendungen für die Unterkunft ab-

stellen… …daher *(kann)* weder die Repräsentativität und Validität der Datenerhebung noch die Frage, ob anerkannte mathematisch-statistische Grundsätze bei der Datenauswertung beachtet worden sind, dahinstehen. … Einer … **Überprüfung** bestimmter **Detailfragen** … bedarf es erst dann, wenn **fundierte Einwände** erhoben werden, die insbesondere über ein Bestreiten der Stimmigkeit bestimmter Daten hinausgehen müssen. … Das LSG wird … also noch die Repräsentativität und Validität der Datenerhebung zu beurteilen haben sowie, ob anerkannte mathematisch-statistische Grundsätze bei der Datenauswertung beachtet worden sind. Kommt es auch unter Berücksichtigung dieser Punkte … zu dem Ergebnis, das Konzept erfülle die methodischen Voraussetzungen …, wäre von der abstrakten Angemessenheit der … berücksichtigten Bruttokaltmiete auszugehen und die Berufungen unbegründet.“

BSG, Urteil vom 17.09.2020, B 4 AS 22/20 R:
„Zutreffend ist das LSG … zu dem Ergebnis gekommen, dass der Beklagte die angemessenen Kosten für Unterkunft und Heizung … nach einem schlüssigen Konzept ermittelt hat. … Der Würdigung des LSG, … steht insbesondere nicht entgegen, dass das Konzept hinsichtlich der **Nettokaltmiete** lediglich auf **Angebotsmieten** beruht. Bei der Prüfung des Angemessenheitsbegriffs ist … letztlich entscheidend, ob der jeweilige Kläger im konkreten Vergleichsraum eine "angemessene" Wohnung anmieten kann… Zwar hat der Senat in seinem Urteil vom 19.2.2009 formuliert, dass bei der Ermittlung der abstrakt angemessenen Aufwendungen auch auf vermietete Wohnungen abzustellen ist …, aber bereits in seinem Urteil vom 22.9.2009 deutlich gemacht, dass die **Berücksichtigung von bereits vermieteten Wohnungen** bloß "in Betracht" kommt …, aber **nicht zwingend** ist. … Eine Pflicht zur Berücksichtigung von Bestandsmieten folgt auch nicht aus § 22c Abs. 1 Satz 3 SGB II, wonach bei den der Erstellung von Satzungen … vorgelagerten Auswertungen sowohl Neuvertrags- als auch Bestandsmieten einfließen sollen. **§ 22c Abs. 1 Satz 3 SGB II bezweckt** … die **Verhinderung** grundsicherungsrechtlich induzierter **Steigerungen des Mietniveaus**, hat mithin begrenzende Wirkung… Der Gesetzgeber hat in den §§ 22a bis 22c SGB II keine Vorgaben für die Erstellung schlüssiger Konzepte gemacht, sondern lediglich für die … dort geregelten Satzungen. … Genügt ein Konzept den **Anforderungen** … **an eine Satzung** .., ist das Konzept **schlüssig**…; dies bedeutet umgekehrt aber nicht, dass ein Konzept nur schlüssig ist, wenn es auch den Anforderungen des Gesetzgebers an eine Satzung genügt. Konkret **rechtfertigt § 22c Abs. 1 Satz 3 SGB II** also die **Berücksichtigung von Bestandsmieten** bei der Erstellung eines schlüssigen Konzeptes …, **erzwingt sie aber nicht**. Die Frage, ob und in welchem Umfang **Angebotsmieten** als Datengrundlage herangezogen werden (können), betrifft die **Methodenfreiheit** der Grundsicherungsträger unter Berücksichtigung höchst unterschiedlicher Wohnungsmärkte. …*(es ist)* unschädlich, dass das Konzept die Angebotsmieten über einen Zeitraum von zwölf Monaten ermittelt hat, während § 22 Abs. 1 Satz 3 SGB II die Berücksichtigung nur noch der angemessenen Unterkunftskosten bereits nach sechs Monaten verlangt. … Revisionsrechtlich nicht zu beanstanden ist auch …, dass ein **Anteil von 33 Prozent an allen erfassten Angebotsmieten** ausreichend ist, um das untere

Segment des Wohnungsmarktes abzubilden, ohne dass der Senat damit aussprechen würde, dass ein Anteil von 33 Prozent zwingend wäre. ... Der Senat kann allerdings mangels hinreichender Feststellungen des LSG nicht beurteilen, ob auch die **kalten Betriebskosten** rechtmäßig ermittelt worden sind... Zur Vermeidung von Zirkelschlüssen setzt die Zugrundelegung von **Durchschnittswerten** oder des Medians aber voraus, dass sich die Datenerhebung auf den **gesamten Wohnungsmarkt des Vergleichsraums** und nicht nur auf Wohnungen einfachen Standards mit möglicherweise geringeren kalten Betriebskosten oder gar nur auf Wohnungen von Beziehern von Grundsicherungsleistungen bezieht."

BSG, Urteil vom 03.09.2020, B 14 AS 37/19 R:
„Nur soweit es kein schlüssiges Konzept des Jobcenters gibt, ist es Sache der Gerichte, selbst **Angemessenheitswerte** zu **bestimmen**. ... Zum angemessenen Wohnungsstandard lassen sich dem Urteil des LSG keine Ausführungen entnehmen. Insoweit wird das LSG weiter zu bestimmen haben, welche Wohnungen hinsichtlich ihrer Ausstattung, Lage und Bausubstanz einfachen und grundlegenden Bedürfnissen entsprechen und keinen gehobenen Wohnungsstandard aufweisen... Im Anschluss wird das LSG die abstrakten Angemessenheitswerte für Nettokaltmiete und Betriebskosten zu bestimmen haben, weil der Beklagte für April 2011 kein schlüssiges Konzept erstellt hat und sich nicht in der Lage sieht, dies noch nachzuholen. ... Bestimmt ein Gericht selbst abstrakt angemessene Aufwendungen ..., muss es sich davon überzeugen ..., dass **Wohnraum** zu dem von ihm bestimmten Betrag in hinreichender Anzahl **tatsächlich verfügbar** ist. ... Wegen der im Verhältnis von § 22 Abs. 1 Satz 1 zu § 22 Abs. 1 Satz 3 SGB II angelegten **Risikozuweisung** obliegt es nicht erst den Leistungsberechtigten, zur generellen Anmietbarkeit von Wohnraum im örtlichen Vergleichsraum vorzutragen... Aus der .. "Überzeugung, dass mit der Einbeziehung der mittleren durchschnittlichen Mietspiegelwerte in gewichteten Anteilen die potenziell zumutbare und damit abstrakt angemessene Kaltmiete am gerechtesten bestimmt werden kann" ..., ergibt sich keine generelle **Verfügbarkeit von Wohnraum**. Ob sich gerichtlich ein abstrakt angemessener Betrag für die Aufwendungen für Unterkunft vor dem Rückgriff auf die Werte aus § 12 WoGG ... bestimmen lässt, wird das LSG im Rahmen der ... tatrichterlichen Beweiswürdigung zu befinden haben."

BSG, Urteil vom 03.09.2020, B 14 AS 34/19 R:
„Es ist .. nicht zulässig, dem ... Konzept deshalb die **Repräsentativität** der Datenerhebung abzusprechen, weil ein Wert von **10 % nicht erreicht** gewesen sei. ... In der Sache bedeutet **Repräsentativität** der Daten .. in Anlehnung an mietrechtliche Grundsätze, dass sie ein **realistisches Abbild des Wohnungsmarkts** liefern müssen... Um dies zu gewährleisten, müssen in der Regel eigenständige **Primärerhebungen** auf der Basis von **Zufallsstichproben** durchgeführt werden, so dass jede Wohnung die gleiche Chance hat, in der Stichprobe vertreten zu sein, und es muss sichergestellt werden, dass **alle Woh-**

nungen mit ihren mietpreisbestimmenden Merkmalen in dieser Stichprobe **annähernd im gleichen Verhältnis** wie in der Grundgesamtheit enthalten sind... Wie hoch die "**Ergebnisstichprobe**", also die letztlich verwertbare Datenbasis, danach sein muss, kann nicht generell festgelegt werden. Die **Aussagekraft** einer Stichprobe hängt in erster Linie davon ab, wie verlässlich sie die **Grundgesamtheit abbildet** und nicht von ihrem Umfang... Aus mathematisch-statistischen Gründen bedarf es für einen verlässlichen Rückschluss von der Stichprobe auf die Grundgesamtheit des maßgeblichen Mietwohnungsmarkts keiner Datenbasis von 10 %... Die Heranziehung von **Bestandsmieten** dient vor dem Hintergrund deren tendenziell niedrigerer Höhe nicht zuletzt der **Vermeidung von Mietpreis erhöhenden Wirkungen** (vgl. § 22a Abs. 3 Satz 2 Nr. 1 SGB II) und bildet den (aktuellen) örtlichen Wohnungsmarkt **realitätsgerecht** ab, in dem das Mietpreisniveau des maßgeblichen Teilwohnungsmarkts nicht allein durch Neuvertragsmieten bestimmt wird. Entgegen der Annahme des LSG handelt es sich insoweit nicht um Daten geringerer Qualität... Soweit das LSG ... die **Unschlüssigkeit** des Konzepts daraus abgeleitet hat, dass knapp **60 %** der in **Ein-Personen-Haushalten** lebenden Leistungsempfänger eine Bruttokaltmiete zu zahlen hatten, die **über der** vom Beklagten zugrunde gelegten (abstrakten) **Angemessenheitsgrenze** lag, wobei die Überschreitung bei knapp einem Drittel mehr als 10 % betrug, sind Rechtsfehler ebenfalls nicht ersichtlich. ... Zu Recht ist .. das LSG bereits im Rahmen der Überprüfung der abstrakten Angemessenheitshöhe der Frage der ausreichenden **Verfügbarkeit** nachgegangen."

<u>BSG, Urteil vom 03.09.2020, B 14 AS 40/19 R:</u>
„Nur soweit es **kein schlüssiges Konzept** ... gibt, ist es **Sache der Gerichte**, selbst **Angemessenheitswerte** zu **bestimmen**. ...das LSG *(wird)* die abstrakten Angemessenheitswerte für Nettokaltmiete und Betriebskosten zu bestimmen haben, weil der Beklagte für August 2014 bis Januar 2015 kein schlüssiges Konzept erstellt hat und sich nicht in der Lage sieht, dies noch nachzuholen. ... Ob hinter einzelnen ihrer Teilregelungen ein schlüssiges Konzept stehen kann, das vom beklagten Jobcenter dargestellt oder nachgebessert werden könnte ..., kann dahingestellt bleiben. Ausnahmsweise kommt es darauf nicht an. Denn der Beklagte hat im Revisionsverfahren die Möglichkeit einer Nachbesserung ... verneint... Gerichte sind zwar zur Herstellung der Spruchreife der Sache verpflichtet, aber nicht befugt, ihrerseits ein schlüssiges Konzept ... zu erstellen... ...das Gericht *(kann)* nur auf schon vorhandene Datengrundlagen zurückgreifen. Diese Datengrundlagen müssen die vergleichsraumbezogene, zeit- und realitätsgerechte Bestimmung abstrakter Angemessenheitswerte gewährleisten können. ... Sieht das Gericht keine Möglichkeit, ... abstrakte Angemessenheitswerte selbst festzulegen, bleibt der Rückgriff auf die Beträge aus **§ 12 WoGG**. ...
In Abfolge der Prüfung abstrakter und konkreter Angemessenheit ist zunächst der Betrag für die abstrakt angemessenen Aufwendungen für Unterkunft zu bestimmen. Dieser Betrag kann trotz begrenzter Amtsermittlungspflicht ... durch die Gerichte festgelegt werden. ... Insoweit nennt der Katalog des § 22c Abs.

1 Satz 1 Nr. 1 SGB II als Erkenntnisquellen für die Bestimmung des Angemessenheitswerts Mietspiegel, qualifizierte Mietspiegel und Mietdatenbanken. ... Soweit in ihnen keine Daten zusammengefasst sind, die sich auf die Betriebskosten ... beziehen, eröffnet § 22c Abs. 1 Satz 1 Nr. 2 SGB II die Möglichkeit, auf andere örtliche oder ggf. überörtliche Betriebskostenübersichten ... zurückgreifen. ... Bestimmt ein Gericht selbst abstrakt angemessene Aufwendungen für Unterkunft, muss es sich davon überzeugen ..., dass Wohnraum zu dem von ihm bestimmten Betrag in hinreichender Anzahl tatsächlich verfügbar ist. ... Hier hat das LSG keine Ermittlungen ... angestellt. ... Bei der Beurteilung einer objektiv möglichen Senkung der Aufwendungen ... wird zu beachten sein, dass unangemessene Aufwendungen ... über die Frist des § 22 Abs. 1 Satz 3 letzter Teilsatz SGB II nicht angemessen i. S. des § 22 Abs. 1 Satz 1 SGB II werden."

<u>BSG, Urteil vom 12.12.2019, B 14 AS 26/18 R:</u>
„Die Übernahme der Aufwendungen für die Unterkunft und Heizung nach § 22 Abs. 1 Satz 1 SGB II dient der Sicherung des Grundbedürfnisses Wohnen. Dies erfordert die Übernahme der hierfür aktuell auftretenden Aufwendungen, nicht aber die Befriedigung von Schulden aufgrund früherer Verpflichtungen. Der Übernahme von Schulden zur Sicherung der Unterkunft diente vielmehr in der strittigen Zeit § 22 Abs. 5 SGB II (heute: § 22 Abs. 8 SGB II). Zudem sind hinsichtlich des anzuerkennenden Bedarfs für die Unterkunft Mieter und Eigentümer gleich zu behandeln. Demgemäß sind bei einem **Darlehen zur Finanzierung von selbst genutztem Wohneigentum** zwar die laufend fällig werdenden Zinsen, grundsätzlich aber nicht die Tilgungsraten als Aufwendungen für die Unterkunft ... anzuerkennen... Nach diesen Maßstäben ist die monatliche Zahlung ... an die Bank nicht als Bedarf anzuerkennen, weil ihr **nicht eine aktuell auftretende Zahlungsverpflichtung** zugrunde lag, sondern es sich um eine **Zahlung zur Tilgung früher entstandener Schulden** handelte. Dass diese Schulden auf Zinsforderungen beruhen, ändert an dem Ergebnis nichts, weil es keine aktuell angefallenen Zinsen sind."
Zitiert nach dem Terminbericht Nr. 61/19 des Bundessozialgerichts

<u>BSG, Urteil vom 30.10.2019, B 14 AS 2/19 R:</u>
„Der aktuelle .. Unterkunftsbedarf wird grundsätzlich nur durch **eine** Wohnung gedeckt. Existenzsicherungsrechtlich kommt danach die gleichzeitige Sicherung mehrerer Unterkünfte durch laufende Leistungen hierfür nicht in Betracht. Dieser Grundsatz lässt indes **Ausnahmen** zu. Eine Ausnahmelage kann der **Monat des Umzugs** von einer alten in eine neue Wohnung sein, in dem für beide Wohnungen vertragliche Verpflichtungen zu Zahlungen für Unterkunft und Heizung bestehen ("**Doppelmiete**" bzw. "Überschneidungskosten") und beide Wohnungen tatsächlich genutzt werden. ... **Abgrenzungsmerkmal** mit Blick auf die ... Unterkunft ist, ob diese in dem Umzugsmonat, für den Leistungen begehrt werden, **tatsächlich genutzt** wird. Bei einer zeitlichen Überschneidung allein der vertraglichen Verpflichtungen ... für die alte und die neue

Wohnung kommt die Anerkennung der Aufwendungen für die **nicht tatsächlich genutzte Unterkunft** nur im Rahmen des § 22 **Abs. 6** Satz 1 SGB II in Betracht, was insbesondere eine vorherige Zusicherung erfordert. Die Aufwendungen für die **tatsächlich genutzte Unterkunft**, sei es die alte oder die neue, sind dagegen als Bedarf im Rahmen des § 22 **Abs. 1** Satz 1 SGB II anzuerkennen. Insoweit stehen die Regelungen in § 22 Abs. 1 Satz 1 und Abs. 6 Satz 1 SGB II hinsichtlich der Unterkunftsbedarfe in Umzugssituationen nicht in einem Entweder-Oder-Verhältnis. ...die zeitliche Überschneidung sowohl der vertraglichen Verpflichtungen als auch der tatsächlichen Nutzung im Umzugsmonat *(ist)* im Einzelfall nicht vermeidbar ..., wenn nach den konkreten **Umständen des Einzelfalls** es nicht zumutbar möglich war, die Laufzeiten der vertraglichen Verpflichtungen für beide Unterkünfte so aufeinander abzustimmen, dass keine "Doppelmiete" entsteht... Zu diesen Umständen zählen neben den individuellen Mietverhältnissen u. a. die konkreten Verhältnisse auf dem örtlichen **Wohnungsmarkt**, die persönlichen **Lebensverhältnisse** der leistungsberechtigten Personen (insbesondere Alleinerziehung, Gesundheitszustand, soziale Schwierigkeiten) und deren Unterstützung (**Beratung**) durch das Jobcenter oder Dritte beim Wohnungswechsel. ... Das LSG wird ggf. zu erwägen haben, ob es konkrete Umstände dieses Einzelfalls gibt, die aus Gründen der Verhältnismäßigkeit für eine (weitere) **Ausnahme vom Zusicherungserfordernis** des § 22 Abs. 6 Satz 1 SGB II streiten können."

<u>BSG, Urteil vom 29.08.2019, B 14 AS 43/18 R:</u>
„Die (**abstrakt**) angemessene Wohnungsgröße ... beträgt ... 50 qm... Die Tochter ... kann auf der Ebene der abstrakten Angemessenheit nicht als weiteres Haushaltsmitglied berücksichtigt werden, weil sie ihren Lebensmittelpunkt nicht beim Kläger hat. Dies ist ... erst ab einem in etwa hälftigen Betreuungsanteil im Sinne eines Wechselmodells ... der Fall... Die Frage, ob ... wegen der Wahrnehmung seines Umgangsrechts ein zusätzlicher Wohnraumbedarf anzuerkennen ist, betrifft die **konkrete Angemessenheit**... Bei Ausübung des Umgangsrechts ist der Bedarf für die Unterkunft ... eine Frage des Einzelfalls. ... Die Regelungen des SGB II haben den Umgang zu ermöglichen, vermitteln aber **keinen Anspruch auf optimale Umgangsbedingungen**... Der ... Umgang wird ermöglicht, wenn die Unterkunftssituation keinen Umstand darstellt, der das Kind vom Umgang abhält. Die Unterbringung darf nicht dazu führen, dass sich das Kind und sein umgangsberechtigter Elternteil entfremden. **Anspruchsbegrenzend** wirkt der **Vergleich** mit der Wohnsituation solcher **einkommensschwachen Haushalte**, in denen der Lebensunterhalt nicht aus Mitteln der staatlichen Existenzsicherung bestritten wird. ... Ein **zusätzlicher Wohnraumbedarf** kann ... nur in Betracht kommen, wenn der Ort des persönlichen Umgangs ... die **Wohnung des Umgangsberechtigten** ist. Er hängt darüber hinaus von der **Anzahl der zu betreuenden Kinder** ab. Weiter sind in den Blick zu nehmen insbesondere die **Häufigkeit** und **Zeitdauer** des Umgangs (nur "sporadischer", "erweiterter" oder "üblicher" vierzehntägiger Umgang an den Wochenenden sowie an einem Teil der Feiertage und in den Ferien), das **Lebensalter** und die **Lebenssituation des Kindes** (Säugling, Kin-

dergarten- oder Grundschulkind, Besuch einer weiterführenden Schule, Ausbildungsbesuch), die **Lebenssituation des Umgangsberechtigten** (alleinstehend oder zusammenlebend mit einem neuen Partner und weiteren Kindern), sein **Verhältnis** zum **Kind** und das Verhältnis zwischen den getrennt lebenden **Elternteilen** sowie die **konkreten Wohnverhältnisse** (Zuschnitt der Wohnung). Je nach den Umständen des Einzelfalls kann auch die **Entfernung** zwischen den elterlichen Wohnungen ein Kriterium sein. ... Unter Berücksichtigung dieser Maßstäbe verletzt die Entscheidung ..., das Umgangsrecht des alleinstehenden Klägers mit der seinerzeit vierjährigen Tochter werde auch in einer maximal 50 qm großen Wohnung ermöglicht, ... kein Bundesrecht."

<u>BSG, Urteil vom 11.07.2019, B 14 AS 23/18 R:</u>
„Soweit die Familie den Umgang in Form eines familienrechtlichen **Wechselmodells** praktiziert, lässt sich ein Lebensmittelpunkt des Kindes tatsächlich nicht bestimmen. Vielmehr hat es einen **gleichwertigen Wohnbedarf in den Wohnungen seiner beiden Elternteile** und ist grundsicherungsrechtlich jeweils als weiteres Haushaltsmitglied zu berücksichtigen. ... Ein **Wahlrecht** zwischen der Berücksichtigung des gesamten Unterkunftsbedarfs beim Elternteil einer- und dessen kopfteiliger Aufteilung zwischen dem Elternteil und seinen Kindern andererseits besteht insoweit **nicht**."

<u>BSG, Urteil vom 04.04.2019, B 8 SO 12/17 R:</u>
„Bedarfe für Kosten der Unterkunft können für den behinderten Menschen (auch) als Leistung der sozialen Teilhabe abzudecken sein... Das Innehaben einer **Wohnung dient** nicht nur dem Schutz vor Witterungseinflüssen und der Sicherung des "Grundbedürfnisses Wohnen" ..., sondern grundsätzlich **auch der sozialen Teilhabe**, weil so gesellschaftliche Ausgrenzung vermieden wird. Damit gehört die Sicherung der Wohnung (auch) zu den Aufgaben der Eingliederungshilfe."

<u>BSG, Urteil vom 30.01.2019, B 14 AS 41/18 R:</u>
„Der Senat hat die bisherige Rechtsprechung des BSG zu diesem Bedarf unter Einbeziehung der Rechtsentwicklung wie folgt zusammengefasst und konkretisiert:
Die Ermittlung der Grenze für die **abstrakt angemessenen Kosten** der Unterkunft, bestehend aus Nettokaltmiete und kalten Betriebskosten, für eine nach Größe und Wohnungsstandard angemessene Wohnung hat in dem maßgeblichen örtlichen Vergleichsraum nach einem schlüssigen Konzept zu erfolgen. Der **Vergleichsraum** ist der Raum, innerhalb dessen einer leistungsberechtigten Person ein **Umzug zur Kostensenkung grundsätzlich zumutbar** ist und ein nicht erforderlicher Umzug nach § 22 Abs. 1 Satz 2 SGB II zu einer **Deckelung** der Kosten auf die bisherigen führt. Der Vergleichsraum ist ein ausgehend vom Wohnort der leistungsberechtigten Person bestimmter ausreichend großer Raum der Wohnbebauung, der aufgrund räumlicher Nähe, Infrastruktur und insbesondere verkehrstechnischer Verbundenheit einen insgesamt betrachtet

homogenen Lebens- und Wohnbereich bildet. Im Zuständigkeitsgebiet eines Jobcenters kann es **mehr als einen Vergleichsraum** geben (vgl. § 22b Abs. 1 Satz 4 SGB II).

Das **schlüssige Konzept** soll die Gewähr dafür bieten, dass die **aktuellen Verhältnisse des Mietwohnungsmarktes im Vergleichsraum** der Angemessenheitsgrenze zugrunde liegen. Schlüssig ist ein Konzept, wenn es neben rechtlichen auch bestimmte methodische **Voraussetzungen** erfüllt und nachvollziehbar ist. Dies erfordert bei **Methodenvielfalt** insbesondere

- eine Definition der untersuchten Wohnungen nach Größe und Standard,
- Angaben über die Art und Weise der Datenerhebung,
- Angaben über den Zeitraum, auf den sich die Datenerhebung bezieht,
- Repräsentativität und Validität der Datenerhebung,
- Einhaltung anerkannter mathematisch-statistischer Grundsätze bei der Datenauswertung,
- Vermeidung von "Brennpunkten" durch soziale Segregation,
- eine Begründung, in der die Ermittlung der Angemessenheitswerte aus den Daten dargelegt wird

(vgl. auch § 22a Abs. 3, § 22b Abs. 1, 2, § 22c Abs. 1 SGB II).

Ausgehend von diesen Voraussetzungen kann es verschiedene Methoden geben, um ein schlüssiges Konzept zu erstellen und den damit unmittelbar zusammenhängenden Vergleichsraum oder ggf. mehrere Vergleichsräume zu bilden.

Nicht zulässig ist es jedoch, wenn ein Jobcenter, das den gesamten Landkreis als einen Vergleichsraum ansieht, innerhalb dieses Vergleichsraums die Städte und Gemeinden in **mehrere Wohnungsmarkttypen** mit unterschiedlichen Angemessenheitsgrenzen aufteilt. Denn für diese Aufteilung gibt es keine rechtliche Begründung, insbesondere können durch die Bildung von Wohnungsmarkttypen die Voraussetzungen für die Bildung und die Rechtsfolgen eines Vergleichsraums nicht geändert werden. Zudem mangelt es in den vorliegenden Verfahren für die einzelnen Wohnungsmarkttypen an einer sie rechtfertigenden sachlichen Herleitung.

Da das entscheidende Tatbestandsmerkmal „**Angemessenheit**“ ein unbestimmter Rechtsbegriff ist, sind die Bildung des Vergleichsraums und die Erstellung des schlüssigen Konzepts des Jobcenters **gerichtlich voll überprüfbar**.

Auf eine entsprechende Klage hin ist es Aufgabe des Gerichts, die Rechtmäßigkeit der vom Jobcenter ermittelten Angemessenheitsgrenze zu überprüfen. Ist diese rechtlich zu beanstanden, so ist dem jeweiligen **Jobcenter** zunächst **Gelegenheit** zu geben, die **Beanstandungen** durch Stellungnahmen, ggf. nach weiteren Ermittlungen, **auszuräumen**.

Ist dies nicht möglich, ist das Gericht zur Herstellung der Spruchreife der Sache nicht befugt, seinerseits – ggf. mit Hilfe von Sachverständigen – eine eigene Vergleichsraumbildung vorzunehmen oder ein schlüssiges Konzept zu erstellen. Die Bildung des Vergleichsraums kann nicht von der Erstellung des Konzepts getrennt werden, einschließlich der anzuwendenden Methode. Das Gericht hat zur Herstellung der Spruchreife, wenn ein **qualifizierter Mietspiegel** vorhanden ist, auf diesen zurückgreifen. **Andernfalls** sind mangels in rechtlich

zulässiger Weise bestimmter Angemessenheitsgrenze die tatsächlichen Aufwendungen für die Unterkunft diesem Bedarf zugrunde zu legen, begrenzt durch die **Werte nach dem WoGG** plus einen **Zuschlag von 10 %**.
Verfahrensrechtlich ist darauf hinzuweisen, dass auch hinsichtlich der anzuerkennenden Bedarfe für Unterkunft und Heizung ein **Grundurteil im Höhenstreit zulässig** ist. Ausgehend von diesen Grundsätzen ist wie folgt entschieden worden:
Das Urteil des LSG ist aufgehoben worden, weil das LSG die Entscheidung des beklagten Jobcenters als rechtmäßig angesehen hat, das gesamte **Kreisgebiet** als einen **einheitlichen Vergleichsraum** zugrunde zu legen, aber in **fünf Wohnungsmarkttypen** mit unterschiedlichen Angemessenheitsgrenzen für die Bruttokaltmiete zu untergliedern. Die Sache ist zurückverwiesen worden, damit das LSG dem Beklagten Gelegenheit geben kann, **Nachermittlungen zur Vergleichsraumbildung und Erstellung eines schlüssigen Konzepts** vorzulegen."
Zitiert nach dem Terminbericht Nr. 2/19 des Bundessozialgerichts

<u>BSG, Urteil vom 30.01.2019, B 14 AS 12/18 R:</u>
„Das **LSG** war **nicht befugt**, die Vergleichsraumbildung des beklagten Jobcenters durch eine eigene **Vergleichsraumbildung** zu ersetzen. Gegen die Rechtmäßigkeit der Vergleichsraumbildung des Beklagten und die von ihm festgesetzten Angemessenheitsgrenzen sprechen die Unterteilung des Vergleichsraums in fünf Wohnungsmarkttypen mit unterschiedlichen Angemessenheitsgrenzen für die Bruttokaltmiete. Diese Mängel bei der Bildung des Vergleichsraums wirken sich auch auf den anzuerkennenden **Bedarf für die Heizung** aus. Im wiedereröffneten Berufungsverfahren hat das LSG dem Beklagten Gelegenheit zu geben, Nachermittlungen zur Vergleichsraumbildung und Erstellung eines schlüssigen Konzepts vorzulegen."
Zitiert nach dem Terminbericht Nr. 2/19 des Bundessozialgerichts

<u>BSG, Urteil vom 30.01.2019, B 14 AS 11/18 R:</u>
„Die Ermittlung des angemessenen Umfangs der Aufwendungen für die Unterkunft hat in zwei größeren Schritten zu erfolgen: Zunächst sind die **abstrakt angemessenen Aufwendungen** für die Unterkunft, bestehend aus Nettokaltmiete und kalten Betriebskosten (= Bruttokaltmiete), zu ermitteln; dann ist die **konkrete** (= subjektive) **Angemessenheit** dieser Aufwendungen im Vergleich mit den tatsächlichen Aufwendungen, insbesondere auch im Hinblick auf die Zumutbarkeit der notwendigen Einsparungen, einschließlich eines Umzugs, zu prüfen… Die **Ermittlung der abstrakt angemessenen Aufwendungen** hat unter Anwendung der Produkttheorie ("Wohnungsgröße in Quadratmeter multipliziert mit dem Quadratmeterpreis") in einem **mehrstufigen Verfahren** zu erfolgen, das der Senat … wie folgt zusammenfasst und konkretisiert…: (1) Bestimmung der (abstrakt) angemessenen Wohnungsgröße für die leistungsberechtigte(n) Person(en), (2) Bestimmung des angemessenen Wohnungsstandards, (3) Ermittlung der aufzuwendenden Nettokaltmiete für eine nach Größe

und Wohnungsstandard angemessene Wohnung in dem maßgeblichen örtlichen Vergleichsraum nach einem schlüssigen Konzept, (4) Einbeziehung der angemessenen kalten Betriebskosten. ... Der **Vergleichsraum** ist der Raum, für den ein grundsätzlich einheitlicher abstrakter Angemessenheitswert zu ermitteln ist..., innerhalb dessen einer leistungsberechtigten Person ein Umzug zur Kostensenkung grundsätzlich zumutbar ist ... und ein nicht erforderlicher Umzug ... zu einer Deckelung der Aufwendungen auf die bisherigen führt... Der Vergleichsraum ist ein ausgehend vom Wohnort der leistungsberechtigten Person bestimmter ausreichend großer Raum der Wohnbebauung, der aufgrund räumlicher Nähe, Infrastruktur und insbesondere verkehrstechnischer Verbundenheit einen insgesamt betrachtet **homogenen Lebens- und Wohnbereich** bildet... Nach der auch für schlüssige Konzepte im Rahmen des § 22 Abs. 1 SGB II entsprechend anzuwendenden gesetzgeberischen Vorgabe in § 22b Abs. 1 Satz 4 SGB II **bildet das Zuständigkeitsgebiet eines Jobcenters zunächst einen Vergleichsraum**, der indes aufgrund der örtlichen Gegebenheiten in mehrere Vergleichsräume zu unterteilen sein kann, für die jeweils eigene Angemessenheitswerte bestimmt werden können. Als solche **örtlichen Gegebenheiten** kommen weniger unterschiedliche Landschaften, sondern eher räumliche Orientierungen, wie **Tagespendelbereiche** für Berufstätige oder die Nähe zu Ballungsräumen, sowie aus der Datenerhebung ersichtliche, deutliche Unterschiede im Mietpreisniveau in Betracht. ... Das in 2012 entwickelte ... Konzept ... kann nicht für die Zeit vorher angewandt werden. Die **Rückschreibung** eines Konzepts zur Bestimmung der angemessenen Aufwendungen für die Unterkunft in die Zeit vor der Aufstellung des Konzepts ist **unzulässig**."

BSG, Urteil vom 14.06.2018, B 4 AS 23/17 R:
„Die Bedarfe des Klägers für Unterkunft und Heizung nach § 22 Abs. 1 Satz 1 SGB II hat der Beklagte zu Recht nur in Höhe eines Kopfteils von einem Drittel der Aufwendungen für die von ihm, seiner Ehefrau und dem Sohn bewohnte Wohnung berücksichtigt. ... Eine solche **Abweichung vom Kopfteilprinzip** setzt voraus, dass sie aus bedarfsbezogenen Gründen geboten ist. ... Ein Grund für eine Abweichung folgt insbesondere nicht aus dem Umstand, dass die **Ehefrau keinen Antrag** auf Leistungen nach dem SGB II beim Beklagten **gestellt** hat. Diese Situation ist nicht mit einer Minderung oder einem Entfallen des Leistungsanspruchs nach §§ 31 ff. SGB II bei einem Mitglied einer Bedarfsgemeinschaft hinsichtlich des Bedarfs der anderen Mitglieder zur Sicherung ihres Grundbedürfnisses Wohnen vergleichbar. Denn der Ehefrau wurde ... nur deswegen kein Kopfteil vom Beklagten gezahlt, weil sie keinen Antrag gestellt hatte. Wenn die Ehefrau die ihr zustehenden Leistungsansprüche nicht geltend macht und die Bedarfsgemeinschaft dadurch die Aufwendungen für die Unterkunft und Heizung nicht bestreiten kann, stellt sich dies im Ergebnis nicht anders dar, als wenn ein wirtschaftlich leistungsfähiger Mitbewohner seine anteiligen Unterkunftskosten nicht trägt, was nicht dazu führen kann, dass diesem ein kostenloses Wohnen gewährt wird. Das Verhalten der Ehefrau widerspricht letztlich der vom Gesetzgeber an das Verhalten der Bedarfsgemeinschaftsmitglieder gestellten **Erwartung, in besonderer Weise füreinander einzustehen**

und bereit zu sein, ihren Lebensunterhalt gegenseitig zu sichern; die Nicht-Erfüllung der Erwartung kann indes grundsätzlich nicht zu höheren Leistungsansprüchen für einzelne (andere) Mitglieder der Bedarfsgemeinschaft führen..."

BSG, Urteil vom 25.04.2018, B 14 AS 14/17 R:

„... die **Verteilung der Aufwendungen für Unterkunft und Heizung** ... hat, ohne Rücksicht darauf *(zu erfolgen)*, wen insoweit die vertraglichen Zahlungsverpflichtungen treffen, im Regelfall unabhängig von Alter und Nutzungsintensität **anteilig pro Kopf** ..., wenn die leistungsberechtigte Person eine Unterkunft gemeinsam mit anderen Personen ... nutzt. Dies gilt unabhängig davon, ob die Personen Mitglieder einer Bedarfsgemeinschaft sind... Ausgehend von den tatsächlichen Kosten für die Unterkunft (430 Euro) und für die Heizung (75 Euro), ... entfällt nach dem Kopfteilprinzip auf die mit ihrer Tochter zusammen wohnende Klägerin ein Betrag von 252,50 Euro. ... Allerdings ist im SGB II nicht **auf die Anzahl der Mitglieder** eines Haushalts, sondern **der Bedarfsgemeinschaft abzustellen**, denn die Frage der Angemessenheit kann stets nur im Hinblick auf den Leistungsberechtigten nach dem SGB II und den mit ihm in einer Bedarfsgemeinschaft lebenden Personen beantwortet werden. Nur für diesen Personenkreis ergeben sich im Hinblick auf die Angemessenheit Begrenzungen... Lebt ein erwerbsfähiger Leistungsberechtigter nicht mit anderen Personen in einer Bedarfsgemeinschaft, ist demnach ... allein auf ihn als Einzelperson abzustellen.... Dies gilt auch für den Fall, dass zwar alle Bewohner einer Familie angehören, dazu gehörende Kinder aber ... nicht zur Bedarfsgemeinschaft gehören, weil sie über bedarfsdeckendes Einkommen verfügen ... Nach diesen Maßstäben ist für die Angemessenheitsprüfung .. nur auf die Klägerin abzustellen, da die Tochter ... ihren Bedarf aus eigenen Mitteln bestreiten kann. ... Der ... Gesichtspunkt, dass sich die Beurteilung, ob eine Bedarfsgemeinschaft vorliegt, in Abhängigkeit vom Einkommen des Kindes jederzeit ändern kann, greift nicht durch. Derartige Änderungen sind der Ausfluss des im SGB II grundsätzlich geltenden Monatsprinzips ... und ergeben sich auch bei einer Einkommensänderung bei der Mutter."

BSG, Urteil vom 14.02.2018, B 14 AS 17/17 R:

„Entgegen der Rechtsauffassung des LSG ist vorliegend von dem hinter dieser Aufteilung der Unterkunftsaufwendungen stehenden Kopfteilprinzip nicht deshalb zugunsten der Kläger abzuweichen, weil ihrem **Sohn wegen** dessen **fehlender Mitwirkung bei der Einkom-mensprüfung Leistungen versagt** worden sind. ... Verfügt das dritte Bedarfsgemeinschaftsmitglied, für das Leistungen für Unterkunftsaufwendungen nicht erbracht werden, über Einkommen oder Vermögen, aus dem es seinen Kopfteil - oder ggf. Teile davon - bestreiten kann, ist insoweit eine **Abweichung vom Kopfteilprinzip** aus bedarfsbezogenen Gründen **nicht geboten**, denn es ist nicht Aufgabe der Grundsicherung für Arbeitsuchende, wirtschaftlich leistungsfähigen Dritten ein kostenfreies Wohnen zu ermöglichen... Diese Ungewissheit über die Hilfebedürftigkeit nach dem SGB II bei Versagungen nach § 66 SGB I wegen fehlender Mitwirkung bei der

Feststellung zu berücksichtigenden Einkommens rechtfertigt, anders als beim durch das Jobcenter verfügten Wegfall des Anspruchs auf Leistungen für Unterkunftsaufwendungen nach §§ 31 ff. SGB II, keine Abweichung vom Kopfteilprinzip... Ist die Hilfebedürftigkeit eines dritten Haushaltsmitglieds, bei deren Vorliegen dessen Kopfteil als Bedarf anerkannt und übernommen würde, ungeklärt, lässt dies den Bedarf der anderen Mitglieder unberührt. Dies unterscheidet Versagungen von Sanktionen..."

BSG, Urteil vom 12.12.2017, B 4 AS 33/16 R:
„§ 22c Abs. 2 SGB II bestimmt, dass die Kreise und kreisfreien Städte die durch Satzung bestimmten Werte für die Unterkunft mindestens alle zwei Jahre überprüfen und gegebenenfalls neu festsetzen müssen. ...innerhalb des Zweijahreszeitraums nach Datenerhebung mit anschließender Datenauswertung und zeitnahem "Inkraftsetzen" eines Konzepts für angemessene Unterkunftskosten *(muss)* durch den Grundsicherungsträger eine **Überprüfung und Fortschreibung schlüssiger Konzepte** regelmäßig nicht erfolgen; der SGB II-Träger kann in dieser Zeitspanne weiterhin das erhobene Datenmaterial zugrunde legen. Andererseits muss **nach Ablauf des Zweijahreszeitraums** eine Überprüfung und gegebenenfalls neue Festsetzung, zunächst durch den Grundsicherungsträger im Rahmen seiner Methodenfreiheit, erfolgen... Preissprünge, die über reine Schwankungen am Wohnungsmarkt deutlich hinausgehen müssen, dürfen nicht nur punktuell vorliegen, sondern müssen die Marktentwicklung über längere Zeiträume in aussagekräftiger Weise in einer Verlaufsbeurteilung widerspiegeln. ... Insofern ist die Feststellung von Preissprüngen mit Fortschreibungserfordernissen ... mit einer gewissen zeitlichen Verzögerung verbunden. ...eine Fortschreibung in Anlehnung an den Verbraucherpreisindex durch das Gericht *(ist)* möglich und erforderlich, wenn sich der Grundsicherungsträger ... im Rahmen seiner gerichtlich nur eingeschränkt überprüfbaren Methodenfreiheit für kein konkretes Fortschreibungskonzept entschieden hat. ... § 22c Abs. 2 SGB II regelt neben der Überprüfung schlüssiger Konzepte nach Ablauf von zwei Jahren weiter, dass die Unterkunftskosten "gegebenenfalls neu festzusetzen" sind. ... Den Gesetzesmaterialien ... ist zu entnehmen, dass sich der Gesetzgeber mit diesem Fortschreibungserfordernis an der zweijährigen Frist für die Überprüfung der Unterkunftsaufwendungen an den für Mietspiegel im BGB einschlägigen Vorschriften in § 558c Abs. 3 BGB und § 558d Abs. 2 BGB orientieren wollte... Entsprechend hat der Gesetzgeber trotz in der Literatur geäußerten Bedenken gegen die Fortschreibung mittels Verbraucherpreisindex ... bisher hieran festgehalten. Dies rechtfertigt es ..., bei fehlender Fortschreibung durch den Grundsicherungsträger im Rahmen seiner Methodenfreiheit auf diese gesetzlich ausdrücklich vorgesehene Möglichkeit der **Fortschreibung anhand des bundesdeutschen Verbraucherpreisindex** zurückzugreifen."

BSG, Urteil vom 15.05.2016, B 4 AS 36/15 R:
„Eine **Kostensenkungsaufforderung** stellt ... **keinen** .. **Verwaltungsakt** dar. Vielmehr handelt es sich ... um ein Informationsschreiben mit Aufklärungs- und

Warnfunktion... Die ... Feststellung, dass keine Obliegenheit zur Kostensenkung besteht, kann ... grundsätzlich Gegenstand einer **Feststellungsklage** sein. ... Erforderlich ist insoweit zunächst ..., dass überhaupt eine belastende Verwaltungsmaßnahme aufgrund der vermeintlich bestehenden Kostensenkungsobliegenheit bevorsteht. Hiervon kann frühestens dann auszugehen sein, wenn der mit der Kostensenkungsaufforderung initiierte "Dialog" über die Angemessenheit der KdUH als abgeschlossen anzusehen ist. Unzulässig ist danach insbesondere jede unmittelbar im Anschluss an eine Kostensenkungsaufforderung erhobene Feststellungsklage. Ein **Feststellungsinteresse** kann auch **nicht** auf die allgemeine Behauptung gegründet werden, die ... **Angemessenheitsgrenze sei unzutreffend**... Vielmehr ist es erforderlich, eine auf Tatsachen gestützte **Unzumutbarkeit** oder **Unmöglichkeit** der Kostensenkung ... darzulegen. ... Ob die ... Feststellungsklage auch begründet ist, vermag der Senat ... nicht zu beurteilen. ... Erst wenn der Vergleich zwischen tatsächlichen Unterkunftskosten und der ... ermittelten Referenzmiete ... ergibt, dass die Aufwendungen ... die Vergleichsmiete übersteigen, ist der Hilfeempfänger ... gehalten, Maßnahmen zur Kostensenkung zu ergreifen... Zum anderen müssen Kostensenkungsmaßnahmen sowohl subjektiv zumutbar als auch objektiv möglich sein... Hierzu hat der Senat beispielhaft ausgeführt, dass eine subjektive Unzumutbarkeit der Kostensenkung etwa vorliegen kann, wenn Menschen aufgrund von Behinderung, Pflegebedürftigkeit oder aus sonstigen gesundheitlichen Gründen auf eine besondere Infrastruktur oder ein spezielles soziales Umfeld angewiesen sind... Zudem verlangt ... § 22 Abs. 1 S. 4 SGB II ... einen **Wirtschaftlichkeitsvergleich**... Diesem Gesichtspunkt der Wirtschaftlichkeit kann etwa dann Bedeutung zukommen, wenn **besondere Wohnbedürfnisse behinderter** Menschen ... bei einem **Umzug Folgekosten** wegen erforderlicher Umbaumaßnahmen oder einer Neuorganisation der Pflege nach sich ziehen..."

BSG, Urteil vom 17.02.2016, B 4 AS 2/15 R:
„Die **Nutzung der Wohnung nur im Rahmen der Besuchszeiten während des Umgangsrechts**, nicht aber als ständiger Mitbewohner, reicht für die Annahme, dass hier der Lebensmittelpunkt liegt, nicht aus. ... Unterkunftskosten sind .. stets nur für eine einzige Wohnung anzuerkennen... Bei einem Kind, dessen Eltern getrennt leben, **liegt der Lebensmittelpunkt des Kindes in der Wohnung des Elternteils, bei dem es sich überwiegend aufhält**. ... Eine Aufteilung des Wohnbedarfs je nach dem Umfang des Aufenthalts bei dem einen oder anderen Elternteil kommt nicht in Betracht. ...die Wohnung des umgangsberechtigten Elternteils *(befriedigt)* ... auch nur dessen eigenen Wohnbedarf ... entsprechende **Kosten *(sind)* also auch nur von ihm zu decken**. ... **Besteht wegen der Wahrnehmung** des Umgangsrechts etwa ein **zusätzlicher Wohnraumbedarf**, kann dieser **im Rahmen der konkreten Angemessenheit** der Unterkunfts- und Heizaufwendungen ... zu berücksichtigen sein... Eine abweichende Zuordnung des Bedarfs wegen zusätzlicher oder höherer Wohnkosten im Zusammenhang mit der Wahrnehmung des Umgangsrechts ist auch nicht veranlasst, wenn ... der umgangsberechtigte Elternteil als Auszubildender vom Leistungsbezug ... ausgeschlossen ist."

BSG, Urteil vom 17.02.2016, B 4 AS 12/15 R:
„Auch bei mangelnder Erforderlichkeit des Umzugs hat eine **Deckelung des anzuerkennenden Bedarfs** für Unterkunft und Heizung nach § 22 Abs. 1 S. 2 SGB II in Höhe des bisherigen Bedarfs jedoch nur dann zu erfolgen, wenn für den örtlichen Vergleichsraum zutreffend ermittelte abstrakte Angemessenheitsgrenzen bestehen... Dies folgt aus dem Wortlaut der Vorschrift, die ... die Erhöhung der "angemessenen" Aufwendungen für Unterkunft und Heizung fordert. ... Erforderlich dazu sind überprüfbare Erhebungen und Auswertungen, die eine hinreichende Gewähr dafür bieten, dass sie die aktuellen Verhältnisse des örtlichen Wohnungsmarkts wiedergeben ("**schlüssiges Konzept**"...) ...Zweck von § 22 Abs. 1 S. 2 SGB II *(ist)*, eine missbräuchliche Leistungsinanspruchnahme durch Ausschöpfung der abstrakten Angemessenheitsgrenzen zu verhindern und den Kommunen im Hinblick auf die Kostensteigerungen bei Leistungen nach § 22 Abs. 1 S. 1 SGB II eine Steuerungsfunktion zu belassen... Insbesondere im Hinblick auf diesen Schutzzweck schließt sich der erkennende Senat dem 14. Senat an, wenn dieser zu einer Nichtanwendbarkeit der Deckelungsvorschrift ... für den Fall gelangt, dass keine ... ermittelten kommunalen Angemessenheitsgrenzen bestehen... Ob dies hier der Fall ist, hat das LSG ... nicht festgestellt. ... Die durch die Anhebung der abstrakten kommunalen Angemessenheitsgrenzen anerkannten Kostensteigerungen auf dem örtlichen Wohnungsmarkt sind bei fortdauernder Deckelung zu berücksichtigen ("**Dynamisierung**"). ... Ziel ist es insoweit, den Leistungsberechtigten zum Verbleib im angemessenen Wohnraum aufzufordern, der jedoch seinerseits keine statischen Kosten verursacht, sondern ebenfalls dem Wandel auf dem Mietwohnungsmarkt unterworfen ist.“

BSG, Urteil vom 03.12.2015, B 4 AS 49/14 R:
„Gegenstand des Verfahrens ist allein die Frage, ob die für die **Tilgung nur darlehensweise erbrachten Leistungen in einen Zuschuss umzuwandeln** sind. Ein solcher Anspruch ... besteht auf der Grundlage des § 22 Abs. 1 S. 1 SGB II. Danach sind Bedarfe für Unterkunft und Heizung auch bei Wohneigentum in Höhe der tatsächlichen Aufwendungen anzuerkennen, soweit sie angemessen sind. Zu diesen Aufwendungen zählen ... ausnahmsweise auch Tilgungsraten, wenn es um die Erhaltung von Wohneigentum geht, dessen Finanzierung im Zeitpunkt des Bezugs von Grundsicherungsleistungen bereits weitgehend abgeschlossen ist und der Erwerb des Eigentums außerhalb des Leistungsbezugs erfolgte. Die Feststellung eines solchen Ausnahmefalles unterliegt aber weitgehend der Beurteilung des Tatrichters, dessen .. Entscheidungsspielraum von der Revisionsinstanz zu respektieren ist. Denn diese Feststellung erfordert stets eine Abwägung der Umstände des Einzelfalls, die zudem im Hinblick auf die mögliche Gefährdung des Wohneigentums prognostische Elemente enthält. Das Revisionsgericht ist in diesen Fällen auf die Prüfung beschränkt, ob der rechtliche Rahmen verkannt, Denkgesetze oder allgemeine Erfahrungssätze verletzt und ob alle für die Beurteilung wesentlichen Umstände berücksichtigt und angemessen abgewogen worden sind. Unter Berücksichtigung dieses Maßstabes ist .. nicht zu beanstanden, wenn das LSG

prognostisch eine **Gefahr für das Wohneigentum** des Klägers durch die Gefahr der Kündigung der Kredite und Verwertung der Immobile angenommen hat. Auch begegnet die Annahme des LSG keinen Bedenken, die **Finanzierung** der Immobilie sei **weitgehend abgeschlossen**. Insbesondere ist nicht zu beanstanden, dass das LSG die Vereinbarung einer langen Restlaufzeit im Rahmen der Anschlussfinanzierung gerade während des SGB II-Leistungsbezugs als nachvollziehbar und sogar geboten ansieht. Auch die **Berücksichtigung des bereits absehbaren Endes der Inanspruchnahme von SGB II-Leistungen** wegen der Nähe zum Altersrentenbezug (mit höheren Einkünften) hält der revisionsrechtlichen Überprüfung stand. Dieser Umstand unterstreicht ... das klägerische Interesse an der Beibehaltung der Wohnung gegenüber dem Interesse der Allgemeinheit, Vermögensaufbau durch öffentliche Mittel zu vermeiden. Der **Vermögensaufbau findet nur in einer überschaubaren Übergangszeit statt** und **dient der Vermeidung möglicherweise noch höherer Kosten** für die Allgemeinheit, in Form der Übernahme von Umzugskosten oder höherer Mietkosten."
Zitiert nach dem Terminbericht Nr. 54/15 des Bundessozialgerichts

<u>BSG, Urteil vom 19.08.2015, B 14 AS 13/14 R:</u>
„Als Rechtsgrund für die Anerkennung der **Nutzungsentschädigung** als Aufwendung für die Unterkunft ... kommt insbesondere die vom **Kläger** mit seiner früheren **Ehefrau** abgeschlossene **Übereinkunft** in Betracht. ... Entscheidend ist, ob die Aufwendung der Sicherung des mit § 22 SGB II verfolgten Zwecks "**Schutz der Wohnung**" zur Erfüllung des Grundbedürfnisses "Wohnen" und als eines räumlichen Lebensmittelpunkts dient... Dies kann bei einer **Nutzungsentschädigung gemäß §§ 743 ff BGB**, ... **ggf. unproblematisch** erfüllt sein... Etwas anderes kommt ... bei einer **auf § 1361b Abs. 3 Satz 2 BGB gestützten Nutzungsentschädigun**g in Betracht, weil insbesondere hinsichtlich deren Höhe noch andere **Gesichtspunkte unterhaltsrechtlicher Art** oder der Billigkeit von Bedeutung sein können... Die Entscheidung, ob und ggf. inwieweit der ... vereinbarte Betrag aufgrund der Übereinkunft als Aufwendungen für die Unterkunft anzuerkennen ist, setzt demgemäß voraus, dass der Inhalt der Übereinkunft bekannt ist, um vor dem Hintergrund von § 1361b Abs. 3 Satz 2 und §§ 743 ff BGB beurteilen zu können, welche Verpflichtungen oder Rechte mit diesem Betrag ausgeglichen werden sollten. ... Bei einer Übereinkunft, die eine Nutzungsentschädigung nach ... § 1361b Abs. 3 Satz 2 BGB vorsieht und die ggf. mehr als nur die Überlassung von Wohnraum ausgleichen soll, ist der geschuldete **Betrag ggf. überhaupt nicht oder nur teilweise** im Rahmen des § 22 Abs. 1 SGB II **zu übernehmen**. Hingegen können bei einer Übereinkunft, die nur den Vermögensausgleich zwischen Bruchteilseigentümern nach §§ 743 ff BGB angesichts der alleinigen Nutzung des (Wohn-)Eigentums durch einen von ihnen zum Gegenstand hat, die Voraussetzungen für eine Übernahme des vereinbarten Entgelts nach § 22 Abs. 1 SGB II gegeben sein..."

BSG, Urteil vom 16.06.2015, B 4 AS 44/14 R:
...die **angemessene Wohnungsgröße** *(ist)* ... auch bei Bewohnern einer Familie nicht nach der Größe des Haushalts (hier: vier Personen), sondern an der **Größe der Bedarfsgemeinschaft** zu orientieren. Die absolute Zahl der Nutzer einer Wohnung erlangt Bedeutung bei der Aufteilung der tatsächlichen Wohnkosten nach Kopfzahl. Die auf die Mitglieder der Bedarfsgemeinschaft danach entfallenden tatsächlichen Kosten sind an den abstrakt angemessenen Kosten zu messen... Bei der Festlegung der **Raumschaft "Umland F. "** als örtlich maßgebenden Vergleichsraum zur Ermittlung der abstrakt angemessenen Bruttokaltmiete hat das LSG die Vorgaben des BSG beachtet. ... Ausgehend von dem rechtlich zutreffenden Prüfungsmaßstab zur Bildung von Vergleichsräumen hat das Berufungsgericht in tatsächlicher Hinsicht festgestellt und gewürdigt ..., dass sich die Gemeinde Ma. mit 8614 Einwohnern ... im ländlichen Raum ca. 10 km von F. entfernt befindet und zu klein ist, um einen eigenen Mietwohnungsmarkt abbilden zu können. Es begegnet daher keinen Bedenken, wenn der Beklagte in seinem Flächenlandkreis mit 1378,33 qkm und vielen Klein- und Kleinstgemeinden, in denen **Mietspiegel nicht vorliegen**, Gemeinden im Umkreis von 10 bis 20 km im ländlichen Raum in sog "Raumschaften" zusammengefasst hat. Die Raumschaft "Umland F. " umfasst ... jeweils gut durch ein öffentliches Verkehrsnetz angebundene Gemeinden um die Stadt F... Entsprechend § 12 Abs. 3 S. 1 Nr. 2 WoGG ist (wegen einer **Einwohnerzahl von unter 10 000**) weder für die Wohngemeinde der Kläger in Ma. noch für eine der anderen Gemeinden des Vergleichsraums (Gl. , Go. , H. , Me. , U.) ein eigenständiges Mietenniveau bestimmt worden. Vielmehr wird jeweils das Mietenniveau für den gesamten Landkreis Breisgau-Hochschwarzwald, also die Mietenstufe III, zugrunde gelegt. Unter Berücksichtigung der hier gegebenen regionalen Verhältnisse kann allein die in den Vergleichsraum einbezogene Gemeinde Gu. und deren Mietenstufe VI als für die Verhältnisse im Vergleichsraum repräsentativ angesehen werden.“

BSG, Urteil vom 29.04.2015, B 14 AS 6/14 R:
„Die ... bestandskräftig **abgelehnten Anträge auf Zusicherung** zur Tragung von Unterkunftskosten nach einem Umzug stellen jeweils nur eine Entscheidung für diesen konkreten Antrag dar und entfalten **keine Dauerwirkung für die Zukunft**. ... Ungeachtet der Frage der Zusicherung liegen die Voraussetzungen von § 22 Abs. 1 Satz 2 SGB II für eine mögliche "Deckelung" ... insoweit vor, als der Umzug ... nicht erforderlich war. ... Zwar kann grundsätzlich gerade die Tatsache, dass der Hilfebedürftige alleinerziehend und damit u. U. besonderen Belastungen ausgesetzt ist, zu einer Bejahung der Erforderlichkeit führen. Vorliegend würde sich die Lebenssituation der Kläger aber nicht so verändern, dass diese Veränderung in den persönlichen Umständen eine Neubestimmung der für die Kläger angemessenen Wohnkosten gerechtfertigt erscheinen ließe. Es ist nicht erkennbar, dass der bereits 13 Jahre alte Kläger zu 2 einer engmaschigen Betreuung durch seine Großmutter bedurfte. Ebenso wenig ändert sich die Lebenssituation der Klägerin zu 1 wesentlich dadurch, dass sie wenige hundert Meter kürzere Wege zu bewältigen hat. ... **Tatbe-**

standsvoraussetzung dieser **Deckelung** ist aber, dass für den örtlichen Vergleichsraum überhaupt **zutreffend ermittelte abstrakte Angemessenheitsgrenzen** bestehen. ... Erforderlich dazu sind überprüfbare Erhebungen und Auswertungen, die eine hinreichende Gewähr dafür bieten, dass sie die aktuellen Verhältnisse des örtlichen Wohnungsmarkts wiedergeben ("schlüssiges Konzept"...). Die Ermittlung abstrakt angemessener Aufwendungen für Heizung begegnet zwar praktischen Schwierigkeiten ..., die Möglichkeit ist jedoch vom Gesetzgeber mittlerweile ausdrücklich vorgesehen... Das LSG wird demgemäß zu ermitteln haben, ob eine zutreffend ermittelte abstrakte kommunale Angemessenheitsgrenze für die Unterkunftskosten besteht. Ist dies nicht der Fall ... könnte dann für die Begrenzung der Nettokaltmiete und der kalten Nebenkosten auf die Werte der Wohngeldtabelle zuzüglich eines Zuschlags von 10 % abgestellt werden... Wenn eine zutreffend ermittelte abstrakte kommunale Angemessenheitsgrenze für die Heizaufwendungen nicht besteht, scheidet auch insoweit eine Deckelung nach § 22 Abs. 1 Satz 2 SGB II aus. ... Die durch die Anhebung der abstrakten kommunalen Angemessenheitsgrenzen anerkannten Kostensteigerungen auf dem örtlichen Wohnungsmarkt sind bei fortdauernder Deckelung zu berücksichtigen ("**Dynamisierung**")."

BSG, Urteil vom 02.12.2014, B 14 AS 50/13 R:
„Die Klägerinnen haben nicht nur für die Zeit, die S. im **Kurzarrest** verbrachte, sondern auch für den Zeitraum vom 1.9. bis 12.10.2008 und vom 5.11. bis 30.11.2008, in dem Leistungen an den S. wegen einer **Sanktion** vollständig abgesenkt worden waren, Anspruch auf höhere Leistungen für Unterkunft und Heizung wegen einer **Abweichung vom Kopfteilprinzip** aus bedarfsbezogenen Gründen. Der erkennende Senat schließt sich der Auffassung des 4. Senats ... an, weil nur so ein menschenwürdiges Existenzminimum ..., zu dem auch die angemessenen Aufwendungen für Unterkunft und Heizung gehören, der nicht sanktionierten Mitglieder der Bedarfsgemeinschaft gewährleistet werden kann. **Voraussetzung** für eine Abweichung vom Kopfteilprinzip ist jedoch, dass der **sanktionierte Dritte über kein Einkommen oder Vermögen verfügt, aus dem er seinen Kopfteil** - oder ggf. Teile davon - **erbringen kann**. Der "Kopfteil" des S. ist im Rahmen einer Abweichung vom Kopfteilprinzip deshalb nicht vollständig den Klägerinnen zuzuordnen, weil bei S. als Einkommen das **Kindergeld** ... von monatlich 154 Euro zu berücksichtigen ist. Verringert um die Versicherungspauschale von 30 Euro nach § 6 Abs. 1 Nr. 1 Arbeitslosengeld II-Verordnung, weil S. am 30.9.2008 volljährig geworden ist, bleibt ein zu berücksichtigendes Einkommen von 124 Euro. Nur die Differenz aus seinem Kopfteil abzüglich dieses zu berücksichtigenden Einkommens verbleibt als ungedeckter Bedarf für Unterkunft und Heizung, der mangels entgegenstehender Regelungen gleichmäßig dem Bedarf der beiden Klägerinnen für Unterkunft und Heizung zuzuweisen ist."
Zitiert nach dem Terminbericht Nr. 55/14 des Bundessozialgerichts

BSG, Urteil vom 18.11.2014, B 4 AS 9/14 R:

„*(Die Klägerin)* ... hatte ... einen Anspruch ... unter Berücksichtigung eines höheren Heizkostenbedarfs. Das LSG ist zutreffend davon ausgegangen, dass die Klägerin nach dem Konzept des beklagten SGB II-Trägers auf der Grundlage des Gutachtens des Instituts Wohnen und Umwelt - IWU - vom 24.10.2011 und dessen ergänzenden Stellungnahmen einen Anspruch auf eine Bruttokaltmiete i. H. v. 294,83 Euro hatte. Es befand bei seiner Prüfung zu Recht, dass es dem Beklagten unter Berücksichtigung der grundsätzlich bestehenden **Methodenfreiheit bei der Erstellung von schlüssigen Konzepten** nicht verwehrt war, als nachfrage- und preisrelevanten Faktor in die Festlegung der abstrakt noch angemessenen Quadratmetermiete für das einfache Segment **auch Daten von Bestandsmieten der Leistungsempfänger nach dem SGB II und des SGB XII** einzubeziehen. Diese fließen hier nur mit weiteren Modifizierungen, insbesondere der Nachfragekonkurrenz durch andere Niedriglohnbezieher, ein. Zudem werden als weitere zentrale Datenquelle die sämtliche Personengruppen umfassenden Mietspiegeldatensätze des qualifizierten Mietspiegels für Dresden unter Ausklammerung der Wohnungen nur einfachsten Standards ohne Sammelheizung und/oder Bad berücksichtigt. Es begegnet auch keinen ... Bedenken, dass das LSG unter Beachtung der besonderen räumlichen Gegebenheiten des Wohnungsmarktes in Dresden **Wohnungen mit einer Größe ab 26 qm** in die Berechnung einbezogen hat. ... Es war der Klägerin auch weder unzumutbar noch unmöglich, die Unterkunftskosten zu senken. Auf das Fehlen einer gesonderten **Kostensenkungsaufforderung** kann sie sich nicht berufen, weil ihr ... die aus Sicht des Beklagten angemessenen KdU-Aufwendungen und die Obliegenheit zur Kostensenkung weit mehr als sechs Monate bekannt waren.“

Zitiert nach dem Terminbericht Nr. 53/14 des Bundessozialgerichts

BSG, Urteil vom 06.08.2014, B 4 AS 37/13 R:

„Das LSG wird ... die tatsächlichen Aufwendungen der neuen Unterkunft zu ermitteln haben. Ausgangspunkt ist dabei die mietvertragliche Vereinbarung... Hier wird das LSG insbesondere festzustellen haben, ob und welche Bestandteile dem Unterkunftsbedarf ... zuzuordnen sind. Abzustellen ist auf das, was **zu Wohnzwecken angemietet** wurde **oder untrennbarer Gegenstand der Mietvereinbarung** ist. Nicht umfasst sind damit etwa Räume zum Zwecke der Ausübung einer Erwerbstätigkeit ... oder weitere Räume oder Plätze, die gesondert angemietet werden und keinen Wohnzwecken dienen, beispielsweise zusätzlich angemietete Garagen... **Untervermietungen** von Teilen der angemieteten Unterkunft **sind** als Kostensenkungsmaßnahmen **bei der Bedarfsberechnung der Kosten der Unterkunft zu berücksichtigen**. Zahlungen daraus stellen regelmäßig kein Einkommen i. S. von § 11 SGB II dar. Dies folgt aus Gesetzeswortlaut, Begründung des Gesetzentwurfs, Systematik sowie Sinn und Zweck der Regelung... § 22 Abs. 1 S. 3 SGB II a. F. nennt mithin ausdrücklich das Vermieten als mögliche Maßnahme zur Senkung der Unterkunftsaufwendungen.“

BSG, Urteil vom 04.06.2014, B 14 AS 42/13 R:
„Maßgebend ist .., ob die ... entrichteten Zahlungen an die Voreigentümerin wie die **Tilgung** eines Darlehens zur Wohnraumfinanzierung oder einer Kaufpreisschuld zu werten sind **oder** ob sie einer **(Miet-)Zahlung** für die Wohnraumgebrauchsüberlassung gleichen. Das beurteilt sich ... allein danach, wie der ... Vertrag konkret ausgestaltet ist und nicht, wie er auch hätte ausgestaltet sein können... Entscheidend für die rechtliche Qualifizierung ist bei Grundstückskäufen auf **Leibrente**nbasis nach der Rechtsprechung des Bundesgerichtshofs, wie eng das Gegenseitigkeitsverhältnis zwischen Rentenzahlung und Grundstücksgeschäft beschaffen ist. ... **Steht** dagegen nach der konkreten vertraglichen Ausgestaltung **die Erfüllung (auch) der einzelnen Zahlungsansprüche in einem Gegenseitigkeitsverhältnis zur Grundstücksüberlassung - und hat sich der Überlasser deshalb den Rücktritt vom Vertrag vorbehalten** für den Fall, dass der Übernehmer mit Zahlungen in Rückstand gerät - dann **bilden die "Rentenzahlungen** in ihrer Gesamtheit **den Kaufpreis** für den Erwerb des Grundstücks"... Hiernach könnten Leibrenten der Miete allenfalls gleich zu stellen sein, wenn es sich um Renten im engeren Sinne des § 759 BGB handelt. Muss dagegen eine "Leibrentenzahlung" bei vorbehaltenem Rücktritt ... als Kaufpreisteil gesehen werden, so ist nicht anzunehmen, dass die Zahlungen nicht der Finanzierung des Grunderwerbs dienen. Maßgeblich ist dann ..., ob es nach den konkreten Umständen "um die Erhaltung von Wohneigentum geht, dessen Finanzierung im Zeitpunkt des Bezugs von Grundsicherungsleistungen bereits weitgehend abgeschlossen ist"... Davon kann hier indes nicht ausgegangen werden, nachdem die 2005 - dem Jahr des erstmaligen Bezugs von SGB II-Leistungen der Kläger - 59 Jahre alte Voreigentümerin statistisch eine Lebenserwartung von deutlich über 20 Jahren hatte..."

BSG, Urteil vom 09.04.2014, B 14 AS 23/13 R:
„*(§ 22 Abs. 1 S. 2 SGB II findet)* bei Eintritt eines neuen Leistungsfalls keine fortwirkende Anwendung... Ein **neuer Leistungsfall** liegt hier vor, weil der Kläger zu Beginn des streitigen Bewilligungsabschnitts seine frühere Hilfebedürftigkeit durch Erzielung bedarfsdeckenden Einkommens für mindestens einen Kalendermonat überwunden hatte und aus dem Leistungsbezug ausgeschieden war. Bei dem mit Eintritt seiner erneuten Hilfebedürftigkeit vorliegenden neuen Leistungsfall ist für die zu übernehmenden Aufwendungen für Unterkunft und Heizung allein § 22 Abs. 1 Satz 1 SGB II zugrunde zu legen. ... Bereits dem gesetzlichen Tatbestandsmerkmal "**weiterhin**" ist es immanent, dass unmittelbar vor Eingreifen der Norm ein ununterbrochener Leistungsbezug bestanden haben muss. ... Zum anderen ist der Gesetzesbegründung zu entnehmen, dass trotz der Wortlautänderung § 22 Abs. 1 Satz 2 SGB II n. F. dem bisherigen Recht entspricht... Unter Berücksichtigung des Grundsatzes der Eigenverantwortung und des Forderns und Förderns ist die **Überwindung der Hilfebedürftigkeit für mindestens einen Kalendermonat** jedenfalls durch Erzielung bedarfsdeckenden Einkommens eine solche Veränderung in den persönlichen Umständen... Nach Ablauf eines Kalendermonats liegt bei erneuter Hilfebedürftigkeit ein neuer Leistungsfall vor. Die bloße Abmeldung aus dem

Leistungsbezug trotz tatsächlich fortbestehender Hilfebedürftigkeit genügt dagegen nicht, um eine Zäsur mit Blick auf die fortgesetzte Anwendung des § 22 Abs. 1 Satz 2 SGB II zu erreichen."

BSG, Urteil vom 12.12.2013, B 4 AS 87/12 R:
„Schließlich ist das LSG in nicht zu beanstandender Weise zu dem Ergebnis gelangt, dass weder der Beklagte über ein vorrangig von diesem zu entwickelndes **schlüssiges Konzept** verfügt, noch ein solches Konzept durch das LSG entwickelt werden kann, da ein **Ausfall von lokalen Kenntnismöglichkeiten** anzunehmen ist. ... Diese Einbeziehung des Sicherheitszuschlages hat **auch im Fall der Heranziehung von § 12 WoGG** zu erfolgen. Trotz der Anhebung der Tabellenwerte in § 12 WoGG hat sich nichts daran geändert, dass es sich lediglich um eine abstrakte Deckelung der zu übernehmenden Aufwendungen handelt, die unabhängig von den konkreten Umständen im Vergleichsraum erfolgt. Es gilt deshalb auch weiterhin, dass beide Regelungen unterschiedliche Ziele verfolgen und die abstrakte Angemessenheitsgrenze so zu gestalten ist, dass zu dem fraglichen Wert möglichst Wohnraum verfügbar ist. **Der Höhe nach hält der Senat weiterhin einen Zuschlag von 10 v. H. als angemessen**."

BSG, Urteil vom 10.09.2013, B 4 AS 77/12 R:
„Die ... **Angemessenheitsgrenze** ist nicht zu beanstanden. Das LSG hat ... zutreffend eine Wohnungsgröße für Alleinstehende in München von 50 qm und nur Wohnungen mindestens einfachen und nicht einfachsten Standards zugrunde gelegt. Der grundsätzliche Rückgriff ... auf die Daten des **Mietspiegel**s zur Überprüfung der Referenzgröße des Beklagten ist ebenfalls nicht zu beanstanden. Das LSG war auch nicht gehindert die insoweit erforderlichen Daten selbst anzufordern und ... durch einen **Sachverständigen** auswerten zu lassen. Das LSG hat ... die ... Kriterien eines **schlüssigen Konzepts** beachtet. Durch den Rückgriff auf die Daten des Münchner Mietspiegels 2007 wird die Datenerhebung auf ein bestimmtes Gebiet (hier: die Stadt München) begrenzt und es werden Daten über das gesamte Stadtgebiet erhoben. Es ist ebenfalls nicht zu beanstanden, dass durch den Rückgriff auf den Datenbestand des qualifizierten Mietspiegels nur diejenigen Wohnungen berücksichtigt worden sind, bei denen die Miete in den letzten vier Jahren neu vereinbart oder geändert und Wohnraum unberücksichtigt geblieben ist, bei dem die Miethöhe durch Gesetz oder im Zusammenhang mit einer Förderzusage festgelegt worden ist. Zutreffend hat das LSG hier auch die **Bruttokaltmiete** als Beobachtungsobjekt für die Überprüfung der Angemessenheitsgrenze ... zugrunde gelegt. Ebenso wenig zu beanstanden ist die Wahl des **Beobachtungszeitraums**. Die für den Münchener Mietspiegel 2007 verwandten Daten wurden zum Stichdatum 1.1.2006 erhoben. Der Sachverständige hat die Werte alsdann ... in vertretbarer Art und Weise nach anerkannter wissenschaftlicher Methodik für die Stichdaten 1.7.2007 und 1.7.2008 fortgeschrieben. Auch die **Repräsentativität** der erhobenen Daten und deren **Validität** sind gewährleistet. Eine Anlehnung hinsichtlich des Stichprobenumfangs und der Auswertung an den für Mietspiegel

geltenden Standard widerspricht nicht den Vorgaben ... des BSG. Dass das LSG von den ermittelten Wohnungen um die 50 qm letztlich die **unteren 20 % des preislichen Segments** zur Grundlage seiner Entscheidung über die Angemessenheit gemacht hat, also die Grenzziehung nach der Höhe des Mietpreises im Vergleichsraum vornimmt, ist ... nicht zu beanstanden. Die Stichprobe selbst beinhaltet bereits eine klare Definition des Untersuchungsgegenstandes. Bei der Datenerhebung sind nur Wohnungen mit mehr als einfachstem Standard in einer Größe um 50 qm - gewichtet - zu Grunde gelegt worden."
Zitiert nach dem Terminbericht Nr. 44/13 des Bundessozialgerichts

BSG, Urteil vom 22.08.2013, B 14 AS 85/12 R:
„Die Aufwendungen für Unterkunft und Heizung sind ... im Regelfall unabhängig von Alter und Nutzungsintensität **anteilig pro Kopf** aufzuteilen, wenn Hilfebedürftige eine Unterkunft gemeinsam mit anderen Personen nutzen... **Ausnahmen** hiervon sind ... bei einem über das normale Maß hinausgehenden Bedarf einer der in der Wohnung lebenden Person wegen **Behinderung** oder **Pflegebedürftigkeit** denkbar ... oder wenn der Unterkunftskostenanteil eines Mitglieds der Bedarfsgemeinschaft wegen einer bestandskräftigen **Sanktion** weggefallen ist und die Anwendung des Kopfteilprinzips zu Mietschulden für die anderen Mitglieder der Bedarfsgemeinschaft führen würde... Demgegenüber ist in Konstellationen, in denen mehrere Personen eine Wohnung nutzen, ohne eine Bedarfsgemeinschaft zu bilden, z. B. bei **Wohngemeinschaften**, für die Aufteilung der Unterkunftskosten ... derjenige Anteil entscheidend, der nach den internen Vereinbarungen auf den jeweiligen Mitbewohner entfällt. Maßgebend ist insoweit, ob eine **wirksame vertragliche Vereinbarung** besteht... Bei Wohngemeinschaften dürfte ... die Nutzungsintensität die Grundlage der ... Abreden sein, in welchem Umfang die Mitglieder der Gemeinschaft zu den Gesamtkosten der Unterkunft und Heizung beizutragen haben. Ausgehend von diesen Maßgaben kommt es ... darauf an, ob zwischen dem Kläger und der Kindesmutter sowie dem gemeinsamen Kind ... eine **Bedarfsgemeinschaft** bestanden hat. Sollte das LSG zu *(diesem)* Ergebnis gelangen ..., verbleibt es ... bei der am Kopfteilprinzip orientierten Verteilung der Kosten ..., weil Umstände, die ein Abweichen vom Kopfteilprinzip auch innerhalb einer Bedarfsgemeinschaft zuließen, nicht festgestellt wurden. Wenn das LSG zu der Überzeugung gelangt, dass eine solche Bedarfsgemeinschaft ... nicht bestanden hat, wird es die Umstände der vertraglichen Abrede ... zu ermitteln, zu würdigen und .. von einem **Scheingeschäft** ... abzugrenzen haben. ... Kommt das LSG ... zu dem Ergebnis, dass eine wirksame vertragliche Abrede getroffen worden ist, wird es die auf der Grundlage dieser Vereinbarung auf den Kläger entfallenden tatsächlichen Aufwendungen für die Kosten der Unterkunft und Heizung zugrunde zu legen haben. Des Weiteren wird zu prüfen sein, ob es dem Kläger ... durch die Geburt der gemeinsamen Tochter möglich gewesen wäre, eine Vertragsanpassung zu erreichen..."

BSG, Urteil vom 23.05.2013, B 4 AS 67/12 R:
„... *(das)* BSG *(hat)* eine **Abweichung vom Prinzip der Aufteilung nach "Kopfanteilen"** in Fallgestaltungen erörtert, in denen durch eine Berücksichtigung der KdU nach Kopfanteilen eine **Bedarfsunterdeckung** in Frage stand... Aus "bedarfsbezogenen Gründen", nämlich wegen des vollständigen Wegfalls der KdU-Leistungen für D, entstanden der Klägerin zu 1 und dem Kläger zu 2 ... höhere Kosten für die Wohnung und Heizung. Sie konnten schon deshalb nicht darauf verwiesen werden, den KdU-Anteil von D zu verlangen, weil der Beklagte ... den vollständigen Wegfall des KdU-Anteils für D ... verfügte. ... Nach dem Inhalt der ... Bewilligungsbescheide war bei D auch **kein Einkommen oder Vermögen** vorhanden, aus dem er den auf ihn entfallenden KdU-Anteil während des **Sanktion**szeitraums hätte bestreiten können. Dem Beklagten war daher bekannt, dass durch die ... Sanktion eine Bedarfsunterdeckung bei den KdU auch bei der Klägerin zu 1 und dem minderjährigen Kläger zu 2 eingetreten war. Die Kläger können auch **nicht** darauf verwiesen werden, ihren tatsächlichen mietvertraglichen Verpflichtungen nicht vollständig nachzukommen und ... **Mietschulden hinzunehmen**."

BSG, Urteil vom 16.04.2013, B 14 AS 71/12 R:
„Wenn neben der Klägerin auch ihr Sohn das Haus bewohnt hat, sind die Kosten für die Nutzung des Wohnhauses (regelmäßig) unabhängig von Alter, Nutzungsintensität oder Zugehörigkeit zur Bedarfsgemeinschaft pro Kopf aufzuteilen... Dagegen ist für die Anwendung des **Kopfteilprinzips** auch in Bezug auf den **im Pflegeheim lebenden Ehemann** ... kein Raum. Die Aufteilung der Kosten ... nach dem Kopfteilprinzip setzt ... voraus, dass die Wohnung gemeinsam mit anderen Personen genutzt wird, also den aktuellen Unterkunftsbedarf weiterer Personen abdeckt. Daran fehlt es, wenn ein Mitglied der Bedarfsgemeinschaft die Wohnung über einen Zeitraum nicht nutzt, der auch zu einem Ausschluss von Leistungen nach § 7 Abs. 4, 4a SGB II führt... Inwieweit es bei einer solchen Konstellation dem verbliebenen Partner zugemutet werden kann, die Gesamtkosten der Unterkunft zu mindern und die Wohnverhältnisse einer dauerhaften alleinigen Nutzung der Wohnung anzupassen, braucht hier nicht entschieden zu werden, denn es fehlt bereits an einer Kostensenkungsaufforderung..."

BSG, Urteil vom 16.04.2013, B 14 AS 28/12 R:
„§ 22 Abs. 1 Satz 3 SGB II, nach *(dem)* unangemessene Aufwendungen für die Unterkunft und Heizung als Bedarf solange - in der Regel jedoch **längstens für sechs Monate** - zu berücksichtigen sind, wie es nicht möglich oder nicht zuzumuten ist, die Aufwendungen zu senken, greift auch bei **Änderungen in der Bewohnerzahl**, wie dem Auszug eines Mitbewohners. ... Die Regelung soll bezwecken, dass eine leistungsberechtigte Person nicht sofort z. B. bei Eintritt der Hilfebedürftigkeit gezwungen ist, ihre bisherige Wohnung aufzugeben... Dieser Zweck greift ebenso, wenn aus einer Haushaltsgemeinschaft eine Person auszieht und der Unterkunftsbedarf für die verbliebene(n) Person(en) un-

angemessen hoch ist. ... der Erhalt einer größeren Wohnung mit Hilfe von Leistungen nach dem SGB II *(ist)* zeitlich nicht unbegrenzt schutzwürdig... ...die abstrakt angemessene Wohnungsgröße *(ist)* weder wegen der Alleinerziehung der Klägerin zu 1 noch wegen der Behinderung des Klägers zu 2 zu erhöhen... Überlegungen zur Bestimmung eines maßgeblichen örtlichen **Vergleichsraum**s hat der Beklagte ... keine angestellt, obwohl dies die logische **Voraussetzung** zur Entwicklung **eines schlüssigen Konzepts** ist. ... Angesichts des Alters des Klägers zu 2 von sechs Jahren im strittigen November 2008 und seiner schweren **Behinderung** sowie der **Alleinerziehung** der Klägerin zu 1 sind hierzu jedoch Feststellungen notwendig. Gegen die konkrete Angemessenheit des niedrigeren, abstrakt angemessenen Unterkunftsbedarfs und die Zumutbarkeit von Kostensenkungsmaßnahmen können Gründe sprechen, die auch einem Umzug entgegenstehen wie Krankheit, Behinderung, Pflegebedürftigkeit, Rücksichtnahme auf schulpflichtige Kinder, Alleinerziehung..."

BSG, Urteil vom 11.12.2012, B 4 AS 44/12 R:
„Die in den Wohnraumfördervorschriften der Länder vorgesehenen **Erhöhungen der Wohnungsgröße wegen personenbezogener Merkmale** *(fließen)* **nicht** in die Bestimmung des abstrakt angemessenen Mietzinses... Derartige Merkmale sind ausschließlich bei der konkreten Angemessenheit - im Rahmen der Kostensenkungsobliegenheit - zu berücksichtigen. ... Soweit das LSG ... auf die **Tabellenwerte** der rechten Spalte ... nach § 8 WoGG zur Festlegung einer Angemessenheitsobergrenze zurückgreift, ist die Höhe des **Zuschlag**s zu den Tabellenwerten vom LSG mit **10%** ... zutreffend bestimmt worden. Ebenfalls nicht zu beanstanden ist, dass das LSG die Kostensenkungsaufforderung des Beklagten als hinreichend befunden hat. Ob allerdings eine objektive Unmöglichkeit der Kostensenkung angenommen werden kann, vermag der Senat nach den Feststellungen des LSG ebenfalls nicht zu beurteilen. Es mangelt auch an dieser Stelle an der Festlegung des Vergleichsraumes. Ebenso wenig konnte die subjektive Zumutbarkeit einer Kostensenkung ... abschließend beurteilt werden. Insoweit wird das LSG ... die familiäre Situation der Kläger in eine nähere Betrachtung einzubeziehen haben."
Zitiert nach dem Terminbericht Nr. 67/12 des Bundessozialgerichts

BSG, Urteil vom 29.11.2012, B 14 AS 36/12 R:
„Die tatsächlichen angemessenen Aufwendungen für Unterkunft und Heizung sind ... nicht nach Kopfteilen zwischen dem Kläger und seiner Mutter aufzuteilen. Beim Zusammenleben mehrerer Personen in einer Wohnung werden die KdU grundsätzlich nach der **Kopfteilmethode** gleichmäßig aufgeteilt. Die Umstände des vorliegenden Falles begründen jedoch eine **Ausnahme** von diesem Grundsatz."
Zitiert nach dem Terminbericht Nr. 63/12 des Bundessozialgerichts
Erläuterung F. B.: Der Kläger bewohnt mit seiner Mutter ein Einfamilienhaus ohne abgeschlossene Wohnungen. Die Mutter hat das Hausgrundstück dem Kläger übereignet. Im Gegenzug räumte er seiner Mutter ein unentgeltliches Wohnrecht auf Lebenszeit ein. Außerdem verpflichtete er sich, die Kosten für

Licht, Heizung, Gas, Wasser, Abwasser auch für die von seiner Mutter genutzten Räume zu übernehmen. Dafür wird er nicht mehr durch Darlehenszahlungen belastet, weil seine Mutter die auf dem Haus ruhenden Belastungen abgelöst hat.

BSG, Urteil vom 29.11.2012, B 14 AS 161/11 R:
„In den ... zugrunde liegenden Verhältnissen *(ist)* nicht schon dadurch eine wesentliche Änderung eingetreten, dass der Kläger mit einem Dritten einen **Untermietvertrag** abgeschlossen hat, um die Kosten der Unterkunft zu senken. Die Berücksichtigung einer **fiktiven Einnahme** als bedarfsmindernd ist nach dem SGB II **ausgeschlossen**. Nach der ständigen Rechtsprechung des BSG ist nur eine tatsächlich zugeflossene Einnahme als "bereites Mittel" geeignet, den konkreten Bedarf im jeweiligen Monat zu decken."
Zitiert nach dem Terminbericht Nr. 63/12 des Bundessozialgerichts

BSG, Urteil vom 23.08.2012, B 4 AS 32/12 R:
„Auch soweit der Vermieter ... die Kosten einer **Modernisierungsmaßnahme** nach § 559 BGB auf den Mieter abwälzt, gehören diese ... zur vertraglich geschuldeten (Kalt-)Miete... § 22 Abs. 1 S. 1 SGB II enthält auch keine Beschränkung ... auf solche Kosten, die bereits bei Eintritt der Hilfebedürftigkeit nach dem SGB II zu zahlen waren. ... Die vom LSG befürwortete **analoge Anwendung des § 22 Abs. 1 S. 2** SGB II ... mit einer Begrenzung der Übernahme der tatsächlichen Unterkunftsaufwendungen auf die bis zum 31.8.2008 ... zu tragenden Aufwendungen ist **nicht möglich**. ... In den Gesetzesmaterialen wird ausdrücklich darauf hingewiesen, dass mit der Regelung einer Kostensteigerung durch Ausschöpfung der jeweiligen örtlichen Angemessenheitsgrenzen ohne Umzugsnotwendigkeit entgegengewirkt werden solle... Dass der Sachverhalt einer Mieterhöhung innerhalb der Angemessenheitsgrenzen ... durch einen Umzug nicht mit einer nach bürgerlich-rechtlichen Vorschriften zulässigen Erhöhung der Miete aufgrund einer Modernisierungsvereinbarung zwischen Vermieter und Mieter gleichgestellt werden kann, ergibt auch der systematische Zusammenhang des § 22 Abs. 1 S. 2 SGB II mit § 22 Abs. 2 S. 1 SGB II (jetzt § 22 Abs. 4 S. 1 SGB II)... **Nur** für den besonderen Fall einer **Mieterhöhung durch einen Umzug** ist somit eine Vorabklärungsmöglichkeit gleichermaßen für den Leistungsberechtigten und den SGB II-Träger gesetzlich vorgesehen... Die gravierende Konsequenz einer auf unbegrenzte Zeit nur gedeckelten Kostenübernahme, also einer Leistungserbringung ggf. unterhalb des Existenzminimums im Bereich des Wohnens, kann ... nur auf die ausdrücklich gesetzlich erfassten Fallgestaltungen eines eigenmächtigen, nicht genehmigten Umzugs beschränkt sein."

BSG, Urteil vom 22.08.2012, B 14 AS 13/12 R:
„Regelungen in **Wohnraumförderbestimmungen**, die .. differenzierend auf die **Raumzahl** abstellen, *(sind)* für die Auslegung des § 22 Abs. 1 SGB II **un-**

beachtlich... Unbeachtlich ist deshalb, dass ... in Schleswig-Holstein für **Alleinerziehende** die Vergabe von Wohnungen in Betracht kommt, die bis zu 70 qm groß sind... Die Bedarfslagen, die auf **personenbezogenen Umständen** gründen, sind dabei nicht "statisch", sondern können sich je nach Einzelfall unterschiedlich darstellen und Veränderungen unterliegen. Dem kann bei der **konkreten Angemessenheitsprüfung** sachgerecht Rechnung getragen werden. ...
Die Heranziehung von **Durchschnittswerten aus allen Mietverhältnissen** ergibt zwar einen Wert, der ... in der Tendenz höher liegt, als ... nur des Teilsegments ..., auf das Leistungsberechtigte ... zu verweisen sind. Sofern eine entsprechend differenzierte Datenlage aber nicht vorliegt und also eine Auswertung des Teilsegments mit vernünftigem Aufwand ausscheidet, ist eine solche Vergröberung erforderlich, um mit ausreichender Sicherheit zu gewährleisten, dass in jedem Marktsegment - auch in dem ... unteren Segment - eine genügende Anzahl an Mietverhältnissen zu diesem Preis vorhanden ist. ...
(Es) kommen nicht nur gesundheitliche Gründe in Betracht, wenn es um die Gründe für die "Unzumutbarkeit" von Kostensenkungsmaßnahmen ... geht. Es können auch die besonderen **Belange von Eltern und Kindern** ... solche beachtenswerte Gründe darstellen. ... Aus solchen Umständen folgt allerdings im Regelfall kein Schutz der kostenunangemessenen Wohnung als solcher. Entsprechende Umstände schränken allenfalls die Obliegenheiten der Leistungsempfänger ... auf Bemühungen im näheren örtlichen Umfeld ein. ... Ähnliches gilt für die **Lebensumstände Alleinerziehender**. So kann insbesondere eine regelmäßige Nachmittagsbetreuung von Schulkindern an das nähere Umfeld geknüpft sein. Ist dagegen eine solche Betreuung nicht vorhanden, wird Fremdbetreuung nur gelegentlich wahrgenommen oder ist eine entsprechende Betreuungsstruktur über den gesamten Vergleichsraum vorhanden und zugänglich, besteht eine schützenswerte Bindung an das nähere Wohnumfeld nicht...
(Ein) Verweis auf Wohnungen, die die abstrakt angemessene Wohnfläche wesentlich unterschreiten, *(kommt)* nicht in Betracht. Es braucht ... nicht abschließend entschieden werden, ob jedem schulpflichtigen Kind ein eigenes Zimmer zuzubilligen ist und von daher nur Wohnungen mit einer bestimmten Raumzahl konkret zumutbar sind. Jedenfalls müssen Größe und Zuschnitt einer Wohnung einen gewissen Rückzugsraum für das Schulkind wie für den erwachsenen Elternteil ermöglichen.“

<u>BSG, Urteil vom 22.08.2012, B 14 AS 1/12 R:</u>
„**Tilgungsaufwendungen** *(werden)* nicht schon dann zu berücksichtigungsfähigen Kosten der Unterkunft, wenn sie vom Nutzer der Wohnimmobilie dem Kreditgeber gegenüber als **Gesamtschuldner** nach § 421 BGB geschuldet werden und der **andere Schuldner**, der die Wohnimmobilie selbst nicht nutzt, **keine Zahlungen leistet**. Die Kläger übersehen, dass vorliegend die gesamten Schuldzinsen und nicht nur die im Innenverhältnis auf den Kläger zu 1 entfallenden Anteile ... anerkannt worden sind. ... Kann der Schuldner, der das Haus bewohnt, die (gesamten) Tilgungsleistungen nicht dauerhaft allein aufbringen, kann er Ausgleichsansprüche gegenüber dem anderen Schuldner geltend ma-

chen, nicht aber ... Kosten der Unterkunft gegenüber dem Träger der Grundsicherung. ... Einem **Ausgleichsanspruch** ... nach § 426 Abs. 1 BGB kann zwar von seiner geschiedenen Ehefrau der Einwand der entgeltfreien Nutzung entgegengehalten werden. Der geschiedenen Ehefrau steht ein Anspruch auf **Nutzungsentschädigung** nach § 745 Abs. 2 BGB zu, wenn ... zwischen den geschiedenen Eheleuten ... Einigkeit über die alleinige Nutzung der im Miteigentum stehenden früheren Ehewohnung durch den Kläger zu 1 besteht... Bei einer Abrede zwischen den geschiedenen Ehegatten wegen der Finanzierung der Immobilie ... handelt es sich ... um eine anderweitige Bestimmung i. S. des § 426 Abs. 1 Satz 1 Halbs. 2 BGB... Solche abweichenden - auch konkludenten - Bestimmungen berühren lediglich das Innenverhältnis der Gesamtschuldner und führen hinsichtlich der Tilgungsleistungen nicht zu berücksichtigungsfähigen Kosten der Unterkunft... Es braucht .. nicht abschließend entschieden zu werden, wie die tatsächliche Zahlung einer Nutzungsentschädigung ... an den Miteigentümer (insbesondere wenn keine nennenswerten Finanzierungskosten mehr aufzubringen sind oder der Wohnwert diese übersteigt) im Anwendungsbereich des § 22 Abs. 1 Satz 1 SGB II zu werten wäre. Wenn eine solche Nutzungsentschädigung dem Wohnwert (orientiert an der ortsüblichen Miete) entspricht und nicht an der Höhe der Schuld- und Tilgungszinsen bemessen wird, könnte anderes gelten. Die Kläger machen aber nicht geltend, ... tatsächlich zur Zahlung einer (weitergehenden) Nutzungsentschädigung herangezogen zu werden."

BSG, Urteil vom 16.05.2012, B 4 AS 109/11 R:
„Soweit die tatsächlichen Aufwendungen des Leistungsberechtigten für seine Unterkunft die angemessene Referenzmiete überschreiten, sind diese - falls vom Leistungsberechtigten entsprechende **sachliche Gründe** vorgebracht werden - solange zu berücksichtigen, wie es ihm konkret nicht möglich oder nicht zumutbar ist, ... die Aufwendungen zu senken, in der Regel jedoch längstens für sechs Monate... Das LSG ist zu Recht davon ausgegangen, dass als **angemessene Wohnungsgröße** für einen **Ein-Personen-Haushalt** eine Wohnfläche von **50 qm** zu berücksichtigen ist. Bei der Bestimmung der angemessenen Wohnfläche ist ... in Nordrhein-Westfalen ab dem 1.1.2010 auf die in **Nr. 8.2 der WNB** ... festgesetzten Werte zurückzugreifen. ... Maßgeblich sind die im streitigen Zeitraum gültigen Bestimmungen... Nach Nr. 19 S 2 der WNB treten die VV-WoBindG ... mit Ablauf des 31.12.2009 außer Kraft. ... Insoweit kommt dem Gesichtspunkt der **Rechtssicherheit** eine überragende Bedeutung zu. ... Auch liegt der Schluss nahe, dass - soweit ... die Vorschriften über die Wohnflächen gegenüber der bisherigen Regelung erhöht werden - eine entsprechende Anzahl kleinerer Wohnungen für Mieterhaushalte im sozialen Wohnungsbau tatsächlich nicht vorhanden ist. ... Demgegenüber ergibt sich aus der Gesetzesbegründung ... nicht, dass die Ermittlung der angemessenen Wohnfläche keinen Veränderungen unterworfen werden sollte. ... Auch die Gesetzesbegründung zum Gesetz zur Ermittlung von Regelbedarfen und zur Änderung des Zweiten und Zwölften Buches Sozialgesetzbuch vom 26.10.2010 ... geht grundsätzlich von der Maßgeblichkeit der **aktuellen Vorschriften zum sozialen Wohnungsbau** aus."

BSG, Urteil vom 22.03.2012, B 4 AS 16/11 R:
„Insbesondere für weit zurückliegende Zeiträume ... brauchen .. nicht unverhältnismäßig aufwändige Ermittlungen durchgeführt zu werden. Dies entbindet jedoch nicht von nachvollziehbaren Darlegungen dazu, warum ein schlüssiges Konzept ... nicht entwickelt werden kann. Auch bei der Annahme eines Fehlens von Erkenntnismöglichkeiten und -mitteln ... muss erkennbar sein, dass das Gericht ... die generellen rechtlichen Anforderungen für die Erstellung eines schlüssigen Konzepts berücksichtigt hat. ... Der **Sicherheitszuschlag** ist im Interesse des Schutzes des elementaren Bedürfnisses des Leistungsberechtigten auf Sicherung des Wohnraums erforderlich. Denn es kann beim Fehlen eines schlüssigen Konzepts nicht mit Sicherheit beurteilt werden, wie hoch die angemessene Referenzmiete tatsächlich ist... Bei der Bestimmung des Zuschlages ist daher zu beachten, dass es sich nicht um eine einzelfallbezogene Anwendung auf einen konkreten, tatsächlichen Sachverhalt ... handelt. Vielmehr ist er unter Berücksichtigung genereller, abstrakter Kriterien festzulegen. Ein Rückgriff auf die regionalen Verhältnisse kommt bereits deshalb nicht in Betracht, weil gerade erst der Ausfall der Erkenntnismöglichkeiten im räumlichen Vergleichsgebiet zur Anwendung von § 8 WoGG führt. Bereits durch die jeweiligen ... Mietenstufen fließen regionale Unterschiede in die ... KdU ein. In Anbetracht dessen erachtet der Senat für die Tabellenwerte des § 8 WoGG (rechte Spalte) einen Zuschlag ... von **10%** als angemessen, aber auch ausreichend..."

BSG, Urteil vom 16.02.2012, B 4 AS 14/11 R:
„Die Kläger (haben) keinen Anspruch auf Übernahme der monatlichen **Tilgungsleistungen** ... von 500 Euro. Tilgungsleistungen können im Rahmen der KdU **nur in Ausnahmefällen** übernommen werden, denn Leistungen nach dem SGB II sind auf die aktuelle Existenzsicherung beschränkt und sollen nicht der Vermögensbildung dienen. Vor diesem Hintergrund besteht das Spannungsverhältnis zwischen Schutz des Wohnungseigentums einerseits und den Zielen der Existenzsicherung andererseits nur dann, wenn der Erwerb der Immobilie außerhalb des Leistungsbezugs eingetreten ist. Der Annahme eines Ausnahmefalls steht es deshalb ... bereits entgegen, dass der Aspekt der **Vermögensbildung** hier eindeutig **im Vordergrund** stand, weil die Kläger die **Immobilie zu einem Zeitpunkt erworben** hatten, **in dem bereits Hilfebedürftigkeit bestand** und sie zur Sicherung ihres Lebensunterhalts auf Arbeitslosenhilfe angewiesen waren. Es kommt vor diesem Hintergrund nicht mehr entscheidend darauf an, ob hinsichtlich des Schutzes des Grundbedürfnisses Wohnen auf einen konkret-individuellen Maßstab abzustellen ist oder ob eine abstrakte Gefährdung genügt. Gleichwohl hat der Senat darauf hingewiesen, dass bereits nach der bisherigen Rechtsprechung allein die Feststellung einer **konkreten und unvermeidbaren Bedarfslage** eine ausnahmsweise Tilgungsverpflichtung der Jobcenter eröffnen kann."
Zitiert nach dem Terminbericht Nr. 9/12 des Bundessozialgerichts

BSG, Urteil vom 20.12.2011, B 4 AS 19/11 R:

„Das LSG ist zu Recht davon ausgegangen, dass als **angemessene Wohnungsgröße** eine Wohnfläche von **60 qm** zu berücksichtigen ist. Die Bemessung der angemessenen Größe ... erfolgt ... hier unter Berücksichtigung des im streitigen Zeitraum gültigen ... Runderlasses ... "Verwaltungsvorschriften des Landes Nordrhein-Westfalen zum Wohnungsbindungsgesetz (VV-WoBindG)" ... Dieser Erlass ist ... weiterhin ... anwendbar... Ziff. 5.7.1 VV-WoBindG bestimmt, dass in der Regel für einen Haushalt mit zwei haushaltsangehörigen Personen zwei Wohnräume oder 60 qm Wohnfläche ... angemessen sind. ...

Bei einem Herausgreifen nur bestimmter Mietspiegelwerte ... muss allerdings - ggf. durch weitere Ermittlungen - abgesichert werden, dass der hinter diesen berücksichtigten Werten stehende tatsächliche Wohnungsbestand im Vergleichsraum die Anmietung einer angemessenen Wohnung im gesamten Vergleichsraum ermöglicht. Die Leistungsberechtigten dürfen auch nicht durch die Berücksichtigung nur bestimmter Mietspiegelfelder - de facto - auf bestimmte Bezirke oder Ortsteile mit besonders verdichteter Bebauung beschränkt werden, weil dies neben der tatsächlichen Ausklammerung eines Teils des Vergleichsraums gleichzeitig das Risiko einer Ghettoisierung birgt. ... Weitere tatsächliche Feststellungen sind auch wegen der vorgenommenen **Ausklammerung bestimmter Baualtersklassen** erforderlich. Zwar hat das LSG festgestellt, dass mehr als 50 % aller Wohnungen in Duisburg den Baualtersklassen I und II angehören. ...bestimmte Baualtersklassen *(können)* aber nur ausgeklammert werden, wenn weitergehende Auswertungen ... erkennen lassen, dass bestimmte Baualtersklassen den einfachen Standard nach Lage, Ausstattung und Bausubstanz nicht mehr nachvollziehbar abbilden, es sich also z. B. ausschließlich oder schwerpunktmäßig um das höhere oder obere Marktsegment handelt... Zudem birgt die Ausklammerung bestimmter Baualtersklassen grundsätzlich das Risiko, dass die Ermittlung der angemessenen Unterkunftskosten doch nicht ... über den gesamten Vergleichsraum ... erfolgt. Bei Heranziehung nur bestimmter Baualtersklassen muss daher auch festgestellt werden können, dass diese Baualtersklassen grundsätzlich über alle Stadtteile hinweg vorhanden sind..."

BSG, Urteil vom 24.11.2011, B 14 AS 107/10 R:

„Die Prüfung der **Erforderlichkeit eines Umzugs** ist in zwei Schritten daran zu messen, ob der **Auszug** aus der bisherigen Wohnung notwendig ... oder aus sonstigen Gründen **erforderlich** ist... In einem weiteren Schritt ist zu prüfen, ob sich die **Kosten** .. der ... neuen Wohnung in Ansehung der Erforderlichkeit eines Umzugs als **angemessen** darstellen... Die Notwendigkeit eines Umzugs ... hat das LSG verneint. Der behandelnde Arzt habe keine "zwingenden Diagnosen" wie etwa einen akuten Bandscheibenvorfall mitgeteilt. Er habe lediglich ausgeführt, dass das Tragen von Lasten über fünf Kilogramm vermieden werden sollte, nicht aber, dass dies aus gesundheitlichen Gründen dringend erforderlich sei. ...die Prüfung des LSG *(ist)* aber insoweit unvollständig, als es davon ausgegangen ist, lediglich zwingende gesundheitliche Gründe, nicht schon gesundheitliche Beeinträchtigungen und die mit der Wohnlage im vierten Stock allgemein für Familien mit Kindern verbundenen Einschränkungen seien bei der Prüfung der Erforderlichkeit anzuerkennen. ... Bereits ortsansässige im Leistungsbezug stehende Hilfebedürftige sollen insoweit die Vorteile, die sich für Hilfebedürftige .. aus der Bestimmung der Angemessenheit nach der Produkttheorie ergeben, nicht in vollem Umfang ausschöpfen können. **Veränderungen im Wohnumfeld** sind für sie ... nur möglich, soweit sie **kostenneutral** erfolgen können. Die mit dieser Einschränkung verbundenen Nachteile gebieten es aber, vom Hilfebedürftigen nur maßvolle Beschränkungen in seinen Gestaltungsmöglichkeiten zu fordern. ... Das LSG hat den Vortrag der Klägerinnen lediglich unter dem Blickwinkel der zwingenden Notwendigkeit eines Umzugs geprüft, nicht aber, ob vorliegend für den Wohnungswechsel ein **plausibler, nachvollziehbarer und verständlicher Grund** vorgelegen hat, von dem sich auch ein Nichthilfebedürftiger hätte leiten lassen. Es hat ... der Situation einer Alleinerziehenden zu wenig Beachtung geschenkt, die dadurch geprägt wird, dass ... nicht von einem arbeitsteiligen Zusammenwirken mit einem anderen Erwachsenen ausgegangen werden kann. Zudem dürfte es nicht der allgemeinen Lebenserfahrung entsprechen, ein Kind im Alter von zwei Jahren könne im Alltag regelmäßig und mehrfach täglich selbständig vier Stockwerke überwinden. ... Allein die **Unterschreitung der Höchstfläche** nach den landesrechtlichen Förderbestimmungen um eine bestimmte Quadratmeterzahl lässt jedenfalls keinen generellen Rückschluss auf die Erforderlichkeit eines Umzugs zu. ... Vor diesem Hintergrund erscheint es ... bei dem Ausmaß einer Kostensteigerung um rund 170 % wenig plausibel, dass der Umzug in die neue Wohnung erforderlich war. Es können ... lediglich Veränderungen privilegiert sein, die sich zum einen innerhalb des Marktsegments realisieren lassen, auf dass der Hilfebedürftige ... zu verweisen ist. Zum anderen muss die **Überschreitung der Höhe der bisherigen KdU** in einem **angemessenen Verhältnis zur Ursache des** (nicht zwingend erforderlichen) **Umzugs** in die neue Wohnung stehen; d. h. der durch den Umzug erzielbare Gewinn an Lebensqualität lässt auch unterhalb der Angemessenheitsgrenze allenfalls eine geringfügige Kostensteigerung zu."

<u>BSG, Urteil vom 24.11.2011, B 14 AS 151/10 R:</u>
„Das LSG hat zutreffend entschieden, dass für die ... **Kürzung** der Leistungen für die Unterkunft um einen aus der Regelleistung ermittelten **Anteil für Haushaltsenergie keine Rechtsgrundlage** gegeben ist. Das Leistungssystem des SGB II lässt eine individuelle Bedarfsermittlung bei den in der Regelleistung enthaltenen Bedarfen grundsätzlich nicht zu. Die von der Rechtsprechung entwickelte Behandlung der Kosten der Warmwasserbereitung, die der Gesetzgeber mit § 20 Abs. 1 Satz 1 SGB II n. F. ("... ohne die auf die Heizung und Erzeugung von Warmwasser entfallenden Anteile ...") fortentwickelt hat, ist auf die Stromkosten als Bestandteil einer **Inklusivmiete** nicht übertragbar."
Zitiert nach dem Terminbericht Nr. 60/11 des Bundessozialgerichts

BSG, Urteil vom 25.08.2011, B 8 SO 29/10 R:
„Der ... Kläger bezieht seit dem 1.1.2003 Leistungen der Grundsicherung im Alter und bei Erwerbsminderung... Er lebt .. mit seinem Vater in einem Reihenhaus; dieser ist Eigentümer des Hausgrundstücks und trägt hierfür die laufenden Kosten. Am 9.3.2005 schloss der Kläger ... mit seinem Vater ab 1.1.2005 einen Mietvertrag über einen Mietzins von 300 € zzgl. einer Vorauszahlung für Heizung und Warmwasser ... von 50 € monatlich...
Nach § 42 Satz 1 Nr. 2 SGB XII ... umfassen die Leistungen der Grundsicherung im Alter und bei Erwerbsminderung die angemessenen tatsächlichen Aufwendungen für Unterkunft und Heizung entsprechend § 29 SGB XII... Nach dem Wortlaut von § 42 Satz 1 Nr. 2 iVm § 29 SGB XII kommt dabei nur die Berücksichtigung **tatsächlich anfallender Kosten** als Hilfebedürftigkeit begründender Bedarf in Betracht... ...der in Haushaltsgemeinschaft mit seinem Vater lebende volljährige Kläger *(hatte)* keine Aufwendungen für Unterkunft und Heizung, weil mangels Bindungswillens **kein wirksamer Mietvertrag** geschlossen wurde (§§ 117 Abs. 1, 133 BGB) und auch nicht die erforderliche Überzeugung habe gewonnen werden können, dass der Kläger **ernsthaften Forderungen** seines Vaters ausgesetzt gewesen sei. ... Die Beweislast für das Entstehen von Aufwendungen trägt der Kläger.“

BSG, Urteil vom 23.08.2011, B 14 AS 91/10 R:
„Die ... "Richtlinien zur Ermittlung der angemessenen Unterkunftskosten" entsprechen trotz des Bemühens, den Anforderungen gerecht zu werden, ... in einem wesentlichen Punkt nicht den Vorgaben des BSG... Der Beklagte geht nämlich von einer unzureichenden Datengrundlage aus bzw. zieht aus den herangezogenen Daten nicht die sachlich gebotenen Schlüsse. Zwar hat der Beklagte eine **Datenbasis** von **10% des regional in Betracht zu ziehenden Wohnungsbestands** für die Ermittlung der angemessenen Mietwerte herangezogen..., der ausgewählte Wohnungsbestand von 9.788 Wohnungen setzt sich allerdings **nur** aus **Wohnungen von Leistungsempfängern** nach dem SGB II (zu 78%), bzw. SGB XII (zu 10%) und Empfängern von Wohngeld (zu 12%) zusammen. Damit können nur in der Rubrik der Wohngeldempfänger Wohnungen enthalten sein, die auch teurer sind als eine nach SGB II oder SGB XII angemessene Wohnung. Werden aber nur diese Wohnungen von Leistungsempfängern als Datengrundlage herangezogen und wird von den so erhaltenen Werten nochmals der Durchschnitt gebildet, so errechnet sich ein Angemessenheitswert, der unter dem Wert liegt, der für einen Teil der Leistungsempfänger als angemessen akzeptiert wird. Um diesen **Zirkelschluss** zu vermeiden, kann ein Leistungsträger **auf alle Wohnungen aus dem Gesamtwohnungsbestand abstellen**, also neben Wohnungen einfachen Standards auch auf solche mittleren und gehobenen Standards und dann aus den so gewonnenen Mietpreisen einen angemessenen Wert ermitteln... Der Leistungsträger kann auch ... bei der Datenerhebung **nur** die **Wohnungen einfachen Standards** zugrunde legen, muss als Angemessenheitsgrenze dann aber die **obere Preisgrenze dieses Segments** wählen. ...die errechneten Durchschnittswerte um einen Sicherheitsaufschlag X zu erhöhen, stellt dagegen kein planmäßiges Vorgehen dar. ... Bei der Neujustierung der Angemessenheitsgrenze wird auch

zu berücksichtigen sein, dass für die Datenerhebung nicht nur die Daten von tatsächlich am Markt angebotenen Wohnungen in Betracht kommen, sondern auch von bereits vermieteten... Im Rahmen der Leistung für die Unterkunft ist sämtlicher Wohnraum zu berücksichtigen, der auch tatsächlich zu diesem Zweck vermietet wird, so etwa auch Wohnraum, bei dem die Miethöhe durch Gesetz oder im Zusammenhang mit einer Förderzusage festgelegt worden ist..."

BSG, Urteil vom 07.07.2011, B 14 AS 79/10 R:

„Zu den Aufwendungen für Unterkunft und Heizung ..., für die Leistungen zu erbringen sind, gehören grundsätzlich nicht die ... **Tilgungsraten**... Die Leistungen nach dem SGB II sind auf die aktuelle Existenzsicherung beschränkt und sollen nicht der Vermögensbildung dienen... Ausnahmen von diesem Grundsatz sind ... nur in besonderen Ausnahmefällen angezeigt, wenn es um die Erhaltung von Wohneigentum geht, dessen Finanzierung im Zeitpunkt des Bezugs von Grundsicherungsleistungen bereits weitgehend abgeschlossen ist... Entscheidend ist, dass es in solchen Fällen in der Regel nur um die Tilgung einer Restschuld geht und die Vermögensbildung bereits weitgehend abgeschlossen ist, sodass der Aspekt des Vermögensaufbaus aus Mitteln der Existenzsicherung gegenüber dem auch vom SGB II verfolgten Ziel, die Beibehaltung der Wohnung zu ermöglichen, zurücktritt. Vorliegend geht es nicht darum, dass ein **langjährig bewohntes** und bereits **fast abbezahltes Wohneigentum** erhalten bleibt. Die vereinbarten Tilgungsleistungen dienen nicht zur Abtragung eines Restkaufpreises, sondern werden über viele Jahre hinweg zu zahlen sein, um letztlich den Gesamtkaufpreis von 60.000 Euro zu begleichen. Dabei kann hier dahinstehen, ob der Annahme eines Ausnahmefalls bereits entgegensteht, dass die Kläger die Immobilie zu einem Zeitpunkt erworben haben, in dem bereits Hilfebedürftigkeit bestand und sie zur Sicherung ihres Lebensunterhalts auf Alhi angewiesen waren. ...
Jedenfalls fehlen aber in einem Fall ..., in dem Schuldzinsen von vornherein nicht anfallen, weil der Kaufpreis zinslos gestundet wird, und bei Beginn des Bezugs von Grundsicherungsleistungen erst ein geringer Teil des Kaufpreises getilgt worden ist, Anhaltspunkte für die Annahme eines Ausnahmefalls, der die Berücksichtigung von Tilgungsleistungen ... rechtfertigen könnte. In einem derartigen Fall stünde die **Vermögensbildung** durch öffentliche Mittel ganz **im Vordergrund** und wäre nicht lediglich Nebenfolge der mit der Kostenübernahme bezweckten Vermeidung eines Verlustes der Unterkunft als räumlichem Lebensmittelpunkt."

BSG, Urteil vom 26.05.2011, B 14 AS 86/09 R:

„Schon hinsichtlich der abstrakt angemessenen Wohnungsgröße von 45 qm für Alleinlebende im Freistaat Sachsen ... kann dem LSG jedoch nicht gefolgt werden. Zur Festlegung der **angemessenen Wohnfläche** ist auf die **Wohnraumgrößen für Wohnberechtigte im sozialen Mietwohnungsbau** abzustellen ... Hinsichtlich der Überlassung von gefördertem Mietwohnungsbau verweisen sowohl § 27 Abs. 4 als auch § 10 des Gesetzes über die soziale Wohnraumförderung vom 13.9.2001 … wegen der maßgeblichen Wohnungsgröße auf die "Bestimmungen" des jeweiligen Landes."

BSG, Urteil vom 14.04.2011, B 8 SO 19/09 R:
„Im Rahmen der Grundsicherung im Alter und bei Erwerbsminderung sind auch die tatsächlichen Kosten der Unterkunft zu übernehmen, soweit diese angemessen sind. Kosten der Unterkunft sind bei Mietverhältnissen nicht zwingend auf die Übernahme von (Kalt-)Miete und Betriebskosten beschränkt; vielmehr umfassen sie regelmäßig **alle Zahlungsverpflichtungen**, die sich aus dem **Mietvertrag** für die Unterkunft ergeben und mit den vertraglichen Vereinbarungen über die Unterkunft derart verknüpft sind, dass **ohne sie die Unterkunft nicht erlangt oder erhalten werden kann**, sodass sie **nicht zur Disposition des Leistungsberechtigten** stehen und einen unausweichlichen Kostenfaktor der Wohnung darstellen. Unter diesen Voraussetzungen kann es sich auch bei einer mietvertraglich vereinbarten **Betreuungspauschale** um Kosten der Unterkunft handeln."
Zitiert nach dem Bericht über die Tätigkeit des Bundessozialgerichts im Jahr 2011

BSG, Urteil vom 13.04.2011, B 14 AS 32/09 R:
„Das LSG hat die für den Kläger als Alleinlebenden **angemessene Wohnungsgröße** mit maximal **50 qm** in **Berlin** zutreffend bestimmt. … Zur Bemessung der angemessenen Leistung für die Unterkunft kann … nicht von den AV-Wohnen ausgegangen werden, weil ihnen kein schlüssiges Konzept … zugrunde liegt… In Ermangelung eines … schlüssigen Konzepts hat das LSG zutreffend zur Bestimmung der angemessenen Nettokaltmiete auf den Berliner Mietspiegel … zurückgegriffen. … Sollen aus einem qualifizierten Mietspiegel grundsicherungsrelevante Schlüsse abgeleitet werden, ist eine **Beschränkung auf bestimmte … "Baualtersklassen"** … ohne weitere Begründung **grundsätzlich nicht zulässig**… Denn aus einem Mietspiegel allein lässt sich nicht ohne Weiteres ersehen, inwieweit Wohnungen einer bestimmten Baualtersklasse in einem Umfang zur Verfügung stehen, der den Rückschluss zulässt, im Vergleichsraum sei eine angemessene Wohnung tatsächlich anmietbar."

BSG, Urteil vom 13.04.2011, B 14 AS 85/09 R:
„Zutreffend hat das LSG eine Wohnungsgröße von **60 qm** als angemessen für einen **Zweipersonenhaushalt** zugrunde gelegt. … Zutreffend hat das LSG ferner … als maßgeblichen **Vergleichsraum** das gesamte Stadtgebiet von **Berlin** herangezogen… Auch ein Arbeitnehmer mit vergleichbar geringem Einkommen wird eine Ersatzwohnung innerhalb des gesamten Stadtgebiets für den Fall suchen, dass er … eine innegehabte Wohnung nicht (mehr) finanzieren kann. Den besonderen Belangen und der konkreten Situation des jeweiligen Hilfebedürftigen (z. B. von Alleinerziehenden oder von Familien mit minderjäh-

rigen schulpflichtigen Kindern) ist nicht bereits bei der (abstrakt-generell vorzunehmenden) Festlegung der Vergleichsräume, sondern erst im Rahmen der Zumutbarkeitsregelung des § 22 Abs. 1 Satz 3 SGB II Rechnung zu tragen... Sollen aus Daten eines qualifizierten Mietspiegels grundsicherungsrelevante Schlüsse abgeleitet werden, ist eine **Beschränkung auf Daten bestimmter Baualtersklassen grundsätzlich nicht zulässig**... Dies gilt ... allerdings nicht für die im Berliner Mietspiegel in den Spalten 1 und 3 noch gesondert abgebildeten Baualtersklassen bis 1918 und bis 1949 Wohnungen mit besonders niedrigem Ausstattungsgrad (Wohnungen ohne Sammelheizung und/oder ohne (Dusch-)Bad), unabhängig davon, mit welcher Häufigkeit solche Wohnungen noch verfügbar sind. Zur Bildung eines grundsicherungsrelevanten Mietwertes sind diese Werte nicht mit heranzuziehen, denn **auf Wohnungen mit diesem untersten Ausstattungsgrad können Hilfebedürftige** bei der Wohnungssuche grundsätzlich **nicht verwiesen werden**. Die Bildung eines arithmetischen Mittelwerts aus den (verbleibenden) Mittelwerten der Baualtersklassen als abschließenden Schritt zur Berechnung einer grundsicherungsrelevanten Nettokaltvergleichsmiete, ... erfüllt die Anforderungen an ein mathematisch-statistisch nachvollziehbares Konzept nicht. ... Es könnten sich im Ergebnis weitergehender Auswertungen durch den Träger der Grundsicherung durchaus Anhaltspunkte ergeben, dass eine bestimmte Baualtersklasse statistisch nachvollziehbar über alle Bezirke hinweg so häufig vorhanden ist und zugleich den einfachen Standard nachvollziehbar abbildet, dass allein auf diesen Wert (ggf. um einen Aufschlag erhöht) zurückzugreifen ist. Lassen sich solche weitergehenden Schlüsse aus vorhandenem Datenmaterial nicht ziehen, bietet es sich an, einen **gewichteten arithmetischen Mittelwert** nach Verteilung der in der Grundgesamtheit abgebildeten Wohnungen in den jeweiligen Baualtersklassen zu bilden..."

<u>BSG, Urteil vom 13.04.2011, B 14 AS 106/10 R:</u>
„Qualifizierte **Mietspiegel** i. S. des § 558d BGB ... können Grundlage der Bestimmung der angemessenen Miete nach § 22 Abs. 1 SGB II sein... Ob ... von diesen Durchschnittsbeträgen entsprechend der Systematik der Mietspiegel Abschläge zu machen von z. B. 6 % für eine überwiegend einfache Bodenausstattung, geeignet ist, um dem angemessenen einfachen, im unteren Marktsegment liegenden Wohnungsstandard Rechnung zu tragen, könnte zweifelhaft sein, weil **statistische Nachweise** fehlen, denen entnommen werden kann, dass es entsprechende Wohnungen in ausreichender Zahl in Freiburg gibt. ... Eine **objektive Unmöglichkeit, eine Wohnung zu dem nach dem Mietspiegel angemessenen Quadratmeterpreis zu finden**, hat der 4. Senat des BSG ... grundsätzlich verneint, weil es in Deutschland derzeit keine allgemeine Wohnungsnot gibt und allenfalls in einzelnen Regionen Mangel an ausreichendem Wohnraum besteht... Dem schließt sich der erkennende Senat zumindest dann an, wenn ein **qualifizierter Mietspiegel**, der in einem **wissenschaftlich gesicherten Verfahren** aufgestellt wurde, der Bestimmung des angemessenen Quadratmeterpreises für die Kaltmiete zugrunde liegt und entweder der **Durchschnittswert** dieses Mietspiegels angewandt wird **oder** dem

Mietspiegel **Aussagen zur Häufigkeit von Wohnungen** mit dem angemessenen Quadratmeterpreis entnommen werden können. Denn dann kann davon ausgegangen werden, dass es in ausreichendem Maße Wohnungen zu der abstrakt angemessenen Leistung für die Unterkunft gibt. ... Einem **Umzug** entgegenstehende Gründe, wie eine Behinderung oder die Ausübung des Umgangsrechts mit einem Kind ... liegen ... nicht vor. Der Verweis der Klägerin auf ihr **Alter**, ihren möglichen **baldigen Renteneintritt** und ihre "**Lebensleistung**" beinhaltet **keine Gründe**, die eine Ausnahme und insbesondere die von der Klägerin begehrte Erhöhung ihrer Wohnfläche um 15 qm zu rechtfertigen vermögen. Soweit die Klägerin ausführt, bei einem Umzug müsse sie ihr soziales Umfeld aufgeben, weil es nicht möglich sei, in dem von ihr bewohnten Stadtteil zu dem von dem Beklagten angegebenen Preis eine Wohnung anzumieten, ist zu bedenken, dass **jeder Umzug in gewissem Maße mit einer Veränderung des sozialen Umfeldes einhergeht** und dies eine normale Folge ist, die sich aus der gesetzlichen Regelung ergibt."

BSG, Urteil vom 19.10.2010, B 14 AS 50/10 R:
„Das LSG wird zunächst die tatsächlichen Kosten der Unterkunft getrennt von den Kosten der Heizung zu ermitteln haben. Für die Frage der Angemessenheit der Kosten ist wegen der Größe der Wohnung auch während des Auslandsaufenthalts des Y W die Zahl der Mitglieder der Bedarfsgemeinschaft maßgeblich. Wenn Partner der Bedarfsgemeinschaft ... **getrennt leben**, **ohne** dass ein **Trennungswille** vorliegt, bleibt die Anzahl der Mitglieder der Bedarfsgemeinschaft jedenfalls dann maßgeblich, wenn der auswärtige Aufenthalt eines der Partner ... im Vorhinein auf einen Zeitraum von **weniger als sechs Monate** beschränkt ist. Erst bei einem langfristigen Auslandsaufenthalt oder bei einem längeren Aufenthalt in einer stationären Einrichtung (etwa bei Verbüßung einer Freiheitsstrafe) kann es für den verbliebenen Partner zumutbar sein, die entstehenden Gesamtkosten zu mindern und seine Wohnverhältnisse an die dauerhafte alleinige Nutzung der Wohnung anzupassen. Entgegen der Auffassung des LSG findet eine **Aufteilung** der angemessenen Gesamtkosten **nach Kopfteilen** nicht statt, solange **keine gemeinsame Nutzung der Wohnung** vorliegt. Das LSG ist zutreffend davon ausgegangen, dass die vom beklagten Grundsicherungsträger herangezogenen Ausführungsvorschriften (**AV-Wohnen**) zur Bestimmung eines angemessenen Quadratmeterpreises innerhalb des örtlichen Vergleichsmaßstabs (des gesamten Stadtgebiets von Berlin) nicht geeignet waren. Sie **beruhen nicht auf einem schlüssigen Konzept**, das eine hinreichende Gewähr dafür bietet, dass es die aktuellen Verhältnisse des örtlichen Wohnungsmarktes wiedergibt. Im Ausgangspunkt zutreffend hat das LSG zur Bestimmung eines angemessenen Quadratmeterpreises auf den Berliner **Mietspiegel** 2007 zurückgegriffen. Soweit es mit der Bildung eines "grundsicherungsrelevanten" Mittelwertes jedoch eigene Schlüsse aus den Daten des Mietspiegels für einfache Wohnlagen gezogen hat, wird es nach Zurückverweisung zu überprüfen haben, ob sich aus den Grundlagendaten oder anderen Quellen solche Schlüsse grundsicherungsspezifischer Art nachvollziehen lassen. Dabei bietet es sich etwa an, einen gewichteten arithmetischen **Mittelwert** nach der tatsächlichen Verteilung der in der Grundgesamtheit abgebildeten Wohnungen

in den jeweiligen Bauklassen der einfachen Wohnlage zu bilden. In den **angemessenen Quadratmeterpreis** sind im Sinne der Produkttheorie neben der Nettokaltmiete schon nach dem Wortlaut des § 22 Abs. 1 SGB II auch die sog **kalten Betriebskosten** einzubeziehen; diese sind nicht - wie die Heizkosten - gesondert auf ihre Angemessenheit zu prüfen."
Zitiert nach dem Terminbericht Nr. 58/10 des Bundessozialgerichts

BSG, Urteil vom 30.08.2010, B 4 AS 10/10 R:
„Der Senat hat bereits entschieden, dass ... § 22 Abs. 1 Satz 3 SGB II auch Anwendung findet, wenn ein Leistungsberechtigter **kurz vor Beginn des Leistungsbezugs eine Wohnung anmietet**, deren Kosten unangemessen hoch sind. Auch dann setzt eine Begrenzung ... auf die angemessenen Kosten ... regelmäßig voraus, dass eine **Aufforderung zur Kostensenkung** vorliegt, die dem Hilfebedürftigen Klarheit über die ... angemessenen Aufwendungen für die Unterkunft verschafft... Nur für den Ausnahmefall, dass jemand **bösgläubig**, also zurechenbar sowohl in Kenntnis des zu erwartenden SGB II-Leistungsbezugs als auch unangemessener tatsächlicher KdU einen Mietvertrag über eine "**Luxuswohnung**" abschließt, brauchen die unangemessenen Kosten je nach Lage des Einzelfalls nicht oder jedenfalls nicht für sechs Monate vom Grundsicherungsträger übernommen zu werden..."

BSG, Urteil vom 17.06.2010, B 14 AS 79/09 R:
„Unter einer **Unterkunft** im Sinne des SGB II ist jede **Einrichtung oder Anlage** zu verstehen, **die geeignet ist, vor den Unbilden des Wetters** bzw. der Witterung **zu schützen und eine gewisse Privatsphäre** (einschließlich der Möglichkeit, private Gegenstände zu verwahren) **gewährleistet**. Unter diesen Begriff der Unterkunft im Sinne des SGB II fallen auch **Wohnwagen** und **Wohnmobile**... Nicht maßgeblich ist dabei für den Begriff der Unterkunft, dass die dauerhafte Nutzung eines Wohnmobils oder Wohnwagens im öffentlichen Straßenraum ordnungsrechtlich als Sondernutzung wohl unzulässig wäre... Das SGB II stellt insofern auf den **tatsächlichen Wohnbedarf** (die konkrete Hilfebedürftigkeit) ab, der im Einzelfall auch durch die Nutzung eines Wohnmobils gedeckt werden kann. Jedenfalls ist es den Grundsicherungsträgern und auch den Gerichten der Sozialgerichtsbarkeit im Regelfall verwehrt, gegenüber den Antragstellern eigenständige ordnungsrechtliche Prüfungen vorzunehmen und insofern in der Rolle einer Sonderordnungsbehörde die jeweilige Unterkunft zu bewerten. Etwas anderes könnte allenfalls dann gelten, wenn die zuständige **Ordnungsbehörde** eingreift und dem Kläger die **Nutzung** seines Wohnmobils zu Wohnzwecken im öffentlichen Straßenraum **untersagt**."

BSG, Urteil vom 01.06.2010, B 4 AS 60/09 R:
„§ 22 Abs. 1 Satz 2 SGB II entfaltet ... **nur für Umzüge im Vergleichsraum** Wirkung. ... § 22 Abs. 1 Satz 2 SGB II findet auf Fallgestaltungen, bei denen ein Umzug über die Grenzen des Vergleichsraums ... hinaus vorgenommen

wird, von vornherein keine Anwendung... Dieses folgt aus der Gesetzesbegründung, ihrer systematischen Stellung innerhalb des § 22 Abs. 1 SGB II und dem Sinn und Zweck der Vorschrift. ... Ziel der Regelung ist es .. nicht, Kommunen, in denen ein hohes Mietniveau gegeben ist, vor einem weiteren Zuzug von arbeitsuchenden Hilfebedürftigen zu "schützen"..."

BSG, Urteil vom 18.02.2010, B 14 AS 73/08 R:
„Die **Angemessenheit der Wohnungsgröße** richtet sich in Ermangelung anderweitiger Erkenntnisquellen grundsätzlich nach den Werten, die die Länder auf Grund des **§ 10 des Gesetzes über die soziale Wohnraumförderung** ... bzw. ehedem auf Grund des **§ 5 Abs. 2 Wohnungsbindungsgesetz** ... in der bis zum 31.12.2001 geltenden Fassung des Gesetzes zur Förderung des sozialen Wohnungsbaues ... festgelegt haben... Abzustellen ist bei der Bestimmung der angemessenen Wohnungsgröße nicht auf die Zahl der Familienmitglieder, die eine Wohnung gemeinsam nutzen, sondern .. auf die **Zahl der Mitglieder der Bedarfsgemeinschaft**. Das LSG wird ... nach der Logik der **Verteilung der Verantwortung** für die Erstellung des **schlüssigen Konzepts** zunächst die Ermittlungen der Beklagten aufgreifen und diese ggf. um ihre konzeptionellen Schwächen bereinigen können."

BSG, Urteil vom 18.02.2010, B 14 AS 74/08 R:
„Der Senat konnte ebenfalls nicht abschließend darüber befinden, inwieweit die den Klägern zufließende Eigenheimzulage als bedarfsmindernd bei den Kosten der Unterkunft abzusetzen ist. Allerdings **kann**, was der 4. Senat des Bundessozialgerichts bereits angedeutet hat (Urteil vom 3. März 2009, B 4 AS 38/08 R), **die Eigenheimzulage den tatsächlichen Wohnbedarf senken, soweit sie etwa zu einer Minderung der Schuldzinsen führt**. Kosten der Unterkunft können jeweils nur bis zur Höhe des tatsächlichen Bedarfs berücksichtigt werden. Das Landessozialgericht hat insbesondere zu ermitteln, ob die Eigenheimzulage hier zu einer monatlichen Reduzierung der real anfallenden Schuldzinsen geführt hat."
Zitiert nach der Medieninformation Nr. 6/10 des Bundessozialgerichts

BSG, Urteil vom 17.12.2009, B 4 AS 27/09 R:
*„Die **angemessene Größe** der Wohnung eines Hilfebedürftigen nach dem SGB II in Nordrhein-Westfalen hat das LSG nach **Ziff. 5.7.1.b) der VV-WoBindG** (Runderlass des Ministeriums für Städtebau und Wohnen, Kultur und Sport, Ministerialblatt für das Land Nordrhein-Westfalen vom 8.3.2002, 396, 400) zutreffend mit **60 qm** bestimmt. Soweit das LSG darauf hinweist, dass in dem Runderlass des Ministeriums für Bauen und Verkehr vom 26.01.2006 (IV A 2 - 2010 - 02/06 - Anlage 1 WFB: Städtebauliche und technische Fördervoraussetzungen, unter Ziff. 1.4.1) für "barrierefrei" zu errichtende Neubauwohnungen eine Wohnungsgröße von 62 qm für Zwei-Zimmer-Wohnungen angegeben wird, ändert dieses hieran nichts.* Unabhängig davon, ob

es sich insoweit ... lediglich um eine Bestimmung handelt, die bei der Neuschaffung von Mietwohnraum zu beachten ist, ist diese Vorschrift bereits deswegen außer Betracht zu lassen, weil sie die Größe der Wohnung lediglich mit der Anzahl der Zimmer verknüpft. Dieses ist jedoch nicht der für Leistungen nach dem SGB II zu Grunde zu legende Maßstab für die Wohnungsgröße... Entscheidend kommt es insoweit vielmehr auf die **Anzahl der Personen** an, die die Wohnung bewohnen. Nur danach richtet sich die angemessene Wohnungsgröße. Der Runderlass aus dem Jahre 2006 trifft insoweit keine Regelung, sodass weiterhin die Regelungen aus dem Jahre 2002 anzuwenden sind."

<u>BSG, Urteil vom 17.12.2009, B 4 AS 27/09 R:</u>
„Bei Fehlen eines **schlüssigen Konzept**s kann auf einen vorhandenen **Mietspiegel** zurückgegriffen werden, wenn dieser alle erforderlichen Daten für ein schlüssiges Konzept zur Ermittlung der Vergleichsmiete enthält. Wenn und soweit im räumlichen Vergleichsraum Mietwohnungen zu einem Mietzins in Höhe der Vergleichsmiete in hinreichendem Umfang zur Verfügung stehen, ist ein Umzug zumutbar. Eine jahrzehntelange und familiäre Bindung des Leistungsempfängers an einen bestimmten Stadtteil innerhalb des Vergleichsraumes führt nicht zur Unzumutbarkeit des Umzugs."
Zitiert nach dem Bericht über die „Tätigkeit des Bundessozialgerichtes im Jahre 2009"

<u>BSG, Urteil vom 22.09.2009, B 4 AS 18/09 R:</u>
„**Ziel** der Ermittlungen des Grundsicherungsträgers ist es, einen **Quadratmeterpreis für Wohnungen einfachen Standards** zu **ermitteln**, um diesen nach Maßgabe der Produkttheorie mit der dem Hilfeempfänger zugestandenen Quadratmeterzahl zu multiplizieren und so die angemessene Miete feststellen zu können. ...
Dabei muss der Grundsicherungsträger **nicht zwingend** auf einen einfachen oder qualifizierten **Mietspiegel** ... abstellen... Entscheidend ist vielmehr, dass den Feststellungen des Grundsicherungsträgers ein **Konzept** zu Grunde liegt, dieses im Interesse der Überprüfbarkeit des Ergebnisses **schlüssig** und damit die Begrenzung der tatsächlichen Unterkunftskosten auf ein "**angemessenes Maß**" hinreichend **nachvollziehbar** ist. ...
Schlüssig ist das **Konzept**, wenn es mindestens die folgenden **Voraussetzungen** erfüllt:

- Die Datenerhebung darf ausschließlich in dem genau eingegrenzten und muss über den gesamten Vergleichsraum erfolgen (**keine Ghettobildung**),
- es bedarf einer nachvollziehbaren **Definition** des Gegenstandes der Beobachtung, z. B. welche Art von Wohnungen - Differenzierung nach Standard der Wohnungen, Brutto- und Nettomiete (Vergleichbarkeit), Differenzierung nach Wohnungsgröße,
- Angaben über den **Beobachtungszeitraum**,
- Festlegung der Art und Weise der Datenerhebung (**Erkenntnisquellen**, z. B. Mietspiegel),

- **Repräsentativität** des Umfangs der eingezogenen Daten,
- **Validität** der Datenerhebung,
- Einhaltung anerkannter mathematisch-statistischer Grundsätze der Datenauswertung und
- Angaben über die gezogenen **Schlüsse** (z. B. Spannenoberwert oder Kappungsgrenze). …

Ein schlüssiges Konzept kann sowohl auf Wohnungen aus dem Gesamtwohnungsbestand (einfacher, mittlerer, gehobener Standard) als auch auf Wohnungen nur einfachen Standards abstellen. Legt der Grundsicherungsträger seiner Datenerhebung nur die Wohnungen so genannten **einfachen Standards** zu Grunde, muss er nachvollziehbar offen legen, nach welchen Gesichtspunkten er dabei die Auswahl getroffen hat. In diesem Fall ist als Angemessenheitsgrenze der **Spannenoberwert**, d. h. der obere Wert der ermittelten Mietpreisspanne zu Grunde zu legen. … Es kann von dem … **kommunalen Träger** erwartet werden, dass er die bei ihm vorhandenen Daten sowie die persönlichen und/oder sachlichen Voraussetzungen für die Erhebung und Auswertung der erforderlichen Daten zur Verfügung stellt. Diese **Ermittlungspflicht** geht nicht ohne Weiteres auf das Sozialgericht über, wenn sich das Konzept des Grundsicherungsträgers als nicht tragfähig (schlüssig) erweist oder bei einem an sich schlüssigen Konzept die erforderlichen Daten nicht oder nicht ordnungsgemäß erhoben worden sind. … Steht nach Ausschöpfung aller Ermittlungsmöglichkeiten zur Überzeugung des Gerichts fest, dass **keine** solchen **Erkenntnismöglichkeiten** mehr vorhanden sind - etwa durch Zeitablauf - sind … die **tatsächlichen Aufwendungen** des Hilfebedürftigen für Unterkunft zu übernehmen. Sie sind allerdings auch in diesem Fall nicht völlig unbegrenzt zu übernehmen, sondern nur **bis zur Höhe der durch einen Zuschlag maßvoll erhöhten Tabellenwerte in § 8 WoGG**."

<u>BSG, Urteil vom 22.09.2009, B 4 AS 8/09 R:</u>
„Eine möglicherweise **unwirksame Staffelmietvereinbarung** berechtigt den Grundsicherungsträger nicht ohne weiteres zur Verringerung der KdU, ermöglicht ihm jedoch die Einleitung des Kostensenkungsverfahrens… Es ist nach § 22 Abs. 1 Satz 1 Halbsatz 1 SGB II **von den tatsächlichen Aufwendungen auszugehen**. Dieser Betrag wird insbesondere nicht dadurch begrenzt, dass die fragliche Vereinbarung der Staffelmiete möglicherweise zivilrechtlich unwirksam gewesen ist. … Bei der Anwendung des § 22 Abs. 1 Halbsatz 1 SGB II sind als Mietzinsen die tatsächlichen Aufwendungen … berücksichtigungsfähig, soweit sie auf der Grundlage einer mit dem Vermieter getroffenen **Vereinbarung** beruhen und vom erwerbsfähigen Hilfebedürftigen **tatsächlich gezahlt** werden… Ausreichend ist also, dass der erwerbsfähige Hilfebedürftige einer **ernsthaften Mietzinsforderung** ausgesetzt ist… Eine **Ausnahme** hiervon ist lediglich für Fallgestaltungen zu erwägen, bei denen die **Unwirksamkeit** der .. Vereinbarung entweder **bekannt** ist oder bekannt sein müsste. … Hierbei ist zudem in Rechnung zu stellen, dass eine rechtliche Bewertung der mietvertraglichen Beziehungen und der zu Grunde liegenden tatsächlichen Umstände für den erwerbsfähigen Hilfebedürftigen selbst in einer Vielzahl von Fällen praktisch unmöglich sein wird. … Aufwendungen für KdU, die auf einer zivilrechtlich

unwirksamen Grundlage beruhen, können und dürfen allerdings **nicht dauerhaft** aus öffentlichen Mitteln bestritten werden. Der Grundsicherungsträger, der eine Vereinbarung über Unterkunftskosten für unwirksam hält, kann das **Kostensenkungsverfahren** nach § 22 Abs. 1 Satz 3 SGB II betreiben, denn **eine auf Grund einer unwirksamen Vereinbarung getätigte Zahlung ist nicht angemessen** iS des § 22 Abs. 1 Satz 1 SGB II... Dies gilt unabhängig von einer (allgemeinen) Angemessenheitsprüfung... Die Unangemessenheit der .. Aufwendungen ergibt sich - auch soweit die Angemessenheitsgrenze ... nicht überschritten wird - allein aus der zivilrechtlichen Unwirksamkeit der angeblichen Forderung. Die Kostensenkungsaufforderung darf sich ... in diesem Fall ausnahmsweise nicht darauf beschränken, dem Hilfebedürftigen lediglich den ... angemessenen Mietzins und die Folgen mangelnder Kostensenkung vor Augen zu führen. Vielmehr muss dem erwerbsfähigen Hilfebedürftigen der **Rechtsstandpunkt des Grundsicherungsträgers** und das von diesem befürwortete **Vorgehen gegenüber dem Vermieter** in einer Weise verdeutlicht werden, die ihn zur Durchsetzung seiner Rechte gegenüber dem Vermieter in die Lage versetzt. Bis zu den erforderlichen Erläuterungen durch das Informationsschreiben sind Maßnahmen der Kostensenkung ... regelmäßig subjektiv unmöglich i. S. des § 22 Abs. 1 Satz 3 SGB II, es sei denn, nach den Umständen des konkreten Einzelfalls ist aufgrund des Kenntnisstandes des Hilfebedürftigen eine derartige Information entbehrlich. Der von der Stadt K gezahlte **Zuschuss** ... von 160,91 Euro ist **bedarfsmindernd** unmittelbar **bei den Unterkunftskosten** und nicht als zweckbestimmtes Einkommen ... zu berücksichtigen."

BSG, Urteil vom 20.08.2009, B 14 AS 41/08 R:
„Das BSG hat wiederholt entschieden, dass der **räumliche Vergleichsmaßstab** so zu wählen ist, dass Hilfesuchende im Regelfall ihr **soziales Umfeld** beizubehalten vermögen. ... So wie es nicht zulässig ist, nur bestimmte Stadtteile oder besonders niedrigpreisige Wohngegenden zur Ermittlung eines abstrakt angemessenen Mietpreises herauszugreifen ... , können Hilfebedürftige nicht auf bestimmte Wohnungsbaugesellschaften als Anbieter verwiesen werden, sofern nicht erkennbar ist, dass diese das in Bezug zu nehmende Mietsegment aufgrund einer marktbeherrschenden Stellung im Wesentlichen abdecken. ... Es ist den Feststellungen des LSG ferner nicht zu entnehmen, ob die Beklagte bei der Ermittlung des angemessenen Quadratmeterpreises **nach Wohnungsgrößen differenziert** hat ... Eine solche Differenzierung ist deshalb geboten, weil ... sowohl das Angebot als auch die Nachfrage hinsichtlich kleinerer und größerer Wohnungen erheblich differieren können, was wiederum Auswirkungen auf das quadratmeterbezogene Preisniveau haben kann. Bei **kleineren Wohnungen** müssen etwa die Kosten für Bad und ggf. Küche auf eine kleinere Wohneinheit umgelegt werden, weshalb sie im Regelfalle einen **höheren Quadratmeterpreis** aufweisen. Dabei müssen die jeweiligen in die Ermittlungen ... einzubeziehenden Wohnungsgrößen aber nicht identisch mit den ... abstrakt angemessenen Wohnungsgrößen für die jeweilige Bedarfsgemeinschaft sein. Schwankungen, wie sie die entsprechenden Wohnungsgrö-

ßenkategorien in vielen Mietspiegeln abbilden und wie sie im Anwendungsbereich des § 558 Abs. 2 BGB zu tolerieren sind ..., sind hinnehmbar. ... Zu den besonderen Gründen, die es ausnahmsweise für den Hilfebedürftigen unzumutbar erscheinen lassen, das nähere Umfeld oder gar die aktuell genutzte Wohnung zu verlassen, können neben **Pflegebedürftigkeit** oder **Behinderung** zwar auch **Krankheiten** gehören... Das LSG ist aber unter Zugrundelegung der ... behaupteten Erkrankungen und Beschwerden (Bluthochdruck, Herzprobleme, erhöhte Blutfettwerte, Harnsäurevermehrung im Blut, Neurodermitis, Speiseröhren- und orthopädische Beschwerden, psychiatrische Beschwerden) zu der Einschätzung gelangt, dass gesundheitliche Gründe einem Umzug der Kläger nicht entgegen stehen."

<u>BSG, Urteil vom 20.08.2009, B 14 AS 65/08 R:</u>
„Um ... den angemessenen Quadratmeterpreis zu ermitteln, ist es nicht erforderlich, auf einfache oder qualifizierte Mietspiegel ... abzustellen bzw. solche Mietspiegel erstellen zu lassen, soweit sie insbesondere im ländlichen Raum fehlen. Die vom Grundsicherungsträger gewählte Datengrundlage muss allerdings auf einem **schlüssigen Konzept** beruhen, das eine hinreichende Gewähr dafür bietet, dass es die aktuellen Verhältnisse des örtlichen Wohnungsmarktes wiedergibt... Unzureichend ist das Konzept ..., weil die Beklagte ... darauf verzichtet hat, bei der Ermittlung des angemessenen Quadratmeterpreises **nach Wohnungsgrößen** zu **differenzieren**... Eine solche Differenzierung ist .. geboten, weil nach den Besonderheiten des jeweils maßgebenden örtlichen Wohnungsmarktes, insbesondere aus Gründen der Bevölkerungs- und Sozialstruktur und wegen städtebaulicher Entwicklungen sowohl das Angebot als auch die Nachfrage hinsichtlich kleinerer und größerer Wohnungen erheblich differieren können, was wiederum Auswirkungen auf das quadratmeterbezogene Preisniveau haben kann. ... Auch der von der Revision beklagte **Verwaltungsaufwand**, der mit der Differenzierung nach Wohnungsgrößen verbunden sei, ist **kein Rechtswert an sich** und rechtfertigt einen Verzicht auf die größenmäßige Differenzierung nicht. ... Erweist sich das Konzept des kommunalen Trägers für die Bestimmung des angemessenen Quadratmeterpreises ... als unschlüssig, so kann dies im Endergebnis bedeuten, dass das Tatsachengericht auch den **tatsächlichen Quadratmeterpreis** ohne weitere Prüfung als angemessen zugrunde legen darf... Allerdings sind die Kosten der Unterkunft in einem solchen Fall nicht völlig unbegrenzt zu übernehmen, sondern nur **bis zur Höhe der durch einen Zuschlag maßvoll erhöhten Tabellenwerte nach § 8 WoGG aF**. Diese Konsequenz aus der Nichterbringbarkeit eines schlüssigen Konzepts kann das **Gericht** allerdings erst ziehen, wenn es zuvor (erfolglos) den Versuch unternommen hat, die insoweit unzulänglichen **Feststellungen der Verwaltung mit deren Unterstützung nachzubessern**... Soweit das LSG davon ausgeht, dass eine Übernahme unangemessener Aufwendungen schon deshalb von vornherein ausscheidet, weil die Klägerin zu 1 die Wohnung während des laufenden Bezugs von Leistungen ... angemietet hat, greift diese Argumentation allerdings zu kurz. ... Demgegenüber ist die **Schutzbedürftigkeit** des Personenkreises, der während des Bezugs von Leistungen der Grundsicherung für Arbeitsuchende umzieht, regelmäßig geringer... Dies schließt es

aber nicht generell aus, Umzüge in kostenunangemessene Wohnungen im begründeten Einzelfall als erforderlich und den (sofortigen) Umzug aus dieser Wohnung als subjektiv unzumutbar anzusehen... In Betracht kommen insbesondere Fallgestaltungen, in denen Hilfebedürftige aus gesundheitlichen Gründen oder wegen ähnlich gewichtiger, grundrechtlich geschützter Bedarfslagen auf die konkret angemietete Wohnung angewiesen sind..."

BSG, Urteil vom 20.08.2009, B 14 AS 34/08 R:
„Unabhängig davon, ob hier tatsächlich Zahlungen auf ein **Leibrente**nversprechen nach § 759 Bürgerliches Gesetzbuch erfolgten ... und ob diese Zahlungen als Kosten der Unterkunft berücksichtigungsfähig wären, hat der Kläger bereits deshalb keinen Anspruch, weil ihm **keine tatsächlichen Aufwendungen** entstanden sind. Nach den .. Feststellungen des LSG wurden die monatlichen Zahlungen vom Konto der Mutter abgebucht. Der Kläger zahlte keine Miete... Auch war - ungeachtet der Frage, wie dies rechtlich ggf. zu qualifizieren wäre - keine feste Beteiligung an den Zahlungen vereinbart, die seine Mutter an die Großmutter leistete. Allein der Umstand, dass der Kläger seine **Halbwaisenrente an seine Mutter** "im Rahmen des gemeinsamen Wirtschaftens" weiterleitete, lässt ... nicht erkennen, dass ihm KdU i. S. des § 22 Abs. 1 Satz 1 SGB II entstanden sind."

BSG, Urteil vom 02.07.2009, B 14 AS 32/07 R:
„Die Erstattung der tatsächlich entstandenen Aufwendungen kommt ... nicht schon deshalb in Betracht, weil es den Klägern nicht möglich oder nicht zuzumuten ist, durch einen Wohnungswechsel, durch Vermieten von Teilen des Hauses oder auf andere Weise die Aufwendungen zu senken... Unerheblich ist ..., in welchem Zeitraum ggf. ein Verkauf des Hausgrundstücks erfolgen kann, denn der **Wechsel der Wohnung** ist **nicht** notwendig **an** den vorangehenden **Verkauf des Hauses geknüpft**. Der Eigentümer ist auch insoweit nicht weitergehend als der Mieter davor geschützt, dass sich wegen unangemessen hoher Unterkunftskosten die Notwendigkeit eines Wohnungswechsels ergeben kann."

BSG, Urteil vom 07.05.2009, B 14 AS 31/07 R:
„Der Kläger bewohnt eine Einliegerwohnung im Haus seiner Eltern. ... **Zweck** der Regelung über die Erstattung der Kosten für die Unterkunft ist es ..., existentielle **Notlagen** zu **beseitigen** und den Eintritt von **Wohnungslosigkeit** zu **verhindern**. Der Hilfebedürftige wird ... zumeist auf die Übernahme der Unterkunftskosten ... angewiesen sein. Ausgangspunkt für die Frage, ob eine **wirksame Mietzinsverpflichtung** des Hilfebedürftigen vorliegt, ist ... in erster Linie der Mietvertrag, mit dem der geschuldete Mietzins vertraglich vereinbart worden ist... Ermittlungen zum mietvertraglich Vereinbarten erübrigen sich nicht schon bei fehlender Schriftform eines Vertrages oder dessen mangelhafter Ausgestaltung. Ein Mietvertrag ... kann wie grundsätzlich alle schuldrechtlichen

Verträge wirksam formfrei abgeschlossen werden ..., sodass auch aus **mündlich abgeschlossenen Vereinbarungen** Kosten für eine Unterkunft entstehen können, die einen entsprechenden Bedarf ... begründen. Entscheidend ist der entsprechende rechtliche **Bindungswille** der beteiligten Vertragsparteien. So ist ein Mietverhältnis auch dann anzunehmen, wenn nur eine geringfügige "Gefälligkeitsmiete" vereinbart ist, oder wenn der Mieter lediglich die Betriebskosten oder sonstige Lasten zu tragen hat... Bei der Gesamtwürdigung der Umstände kann ... der vom BFH ... zum Fremdvergleich herangezogene Gesichtspunkt eine Rolle spielen, dass für die Auslegung der Vereinbarungen die spätere tatsächliche Übung der Parteien, mithin der tatsächliche **Vollzug des Vertragsinhalts**, berücksichtigt werden kann..."

<u>BSG, Urteil vom 07.05.2009, B 14 AS 13/08 R:</u>
„Die grundsätzlich monatsweise zu gewährenden **Leistungen für Unterkunft und Heizung** sind hier **ab Antragstellung** gemäß § 41 Abs. 1 Satz 3 SGB II **anteilig** zu erbringen. ... Auch die Leistungen für Unterkunft und Heizung ... unterfallen dem Anwendungsbereich des § 41 SGB II. ... Ein Bedarf nach § 22 Abs. 1 Satz 1 SGB II ist damit auch nicht deshalb zu verneinen, weil der Kläger seine Verpflichtungen aus dem Mietvertrag bereits vor der Antragstellung am 15. April 2005 erfüllt hatte. Im Hinblick auf die monatsweise Bedarfsberechnung ist maßgeblich für die Leistungsgewährung nicht der Zeitpunkt der Fälligkeit der Miete, die nach § 556b Abs. 1 BGB grundsätzlich bis zum dritten Werktag der Zeitabschnitte zu entrichten ist, nach denen sie bemessen ist. Soweit das BSG entschieden hat, dass es allein auf den **tatsächlichen aktuellen Bedarf** ankommt und ein Anspruch auf Ersatz bereits früher getätigter Aufwendungen nicht besteht, betraf dies nicht monatsweise entstehende Bedarfe, sondern einmalige Kosten für die Beschaffung von **Heizmaterial** ... sowie einen Fall, in dem Zahlungen auf ein Darlehen zur Finanzierung eines Eigenheims im und für den streitigen Zeitraum nicht erbracht wurden... Anders als bei den regelmäßig zu leistenden Geldbeträgen ist **bei einmaligen Kosten** aber der **Zeitpunkt der Entstehung und der Fälligkeit** einer Zahlungsverpflichtung von besonderer Bedeutung, weil in diesen Fällen grundsätzlich offen ist, ob im Bewilligungszeitraum ein derartiger einmaliger Bedarf überhaupt entsteht."

<u>BSG, Urteil vom 07.05.2009, B 14 AS 14/08 R:</u>
„Das **Nutzungsentgelt** für die **Kücheneinrichtung** gehört zu den Leistungen für Unterkunft und Heizung, die ... in Höhe der tatsächlichen Aufwendungen erbracht werden, soweit sie angemessen sind. Die Aufwendungen hierfür sind nicht aus der Regelleistung nach § 20 Abs. 1 SGB II zu bestreiten. Der Senat hat bereits ausgeführt, dass ein solcher "Zuschlag" dann zu übernehmen ist, wenn die **Wohnung nur mit dem Küchenmöbelzuschlag anmietbar** war und der Mietpreis sich auch unter Einschluss des Zuschlags noch **innerhalb des Rahmens der Angemessenheit** für den maßgeblichen Wohnort hält... Nach dem Wortlaut des § 22 Abs. 1 Satz 1 SGB II sind maßgeblich die tatsächlichen Aufwendungen für die Unterkunft bis zur Grenze der Angemessenheit. In diesem Rahmen besteht damit grundsätzlich ein Anspruch auf Übernahme der

vollständigen tatsächlichen Kosten. Diese umfassen **alle Zahlungsverpflichtungen, die sich aus dem Mietvertrag für die Unterkunft ergeben**... Der Hilfebedürftige kann in einem Fall, in dem das Nutzungsentgelt notwendiger Bestandteil des Mietzinses ist, den Aufwendungen regelmäßig nicht ausweichen. Eine gesonderte Kündigung der Kücheneinrichtung kommt nicht in Betracht. ... Würde die Klägerin nach einer entsprechenden Zusicherung der Beklagten eine gänzlich unmöblierte Wohnung beziehen, hätte sie auch Anspruch auf Leistungen für eine Erstausstattung der Küche."

BSG, Urteil vom 03.03.2009, B 4 AS 38/08 R:
„Handelt es sich somit bei der ... **Eigenheimzulage** um ein als einmalige Einnahme zu berücksichtigendes Einkommen, so ist diese nach § 2 Abs. 3 Alg II-V ... zu behandeln, dh, soweit im Einzelfall eine andere Regelung nicht angezeigt ist, auf einen angemessenen Zeitraum aufzuteilen und monatlich mit einem entsprechenden Teilbetrag anzusetzen (§ 2 Abs. 3 Satz 3 Alg II-V). Die Berücksichtigung der Teilbeträge erfolgt zusammen mit den übrigen Einkünften der Mitglieder der Bedarfsgemeinschaft nach Maßgabe des § 19 Satz 3 SGB II. **Eine vorrangige Minderung der Unterkunftskosten** ... **ist durch das Gesetz nicht gedeckt**. Erst nach der Gegenüberstellung von Gesamtbedarf und Einkünften lässt sich die Feststellung treffen, ob den Klägern ... höhere Unterkunftskosten zustehen."

BSG, Urteil vom 03.03.2009, B 4 AS 37/08 R:
„**Voraussetzung** für einen Anspruch auf weitere Leistungen für KdU ist jedoch, dass dem Kläger **tatsächlich Aufwendungen** für Unterkunft i. S. des § 22 Abs. 1 Satz 1 SGB II **entstanden** sind. Das Vorhandensein tatsächlicher Aufwendungen im konkreten Fall vermag der Senat nach den bisherigen Feststellungen des LSG nicht abschließend zu beurteilen. Zumindest das alleinige Abstellen darauf, ob der zwischen Angehörigen abgeschlossene Mietvertrag einem Fremdvergleich standhält, ist kein geeigneter Maßstab zur Beurteilung des tatsächlichen Vorhandenseins von Aufwendungen für Unterkunft. Das LSG wird mithin Feststellungen dazu zu treffen haben, ob dem Kläger im streitigen Zeitraum durch Mietforderungen der Mutter tatsächliche Aufwendungen entstanden sind. ...
Der Grundsicherungsträger hat ... **nur solche Kosten** zu übernehmen, **die** dem Hilfebedürftigen **tatsächlich entstanden sind und für deren Deckung ein Bedarf besteht**. Der Kläger hat für die Überlassung der von ihm bewohnten Wohnung im streitigen Zeitraum keine Mietzinszahlungen an seine Mutter als Eigentümerin der Wohnung geleistet. "Tatsächliche Aufwendungen" für eine Wohnung liegen allerdings nicht nur dann vor, wenn der Hilfebedürftige die Miete bereits gezahlt hat und nunmehr deren Erstattung verlangt. Vielmehr reicht es aus, dass der Hilfebedürftige im jeweiligen Leistungszeitraum ... einer **wirksamen und nicht dauerhaft gestundeten Mietzinsforderung** ausgesetzt ist. Denn bei Nichtzahlung der Miete droht regelmäßig Kündigung und Räumung der Unterkunft. ... Insoweit kann es für die Feststellung, ob tatsächlich Aufwendungen für Unterkunft entstanden sind, ... nicht darauf ankommen,

ob der Hilfebedürftige der Verpflichtung aus eigenen Mitteln wird nachkommen können oder in der Vergangenheit nachkommen konnte, auch nicht, ob die Aufwendungen bisher durch andere Sozialleistungen gedeckt wurden. **Ausgangspunkt** für die Frage, ob eine wirksame Mietzinsverpflichtung des Hilfebedürftigen vorliegt, ist **in erster Linie der Mietvertrag** mit dem der geschuldete Mietzins vertraglich vereinbart worden ist... Es spricht allerdings viel dafür, dass der Mietvertrag so, wie er "auf dem Papier stand", im streitigen Zeitraum und auch schon zuvor nicht mehr praktiziert worden ist. ... **Eine Übertragung der Maßstäbe des Fremdvergleichs auf das SGB II scheidet aus**. ... **Grundsicherungsrechtlich** ist es mithin sogar **erwünscht**, wenn der vereinbarte **Mietzins** etwa aus Gründen der verwandtschaftlichen Verbundenheit **niedriger** ist, als dieses in einem Mietverhältnis unter Fremden der Fall wäre. Die Aufwendungen für einen solchen niedrigeren Mietzins bleiben jedoch tatsächlicher Bedarf, der durch Leistungen der KdU zu decken ist. Erscheint der Mietzins im Fremdvergleich zu hoch, wird einem Missbrauch dadurch vorgebeugt, dass nach § 22 Abs. 1 SGB II nur "angemessene" Kosten zu übernehmen sind... Einzig der in der Formel des BFH ebenfalls enthaltene Gesichtspunkt des tatsächlichen Vollzugs des Vertragsinhalts, also insbesondere die Feststellung, ob die **Absicht** bestand oder besteht **den vereinbarten Mietzins zu zahlen**, spielt auch im Falle der Grundsicherung eine Rolle. Für die Frage, ob ein grundsicherungsrechtlicher Bedarf besteht, weil tatsächliche Aufwendungen getätigt werden, bedarf es jedoch keines darüber hinausgehenden Fremdvergleichs.“

BSG, Urteil vom 19.02.2009, B 4 AS 30/08 R:
„Zur Bestimmung der **Angemessenheit der Wohnungsgröße** greift das BSG bislang auf die Werte zurück, welche die Länder auf Grund des **§ 10 des Gesetzes über die soziale Wohnraumförderung** festgesetzt haben... Der erkennende 4. Senat des BSG sieht diesen **Anknüpfungspunkt** als **problematisch** an, insbesondere auch deshalb, weil damit auf Festlegungen der einzelnen Bundesländer zurückgegriffen wird, sodass es jedenfalls theoretisch in deren Hand liegt, die Angemessenheitsgrenzen für eine bundesrechtlich einheitlich zu handhabende Regelung (§ 22 Abs. 1 SGB II) zumindest mittelbar zu beeinflussen. Dies hat zur Folge, dass es so zu unterschiedlichen Maßstäben für die Angemessenheit der Wohnungsgröße nicht nur im Vergleich verschiedener Bundesländer, sondern sogar innerhalb eines Bundeslandes kommen kann. ... Dementsprechend ist nach derzeitigem Stand von Gesetzgebung und Rechtsprechung eine bis zu **50 qm** große **Zwei-Zimmer-Wohnung** auch in **München** noch als abstrakt **angemessen** anzusehen. Dabei wird ... möglicherweise nicht hinreichend Rücksicht darauf genommen, dass sich der **Maßstab** dessen, was Hilfeempfänger von der Allgemeinheit beanspruchen können, auch daran orientieren muss, was sich Menschen, die ihren Lebensunterhalt durch Einkommen selbst verdienen, in einem vergleichbaren Wohnumfeld leisten können und wollen. ... Aus Gründen der Rechtssicherheit und der Praktikabilität hält es der erkennende Senat trotz dieser Bedenken **derzeit** jedoch für **noch vertretbar**, ebenso wie die anderen Senate des BSG zu verfahren, bis der Verordnungsgeber eine auf der Grundlage des § 27 SGB II mögliche und

im Hinblick auf eine gleichmäßige Rechtsanwendung **dringend wünschenswerte bundeseinheitliche Bestimmung** angemessener Wohnungsgrößen durch Verordnung selbst vorgenommen hat... Da es bei der Festlegung des Vergleichsraumes um die Ermittlung einer (angemessenen) Referenzmiete am Wohnort oder im weiteren Wohnumfeld des Hilfebedürftigen geht, sind die **Grenzen des Vergleichsraumes** insbesondere nach folgenden Kriterien abzustecken: Es geht darum zu beschreiben, welche ausreichend großen Räume (nicht bloße Orts- oder Stadtteile) der Wohnbebauung auf Grund ihrer **räumlichen Nähe** zueinander, ihrer **Infrastruktur** und insbesondere ihrer **verkehrstechnischen Verbundenheit** einen insgesamt betrachtet **homogenen Lebens- und Wohnbereich** bilden. Einer sog Ghettobildung wird dadurch begegnet, dass hinsichtlich der Referenzmieten zwar auf Mieten für "Wohnungen mit bescheidenem Zuschnitt" abgestellt wird, insoweit aber nicht einzelne, besonders heruntergekommene und daher "billige" Stadtteile herausgegriffen werden dürfen, sondern auf **Durchschnittswerte des unteren Mietpreisniveaus** im gesamten Stadtgebiet bzw. räumlichen Vergleichsraum abzustellen ist. ... Ohne Präjudiz für die Sachlage könnte nach Auffassung des Senats auch das gesamte **Stadtgebiet** der Landeshauptstadt **München** in die Vergleichsbetrachtungen einzubeziehen sein. Auch insoweit appelliert der erkennende Senat an den **Verordnungsgeber**, die **Kriterien zur Bestimmung des räumlichen Vergleichsmaßstabes** selbst festzulegen und damit die Zumutbarkeitsschwelle für Umzüge durch Rechtsverordnung im Wesentlichen selbst zu bestimmen...
In einem dritten Schritt ist nach der Rechtsprechung des BSG zu ermitteln, wie viel für eine abstrakt als angemessen eingestufte Wohnung auf dem für den Hilfebedürftigen maßgeblichen Wohnungsmarkt aufzuwenden ist. Dabei ist nicht nur auf die tatsächlich am Markt angebotenen Wohnungen abzustellen, sondern **auch** auf **vermietete Wohnungen**. ... Vorliegend hat die beklagte ARGE ... zur Ermittlung des maßgeblichen Quadratmeterpreises offenbar auf die sich aus dem Münchener Mietspiegel 2005 ergebenden Durchschnittsmieten abgestellt. Das LSG hat dies zu Recht als (rechtswidrige) "Besserstellung" des Klägers bewertet, weil die Beklagte nach der Rechtsprechung des BSG auf das "untere Mietpreisniveau" hätte abstellen müssen... Ein Abstellen auf **Baualtersklassen** kommt nur in Betracht, soweit hieraus sowie aus anderen Erkenntnisquellen auf den Standard von Wohnungen im Vergleichsraum geschlossen werden kann. ... Die **Erstattung nicht angemessener KdU** bleibt der durch sachliche Gründe begründungspflichtige **Ausnahmefall** und die **Obliegenheit zur Kostensenkung** bleibt **auch bei Unmöglichkeit oder subjektiver Unzumutbarkeit** bestehen; **unangemessen hohe KdU werden** auch bei Unmöglichkeit und Unzumutbarkeit von Kostensenkungsmaßnahmen **nicht zu angemessenen KdU**. Im Übrigen hält der Senat zur Konkretisierung des Tatbestandsmerkmals der eine Ausnahme rechtfertigenden "Unzumutbarkeit" folgende **Grundsätze** für maßgebend:

- Das BSG respektiert die Einbindung Hilfebedürftiger in ihr **soziales Umfeld** und billigt ihnen im Rahmen der Zumutbarkeit von Kostensenkungsmaßnahmen zu, dass von ihnen ein Umzug in einen anderen Wohnort, der mit der Aufgabe des sozialen Umfeldes verbunden wäre, regelmäßig nicht verlangt werden kann. Bleibt das soziale Umfeld erhalten, sind umgekehrt

Kostensenkungsmaßnahmen (z. B. durch einen Umzug) im Normalfall zumutbar.

- Aufrechterhalten des sozialen Umfeldes bedeutet nicht, dass keinerlei Veränderungen der Wohnraumsituation stattfinden dürften. Vielmehr sind vom Hilfeempfänger auch **Anfahrtswege mit öffentlichen Verkehrsmitteln hinzunehmen, wie sie etwa erwerbstätigen Pendlern als selbstverständlich zugemutet werden**.
- Weitergehende Einschränkungen der Obliegenheit zur Senkung unangemessener KdU im Sinne subjektiver **Unzumutbarkeit** bedürfen besonderer **Begründung**. Beruft sich ein Hilfebedürftiger darauf, sich z. B. örtlich nicht verändern oder seine Wohnung nicht aufgeben zu können, müssen hierfür besondere Gründe vorliegen, die einen Ausnahmefall begründen können. Hierfür kommen insbesondere **grundrechtsrelevante Sachverhalte** oder **Härtefälle** in Betracht. Dazu gehört etwa die Rücksichtnahme auf das soziale und schulische **Umfeld minderjähriger schulpflichtiger Kinder**, die möglichst nicht durch einen Wohnungswechsel zu einem **Schulwechsel** gezwungen werden sollten; ebenso kann auf **Alleinerziehende** Rücksicht genommen werden, die zur **Betreuung** ihrer **Kinder** auf eine besondere **Infrastruktur** angewiesen sind, die bei einem Wohnungswechsel in entferntere Ortsteile möglicherweise verloren ginge und im neuen Wohnumfeld nicht ersetzt werden könnte. Ähnliches kann für **behinderte** oder **pflegebedürftige Menschen** bzw. für die sie **betreuenden Familienangehörigen** gelten, die zur Sicherstellung der Teilhabe behinderter Menschen ebenfalls auf eine besondere **wohnungsnahe Infrastruktur** angewiesen sind. Derjenige, der insbesondere als alleinstehender erwerbsfähiger Hilfeempfänger solche oder ähnliche Gründe nicht anführen kann, wird bereits den Tatbestand der subjektiven Unzumutbarkeit von Kostensenkungsmaßnahmen kaum erfüllen.

Eine objektive **Unmöglichkeit** einer Unterkunftsalternative wird, wenn man auf hinreichend große Vergleichsräume abstellt ..., nur **in seltenen Ausnahmefällen** zu begründen sein, zumal es in Deutschland derzeit keine allgemeine Wohnungsnot gibt und allenfalls in einzelnen Regionen Mangel an ausreichendem Wohnraum herrscht. ... Ob von Hilfebedürftigen in extremen Ausnahmefällen auch ein Umzug insbesondere in **benachbarte Vergleichsräume** verlangt werden kann, lässt der Senat offen. ... Allerdings kann ein solcher **Fall der Unmöglichkeit** einer Kostensenkung vorliegen, wenn der Grundsicherungsträger dem Hilfeempfänger zur Angemessenheit der KdU über die als angemessen angesehene Referenzmiete hinaus **unrichtige Richtgrößen** (Parameter) **mitteilt** und der Hilfeempfänger gerade deshalb keine angemessene Wohnung findet. ... Führen diese Angaben dazu, dass der Hilfeempfänger mit den "falschen" Parametern oder auf dem "falschen" Wohnungsmarkt sucht und er auf Grund dessen keine Wohnung zur angegebenen Referenzmiete (§ 22 Abs. 1 Satz 1 SGB II) finden kann, bleibt der Grundsicherungsträger auf Grund des § 22 Abs. 1 Satz 3 SGB II zur Übernahme auch zu hoher KdU verpflichtet, bis der Irrtum des Hilfeempfängers oder die Unmöglichkeit von Kostensenkungsmaßnahmen auf sonstige Weise beseitigt ist.“

BSG, Urteil vom 16.12.2008, B 4 AS 1/08 R:

„Ist es wegen der Größe der konkreten Unterkunft erforderlich, vorübergehend nicht benötigten, **angemessenen Hausrat** und persönliche Gegenstände anderweitig unterzubringen, können auch die angemessenen Kosten einer **Einlagerung** etc. **Teil der Unterkunftskosten** sein. ... Der Gesetzgeber verwendet in § 22 Abs. 1 Satz 1 SGB II nicht den **Begriff** der **Wohnung**, sondern den seinem Wortsinn nach tendenziell weiteren Begriff der **Unterkunft**. Nicht berücksichtigungsfähig sind daher die Kosten für Geschäftsräume, die nicht der Verwirklichung privater Wohnbedürfnisse dienen... Der Wortlaut des § 22 Abs. 1 Satz 1 SGB II verlangt auch nicht, dass nur die innerhalb eines Gebäudekomplexes gelegenen Räumlichkeiten als Unterkunft aufzufassen sind. ... umfasst der Begriff der Unterkunft alle **baulichen Anlagen** oder Teile hiervon, die geeignet sind, **Schutz vor der Witterung** zu bieten und einen **Raum der Privatheit** zu gewährleisten... Dem insoweit offenen Begriff der Unterkunft können deshalb **auch** Sachverhalte zugeordnet werden, bei denen die unterschiedlichen privaten Wohnzwecke **in räumlich voneinander** getrennten Gebäuden verwirklicht werden. Dies gilt jedenfalls, wenn ... ein **räumlicher Zusammenhang** gewahrt bleibt, der eine Erreichbarkeit durch den erwerbsfähigen Hilfebedürftigen gewährleistet. ...

Ziel der Vorschrift ist es, die **existentiell notwendigen Bedarfe der Unterkunft sicherzustellen**... Diese Zielsetzung findet ihren Ausdruck darin, dass der Gesetzgeber ... Leistungen für Unterkunft zubilligt, wenn sie der Höhe nach angemessen sind. **Aufwendungen** für eine Unterkunft sind dann **angemessen**, wenn diese nach **Ausstattung, Lage und Bausubstanz einfachen und grundlegenden Bedürfnissen** genügt und keinen gehobenen Wohnstandard aufweist... ...muss die Unterkunft auch sicherstellen, dass der Hilfebedürftige seine persönlichen Gegenstände verwahren kann. ... Wird der den erwerbsfähigen Hilfebedürftigen zugebilligte Standard in einem solchen Maße unterschritten, dass der Hilfebedürftige nicht mehr als ein "Dach über dem Kopf" hat, entspricht es den Zielsetzungen des § 22 Abs. 1 Satz 1 SGB II, den zuzubilligenden Standard ggfs. durch die Anmietung eines weiteren Raumes sicherzustellen, wenn hierdurch die im Rahmen der **Produkttheorie** einzuhaltende **Grenze** nicht überschritten wird. ... müssen die Gegenstände den **persönlichen Grundbedürfnissen** des Hilfebedürftigen oder dem **Wohnen** dienen. ... Schließlich ist für den Kostenübernahmeanspruch grundsätzlich unerheblich, ob sich der zusätzlich angemietete Lagerraum im **Zuständigkeitsbezirk** der Beklagten befindet. ... Die Entfernung zwischen den Räumlichkeiten kann lediglich im Rahmen der Würdigung der tatsächlichen Umstände ein Gesichtspunkt sein, der dagegen spricht, dass in dem zusätzlich angemieteten Raum tatsächlich persönliche Gegenstände des Hilfebedürftigen untergebracht sind. ...

Zum anderen bestimmt sich die Angemessenheit der Aufwendungen für einen zusätzlichen Raum zur Einlagerung von Gegenständen jedoch auch danach, ob diese **Gegenstände** in einer nachvollziehbaren **Relation zu dem Lebenszuschnitt** des erwerbsfähigen Hilfebedürftigen stehen. Es besteht z. B. kein Anspruch auf Übernahme der Unterkunftskosten, wenn sie auf die Einlagerung von Gegenständen zurückzuführen sind, die das Ergebnis einer ausgesprochenen Sammlerleidenschaft oder unvernünftiger Vorratshaltung sind. Schließlich darf es sich nicht um Gegenstände handeln, die der Hilfebedürftige als nicht **geschützte Vermögensgüter** vor der Inanspruchnahme von Leistungen der Grundsicherung verwerten muss. Zudem muss die (isolierte) Miete für den zusätzlichen Lagerraum gemessen am Wert der eingelagerten Güter **wirtschaftlich** sein."

BSG, Urteil vom 25.06.2008, B 11b AS 45/06 R:
„Nutzen Hilfebedürftige eine **Unterkunft gemeinsam mit** anderen **Personen, die nicht zur Bedarfsgemeinschaft gehören**, so sind die Kosten hierfür im Regelfall unabhängig von Alter oder Nutzungsintensität **anteilig pro Kopf aufzuteilen**... Die gemeinsame Nutzung einer Wohnung durch mehrere Familienmitglieder lässt in aller Regel eine an der unterschiedlichen Intensität der Nutzung ausgerichtete Aufteilung der Aufwendungen für diese Wohnung nicht zu."

BSG, Urteil vom 18.06.2008, B 14/7b AS 44/06 R:
„**Liegen keine Mietspiegel bzw. Mietdatenbanken** im Sinne der §§ 558c und 558d BGB **vor**, so wird der Grundsicherungsträger zu erwägen haben, für den jeweiligen Zuständigkeitsbereich **eigene - grundsicherungsrelevante - Mietspiegel oder Tabellen** zu erstellen. Dem von LSG und Beklagten aufgestellten Rechtssatz, dass dann, wenn kein qualifizierter örtlicher Mietspiegel i. S. des § 558d BGB vorhanden sei, der Begriff der Angemessenheit durch die Werte der Wohngeldtabelle nach **§ 8 Abs. 1 WoGG** ausgefüllt werde, folgt der Senat nicht. ... **Räumlicher Vergleichsmaßstab** ist ... in erster Linie der Wohnort des Hilfebedürftigen. ... Bei einer **Stadt wie O.** mit rund **163.000 Einwohnern** kommt als Vergleichsraum zur Ermittlung des angemessenen Mietpreises durchaus noch das **gesamte Stadtgebiet** in Betracht. ... Zur Feststellung der Beschaffenheit des örtlichen Mietwohnungsmarktes muss der Grundsicherungsträger ... nicht zwingend auf einen qualifizierten oder einfachen Mietspiegel iS der §§ 558c und 558d BGB abstellen... Die vom Grundsicherungsträger gewählte **Datengrundlage muss** lediglich **auf einem schlüssigen Konzept beruhen**, das eine hinreichende Gewähr dafür bietet, die aktuellen Verhältnisse des örtlichen Mietwohnungsmarktes wiederzugeben... Das kann u. a. dann der Fall sein, wenn die Datenbasis auf **mindestens 10 % des** regional in Betracht zu ziehenden **Mietwohnungsbestandes** beruht."

BSG, Urteil vom 18.06.2008, B 14/11b AS 61/06 R:
„Für die Bestimmung der angemessenen Wohnfläche ist allein auf den Kläger abzustellen. Die Frage der Angemessenheit kann stets nur im Hinblick auf den Hilfebedürftigen nach dem SGB II und den mit ihm in einer Bedarfsgemeinschaft lebenden Personen beantwortet werden. ... Kläger und Frau O. ... wohnen vielmehr in einer reinen **Wohngemeinschaft** zusammen. Mangels Vorliegens einer aus mehreren Personen bestehenden Bedarfsgemeinschaft ist maßgeblich mithin ausschließlich der Anspruch des Klägers, der als "allein stehend" i. S. des § 20 Abs. 2 SGB II anzusehen ist... Bei einer Bedarfsgemeinschaft kann typischerweise davon ausgegangen werden, dass der Wohnraum

insgesamt gemeinsam genutzt wird. ... Bei einer Wohngemeinschaft wird hingegen typischerweise jeweils einem Bewohner ein Recht zur alleinigen Nutzung eines Teils des Wohnraums eingeräumt. ...
Die gemeinsame Nutzung von Räumen rechtfertigt auch **keinen Abschlag** von der angemessenen qm-Zahl... Sie ist vielmehr, sofern nicht besondere vertragliche Abreden bestehen, durch die Aufteilung der tatsächlichen Wohnkosten, ggf. nach Kopfzahl, berücksichtigt. ... Es steht dem Hilfebedürftigen grundsätzlich frei, wie er seinen Bedarf an Wohnraum deckt. Solange er sich im Rahmen des Angemessenen bewegt, kann er auch mit anderen Personen gemeinsam Wohnraum anmieten und dadurch seine Wohnsituation qualitativ, etwa hinsichtlich Standard und Größe verbessern."

BSG, Urteil vom 18.06.2008, B 14/11b AS 67/06 R:
„Die Berücksichtigung von **Tilgungsleistungen** für die von ihm selbst genutzte Eigentumswohnung als KdU ist zumindest **nicht** von vornherein **ausgeschlossen**. Der Senat schränkt insoweit seine Aussage im Urteil vom 7. November 2006 ... ein, wonach Tilgungsleistungen (generell) nicht als KdU vom Grundsicherungsträger zu übernehmen seien. Jedenfalls dann, wenn der **Hilfebedürftige** ohne (gegebenenfalls anteilige) Übernahme von Tilgungsraten **gezwungen** wäre, seine **Wohnung aufzugeben**, kommt eine Übernahme der gesamten **Finanzierungskosten** bis zur Höhe der abstrakt angemessenen Kosten einer **Mietwohnung** in Betracht. ... Die Angemessenheit der Eigentumswohnung im Sinne des § 12 Abs. 3 Satz 1 Nr. 4 SGB II indiziert allerdings noch nicht die Angemessenheit der durch eine solche Wohnung verursachten Unterkunftskosten im Sinne des § 22 SGB II. ...
Der Wortlaut des § 22 Abs. 1 Satz 1 SGB II schließt die Berücksichtigung von Tilgungsraten nicht aus. ... Auch der Sinn und Zweck der Leistung steht der Übernahme von Tilgungsleistungen nicht entgegen. Der Gesetzgeber räumt dem Erhalt der Wohnung allgemein einen hohen Stellenwert ein, ohne Rücksicht darauf, ob diese gemietet ist oder im Eigentum des Hilfebedürftigen steht. § 22 SGB II dient dem Schutz der Wohnung als räumlichem Lebensmittelpunkt... Allerdings besteht insoweit ein **Spannungsverhältnis** zwischen dem **Schutz des Wohneigentums** einerseits und der **Beschränkung der Leistungen** nach dem SGB II auf die aktuelle Existenzsicherung andererseits. Das Arbeitslosengeld II soll den Lebensunterhalt sichern und grundsätzlich nicht der Vermögensbildung dienen... Die mit der Tilgung eintretende Minderung der auf dem Wohneigentum ruhenden Belastungen führt jedoch bei wirtschaftlicher Betrachtung zu einer **Mehrung des Vermögens** des Eigentümers. Dies ist aber bei Abwägung der widerstreitenden Zielvorgaben jedenfalls dann **hinzunehmen**, wenn ohne Übernahme der Tilgungsleistungen durch den Grundsicherungsträger der Verlust des selbstgenutzten Wohneigentums droht. ...
Der **Hilfebedürftige** muss deshalb vor einer Inanspruchnahme staatlicher Leistungen alles unternehmen, um die **Tilgungsverpflichtung** während des Bezugs von Grundsicherungsleistungen **so niedrig wie möglich** zu **halten**. Zum anderen können Finanzierungskosten einschließlich der Tilgungsleistungen insgesamt vom Grundsicherungsträger nur bis zu der Höhe übernommen wer-

den, die er auch bei einer angemessenen Mietwohnung als Kosten der Unterkunft zu tragen hätte... Da es sich **insoweit** um tatsächliche Kosten der Unterkunft handelt, ist in diesem Rahmen **für eine darlehensweise Gewährung** nach dem SGB II **kein Raum**. Wenn die **unvermeidliche Tilgungsleistung** die angemessenen **Kosten einer Mietwohnung übersteigt**, könnte darüber hinaus ein **Darlehen** in Betracht kommen."

BSG, Urteil vom 15.04.2008, B 14/7b AS 34/06 R:
„Angemessen sind die Aufwendungen für eine Wohnung, die nach Ausstattung, Lage und Bausubstanz einfachen und grundlegenden Bedürfnissen genügt und keinen gehobenen Wohnstandard aufweist... Diese **zu Mietwohnungen entwickelten Grundsätze** gelten auch, soweit Hilfebedürftige ein selbst genutztes **Hausgrundstück** von angemessener Größe i. S. des § 12 Abs. .3 Satz 1 Nr. 4 SGB II bewohnen. Die **Angemessenheit des Hausgrundstücks i. S. des § 12 Abs. 3 Satz 1 Nr. 4 SGB II indiziert** allerdings noch **nicht die Angemessenheit der Unterkunftskosten** für dieses Haus i. S. des § 22 SGB II. Die Frage der Angemessenheit der Unterkunftskosten ist .. für Mieter und Hauseigentümer nach einheitlichen Kriterien zu beantworten. ... Der Eigentümer ist ebenso wenig wie der Mieter davor geschützt, dass sich wegen unangemessen hoher Unterkunftskosten die Notwendigkeit eines Wohnungswechsels ergeben kann... Dies steht nicht im Wertungswiderspruch zum Verwertungsausschluss des § 12 Abs. 3 Satz 1 Nr. 4 SGB II. Zweck ... ist nicht der Schutz der Immobilie als Vermögensgegenstand, sondern allein der Schutz der Wohnung im Sinne der Erfüllung des Grundbedürfnisses "Wohnen" und als räumlicher Lebensmittelpunkt..."

BSG, Urteil vom 15.04.2008, B 14/7b AS 58/06 R:
„Im Grundsatz nicht zu beanstanden ist, dass die Beklagte den Betrag von 2,43 Euro monatlich für den in der Warmmiete enthaltenen **Küchenmöbelzuschlag** nicht berücksichtigt hat. Das LSG hat hierzu zutreffend ausgeführt, dass **Hausrat** gemäß § 20 Abs. 1 Satz 1 SGB II zu dem aus der Regelleistung zu bestreitenden Bedarf gehört. Allerdings wird insofern noch zu überprüfen sein, ob die **Wohnung nur mit dem Küchenmöbelzuschlag anmietbar** war und der Mietpreis sich auch unter Einschluss des Zuschlags noch **innerhalb des Rahmens der Angemessenheit** für den maßgeblichen Wohnort hält..."

BSG, Urteil vom 19.03.2008, B 11b AS 43/06 R:
„Falls erforderlich wird die **Bereitschaft potentieller Vermieter zur Überlassung von Wohnraum an Hilfesuchende** ... zu prüfen und den anderen vom Gesetz genannten und dem Hilfebedürftigen abverlangten Aktivitäten außerhalb eines Wohnungswechsels ("durch Vermieten oder auf andere Weise") und darüber hinaus den Angaben der Klägerin im Verwaltungsverfahren und im gerichtlichen Verfahren nachzugehen sein."

BSG, Urteil vom 19.03.2008, B 11b AS 13/06 R:
„Der **BAföG-Bezug der Tochter** und der sich daraus ergebende Ausschluss von Leistungen zur Sicherung des Lebensunterhalts gemäß § 7 Abs. 5 Satz 1 SGB II ... rechtfertigt es **nicht**, bei der Berechnung des Bedarfs der Klägerin den möglichen Bedarf der nicht leistungsberechtigten Tochter **bedarfserhöhend** in Ansatz zu bringen. Das System des SGB II lässt es nicht zu, im Ergebnis auch Unterkunftskosten für Dritte, hier die studierende Tochter, geltend zu machen, und zwar auch dann nicht, wenn dem Dritten gegenüber bei vorhandener Leistungsfähigkeit eine Unterhaltspflicht bestünde..."

BSG, Urteil vom 19.03.2008, B 11b 41/06 R:
„Eine **vorherige förmliche Kostensenkungsaufforderung** des Trägers ist .. **ebenso wenig wie bei** der parallelen sozialhilferechtlichen Regelung des **§ 29 Abs. 1 Satz 3 SGB XII** eine eigens erwähnte zwingende **Voraussetzung** der Entscheidung des Trägers, nur die angemessenen KdU zu übernehmen. Dass dies vom Gesetzgeber auch erkennbar nicht gewollt ist ..., verdeutlicht beispielsweise der Kontext zu der anders lautenden Vorschrift des § 31 SGB II, der die dort geregelten Sanktionen der Absenkung und des Wegfalls des Arbeitslosengelds II ua an eine ausdrücklich normierte Belehrung über die Rechtsfolgen knüpft. Vorgesehen ist vielmehr, dass dem Hilfebedürftigen die **Art und Weise seiner Bemühungen selbst überlassen** bleiben und er sich zwecks Unterstützung und Zusicherung an den kommunalen Träger wenden soll... Aus dem Verständnis einer Zumutbarkeitsregelung heraus ... ist es im Regelfall ausreichend, dass der Hilfebedürftige den angemessenen Mietzins und die Folgen mangelnder Kostensenkung kennt. ... Es steht dem Hilfebedürftigen im Rahmen eigenverantwortlichen Handelns ... frei, bei weitergehendem Informationsbedarf ggf. bei dem Leistungsträger nähere Einzelheiten, z. B. wie sich der Betrag im Einzelnen errechnet, zu erfragen. ... Erst wenn feststeht, dass im vorgegebenen Zeitraum entweder keine **Kostensenkungsmöglichkeit** bestand oder aber eine bestehende Kostensenkungsmöglichkeit **aufgrund eines** - auch wirtschaftlich - **plausiblen Lebensplans unzumutbar** war, kommen ausnahmsweise Leistungen für eine unangemessene Unterkunft in Betracht."

BSG, Urteil vom 27.02.2008, B 14/11b AS 55/06 R:
„Die gemeinsame Nutzung einer Wohnung durch mehrere Familienmitglieder lässt in aller Regel eine an der unterschiedlichen Intensität der Nutzung ausgerichtete Aufteilung der Aufwendungen für diese Wohnung nicht zu... Das BVerwG ... hat im Bereich der Sozialhilfe eine **Korrektur des Grundsatzes der Pro-Kopf-Aufteilung** zugelassen, wenn und soweit der Hilfefall durch sozialhilferechtlich bedeutsame Umstände gekennzeichnet war, die ohne weiteres objektivierbar waren. Das konnte sowohl ein über das normale Maß hinausgehender Bedarf des Hilfesuchenden als auch eines anderen Mitglieds der Haushaltsgemeinschaft sein. Genannt wurden insbesondere Fälle der **Behinderung** oder **Pflegebedürftigkeit**. Auch im Rahmen des § 22 SGB II kann in

Sonderfällen ein Abweichen vom Grundsatz der Aufteilung der Unterkunftskosten nach Kopfzahl gerechtfertigt sein... Der Fall, in dem ein **BAföG-Berechtigter** bei seinen Eltern wohnt und sein bei der BAföG-Leistung berücksichtigter Unterkunftsbedarf hinter seinem nach Kopfzahl ermittelten Anteil an den Wohnungskosten zurückbleibt, begründet jedoch eine solche Ausnahme **nicht**."

<u>BSG, Urteil vom 27.02.2008, B 14/7b AS 70/06 R:</u>
„§ 22 Abs. 1 Satz 2 SGB II normiert entgegen der Rechtsansicht des LSG **keine umfassende Beratungs- und Aufklärungspflicht** der Beklagten **über die Obliegenheiten** des Leistungsempfängers **bei der Suche nach einer anderen, angemessenen Unterkunft**. ...
Bereits dem Wortlaut der Norm kann das Erfordernis einer sog Kostensenkungsaufforderung nicht entnommen werden. ... Sind dem Leistungsempfänger die maßgeblichen Gesichtspunkte bekannt, bedarf es nicht einmal der Aufklärung. Unter diesem Blickwinkel genügt regelmäßig die Angabe des angemessenen Mietpreises. ... Der Tatsache, dass der **Wechsel aus einer Eigentumsimmobilie in eine Mietwohnung** mit einem **höheren Zeitaufwand** verbunden ist, muss der Grundsicherungsträger **gegebenenfalls** durch eine vorübergehende **darlehensweise Gewährung** von Leistungen Rechnung tragen. ... Insofern stellt die **Kostensenkungsaufforderung** .. der Grundsicherungsträger ein **"Angebot"** dar, in einen Dialog über die angemessenen Kosten der Unterkunft einzutreten. ... Der Grundsicherungsträger ist aber andererseits auch nicht verpflichtet, über die Angabe des von ihm angemessenen Mietpreises hinaus den Leistungsempfänger "an die Hand zu nehmen" und ihm im Einzelnen aufzuzeigen, auf welche Weise er die Kosten der Unterkunft senken bzw. welche Wohnungen er anmieten kann."

<u>BSG, Urteil vom 23.11.2006, B 11b AS 1/06 R:</u>
„Wird eine Unterkunft von weiteren Personen genutzt, die nicht zur Bedarfsgemeinschaft gehören, erfolgt die Zuordnung aus Praktikabilitätsgründen grundsätzlich unabhängig von Alter oder Nutzungsintensität entsprechend einer **Aufteilung nach "Kopfzahl"**. ... Allenfalls für Sonderfälle ist denkbar, dass der Unterkunftsbedarf der "Bedarfsgemeinschaft" (§ 22 Abs. 1 Satz 2 SGB II) nicht deren Anteil an der Gesamtkopfzahl der Nutzer der Unterkunft entspricht. Eine vom Prinzip der Aufteilung nach "Kopfzahl" abweichende Handhabung ist jedoch nicht deshalb geboten, weil die im Haushalt lebende volljährige Tochter im streitigen Zeitraum Berufsausbildungsbeihilfe ... erhalten hat."

<u>BSG, Urteil vom 07.11.2006, B 7b AS 8/06 R:</u>
„...weil die Beklagte den Klägern bereits zu Unrecht die höheren monatlichen **Tilgungsraten** von insgesamt 246,20 EUR zugebilligt hat, obwohl diese **nicht hätten übernommen werden dürfen**. Denn auch hier gilt der Grundsatz, dass die Leistungen des SGB II nicht der Vermögensbildung dienen..."

BSG, Urteil vom 07.11.2006, B 7b AS 18/06 R:

„Der Senat folgt hingegen der Rechtsprechung des BVerwG, das ... entschieden hat, dass die **Tabellenwerte in § 8 WoGG keinen geeigneten Maßstab** für die Angemessenheit der Kosten der Unterkunft **darstellen**... Ein solches Vorgehen kommt aber allenfalls dann in Betracht, wenn alle anderen Erkenntnismöglichkeiten und -mittel zur Ermittlung der Angemessenheit des Wohnraums i. S. des § 22 Abs. 1 SGB II ausgeschöpft sind. ...

Die Angemessenheit der Wohnungskosten ist ... in mehreren Schritten zu prüfen: Zunächst bedarf es der Feststellung, welche **Größe** die von **der** Bedarfsgemeinschaft gemietete **Wohnung** aufweist... Bei der Wohnungsgröße ist die für Wohnberechtigte im sozialen Mietwohnungsbau anerkannte Wohnraumgröße zu Grunde zu legen... Nach Feststellung der Wohnraumgröße ist als weiterer Faktor der **Wohnungsstandard** zu berücksichtigen. Angemessen sind die Aufwendungen für eine Wohnung nur dann, wenn diese nach Ausstattung, Lage und Bausubstanz **einfachen und grundlegenden Bedürfnissen** genügt und keinen gehobenen Wohnstandard aufweist. Die Wohnung muss ... **im unteren Segment** ... in dem räumlichen Bezirk liegen, der den Vergleichsmaßstab bildet. Da es im Ergebnis allein auf die Kostenbelastung des Grundsicherungsträgers ankommt, kann dahinstehen, ob einzelne Faktoren wie Ausstattung, Lage etc. isoliert als angemessen anzusehen sind, solange der Grundsicherungsträger nicht mit unangemessen hohen Kosten belastet wird. Der Senat folgt insoweit der sog. **Produkttheorie** ..., die letztlich abstellt auf das Produkt aus angemessener Wohnfläche und Standard, das sich in der Wohnungsmiete niederschlägt. Als **räumlicher Vergleichsmaßstab** ist ... in erster Linie der Wohnort des Hilfebedürftigen maßgebend. Ein Umzug in einen anderen Wohnort, der mit einer **Aufgabe des sozialen Umfeldes** verbunden wäre, **kann** von ihm **im Regelfall nicht verlangt werden**. Dies bedeutet jedoch nicht, dass sich der räumliche Vergleichsmaßstab strikt am kommunalverfassungsrechtlichen Begriff der "Gemeinde" nach dem jeweiligen landesrechtlichen Kommunalrecht orientieren muss. Bei der Bildung des räumlichen Vergleichsmaßstabs kann es - insbesondere im ländlichen Raum - geboten sein, größere Gebiete als Vergleichsgebiete zusammenzufassen, während in größeren Städten andererseits eine Unterteilung in mehrere kleinere Vergleichsgebiete ... geboten sein kann. Schließlich wird zu überprüfen sein, ob nach der Struktur des Wohnungsmarktes am Wohnort D die Kläger tatsächlich auch die **konkrete Möglichkeit** haben, eine abstrakt als angemessen eingestufte **Wohnung** konkret ... **anmieten** zu können... Besteht eine solche konkrete Unterkunftsalternative nicht, sind die Aufwendungen für die tatsächlich gemietete Unterkunft als konkret angemessen anzusehen..."

BSG, Urteil vom 07.11.2006, B 7b AS 10/06 R:

„Bei nicht angemessenen Unterkunftskosten ist **in jedem Fall der Teil der Unterkunftskosten zu zahlen, der im Rahmen der Angemessenheit liegt**. ... Dem Hilfebedürftigen ist im Rahmen des § 22 Abs. 1 SGB II **in der Regel** eine **freie Wohnortwahl** zuzubilligen (Ausnahme: außergewöhnlich hohe Unterschiede zwischen den jeweiligen Angemessenheitsmaßstäben oder Missbrauch)... Bei der Prüfung der Angemessenheit ... wird das LSG insbesondere zu beachten haben, dass § 22 Abs. 1 SGB II dem Hilfebedürftigen nur eine Wohnung mit bescheidenem Zuschnitt zugesteht. Die Kosten für eine **Garage** sind deshalb regelmäßig nicht zu übernehmen, es sei denn, die Wohnung ist ohne Garage nicht anmietbar und der Mietpreis hält sich bei fehlender "Abtrennbarkeit" der Garage noch innerhalb des Rahmens der Angemessenheit für den maßgeblichen Wohnort... Für den Erlass eines Verwaltungsakts besteht keine gesetzliche Grundlage: Eine **Kostensenkungsaufforderung** bzw. eine Information ist weder in § 22 SGB II normiert noch sonst formelle Voraussetzung für die Weigerung, mehr als die angemessenen Kosten zu übernehmen. Der Hinweis hat vielmehr alleine **Aufklärungs- und Warnfunktion**, damit der Hilfebedürftige Klarheit über die aus Sicht des Leistungsträgers angemessenen Aufwendungen für die Unterkunft und ggf. die Heizung und einen Hinweis auf die Rechtslage erhält ... Sind dem Leistungsempfänger die maßgeblichen Gesichtspunkte bekannt, bedarf es nicht einmal der Aufklärung..."

BSG, Urteil vom 07.11.2006, B 7b AS 2/05 R:
„Die Heranziehung unterschiedlicher Wohnflächengrenzen zur Festlegung der Angemessenheit für selbstgenutztes Wohneigentum einerseits und für Mietwohnungen ... andererseits wird durch die unterschiedlichen Ziele, denen die Prüfung der Angemessenheit jeweils dient, gerechtfertigt und bedeutet auch im Hinblick auf das Gleichbehandlungsgebot in Art. 3 Abs. 1 GG keine unzulässige Besserstellung von Wohnungseigentümern gegenüber Mietern. ... Die Angemessenheitskontrolle im Rahmen von § 12 Abs. 3 Satz 1 Nr. 4 SGB II hat insoweit nicht das Ziel, eine Einstandspflicht des Grundsicherungsträgers für unverhältnismäßige Unterkunftskosten des Hilfebedürftigen auszuschließen. Art. 3 Abs. 1 GG ist dagegen tangiert, wenn es um die Übernahme der Unterkunftskosten von Mietern einerseits und Haus- bzw. Wohnungseigentümern andererseits geht, etwa im Hinblick auf die Höhe der Kaltmiete einerseits und der Darlehenskosten andererseits sowie in Bezug auf Heizungs- und sonstige Nebenkosten. Im Rahmen der Angemessenheitsprüfung bei § 22 Abs. 1 SGB II wird eine **Privilegierung von Eigentümern gegenüber Mietern nicht zu rechtfertigen** sein."

Zu Nebenkosten/Erhaltungsaufwand:

BSG, Urteil vom 21.06.2023, B 7 AS 14/22 R:
„Die Aufwendungen für die **Reparatur des Daches** sind der Sache nach als Bedarf für Unterkunft anzuerkennen. ... Der Übernahme steht nicht entgegen, dass nach dessen Wortlaut nur Aufwendungen für Instandhaltung und Reparatur bei selbst bewohntem Wohneigentum i. S. von § 12 Abs. 3 Satz 1 Nr. 4 SGB II ... erfasst werden. ... **§ 22 Abs. 2 Satz 1 SGB II ist** .. hinsichtlich der ... Bezugnahme auf § 12 Abs. 3 Satz 1 Nr. 4 SGB II **einschränkend auszulegen**... Die **Beschränkung des Anspruchs** auf Kosten nur für Wohneigentum mit angemessener Wohnfläche führt zu einer **planwidrigen Lücke**. ...weil der Wortlaut der Vorschrift nicht alle Fälle erfasst, die nach der Entstehungsgeschichte ..., dem systematischen Zusammenhang ... sowie ihrem Sinn und Zweck ... erfasst sein sollten. ... Mit der ... Sonderregelung ... war der Gesetzgeber gefordert, die **Grenzziehung** zwischen **Werterhaltung** .. und **Wertsteigerung** ... zu regeln. ...Aufwendungen für Reparatur und Instandhaltung *(dürften) ...* nicht zu einer Verbesserung des Standards des selbst genutzten Wohneigentums führen... Dies ist insbesondere durch die beiden Tatbestandsmerkmale der "Unabweisbarkeit" und der "Angemessenheit" der Aufwendungen umgesetzt worden. Zugleich wollte der Gesetzgeber den "Werterhalt" ... auf diejenigen Hausgrundstücke oder Eigentumswohnungen begrenzen, die auch dem Vermögensschutz des SGB II unterfallen... Zu diesem Zweck hat er typisierend auf ... § 12 Abs. 3 Satz 1 Nr. 4 SGB II zurückgegriffen. Dabei blieb unberücksichtigt, dass auch in diesem Sinne unangemessene selbstbewohnte Immobilien gleichwohl nicht als Vermögen berücksichtigt werden können. ... Systematisch ist § 22 Abs. 2 SGB II den Vorschriften über die Bestimmung des Leistungsanspruchs und damit einhergehend der Bedarfe zugeordnet. Es geht damit nicht um die Anspruchsvoraussetzung der Hilfebedürftigkeit. ... Zudem steht die Angemessenheit der Unterkunftsbedarfe in keiner zwingenden Beziehung zur Angemessenheit der als Vermögen schützenswerten Wohnfläche. ... Sinn und Zweck der Regelung gebieten, die **Anerkennung** von Aufwendungen für Instandhaltung und Reparatur **auch bei** selbst genutztem, wenn auch ... **unangemessen großem Wohneigentum** zu erfassen. ...Das Kostenkriterium belegt, dass es bei der Bemessung des Bedarfs nicht auf den Grund der fehlenden Verpflichtung zum Einsatz selbst bewohnten Wohneigentums zur Beseitigung der Hilfebedürftigkeit ankommt.“

BSG, Urteil vom 30.06.2021, B 4 AS 76/20 R:
„Bei den Kosten für die **Privathaftpflichtversicherung** handelt es sich um einen Bedarf für Unterkunft und Heizung, da der Kläger ... mit dem Abschluss dieser Versicherung oder ihrer Aufrechterhaltung eine **mietvertragliche Verpflichtung** erfüllt und ein hinreichend enger **sachlicher Zusammenhang zur Gebrauchsüberlassung der Wohnung** besteht. ... Bei den Kosten ... handelt es sich nicht um Betriebskosten i. S. des § 2 BetrKV. ... Bei der Verpflichtung ... zum Abschluss einer Privathaftpflichtversicherung besteht ein solcher Bezug, soweit damit **Schäden** versichert werden, **für deren Ersatz der Kläger** gegenüber seinem Vermieter **verpflichtet ist**. ... Dem steht das Urteil des BSG

vom 7.7.2011 (B 14 AS 51/10 R) nicht entgegen. ...der Leistungsempfänger war Eigentümer des von ihm bewohnten Hauses...
Ausgabepositionen, die bereits im **Regelbedarf** enthalten sind, können nicht zugleich als Kosten der Unterkunft berücksichtigt werden... Dies ist hier aber nicht der Fall. ... Soweit ... die Zuordnung der Versicherungskosten zum Unterkunftsbedarf dazu führen kann, dass diese Kosten doppelt - einmal als Unterkunftsbedarf und einmal als Absetzbetrag - berücksichtigt werden, ist dem dadurch Rechnung zu tragen, dass die Kosten **nicht** auf der **Bedarfsseite** geltend gemacht und berücksichtigt werden können, **wenn sie bereits vom Einkommen** - etwa im Rahmen der Pauschbeträge nach § 11b Abs. 2 SGB II - **abgesetzt worden** sind. ...
Mietvertragliche Verpflichtungen müssen wirksam sein, um ... berücksichtigt werden zu können... Das Vorliegen eines Vertragsschlusses - einschließlich etwa der Frage, ob ein Scheingeschäft (§ 117 BGB) vorliegt - ist ... in jedem Fall zu prüfen... Hingegen obliegt es den SGB II-Leistungsträgern und im Streitfall den Gerichten ... nicht, ggf. **umstrittene zivilrechtliche Fragen** zu klären. ... Ob ein Mieter zum Abschluss einer Haftpflichtversicherung verpflichtet werden kann, ist vom BGH **bislang nicht entschieden**. Auch wiederholte einschlägige landgerichtliche Rechtsprechung hierzu ist nicht ersichtlich... In der zivilrechtlichen Literatur finden sich zwar Stimmen, die eine formularvertragliche Vereinbarung einer Versicherungspflicht für unwirksam erachten... Eine bloße, ggf. vorherrschende Literaturauffassung allein reicht aber für das Verdikt grundsicherungsrechtlicher Unbeachtlichkeit nicht aus. ...die ... Privathaftpflichtversicherung umfasst nicht nur vom Kläger **an der Mietsache verursachte Schäden**... ...dem Kläger *(war es)* nicht möglich, eine andere oder kostengünstigere Versicherung, insbesondere eine solche, die nur Mietschäden abdeckt, abzuschließen, so dass die Kosten für die Privathaftpflichtversicherung ... insgesamt unabweisbar waren."

BSG, Urteil vom 24.06.2020, B 4 AS 8/20 R:
„Für eine **gleichmäßige Aufteilung des Betriebskostenguthabens** ... auf sechs Monate und die entsprechende normative Berücksichtigung als Einkommen beginnend mit dem Zuflussfolgemonat ... gibt es **keine Rechtsgrundlage**. ... Durch § 22 Abs. 3 SGB II soll gerade vermieden werden, unterkunftsbezogene Rückzahlungen und Guthaben als Einkommen nach den allgemeinen Regelungen in §§ 11 ff SGB II zu berücksichtigen ..., weil hiervon wegen § 19 Abs. 3 Satz 2 SGB II zunächst der Bund profitieren würde, obwohl die überzahlten Beträge im Regelfall von den Kommunen aufgebracht worden sind; Einkommen aus unterkunftsbezogenen Rückzahlungen und Guthaben ist deshalb ausschließlich dem Bedarfsermittlungsregime des § 22 SGB II zu unterstellen und unmittelbar von den Aufwendungen für Unterkunft und Heizung abzusetzen, damit es im Ergebnis zu einer Entlastung der kommunalen Träger kommt... § 22 Abs. 3 SGB II enthält für Rückzahlungen und Guthaben von Betriebskosten- und Heizkostenvorauszahlungen also ein von den allgemeinen Regelungen ... grundsätzlich abweichendes Berücksichtigungssystem. **§ 22 Abs. 3 SGB II** ist deshalb als **abschließende Sonderregelung** anzusehen, was einer Verteilung von entsprechenden Rückzahlungen und Guthaben als

Einmalzahlung i. S. von § 11 Abs. 3 Satz 3 SGB II entgegensteht… § 11 Abs. 3 Satz 3 SGB II stellt für sich genommen … schon eine Ausnahmeregelung dar. Dies spricht erst recht gegen eine Anwendung im besonderen Regelungszusammenhang von § 22 Abs. 3 SGB II. … Schließlich ist mit einer normativen Verteilung von Einkommen auf einen längeren Zeitraum stets die **Gefahr eines vorzeitigen Verbrauchs** und damit von **Bedarfsunterdeckungen** in späteren Zeiträumen verbunden."

BSG, Urteil vom 24.06.2020, B 4 AS 7/20 R:
„Dass die Erstattungen (überwiegend) aus Zeiten stammen, in denen der Kläger nicht im Bezug von Leistungen nach dem SGB II stand, steht der Berücksichtigung als Einkommen nach Maßgabe des § 22 Abs. 3 SGB II nicht entgegen. **Rückzahlungen aus Zeiten des Nichtleistungsbezuges** werden nicht durch § 22 Abs. 3 Halbsatz 2 Variante 2 SGB II ausgenommen… Der Gesetzgeber hat § 22 Abs. 3 Halbsatz 2 SGB II mit Wirkung zum 1.8.2016 (lediglich) dahingehend geändert, dass auch Rückzahlungen, die sich auf nicht anerkannte Aufwendungen für Unterkunft und Heizung beziehen, außer Betracht bleiben. … Entgegen der Auffassung des SG ist § 22 Abs. 3 Halbsatz 2 Variante 2 SGB II nicht verfassungskonform dahingehend auszulegen, dass auch Rückerstattungen aus Zeiten des Nichtleistungsbezuges außer Betracht zu bleiben hätten. … Für den vorliegenden Fall bedeutet dies, dass der Zufluss vom 12.9.2018 … von 483,66 Euro den Bedarf des Klägers für Unterkunft und Heizung im Folgemonat minderte. Da der Zufluss vom 12.9.2018 den Bedarf … für Unterkunft und Heizung im Oktober 2018 von 300 Euro überschreitet, war der Differenzbetrag von 183,66 Euro im November 2018 bedarfsmindernd zu berücksichtigen. … Eine zeitliche Begrenzung der Berücksichtigung auf einen einzelnen Monat lässt sich also bereits dem Normwortlaut nicht entnehmen. Eine solche Begrenzung würde auch der Intention des § 22 Abs. 3 SGB II nicht gerecht. ... Aus diesem Grund sind die **Rückzahlungen in den Folgemonaten bedarfsmindernd zu berücksichtigen, bis sie vollständig "verbraucht" sind**…"

BSG, Urteil vom 14.06.2018, B 14 AS 22/17 R:
„Rechtsgrundlage … ist § 22 Abs. 3 SGB II in der im Mai 2012 geltenden Fassung…, weil sich **§ 22 Abs. 3 SGB II nF keine Rückwirkung für vergangene Zeiträume** beimisst und auch die einschlägige Übergangsvorschrift des § 80 SGB II keine Rückwirkung für § 22 Abs. 3 SGB II nF regelt… Die der Klägerin im April 2012 zugeflossene **Heizkostenrückzahlung** mindert nach § 22 Abs. 3 SGB II aF ihre Aufwendungen für Unterkunft und Heizung im Mai 2012. Die Berücksichtigung dieser Minderung ist nicht von vornherein auf die Heizkostenaufwendungen … im Mai 2012 begrenzt, denn § 22 Abs. 3 SGB II aF sieht insoweit keine isolierte Minderung nur von Aufwendungen für die Unterkunft einerseits und für die Heizung andererseits je nach Herkunft der Rückzahlung vor. … Wurden dagegen wegen Unangemessenheit der Aufwendungen nur abgesenkte Leistungen für Unterkunft und Heizung erbracht, mindern Rückzahlungen und Guthaben den Alg II-Anspruch nur um den Betrag, der nach

ihrer Anrechnung auf die tatsächlichen Aufwendungen für Unterkunft und Heizung verbleibt... Dies führt vorliegend jedoch nicht zu einer Beschränkung der Minderung, weil die Rückzahlung nicht nur die ... abgesenkten Leistungen für Unterkunft und Heizung überschritt, sondern auch die tatsächlichen Aufwendungen... Diese betrugen ... 536,25 Euro, die Rückzahlung betrug dagegen 550,87 Euro... Der streitigen Minderung steht nicht entgegen, dass im Abrechnungszeitraum **nicht die tatsächlichen Aufwendungen** der Klägerin für Unterkunft und Heizung als Bedarfe nach § 22 Abs. 1 Satz 1 SGB II **anerkannt** worden sind. Hierauf kommt es nach dem Wortlaut des § 22 Abs. 3 SGB II aF nicht an. ... Entscheidend ist nicht, wie das Einkommen aus der Rückzahlung erwirtschaftet wurde, sondern abzustellen ist auf die Verhältnisse im Zeitpunkt der Berücksichtigung. ... Genauso wie Rückzahlungen, die aus Zahlungen in Zeiträumen stammen, in denen keine Hilfebedürftigkeit bestand, zu berücksichtigen sind, ist es unerheblich, wer diese Zahlungen geleistet hat. ... Für die streitige Aufhebung folgen keine anderen rechtlichen Maßstäbe daraus, dass nach § 22 Abs. 3 SGB II nF Rückzahlungen, die sich auf nicht anerkannte Aufwendungen für Unterkunft und Heizung beziehen, außer Betracht bleiben. Denn hierbei handelt es sich ... um eine echte Rechtsänderung."

BSG, Urteil vom 13.07.2017, B 4 AS 12/16 R:
„Die Klägerin hat Anspruch auf die kopfteilige Übernahme der im Mai 2010 fälligen Nebenkostennachforderung für ihre im Jahre 2009 bewohnte Wohnung. ... Auch eine **Zusicherung** hinsichtlich des Umzugs des Leistungsberechtigten durch das Jobcenter begründet eine existenzsicherungsrechtlich relevante **Verknüpfung der Nebenkostennachforderung für die in der Vergangenheit bewohnte Wohnung mit dem aktuellen unterkunftsbezogenen Bedarf** jedenfalls dann, wenn sowohl die Entstehung der Nachforderung als auch ihre Fälligkeit einen Zeitraum der ununterbrochenen Hilfebedürftigkeit betrifft, in dem der SGB II-Träger für die unterkunftsbezogenen Bedarfe der Leistungsbezieher einschließlich der Nebenkosten aufzukommen hat."

BSG, Urteil vom 30.03.2017, B 14 AS 13/16 R:
„Der vorliegende Fall ist durch die Besonderheit geprägt, dass das einstige **Mietverhältnis bei Fälligkeit der Nebenkostennachforderung** gerade **nicht mehr bestand**. Für einen solchen Fall ist ... eine Ausnahme anerkannt worden, wenn der Leistungsberechtigte sowohl im Zeitpunkt der tatsächlichen Entstehung der Kosten als auch im Zeitpunkt der Fälligkeit der Nachforderung im Leistungsbezug nach dem SGB II stand und die Aufgabe der bisherigen Wohnung in Erfüllung einer **Kostensenkungsobliegenheit** gegenüber dem Leistungsträger erfolgt und keine andere Bedarfsdeckung eingetreten ist. In einem solchen Fall sind auch die Aufwendungen für eine Betriebs- und Heizkostennachforderung aus einem nicht mehr bestehenden Mietverhältnis ... zu übernehmen... Dies gilt über diese besondere Konstellation hinaus jedenfalls dann, wenn die **Mieter durchgehend** seit dem Zeitraum, für den die Nebenkostenforderung erhoben wird, bis zu deren Geltendmachung und Fälligkeit **im Leistungsbezug** nach dem SGB II standen und eine **Zusicherung** hinsichtlich des

Umzugs **vorlag**. Es besteht dann eine existenzsicherungsrechtlich relevante Verknüpfung der Nebenkostennachforderung für die in der Vergangenheit bewohnte Wohnung mit dem aktuellen unterkunftsbezogenen Bedarf... Zu berücksichtigen ist auch, dass es eine faktische Umzugssperre bewirken könnte, würden Nachforderungen für eine frühere Wohnung bei durchgehender Hilfebedürftigkeit nicht übernommen, weil Leistungsbezieher sich dann dem Risiko ausgesetzt sähen, nur wegen nicht auskömmlich festgesetzter Nebenkostenvorauszahlungen mit Schulden belastet zu werden, zumal sie die Höhe der Abschläge regelmäßig nicht beeinflussen können. ... Einer Übernahme der anteiligen Nebenkostennachforderung steht auch nicht entgegen, dass diese Nachforderung an M - den früheren Lebensgefährten der Klägerin zu 1 - adressiert war, da sowohl für laufende Aufwendungen als auch für Nachforderungen für Unterkunft und Heizung grundsätzlich vom **Kopfteilprinzip** auszugehen ist und ein Auszug nicht zur Aufhebung dieses Prinzips führt. Bei der Anwendung des Kopfteilprinzips kommt es gerade nicht darauf an, wer zivilrechtlich Hauptmieter einer Wohnung ist."

BSG, Urteil vom 25.06.2015, B 14 AS 40/14 R:

„Die Leistungen für **laufende** wie für **einmalige Kosten** für Unterkunft und Heizung nach § 22 Abs. 1 Satz 1 SGB II a. F. dienen .. der Unterkunftssicherung. ... Der Leistungsanspruch ... bezieht sich deshalb grundsätzlich nur auf die Übernahme der Aufwendungen für **die tatsächlich genutzte konkrete Wohnung**, die den aktuell bestehenden Unterkunftsbedarf deckt... Besteht das Mietverhältnis noch, gehören danach auch **Nebenkostennachforderungen** für Unterkunft und Heizung, die vor Eintritt der Hilfebedürftigkeit tatsächlich entstanden sind, aber erst nach deren Eintritt fällig werden... Im Zeitpunkt der Fälligkeit der Betriebs- und Heizkostennachforderung ... war das **Mietverhältnis über die frühere Wohnung**, auf die sich die Nachforderung bezog, jedoch **bereits beendet**. Für diese Wohnung kamen unterkunftssichernde Leistungen nach § 22 Abs. 1 Satz 1 SGB II a. F. grundsätzlich nicht mehr in Betracht. ... Eine Ausnahme von diesem Grundsatz hat das BSG anerkannt, wenn der Leistungsberechtigte sowohl im Zeitpunkt der tatsächlichen Entstehung der Kosten im Leistungsbezug nach dem SGB II stand als auch im Zeitpunkt der Fälligkeit der Nachforderung noch steht sowie die Aufgabe der Wohnung in Erfüllung einer Kostensenkungsobliegenheit gegenüber dem Leistungsträger erfolgt ist und keine anderweitige Bedarfsdeckung eingetreten ist. ... Den vorliegenden Fall prägt nicht die ... Besonderheit eines Umzugs während des Leistungsbezugs in Erfüllung einer Kostensenkungsobliegenheit nach Aufforderung durch den Leistungsträger... Mit einem ... vom Leistungsträger veranlassten Umzug nicht vergleichbar ist der Umzug der Familie des Klägers in die neue Wohnung, der ... aufgrund von Mängeln der früheren Wohnung erfolgte und dessen Erforderlichkeit der Beklagte durch seine Zusicherung anerkannte. Die Erteilung einer **Zusicherung** ... **begründet** aber **keinen Übernahmeanspruch für** nach dem Umzug fällig werdende **Forderungen für die frühere Wohnung**."

BSG, Urteil vom 18.09.2014, B 14 AS 48/13 R:
„Auf die Revision des Klägers war das Urteil des LSG zu ändern und die Sache zur erneuten Verhandlung und Entscheidung zurückzuverweisen... Aufgrund fehlender Feststellungen kann nicht beurteilt werden, ob der Kläger im September 2010 einen ungedeckten Bedarf hinsichtlich der **Balkonumlage** in Höhe von 1.924 Euro hatte, weil ... nach Angaben des Klägers die Zahlung des Betrags durch ihn mit Mitteln aus einem **von seinem Bruder gewährten Darlehen** erfolgte, nähere Feststellungen zu diesen Mitteln und dem zugrunde liegenden Darlehen aber fehlen. In der Sache ist die Entscheidung des LSG insoweit zu bestätigen, als eine Umlage, die der **Eigentümer einer selbstgenutzten Eigentumswohnung gegenüber der Eigentümergemeinschaft** zu zahlen hat und die der **Erhaltung des Gebäudes** dient, zu dem Bedarf für die Unterkunft nach § 22 SGB II gehört. Vorbehaltlich einer Kostensenkungsaufforderung ist diese Umlage aber nach der damaligen Rechtslage nicht auf die angemessenen Aufwendungen für die Unterkunft beschränkt, sondern in voller Höhe zu übernehmen."
Zitiert nach dem Terminbericht Nr. 41/14 des Bundessozialgerichts

BSG, Urteil vom 12.12.2013, B 14 AS 83/12 R:
„Betriebskostenrückzahlungen mindern den Anspruch auf Alg II ... nur dann mit dem vollen Rückzahlungsbetrag, wenn die Aufwendungen der Leistungsberechtigten für Unterkunft und Heizung durch den hierauf entfallenden Alg II-Anteil vollständig gedeckt waren. **Wurden** dagegen **nur abgesenkte Leistungen** für Unterkunft und Heizung **erbracht, mindern Betriebskostenerstattungen den Alg II - Anspruch** in dem bzw. den folgenden Monat(en) **nur um den Betrag, der nach ihrer Anrechnung auf die tatsächlich aufgebrachten Aufwendungen** für Unterkunft und Heizung - ohne Kosten der Warmwasserbereitung, soweit sie von der Regelleistung nach § 20 Abs. 1 SGB II umfasst sind - **verbleibt**. ... Diese Anrechnungsbestimmung sieht ihrem Wortlaut nach eine direkte Minderung des Bedarfs für Unterkunft und Heizung durch Betriebskostenerstattungen nicht vor. Gemindert durch Betriebskostenrückzahlungen und -guthaben nach § 22 Abs. 1 S. 4 SGB II a. F. - ebenso nunmehr nach § 22 Abs. 3 Halbs. 1 SGB II n. F. - werden vielmehr ausschließlich die "Aufwendungen" für Unterkunft und Heizung. Demzufolge reduzieren Betriebskostenerstattungen den Bedarf für Unterkunft und Heizung nur in dem Maße, in dem die Minderung der "Aufwendungen" für Unterkunft und Heizung nach den Regularien des § 22 SGB II auf ihn durchschlägt. ... Unter "Aufwendungen" werden schon nach allgemeinem Sprachgebrauch tatsächlich aufgebrachte Mittel oder Kosten zur Beschaffung von Gütern verstanden ... Ebenso liegt es in einer Vielzahl von Vorschriften beim SGB II selbst, ... immer sind die tatsächlichen Aufwendungen gemeint. Zielt eine Regelung dagegen auf etwas anderes, ist dies jeweils ausdrücklich kenntlich gemacht... Ohne zusätzliches Attribut spricht daher bereits der Wortlaut dafür, als geminderte "Aufwendungen" ausschließlich die tatsächlichen Ausgaben für Unterkunft und Heizung zu verstehen. ... Nicht den tatsächlichen Aufwendungen für Unterkunft und Heizung i. S. von § 22 Abs. 1 S. 4 SGB II zuzurechnen sind hingegen ... die Kosten der Warmwasserbe-

reitung, soweit sie von der Regelleistung ... umfasst sind. ... Soweit die **Warmwasserbereitung** - wie hier - **über eine zentrale und getrennt abgerechnete Beheizung** erfolgt, sind deshalb die nach § 22 Abs. 1 S. 4 SGB II a. F. wegen einer Betriebskostenerstattung zu mindernden **Aufwendungen für Heizung jeweils um den Anteil zu kürzen, der in der Regelleistung für die Bereitung von Warmwasser enthalten ist**."

BGH, Urteil vom 20.06.2013, IX ZR 310/12:
„Der **Erstattungsanspruch des Mieters aus einer Betriebs- und Heizkostenabrechnung** des Vermieters ist **unpfändbar**, wenn der Mieter Arbeitslosengeld II bezieht und die Erstattung deshalb im Folgemonat die Leistungen ... für Unterkunft und Heizung des Hilfeempfängers mindert... Wäre in diesen Fällen die Pfändung zulässig, würde sie nach dem Gesetz zu Lasten öffentlicher Mittel erfolgen, die dem Leistungsbezieher das Existenzminimum sichern sollen. Solchen Vollstreckungsmaßnahmen ist auch die Rechtsprechung des Bundesgerichtshofs schon bisher entgegengetreten..."

BSG, Urteil vom 16.10.2012, B 14 AS 188/11 R:
„Die Voraussetzungen des § 22 Abs. 1 Satz 4 SGB II a. F. sind ... aufgrund der **Betriebs- und Heizkostenabrechnung** ... und der Zahlung des Erstattungsbetrags ... erfüllt... Daran ändert sich durch ... das **Insolvenzverfahren** ... nichts. ... Andererseits gibt es ... zahlreiche Ausnahmen bei der Bestimmung der Gegenstände und Forderungen, die zur Insolvenzmasse gehören. **Gegenstände, die nicht der Zwangsvollstreckung unterliegen, gehören nicht zur Insolvenzmasse**... Einkommen des Insolvenzschuldners, das bei der Deckung seines Bedarfs nach dem SGB II zu berücksichtigen ist, *(unterliegt)* schon nicht der Pfändung und Zwangsvollstreckung .. und *(wird)* daher auch nicht Teil der Insolvenzmasse..."

BSG, Urteil vom 22.08.2012, B 14 AS 1/12 R:
„Ein Anspruch auf Berücksichtigung einer **Instandhaltungsrücklage** als Kosten der Unterkunft besteht nicht. ... Die Pflicht zur Bildung einer Instandhaltungsrückstellung kann sich jedenfalls nur aus der Teilungserklärung oder der Gemeinschaftsordnung und entsprechenden Beschlüssen der Eigentümergemeinschaft ergeben... Zwar besteht ein Anspruch eines jeden Wohnungseigentümers nach § 21 Abs. 4 und 5 Nr. 4 WEG, die Bildung einer Instandhaltungsrückstellung zu beschließen. Vorliegend ist aber nicht erkennbar und von den Klägern auch nicht behauptet, dass eine entsprechende rechtlich bindende Verpflichtung besteht. Solange ein solcher **Beschluss, auf den hin tatsächlich Zahlungen erfolgen**, nicht vorliegt, kommt die Berücksichtigung einer Instandhaltungsrücklage auch für Wohnungseigentümer von vornherein nicht in Betracht..."

BSG, Urteil vom 16.05.2012, B 4 AS 132/11 R:

„Mit der unklaren Formulierung "mindern die Aufwendungen für Unterkunft und Heizung" wird zum Ausdruck gebracht, dass eine unmittelbare Anrechnung der **Guthaben** auf die Kosten der Unterkunft und Heizung ..., nicht jedoch eine abweichende individuelle Bedarfsfestsetzung ..., erfolgen soll. § 22 Abs. 1 S. 4 SGB II ist eine Sonderregelung zur Anrechnung von Einkommen ..., die eingeführt wurde, um den mit der Einkommensberücksichtigung nach § 11 SGB II häufig einhergehenden **Abzug der Versicherungspauschale** zu **vermeiden** und zugleich die **Anrechnung** des Guthabens **dem kommunalen Träger zugute kommen** zu lassen... § 22 Abs. 1 S. 4 SGB II ist auch nicht einschränkend dahin auszulegen, dass ein Guthaben nur dann ... zu berücksichtigen ist, wenn es sich ... im Monat der Gutschrift oder später tatsächlich auf die Kosten der Unterkunft und Heizung ausgewirkt hat... Es ist nicht erkennbar, dass der Gesetzgeber ... Einkommen nur dann berücksichtigen wollte, wenn der Vermieter oder der Leistungsberechtigte dieses Guthaben auch für einen bestimmten Zweck tatsächlich verwenden. Der Anwendung des § 22 Abs. 1 S. 4 SGB II steht auch nicht entgegen, dass das **Betriebskostenguthaben aus einem früheren Mietverhältnis** stammt. ...das SG *(wird)* noch zu prüfen haben, ob die Kläger das Guthaben ... auch aus Rechtsgründen überhaupt nicht oder nicht ohne Weiteres realisieren konnten. Nur wenn dies festgestellt worden ist, standen ... bereite Mittel zur Bedarfsdeckung nicht zur Verfügung und muss - in gleicher Weise wie bei gepfändeten Teilen des Alg II - die mögliche Folge einer Tilgung von Mietschulden ... durch Rückzahlungen aus Betriebskostenabrechnungen hingenommen werden... Die ungeprüfte Akzeptanz des allein tatsächlichen Vermieterhandelns käme ... der im SGB II grundsätzlich nicht möglichen "freiwilligen" Schuldentilgung gleich. ... Allerdings dürfen an die Realisierungsmöglichkeiten zur Auszahlung des Guthabens keine überhöhten Anforderungen gestellt werden, ein **Zusammenwirken von Vermieter und Leistungsberechtigten** zum Ausgleich von Mietschulden ist aber zu **vermeiden**."

BSG, Urteil vom 16.05.2012, B 4 AS 159/11 R:

„Der Beklagte hat die "Verrechnung" der von der Klägerin **nicht** an den Vermieter **weitergeleiteten Beträge** .. zu Unrecht allein auf § 22 Abs. 1 S. 4 SGB II gestützt. ... **§ 22 Abs. 1 S. 4 SGB II** ... kann ... **nicht als eigenständige** und von den Voraussetzungen der §§ 45, 48 SGB X unabhängige **Ermächtigungsgrundlage** für die Verwaltung zur Korrektur der sich aus Rückzahlungen und Guthaben ... ergebenden Beträge aufgefasst werden. ... Selbst wenn den angefochtenen Bescheiden ... der Verfügungssatz zu entnehmen sein sollte, dass die Bewilligungsbescheide wegen eines "Guthabens" der Klägerin im fraglichen Umfang aufgehoben werden sollten, erweisen sie sich jedenfalls deshalb als rechtswidrig, weil die **zweckwidrige Verwendung** der KdU nicht zu einer Rückzahlung oder Gutschrift des Vermieters geführt hat und folglich eine Minderung der Aufwendungen für Unterkunft und Heizung nicht eingetreten ist. ... Unabhängig davon war ... die ursprüngliche Bewilligung der KdU in Folge einer Erhöhung der Nebenkostenpauschale durch den Beklagten nicht dadurch rechtswidrig geworden, dass die Klägerin den erhöhten Leistungsbetrag nicht an ihren Vermieter weitergeleitet hat. Die Verpflichtung aus dem Mietvertrag und die sich daraus ergebenden tatsächlichen Aufwendungen nach § 22 Abs. 1 S. 1 SGB II *(muss)* nicht deckungsgleich mit den zu zahlenden Beträgen sein... Maßgebend für die Berechnung der KdU sind und bleiben die geschuldeten Beträge. ... Aus diesen Gründen scheiden die §§ 45, 48 SGB X als Rechtsgrundlage für eine Aufhebung der Bewilligung bei einer zweckwidrigen Verwendung der Leistungen aus."

BSG, Urteil vom 22.03.2012, B 4 AS 139/11 R:
„Abweichend vom tatsächlichen "Zufluss" des Einkommens ... bestimmt § 22 Abs. 1 S 4 SGB II, dass für die **Einkommensanrechnung** erst der Monat nach der Rückzahlung oder Gutschrift maßgeblich ist... Zu diesem Zeitpunkt lebte die gemeinsame Tochter des Klägers und seiner Ehefrau nicht mehr in der Wohnung der Eltern. Ebenso wie die Berechnung bei der Leistungsbewilligung folgt auch die Berücksichtigung der Gutschrift daher den Verhältnissen des jeweiligen Zeitpunktes angepasst **kopfteilig**, also hier je zur Hälfte beim Kläger und seiner Ehefrau. Entscheidend ist insoweit nicht, wie das Einkommen erwirtschaftet wurde, und für welche Zeit die Kosten angefallen sind, sondern allein die **Verhältnisse im Zeitpunkt der Berücksichtigung**. Dass die gemeinsame Tochter ... im Jahre 2006 für ein Drittel der Aufwendungen der Betriebs- und Heizkosten aufgekommen ist, ist demnach grundsicherungsrechtlich unbeachtlich. ... Dies steht auch im Einklang damit, dass der Beklagte im Gegenzug für Nachzahlungen aus Betriebs- und Heizkostenabrechnungen aufzukommen hat, welche sich auf Zeiträume beziehen, in denen Leistungen nach dem SGB II nicht beantragt waren und Hilfebedürftigkeit nicht bestand. ... Hieraus folgt ..., dass es nicht darauf ankommt, ob die Rückzahlung bzw. Gutschrift ggf. mit einer Forderung eines Dritten belastet war. Einkommen ist vorrangig zur Lebensunterhaltssicherung einzusetzen, nicht hingegen zur Schuldentilgung. ... § 22 Abs. 1 S 4 SGB II ... soll sicherstellen, dass die Betriebskostengutschrift oder das Guthaben bei der Leistung und in der Höhe Berücksichtigung findet, die durch die Kosten hierfür dem Grunde und der Höhe nach bestimmt worden ist."

BSG, Urteil vom 20.12.2011, B 4 AS 9/11 R:
„Entgegen der Auffassung des Beklagten ist vorliegend die **Betriebskostennachforderung** auch **für die im Fälligkeitszeitpunkt nicht mehr bewohnte Wohnung** ein einmaliger Bedarf für Unterkunft und Heizung i. S. des § 22 Abs. 1 Satz 1 SGB II. Durch die Betriebskostennachforderung ist eine wesentliche Änderung der Verhältnisse i. S. des § 48 SGB X eingetreten. Eine wesentliche Änderung der Verhältnisse ist nicht bereits deswegen zu verneinen, weil die Kosten für die Wohnung in W unangemessen gewesen sein könnten. Die hier nachgeforderten Betriebskosten sind in einem Zeitraum entstanden, in dem die Klägerin sich noch innerhalb der vom Landkreis B gesetzten "Schonfrist" des § 22 Abs. 1 Satz 3 SGB II zur Durchführung von Kostensenkungsmaßnahmen befand. In diesem Zeitraum waren die ggf. unangemessenen Kosten weiterhin

vom Landkreis B zu tragen. Ebenso wenig steht der Annahme einer wesentlichen Änderung der Verhältnisse entgegen, dass der Bedarf durch die Betriebskostennachforderung materiell nicht dem Zeitpunkt ihrer Fälligkeit zuzuordnen ist. Zwar beurteilt sich die Rechtslage nach den tatsächlichen und rechtlichen Verhältnissen des Zeitraums der Entstehung der fraglichen Forderung. Wird die Forderung jedoch erst später geltend gemacht und besteht ein Anspruch auf Übernahme der Aufwendungen zum Zeitpunkt ihrer Entstehung, ist der Bedarf im Zeitpunkt der Fälligkeit der Forderung zu decken. So liegt der Fall hier. Bei der Betriebskostennachforderung handelt es sich um einen bisher vom Grundsicherungsträger - trotz des Leistungsbezugs im Zeitraum der tatsächlichen Zuordnung der Entstehung der Forderung - bisher nicht gedeckten Bedarf für Unterkunft und Heizung. Die Klägerin stand auch bis zum Zeitpunkt der Fälligkeit der Nachforderung ununterbrochen im Leistungsbezug. Zumindest in einem Fall ..., in dem die Leistungsberechtigte die **Wohnung**, für die die Betriebskostennachforderung geltend gemacht wird, aktuell **nicht mehr bewohnt**, **weil sie die Wohnung** in Wahrnehmung einer ihr auferlegten Obliegenheit **zur Kostensenkung aufgegeben hat**, ist der Leistungsträger verpflichtet, Leistungen für die **Nachforderung** auch der aktuell nicht mehr bewohnten Wohnung zu erbringen. Der **Bedarf** wandelt nicht allein durch den Wohnungswechsel von einem solchen **nach § 22 Abs. 1 Satz 1 SGB II** in einen zur Schuldentilgung."
Zitiert nach dem Terminbericht Nr. 68/11 des Bundessozialgerichts

<u>BSG, Urteil vom 07.07.2011, B 14 AS 51/10 R:</u>
„Weitere Nebenkosten in Form von **Stromkosten für die Außenbeleuchtung und die Gartenpflege** sind .. im Rahmen der Unterkunftskosten nicht berücksichtigungsfähig. ... Eine Einbeziehung der hier geltend gemachten Stromkosten in den Bedarf für die Kosten der Unterkunft scheitert aber schon daran, dass ... die Regelleistung für einen Hilfeempfänger auch die Kosten für die Haushaltsenergie umfasst... Ebenso wie die Kosten für die Warmwasserbereitung Bestandteil der Regelleistung ... waren, müssen auch die Kosten für Strom, sofern er nicht zur Erzeugung von Heizenergie benutzt wird, aus der maßgeblichen Regelleistung gedeckt werden..."

<u>BSG, Urteil vom 13.04.2011, B 14 AS 106/10 R:</u>
„Die **kalten Betriebskosten**, die zu der ... - abstrakt angemessenen - Nettokaltmiete noch hinzuzurechnen sind, müssen, damit zunächst die abstrakt angemessene Leistung für die Unterkunft ermittelt wird, ebenfalls **abstrakt ermittelt** werden. Dazu kann auf Betriebskostenübersichten zurückgegriffen werden, möglichst allerdings auf örtliche Übersichten wegen der regionalen Unterschiede insbesondere bei Ver- und Entsorgungsdienstleistungen..."

<u>BSG, Urteil vom 13.04.2011, B 14 AS 85/09 R:</u>
„Zutreffend geht das LSG davon aus, dass neben der Nettokaltmiete auch die **angemessenen Betriebskosten** i. S. des § 556 Abs. 1 und 2 BGB i. V. m. der

Verordnung zur Berechnung der Wohnfläche, über die Aufstellung von Betriebskosten und zur Änderung anderer Verordnungen ... - mit Ausnahme der Heizkosten - abstrakt zu bestimmen und als Faktor in das Produkt mit einzubeziehen sind. Auch insoweit erscheint es zulässig, zur Erstellung eines Konzepts auf bereits vorliegende Daten aus Betriebskostenübersichten zurückzugreifen, im Ausgangspunkt allerdings auf **örtliche Übersichten** und insoweit auf die sich daraus ergebenden **Durchschnittswerte**... Nur wenn sich konkret Anhaltspunkte dafür ergeben, dass vom Deutschen Mieterbund für das gesamte Bundesgebiet aufgestellte Übersichten gerade das örtliche Niveau besser abbilden, kann auf diese zurückgegriffen werden."

BSG, Urteil vom 06.04.2011, B 4 AS 12/10 R:
„Mit der Geltendmachung der **Betriebskostennachforderung** durch den Vermieter ist eine rechtserhebliche Änderung der tatsächlichen Verhältnisse eingetreten. ... Nachzahlungen gehören demzufolge zum aktuellen Bedarf im Fälligkeitsmonat...
Aus der Zuordnung des Bedarfs zum Bewilligungszeitraum der Fälligkeit der Nachforderung folgt nicht, dass auch die Angemessenheit der Unterkunfts- und Heizkosten nach den Verhältnissen im Fälligkeitsmonat zu beurteilen ist. Klarzustellen ist ... dass die Fälligkeit der Betriebskostennachforderung im Januar 2009 nicht dazu führt, diesen Bedarf auch materiell diesem Monat zuzuordnen. Vielmehr beurteilt sich die Rechtslage nach den **tatsächlichen und rechtlichen Verhältnissen des Zeitraums, dem die fragliche Forderung** nach ihrer Entstehung im tatsächlichen Sinne **zuzuordnen ist**. ... Bis zur Umsetzung der Kostensenkung ... stand der Klägerin zumindest ein Anspruch nach § 22 Abs. 1 Satz 3 SGB II zu."

BSG, Urteil vom 24.02.2011, B 14 AS 61/10 R:
„Zu den grundsätzlich berücksichtigungsfähigen **Aufwendungen** nach § 22 Abs. 1 Satz 1 SGB II für die Unterkunft in **Eigenheimen** gehören neben den zur Finanzierung geleisteten **Schuldzinsen** auch die **Nebenkosten**, wie Beiträge zur Wohngebäudeversicherung, Grundsteuern, Wasser- und Abwassergebühren und ähnliche Aufwendungen **im jeweils maßgebenden Bewilligungszeitraum**. Wird ein Eigenheim bewohnt, zählen zu den Kosten der Unterkunft die Aufwendungen, die der Leistungsberechtigte als **mit dem Eigentum unmittelbar verbundene Lasten** zu tragen hat. Soweit solche Kosten in einer Summe fällig werden, sind sie als tatsächlicher, aktueller **Bedarf im Zeitpunkt ihrer Fälligkeit** zu berücksichtigen, nicht aber auf längere Zeiträume zu verteilen...
Bei den streitigen **Anschlusskosten** handelt es sich um solche einmalig anfallenden Lasten, die im Rahmen des § 22 Abs. 1 Satz 1 SGB II berücksichtigungsfähig sind. ...
Inwieweit eine Übernahme solcher öffentlich-rechtlicher Lasten, denen sich der Hauseigentümer nicht entziehen kann, ... als gerechtfertigt anzusehen ist, ist allein eine **Frage der Angemessenheit** solcher Kosten... Dagegen ist unerheblich, ob die Einbeziehung dieser Kosten von Wortlaut und Sinn und Zweck

des **§ 7 Abs. 2 Satz 1 Nr. 2 VO zu § 82 SGB XII** gedeckt ist... Die dort genannten Kosten können **nur Anhaltspunkt** dafür sein, in welchem Umfang berücksichtigungsfähige Kosten im Rahmen des § 22 SGB II entstehen. Bereits aufgrund ihrer systematischen Stellung kommt der Regelung bei der Konkretisierung des Begriffs der Aufwendungen für Unterkunft keine bindende Wirkung zu...
Allerdings sind **auch einmalig anfallende Kosten** bei der Nutzung eines Eigenheimes von mehreren Personen nicht in vollem Umfang, sondern nur **anteilig pro Kopf** zu berücksichtigen. ... Unerheblich ist insoweit auch, dass nur der Kläger zu 1 und die Klägerin zu 2 als Grundstückeigentümer von der Stadt Düren ... in Anspruch genommen worden sind. ... Um die regelmäßigen Kosten von Eigenheimen realistisch abzubilden, erscheint eine monatliche Betrachtungsweise damit nicht geeignet. Andererseits berücksichtigt die Prüfung der **Angemessenheit** von Kosten bezogen auf einen **Jahreszeitraum**, dass nach § 41 Abs. 1 Satz 5 SGB II a. F. Leistungen ... längstens für ein Jahr bewilligt werden dürfen."

BSG, Urteil vom 19.10.2010, B 14 AS 50/10 R:
„In den angemessenen Quadratmeterpreis sind im Sinne der Produkttheorie neben der Nettokaltmiete schon nach dem Wortlaut des § 22 Abs. 1 SGB II auch die sog **kalten Betriebskosten** einzubeziehen; diese sind **nicht** - wie die Heizkosten - **gesondert auf ihre Angemessenheit zu prüfen**. Für die Angemessenheitskontrolle erscheint es sachgerecht, auf örtliche Übersichten und insoweit auf die sich daraus ergebenden Durchschnittswerte aller nach der Betriebskostenverordnung zugrundeliegenden Kostenarten zurückzugreifen. Kalte Betriebskosten bestimmen sich vor allem nach den regionalen Besonderheiten. Dagegen erscheint es nicht erforderlich, im Hinblick auf die kalten Betriebskosten weitergehend nach einfacher Wohnlage zu differenzieren, weil die Höhe der Betriebskosten weitgehend unabhängig von der Wohnlage ist. Erst wenn keine regionalen Übersichten vorliegen, kann auf den **Betriebskostenspiegel** des Deutschen Mieterbundes zurückgegriffen werden."
Zitiert nach dem Terminbericht Nr. 58/10 des Bundessozialgerichts

BSG, Urteil vom 17.06.2010, B 14 AS 79/09 R:
„Nutzt ein Grundsicherungsempfänger ein **Wohnmobil** als (einzige) Unterkunft, so sind die **Kraftfahrzeugsteuern** und die Beiträge für die **Kraftfahrzeughaftpflichtversicherung** nicht anders zu behandeln als die Grundsteuern, die als Grundlasten auf dem Wohneigentum eines entsprechenden Hauseigentümers liegen, wenn ohne sie eine Nutzung des Wohneigentums zum Zwecke des Wohnens in der konkret durchgeführten Form nicht möglich wäre.
...
Anders verhält es sich bei den übrigen ... Kosten des Klägers. Diese stellen keine Kosten der Unterkunft gemäß § 22 Abs. 1 Satz 1 SGB II dar. Für **Pflege und Wartung** seines Wohnmobils beantragt der Kläger lediglich pauschal 70 Euro monatlich. Der Kläger muss sich hier ebenso behandeln lassen wie ein Wohneigentümer, dem gerade kein Anspruch auf eine "Erhaltungspauschale"

zusteht... Ebenso wenig steht dem Kläger ein Anspruch auf **Dieselkraftstoff** in Höhe der von ihm geltend gemachten 100 Euro monatlich zu. Zu Recht verweist das LSG hier darauf, dass diese vom Kläger geltend gemachten Kosten nicht spezifisch mit der Funktion des Wohnmobils gerade als Unterkunft verbunden sind. Dem Kläger steht im Rahmen seines Wohnbedarfs kein Anspruch darauf zu, sich zusätzlich mit dem Wohnmobil noch fortzubewegen bzw. mit seinem Fahrzeug am Verkehr teilzunehmen. Diesen Bedarf muss der Kläger ... aus der **Regelleistung** decken.

<u>BSG, Urteil vom 22.03.2010, B 4 AS 62/09 R:</u>
„In der **Nachforderung der Heiz- und Betriebskosten** ... für das Kalenderjahr 2006 liegt eine wesentliche Änderung gegenüber den Verhältnissen, die bei Erlass der laufenden SGB II-Leistungen ... hinsichtlich der Kosten für Unterkunft und Heizung vorlagen. Eines gesonderten Antrags ... bedurfte es nicht. ... Der aktuelle tatsächliche Bedarf ... an Kosten der Unterkunft und Heizung hat sich auch **nicht** durch Zeitablauf **in Schulden** i. S. des § 22 Abs. 5 SGB II **verwandelt**. ... Ob den Klägern ein Anspruch auf die Heizkostennachforderung zusteht, beurteilt sich nach § 48 Abs. 1 Satz 1 SGB X. ... § 22 Abs. 1 SGB II erfasst jedoch nicht nur laufende, sondern **auch einmalige Kosten** für Unterkunft und Heizung... Soweit einzelne Nebenkosten ... in einer Summe fällig werden, sind sie als tatsächlicher, aktueller Bedarf **im Zeitpunkt ihrer Fälligkeit** zu berücksichtigen, nicht aber auf längere Zeiträume zu verteilen... Das LSG ist schließlich auch zutreffend davon ausgegangen, dass die tatsächlich angefallenen Heizkosten um die Kosten der **Warmwasserbereitung** zu bereinigen sind... Bezieht sich die Nachforderung an Heiz- und Betriebskosten auf einen **während der Hilfebedürftigkeit ... eingetretenen und bisher noch nicht gedeckten Bedarf**, handelt es sich jedenfalls um ... tatsächliche Aufwendungen nach § 22 Abs. 1 SGB II. ... Hat der Grundsicherungsträger dem Leistungsberechtigten bereits die monatlich an den Vermieter oder das Energieversorgungsunternehmen zu zahlenden **Abschlagsbeträge zur Verfügung gestellt**, den aktuellen Bedarf in der Vergangenheit also bereits gedeckt, und beruht die Nachforderung auf der **Nichtzahlung der** als Vorauszahlung vom Vermieter geforderten **Abschläge** für Heiz- und Betriebskosten, handelt es sich dagegen um **Schulden**..."

<u>BSG, Urteil vom 03.03.2009, B 4 AS 38/08 R:</u>
„Die ... **Erhaltungsaufwandspauschale kann nicht bedarfserhöhend berücksichtigt werden**, weil es sich nicht um tatsächliche Aufwendungen, die im Bewilligungszeitraum zu entrichten waren, handelt. Die Einbeziehung der Pauschale kann auch nicht darauf gestützt werden, dass der 14. Senat ... ausgeführt hat, dass zu den Unterkunftskosten für selbstgenutzte Hausgrundstücke alle notwendigen Ausgaben zählten, die bei der Berechnung von Einkünften aus Vermietung und Verpachtung abzusetzen seien... Zwar sieht **§ 7 Abs. 2 Satz 1 Nr. 4 VO zu § 82 SGB XII** vor, dass zu den mit der Erzielung von Einkünften aus Vermietung und Verpachtung verbundenen notwendigen Ausgaben der Erhaltungsaufwand gehört. Ferner regelt § 7 Abs. 2 Satz 2 VO zu § 82

SGB XII eine ohne Einzelnachweis geltende Pauschale, die sich an einem Prozentsatz der Jahresroheinnahmen orientiert. Der letztgenannten Regelung kommt bereits auf Grund ihrer systematischen Stellung bei der Konkretisierung des Begriffs der Aufwendungen für Unterkunft keine bindende Wirkung zu. Denn es handelt sich um eine Bestimmung zur Einkommensberücksichtigung im Sozialhilferecht, die nur zur Anwendung kommt, **wenn der Leistungsberechtigte Einkünfte aus Vermietung und Verpachtung erzielt**. Insoweit liegen bei einer selbstgenutzten Immobilie mangels Einkommenserzielung schon die Voraussetzungen für die Anwendung der Pauschale nicht vor. ... Berücksichtigungsfähig sind hingegen **tatsächliche Aufwendungen für eine Instandsetzung oder Instandhaltung**, soweit diese nicht zu einer Verbesserung des Standards des selbstgenutzten Eigenheims führen und sie angemessen sind."

BSG, Urteil vom 19.02.2009, B 4 AS 48/08 R:
„Die Klägerin hat keinen Anspruch auf ... monatlich 17,90 Euro für die Kabelnutzung... Zu den tatsächlichen Aufwendungen i. S. des § 22 Abs. 1 Satz 1 SGB II gehören auch **Nebenkosten**, soweit sie erstens in **§ 2 Betriebskosten-Verordnung** aufgeführt sind, **und** zweitens der Mieter zur Bestreitung der Aufwendungen hierfür **mietvertraglich verpflichtet** ist. Zwar gehören **Grundgebühren für Breitbandkabelanschlüsse** im Grundsatz zu den umlagefähigen Nebenkosten, die nach der mietrechtlichen Betriebskosten-Verordnung auf den Mieter überwälzt werden dürfen. Sie können damit Kosten der Unterkunft iS des § 22 Abs. 1 SGB II sein. Sie sind vom Grundsicherungsträger gleichwohl nicht zu übernehmen, wenn der Hilfebedürftige als Mieter durch den Mietvertrag nicht zur Tragung dieser Kosten verpflichtet und sein **Zugang zum Fernsehen** bereits **anderweitig** technisch **gewährleistet** ist. ... Es steht der Klägerin frei, von einem anderen Informationszugang - hier einer Gemeinschaftsantenne - Gebrauch zu machen. Ihr Informationsbedürfnis kann bereits durch die Nutzung der Gemeinschaftsantenne gedeckt werden. Der zusätzlichen Nutzung des Breitbandkabels und damit zusätzlicher Kosten für Kabelfernsehen bedarf es hierfür nicht."
Zitiert nach dem Terminbericht Nr. 10/09 des Bundessozialgerichts

BSG, Urteil vom 15.04.2008, B 14/7b AS 34/06 R:
„Der angemessenen Nettokaltmiete sind die angemessenen **Nebenkosten** sowie **Heizkosten** hinzuzufügen. Bis zur Summe dieser angemessenen Kosten sind die tatsächlichen Aufwendungen zu berücksichtigen. Zu den Unterkunftskosten für selbst genutzte Hausgrundstücke zählen dabei alle notwendigen Ausgaben, die bei der Berechnung der Einkünfte aus Vermietung und Verpachtung abzusetzen sind... **§ 7 Abs. 2 der Verordnung zu § 82 SGB XII** findet insoweit **entsprechende Anwendung**... Wie bei Mietwohnungen sind auch bei Wohnungseigentum die angemessenen Heizkosten zu übernehmen. Soweit die von den Klägern geltend gemachten Neben- und Heizkosten grundsätzlich als angemessen anzusehen sind, wovon die Beteiligten nach ihren überein-

stimmenden Erklärungen ausgehen, wird das LSG allerdings, sofern eine **gesonderte Verwertbarkeit von Grundstücksteilen** in Betracht kommt, zu berücksichtigen haben, dass die **auf diesen Teil entfallenden Abgaben und Kosten** nicht zu den Kosten nach § 22 SGB II zählen."

<u>BSG, Urteil vom 19.03.2008, B 11b AS 31/06 R:</u>
„Das SG ist zutreffend davon ausgegangen, dass die Kläger Leistungen in Höhe der vollen Aufwendungen für den **Zuschlag für Instandhaltung bzw. Schönheitsreparaturen** von monatlich 39,16 EUR beanspruchen können. Von dieser Position sind ... keine Abzüge für angeblich in den Regelleistungen enthaltene Anteile vorzunehmen. ... Die Aufwendungen für die Miete einschließlich des Zuschlags für Instandhaltungskosten bzw. Schönheitsreparaturen gehören zu den **Aufwendungen für Unterkunft und Heizung i. S. des § 22 Abs. 1 Satz 1 SGB II**. ... Weiter trifft es zu, dass sowohl der EVS ... als auch der Begründung zur RSV ... entnommen werden kann, dass Anteile für "Reparatur und Instandhaltung der Wohnung" in die Bemessung der Regelleistung eingeflossen sind... Diese Anteile für "Reparatur und Instandhaltung der Wohnung" können aber ... nicht gleichgesetzt werden mit den im vorliegenden Fall in der Miete enthaltenen Aufwendungen für "Instandhaltungskosten für vom Vermieter übernommene Schönheitsreparaturen". ... **Instandhaltung** bedeutet Erhaltung des vertrags- und ordnungsgemäßen Zustandes der Mietsache, also Beseitigung der durch Abnutzung, Alter und Witterungseinwirkungen entstehenden baulichen und sonstigen Mängel... **Schönheitsreparaturen** sind Maßnahmen zur Beseitigung von Mängeln, die durch vertragsgemäßen Gebrauch entstanden sind..., wie etwa Tapezieren oder Streichen von Wänden und Decken oder Heizkörpern... **Sonstige Reparaturen** sind solche, die auf anderen Ursachen beruhen oder anderen Zwecken dienen..."

Zu Heizkosten:

<u>BSG, Urteil vom 28.11.2024, B 4 AS 18/23 R:</u>
„Die Klägerin hat einen Anspruch auf Leistungen für Unterkunft und Heizung jedenfalls in der vom Landessozialgericht zugesprochenen Höhe. Bei den … Kosten handelt es sich durchweg begrifflich um **Bedarfe für Unterkunft oder Heizung**. Dies gilt auch für die Kosten aufgrund des **Wärme-Plus-Vertrages**. Die schuldrechtliche Verpflichtung der Klägerin, auf der die Kosten beruhen, war … **Gegenleistung** für die **Bereitstellung der Wärmeleistung** und die **Vorhaltung der Anlage** inklusive Service und Schornsteinfegerkosten sowie für die **Wärmelieferung**. Dass Grundsicherungsleistungen nicht dem Zwecke der Vermögensbildung dienen sollen, steht der vollständigen Berücksichtigung der Kosten aufgrund des Wärme-Plus-Vertrages nicht entgegen. Die Heizungsanlage steht nicht im Eigentum der Klägerin. Nach den Feststellungen des Landessozialgerichts ist Gegenstand des Wärme-Plus-Vertrages kein Eigentumsübergang hinsichtlich der Heizung, weder zum Zeitpunkt des Vertragsabschlusses noch während des Zeitraums bis zum Vertragsende. Die Klägerin und das Versorgungsunternehmen haben vereinbart, dass dieses Eigentümer der Heizungsanlage bleiben sollte. Diese Auslegung einer privatrechtlichen Vereinbarung ist vom Revisionsgericht nur eingeschränkt zu überprüfen und nicht zu beanstanden. Die Heizungsanlage ist auch nicht durch Einbau in das Haus zum Eigentum der Klägerin geworden, sondern lediglich "**Scheinbestandteil**" im Sinne des § 95 Absatz 1 Satz 1, Absatz 2 BGB“
Zitiert nach dem Terminbericht Nr. 41/24 des Bundessozialgerichts

<u>BSG, Urteil vom 10.04.2024, B 7 AS 21/22 R:</u>
„Die in die Jahresrechnungen … eingestellten **Forderungen für Wärme** (Forderung des Energieversorgungsunternehmens) **und Strom** (Forderung der Kläger gegen das Energieversorgungsunternehmen) **sind getrennt voneinander zu betrachten**. … Der Bezug von Gas und Strom beruht **auch bei der Grundversorgung** auf unterschiedlichen rechtlichen Grundlagen. … Unabhängig von ihrer äußeren Gestaltung durch Zusammenfassung in einem Abrechnungsschreiben beinhalten daher Jahresabrechnungen für Strom und Gas zwei aus den jeweiligen Einzelverträgen geschuldete Abrechnungen… Die Mitteilung des Energieversorgungsunternehmens über einen letztlich noch auszugleichenden Betrag bezieht sich lediglich auf das Abrechnungsergebnis nach durchgeführter Aufrechnung. …dieses Abrechnungsergebnis *(begrenzt)* den Bedarf nicht. Das Bestehen einer Abrechnungsforderung aus der Gaslieferung ist vielmehr … Voraussetzung der … Aufrechnungslage (§ 387 BGB). Die Aufrechnung kann auch stillschweigend erklärt werden …, wie hier durch die Mitteilung eines "Gesamtabrechnungsergebnisses". Nach den Feststellungen des SG beläuft sich das Abrechnungsergebnis … für Gas für das Abrechnungsjahr 2017 auf 2998,99 Euro. Ausgehend vom Kopfteilprinzip … ergeben sich bei einer Haushaltsgemeinschaft von sechs Personen für die fünf Mitglieder der Bedarfsgemeinschaft … zu berücksichtigende 2499,16 Euro… Dieses Ergebnis ist nicht im Hinblick darauf zu korrigieren, dass die Forderung des Energieversorgungsunternehmens für Gas nach der Aufrechnung nur noch 44,93 Euro

betrug. Vielmehr bestätigt § 22 Abs. 3 SGB II die **Trennung von Ausgaben** Leistungsberechtigter aus eigenen Mitteln von den ... berücksichtigten Aufwendungen für Unterkunft und Heizung auch im Abwicklungsfall der Nebenkostenabrechnung. ... Soweit das SG zusätzlich **Stromkosten für den Betrieb der Gastherme** als Heizkostenbedarf berücksichtigt hat, ist dies dem Grunde nach nicht zu beanstanden. Allerdings müssen auch in diesem Fall anzuerkennende **Aufwendungen** ... **entstanden** sein. Dass Brennstoffkosten für das Hauptheizmedium zu zahlen sind, genügt insoweit nicht. Diese sind bei der Schätzung des Stromverbrauchs für die Heizungsanlage ... nur Berechnungsgrundlage... Den Feststellungen des SG kann nicht entnommen werden, dass die Kläger im Februar 2018 Abschläge für Strom zu zahlen hatten oder einer Nachforderung aus der Jahresabrechnung für Strom und das Kalenderjahr 2017 ausgesetzt gewesen sind. In diesem Fall gibt es keine Aufwendungen, die als Bedarfe im Februar 2018 berücksichtigt werden könnten."

BSG, Urteil vom 28.02.2024, B 4 AS 18/22 R:
„...die Kosten für Raumwärme ... und für Warmwasser *(lagen)* ... über der Grenze des abstrakt Angemessenen... Die Angemessenheitsgrenze für Heizkosten ist .. um angemessene Bedarfe für die Erzeugung von Warmwasser zu ergänzen, denn *(die) ...* zur Heizkostentabelle des "Bundesweiten Heizspiegels 2012" bezieht sich ... auf die reine Raumwärme. ... Für die ... **Warmwassererzeugung** hat ebenfalls eine am **Einzelfall** orientierte Angemessenheitsprüfung zu erfolgen. ...auf der Grundlage der plausibelsten Methode *(ergibt sich)* ... ein geringerer Wert als ihn das Berufungsgericht ... angenommen hat... Allerdings ist für die ... Angemessenheitsgrenze ... ein **durchschnittlicher Warmwasserverbrauch** und hierauf bezogener **Energieaufwand** zugrunde zu legen... Denn anders als der Energiebedarf für Raumwärmeerzeugung wird der Warmwasserverbrauch nicht maßgeblich durch den energetischen Standard einer Wohnung bestimmt... ...der Rückgriff auf die Pauschalen des § 21 Abs 7 SGB II *(scheidet)* aus. ... Unter verschiedenen denkbaren Ansätzen am plausibelsten erscheint ... die Anknüpfung an die vom **Statistischen Bundesamt** ermittelten **Werte zum Energieverbrauch privater Haushalte**, die mit dem Preis des eingesetzten Energieträgers zu vervielfältigen und um einen Zuschlag für die verbrauchsunabhängigen Kosten zu ergänzen sind. Die jährlich herausgegebene Veröffentlichung "Statistischer Bericht - Umweltökonomische Gesamtrechnungen (UGR) - Private Haushalte und Umwelt" ... enthält in Tabelle 85531-04 wohnflächenbezogene Werte zum Energieverbrauch der privaten Haushalte... Zudem sind dort Werte zum Energieverbrauch für Warmwasser je Haushaltsmitglied ausgewiesen, von denen der Senat zur Sicherstellung des Existenzminimums unabhängig von der konkreten Haushaltsgröße den jeweils höchsten Wert je Haushaltsmitglied heranzieht. Im Streitjahr 2013 waren dies 1156 kWh. ... Dieser Wert ist zu multiplizieren mit dem von der Europäischen Statistikbehörde veröffentlichten bundesdurchschnittlichen Gaspreis für Haushaltskunden in Deutschland... Dabei ist unter Ausschluss von Kleinstverbrauchern von den Werten der Verbrauchsgruppe 20 GJ bis 199 GJ (entsprechend 5555 kWh bis 55.555 kWh) auszugehen, um auch den tendenziell hö-

heren Tarif für Ein- und kleinere Mehrfamilienhäuser sicher zu erfassen… Ausgehend hiervon hält der Senat Kosten der Warmwasserbereitung mittels Gas … in den Monaten Februar bis Juni 2013 je haushaltsangehöriger Person und Monat von 9,55 Euro … und für Juli 2013 von 9,96 Euro … für noch angemessen. … Das **Kostensenkungsverfahren** erfüllte die damit verbundene Aufklärungs- und Warnfunktion. … Einer **Aufschlüsselung** in angemessene Kosten der Nettokaltmiete, der Kaltbetriebskosten sowie der Heizung und des Warmwassers bedarf es nicht…“

BSG, Urteil vom 02.09.2021, B 8 SO 13/19 R:
„Die Heizkosten sind … in Höhe der tatsächlichen Kosten zu übernehmen, soweit diese angemessen sind. Wiederum gelten dieselben Maßstäbe wie im Recht der Grundsicherung für Arbeitsuchende. … Da es sich … um einen **Grenzwert**, nicht um einen anzuerkennenden Quadratmeterhöchstwert handelt …, ist dieser Wert **nicht … pauschal aufgrund des Lebensalters um einen Zuschlag von 20 Prozent zu erhöhen**. Insoweit fehlt es an irgendwelchen Anhaltspunkten, die aus § 35a Satz 1 SGB XII eine gesetzgeberische Entscheidung im Sinne einer notwendigen Pauschalierung … allein wegen Alters folgen lassen. … Bei der Prüfung, ob durch das Alter der Kläger unvermeidbar Heizkosten entstehen, die den Grenzwert überschreiten, ist allein auf die **Umstände des Einzelfalls** abzustellen. Wenn für die Kläger … als Ergebnis der konkreten Angemessenheitsprüfung der Unterkunft eine Kostensenkung durch **Wohnungswechsel ausscheidet**, können sich allerdings schon aus diesem Grund die entstehenden Heizkosten (zumindest teilweise) als konkret angemessen darstellen. In diesem Fall kann die Kostensenkung auch bezogen auf Heizkosten unzumutbar sein, wenn selbst bei angemessenem Heizverhalten eine Verringerung der Kosten wegen der Wohnungsgröße und/oder deren energetischem Standard nicht möglich ist und ein Wohnungswechsel zur Senkung der Kosten ausscheidet. Schließlich sind ggf. auch die Heizkosten in tatsächlicher Höhe anzuerkennen, wenn es an einer ausreichenden **Kostensenkungsaufforderung** im Anschluss an den vorangegangenen Abrechnungszeitraum fehlt…“

BSG, Urteil vom 19.05.2021, B 14 AS 57/19 R:
„…die Verbrauchskosten für den Haushalt der Klägerinnen … *(liegen)* deutlich über dem rechnerischen, abstrakten Grenzwert des "Bundesweiten Heizspiegels", ohne dass die Mutter der Klägerinnen Gründe vorgebracht hätte, die die damit verbundene Indizwirkung hinsichtlich ihrer Unangemessenheit erschüttert hätten… Neben der **Obliegenheit zur Kostensenkung** durch den Leistungsberechtigten … folgt … aus § 22 Abs. 1 Satz 3 SGB II bei unangemessenen Kosten aber zugleich die Durchführung eines **Kostensenkungsverfahrens** durch das Jobcenter, das die leistungsberechtigte Person in die Lage versetzt, ihrer Kostensenkungsobliegenheit nachzukommen…
Die mit einer Kostensenkungsaufforderung verbundene Aufklärungs- und Warnfunktion soll der leistungsberechtigten Person Klarheit über die aus Sicht

des Jobcenters angemessenen Aufwendungen und die maßgebliche Rechtslage verschaffen, sie damit in die Lage versetzen, ihr Verhalten in Bezug auf die für angemessen erachteten Bedarfe einzustellen und sie gewährleistet, dass sich die Normadressaten auf - künftige - Entscheidungen der Verwaltung einstellen können... Diesem Erfordernis ist ... durch einen Hinweis Rechnung zu tragen, aus dem hinreichend konkret ersichtlich ist, welche Heizkosten der Leistungsträger als angemessen erachtet. ... Nur ein solches Verständnis des § 22 Abs. 1 Satz 3 SGB II trägt dem verfassungsrechtlichen Gebot der tatsächlichen Sicherung einer menschenwürdigen Existenz vor dem Hintergrund Rechnung, dass es sich bei den Kosten für Unterkunft und Heizung um eine der **grundrechtsintensivsten Bedarfspositionen** handelt, weil sie die grundlegende Wohn- und Lebenssituation eines Menschen betreffen...
Von der Erforderlichkeit eines solchen Hinweises ist auch dann **keine Ausnahme** zu machen, **wenn Grenzwerte des "Bundesweiten Heizspiegels" deutlich ("extrem") überschritten** werden. Auch in diesem Fall ist der leistungsberechtigten Person mangels gegenteiliger Anhaltspunkte und von Fällen anderweitiger **Kenntnis** oder des nachweislichen **Missbrauchs** abgesehen eine entsprechende Erkenntnismöglichkeit erst im Wissen um den tatsächlichen und den abstrakt angemessenen Verbrauch gegeben."

BSG, Urteil vom 08.05.2019, B 14 AS 20/18 R:
„Aufwendungen für eine jährliche **Heizmaterialbevorratung** sind im **Fälligkeitsmonat** auch dann in tatsächlicher Höhe als Bedarf für Heizung anzuerkennen, wenn nicht zu erwarten ist, dass über den gesamten Zeitraum existenzsichernde Leistungen nach dem SGB II bezogen werden. ... Das gilt für unregelmäßige oder in größeren Zeitabständen anfallende Zahlungsverpflichtungen grundsätzlich in gleicher Weise wie für laufende Kosten. **Auch einmalige unterkunftsbezogene Aufwendungen** sind von § 22 Abs. 1 SGB II erfasst und als tatsächlicher Bedarf im Monat ihrer Fälligkeit anzuerkennen, **nicht** aber **auf längere Zeiträume zu verteilen**... Demnach gehören insbesondere Nachforderungen auf Nebenkosten grundsätzlich im Fälligkeitsmonat zum aktuellen Bedarf einer weiterhin bewohnten Unterkunft... Ebenso verhält es sich bei Aufwendungen für Eigentumswohnungen und Eigenheime, weil insbesondere die Betriebskosten für Eigenheime regelmäßig nicht monatlich, sondern ggf. jährlich, halbjährlich oder vierteljährlich anfallen... Das gilt ... auch bei einem nur kurzzeitigen Leistungsbezug. ... Unbeachtlich ist hingegen grundsätzlich, für welchen Zeitraum die bedarfsbegründende Aufwendung ... jeweils bestimmt ist. ... Solange **abweichende normative Vorgaben** nicht bestehen ..., sind unterkunfts- und heizungsbezogene Zahlungsverpflichtungen allein im Fälligkeitsmonat bedarfsrelevant und so wenig (fiktiv) auf einen längeren Zeitraum zu verteilen wie Leistungsberechtigte auf den Einsatz bereits verbrauchter einmaliger oder sonstiger fiktiver Einnahmen verwiesen sind...
Abweichende normative Bedarfszuordnungen für die Heizmaterialbevorratung bestehen nicht. § 22 Abs. 2 Satz 1 SGB II betrifft ausschließlich unabweisbare Aufwendungen für Instandhaltung und Reparatur bei selbst bewohntem Wohneigentum..."

BSG, Urteil vom 03.12.2015, B 4 AS 47/14 R:
„Das SG *(hat)* zutreffend die Aufwendungen eines Eigentümers durch den **Betrieb einer Heizungsanlage** als einen Bedarf angesehen, der durch Leistungen für Heizung … zu decken ist. Der Senat hält insoweit an seiner bisherigen Rechtsauffassung fest. Anlass für eine Änderung dieser durch die Rechtslage nach dem RBEG/SGBII/SGB XII-ÄndG besteht nicht. Nicht abschließend zu bewerten vermochte der Senat allerdings die Höhe der … Leistungen. Zwar ist es nicht zu beanstanden, dass das SG insoweit eine Schätzung des Bedarfs vorgenommen hat. Auch stand ihm hierfür ein tatrichterlicher Beurteilungsspielraum zur Seite. Allerdings muss die **Schätzung auf Grundlage nachvollziehbarer Ausgangs- und Anknüpfungstatsachen** erfolgen. Das ist hier nicht der Fall. Das SG hat als Anknüpfungstatsache seiner Schätzung den Wert des Bereitschafts-Energieverbrauchs für 24 Stunden gewählt. Hierfür fehlt es jedoch an einer nachvollziehbaren Begründung. Im Berufungsverfahren wird das LSG … die Höhe der Unterkunftsleistungen zu ermitteln haben. Soweit es sich dazu der Schätzung bedient, liegt es nahe, auf die in der mietrechtlichen Rechtsprechung hierfür verwandten und anerkannten Methoden zurückzugreifen. Dort ist anerkannt, entweder auf einen geschätzten Anteil (i. d. R. **5%**) **der Brennstoffkosten** abzustellen **oder** die **Verbrauchswerte der elektrischen Vorrichtungen der Heizungsanlage** zu ermitteln und diese anhand von Erfahrungswerten **mit der durchschnittlichen Betriebszeit hochzurechnen**.“
Zitiert nach dem Terminbericht Nr. 54/15 des Bundessozialgerichts

BSG, Urteil vom 18.11.2014, B 4 AS 9/14 R:
„Da die Höhe der konkret-individuellen Aufwendungen für die Heizung aufgrund der **einheitlichen Vorauszahlung der monatlichen Betriebs- und Heizkosten** … nicht beziffert waren, sind diese in einem **ersten Schritt** in der Weise zu berechnen, dass von den einheitlichen Vorauszahlungen von monatlich 100 Euro die **abstrakt angemessenen Betriebskosten** … von 1,16 Euro/qm abzusetzen sind. Der verbliebene Betrag … von 47,80 Euro ist den Heizkosten zuzurechnen. In einem **zweiten Schritt** ist zu **prüfen**, **ob diese Werte unter den Beträgen aus den bundesweiten Heizspiegeln** für 2011 und 2012 **verbleiben**… Die Berechnungen der zu übernehmenden ("tatsächlichen") Heizkosten auf der Grundlage der nachträglichen Abrechnungen … mit den Ergebnissen für Heizkosten … von 39,93 Euro für 2011 und 38,98 Euro für 2012 hätten die Konsequenz, dass die Bedarfe für Unterkunft und Heizung … nicht gedeckt wären. Berücksichtigungsfähige Kosten für Unterkunft und Heizung sind aber die monatlichen Abschlagszahlungen gegenüber dem Vermieter, grundsätzlich unabhängig von eventuell später erfolgenden Erstattungen oder Nachforderungen… Dies beruht auf dem für die KdU geltenden Grundsatz, dass an die rechtliche und tatsächliche Verpflichtung zur Mietzinszahlung im Rahmen des Mietverhältnisses angeknüpft wird.“

BSG, Urteil vom 12.06.2013, B 14 AS 60/12 R:
„Im vorliegenden Fall ist der maßgebliche Grenzwert überschritten. …der Senat *(neigt)* dazu, bei Wohnungen, die mit einer **Etagenheizung** beheizt werden,

zugunsten der Hilfebedürftigen den Wert für eine Gebäudefläche von 100 bis 250 qm zugrunde zu legen, weil diese den Verbrauchswerten einer Einzelheizanlage am nächsten kommen. Schließlich liegt nahe, für **Energieträger, die im Heizspiegel nicht gesondert aufgeführt sind** (Strom, Holz, Solarenergie o. ä.), den jeweils kostenaufwändigsten Energieträger des Heizspiegels vergleichend zugrunde zu legen. ... Auch unangemessen hohe ... Kosten, die der .. Leistungsempfänger nicht beeinflussen kann, berechtigten den Träger der Grundsicherung im Grundsatz nicht anders als bei überhöhten Unterkunftskosten **Kostensenkungsmaßnahmen** einzufordern. ... Der **Wohnungswechsel** als Kostensenkungsmaßnahme ... ist aber nur zumutbar, wenn **in einer alternativ zu beziehenden Wohnung** insgesamt **keine höheren Kosten** als bisher anfallen. Nur ein Wohnungswechsel, mit dem dieses Ziel erreicht werden kann, ist das von dem .. Leistungsempfänger geforderte "wirtschaftliche Verhalten". ...die am 29.1.2009 ausgesprochene Aufforderung zur Senkung der Kosten *(genügte)* für die ... Absenkung ab dem 1.6.2010 nicht. Dies liegt schon deshalb nahe, weil eine Kostensenkung vorrangig durch Energieeinsparungen bei jährlicher Abrechnung der .. Kosten durch ein Energieversorgungsunternehmen nicht innerhalb von sechs Monaten realisierbar ist und es angezeigt erscheinen könnte, wegen der Kostensenkung durch Einsparung von Energie ... regelmäßig einen **längeren Zeitraum zur Änderung des Verbrauchsverhaltens** zuzubilligen."

BSG, Urteil vom 24.11.2011, B 14 AS 121/10 R:
„Entgegen der Auffassung des LSG ... *(gehören)* die gesamten, **auf Grundlage von § 2 HeizkostenV abgerechneten** und nachgeforderten **Kosten** zu den berücksichtigungsfähigen Kosten der Unterkunft und Heizung... Sie sind **in tatsächlicher Höhe zu übernehmen**. ... Die Abgrenzung von Schulden für eine Unterkunft von den übrigen Kosten der Unterkunft und Heizung ist ... unabhängig von der zivilrechtlichen Einordnung zu treffen. ... Unerheblich für die Abgrenzung ist .., dass hinzutretende Verbindlichkeiten teilweise auf dem Verbrauch in **Zeiträumen** beruhen, **in denen keine Hilfebedürftigkeit bestand**. Soweit Verbindlichkeiten erst nach Eintritt der Bedürftigkeit entstanden sind, gehören sie - jedenfalls solange die Wohnung weiterhin bewohnt wird - zu den Aufwendungen i. S. d. § 22 Abs. 1 S. 1 SGB II..."

BSG, Urteil vom 07.07.2011, B 14 AS 154/10 R:
„Soweit der Beklagte meint, aufgrund des in der Wohnung des Klägers befindlichen **Warmwasserzählers** erfolge eine isolierte Erfassung des Verbrauchs und in Verbindung mit der erfolgten Abrechnung nach der Heizkostenverordnung seien die Voraussetzungen für eine isolierte Erfassung der Kosten der Warmwasserbereitung ... erfüllt, kann dem nicht gefolgt werden. Zwar stellt sich ... die Frage nach einer Pauschalierung der Kosten der Warmwasserbereitung nicht, wenn eine isolierte Erfassung der Kosten der Warmwasserbereitung erfolgt. Dies erfordert jedoch ... nicht nur **technische Einrichtungen** zur Bestimmung des Warmwasserverbrauches ..., sondern auch für die **Kosten**

der Warmwasserbereitung, also die Kosten des in der Regelleistung enthaltenen Energieverbrauchs. Denn nur, wenn der Hilfebedürftige die Kosten selbstverantwortlich steuern kann, ist es gerechtfertigt, von ihm deren Übernahme im Rahmen seiner pauschalierten Regelleistung zu verlangen. ...eine korrekte **Abrechnung nach der Heizkostenverordnung** ... *(erfüllt)* gerade **nicht** die Voraussetzung für eine isolierte Erfassung der Kosten der Warmwasserbereitung..."

BSG, Urteil vom 07.07.2011, B 14 AS 51/10 R:
„Ebenso wie die Kosten für die Warmwasserbereitung Bestandteil der Regelleistung ... waren, müssen auch die Kosten für Strom, sofern er nicht zur Erzeugung von Heizenergie benutzt wird, aus der maßgeblichen Regelleistung gedeckt werden... Anders verhält es sich dagegen bei den ... **Stromkosten für die Heizungspumpe**. Die angemessenen Heizkosten sind neben der angemessenen Nettokaltmiete und den angemessenen Nebenkosten selbstständig zu ermitteln. Hier ist im Hinblick auf die Gleichbehandlung zwischen einem Eigentümer eines selbst genutzten Hausgrundstücks und einem hilfebedürftigen Mieter zu berücksichtigen, dass bei den Vorauszahlungen, die an den Vermieter für die Beheizung der Unterkunft zu leisten sind, Kosten des Betriebs einer zentralen Heizungsanlage enthalten sind. Dazu gehören gemäß § 2 Nr. 4 Buchst. a BetrKV auch die Kosten des Betriebsstroms der Heizungsanlage. ... Allerdings sind immer nur **tatsächliche und belegte Aufwendungen** berücksichtigungsfähig, nicht dagegen allgemeine Pauschalen... Sollte für den Heizungsstrom kein separater Zähler ... existieren, sodass die Stromkosten nicht konkret ausgewiesen werden können, käme auch eine **Schätzung** in Betracht... Allerdings sind vom LSG weitere Ermittlungen anzustellen, um einen Bezugspunkt für eine realitätsnahe Schätzung des Energieanteils, der auf die Heizung entfällt, zu finden..."

BSG, Urteil vom 10.05.2011, B 4 AS 100/10 R:
„Mit Urteil vom 23.10.2009 hat das LSG der Klägerin einen Anspruch auf Gewährung höherer Leistungen für Kosten der Unterkunft und Heizung zugesprochen. Insoweit sei bei den Kosten für Unterkunft und Heizung (KdU) ein Anteil an den **Stromkosten**, der für eine angemessene **Beheizung des Bades** mittels des vorhandenen **Heizlüfters** erforderlich sei, ergänzend zu berücksichtigen. Der konkrete Stromverbrauch des Heizlüfters zur Beheizung des Bades ... werde nicht erfasst. Die vom SG berücksichtigte **Betriebsdauer** des Heizlüfters von einer halben Stunde **täglich** sei sehr knapp bemessen, weshalb zu Gunsten der Klägerin im Rahmen der Schätzung **eine volle Stunde** zugrunde gelegt werde. ... Der Ansatz des LSG hinsichtlich der hier ausnahmsweise als KdU anteilig zu berücksichtigenden Stromkosten ist nicht zu beanstanden."

BSG, Urteil vom 06.04.2011, B 4 AS 16/10 R:
„Erfolgt eine einheitliche Bereitstellung der Fernwärme für Heizung und Warmwasser, ist also eine zweifelsfreie Trennung der tatsächlichen Aufwendungen

nach den normativ in § 20 SGB II enthaltenen Kosten für die Warmwasserbereitung und den ... Aufwendungen für Heizung tatsächlich nicht möglich ..., sind auch die Aufwendungen des Hilfebedürftigen für **Warmwasser** als nicht bestimmbarer Anteil **gemeinsam** mit denen für **Heizung zu bewerten** und damit grundsätzlich in tatsächlich geschuldeter Höhe erstattungsfähig... Soweit mit den Kosten für Heizung - tatsächlich und nicht abtrennbar - Kosten für die Warmwasserbereitung verbunden sind, greift der Grundsatz der tatsächlichen Bedarfsdeckung deshalb auch hinsichtlich dieser Kosten. Eine nicht auf dem tatsächlichen konkreten Verbrauch beruhende mietvertragliche Festlegung des Kostenanteils für Warmwasser kann deshalb **nicht** zu Lasten des Hilfebedürftigen zu einem Abzug führen, der **über den Regelleistungsanteil für Warmwasser hinaus**geht."

<u>BSG, Urteil vom 24.02.2011, B 14 AS 52/09 R:</u>
„Bei einem gemeinsamen Vorauszahlungsbetrag für die eigentlichen Heizkosten und die Kosten der **Warmwasserbereitung** kann bei einer Regelleistung von 345 € nur ... 6,22 € abgezogen werden. Die Voraussetzungen für eine Ausnahme von dieser Pauschalierung bei einer isolierten **Erfassung der Kosten der Warmwasserbereitung** sind .. nicht erfüllt. Denn es ist nicht möglich, die ... nach dem Mietvertrag zu leistende Vorauszahlung für warme Betriebskosten ... von 27 € monatlich auf die eigentlichen Heizkosten zur Erwärmung der Wohnung und die Kosten der Warmwasserbereitung aufzuteilen. Nach dem Mietvertrag war der Kläger ohne nähere Differenzierung zur Leistung dieses Betrages als warme Betriebskosten, also zusammen für die eigentlichen Heizkosten und die Kosten der Warmwasserbereitung verpflichtet."
Zitiert nach dem Terminbericht Nr. 8/11 des Bundessozialgerichts

<u>BSG, Urteil vom 17.12.2009, B 4 AS 50/09 R:</u>
„Da die tatsächlichen Aufwendungen ... für Unterkunft und Heizung ... höher sind als der ... eingeklagte Betrag ... brauchte der Senat nicht über die ... Frage nach der gemeinsamen Angemessenheitsprüfung von Unterkunfts- und Heizkosten zu befinden. Der Senat verweist ... auf die Ausführungen des 14. Senats vom 2.7.2009 (B 14 AS 36/08 R), denen er sich anschließt... Danach ist die **Angemessenheit** der beiden Kostenarten **unabhängig voneinander zu beurteilen**. Dieses gilt auch für das Kostensenkungsverfahren. Solange die Heizkosten jedoch nicht die Angemessenheitsgrenze nach dem jeweils einschlägigen Heizkostenspiegel, bezogen auf Heizart und angemessene Wohnungsgröße überschreiten, sind sie vom Grundsicherungsträger zu übernehmen und es scheidet ein **Kostensenkungsverfahren wegen der Heizkosten** aus."

<u>BSG, Urteil vom 22.09.2009, B 4 AS 70/08 R:</u>
„Auszugehen ist vielmehr davon, dass Heizkosten in Höhe der tatsächlichen Aufwendungen lediglich dann nicht erstattungsfähig sind, wenn sie bei sachge-

rechter und wirtschaftlicher Beheizung als der Höhe nach nicht erforderlich erscheinen. ... Bei der in jedem Fall durchzuführenden **konkreten Prüfung** müssen sodann ggf. auch die besonderen **individuellen Gegebenheiten** mit einbezogen werden. Hierzu gehören z. B. die besonderen **klimatischen Bedingungen** des Wohnortes der Klägerin."

BSG, Urteil vom 22.09.2009, B 4 AS 8/09 R:
„Die Erhöhung der Regelleistung zum 1.7.2007 ist erst durch die Bekanntmachung vom 18.6.2007 ... auf Grundlage des § 20 Abs. 4 SGB II, also der Anpassung an den aktuellen Rentenwert erfolgt. **Die "neue" EVS hatte** mithin **keine Auswirkungen auf die Höhe der Regelleistung**... Aus diesem Grunde hat der 14. Senat konsequenterweise auch den **Anteil der Kosten der Warmwasserbereitung** lediglich **um den** prozentualen Anpassungsbetrag (**Dynamisierungsbetrag**) der Regelleistung, **also 0,58% erhöht**. Auch der erkennende Senat geht davon aus, dass sich diese Erhöhung gleichmäßig auf alle in die Regelleistung eingeflossenen Bedarfe auswirkt, also auch auf die für Haushaltsenergie."

BSG, Urteil vom 20.08.2009, B 14 AS 65/08 R:
„Es obliegt dann aber im Regelfall dem Hilfesuchenden vorzubringen, warum seine Aufwendungen für die Heizung überdurchschnittlich hoch, im jeweiligen Einzelfall aber gleichwohl noch als angemessen anzusehen sind. Dabei **kommt Gründen, die in der Person des Hilfesuchenden liegen** (z. B. Bettlägerigkeit, Zugehörigkeit kleiner Kinder zur Bedarfsgemeinschaft...), gegenüber Gründen, die in der Beschaffenheit oder Größe der Wohnung liegen, **größeres Gewicht zu**."

BSG, Urteil vom 02.07.2009, B 14 AS 36/08 R:
„Bei der **Angemessenheitsprüfung** ist ein **konkret-individueller Maßstab** anzulegen. Die Angemessenheitsprüfung hat ... getrennt von der Prüfung der Angemessenheit der Unterkunftskosten zu erfolgen... Die tatsächlich anfallenden Kosten sind als angemessen anzusehen, soweit sie nicht einen **Grenzwert** überschreiten, **der unangemessenes Heizen indiziert**... Zu den tatsächlichen Aufwendungen für die Heizung ... in Mietwohnungen gehören bei entsprechender vertraglicher Vereinbarung ... die ... monatlichen ... Heizkostenvorauszahlungen. ... Soweit sich in Folgezeiträumen Betriebskostenrückzahlungen ergeben, mindern diese nicht die Aufwendungen in den vorangehenden Zeiträumen... Kommt es nach Abrechnung der tatsächlich verbrauchten Wärme dagegen zu **Nachzahlungsverlangen** des Vermieters, gehören solche einmalig geschuldeten Zahlungen zum aktuellen **Bedarf im Fälligkeitsmonat**...
Das LSG wird ... **grundsätzlich** die **tatsächlichen Heizkosten** ... als **angemessen** zu Grunde zu legen haben. Soweit die Beklagte die Heizkostenvorauszahlungen ... nur in dem Verhältnis als angemessen anerkannt hat, in dem die abstrakt angemessene Wohnungsfläche zur tatsächlichen Wohnungsfläche

steht (also nach dem sog "**Flächenüberhangprinzip**"), ist dies **mit der Funktion der Angemessenheitsgrenze**, lediglich die Übernahme unverhältnismäßig hoher Heizkosten auszuschließen, **nicht zu vereinbaren**. Aus der Größe der Wohnung alleine lässt sich nicht der Schluss ziehen, für die Wohnung aufgewandte Heizkosten seien unangemessen hoch. ... Dies bedeutet jedoch **nicht**, dass die **Heizkosten in jedem Falle und in jeder Höhe zu übernehmen** sind. ... Eklatant kostspieliges oder unwirtschaftliches Heizen ist ... nicht zu finanzieren. Anhaltspunkte dafür, dass die Heizkosten unangemessen hoch sind, können sich insbesondere daraus ergeben, dass die tatsächlich anfallenden Kosten die durchschnittlich aufgewandten Kosten aller Verbraucher für eine Wohnung der den abstrakten Angemessenheitskriterien entsprechenden Größe signifikant überschreiten. Zur **Bestimmung eines** solchen **Grenzwertes** hält es der Senat für den Regelfall einer mit Öl, Erdgas oder Fernwärme beheizten Wohnung für möglich, die ... "Kommunalen Heizspiegel" bzw. - soweit diese für das Gebiet des jeweiligen Trägers fehlen - den "Bundesweiten **Heizspiegel**" heranzuziehen... Der Grundsicherungsempfänger kann also im Regelfall die tatsächlichen Heizkosten nur bis zur Obergrenze aus dem **Produkt des Wertes für extrem hohe Heizkosten mit der angemessenen Wohnfläche** (in Quadratmetern) geltend machen. ... Soweit die konkret geltend gemachten tatsächlichen **Heizkosten** den ... **Grenzwert überschreiten**, besteht Anlass für die Annahme, dass diese Kosten auch **unangemessen** hoch i. S. des § 22 Abs. 1 Satz 1 SGB II sind. ... Soweit jedoch der genannte Grenzwert erreicht ist, sind auch von einem Hilfebedürftigen Maßnahmen zu erwarten, die zur **Senkung der Heizkosten** führen. Es obliegt ... dann dem Hilfesuchenden, konkret vorzubringen, warum seine Aufwendungen für die Heizung über dem Grenzwert liegen, im jeweiligen Einzelfall aber gleichwohl noch als angemessen anzusehen sind."

BSG, Urteil vom 19.09.2008, B 14 AS 54/07 R:
„Nach § 22 Abs. 1 Satz 2 SGB II ... sind für einen Zeitraum von **sechs Monate**n nicht nur die tatsächlichen Unterkunftskosten, sondern auch die **tatsächlichen Heizkosten** für diese Unterkunft zu berücksichtigen. ... Die für das von den Klägern bewohnte **Eigenheim** geltend gemachten Nebenkosten hat die Beklagte bis auf die Kosten der **Öltank-** sowie der **Kessel- und Brennerreinigung** zutreffend berücksichtigt. Zu den Unterkunftskosten für selbst genutzte Hausgrundstücke zählen grundsätzlich alle notwendigen Ausgaben, die bei der Berechnung der Einkünfte aus Vermietung und Verpachtung abzusetzen sind... Das LSG wird ... zu prüfen haben, ob die geltend gemachten Reinigungskosten als notwendiger Erhaltungs- oder Bewirtschaftungsaufwand zu berücksichtigen sind. Sind tatsächlich Heizkosten entstanden, sind sie ebenso wie die übrigen Unterkunftskosten zu übernehmen, soweit sie angemessen sind ... Erforderlich ist stets eine **Einzelfallentscheidung**, die den jeweiligen Besonderheiten Rechnung trägt. ... Die Angemessenheit des Hausgrundstücks i. S. des § 12 Abs. 3 Satz 1 Nr. 4 SGB II indiziert noch nicht die Angemessenheit der Unterkunftskosten für dieses Haus i. S. des § 22 SGB II. Die Frage der Angemessenheit der Unterkunftskosten ist vielmehr für **Mieter und Hauseigentümer** nach **einheitlichen Kriterien** zu beantworten... Zu dem

Grundbedürfnis "Wohnen", das von § 22 SGB II geschützt wird, ... gehört ... auch eine **angemessene Raumtemperatur**. Wenn der Grundsicherungsträger für die **"Schonfrist" von sechs Monaten** unangemessene Kosten für eine Wohnung tragen muss, folgt hieraus notwendig, dass auch die tatsächlichen Heizkosten für diese Wohnung im Rahmen des für diese Wohnung Angemessenen zu übernehmen sind. Dies gilt aber erst recht, wenn die Kosten der Unterkunft ... nicht unangemessen sind. Sind allein die tatsächlichen **Heizkosten unangemessen**, weil sie auf eine unangemessen große Wohnfläche entfallen, sind auch sie nach der Ratio des Gesetzes jedenfalls für einen Übergangszeitraum von sechs Monaten zu übernehmen. Dabei macht es keinen Unterschied, ob die Kosten monatlich oder einmalig im Bewilligungszeitraum anfallen. Einschränkungen könnten sich allenfalls aus einem **unwirtschaftlichen Heizverhalten** ergeben..."

BSG, Beschluss vom 16.05.2007, B 7b AS 40/06 R:
„...lässt § 22 SGB II ... die Gewährung von **Pauschalen** anstatt der Übernahme der tatsächlichen Aufwendungen für die Beschaffung von Heizöl nicht zu. ... Unter § 22 Abs. 1 SGB II fallen jedoch nicht nur laufende Kosten, sondern auch **einmalige Kosten**, die beispielsweise für die Beschaffung von Heizmaterial anfallen... Der Bedarf für Heizmittel entsteht erst dann, wenn für den Bewilligungszeitraum (§ 41 SGB II) kein Brennmaterial mehr vorhanden ist. Die tatsächlichen Aufwendungen entstehen aber erst in der Folge der Lieferung von Heizmaterial. Es besteht daher im Regelfall **keine Verpflichtung** der Beklagten, **vor der Lieferung eine Kostenübernahmeerklärung abzugeben**. Etwas anderes könnte indes dann gelten, wenn der Heizmittellieferant nur bereit wäre, gegen sofortige Barzahlung zu liefern. ... Hat der Hilfebedürftige bereits Heizmaterial gekauft und auch vor Eintritt der Hilfebedürftigkeit bezahlt, kann er diese Kosten nicht nach § 22 Abs. 1 SGB II vom Grundsicherungsträger erstattet bekommen, weil es sich hierbei nicht um aktuelle tatsächliche Aufwendungen handeln würde und ein **Anspruch auf Ersatz bereits früher getätigter Aufwendungen nicht besteht**... Wurde vor Eintritt der Hilfebedürftigkeit Heizmaterial geliefert, das während des Alg II-Bezugs noch nicht (vollständig) bezahlt wurde, so kommt eine Schuldübernahme in Betracht. Nunmehr können über § 22 Abs. 5 SGB II ... auch Schulden für Heizkosten übernommen werden. Eine darlehensweise Übernahme der Schulden nach § 23 Abs. 1 Satz 1 SGB II scheidet jedoch aus ... Eine mehrmonatige **Bevorratung** mit Heizmaterial ist auch nicht systemwidrig, was sich aus § 41 Abs. 1 Satz 4, 5 SGB II... mittelbar ergibt. ... Vor diesem Hintergrund muss bei der angemessenen Menge des Heizmaterials auf den jeweiligen Bewilligungszeitraum abgestellt werden; **der Zeitraum für den angenommenen Heizmaterialbedarf sollte mit dem Bewilligungszeitraum in der Regel deckungsgleich sein**... Eine weitergehende "Bevorratung" kann dann sinnvoll sein, wenn ein weiterer SGB II-Leistungsbezug hinreichend wahrscheinlich ist."

Zur Zusicherung:

BSG, Urteil vom 25.04.2018, B 14 AS 21/17 R:
„Das Zusicherungserfordernis vor einem Umzug und die leistungsrechtlichen Folgen seiner Nichteinhaltung greifen nach **§ 22 Abs. 5** Satz 1 SGB II nur dann, wenn eine Person, die das 25. Lebensjahr noch nicht vollendet hat, in eine Unterkunft umzieht, über die durch den jungen Erwachsenen **vor dem Umzug ein Vertrag abgeschlossen** wird... Zwar kann eine Zusicherung nach § 22 Abs. 5 SGB II, anders als die nach § 22 Abs. 4 SGB II, auch **ohne ein konkretes Wohnungsangebot** für eine zu beziehende Wohnung eingeholt werden... Doch das Erfordernis der Zusicherung nach § 22 Abs. 5 SGB II erfasst nur Umzüge in eine Unterkunft, über die vor dem Umzug ein Vertrag abgeschlossen wird. Allein ein Umzug löst nicht bereits das Zusicherungserfordernis aus. ... Diese Anknüpfung der Zusicherung ... an einen Vertrag ist auch sachgerecht, denn für sie spricht die Warnfunktion des beabsichtigten Vertragsschlusses über die neue Unterkunft. Bevor ein hilfebedürftiger junger Erwachsener rechtsverbindliche vertragliche Pflichten mit Blick auf nach einem Umzug zu tragende Aufwendungen für Unterkunft und Heizung für eine neue Unterkunft eingeht, besteht für diesen grundsätzlich Veranlassung, die künftige Anerkennung von Aufwendungen für Unterkunft und Heizung ... zu klären. Bei einem Umzug, der nicht mit der Eingehung vertraglicher Zahlungsverpflichtungen für die neue Unterkunft verbunden ist, kommt diese Warnfunktion nicht zum Tragen. ... Es fehlen ... Feststellungen des LSG dazu, ob der Umzug mit der Eingehung vertraglicher Verpflichtungen durch den Kläger zur Zahlung von Aufwendungen für seine neue Unterkunft verbunden war."

BSG, Urteil vom 06.08.2014, B 4 AS 37/13 R:
„Da die Klägerin den Umzug .. durchgeführt hat, ist ihr Begehren nicht mehr auf die Erteilung der Zusicherung, sondern die **Übernahme der** ihr durch den Umzug entstandenen **Kosten** gerichtet. ... ein Antrag auf Zusicherung der Übernahme der in § 22 Abs. 3 S. 1 SGB II benannten Aufwendungen *(war)* vor dem Abschluss des Mietvertrags für das Haus nicht erforderlich. ... Auch ist die Erteilung einer vorherigen **Zusicherung nach § 22 Abs. 2 SGB II nicht Voraussetzung für die Übernahme der Aufwendungen i. S. des § 22 Abs. 3** SGB II. Dies folgt aus dem Regelungsgefüge des § 22 Abs. 1 bis 3 SGB II sowie dem Tatbestand des § 22 Abs. 3 SGB II... Vom Regelfall der Veranlassung durch den kommunalen Träger ist auszugehen, wenn der Umzug zur Verminderung der tatsächlichen Kosten der Unterkunft geboten ist. Es muss sowohl der Auszug aus der bisherigen Unterkunft als auch der Einzug in die konkrete neue Wohnung vom kommunalen Träger veranlasst sein... Eine Notwendigkeit des Umzugs aus anderen Gründen kann bestehen, wenn der Auszug von anderer Seite als durch den kommunalen Träger veranlasst wurde, wie es etwa bei einer auf die Bundesagentur für Arbeit zurückgehenden Eingliederungsmaßnahme der Fall wäre... Eine Notwendigkeit des Auszuges ist ferner bei einer Kündigung oder Räumungsklage des Vermieters gegeben. Das LSG wird ggf. hierzu weitere Feststellungen zu treffen haben. ...wenn **kein Regelfall** anzunehmen ist, liegt ein atypischer Fall nach § 22 Abs. 3 S. 1 SGB II a. F. vor,

welcher ... eine **Ermessensentscheidung** verlangt. ... Dem Leistungsträger wird durch § 22 Abs. 3 S. 1 SGB II a. F. sowohl bezüglich des "Ob" als auch des "Wie" der Leistungserbringung Ermessen eingeräumt.“

BSG, Urteil vom 22.11.2011, B 4 AS 219/10 R:
„Die Revisionen der Kläger hatten keinen Erfolg, weil sie **keine**n Anspruch auf die beantragte ... **Zusicherung** der Angemessenheit der Kosten der Unterkunft **für die** von ihnen tatsächlich **innegehabte Wohnung** haben. Eine derartige Feststellung ist gesetzlich nicht vorgesehen, weil sich § 22 Abs. 2 Satz 1 SGB II ausdrücklich auf die Erteilung einer Zusicherung bei Abschluss eines Vertrags über eine neue Unterkunft bezieht. Eine **analoge Anwendung** dieser Regelung **kommt nicht in Betracht**, weil es an einer planwidrigen Regelungslücke fehlt. Insofern ergibt sich auch aus § 22 Abs. 1 Satz 3 SGB II, dass bei einem Dissens über die Angemessenheit von tatsächlichen Unterkunftskosten keine isolierte gerichtliche Vorklärung in einem vorgelagerten Zusicherungsverfahren erfolgt. Allerdings ist bei einem widersprüchlichen Verhalten des Trägers der Grundsicherung für Arbeitsuchende dem Hilfebedürftigen ggf. die Senkung der Unterkunftskosten nicht möglich oder unzumutbar.“
Zitiert nach dem Terminbericht Nr. 58/11 des Bundessozialgerichts

BSG, Urteil vom 06.04.2011, B 4 AS 5/10 R:
„Ihr Antrag war nicht auf eine konkrete Kostenzusage gerichtet, weil noch keine Wohnung feststand, in welche ggf. ein Umzug erfolgen konnte. Vielmehr ging es ihnen um die Erteilung einer "**abstrakten Zusicherung**" der Übernahme künftiger angemessener Unterkunftskosten wegen grundsätzlicher Erforderlichkeit eines Umzugs aus der bisherigen Wohnung in eine künftige Wohnung mit angemessenen Unterkunftskosten. ... Mit dem **Umzug** ... in eine neue Wohnung ... ist eine Änderung in den tatsächlichen Verhältnissen dergestalt eingetreten, dass das **Rechtsschutzinteresse** für die Klagen ... **entfallen** ist. Insofern gilt der allgemeine Grundsatz, dass niemand die Gerichte grundlos in Anspruch nehmen darf.“

BSG, Urteil vom 30.08.2010, B 4 AS 10/10 R:
„Aus dem Wortlaut des § 22 Abs. 1 Satz 2 SGB II könnte zwar ... geschlossen werden, dass es auf das Vorliegen von Hilfebedürftigkeit (nur) zum eigentlichen Zeitpunkt des Umzugs ankommt. Der systematische Zusammenhang des § 22 Abs. 1 Satz 2 SGB II mit § 22 Abs. 2 Satz 1 SGB II und § 22 Abs. 1 Satz 3 SGB II sowie der Sinn und Zweck der Begrenzungsregelung des § 22 Abs. 1 Satz 2 SGB II belegen jedoch, dass der **Begriff des "Umzugs"** i. S. des § 22 Abs. 1 Satz 2 SGB II in einem weiteren Sinne zu verstehen ist und entscheidend auf den **Zeitpunkt des Eingehens des Mietverhältnisses** abzustellen ist. ... **Besteht im eigentlichen Umzugszeitpunkt objektiv keine Hilfebedürftigkeit, darf eine Begrenzung der Kostenübernahme** nach § 22 Abs. 1 Satz 2 SGB II bei einer später entstehenden Hilfebedürftigkeit **nicht erfolgen**... Darüber

hinaus bringt der Wortlaut des § 22 Abs. 1 Satz 2 SGB II aber auch ein allgemeines **Kausalitätserfordernis** zwischen einem **Umzug** und einem **Anstieg der Unterkunftskosten** zum Ausdruck. Dies spricht dafür, unter dem Begriff des "Umzugs" neben dem eigentlichen Umzug auch die dafür **notwendigen Vorbereitungshandlungen** zu verstehen. Der tatsächliche Akt des Umzugs allein führt in der Regel nicht zu höheren Mietaufwendungen. ... Besteht zum Zeitpunkt des Umzugs Hilfebedürftigkeit, ist darauf abzustellen, ob Hilfebedürftigkeit auch bei Begründung der rechtlichen Verpflichtung zur Erbringung von ggf. höheren als der bisherigen Aufwendungen vorlag. ... Entsprechend ist der Senat davon ausgegangen, dass mit der Regelung dem Leistungsmissbrauch eine Grenze gesetzt und Kostensteigerungen für Leistungen der KdU innerhalb der kommunalen Grenzen vorgebeugt werden sollte... Dieser **Missbrauchs- und Steuerungsgedanke** greift jedoch nur, wenn der Grundsicherungsträger auch steuernd über die Möglichkeit eines Zusicherungsverfahrens nach § 22 Abs. 2 Satz 1 SGB II tätig werden kann. Die Obliegenheit des Hilfebedürftigen zur Einholung einer Zusicherung und die hiermit korrespondierende Zusicherungsverpflichtung des Trägers der Grundsicherung für Arbeitsuchende setzen jedoch eine **Hilfebedürftigkeit bereits bei Eingehen des Mietverhältnisses** voraus. ... Nur mit dem tatsächlichen Eintritt von Hilfebedürftigkeit, nicht bereits mit der (subjektiven) Erwartung einer Leistungsberechtigung oder einer Antragstellung hat der Gesetzgeber die Obliegenheit zur Einholung einer Zusicherung ... und damit die Möglichkeit einer Kürzung der tatsächlichen KdU auf die bisherigen KdU ... verbunden."

<u>BSG, Urteil vom 06.05.2010, B 14 AS 7/09 R:</u>
„Eine vorherige Zusicherung der Umzugskosten ist nicht erforderlich, wenn eine fristgerecht mögliche **Entscheidung** vom Verwaltungsträger **treuwidrig verzögert** worden ist... **Zusicherungsfähig** ist ein Umzug grundsätzlich nur dann, wenn er zur **Verminderung der tatsächlichen KdU** oder zur **Eingliederung in Arbeit** geboten ist. ... Dient der Umzug der Verminderung der bisherigen KdU, so ist grundsätzlich **nur** ein Umzug **innerhalb des "räumlichen Vergleichsraums"** ... "zusicherungsfähig". ... Der Umzug gerade nach Braunschweig wäre auch nicht als "aus anderen Gründen notwendig" "zusicherungsfähig" i. S. des § 22 Abs. 3 Satz 2 SGB II gewesen, wenn der Beklagte rechtzeitig über den Antrag des Klägers entschieden hätte. Eine solche **Notwendigkeit aus anderen Gründen** könnte etwa bei **Pflegebedürftigkeit** oder beim Vorhandensein kleiner Kinder vorliegen, wenn erwerbsfähige Hilfebedürftige auf Grund dieser Umstände gerade **auf ein bestimmtes räumliches Umfeld** in der Nähe von Verwandten und deren Betreuung **angewiesen** wären. Der bloße Wunsch ..., sich räumlich wieder in die Nähe seiner erwachsenen Kinder zu bewegen, fällt dem rein privaten Bereich zu. Im Rahmen eines Fürsorgesystems vermag auch insofern die Argumentation ... nicht zu verfangen, § 33 SGB I gebiete eine besondere Berücksichtigung der persönlichen Belange des Klägers. Es ist **nicht** Aufgabe des Trägers der Grundsicherung für Arbeitsuchende, die grundsätzlich das Ziel hat, Erwerbsfähige wieder in den Arbeitsmarkt zu integrieren, **Umzüge zu finanzieren, die einem rein privaten Zweck dienen**."

BSG, Urteil vom 17.12.2009, B 4 AS 19/09 R:
„Der Grundsicherungsträger ist nach § 22 Abs. 1 Satz 1 SGB II grundsätzlich nur verpflichtet, die angemessenen Unterkunftskosten zu übernehmen. Eine Absenkung der Leistungen erfolgt aber nicht, wenn den Hilfebedürftigen keine **Kostensenkungsobliegenheit** iS des § 22 Abs. 1 Satz 3 SGB II trifft. Die Obliegenheit trifft ihn nur, wenn er **Kenntnis** von dieser Obliegenheit hat. Dies gilt grundsätzlich auch, wenn der Hilfebedürftige kurz vor Beginn des Leistungsbezugs eine neue Wohnung zu einem unangemessenen Mietzins anmietet. Der Grundsicherungsträger ist zunächst verpflichtet, die tatsächlichen Kosten der Wohnung - in der Regel jedoch längstens für sechs Monate - zu tragen, es sei denn, der Hilfebedürftige hatte bei Abschluss des Mietvertrages ihm zurechenbar Kenntnis von der Unangemessenheit der Aufwendungen i. S des § 22 Abs. 1 Satz 1 SGB II. **Es bedarf keiner Zusicherung** des Trägers zur Übernahme der Aufwendungen für die "neue" Wohnung i. S. des § 22 Abs. 2 SGB II **vor Leistungsbeginn/Erstantragstellung**.“

BSG, Urteil vom 07.11.2006, B 7b AS 10/06 R:
„Die in § 22 **Abs. 2** SGB II vorgesehene **Zusicherung** zu den Aufwendungen vor dem Umzug in eine Wohnung ist im Gegensatz zu der des Abs. 3 **keine Anspruchsvoraussetzung** ... Dass § 22 Abs. 2 Satz 2 SGB II eine Prüfung des Umzugs auf dessen Erforderlichkeit vorschreibt, widerspricht nicht dem angenommenen Recht auf freie Ortswahl. Diese Prüfung ist nur Voraussetzung für die Pflicht zur Erteilung der Zusicherung, die ansonsten im **Ermessen** des Leistungsträgers/der Arbeitsgemeinschaft steht...“

Zu Wohnungsbeschaffungs-, Umzugskosten und Kaution:

BSG, Urteil vom 28.11.2018, B 14 AS 31/17 R:
„**Mietkautionsdarlehen** nach § 22 Abs. 6 SGB II **sind nicht von der Aufrechnung** nach § 42a Abs. 2 SGB II **ausgenommen**. Nach Wortlaut, Systematik, Entstehungsgeschichte und Regelungszweck umfasst die Aufrechnungsvorschrift des § 42a Abs. 2 SGB II alle nach dem SGB II zu gewährenden Darlehen, soweit keine Ausnahme angeordnet ist. Das belegt für Mietkautionsdarlehen nicht zuletzt die differenzierte Vorschrift zu deren Tilgung bei der Kautionsrückzahlung durch den Vermieter in § 42a Abs. 3 SGB II. Eine allgemeine Ausnahme für Mietkautionsdarlehen enthält die Vorschrift nicht. Durchgreifende verfassungsrechtliche Bedenken wegen des Grundrechts auf Gewährleistung eines menschenwürdigen Existenzminimums ... stehen einer Aufrechnung nicht grundsätzlich entgegen... Allerdings ist die **Unterdeckung existenznotwendiger Bedarfe zu vermeiden** ..., zumal die Mietkaution nicht in die Bemessung des Regelbedarfs eingeflossen ist und ihre Tilgung längere Zeit dauern kann. Zur Vermeidung einer solchen Unterdeckung im Einzelfall stehen im SGB II indes mehrere Instrumente zur Verfügung, wie die abweichend von der

Soll-Regelung in § 22 Abs. 6 Satz 3 SGB II mögliche Erbringung der **Mietkaution als Zuschuss**, die zeitliche **Aufrechnungsbegrenzung** auf drei Jahre in entsprechender Anwendung von § 43 Abs. 4 SGB II oder ein **Erlass** oder Teilerlass des Darlehens nach § 44 SGB II."
Zitiert nach dem Terminbericht Nr. 51/18 des Bundessozialgerichts

BSG, Beschluss vom 12.04.2018, B 14 SF 1/18 R:
„Umstritten ist die **Zulässigkeit des Rechtswegs** zu den Sozialgerichten bei einem Streit um Zahlung aus einer Bürgschaft. ... Das hier maßgebliche **Rechtsverhältnis** zwischen der Klägerin und dem Beklagten **beruht nicht auf dem SGB II**, sondern auf der **selbstschuldnerischen Bürgschaft** (§§ 765, 773 Abs. 1 Nr. 1 BGB), die der Beklagte gegenüber der Klägerin auf rechtlich gleicher Ebene mit dieser erklärt hat, weshalb es nicht öffentlich-rechtlicher, sondern **privatrechtlicher Natur** ist. Zwar war Anlass der Erklärung des Beklagten dessen Erbringung von Leistungen ... nach dem SGB II an den Leistungsberechtigten, dem die Klägerin eine Wohnung vermietet hat. Doch wird das Rechtsverhältnis der Beteiligten nicht von dieser sozialrechtlichen Leistungsbeziehung geprägt, sondern von der nach den Vorschriften des BGB abgegebenen Bürgschaftserklärung des Beklagten für mietvertragliche Forderungen der Klägerin gegenüber dem Leistungsberechtigten. Diese eigenständige bürgerlich-rechtliche Erklärung des Beklagten und die durch sie vom Beklagten gegenüber der Klägerin begründete selbstständige eigene Bürgschaftsschuld sind rechtlich von dem Sozialrechtsverhältnis zwischen Beklagtem und Leistungsberechtigtem gelöst...; sie sind Rechtsgrundlage für die vorliegend allein auf die Bürgschaft gestützte Zahlungsklage und deshalb bestimmend für den zulässigen Rechtsweg für diese Klage."

BSG, Urteil vom 10.08.2016, B 14 AS 58/15 R:
„Ausgehend von der Definition von Umzugskosten als Kosten, die einmalig durch die besondere Bedarfslage "Umzug" verursacht werden, sind sowohl die Kosten für die **Bereitstellung des Telefon- und Internetanschlusses** als auch für einen **Nachsendeauftrag** heutzutage als Kosten in dieser Lebenslage zu qualifizieren, die vom Wortlaut und Sinn und Zweck des **§ 22 Abs. 6 SGB II** umfasst sind... Nach heutiger Auffassung sind sowohl ein Telefon- und Internetanschluss als auch ein Nachsendeantrag notwendig, um nach einem Umzug die Kommunikation mit anderen Menschen, Behörden, Banken usw. aufrecht zu erhalten. ... Eine Zuordnung der Kosten ... zu den Leistungen für die Erstausstattung der Wohnung ... ist ausgeschlossen. ... Über die Höhe der .. Leistungen ... kann der Senat nicht abschließend entscheiden. ...die Aufwendungen *(sind)* ... nur dann anzuerkennen, wenn sie angemessen sind."

BSG, Urteil vom 25.06.2015, B 14 AS 28/14 R:
„Als Rechtsgrundlage für den **Aufrechnung**sbescheid kommt allein § 42a Abs. 2 SGB II in ... in Betracht. ... Diese Vorschrift ist jedoch, unabhängig von der hier nicht entscheidungsrelevanten Frage, ob die Aufrechnungsregelung ... für

Mietkautionsdarlehen gilt, zumindest **auf Mietkautionsdarlehen, die vor dem Inkrafttreten des § 42a SGB II ... ausgezahlt wurden, nicht anwendbar**. ... Die Frage, ob § 42a SGB II mangels Übergangsregelungen ... mit seinem Inkrafttreten am 1.4.2011 auf Darlehensverbindlichkeiten, die bei Inkrafttreten der Vorschrift bereits bestanden haben, anzuwenden wäre, wird durch die Norm selbst und den Gesamtzusammenhang, in dem sie steht, jedoch negativ beantwortet... Bereits dem Wortlaut ... ist zu entnehmen, dass sich die Norm selbst keine Rückwirkung beimisst. Es wird eine Aufrechnung "ab dem Monat, der auf die Auszahlung folgt“, angeordnet. ... Für diese Auslegung spricht auch der aus den Gesetzesmaterialien deutlich werdende Sinn und Zweck ..., eine neue und umfassende Regelung "für alle Darlehen im SGB II" zu schaffen... Eine .. echte Rückwirkung ist verfassungsrechtlich nur dann ausnahmsweise zulässig, wenn sich kein Vertrauen in den Bestand des geltenden Rechts bilden konnte...“

<u>BSG, Urteil vom 22.03.2012, B 4 AS 26/10 R:</u>
„Die vorgenommene Tilgung ist rechtswidrig, weil ein Rechtsgrund hierfür zumindest in dem hier streitigen Zeitraum vom 1.3.2008 bis 31.8.2008 nicht vorhanden ist. ... Die materiell-rechtlichen Voraussetzungen für eine **Aufrechnung** nach § 51 SGB I *(liegen)* nicht vor... ...schon unter Berücksichtigung der Höhe der gesamten SGB II-Leistungen des Klägers ... und des unpfändbaren Arbeitseinkommens nach § 850c Abs. 1 S. 1 ZPO *(fehlt es)* an einer Pfändbarkeit unter Beachtung der für Arbeitseinkommen nach den §§ 850 ff ZPO geltenden Bestimmungen. ... Eine analoge Anwendung des § 23 Abs. 1 S. 3 SGB II auf andere Darlehen ... beinhaltet die **Gefahr einer Bedarfsunterdeckung** ..., die zumindest einer gesetzlichen Regelung bedarf. ... Der Beklagte kann sich ... auch nicht auf die von ihm veranlasste und formulierte "**Abtretungserklärung**" berufen. Selbst wenn man in dieser Erklärung einen Verzicht auf den streitigen Teil der Regelleistung sehen würde ..., wäre dieser unwirksam. ... Es handelt sich um den Versuch des Grundsicherungsträgers, unter Absehen von den speziellen Voraussetzungen und Grenzen des SGB I und des SGB II das grundsätzliche Verbot der Aufrechnung bzw. Einbehaltung von existenzsichernden Leistungen zu **umgehen**...“

<u>BSG, Urteil vom 06.10.2011, B 14 AS 152/10 R:</u>
„Am Umzugstag beschädigte die Klägerin ... den Mietwagen leicht fahrlässig, wodurch ein Schaden oberhalb des vereinbarten **Selbstbehalt**es entstand. ... Die **Forderung des Autovermieters** gegenüber der Klägerin ... **erwächst** .. **aus der Teilnahme am Straßenverkehr**, **nicht aus der Nutzung einer Unterkunft**. ...die Schadensverursachung *(steht)* hier in keinem unmittelbaren Zusammenhang mit der Nutzung der Wohnung .., sondern *(ist)* nur anlässlich des Umzuges entstanden. Als Kosten der Unterkunft kommen ... nur solche Kosten in Betracht, die nach den jeweiligen Umständen des Einzelfalls für das existenzielle Grundbedürfnis "Wohnen" aufgebracht werden müssen. Die (nachträgliche) Übernahme von Kosten, die durch die Teilnahme am allgemeinen Stra-

ßenverkehr entstanden sind, **dient** aber **nicht dem Erhalt, der Bewohnbarkeit oder dem geordneten Einzug in eine Wohnung** und damit nicht dem Teil der Existenzsicherung, der mit Ansprüchen nach § 22 SGB II abgedeckt wird. ...die Klägerin ... *(kann)* nicht im Nachhinein unter Berufung auf mangelnde Fahrpraxis geltend machen, der Beklagte hätte den Umzug durch ein Umzugsunternehmen finanzieren müssen. Sollte sich die Klägerin ... nicht im Stande gesehen haben, einen Transporter zu lenken, hätte sie dies anlässlich der Vorsprache vorbringen müssen. ... Dies ändert jedoch nichts daran, dass der konkret entstandene Schaden nicht kausal auf einen Beratungsfehler, sondern auf ein anschließendes weiteres Fehlverhalten der Klägerin ... zurückzuführen ist und deshalb auch die Möglichkeit fehlt, im Nachhinein den Zustand herzustellen, der ohne die Pflichtverletzung eingetreten wäre."

BSG, Urteil vom 06.05.2010, B 14 AS 7/09 R:
„Da es sich ... nicht um einen vom Träger veranlassten oder aus anderen Gründen notwendigen Umzug i. S. des § 22 Abs. 3 Satz 2 SGB II handelte, greift zu Gunsten des Klägers lediglich die Auffangnorm des § 22 Abs. 3 Satz 1 SGB II ein... § 22 Abs. 3 Satz 1 SGB II räumt dem Leistungsträger bei der Übernahme der Umzugskosten **Ermessen** ein... Das Ermessen betrifft sowohl das "**ob**" der Übernahme der Umzugskosten als auch die **Höhe** der Umzugskosten. ... Die in § 2 SGB II zum Ausdruck gekommene **Obliegenheit zur Eigenaktivität** kann als Auslegungshilfe bei der Anwendung und Interpretation aller Regelungen, die Rechte und Pflichten der Leistungsberechtigen normieren, herangezogen werden... Hieraus ist abzuleiten, dass der Hilfebedürftige im Rahmen eines aus Steuermitteln finanzierten Fürsorgesystems gehalten ist, einen **Umzug grundsätzlich selbst zu organisieren und durchzuführen** ... Als notwendige Umzugskosten könnten ... insbesondere die Aufwendungen für einen erforderlichen **Mietwagen**, die **Anmietung von Umzugskartons**, die Kosten für **Verpackungsmaterial** und **Sperrmüllentsorgung** und die üblichen Kosten für die **Versorgung mithelfender Familienangehöriger** und Bekannter zu übernehmen sein... Lediglich dann, wenn der Leistungsberechtigte den Umzug etwa wegen Alters, Behinderung, körperlicher Konstitution oder wegen der Betreuung von Kleinstkindern nicht selbst vornehmen oder durchführen kann, kann auch die Übernahme der Aufwendungen für einen gewerblich organisierten Umzug in Betracht kommen. ... Der Beklagte kann in seine Erwägungen auch den Gesichtspunkt einbeziehen, dass sich die Ermessensleistungen nach § 22 Abs. 3 Satz 1 SGB II insgesamt in den Leistungsrahmen des SGB II einpassen müssen. So entspricht der ... geforderte Betrag für Umzugskosten ... von 3.700 Euro der Regelleistung ... für fast ein Jahr. Ebenso belaufen sich die ... Umzugskosten auf zehn Monatsmieten..."

BSG, Urteil vom 18.02.2010, B 4 AS 28/09 R:
„Die **Maklercourtage** ist nicht Bestandteil der Unterkunftskosten nach § 22 Abs. 1 SGB II. Nach dieser Vorschrift werden Leistungen für Unterkunft und Heizung in tatsächlicher Höhe erbracht, soweit diese angemessen sind. Die

Aufwendungen müssen für die Sicherung und Erhaltung der Unterkunft erforderlich sein. Dies ist bei Kosten, die **anlässlich der Veräußerung von Wohneigentum** entstehen, gerade nicht der Fall. Es handelt sich auch nicht um Wohnungsbeschaffungs- oder Umzugskosten i. S. von § 22 Abs. 3 Satz 1 SGB II. Der Senat hat bereits ausdrücklich entschieden, dass Wohnungsbeschaffungskosten nur anfallen, wenn sie im Zusammenhang mit dem Finden und Anmieten einer Wohnung entstanden sind. Der Begriff der Umzugskosten ist in einem engen Sinn zu verstehen."
Zitiert nach dem Terminbericht Nr. 8/10 des Bundessozialgerichts

<u>BSG, Urteil vom 16.12.2008, B 4 AS 49/07 R:</u>
„Ebenso wie der Wortlaut sprechen allerdings systematische Gesichtspunkte dagegen, die Kosten der Einzugsrenovierung dem Begriff der Umzugskosten zuzuordnen. Bei den Leistungen nach § 22 Abs. 3 SGB II handelt es sich lediglich um ergänzende Leistungen im Hinblick auf den Bedarf des Wohnens. Im Falle eines Umzugs auf Veranlassung des Trägers wären die dadurch entstehenden Umzugskosten, da der Wohnbedarf umfassend durch § 22 Abs. 1 SGB II abgedeckt wird, bereits von § 22 Abs. 1 Satz 1 SGB II umfasst. Die Regelung des § 22 Abs. 3 Satz 1 SGB II war daher grundsätzlich nur für den Fall des nicht vom Träger veranlassten Umzugs erforderlich. Nur dann könnte es streitig sein, ob die Umzugskosten den Leistungen für Unterkunft zuzuordnen sind. Wenn der Gesetzgeber gleichwohl auch für den Fall des vom Träger veranlassten Umzugs eine eigene Regelung geschaffen hat, ist es im Interesse einer klaren Abgrenzung zu den Leistungen nach § 22 Abs. 1 SGB II geboten, die Aufwendungen für den Umzug auf die **eigentlichen Kosten des Umzugs**, also beispielsweise **Transportkosten**, Kosten für eine **Hilfskraft**, erforderliche **Versicherungen**, **Benzinkosten**, **Verpackungsmaterial** usw. zu begrenzen..."

<u>BSG, Urteil vom 07.11.2006, B 7b AS 10/06 R:</u>
„Dem Hilfebedürftigen ist im Rahmen des § 22 Abs. 1 SGB II in der Regel eine freie Wohnortwahl zuzubilligen (Ausnahme: außergewöhnlich hohe Unterschiede zwischen den jeweiligen Angemessenheitsmaßstäben oder Missbrauch), die eine **Prüfung der Erforderlichkeit des Umzugs** jedenfalls für die Angemessenheit der Unterkunfts- und Heizungskosten anders als **für die Wohnbeschaffungs- und Umzugskosten** ... nicht verlangt."

Zu Renovierungskosten:

BVerfG, Beschluss vom 25.11.2009, 1 BvR 2515/09:
„Aus der bisherigen Rechtsprechung des Bundessozialgerichts ergibt sich zudem, dass es sich bei den Kosten für **Renovierungsarbeiten**, die während eines laufenden Mietverhältnisses vorgenommen werden, nicht um angemessene Kosten der Unterkunft ... handelt, wenn der Hilfebedürftige hierzu nach dem **Mietvertrag** nicht **wirksam verpflichtet** ist und sie auch nicht zur Aufrechterhaltung der Bewohnbarkeit der Wohnung erforderlich sind. ... Hinsichtlich der Kosten für eine Einzugsrenovierung hat es entschieden, dass diese auch dann nach § 22 Abs. 1 Satz 1 SGB II zu decken sind, wenn es an einer mietvertraglichen Vereinbarung fehlt, sie jedoch zur **Herstellung der „Bewohnbarkeit“** der Unterkunft erforderlich und angemessen sind und nicht anderweitig gedeckt werden können...
Warum es den Beschwerdeführern im Sinne von § 22 Abs. 1 Satz 3 SGB II unmöglich oder unzumutbar sein soll, „die **Aufwendungen** zu **senken**“, das heißt zum Beispiel **auf** die Durchführung der **Renovierung** auf Kosten des Grundsicherungsträgers **zu diesem Zeitpunkt zu verzichten** oder sich insoweit an ihren Vermieter zu halten, ist nicht ersichtlich. Der Vermieter selbst hat die Durchführung der Renovierungsarbeiten nicht verlangt.“

BSG, Urteil vom 24.11.2011, B 14 AS 15/11 R:
„Zwar können die Kosten einer **Auszugsrenovierung** als Kosten der Unterkunft zu übernehmen sein. Voraussetzung dafür ist jedoch nicht ... die "**soziale Wirksamkeit**" der Forderung des Vermieters, sondern die **Angemessenheit** der tatsächlichen Aufwendungen. Die Ablehnung der Übernahme solcher Kosten als unangemessen wegen der Unwirksamkeit bestimmter Regelungen im Mietvertrag stellt besondere Anforderungen an das vom Grundsicherungsträger durchzuführende **Kostensenkungsverfahren**. Der Träger der Grundsicherung muss seinen Rechtsstandpunkt und das von ihm befürwortete Vorgehen gegenüber dem Vermieter in einer Weise verdeutlichen, die den Leistungsempfänger in die Lage versetzt, seine Rechte gegenüber dem Vermieter durchzusetzen.“

BSG, Urteil vom 06.10.2011, B 14 AS 66/11 R:
„Auch die vertraglich vereinbarten **Renovierungskosten**, die bei **Auszug** aus der Wohnung tatsächlich angefallen sind, gehören zu den berücksichtigungsfähigen Kosten der Unterkunft... Wird der Träger der Grundsicherung aber rechtzeitig vor Eingehung entsprechender Verpflichtungen gegenüber Dritten mit der begehrten Übernahme der Kosten befasst, kann er sich - sofern die Voraussetzungen für die Kostenübernahme im Übrigen vorlagen - **im Nachhinein nicht auf die Unwirksamkeit einer Klausel wegen durchzuführender Renovierungen berufen**. ... War die Ablehnung des Beklagten ... damit rechtswidrig, hat der Kläger einen Anspruch auf Übernahme der in Folge entstandenen Kosten... Er war berechtigt, nach der Ablehnung seines rechtzeitig

gestellten Antrags ... die Renovierungsarbeiten unverzüglich in Auftrag zu geben, damit eine ordnungsgemäße Wohnungsübergabe fristgerecht zum Ende des Mietverhältnisses erfolgen konnte. ... Im Übrigen **mindert** die Rückzahlung einer **Kaution**, sofern sie Einkommen darstellt, den **aktuellen Bedarf** im Zeitpunkt des Zuflusses (bzw. im Folgemonat: vgl. § 22 Abs. 1 Satz 4 SGB II...), nicht dagegen einen bereits vor Zufluss bestehenden Renovierungsbedarf."
Zitiert nach dem Terminbericht Nr. 60/11 des Bundessozialgerichts

BSG, Urteil vom 16.12.2008, B 4 AS 49/07 R:
„Aufwendungen für **Einzugsrenovierung** sind .. Bestandteil der Kosten der Unterkunft nach **§ 22 Abs. 1** SGB II. Ist die Einzugsrenovierung **mietvertraglich vereinbart**, handelt es sich um **Nebenkosten**, die vom kommunalen Träger in tatsächlicher Höhe, begrenzt durch die Angemessenheit, zu übernehmen sind. Im Rahmen des § 22 Abs. 1 Satz 1 SGB II können grundsätzlich auch weitere einmalige Leistungen erbracht werden, soweit die Aufwendungen angemessen sind. **Angemessen** sind die Kosten einer Einzugsrenovierung dann, wenn die Maßnahme/Renovierung **erforderlich** ist, um die **Bewohnbarkeit** der Wohnung herzustellen, die Einzugsrenovierung **ortsüblich** ist, weil keine renovierten Wohnungen im unteren Wohnsegment in nennenswertem Umfang zur Verfügung stehen, und soweit sie der **Höhe** nach zur Herstellung des Standards einer Wohnung im **unteren Wohnsegment** erforderlich ist. ... So sind **Wohnungsbeschaffungskosten** nur Aufwendungen, die mit dem Finden und Anmieten der Wohnung verbunden sind... Die Einzugsrenovierung gehört hierzu nicht...
Angesichts dieses Ergebnisses bedarf es ... keiner weiteren Erörterung, ob die Kosten für die Einzugsrenovierung nach § 22 Abs. 3 Satz 1 SGB II auch **ohne** die vorherige **Zusicherung** der Beklagten zu übernehmen waren. Aufwendungen u. a. für **Teppichboden**, **Tapeten** und **Farbe** im Rahmen einer erforderlichen Einzugsrenovierung sind nicht mit der Regelleistung nach § 20 Abs. 1 SGB II abgegolten. ... Erstausstattung nach § 23 Abs. 3 Satz 1 Nr. 1 SGB II umfasst lediglich die Ausstattung und nicht die Herrichtung der Wohnung... Hierzu zählen weder Teppichbodenbelag, noch Tapeten. Sie dienen vielmehr dem Herstellen der Bewohnbarkeit der Unterkunft und sind damit originär den Kosten der Unterkunft zuzurechnen. ... Angemessene Kosten für die Einzugsrenovierung sind daher Teil der Kosten der Unterkunft, wenn die Einzugsrenovierung mietvertraglich vereinbart worden ist. ... Folglich ist **nicht** zwingend, dass Leistungen für Unterkunft **nur** dann zu erbringen sind, wenn sie durch **mietvertraglich vereinbarte Aufwendungen** begründet werden. Es sind vielmehr auch **einmalige Beihilfen** zu gewähren, soweit diese Aufwendungen konkret und abstrakt dem Grunde und der Höhe nach angemessen sind und nicht durch andere Leistungen oder andere Mittel gedeckt werden können. ... Ob die Einzugsrenovierung zur Herstellung der "Bewohnbarkeit" der Wohnung erforderlich ist, richtet sich einerseits nach objektiven Kriterien, andererseits aber auch danach, ob die Kosten aus der vertretbaren Sicht des Hilfebedürftigen zu übernehmen waren. Insoweit hat eine Orientierung am "Ausstattungsstandard" im unteren Wohnungssegment zu erfolgen. Es ist mithin von einem lediglich einfachen "Ausstattungsgrad" auszugehen... Hierzu gehört auch im

unteren Wohnungssegment eine Ausstattung der Wohnung mit einem einfachen Wand- und Fußbodenoberbelag.“

BSG, Urteil vom 19.03.2008, B 11b AS 31/06 R:
„Das SG hat zutreffend entschieden, dass die mietvertraglich vereinbarten **Zuschläge für Schönheitsreparaturen** zu den Kosten i. S. des § 22 Abs. 1 SGB II gehören und dass insoweit kein in der Regelleistung enthaltener Anteil für "Instandhaltung und Reparatur der Wohnung" in Abzug zu bringen ist.“
Zitiert nach dem Terminbericht Nr. 14/08 des Bundessozialgerichts

Zur Zahlung an Vermieter oder andere:

<u>BSG, Urteil vom 09.08.2018, B 14 AS 38/17 R:</u>
„**Zahlungsansprüche eines Vermieters aus einem gesetzlich begründeten Schuldbeitritt des Jobcenters** zur mietvertraglichen Zahlungsverpflichtung eines Alg II-Beziehers **bestehen nicht**. ... Zahlungsansprüche aus einer den Kläger begünstigenden Direktzahlungsentscheidung nach § 22 Abs. 7 Satz 1 SGB II bestehen ebenfalls nicht. § 22 Abs. 7 SGB II ... regelt ..., dass im Fall einer solchen Entscheidung die leistungsberechtigte Person von dem kommunalen Träger über eine Zahlung der Leistungen für die Unterkunft und Heizung an den Vermieter oder andere Empfangsberechtigte "schriftlich zu unterrichten" ist. Eigene **Ansprüche eines Vermieters** oder eines anderen Dritten **auf Auszahlung** der einem Leistungsberechtigten zuerkannten unterkunftsbezogenen Leistungen **begründet dies nicht**. ... Ein eigener Anspruch auf Auszahlung der den Beigeladenen zuerkannten unterkunftsbezogenen Leistungen ist dem Kläger vom Beklagten **auch nicht durch eine ausdrückliche Schuldübernahmeerklärung** außerhalb des Verfahrens der Direktzahlung nach § 22 Abs. 7 Satz 1 SGB II zuerkannt worden. ...der Beklagte *(hat)* lediglich die Beigeladenen über die Aufnahme und Beendigung der Auszahlung der unterkunftsbezogenen Leistungen an den Kläger zwischen November 2012 und Januar 2013 informiert. Entsprechend hat sich der Kläger mit Schreiben vom 26.2.2013 an den Beklagten gewandt und beanstandet, die Mieten für Januar und Februar 2013 nicht erhalten zu haben. Mit diesen ... Feststellungen hat das LSG nach dem Gesamtzusammenhang zugleich festgestellt, dass der Beklagte dem Kläger gegenüber keine ausdrücklichen anspruchsbegründenden Erklärungen in dem von ihm geltend gemachten Sinne abgegeben hat.“

<u>BGH, Urteil vom 31.01.2018, VIII ZR 39/17:</u>
„...ein Jobcenter, welches im Rahmen von Sozialleistungen Mietzahlungen gemäß § 22 Abs. 7 SGB II unmittelbar an einen Vermieter überweist, *(kann)* im Fall **versehentlich über das Ende des Mietverhältnisses hinaus gezahlter Mieten** einen diesbezüglichen **Rückforderungsanspruch** unmittelbar **gegenüber dem Vermieter** geltend machen, wenn letzterer bereits bei Erhalt der Zahlung wusste, dass ihm dieser Betrag wegen der Beendigung des Mietvertrags nicht zusteht. Zwar haben die Beklagten ... die ... 860 € nicht durch eine Leistung des klagenden Jobcenters, sondern vielmehr durch eine Leistung ihrer (ehemaligen) Mieter erhalten, denen gegenüber der Kläger wiederum in seiner Eigenschaft als Sozialleistungsträger im Rahmen des bestehenden Bedarfs für Unterkunft und Heizung nach § 22 SGB II Sozialleistungen zu erbringen hatte. Insoweit hatten die Mieter mit ihrem Antrag nach § 22 Abs. 7 Satz 1 SGB II dem Kläger lediglich die Anweisung erteilt, die ihnen zustehenden Unterstützungsleistungen direkt an die Beklagten zu zahlen. Dennoch erfolgt die Rückabwicklung der für August 2014 zu Unrecht gezahlten 860 € .. ausnahmsweise nicht im Rahmen der insoweit bestehenden Leistungsbeziehungen gemäß § 812 Abs. 1 Satz 1 Alt. 1 BGB (also zwischen den beklagten Vermietern und den Mietern einerseits und den Mietern und dem klagenden Jobcenter ande-

rerseits), sondern steht dem Kläger ein direkter **Rückzahlungsanspruch gemäß § 812 Abs. 1 Satz 1 Alt. 2 BGB** (Nichtleistungskondiktion) ... zu. Denn die Mieter hatten ihren Antrag nach § 22 Abs. 7 Satz SGB II bereits vor Ausführung der .. Zahlung gegenüber dem Kläger (konkludent durch Vorlage des neuen Mietvertrags) widerrufen. Vor allem aber wussten die Beklagten ... aufgrund der Beendigung des Mietverhältnisses bereits bei Erhalt des Geldes, dass ihnen der für ... August 2014 überwiesene Betrag von 860 € nicht zustand und es damit an einer Leistung der Mieter als ihrem (ehemaligen) Vertragspartner fehlte. Diesen Betrag haben die Beklagten vielmehr in sonstiger Weise auf Kosten des Klägers ohne rechtlichen Grund erlangt (§ 812 Abs. 1 Satz 1 Alt. 2 BGB).“
Zitiert nach der Pressemitteilung des Bundesgerichtshofes Nr. 22/2018

Zu Miet- und Energieschulden:

BVerfG, Beschluss vom 01.08.2017, 1 BvR 1910/12:
„...bei der Prüfung, ob ein Anordnungsgrund für den **Eilrechtsschutz** vorliegt, *(ist)* ... zu berücksichtigen, welche **negativen Folgen finanzieller, sozialer, gesundheitlicher oder sonstiger Art** ein **Verlust** gerade der **konkreten Wohnung** für die Betroffenen hätte. Diesen Anforderungen wird das Landessozialgericht .. nicht gerecht. Es stellt allein und **schematisch** auf die Erhebung der **Räumungsklage** ab und legt seiner Entscheidung damit ein ... **zu enges Verständnis** des wesentlichen Nachteils zugrunde. Darüber hinaus hat das Landessozialgericht das Vorbringen des Beschwerdeführers, er könne ohne vorläufige Bewilligung der Leistungen den Mietzins nicht zahlen, unberücksichtigt gelassen. Nach dem Vortrag des Beschwerdeführers verschlechtere dies das **Verhältnis zu dem Vermieter** und veranlasse diesen, seine Ansprüche gerichtlich durchzusetzen. Damit sei zu befürchten, dass dem Beschwerdeführer die **Kosten einer Räumungsklage von über 2.000 €** auferlegt würden. Dieses Risiko ... wird auch weder durch das Prozesskostenhilferecht noch durch das Sozialrecht sicher beseitigt... Das Landessozialgericht überspannt die Anforderungen an den Anordnungsgrund ... auch dadurch, dass es **schematisch** auf eine schon erhobene **Räumungsklage** und damit auf einen starren und späten Zeitpunkt abstellt, zu dem eine erhebliche Beeinträchtigung der Rechtsstellung der Betroffenen bereits eingetreten ist. Auch damit vernachlässigt es die erforderliche Würdigung der **Umstände des Einzelfalles**... Insbesondere kann nach Rechtshängigkeit der Räumungsklage nicht ohne weiteres davon ausgegangen werden, dass der Verlust der Wohnung noch sicher abgewendet werden kann. Wird der rückständige Mietzins innerhalb von zwei Monaten nach Rechtshängigkeit der Räumungsklage nachgezahlt, wird zwar die **außerordentliche Kündigung** des Mietverhältnisses nach § 569 Abs. 3 Nr. 2 Satz 1 BGB **unwirksam**. Doch hat dies auf die Wirksamkeit einer **ordentlichen Kündigung** keine Auswirkungen. Es kann nicht pauschal davon ausgegangen werden, dass diese unwirksam ist. ... Maßgeblich für das Verschulden im Hinblick auf die Zahlungsunfähigkeit sind .. die Umstände des Einzelfalls.“

BSG, Urteil vom 13.07.2022, B 7/14 AS 52/21 R:
„Der Höhe nach ist die Darlehensgewährung begrenzt auf den Betrag, den die Klägerin als **Privatdarlehen** erlangt und zum Ausgleich von Mietschulden verwendet hat... Ob Schulden i. S. des § 22 Abs. 8 SGB II oder Aufwendungen für Unterkunft und Heizung i. S. des § 22 Abs. 1 SGB II vorliegen, richtet sich ... im Grundsatz danach, ob die Forderung einem während der Hilfebedürftigkeit eingetretenen und bisher noch nicht gedeckten Bedarf zuzuordnen ist. ... Für ihre Übernahme *(Anm. F.B.: der Mietschulden)* ist **kein gesonderter Antrag** ... erforderlich. Vielmehr genügt die **Anzeige des Bedarfs**, die das Jobcenter in die Lage versetzt, mit der Prüfung einer Übernahme von Mietschulden einzusetzen. ... Sollten nach der Geltendmachung des Bedarfs ... aufgrund einer "**Umschuldung**" Mietschulden weggefallen sein, ermöglicht § 22 Abs. 8 SGB II auch die Übernahme von unterkunftsbezogenen Schulden bei **Dritten**. Das setzt voraus, dass zum Zeitpunkt der Aufnahme des Darlehens bei Dritten die

Tatbestandsvoraussetzungen für die Gewährung eines Mietschuldendarlehens durch das Jobcenter objektiv vorlagen ..., diese Mietschulden nach ermessensfehlerfreier Entscheidung zu übernehmen gewesen wären und das Jobcenter die Gelegenheit zur Entscheidung gehabt hat. ... Die Klägerin war mit der Miete in einem zur außerordentlichen Kündigung wegen Zahlungsverzugs berechtigenden Rückstand... Angesichts dieser Sachlage spricht nichts gegen die **Ernsthaftigkeit der angedrohten Kündigung**. Demgegenüber ist **nicht** zu fordern, dass die Wohnung bereits gekündigt oder **Räumungsklage** erhoben worden ist... Auswirkung können solche Umstände ggf. auf das gebotene **Bearbeitungstempo** beim Jobcenter haben... Im Rahmen der **Ermessensausübung** ist zu berücksichtigen, welche negativen Folgen finanzieller, sozialer, gesundheitlicher oder sonstiger Art ein Verlust gerade der konkreten Wohnung für die Betroffenen hätte... Allgemein in das Entschließungsermessen einzustellen sein können **finanzielle Erwägungen**, etwa die anfallenden Anwaltskosten oder diejenigen einer Räumungsklage, die Differenz zwischen den Aufwendungen für Unterkunft und Heizung ... der derzeit bewohnten Wohnung und den in einer anderen Unterkunft maximal zu übernehmenden Aufwendungen und der Umfang der vom Jobcenter zu übernehmenden Umzugskosten. ...die Klägerin *(traf)* ... **keine Mitwirkungsobliegenheit** wegen der Beibringung von Unterlagen, die einen Anspruch auf Übernahme von Mietschulden zwar auslösen können, hierfür aber nicht Voraussetzung sind (hier: Nachweise über eine erhobene Räumungsklage) oder sich auf Anforderungen beziehen, die über das Gesetz hinausgehen (hier: unabweisbarer Bedarf). ... Im wiedereröffneten Berufungsverfahren wird daher aufzuklären sein, von wem die Klägerin aus welchem Grund Zahlungen erhalten hat. ...der **Anschaffungsfreibetrag** (§ 12 Abs. 2 Satz 1 **Nr. 4** SGB II) *(ist)* nicht zu berücksichtigen. Der erkennende Senat hält insoweit an anderslautender Rechtsprechung nicht fest (BSG vom 17.6.2010 - B 14 AS 58/09 R ...). ... Im Übrigen hat der Gesetzgeber dem Urteil des 14. Senats ... zeitlich nachfolgend in der allgemeinen Darlehensvorschrift des § 42a Abs. 1 SGB II ... ausdrücklich den Einsatz des unter die Freibeträge des § 12 Abs. 2 Satz 1 Nr. 1 und 4 SGB II fallenden Vermögens zur Bedarfsdeckung für vorrangig gehalten, ohne die insoweit schweigende Regelung des § 22 Abs. 8 Satz 3 SGB II anzupassen.“

<u>BSG, Urteil vom 25.06.2015, B 14 AS 40/14 R:</u>
„Im Zeitpunkt der Fälligkeit der **Betriebs- und Heizkostennachforderung** ... war das **Mietverhältnis über die frühere Wohnung** ... jedoch **bereits beendet**. Für diese Wohnung kamen unterkunftssichernde Leistungen nach § 22 Abs. 1 Satz 1 SGB II a. F. grundsätzlich nicht mehr in Betracht. ... Eine Übernahme der Nachforderung als Schulden i. S. von § 22 Abs. 5 SGB II ... kam von vornherein nicht in Betracht. ... Etwas anderes ergibt sich auch nicht aus dem ... Vortrag des Klägers, der **Vermieter** ..., der **mit dem früheren Vermieter identisch** sei, habe mit der Kündigung der Wohnung gedroht, wenn die Nachforderung nicht gezahlt werde. Denn eine Rechtsgrundlage für eine Vermieter-Kündigung des ... bestehenden Mietverhältnisses über die aktuell genutzte Wohnung wegen der ausstehenden Erfüllung einer Nachforderung aus

dem anderen, bereits beendeten Mietverhältnis über die frühere Wohnung sehen die Regelungen zum Wohnraumkündigungsrecht im ... BGB nicht vor."

BSG, Urteil vom 18.11.2014, B 4 AS 3/14 R:
„Ob der Kläger Anspruch auf eine **zuschussweise Übernahme von Mietschulden** hat, vermochte der Senat nicht abschließend zu entscheiden. Ein Zuschuss ist nach § 22 Abs. 5 S. 4 SGB II in der Fassung aus dem Jahre 2006 (heute § 22 Abs. 8 SGB II) **nur in atypischen Fällen** zu leisten. Ein solcher atypischer Fall liegt dann vor, wenn die Fallgestaltung im Einzelfall signifikant vom (typischen) Regelfall abweicht. Dabei kann auch mitwirkendes **Fehlverhalten ... der Verwaltung**, das als eine atypische Behandlung des Falles im Sinne einer Abweichung von der grundsätzlich zu erwartenden ordnungsgemäßen Sachbearbeitung zu verstehen ist, eine Atypik des verwirklichten Tatbestandes begründen. Erforderlich ist insoweit ein "wesentlich mitwirkendes" Handeln. Das LSG wird weitere Feststellungen zur Beurteilung dessen zu treffen haben. Sollte ... das Vorliegen eines atypischen Falls verneint werden, wird das LSG weiter zu beachten haben, dass der angefochtene Darlehensbescheid insoweit rechtswidrig ist, als dort die **Fälligkeit des gesamten Darlehens** ... noch **während des Leistungsbezugs**, und die **Verzinsung** des Darlehensbetrags für den Fall der nicht rechtzeitigen Tilgung verfügt worden ist. Es mangelt an einer Rechtsgrundlage hierfür. Auch trifft den Kläger keine **Darlehensbelastung** in vollständiger Höhe des bewilligten Darlehens. Sie ist zwar entgegen der Auffassung des LSG **nicht kopfteilig** zu bestimmen, darf jedoch unter Berücksichtigung der gemeinsamen mietvertraglichen Verpflichtung des Klägers und seiner Lebenspartnerin die Hälfte des Betrags der Gesamtmietschulden nicht überschreiten."
Zitiert nach dem Terminbericht Nr. 53/14 des Bundessozialgerichts

BSG, Urteil vom 24.11.2011, B 14 AS 121/10 R:
„Die **Abgrenzung** von **Schulden** für eine Unterkunft von den übrigen Kosten der Unterkunft und Heizung ist ... **unabhängig von der zivilrechtlichen Einordnung** zu treffen. Ausgehend von dem Zweck der Leistungen nach dem SGB II ist danach zu unterscheiden, ob es sich um einen **tatsächlich eingetretenen und bisher noch nicht von dem SGB II-Träger gedeckten Bedarf** handelt... Diese Abgrenzung ist auch maßgeblich, soweit es sich um Verpflichtungen aus dem Mietverhältnis handelt, die bereits vor Eintritt der Bedürftigkeit begründet worden sind. Lediglich wenn der Hilfebedürftige seinen fälligen Verpflichtungen aus dem Mietverhältnis in Zeiträumen nicht nachkommt, in denen er keine Leistungen zur Sicherung des Lebensunterhalts nach dem SGB II bezogen hat, sind solche Belastungen als Schulden anzusehen und nur unter den eingeschränkten Voraussetzungen des § 22 Abs. 5 SGB II übernahmefähig. Unerheblich für die Abgrenzung ist .., dass hinzutretende Verbindlichkeiten teilweise auf dem Verbrauch in Zeiträumen beruhen, in denen keine Hilfebedürftigkeit bestand. **Soweit Verbindlichkeiten erst nach Eintritt der Bedürftigkeit entstanden sind, gehören sie** - jedenfalls solange die Wohnung weiterhin bewohnt wird - **zu den Aufwendungen i. S. des § 22 Abs. 1 Satz 1** SGB II..."

BSG, Urteil vom 17.06.2010, B 14 AS 58/09 R:

„Auch **Schulden gegenüber einem Dritten**, die der Hilfebedürftige **nach Antragstellung** beim Träger der Grundsicherung eingegangen ist, um drohende Wohnungslosigkeit abzuwenden, können Schulden im Sinne des § 22 Abs. 5 SGB II sein. ... Jedenfalls für den Fall, dass eine **Entscheidung** des Trägers der Grundsicherung **nicht** mehr **rechtzeitig** erfolgt ist oder der Träger der Grundsicherung die Übernahme der Schulden **rechtswidrig abgelehnt** hatte und die Aufnahme eines Privatdarlehens aus diesem Grund erforderlich für die Abwendung der Wohnungslosigkeit war, kommt die Übernahme dieser "neuen" Schulden (an Stelle der ursprünglich gegenüber dem Vermieter bestehenden Schulden) in Betracht. ... Soweit allerdings eine **angemessene neue Wohnung** gefunden werden kann, liegt drohende Wohnungslosigkeit regelmäßig nicht vor. Es ist von dem Hilfebedürftigen jedenfalls dann zu fordern, eine an sich kostenangemessene Wohnung zu verlassen und nach einem Umzug (der sich dann als notwendig i. S. des § 22 Abs. 3 Satz 2 SGB II darstellt) eine neue Wohnung zu beziehen, wenn durch sein unwirtschaftliches Verhalten ... eine Schuldenlage entstanden ist. Es geht ... nicht darum, den Hilfebedürftigen finanziell durch die Übernahme der Schulden zu entlasten. Deshalb kann dem Verlust einer angemessenen Unterkunft auch dadurch begegnet werden, dass eine neue Wohnung bezogen wird. ... Schließlich tritt auch wirtschaftlich unvernünftiges (vorwerfbares) Handeln des Hilfebedürftigen, das die drohende Wohnungslosigkeit (mit)verursacht haben mag, in den Fällen des Satzes 2 regelmäßig zurück. Wie bereits ausgeführt fallen in erster Linie solche Verbindlichkeiten überhaupt nur unter den **Begriff der Schulden** nach Abs. 5, die auf ein ... **Fehlverhalten** des Hilfebedürftigen ... zurückzuführen sind. Ob ausnahmsweise anderes gelten kann, wenn zielgerichtetes Verhalten des Hilfeempfängers (insbesondere im Wiederholungsfall) zu Lasten des Trägers der Grundsicherung nachgewiesen werden kann, kann ... offen bleiben. ... Die Übernahme von **Kosten** der Vermieterin, **die nicht aus dem Mietverhältnis stammen**, aber an die sie ... zulässigerweise die Fortführung ... des Mietverhältnisses geknüpft hat, können ... ebenfalls zu den ... übernahmefähigen Kosten gehören. ... Schließlich ist auch die Frage, ob dem Kläger ... Zinsen zuzusprechen sind, danach zu entscheiden, ob die Aufnahme des Kredits zu den dargestellten Bedingungen zur Abwendung der Wohnungslosigkeit notwendig war. Es sind hierdurch zwar erhebliche Mehrkosten entstanden, die bei Übernahme der ursprünglich bestehenden Schulden durch den Beklagten nicht angefallen wären. Die **Erstattung von Kosten bei Selbstbeschaffung** unaufschiebbarer Sozialleistungen (d. h. **in Eil- und Notfällen** trotz rechtzeitiger Antragstellung) sowie im Falle rechtswidriger Leistungsablehnung ist aber Ausdruck eines allgemeinen Rechtsgedankens im Sozialrecht...“

4.1.4 Darlehen für unabweisbare Bedarfe

Der Leistungskatalog des SGB II umfasst auch Darlehen für unabweisbare Bedarfe.

Dazu zählen z. B.

- Kleidung
- Wäsche
- Möbel
- Haushaltsgeräte
- Instandhaltung der Wohnung

Darlehen für unabweisbare Bedarfe sind nach § 24 Abs. 1 SGB II an folgende Voraussetzungen gebunden:

- Der Bedarf muss von dem Regelbedarf umfasst und
- nach den Umständen unabweisbar sein.
- Er darf nicht oder nicht ausreichend durch Vermögen gedeckt werden können oder
- auf andere Weise (z. B. Gebrauchtwarenlager oder Kleiderkammern).
- Der Bedarf muss nachgewiesen sein.

Der Bedarf kann durch **Sach- oder Geldleistung** gedeckt werden. Es besteht grundsätzlich kein Anspruch auf fabrikneue Gegenstände.

Getilgt wird das Darlehen durch monatliche **Aufrechnung** in Höhe von bis zu 5% des Regelbedarfs des Erwerbsfähigen und der mit ihm in Bedarfsgemeinschaft lebenden Angehörigen (§ 42a Abs. 2 SGB II). Weitergehende Leistungen sind ausgeschlossen.

Ob und wie das Darlehen zu tilgen ist, wenn der Erwerbsfähige aus dem Leistungsbezug ausscheidet, regelt das SGB II seit dem 1. April 2011 im § 42a.

BSG, Urteil vom 28.10.2009, B 14 AS 44/08 R:
„Bezieher von Arbeitslosengeld II können die (zuschussweise) Übernahme der **Fahrtkosten für den Besuch einer zweijährigen Berufsfachschule** nicht als Leistung zur Sicherung des Lebensunterhalts beanspruchen. Es fehlt in §§ 19 ff SGB II an einer entsprechenden Anspruchsgrundlage. Auch ein Darlehen nach § 23 Abs. 1 SGB II kommt nicht in Betracht, weil die Fahrtkosten als ausbildungsgeprägter Bedarf bereits dem Grunde nach **nicht von der Regelleistung umfasst** sind. Auch Leistungen zur Eingliederung in Arbeit kommen nicht in Betracht, weil die Förderung der schulischen und der beruflichen Ausbildung nicht zu den Zielen des SGB II gehört, sondern spezialgesetzlich (insbesondere im BAföG) abschließend geregelt ist."
Zitiert nach dem Bericht über die „Tätigkeit des Bundessozialgerichtes im Jahre 2009"

BSG, Urteil vom 07.11.2006, B 7b AS 14/06 R:
„Auch die Anwendung des § 23 Abs. 1 SGB II ... scheidet aus. Danach kann im Einzelfall ein von den Regelleistungen umfasster nach den Umständen unabweisbarer Bedarf zur Sicherung des Lebensunterhalts durch die Gewährung eines Darlehens gedeckt werden. Allerdings handelt es sich bei den Umgangskosten um **wiederkehrende Bedarfe**, die **nur schwer einer darlehensweisen Gewährung zugänglich** sind..., weil das Darlehen durch die in § 23 Abs. 1 Satz 3 SGB II angeordnete Aufrechnung zu einer belastenden Hypothek für die Zukunft wird... Zwar kann verfassungswidrigen Auswirkungen dieser Regelung ggf. durch einen (nachträglichen) Erlass nach § 44 SGB II Rechnung getragen werden...; jedoch taugt dieser Gedanke wenig bei Dauerbedarfen... Der **Erlass** müsste dann mit der Darlehensgewährung verbunden werden; die **Darlehensgewährung** würde damit **ad absurdum geführt**. Eine solche Lösung wäre im Ergebnis eine Umgehung der vom Gesetzgeber ausgeschlossenen Erhöhung der Regelsätze."

4.1.5 Einmalige Leistungen

Der Regelbedarf soll den *laufenden* Bedarf sicherstellen. Hierzu zählt auch die Ausstattung mit Haushaltsgeräten und Kleidung. Ausgenommen von dem Regelbedarf ist ein *einmaliger* Bedarf vor allem für die *Grundausstattung* von Wohnung und Kleidung.

Nach § 24 Abs. 3 SGB II umfasst der Regelbedarf *nicht* Leistungen für

- **Erstausstattungen** der **Wohnung** einschließlich Haushaltsgeräten
- **Erstausstattungen** für **Bekleidung** und Erstausstattung bei Schwangerschaft und Geburt
- Anschaffung und Reparaturen von **orthopädischen Schuhen**, Reparaturen von **therapeutischen Geräten** und Ausrüstungen sowie die Miete von therapeutischen Geräten.

Die Leistungen für **mehrtägige Klassenfahrten** im Rahmen des Schulrechts sind seit dem 1. Januar 2011 im § 28 Abs. 2 SGB II geregelt.

Nur diese Leistungen werden gesondert erbracht.

Erstausstattungen für die Wohnung kommen z. B. nach einem Wohnungsbrand in Betracht oder bei der Erstanmietung nach einer Haft. Erstausstattungen für Kleidung sind möglich bei Schwangerschaft und Geburt sowie vor allem bei Gesamtverlust oder neuem Bedarf aufgrund außergewöhnlicher Umstände.

Einmalige Leistungen für Erstausstattungen der Wohnung und für Erstausstattungen für Bekleidung können als **Sach- oder Geldleistung** erbracht werden. Der Bedarf kann durch eine **Pauschale** abgegolten werden.

Einmalige Leistungen erhalten auch Hilfebedürftige, die **keine laufenden Leistungen** benötigen. Bei ihnen kann das Einkommen berücksichtigt werden, das sie erwerben innerhalb von bis zu 6 Monaten nach Ablauf des Entscheidungsmonats.

Zur Erstausstattung für Wohnung:

BSG, Urteil vom 19.05.2022, B 8 SO 1/21 R:
„Zu einer erweiternden Auslegung des **§ 31 Abs. 1 Nr. 1 SGB XII**, wonach die Kosten für die Anschaffung von langlebigen und deshalb typischerweise teuren Haushaltsgeräten (sog. **weiße Ware**) auch dann als **Zuschuss** zahlen zu wären, wenn die **Neuanschaffung verschleißbedingt notwendig** wird, sieht sich der Senat nicht gedrängt. ... In der Regelleistung ist ein pauschaler ... Einzelbetrag für Innenausstattung, Haushaltsgeräte und Haushaltsgegenstände enthalten... Die Ausgaben für **Waschmaschinen**, Wäschetrockner, Geschirrspül- und Bügelmaschinen ... sind dabei zu 100 Prozent berücksichtigt worden. Gegen diese gesetzgeberische Konzeption, wonach Bedürftige Mittel zur Bedarfsdeckung eigenverantwortlich ausgleichen und ansparen müssen, hat auch das BVerfG aus verfassungsrechtlicher Sicht ausdrücklich keine Einwände... Die vom BVerfG ... geäußerten Zweifel an der **Darlehensregelung im SGB II**, die mit einer Reduzierung der existenzsichernden Leistung in Höhe von zehn Prozent durch **Aufrechnung** der Darlehensschuld ab dem Folgemonat der Auszahlung verbunden ist ..., sind **auf das SGB XII nicht übertragbar**; denn die dortigen Regelungen zur Rückzahlung und ihren Modalitäten sind so ausgestaltet, dass Auslegungsspielräume im Einzelfall bestehen, um Härten abzufangen... Entscheidend für die .. verfassungsrechtliche Gesamtschau ist aber, dass **§ 37 Abs. 4 Satz 1 SGB XII** im Anschluss an die Darlehensgewährung **keine zwingende Aufrechnung** vorsieht, sondern die Rückzahlungsmodalitäten unter einen umfassenden **Ermessensvorbehalt** stellt. ... Damit bestehen die vom BVerfG geforderten **Auslegungsspielräume für Härtefälle** ... und es wird auf gesetzlicher Grundlage ein am individuellen Existenzsicherungsbedarf ausgerichtetes und grundrechtliche Belange des Hilfebedürftigen berücksichtigendes Verwaltungshandeln sichergestellt."

BSG, Urteil vom 16.02.2022, B 8 SO 14/20 R:
„Der Anspruch nach § 31 Abs. 1 Nr. 1 SGB XII zielt - wie die **inhaltlich identische** Parallelvorschrift des ... **§ 24 Abs. 3 Satz 1 Nr. 1 SGB II** ... - auf die Deckung von Bedarfen für solche Einrichtungsgegenstände, die für eine geordnete Haushaltsführung notwendig sind und den Leistungsberechtigten ein an den herrschenden Lebensgewohnheiten orientiertes Wohnen ermöglichen ...; dabei wird ... nur eine angemessene Ausstattung berücksichtigt, die den grundlegenden Bedürfnissen genügt und im unteren Segment des Einrichtungsniveaus liegt... Ein .. Fall einer ... erheblich vom durchschnittlichen Bedarf abweichenden speziellen Bedarfslage nach dem Verlust der gesamten Wohnungseinrichtung aufgrund **"von außen" einwirkender außergewöhnlicher Umstände** liegt hier vor. Der erhebliche **Krankheitsschub** ... **mit wahnhaften und halluzinatorischen Vorstellungen** war ein "von außen" einwirkender außergewöhnlicher Umstand, der ... die **Unbrauchbarkeit wohnraumbezogener Gegenstände** bewirkt hat. Er steht ... dem üblichen Verschleiß von Gebrauchsgegenständen über einen längeren Zeitraum ... nicht gleich. Ein Verschleiß wird zwar nicht dadurch zum außergewöhnlichen Umstand, dass begleitend personenbezogene Faktoren, etwa eine mangelnde Sorgfalt oder ein

besonders intensiver Gebrauch bestimmter Einrichtungsgegenstände, mitwirken... Das bedeutet aber im Umkehrschluss nicht, dass ein Anspruch immer dann ausscheidet, wenn personenbezogene Faktoren ... vorliegen, die zu einem vollständigen Verlust der Einrichtung führen. Die Klägerin stand nach dem Untergang ihrer Einrichtung infolge ihres Krankheitsschubs ebenso plötzlich vor dem Nichts wie dies etwa nach einem Wohnungsbrand ... der Fall gewesen wäre. Mit der Formulierung des "von außen" einwirkenden außergewöhnlichen Umstands hat der 4. Senat lediglich die Abgrenzung außergewöhnlicher Umstände oder besonderer Ereignisse ... von dem durch Abnutzungsverhalten über einen längeren Zeitraum und dadurch nach und nach entstehenden Ersetzungsbedarf verdeutlicht... Verschuldensgesichtspunkte hindern .. die Entstehung des Anspruchs im Grundsatz nicht ..., was ebenfalls deutlich macht, dass Umstände, die personenbezogen sind, nicht von vornherein als anspruchsbegründend ausscheiden."

BSG, Urteil vom 06.08.2014, B 4 AS 57/13 R:
„Der Senat folgt .. den vom LSG ergänzend entwickelten Kriterien ... nicht, soweit diese eine Abkehr von der ... bedarfsbezogenen Betrachtungsweise beinhalten. ... Ein Anspruch auf die zuschussweise Bewilligung von Geldleistungen für die **erneute Beschaffung von Einrichtungsgegenständen** als "Wohnungserstausstattung" setzt vielmehr voraus, dass der konkrete Bedarf durch 1. **außergewöhnliche Umstände** ... bzw. ein besonderes Ereignis ... entstanden ist, 2. ein "**spezieller Bedarf**" ... vorliegt und 3. ein **ursächlicher Zusammenhang** zwischen den außergewöhnlichen Umständen bzw. dem besonderen Ereignis und dem Bedarf gegeben ist. ... Hieraus folgt, dass ein infolge des allgemein üblichen **Abnutzungs- und Verschleißprozesses** nach und nach entstandener Bedarf - auch wenn hierbei personenbezogene Faktoren, etwa eine **mangelnde Sorgfalt** oder ein **besonders intensiver Gebrauch** bestimmter Einrichtungsgegenstände mitgewirkt haben sollten - durch den **Regelbedarf oder** ggf. bei einer Bedarfsspitze durch ein **Darlehen** zu decken ist. ... Hier fehlt es schon an "außergewöhnlichen Umständen" bzw. einem "besonderen Ereignis"... die langjährige Suchterkrankung ... *(kann nicht alleine)* als eine Anknüpfungstatsache für die erneute Beschaffung von Wohnungsausstattungsgegenständen im Wege einer zuschussweisen anstelle der .. darlehensweisen Bewilligung ... anerkannt werden. Anders als bei einem Wohnungsbrand und dem Verlust von Gegenständen infolge eines Umzugs handelt es sich bei der Suchterkrankung, auch wenn diese mit Rauschzuständen verbunden war, nicht um ein "von außen" einwirkendes Ereignis oder einen Umstand der zuvor beschriebenen Art, das oder der regelmäßig geeignet ist, den plötzlichen Untergang bzw. die Unbrauchbarkeit der Einrichtungsgegenstände zu bewirken. ... Ebenso wenig besteht ... Anspruch auf ... Leistungen für einen **Teppichboden** als Zuschuss nach § 23 Abs. 3 S. 1 Nr. 1 SGB II a. F., weil insofern ein außergewöhnlicher Umstand bzw. ein besonderes Ereignis als Anknüpfungstatsachen für eine erneute Beschaffung nicht vorliegt... **Auch § 22 Abs. 1 S. 1 SGB II** stellt **keine Anspruchsgrundlage** für die Neuausstattung mit einem Teppichboden dar."

BSG, Urteil vom 23.05.2013, B 4 AS 79/12 R:
„Bei der Anschaffung eines **Jugendbettes** handelt es sich ... um eine Erstausstattung... Ein für den Kläger geeignetes Bett war, nachdem er ... **dem "Gitterbett" entwachsen** war, nicht mehr vorhanden. Das "Gitterbett" ist zwar nicht "untergegangen". Der Kläger benötigte jedoch **erstmals** in seinem Leben ein seiner Körpergröße angepasstes größeres Bett. ... Bei der Anschaffung des Jugendbettes handelt es sich hier ... um einen ein- und erstmaligen Bedarf im Unterschied zu den laufenden Bedarfen für Kinderkleidung. ... Handelt es sich bei dem begehrten Gegenstand um eine Erstausstattung ..., so ist er vom Grundsicherungsträger nach § 23 Abs. 3 S. 1 Nr. 1 SGB II nur dann zu finanzieren, wenn es sich um einen **dem Grunde nach zum Wohnen und zur Haushaltsführung angemessen Gegenstand** im Sinne des Grundsicherungsrechts handelt... Im vorliegenden Fall bestehen keine Zweifel, dass die Beschaffung eines Jugendbettes dem Grunde nach angemessen in diesem Sinne ist. Durch das Jugendbett soll ein elementares Grundbedürfnis gedeckt werden, das Bedürfnis eine Stätte zum Schlafen zu erhalten. ... Der selbstbeschaffte Einrichtungsgegenstand muss von seinem Wert her ..., ausgedrückt im Preis für den Erwerb, angemessen sein. Insofern besteht kein Unterschied zwischen dem Kostenerstattungsanspruch und der Geldleistung i. S. des § 23 Abs. 3 S. 5 SGB II. Beide sind so zu bemessen, dass sie realitätsgerecht einen **einfachen und grundlegenden Bedarf** decken können.“

BSG, Urteil vom 27.09.2011, B 4 AS 202/10 R:
„Auch der erkennende Senat geht davon aus, dass **Verschuldensgesichtspunkte** nicht schon bei der Feststellung des Bedarfs berücksichtigt werden dürfen, weil der im SGB II zu deckende Bedarf grundsätzlich aktuell bestehen muss und auch aktuell ... zu decken ist... Ob ein Anspruch auf Wohnungserstausstattung ... gegeben ist, hängt mithin davon ab, ob die Klägerin eine Wohnungseinrichtung in Spanien hatte und diese tatsächlich untergegangen ist. ... Kommt das LSG ... zu dem Ergebnis, dass ein Anspruch auf Wohnungserstausstattung besteht, wird es noch prüfen müssen, ob und ggf. in welchem Umfang durch von Freunden .. zur Verfügung gestellte Möbel der Bedarf an Wohnungserstausstattung gedeckt worden ist. Sollte eine zwischenzeitliche und zulässige "**Selbstbeschaffung**" der begehrten Leistung vorliegen, welche die fehlende Unterstützung durch den Beklagten lediglich substituierte, kann diese der Klägerin dann wegen einer Rechtswidrigkeit der Leistungsablehnung nicht entgegengehalten werden... Die ... Erstausstattung muss - in Anlehnung an ... § 22 SGB II ... - nur eine angemessene Ausstattung berücksichtigen, die der **Befriedigung von einfachen und grundlegenden Wohnbedürfnissen** genügt...“

BSG, Urteil vom 13.04.2011, B 14 AS 53/10 R:
„Dem .. Betrag ... von **730 Euro** für die **Wohnungserstausstattung** liegt auch ein ausreichender Ausstattungsumfang zugrunde..., ebenso ist die Ermittlung der gewährten Pauschale nicht zu beanstanden... Zu Recht haben SG und LSG ausgeführt, dass der Kläger **keinen Anspruch auf eine bestmögliche**

Versorgung hat und es daher grundsätzlich unerheblich ist, dass er mit den bewilligten Beträgen nicht alle seiner Ansicht nach erforderlichen Gegenstände erwerben kann. ... Die **Pauschale** muss so bemessen sein, dass der Hilfebedürftige mit dem gewährten Betrag seinen Bedarf auf Erstausstattung (ausgehend von einfachen und grundlegenden Wohnbedürfnissen) in vollem Umfang befriedigen kann... ...insoweit ist zu prüfen, ob die Pauschalen auf **nachvollziehbaren Erfahrungswerten** beruhen. ... Die genannten Voraussetzungen sind vorliegend dadurch erfüllt, dass der Beklagte für alle von ihm bewilligten Einrichtungs- bzw. Haushaltsgegenstände eine **Bezugsquelle** angibt und jeweils den tatsächlichen **Preis** für einen Neuerwerb bei verschiedenen Versandhäusern aufführt. Diese Vorgehensweise ist ... nicht zu beanstanden, da insoweit nachvollziehbar ersichtlich ist, dass die für eine Einzelperson zugrunde gelegten Ausstattungsgegenstände auch tatsächlich zu den angegebenen Preisen erhältlich sind. ... Zu Recht hat das LSG auch entschieden, dass der Einwand des Klägers nicht durchgreift, er könne wegen der anfallenden **Lieferkosten** nicht auf den Kauf von Einrichtungsgegenständen bei Versandhäusern zurückgreifen. **Zweck der Beihilfe** für die Erstausstattung ist es nicht, jedwede Kosten, die normalerweise aus dem Regelsatz zu finanzieren wären, von einem Hilfebedürftigen fernzuhalten. Vielmehr dient der ... Erstausstattungsanspruch dazu, den Hilfebedürftigen davor zu bewahren, gleich zu Beginn einer (Neu-)Existenz einen Schuldenberg anzuhäufen."

BSG, Urteil vom 24.02.2011, B 14 AS 75/10:
„Der Kläger begehrt ... Leistungen für ein Fernsehgerät im Rahmen der Erstausstattung einer Wohnung. Er bezieht seit dem 17. Juli 2007 laufend Leistungen nach dem SGB II und war zunächst obdachlos; ab 15. August 2007 zog er in eine 17 qm große Ein-Zimmer-Wohnung... Er beantragte ... Leistungen für die Erstausstattung seiner Wohnung; zu den von ihm gewünschten Gegenständen zählte unter anderem ein **Fernsehgerät**. Der Beklagte bewilligte für bestimmte Gegenstände ... 506,50 Euro sowie einen Zuschuss für Gardinen ... von 195,42 Euro. ...Leistungen für ein Fernsehgerät lehnte er ab. Die ... Klage war in den Vorinstanzen erfolgreich. Der 14. Senat des Bundessozialgerichts hat ... der Revision des beklagten Landkreises stattgegeben und die vorinstanzlichen Urteile aufgehoben sowie die Klage abgewiesen. Der beklagte Grundsicherungsträger war nicht verpflichtet, als Erstausstattung für die Wohnung auch Leistungen für ein Fernsehgerät zu erbringen. **Zur Erstausstattung einer Wohnung gehören ... wohnraumbezogene Gegenstände, die für eine geordnete Haushaltsführung und ein an den herrschenden Lebensgewohnheiten orientiertes Wohnen erforderlich sind. Hierzu zählt ein Fernsehgerät nicht.** Es ist weder ein Einrichtungsgegenstand noch ein Haushaltsgerät. Die auf die Wohnung bezogenen Leistungen des SGB II dienen, insbesondere mit der Übernahme der angemessenen Kosten der Unterkunft (KdU), dem Zweck, dem Hilfebedürftigen ein menschenwürdiges Wohnen zu ermöglichen, das die grundlegenden Bedürfnisse Aufenthalt, Schlafen und Essen sicherstellt. Fehlen dem Hilfebedürftigen bei Gründung eines eigenen Hausstandes die hierfür erforderlichen Gegenstände, so sind hierfür gesondert

neben der pauschalierten Regelleistung Leistungen zu erbringen. Aus der Tatsache, dass "Fernsehen" ein elementarer Bestandteil der herrschenden Lebensgewohnheiten ist und etwa 95% der Bevölkerung mit Möglichkeiten zum Empfang von Fernsehprogrammen ausgestattet sind, folgt nichts anderes. Die Sicherstellung von Freizeit-, Informations- und Unterhaltungsbedürfnissen, der das Fernsehen dient, soll grundsätzlich aus der Regelleistung erfolgen. Insoweit erforderliche Konsumgegenstände, die wie das Fernsehgerät entsprechend verbreitet sind, aber nicht zur Erstausstattung einer Wohnung zählen, können - im Gegensatz zum Rechtszustand unter dem Bundessozialhilfegesetz - nur noch darlehensweise erbracht werden (vgl. § 23 Abs. 1 SGB II)."
Zitiert nach der Medieninformation Nr. 9/11 des Bundessozialgerichts

<u>BSG, Urteil vom 19.08.2010, B 14 AS 36/09 R:</u>
„Zu Unrecht ist das LSG davon ausgegangen, dass ein Anspruch auf Erstausstattung ... dem Grunde nach ausscheidet und hat ungeprüft gelassen, ob die Beklagte ... in ihrer Verwaltungspraxis auf Grundlage eines entsprechenden Beschlusses des Kreistages zur Erfüllung von Ansprüchen auf Erstausstattung für Wohnungen ausschließlich Geldleistungen zur Verfügung stellt. ... Aus den ... Feststellungen des LSG ergibt sich, dass der Kläger ... bereits ... über **mehr als einen Bewilligungsabschnitt** hinweg **nicht über eigenes Mobiliar verfügte**, das dem Standard der herrschenden Lebensgewohnheiten auch unter Berücksichtigung einfachster Verhältnisse entsprach. Damit handelt es sich um einen Bedarf i. S. des § 23 Abs. 3 Satz 1 Nr. 1 SGB II und nicht um einen Fall der Ersatzbeschaffung... Hier war infolge der **Alkoholerkrankung** ein eigener Hausstand jedenfalls für mehr als 6 Monate (wenn nicht sogar zukunftsoffen) aufgegeben worden. Zutreffend weist der Kläger darauf hin, dass seine Situation dem in der Gesetzesbegründung ... genannten Fall der Haft entsprach... Der Senat hat ebenfalls bereits entschieden, dass ... **Verschuldensgesichtspunkte** nicht schon bei der Feststellung des Bedarfs eine Rolle spielen können... Wie das Verhältnis von §§ 19 ff SGB II zu § 34 SGB II zeigt, ist ein bestehender Bedarf immer dann zu erfüllen, wenn dies Voraussetzung für ein menschenwürdiges Dasein ist. ... Unklar ist insbesondere geblieben, welche Kosten ... durch einen Umzug der Möbel und die anschließende Einlagerung entstanden wären und ob vor dem Hintergrund solcher **Folgekosten** die Aufgabe des Mobiliars **wirtschaftlich** gesehen nicht geboten war. Schließlich gibt die akute Alkoholerkrankung des Klägers Anlass, an einem subjektiv vorwerfbaren Verhalten zu zweifeln. ...
Der ... Anspruch auf **Geldleistung** scheitert mithin dann, wenn keine Gesichtspunkte vorliegen, die das **Ermessen** ... im Sinne einer "Ermessensreduktion auf Null" einschränken. ... Auch wenn die Leistungen ... nicht "antragsabhängig" sind, sondern die im Einzelfall erforderlichen Leistungen von dem (ersten) Antrag auf laufende Leistungen erfasst sind, setzt ein **Kostenerstattungsanspruch** in den Fällen des § 23 Abs. 3 Satz 1 Nr. 1 SGB II im Grundsatz aber voraus, dass der Träger der Grundsicherung vor Inanspruchnahme einer vom Hilfebedürftigen selbst beschafften Leistung bei Entstehen des konkreten Bedarfs mit dem Leistungsbegehren in der Sache befasst wurde. Nur dann ist es dem Träger möglich, sein Auswahlermessen pflichtgemäß auszuüben. Eine

Kostenerstattung kommt damit grundsätzlich erst **bei Selbstbeschaffung einer Leistung nach einer rechtswidrigen Leistungsablehnung** in Betracht. ... Ein Anspruch auf Kostenerstattung kommt nach den ... allgemeinen Grundsätzen des Kostenerstattungsrechts deshalb nur in Betracht, wenn im Zeitpunkt der Selbstbeschaffung der Leistung ein unaufschiebbarer **Eil- bzw. Notfall** vorgelegen hat."

BSG, Urteil vom 19.08.2010, B 14 AS 10/09 R:
„Beschafft sich ... der Hilfebedürftige die Gegenstände für seine Wohnungseinrichtung .. selbst, bevor der Grundsicherungsträger über die Art und Weise der Leistungsgewährung entschieden hat, so schneidet er dessen **Auswahlermessen** ab. Dieser kann im Rahmen des § 23 Abs. 3 Satz 5 SGB II den Leistungsempfänger schon rein tatsächlich nicht mehr etwa auf ein eigenes Möbellager oder die Ausgabe von Gutscheinen für bestimmte Möbelhäuser verweisen. ... Besteht im Ergebnis ein Leistungsanspruch auf Geld unmittelbar aus § 23 Abs. 3 SGB II nicht, wird das LSG im Hinblick auf die ... selbst beschafften Leistungen (hilfsweise) einen **Kostenerstattungsanspruch** zu prüfen haben. Wie der Senat bereits entschieden hat, ist die Erstattung von Kosten bei **Selbstbeschaffung** unaufschiebbarer Sozialleistungen (also in **Eil- und Notfällen**) sowie **im Falle rechtswidriger Leistungsablehnung** Ausdruck eines allgemeinen Rechtsgedankens im Sozialrecht... Liegen die Voraussetzungen vor, wandelt sich auch im ... SGB II ein Sachleistungsanspruch in einen auf Geld gerichteten Kostenerstattungsanspruch um... Ein solcher setzt allerdings in den Fällen des § 23 Abs. 3 Satz 1 Nr. 1 SGB II im Grundsatz voraus, dass der Träger der Grundsicherung vor Inanspruchnahme einer vom Hilfebedürftigen selbst beschafften Leistung bei Entstehen des konkreten Bedarfs mit dem Leistungsbegehren in der Sache befasst wurde."

BSG, Urteil vom 20.08.2009, B 14 AS 45/08 R:
„Der Kläger hat ... einen Anspruch auf Leistungen für Erstausstattungen für die Wohnung ... als **Zuschuss**. Dem steht nicht entgegen, dass der Kläger bereits im November 2003 die Wohnung bezogen und damals auf den Erwerb von Einrichtungsgegenständen verzichtet hat... Allerdings steht es im **Ermessen** des Beklagten, in welcher **Form** (Sach- oder Geldleistung) und in welcher **Höhe** er diesen Anspruch erfüllt. ... Das LSG ist rechtsirriger Weise davon ausgegangen, dass den Kläger an dem Vorliegen dieses Bedarfs ... ein den Anspruch ausschließendes zurechenbares Verschulden traf, weil er sich im Jahre 2003 bewusst dafür entschieden hat, zunächst seine Schulden zu bezahlen und keine Wohnungseinrichtung zu erwerben. Dem ist zunächst entgegenzuhalten, dass der im SGB II zu deckende **Bedarf grundsätzlich aktuell besteht und** auch **aktuell** vom Grundsicherungsträger **zu befriedigen ist**. Im November 2005 jedenfalls bestand jeweils der Bedarf... Eine "**Verwirkung**" des Anspruchs auf Erstausstattung kommt nur dann in Betracht, wenn ein Hilfebedürftiger entsprechend den Voraussetzungen des § 34 Abs. 1 SGB II nach Vollen-

dung des 18. Lebensjahres vorsätzlich oder grob fahrlässig die Voraussetzungen für seine Hilfebedürftigkeit ohne wichtigen Grund selbst herbeigeführt hat.
...
Dem Beklagten steht ... **kein Handlungsermessen** zu. Der Anspruch ist im Sinne eines unbedingten Rechtsanspruchs zu realisieren, wenn ... die Anspruchsvoraussetzungen vorliegen. Eine **Darlehensgewährung kommt** dann nach dem Regelungszusammenhang des § 23 SGB II **nicht** mehr **in Betracht**. Allerdings räumt § 23 Abs. 3 Satz 5 SGB II ... ein **Auswahlermessen** dergestalt ein, dass er die Leistungen entweder als Sachleistungen oder als Geldleistungen, letzteres auch in Form von Pauschalbeträgen erbringen kann... Der Beklagte kann mithin den Rechtsanspruch ... auf Erstausstattung auch dadurch erfüllen, dass er selbst Einrichtungsgegenstände in einem **Lager** etc. vorhält und diese "in natura" als Sachleistung ausgibt. ... Insofern spricht der Wortlaut des § 23 Abs. 3 Satz 6 SGB II dafür, dass den Grundsicherungsträgern bei der Festsetzung der Höhe der Pauschalen nur ein **eingeschränkter Beurteilungsspielraum** zusteht. Die Leistungsträger werden insofern "nachvollziehbare Erfahrungswerte" über die Kosten von Einrichtungsgegenständen (allerdings in einem unteren Segment des Einrichtungsniveaus) zur Stützung ihrer Pauschalbeträge vorzunehmen haben, die auch einer richterlichen Kontrolle unterliegen."

BSG, Urteil vom 01.07.2009, B 4 AS 77/08 R:
„Die Klägerin hat dem Grunde nach Anspruch auf Ausstattung mit Bett und Schrank. ... Der erstmaligen Ausstattung einer Wohnung sind jedoch wertungsmäßig diejenigen Fälle einer Ersatzbeschaffung gleichzustellen, bei denen vorhandene **Ausstattungsgegenstände allein durch einen vom Grundsicherungsträger veranlassten Umzug** in eine angemessene Wohnung **unbrauchbar werden**. ... Der Grundsicherungsträger hat hingegen nicht schon dann für Ausstattungsgegen-stände aufzukommen, wenn diese zwar weiterhin funktionsfähig sind, ihrem Besitzer jedoch nicht mehr gefallen, sie nicht mehr optimal zur neuen Wohnung passen oder wenn die Gegenstände ohnehin - auch ohne den Umzug - wegen Unbrauchbarkeit hätten durch andere Gegenstände ersetzt werden müssen. Ein durch den Grundsicherungsträger veranlasster Umzug kann - mit anderen Worten - nicht dazu genutzt werden, sich auf Kosten des Grundsicherungsträgers neu einzurichten. ... Die Leistungspflicht des Grundsicherungsträgers ist insoweit entsprechend ihrem Ausnahmecharakter eng begrenzt."

BSG, Urteil vom 19.09.2008, B 14 AS 64/07 R:
„Die vom Kläger beanspruchte **Waschmaschine** ist als Erstausstattung i. S. des § 23 Abs. 3 Satz 1 Nr. 1 SGB II anzusehen. Dem steht nicht entgegen, dass nur ein einzelner Gegenstand begehrt wird. Der **Anspruch** ... ist **nicht notwendig auf eine komplette Ausstattung ausgerichtet**... Die Waschmaschine ist auch unter der Geltung des SGB II zu den für eine geordnete Haushaltsführung erforderlichen Haushaltsgeräten zu zählen... Entscheidend ist, ob **erstmals** ein **Bedarf** für die Ausstattung einer Wohnung **entsteht**. Eine solche

Situation kann ... auch bei der Neubegründung eines Haushalts nach einer Trennung gegeben sein... Für den Kläger ist hier mit dem Auszug aus der ehelichen Wohnung und dem Bezug einer neuen Wohnung mit seiner Tochter erstmals ein Bedarf an einer Waschmaschine zur Ausstattung der Wohnung entstanden. Ob neben dem erstmaligen tatsächlichen Bedarf eine **zeitliche Komponente** i. S. einer zeitlichen Verknüpfung des Entstehens und der Geltendmachung des Bedarfs mit dem Neubezug einer Wohnung erforderlich ist, kann hier offen bleiben... Schließlich kann dem Anspruch des Klägers **nicht** entgegengehalten werden, dass er von seiner **Ehefrau** die **Herausgabe** der im früheren Haushalt vorhandenen Waschmaschine fordern könne. ... Ungeachtet der Frage, welche Bemühungen vom Hilfebedürftigen im Fall der Aufteilung von Hausrat unter Eheleuten grundsätzlich erwartet werden können, hat das LSG ... bindend ... festgestellt, dass die im früheren gemeinsamen Haushalt genutzte Waschmaschine im ausschließlichen Eigentum der Ehefrau stand. Solche Gegenstände können aber nur ausnahmsweise nach § 9 Hausratsverordnung ... dem anderen Ehegatten zugewiesen werden, wenn der Eigentümer nicht **auf** ihre **Weiterbenutzung angewiesen** ist und es ihm zugemutet werden kann, sie dem Anderen zu überlassen... Da die Waschmaschine auch für die Ehefrau des Klägers ein notwendiges Haushaltsgerät war, war ihr eine **Überlassung** an den Kläger **nicht zumutbar**. Das LSG hat im Übrigen zu Recht darauf hingewiesen, dass ansonsten bei der ebenfalls im Leistungsbezug bei der Beklagten stehenden Ehefrau ein Bedarf für eine Erstausstattung entstanden wäre."

Zur Erstausstattung für Bekleidung und bei Schwangerschaft und Geburt:

BSG, Urteil vom 13.04.2011, B 14 AS 53/10 R:
„Richtigerweise war davon auszugehen, dass nur die **wirklich notwendigen Bekleidungsstücke** von § 23 Abs. 3 Satz 1 Nr. 2 SGB II erfasst werden. ... Insbesondere sind auch Bedarfe für verschiedene Jahreszeiten berücksichtigt worden sowie sogar die Möglichkeit, in geeigneter Kleidung Sport zu betreiben (Sportanzug, Sportschuhe, Badehose). ... Auch hier hat der Beklagte anhand der vorgelegten **Preislisten** verifiziert, dass alle benötigten Kleidungsstücke auch tatsächlich zu bestimmten Preisen erworben werden können und hat diese ermittelten Preise sozusagen als "Gegenprobe" der Preisliste des DRK gegenübergestellt. Dadurch wird deutlich, dass sich für bestimmte Einzelposten wiederum erhebliche Einsparpotenziale ergeben. Dabei sind die Preise so kalkuliert worden, dass neben dem Kauf von gebrauchten Waren auch der Kauf von Neuwaren möglich ist. Für Leibwäsche und Strümpfe sind ohnehin von vornherein Neupreise angesetzt worden...
Zu Recht haben die Vorinstanzen aber dargelegt, dass ein Leistungsempfänger grundsätzlich auch auf den Kauf von **gebrauchten Artikeln** verwiesen werden kann und dass dies nicht gegen die Menschenwürde verstößt. ... Eine Erhöhung der **Pauschale** unter dem Gesichtspunkt, dass der Kläger zur Beschaffung der Kleidung entweder ein Versandhaus in Anspruch nehmen oder sich in

die nächste Stadt begeben müsste, um die Angebote von Discountern oder dem DRK wahrzunehmen, ergibt sich hier ebenso wenig wie bei der Wohnungserstausstattung. Insbesondere die **Fahrtkosten** kann der Kläger ohne Weiteres aus dem im **Regelsatz** vorgesehenen Satz für Mobilitätskosten bestreiten."

BSG, Urteil vom 23.03.2010, B 14 AS 81/08 R:
„Zwar entsteht mit jedem Wachstumsschritt bei Kindern ein Bedarf für ein bestimmtes Kleidungsstück in einer bestimmten Größe "erstmalig". Gleichwohl gehört gerade bei Kindern die Notwendigkeit, Kleidungsstücke sowohl wegen des Wachstums als auch wegen des erhöhten Verschleißes in kurzen Zeitabschnitten zu ersetzen, zu dem regelmäßigen Bedarf. Die Ausstattung eines Kindes mit Bekleidung ist laufend, wenn auch in engeren zeitlichen Abständen als bei Erwachsenen zu ergänzen, je nachdem welches Kleidungsstück zu welchem Zeitpunkt von ihm nicht mehr getragen werden kann. **Der wachstums- und verschleißbedingte besondere Aufwand**, der hier im Unterschied zu Erwachsenen entsteht, **ist als kindspezifischer, regelmäßiger Bedarf mit der Regelleistung abzudecken**...
Der Gesetzgeber ist lediglich verpflichtet, bis zum 31.12.2010 alle existenznotwendigen Aufwendungen folgerichtig in einem transparenten und sachgerechten Verfahren realitätsnah zu bemessen. Bis zu diesem Zeitpunkt ist § 28 Abs. 1 Satz 3 Nr. 1 SGB II weiter anwendbar. Über den Wortlaut des § 23 Abs. 3 Satz 1 Nr. 2 SGB II hinaus sind die Leistungen für Kinder damit gegenwärtig nicht um einen einmaligen (etwa jährlich zu zahlenden) Betrag für den (regelmäßigen) Bekleidungsbedarf zu erhöhen... Auch soweit das BVerfG entschieden hat, ... dass eine **Härtefallregelung** fehlt, ... folgt daraus ein Anspruch für die Kläger nicht. ... Voraussetzung wäre jedenfalls, dass es sich um einen erheblich von dem durchschnittlichen Bedarf abweichenden Bedarf handelt. Eine solche Sondersituation, die gerade bei den Klägern (**etwa aufgrund eines außergewöhnlichen Wachstumsschubes**) im Unterschied zu anderen gleichaltrigen Kindern eingetreten ist, haben weder die Kläger geltend gemacht noch hat das LSG dies festgestellt. Bei kurzfristig entstehenden Bedarfsspitzen, die aus der laufenden Regelleistung nicht zu decken sind, kommt schließlich vorrangig die Gewährung eines Darlehens nach § 23 Abs. 1 SGB II in Betracht..."

Zu orthopädischen Schuhen, Reparaturen von therapeutischen Geräten etc.:

BSG, Urteil vom 25.10.2017, B 14 AS 4/17 R:
„Der Kläger hat nach § 24 Abs. 3 Satz 1 Nr. 3 Var. 2, Satz 2 SGB II einen Anspruch auf Übernahme der Kosten der **Reparatur seiner Brille**... Der Sonderbedarf nach § 24 Abs. 3 Satz 1 Nr. 3 SGB II ist eingeführt worden, um Bedarfe abzudecken, die nicht in die Ermittlung des Regelbedarfs eingeflossen sind... Nicht in die Ermittlung des Regelbedarfs ... eingeflossen sind die im Rahmen der zugrunde liegenden Einkommens- und Verbrauchsstichprobe

(EVS) 2008 unter dem Code 0613090 erfassten "**Reparaturen von therapeutischen Geräten und Ausrüstungen**"... Nach den Ausfüllhinweisen des Statistischen Bundesamts zur EVS 2008 fielen unter die Wendung "therapeutische Geräte und Ausrüstungen" auch Brillen. Demgemäß wurde die Reparatur von Brillen im Rahmen der EVS 2008 in eine Rubrik eingetragen, die nicht in die Regelbedarfsermittlung eingeflossen ist und deren Bedarfe durch den Sonderbedarf nach § 24 Abs. 3 SGB II abgedeckt werden sollen.“
Zitiert nach dem Terminbericht Nr. 49/17 des Bundessozialgerichts

Zu Sonstigem:

BVerfG, Beschluss vom 06.11.2018, 1 BvQ 80/18:
„Der Antragsteller verlangt die Erstattung von **Reisekosten, um an Gerichtsterminen teilnehmen zu können**, wozu er seitens des Gerichts ausnahmsweise nicht verpflichtet worden ist. Gründe für den Erlass einer einstweiligen Anordnung nach § 32 BVerfGG sind hier jedoch nicht dargelegt oder sonst erkennbar. Der Antragsteller legt nicht dar, inwiefern ihm derart schwere Nachteile drohen, dass eine Entscheidung nach § 32 BVerfGG geboten wäre. Es ist insbesondere nicht erkennbar, warum das persönliche Erscheinen vor dem Sozialgericht nicht möglich wäre, obwohl das Gericht in etwa drei Kilometern Entfernung vom Wohnort liegt. Desgleichen ist nicht dargelegt, warum die Kosten für die Anreise mit öffentlichen Verkehrsmitteln zu dem weiter entfernten Landessozialgericht ... von 6,80 Euro nicht aus den Leistungen für den **Regelbedarf** bestritten werden können, der nach § 20 SGB II in Verbindung mit § 28 SGB XII in § 5 RBEG vorsieht, dass für solche Bedarfe ein Betrag ... von 32,90 Euro berücksichtigt wird.“

BSG, Urteil vom 29.09.2009, B SO 23/08 R:
„Der Anspruch auf "Übernahme" der **Bestattungskosten** i. S. v. **§ 74 SGB XII** richtet sich auf Zahlung der erforderlichen Bestattungskosten an den Leistungsempfänger, **gleich, ob die Forderung** des Bestattungsunternehmens bereits **beglichen** ... **oder aber nur fällig sein sollte**. ... Die Verpflichtung, die Kosten einer Bestattung zu tragen, wird in § 74 SGB XII nicht näher umschrieben oder definiert. Sie kann insbesondere erbrechtlich (§ 1968 BGB...) oder unterhaltsrechtlich (§ 1615 Abs. 2 BGB) begründet sein, aber auch aus landesrechtlichen Bestattungspflichten hergeleitet werden... Der sozialhilferechtliche Bedarf ... ist .. nicht die Bestattung, sondern die Entlastung des Verpflichteten von den Kosten. Damit wird die Verbindlichkeit als solche als sozialhilferechtlicher Bedarf anerkannt...
Der Begriff der **Zumutbarkeit** ist damit nach Maßgabe der **Umstände des Einzelfalls** auszulegen...; dies entspricht § 9 Abs. 1 SGB XII, wonach sich die Leistungen nach den Besonderheiten des Einzelfalls richten... Je enger das Verwandtschaftsverhältnis oder die rechtliche Beziehung war, desto geringer sind in der Regel die Anforderungen an die Zumutbarkeit des Einkommens-

und Vermögenseinsatzes. Umgekehrt können etwa zerrüttete Verwandtschaftsverhältnisse höhere Anforderungen an die Zumutbarkeit begründen. ... Soweit es um den Einsatz von Einkommen geht, ist ... vorrangig auf die Einkommensgrenze des § 85 SGB XII zu rekurrieren. ... Geht es im Ergebnis um die Übernahme von Schulden und nicht um einen aktuell zu deckenden (Not-)Bedarf, also um die Abwendung einer gegenwärtigen Notlage, der nur mit präsenten Hilfsmöglichkeiten begegnet werden kann, kann es dem Anspruchsteller dann auch zumutbar i. S. des § 74 SGB XII sein, zur Tragung der Bestattungskosten etwaige **Ansprüche gegen Dritte** geltend zu machen und durchzusetzen. Sind die Einkommens- und Vermögensgrenzen ohne die denkbaren Ausgleichsansprüche unterschritten, kann der Klägerin nicht ... entgegengehalten werden, sie müsse sich vorrangig um die Realisierung von Ausgleichsansprüchen gegen Dritte bemühen. ... Da auch die Mutter des Verstorbenen die Erbschaft ausgeschlagen hat, dürfte wohl der Fiskus, hier das Land NRW, gesetzlicher Erbe geworden sein (§ 1936 Abs. 1 BGB). § 1968 BGB wird in der Literatur zwar mit der Begründung einschränkend ausgelegt, dass der **Fiskus als Zwangserbe** nicht Verpflichteter i. S. des § 74 SGB XII i. V. m. § 1968 BGB sein könne... Es lässt sich aber auch diskutieren, dass der Fiskus u. U. als Erbe haftet. Ist nämlich Nachlass vorhanden, ist nicht ohne weiteres einsichtig, weshalb der Fiskus, so wie er Nachlassverbindlichkeiten erfüllen muss, nicht auch die Kosten der Beerdigung nach § 1968 BGB tragen soll... Zweifelhaft ist zudem, ob der Verstorbene zum Zeitpunkt seines Todes überhaupt einen **Unterhaltsanspruch** gegen seine Mutter hatte... Wenn der Ehemann der Klägerin eine Ausbildung abgeschlossen hat und eine eigene wirtschaftliche Selbstständigkeit erreicht hat, dürften Unterhaltsansprüche in der Regel ausgeschlossen sein. ... Hinzu kommt, dass nach § 1608 Satz 1 BGB der Ehegatte des Bedürftigen ... vor dessen Verwandten haftet. ... Ist mithin ein etwaiger **Ausgleichsanspruch** derart **zweifelhaft** und ist sogar dessen gerichtliche Durchsetzung erforderlich, weil der Anspruchsgegner die Übernahme der Kosten bereits abgelehnt hat, oder mit derartigen Unwägbarkeiten ... verbunden, dass ein Erfolg unsicher ist, kann es der Klägerin nach obigen Maßstäben nicht zugemutet werden, gegen die Mutter des Verstorbenen oder gar das Land gerichtlich vorzugehen und sich auf einen langwierigen Prozess mit ungewissem Ausgang einzulassen... Der Beklagte erleidet hierdurch keinen unverhältnismäßigen Nachteil; denn er hat die Möglichkeit, den behaupteten Ausgleichsanspruch gegen die Mutter des Verstorbenen auf sich nach § 93 SGB XII überzuleiten."

4.1.6 Abweichende Erbringung von Leistungen in anderen Fällen

Erweist sich der Leistungsberechtigte als **ungeeignet**, mit dem Regelbedarf seinen **Bedarf zu decken**, *kann* ihm der Regelbedarf ganz oder in Teilen als **Sachleistung** erbracht werden (§ 24 Abs. 2 SGB II).

Typische Anwendungsfälle sind

- Drogen- oder Alkoholabhängigkeit
- Spielsucht
- unwirtschaftliches Verhalten.

Wegen der damit verbundenen Bevormundung ist die Vorschrift restriktiv auszulegen. Das Umschalten auf Sachleistungen erfordert einen Aufhebungsbescheid.

Das Optionsgesetz hat § 23 SGB II (seit dem 1. Januar 2011: § 24) um einen Absatz 4 ergänzt:

Leistungen zur Sicherung des Lebensunterhaltes können als **Darlehen** erbracht werden, soweit in dem Monat, für den die Leistungen erbracht werden, voraussichtlich Einnahmen anfallen.

Die Vorschrift soll vor allem Fälle erfassen, in denen im Voraus bekannt ist, dass die Hilfebedürftigkeit für den Monat vermindert oder ausgeschlossen wird wegen späterem

- Zufluss von Einkommen
  oder
- Zuwachs an Vermögen.

Der Gesetzgeber verfolgt hiermit vor allem das Ziel, im Monat einer **Arbeitsaufnahme** den Lebensunterhalt unabhängig von der Fälligkeit des Arbeitsentgelts sicherzustellen.

Leistungen können auch als Darlehen erbracht werden, wenn jemand **einmalige Einnahmen vorzeitig verbraucht** hat (§ 24 Abs. 4 Satz 2 SGB II).

Soweit Leistungsberechtigte zu berücksichtigendes **Vermögen** nicht sofort verbrauchen oder verwerten können oder dies eine besondere Härte bedeuten würde, sind Leistungen als **Darlehen** zu erbringen. Die Leistungen können davon abhängig gemacht werden, dass der Rückzahlungsanspruch dinglich oder auf andere Weise gesichert wird (§ 24 Abs. 5 SGB II): z. B. durch Eintragung einer Grundschuld im Grundbuch oder durch Abtretung der Forderungen aus einer Lebensversicherung.

BSG, Urteil vom 24.05.2017, B 14 AS 16/16 R:
„Werden **Verwertungsbemühungen** als Voraussetzung für die Fiktion der Hilfebedürftigkeit nach § 9 Abs. 4 SGB II ... nicht unternommen und sollen solche auch künftig unterbleiben, besteht für die vom Regelfall "abweichende Erbringung von Leistungen" nach § 24 Abs. 5 SGB II ... grundsätzlich kein Raum ... und kommen darlehensweise Leistungen für die Überbrückung der Wartezeit bis zur Verwertung ... in aller Regel nicht in Betracht. Die Ablehnung darlehensweiser Leistungen erfordert dabei regelmäßig, dass das Jobcenter die betroffene Person zuvor **auf die Erforderlichkeit von Verwertungsbemühungen und die Folgen von deren Unterlassen hingewiesen** hat. ... Hat das Jobcenter auf das Verwertungserfordernis hingewiesen, **konkrete Verwertungsmöglichkeiten** beispielhaft **aufgezeigt**, für eine nicht mögliche sofortige Verwertung **Zeit eingeräumt** und in dieser **darlehensweise Leistungen erbracht** und hat es darauf hingewiesen, dass ohne den Nachweis von Verwertungsbemühungen und deren Scheitern weitere darlehensweise Leistungen nicht in Betracht kommen, können diese jedenfalls bei unterlassenen und auch künftig nicht beabsichtigten Verwertungsbemühungen abgelehnt werden. ... Werden jedoch Verwertungsbemühungen ... nicht unternommen und sind nicht beabsichtigt, kann der die Darlehensgewährung begleitende, aber nicht begründende Sicherungszweck von vornherein nicht greifen. ...die Erbringung darlehensweiser Leistungen ... gegen dingliche Sicherung ... *(ist)* **keine Beleihung** einer Immobilie im Sinne einer milderen Form ihrer Verwertung, sondern eben gerade keine Verwertung, vielmehr eine Überbrückung bis zur Verwertung.“

BSG, Urteil vom 22.03.2012, B 4 AS 99/11 R:
„Zudem sind Anhaltspunkte für andere Sicherungsformen weder vorgetragen noch ersichtlich, sodass die Beklagte - im Sinne einer **Ermessensreduzierung auf Null** - die darlehensweisen Leistungen von der dinglichen Sicherung abhängig machen durfte.“

4.1.7 Kranken-, Pflege- und Rentenversicherung

Empfänger von Bürgergeld nach § 19 Abs. 1 S. 1 SGB II sind **pflichtversichert** in der

- gesetzlichen **Krankenversicherung** (§ 5 Abs. 1 Nr. 2a SGB V)
- sozialen **Pflegeversicherung** (§ 20 Abs. 1 Nr. 2a SGB XI)
- *gesetzlichen **Rentenversicherung** (§ 2 Satz 1 Nr. 10, § 3 Satz 1 Nr. 3a SGB VI*, aufgehoben zum 01.01.2011 durch Haushaltsbegleitgesetz 2011 vom 09.12.2010).

- **Krankenversicherung**

Ausgenommen von der Versicherungspflicht sind Personen,

- die als nichterwerbsfähige Leistungsberechtigte familienversichert sind
- denen Arbeitslosengeld II nur als Darlehen gewährt wird
- die nur einmalige Leistungen nach § 24 Abs. 3 S. 1 SGB II beziehen
- die selbständig oder versicherungsfrei sind und zuletzt vor dem Bezug von Bürgergeld nach § 19 Abs. 1 S. 1 SGB II nicht oder privat krankenversichert waren.

Als tägliche **beitragspflichtige Einnahmen** galten bis zum 31.12.2015 der dreißigste Teil des 0,345-fachen der monatlichen Bezugsgröße; seit dem 01.01.2017 ist abzustellen auf das 0,2155-fache der monatlichen Bezugsgröße (§ 232a Abs. 1 S. 1 Nr. 2 SGB V).

Als **Beitragssatz** gilt der ermäßigte Beitragssatz (14,0 %) nach § 243 SGB V (§ 246 SGB V). Ab dem 1. Januar 2011 liegt der Satz bei 14,9 %; seit Januar 2015 bei 14,0 %. Hinzu kommt der durchschnittliche Zusatzbeitrag, der im Jahr 2024 bei 1,7 % liegt, 2025 bei 2,5 %.

Auf der Basis der Werte des Jahres 2004 ergab sich ein Beitrag an die Krankenkasse von monatlich 125 €. Ab Juli 2009 ergab sich ein Beitrag von 124,32 € (30.240 € : 12 = 2.520 € x 0,3450 = 869,40 € x 14,3 %).
Ab Januar 2012 lag der Beitrag bei 134,94 €,
ab Januar 2013 bei 138,54 €,
ab Januar 2014 bei 142,14 €,

ab Januar 2015 bei 145,73 €,
ab Januar 2016 bei 83,78 €,
ab Januar 2017 bei 85,80 €,
ab Januar 2018 bei 98,43 €,
ab Januar 2019 bei 100,02 €,
ab Januar 2020 bei 103,64 €,
ab Januar 2021 bei 108,48 € (bis Ende 2022),
ab Januar 2023 bei 114,14 €,
ab Januar 2024 bei 119,60

Seit **Januar 2025** sind es **133,17 €** (44.940 € : 12 = 3.745 € x 0,2155 = 807,05 € x 16,5 %); es handelt sich um eine Pauschale; auf weitere beitragspflichtige Einnahmen kommt es nicht mehr an, solange mindestens für einen Tag eine Mitgliedschaft besteht.

Die Beiträge trägt der Bund (§ 251 Abs. 4 SGB V, § 46 Abs. 1 SGB II); gezahlt werden sie jedoch zunächst von dem SGB-II-Träger (§ 252 SGB V).

Familienversichert sind Ehegatten, Lebenspartner und Kinder von Mitgliedern sowie die Kinder von familienversicherten Kindern, wenn diese Familienangehörigen nicht nach § 5 Abs. 1 Nr. 2a SGB V versichert sind (§ 10 Abs. 1 Satz 1 Nr. 2 SGB V). Das betrifft ab dem 01.01.2016 nur noch nicht erwerbsfähige Leistungsberechtigte.

- **Pflegeversicherung**

Die Ausführungen zur Krankenversicherung gelten für die Pflegeversicherung entsprechend.

Als tägliche **beitragspflichtige Einnahmen** galten bis zum 31.12.2015 der dreißigste Teil des 0,362-fachen der monatlichen Bezugsgröße; seit dem 01.01.2017 ist abzustellen auf das 0,2266-fache der monatlichen Bezugsgröße (§ 57 Abs. 1 Satz 2 SGB XI i. V. m. § 232a Abs. 1 S. 1 Nr. 2 SGB V).

Der Beitragssatz beträgt 1,95 % der beitragspflichtigen Einnahmen, seit Januar 2015 2,35 %, seit Januar 2017 2,55 %, seit Januar 2019 3,05 %, sei 01.07.2023 3,4 %, ab 01.01.2025 3,6 %.

Ab dem 1. Juli 2009 ergab sich ein Beitrag an die Pflegekasse von 17,79 € (30.240 € : 12 = 2.520 € x 0,3620 = 912,24 € x 1,95 %).
Ab Januar 2012 lag der Beitrag bei 18,53 €,
ab Januar 2013 bei 20,00 €,
ab Januar 2014 bei 20,52 €,
ab Januar 2015 bei 24,12 €,
ab Januar 2016 bei 14,83 €,
ab Januar 2017 bei 17,19 €,
ab Januar 2018 bei 17,60 €,
ab Januar 2019 bei 21,53 €,
ab Januar 2020 bei 22,01 €,
ab Januar 2021 bei 22,74 € (bis Ende 2022),
ab Januar 2023 bei 23,46 €,
ab Januar 2024 bei 27,24 €.
Seit Januar **2025** sind es **30,55 €** (44.940 € : 12 = 3.745 € x 0,2266 = 848,62 € x 3,6 %).

- **Rentenversicherung**

Zeiten des Bezugs von ALG II waren bis zum 31.12.2010 Pflichtbeitragszeiten in der gesetzlichen Rentenversicherung; ein Jahr Bezug von ALG II ergab eine Rente von 2,19 € pro Monat.

Seit dem 01.01.2011 wird diese Zeit nur noch als **Anrechnungszeit** berücksichtigt. Begründung: „Für die Leistungsbezieher liegt Hilfebedürftigkeit im Sinne des SGB II vor und von erwerbsfähigen Hilfebedürftigen wird während des Leistungsbezugs erwartet, dass sie jede zumutbare Arbeit annehmen."

Ausgenommen von der Anrechnungszeit sind Personen,

- die Bürgergeld nur darlehensweise beziehen
- die nur einmalige Leistungen nach § 24 Abs. 3 S. 1 SGB II beziehen
- die auf Grund von § 2 Abs. 1a BAföG keinen Anspruch auf Ausbildungsförderung haben
- deren Bedarf sich nach § 12 Abs. 1 Nr. 1 BAföG bemisst oder nach § 66 Abs. 1 S. 1 SGB III
- die versicherungspflichtig sind aufgrund einer Beschäftigung oder einer anderen Sozialleistung § 3 Satz 1 Nr. 3 SGB VI.

Bezieher von Bürgergeld, die nach bisherigem Recht nicht rentenversicherungspflichtig waren, erhalten also auch keine Anrechnungszeiten.

Die Anrechnungszeit vermeidet Lücken in der Versicherungsbiografie und erhält bestehende Anwartschaften auf Erwerbsminderungsrenten und Leistungen zur Teilhabe. Die Anrechnungszeit wegen des Bezugs von Bürgergeld wird nicht bewertet; sie erhöht also nicht unmittelbar die Rente. Es können sich aber positive Effekte ergeben auf die Bewertung der Zurechnungszeit bei den Renten wegen verminderter Erwerbsfähigkeit und den Renten wegen Todes. Die Zurechnungszeit wird künftig bewertet auf Grundlage des durchschnittlichen Werts der entrichteten Beiträge ohne Zeiten des Bezugs von Bürgergeld.

- **Beitragszuschüsse**

§ 26 Abs. 1 SGB II wurde zum 01.01.2011 aufgehoben durch das Haushaltsbegleitgesetz vom 09.12.2010. Die Zuschüsse für nicht gesetzlich rentenversicherte Bezieher von ALG II entfallen damit.

Nach § 26 SGB II werden unter bestimmten Voraussetzungen Zuschüsse zu den Beiträgen gewährt, die für eine private Versicherung gegen *Krankheit* oder *Pflegebedürftigkeit* gezahlt werden. Personen, die allein durch diese Aufwendungen hilfebedürftig würden, erhalten einen Zuschuss (§ 26 Abs. 4 und 5 SGB II).

BSG, Urteil vom 29.04.2015, B 14 AS 8/14 R:
„... der Zuschuss zum Versicherungsbeitrag bei PKV nach § 26 Abs. 2 Satz 1 Nr. 1 SGB II *(erstreckt sich)* ... nicht auf Aufwendungen zur medizinischen Versorgung, die in den **Selbstbehalt** von SGB II-Leistungsbeziehern fallen. ... Maßgebend für den ... zu zahlenden "Betrag" ist schon nach Wortlaut und Systematik ausschließlich der Beitrag, den die hiernach anspruchsberechtigten Alg II-Bezieher ihrem Versicherungsunternehmen zu entrichten haben. ... darauf *(verweist)* bereits die amtliche Überschrift von § 26 SGB II... **Selbstbehaltskosten bilden** allerdings bis zum Zeitpunkt eines möglichen Wechsels in den PKV-Basistarif **nach Beratung** des Grundsicherungsträgers über diese Möglichkeit und die Folgen eines Verbleibs im Selbstbehaltstarif bis zur Höhe eines entsprechenden Aufwands in der GKV **übergangsweise einen Härtefallmehrbedarf** nach § 21 Abs. 6 SGB II. ... Grundsätzlich .. sind in einen Selbstbehalt fallende Kosten der medizinischen Versorgung ... ab dem Zeitpunkt nicht mehr ... unabweisbar, ab dem einem privat krankenversicherten Leistungsberechtigten der Wechsel in den PKV-Basistarif ohne Selbstbehalt zumutbar möglich ist... Unsicherheiten können sich aus der Frage ergeben, ob der

regelmäßig höhere hälftige Beitrag im Basistarif bei einem Wechsel in diesen Tarif ... voll übernommen werden wird und der Wechsel deshalb eine Versorgung auf GKV-Niveau ohne eigene Mehrkosten gewährleistet. ... Diese Kenntnislücke zu füllen, obliegt .. dem zuständigen Grundsicherungsträger. Ihm erwächst auch insoweit aus dem Sozialrechtsverhältnis ... zwischen den Hilfebedürftigen und den Leistungsträgern eine Verpflichtung zu **Beratung und Hilfestellung**... Begrenzt ist der Anspruch ... allerdings unter dem Gesichtspunkt der Unabweisbarkeit, wenn und soweit die Abrechnungen eine medizinische Versorgung betreffen, die vom Leistungskatalog des SGB V nicht umfasst war. Insoweit erstreckt sich der Härtefallmehrbedarf ... nicht auf Kosten, die auch nach der Konzeption des SGB V von den Versicherten selbst zu tragen sind..."

<u>BSG, Urteil vom 16.10.2012, B 14 AS 11/12 R:</u>
„Eine Rechtsgrundlage ..., einen höheren Beitrag als den **halben Beitrag für den Basistarif in der privaten Krankenversicherung** nach § 12 Abs. 1c Satz 1, 4 VAG zu tragen, ist nicht zu erkennen. ... Die Leistungen im Basistarif der privaten Krankenversicherung entsprechen denen der gesetzlichen Krankenversicherung (§ 12 Abs. 1a Satz 1 VAG), die ca. 90 v. H. der Bevölkerung absichert... Weshalb ein solcher Versicherungsschutz für den Kläger unzumutbar sein und dessen Grundrecht auf ein menschenwürdiges Existenzminimum nicht gewährleisten soll, ist nicht erkennbar. ... Hinzu kommt der Bedarf wegen des Zuschusses zur privaten Pflegeversicherung ..., der in voller Höhe von 27,11 Euro ... zu übernehmen ist... Was eine "**angemessene private Pflegeversicherung im notwendigen Umfang**" ist, wird weder im SGB II noch im SGB XI ausdrücklich geregelt. ... Der in § 110 Abs. 2 Satz 4 SGB XI für die Bezieher von Alg II enthaltene Verweis auf § 12 Abs. 1c Satz 5, 6 VAG ..., dass der zuständige Leistungsträger nach dem SGB II (nur) den Beitrag zu übernehmen hat, der für einen Bezieher von Alg II in der sozialen Pflegeversicherung zu zahlen ist, lässt auf eine Deckungslücke schließen. ... Der Beklagte kann sich jedoch auf die Begrenzung der Leistungspflicht auf die Höhe der in der sozialen Pflegeversicherung versicherten Leistungsbezieher nicht berufen, soweit dies der Grundentscheidung des Gesetzgebers in § 26 Abs. 3 SGB II a. F. für eine Absicherung der privat pflegeversicherten Alg II-Empfänger durch eine "angemessene private Pflegeversicherung im notwendigen Umfang" widerspricht. Mit der Verpflichtung der privaten Pflegeversicherungsunternehmen auf eine Beitragsabsenkung ... im Basistarif, ... hat der Gesetzgeber für diesen Personenkreis zugleich festgelegt, welche Beitragshöhe "angemessen" und "notwendig" ist, nämlich der Beitrag, den private Versicherungsunternehmen von derart beitragsprivilegierten Personen höchstens fordern können. Eine weitere Reduzierung des Beitrags für Bezieher von Alg II ist nicht vorgesehen. ... Daher muss ein Beitrag **bis zu maximal 36,56 Euro** monatlich als notwendig angesehen werden..."

<u>BSG, Urteil vom 18.01.2011, B 4 AS 108/10 R:</u>
„...der Beklagte *(hat)* dem Kläger ... die von ihm zu tragenden **Beiträge zur privaten Krankenversicherung in voller Höhe** zu erstatten. Stellt man allein

auf den Wortlaut der hier einschlägigen Regelungen ab, so hat der Beklagte die Beiträge zur privaten Krankenversicherung nur in Höhe des ermäßigten Beitragssatzes für Bezieher von Alg II in der gesetzlichen Krankenversicherung von 129,54 Euro zu tragen. Der Kläger kann sich gegenüber seinem privaten Krankenversicherungsunternehmen aber nicht auf diese Begrenzung berufen, sondern schuldet den vollen Beitrag i. H. v. 207,39 Euro. Insofern liegt eine gesetzesimmanente Regelungslücke im Sinne einer planwidrigen Unvollständigkeit der gesetzlichen Vorschriften vor. Es kann nicht davon ausgegangen werden, dass mit den gesetzlichen Neuregelungen des Gesetzes zur Stärkung des Wettbewerbs in der gesetzlichen Krankenversicherung der Krankenversicherungsschutz privat versicherter Bezieher von Alg II gegenüber der bisherigen Rechtslage wesentlich verschlechtert werden und in größerem Umfang ungedeckte Beiträge zu ihren Lasten verbleiben sollten. Die **planwidrige Regelungslücke** bei der Tragung von Beiträgen zur privaten Krankenversicherung von Alg II-Beziehern ist - hinsichtlich der offenen Beiträge - durch eine **analoge Anwendung der Regelung für freiwillig** in der gesetzlichen Krankenversicherung **versicherte Personen** zu schließen. Hieraus ergibt sich eine Verpflichtung ... zur Übernahme der Beiträge in voller Höhe."
Zitiert nach dem Terminbericht Nr. 1/11 des Bundessozialgerichts

<u>BSG, Urteil vom 27.02.2008, B 14/7b AS 32/06 R:</u>
*„Es ist **verfassungsrechtlich** auch **nicht zu beanstanden**, dass nach § 166 Abs. 1 Nr. 2a SGB VI ... als **beitragspflichtige Einnahme** bei Personen, die Alg II beziehen, der Betrag von 400 Euro (jetzt ab 1. Januar 2007: **205 Euro**) zu Grunde gelegt wurde. Soweit die Kläger begehren, dass die tatsächlich an sie gewährten Leistungen ... Grundlage der Beitragsbemessung ... sein müssten, verkennen sie, dass in diese Leistungen ... auch die Kosten der Unterkunft ... einfließen. Es ist kein übergeordneter rechtlicher Gesichtspunkt ersichtlich, nach dem die Beklagte gehalten gewesen sein könnte, auch auf ... (Kosten der Unterkunft ...) Rentenversicherungsbeträge abzuführen. **Dem Gesetzgeber wäre es** vielmehr im Rahmen seines Gestaltungsermessens auch **freigestanden, die Leistungsempfänger des SGB II überhaupt nicht durch Beitragszahlung in das System der gesetzlichen Rentenversicherung zu integrieren**."* Überholt durch das Haushaltsbegleitgesetz 2011

4.1.8 Leistungen für Auszubildende

Auszubildende haben grundsätzlich keinen Anspruch auf Bürgergeld (§ 7 Abs. 5 SGB II). Die ausnahmsweise möglichen Leistungen sind seit dem 1. April 2011 in § 27 SGB II zusammengefasst. Die Leistungen gelten nicht als Bürgergeld.

Der Anspruchsausschluss gilt nur für ausbildungsgeprägte Bedarfe. Auszubildende habe Anspruch auf

- **Mehrbedarfe** wegen
    - Schwangerschaft
    - Alleinerziehung
    - kostenaufwändiger Ernährung und
    - eines unabweisbaren, besonderen Bedarfs

- **Erstausstattung** für Bekleidung und bei Schwangerschaft und Geburt,

soweit die Mehrbedarfe nicht durch Einkommen oder Vermögen gedeckt sind.

Bedeutet der Leistungsausschluss nach § 7 Abs. 5 SGB II eine **besondere Härte**, können **Darlehen** erbracht werden für

- Regelbedarfe
- Unterkunft und Heizung
- Bildung und Teilhabe
- notwendige Beiträge zur Kranken- und Pflegeversicherung.

Das Darlehen ist in der Regel erst nach der Ausbildung zurückzuzahlen.

Schüler und Studierende an Fachschulklassen, Abendgymnasien und Kollegs erhalten im Härtefall Leistungen als **Zuschuss**, wenn

- die Altersgrenze überschritten ist (§ 10 Abs. 3 BAföG)
- diese Ausbildung für die Eingliederung in das Erwerbsleben zwingend erforderlich ist und
- ohne die SGB-II-Leistungen der Ausbildungsabbruch droht.

4.1.9 Bildung und Teilhabe

Mit dem Gesetz zur Änderung des SGB II und SGB XII erhalten Kinder, Jugendliche und junge Erwachsene rückwirkend zum 1. Januar 2011 Leistungen zur Bildung und Teilhabe am sozialen und kulturellen Leben in der Gemeinschaft.

Mit den Leistungen sollen bedürftige Kinder stärker in die Gemeinschaft integriert werden. Der Gesetzgeber hat damit die Vorgaben des Bundesverfassungsgerichts aus dem Urteil vom 9. Februar 2010 erfüllt: Schüler aus einkommensschwachen Haushalten sollen durch die Entwicklung und Entfaltung ihrer Fähigkeiten in die Lage versetzt werden, ihren Lebensunterhalt später aus eigenen Kräften zu bestreiten (BVerfG, 1 BvL 1/09, 3/09, 4/09).

Das Starke-Familie-Gesetz vereinfacht die Inanspruchnahme der Leistungen seit dem 1. August 2019: Leistungen sind grundsätzlich vom Hauptantrag umfasst, ausgenommen Lernförderung.

Die Leistungen sind unabhängig von der Erwerbsfähigkeit der Leistungsberechtigten. Der Anspruch scheidet aber aus, soweit nichterwerbsfähige Leistungsberechtigte einen Anspruch nach dem vierten Kapitel des SGB XII haben (§ 19 Abs. 2 SGB II).

Sind nur Leistungen für Bildung und Teilhabe zu erbringen, decken weiteres Einkommen und Vermögen die Bedarfe in der Reihenfolge der Absätze 2 bis 7 des § 28 SGB II (§ 19 Abs. 3 SGB II). Gemeint sind Fälle, in denen unter Berücksichtigung der Einkommensverteilung kein Anspruch auf Bürgergeld besteht. Gehören Kinder wegen ihres Einkommens oder Vermögens nicht zur Bedarfsgemeinschaft, sind sie deshalb nicht von Leistungen zur Teilhabe und Bildung nach § 28 SGB II ausgeschlossen (§ 7 Abs. 2 S. 3 SGB II).

§ 28 SGB II regelt folgende Bedarfe:

- **Tagesausflüge und Klassenfahrten** (Abs. 2)

  Anspruch haben
  - Kinder in Tageseinrichtungen
  - Kinder, für die Kindertagespflege geleistet wird und

- Schüler, die das 25. Lebensjahr noch nicht vollendet haben, eine allgemein- oder berufsbildende Schule besuchen und keine Ausbildungsvergütung erhalten.

Die Vorschrift ersetzt § 23 Abs. 3 S. 1 Nr. 3 SGB II a. F. Zu übernehmen sind die tatsächlichen Kosten für eintägige Ausflüge oder mehrtägige Klassenfahrten im Rahmen des Schulrechts. Zu berücksichtigen sind lediglich die von der Schule unmittelbar veranlassten Kosten (z. B. Unterbringung und Verpflegung); Taschengeld während der Klassenfahrt ist aus dem Regelbedarf zu bestreiten.

Leistungen sind als Gutschein oder Geldleistung zu erbringen oder direkt an die Schule oder Kindertagesstätte zu überweisen (§ 29 Abs. 1 SGB II).

- **Schulbedarf** (Abs. 3)

Anspruch haben Schüler, die das 25. Lebensjahr noch nicht vollendet haben, eine allgemein- oder berufsbildende Schule besuchen und keine Ausbildungsvergütung erhalten.

Die Vorschrift ersetzt § 24a SGB II a. F. Es sind 100 € zum 1. August zu zahlen und 50 € zum 1. Februar.
Ab 2021 sind es 103,00 € zum 1. August und 51,50 € zum 1. Februar.
Ab 2022 sind es 104,00 € zum 1. August und 52,00 € zum 1. Februar.
Ab 2023 sind es 116,00 € zum 1. August und 58,00 € zum 1. Februar.
Ab 2024 sind es **130,00 €** zum 1. August und **65,00 €** zum 1. Februar

Der Bedarf nach Abs. 3 wurde erstmals zum 1. August 2011 anerkannt (§ 77 Abs. 7 SGB II).

Die Leistung dient besonders der persönlichen Ausstattung für die Schule (z. B. Schulranzen, Schulrucksack, Turnzeug, Turnbeutel, Blockflöte) und für Schreib-, Rechen- und Zeichenmaterial (z. B. Füller, Patronen, Kugelschreiber, Bleistifte, Malstifte, Malkästen, Hefte, Blöcke, Papier, Lineale, Buchhüllen, Zirkel, Taschenrechner, Geodreieck). Der Eigenanteil für Lernmittel ist durch den Regelbedarf gedeckt. Die Leistungen für den Schulbedarf dürfen aber auch für

Schulbücher verwendet werden (siehe aber auch § 21 Abs. 6a SGB II).

Leistungen für den Schulbedarf sind vom Hauptantrag umfasst und müssen nicht gesondert beantragt werden; der Bedarf ist durch Geldleistungen zu decken (§ 29 Abs. 1 SGB II).

- **Schülerbeförderung** (Abs. 4)

  Anspruch haben Schüler, die
  - eine weiterführende Schule besuchen
  - auf den Bus oder Zug angewiesen sind und
  - soweit der Schulträger oder ein anderer Fahrtkosten nicht erbringt.

  Zu berücksichtigen sind die erforderlichen Fahrtkosten, soweit es dem Schüler nicht zumutbar ist, die Aufwendungen aus seinem Regelbedarf zu decken. Nach der Einkommens- und Verbrauchsstichprobe 2018 sind im Regelbedarf Aufwendungen für Verkehrsdienstleistungen enthalten von 23,99 € für Kinder zwischen 6 und 14 Jahren und 22,92 € für Kinder zwischen 15 und 18 Jahren.
  Der Bedarf ist durch Geldleistungen zu decken (§ 29 Abs. 1 SGB II).

- **Lernförderung** (Abs. 5)

  Anspruch haben Schüler, die das 25. Lebensjahr noch nicht vollendet haben, eine allgemein- oder berufsbildende Schule besuchen und keine Ausbildungsvergütung erhalten.

  Zu berücksichtigen sind in Ausnahmefällen die angemessenen Kosten für Nachhilfe, wenn diese geeignet und erforderlich ist, eine Lernschwäche zu beheben. Voraussetzung ist, dass es an der Schule keine ausreichende Unterstützung gibt. Angemessen sind die Aufwendungen für einen kostengünstigen örtlichen Anbieter; vorrangig sind schulnahe Anbieter zu wählen.

  Leistungen für Lernförderung sind gesondert zu beantragen (§ 37 Abs. 1 SGB II) und erfordern eine Prognose des Lehrers. Die Leistung ist als Gutschein oder Geldleistung zu erbringen oder direkt an die Schule oder den Anbieter zu überweisen (§ 29 Abs. 1 SGB II).

- **Mittagessen** (Abs. 6)

  Anspruch haben
    - Kinder in Tageseinrichtungen und
    - Kinder, für die Kindertagespflege geleistet wird und
    - Schüler, die das 25. Lebensjahr noch nicht vollendet haben, eine allgemein- oder berufsbildende Schule besuchen und keine Ausbildungsvergütung erhalten.

  Zu berücksichtigen sind die Kosten für das Mittagessen in der Schule oder der Kindertageseinrichtung. Voraussetzung ist, dass das Mittagessen in schulischer Verantwortung angeboten wird oder durch einen Kooperationsvertrag vereinbart ist. Snacks am Schulkiosk gehören nicht dazu. Bis zum 31. Dezember 2013 waren auch Aufwendungen für Hortmittagessen zu berücksichtigen (§ 77 Abs. 11 letzter Satz SGB II).

  Die Leistung ergänzt den im Regelbedarf enthaltenen Anteil für Mittagessen und soll den Mehraufwand ausgleichen. Für die monatliche Bedarfsbemessung sind die durchschnittlichen Schultage zu Grunde zu legen.

  Leistungen sind als Gutschein oder Geldleistung zu erbringen oder direkt an den Anbieter zu überweisen (§ 29 Abs. 1 SGB II).

- **Kultur, Sport und Freizeit** (Abs. 7)

  Anspruch haben Kinder und Jugendliche bis zur Vollendung des 18. Lebensjahres. Sie erhalten monatlich pauschal 15 € für z. B. die Mitgliedschaft in einem Sportverein, Musikunterricht oder die Teilnahme an Freizeiten. Mit diesen Leistungen wird Kindern und Jugendlichen ein Budget zur Verfügung gestellt, um Angebote nach eigenen Wünschen und Fähigkeiten wahrnehmen zu können. Ziel ist es, gemeinschaftliches Erleben und kulturelle Teilhabe zu fördern.
  Seit dem 1. August 2013 können auch Aufwendungen für Ausrüstung und Ähnliches berücksichtigt werden, wenn dem Leistungsberechtigten im begründeten Ausnahmefall nicht zugemutet werden kann, diese aus dem Regelbedarf zu bestreiten.

Der Antrag wirkt seit dem 1. August 2013 auf den Beginn des Bewilligungszeitraums zurück (§ 37 Abs. 2 SGB II). Leistungen sind als Gutschein oder Geldleistung zu erbringen oder direkt an den Anbieter zu überweisen (§ 29 Abs. 1 SGB II).

Seit dem 1. August 2013 ermöglicht § 30 SGB II („**Berechtigte Selbsthilfe**") unter besonderen Voraussetzungen die nachträgliche Erstattung von Aufwendungen. Diese Norm zielt auf Fälle, in denen

- der Anbieter auf Barzahlung besteht oder
- das Jobcenter die Sach- oder Dienstleistung ohne Verschulden des Leistungsberechtigten nicht rechtzeitig veranlasst hat, z. B. weil
    - es die Leistung rechtswidrig verweigert
    - säumig handelt oder
    - der Bedarf so kurzfristig auftritt, dass es nicht möglich ist, rechtzeitig einen Antrag zu stellen.

Das Bundesministerium für Arbeit und Soziales hat im Einvernehmen mit dem Bundesfinanzministerium in § 5a BürgergeldV bestimmt, welche Beträge für einzelne Bedarfe nach § 28 SGB II für die Prüfung der Hilfebedürftigkeit zu berücksichtigen sind.

Allgemeines:

<u>BSG, Urteil vom 28.03.2013, B 4 AS 12/12 R:</u>
„Die **Bedarfe für Bildung und Teilhabe** … sind .. **Teil des grundsicherungsrelevanten Bedarfs**, den der Gesetzgeber zu decken hat… Ein Kind im Alter des Klägers zu 3 (*ist*) auch nicht von den … Leistungen des § 28 SGB II ausgeschlossen. Sie sind Teil auch seiner Existenzsicherung. § 28 Abs. 2 S. 2 und § 28 Abs. 6 S. 1 Nr. 2 SGB II in der Fassung des RBEG/SGB II/SGB XII-ÄndG sehen vor, dass für Kinder, die eine **Kindertageseinrichtung** besuchen Ausflüge und Mittagsverpflegung förderfähig sind. Dabei handelt es sich nicht lediglich um Kindergärten. Vielmehr ist der Begriff im gleichen Sinn auszulegen wie § 22 Abs. 1 S. 1 SGB VIII und umfasst damit neben Kindergärten … auch Krabbelgruppen, Kinderhorte, Kleinspielkreise, Kinderkrippen etc… Ebenfalls nicht zu beanstanden ist, dass der Gesetzgeber etwa im Rahmen des § 28 Abs. 7 SGB II in der Fassung des RBEG/SGB II/SGB XII-ÄndG nicht bloß … 10 Euro an leistungsberechtigte Kinder zur Verfügung stellt, sondern diesen mit bestimmten Verwendungszwecken verknüpft hat. … Soweit gegen die nach § 28 Abs. 7 SGB II vorgesehene Berücksichtigung eines Bedarfs … von **10 Euro** im Monat vorgebracht wird, dieser Betrag sei "ins Blaue hinein" geschätzt und nicht folgerichtig … ermittelt, geht dieser Einwand … ins Leere. … Für Freizeit- und Kulturdienstleistungen weist die EVS 2008 für **Kinder im Alter unter sechs** Jahren insgesamt einen Wert von 5,56 Euro monatlich aus…"

Zu Tagesausflügen und Klassenfahrten:

BSG, Urteil vom 08.03.2023, B 7 AS 9/22 R:
„... *(die Klägerin)* hat Anspruch auf die **Erstattung von 10 Euro** für die Teilnahme an einer ... **Zirkusprojektwoche**... Es liegt ein Fall der berechtigten Selbsthilfe im Sinne des § 30 Absatz 1 SGB II vor. Die begehrte Leistung ist rechtzeitig beantragt worden, der Beklagte hat ihre Gewährung abgelehnt und die Klägerin ist in Vorleistung getreten. Es handelt sich auch um einen Bedarf im Sinne des § 28 Absatz 2 SGB II auf dessen Deckung ein Rechtsanspruch besteht. ... Der Begriff der "**Schulausflüge**" ist grundsicherungsrechtlich nicht definiert. Anders als bei den "mehrtägigen Klassenfahrten" ... ist im Hinblick auf die Schulausflüge auch keine ausdrückliche Bezugnahme auf landesschulrechtliche Bestimmungen vorgesehen. Nach dem allgemeinen Sprachverständnis handelt es sich ... um eine **schulische Veranstaltung, die mit dem Verlassen des Schulgeländes** verbunden ist. Im schulischen Kontext kann dies mit dem "**Lernen an einem anderen Ort**" umschrieben werden. Diese Voraussetzungen sind .. nicht gegeben, denn die **Zirkusprojektwoche** ... ist **auf dem Schulgelände** durchgeführt worden. Eine solche ... Begrenzung der Leistungserbringung verkürzt jedoch den Leistungsanspruch **planwidrig**. Entstehungsgeschichte sowie Sinn und Zweck der Vorschrift zeigen, dass **zentrales Anliegen** des § 28 Absatz 2 bis 6 SGB II ist, eine **gleichberechtigte Teilhabe** von Kindern ... an Bildung zu bewirken... Bei der Gewährleistung *(des Existenzminimums)* macht es jedoch keinen Unterschied, ob die Veranstaltung ... außerhalb des Schulgeländes oder auf diesem stattfindet, wenn sie als dem "Lernen an einem anderen Ort" vergleichbar zu bewerten ist. Es muss sich daher um eine **von der Schule organisierte und verantwortete Veranstaltung** handeln, die der **sozialen Teilhabe** der Schulkinder im Klassen- oder Schulverband dient (schulische Gemeinschaftsveranstaltung) und die gleichermaßen außerhalb des Schulgeländes als Schulausflug stattfinden könnte. Diese Kriterien werden von der ... Zirkusprojektwoche erfüllt."
Zitiert nach dem Terminbericht Nr. 6/23 des Bundessozialgerichts

BSG, Urteil vom 22.11.2011, B 4 AS 204/10 R:
„Der Kläger hat einen Anspruch auf Erstattung von **1.300 Euro** ... für ein ihm gewährtes Darlehen, um an dem **Schüleraustausch** vom 1.10. bis 31.10.2009 teilnehmen zu können. Entgegen der Auffassung des LSG handelt es sich bei dem hier streitigen Schüleraustausch um eine **mehrtägige Klassenfahrt** im Rahmen der schulrechtlichen Bestimmungen des Landes Baden-Württemberg... § 23 Abs. 3 Satz 1 Nr. 3 SGB II gibt den abstrakten Rahmen dafür vor, wann Leistungen für eine mehrtägige Klassenfahrt zu erbringen sind. Aus dem Wortlaut der Norm, der Gesetzesbegründung hierzu, ihrer systematischen Stellung innerhalb des SGB II sowie dem Sinn und Zweck der Regelung folgt jedoch, dass der **bundesrechtliche Rahmen** jeweils **durch die landesrechtlichen Vorschriften auszufüllen** ist. Die Verbindung der Begriffe mehrtägige Klassenfahrt und schulrechtliche Bestimmungen bestimmt einerseits bundesrechtlich, dass nur Leistungen für Aufwendungen zu erbringen sind, die durch

eine **schulische Veranstaltung** entstehen, die **mit mehr als nur einem Schüler** durchgeführt wird, mit **mindestens einer Übernachtung** und **einer "Fahrt"**, also einer Veranstaltung, die außerhalb der Schule stattfindet. Andererseits folgt aus der Wortlautverbindung zu dem "schulrechtlichen Rahmen", dass **nach den Vorschriften des jeweiligen Bundeslandes zu bestimmen** ist, ob die ... Veranstaltung im Rahmen des § 23 Abs. 3 Satz 1 Nr. 3 SGB II **regional "üblich"** ist. Nur durch die Zugrundelegung der schulrechtlichen Regelungen als Maßstab für die Legitimation des Bedarfs für die mehrtägige Klassenfahrt kann auch dem Sinn und Zweck des § 23 Abs. 3 Satz 1 Nr. 3 SGB II Rechnung getragen werden, die Teilhabe von Schülerinnen und Schülern bei schulischen Veranstaltungen insoweit zu gewährleisten. Welche schulischen Veranstaltungen es sind, deren Besuch zu gewährleisten ist, bestimmt sich nach dem jeweiligen Landesschulrecht. Allein die durch die schulrechtlichen Bestimmungen geprägte Realität des Schulalltags rechtfertigt daher die Übernahme der tatsächlichen Kosten durch staatliche Transferleistungen, also derjenigen, die nach den einschlägigen Bestimmungen in dem jeweiligen Bundesland "üblich" sind. Der hier durchgeführte **Schüleraustausch** überschreitet nicht den bundesrechtlichen Rahmen des § 23 Abs. 3 Satz 1 Nr. 3 SGB II. Ebenso ist die Veranstaltung nach der Systematik der schulrechtlichen Normen Baden-Württembergs zu außerunterrichtlichen Veranstaltungen, den dazu ergangenen schulrechtlichen Kompetenzzuweisungen und dem ausdrücklich formulierten Ziel der schulrechtlichen Regelungen, **einer mehrtägigen Klassenfahrt** nach den landesschulrechtlichen Bestimmungen **gleichzustellen**. Da das LSG das baden-württembergische Landesrecht unberücksichtigt gelassen hat, war der Senat auch nicht an eigener Auslegung der landesrechtlichen Regelungen gehindert. Der Höhe nach hat der Kläger Anspruch auf Erstattung ... von ... 1.300 Euro. Die vorübergehende Bedarfsdeckung durch Geschäftsfreunde des Vaters des Klägers steht dem nicht entgegen."
Zitiert nach dem Terminbericht Nr. 58/11 des Bundessozialgerichts

BSG, Urteil vom 23.03.2010, B 14 AS 1/09 R:
„Entgegen der Auffassung des LSG ist für den Umfang der Kostenpflicht der Beklagten zunächst entscheidend, ob eine Teilnahme an der mehrtägigen Klassenfahrt ohne eine vorherige Teilnahme an den beiden Tagesveranstaltungen in der Skihalle Bottrop möglich war oder nicht. Waren die **mehrtägige Klassenfahrt** und die beiden **Tagesfahrten untrennbar miteinander verknüpft**, gehören die Kosten der Tagesfahrten dann zu den Leistungen nach § 23 Abs. 3 Satz 1 Nr. 3 SGB II, wenn diese Verknüpfung im Rahmen der schulrechtlichen Bestimmungen des Landes Nordrhein-Westfalen zulässig war. ... Bei einer mehrtägigen Klassenfahrt ... handelt es sich schon nach dem Wortlaut um eine Fahrt, die sich über mehrere Tage erstreckt. Nach Sinn und Zweck der Vorschrift werden Kosten für solche Fahrten erfasst, die dabei **zumindest eine Übernachtung** außerhalb der Wohnung des Schülers notwendig machen... Um die **Ausgrenzung** von Schülern aus einkommensschwachen Familien zu **verhindern** und vor dem Hintergrund, dass **Schulfahrten** ein wichtiger **Bestandteil der Erziehung** durch die Schulen sind, sollen nach dem Willen des Gesetzgebers ... die tatsächlichen Kosten für Klassenfahrten übernommen

werden, um eine Teilnahme zu gewährleisten... Das LSG wird ... zu ermitteln haben, ob über den auch von ihm angenommenen "**Sachzusammenhang**" zwischen den Tagesfahrten in die Skihalle und der mehrtägigen Klassenfahrt nach Südtirol hinaus eine Teilnahme an der mehrtägigen Klassenfahrt ausschließlich dann möglich gewesen ist, wenn der Schüler zuvor auch die beiden eintägigen Vorbereitungskurse besucht hat. Soweit dies der Fall war, handelt es sich auch bei Kosten für die Vorbereitungskurse um Kosten einer mehrtägigen Klassenfahrt."

BSG, Urteil vom 13.11.2008, B 14 AS 36/07 R:
„Die Sprungrevision des Beklagten hatte keinen Erfolg. Zu Recht hat das SG entschieden, dass den Klägern die geltend gemachten Kosten für die Klassenfahrten in voller Höhe als Zuschuss zustanden. § 23 Abs. 3 Satz 1 Nr. 3 SGB II räumt den jeweils betroffenen Schülern einen eigenständigen Anspruch ein, der unabhängig von der Höhe der sonstigen Grundsicherungsleistungen isoliert auf seine Rechtmäßigkeit zu überprüfen ist. Es handelte sich hier jeweils um mehrtägige Klassenfahrten im Rahmen der schulrechtlichen Bestimmungen. Hinsichtlich der landesrechtlichen Bestimmungen des Berliner Schulrechts ist der Senat gemäß § 162 SGG an die Auslegung des Landesrechts durch die Tatsacheninstanzen gebunden. Die Beteiligten haben im Übrigen nie in Zweifel gezogen, dass die beiden **Klassenfahrten** den **schulrechtlichen Bestimmungen des Landesrechts entsprachen**. Entgegen der Rechtsansicht der Revision ist der Beklagte **nicht** befugt, für die Kosten der Klassenfahrten einen **Höchstbetrag** (etwa 400 Euro für Auslandsfahrten etc.) festzusetzen. Wortlaut, systematische Stellung der Norm und Gesetzgebungsgeschichte lassen keinen anderen Schluss zu, als dass im Rahmen des SGB II die Kosten für Klassenfahrten in voller Höhe zu übernehmen sind. § 23 Abs. 3 Nr. 3 SGB II enthält - anders als das SGB II an zahlreichen anderen Stellen - **keine Einschränkung** der Höhe der Kostenübernahme **durch das Kriterium der Angemessenheit**. § 23 Abs. 3 Sätze 4 und 5 SGB II erlauben ausdrücklich eine Pauschalierung der Kosten nur für die beiden anderen in § 23 Abs. 3 Nr. 1 und Nr. 2 SGB II genannten Bedarfe (Erstausstattung von Wohnungen etc.). § 23 Abs. 3 Nr. 3 SGB II (Kosten für Klassenfahrten) wird hingegen hier nicht erwähnt. Schließlich hat der Gesetzgeber der Referenzvorschrift des § 31 SGB XII im Sozialhilferecht deutlich zum Ausdruck gebracht, dass die Klassenfahrten zur **Vermeidung sozialer Ausgrenzung** in voller Höhe zu tragen sind. Der Senat verkennt nicht, dass im Verhältnis zu anderen Leistungen des SGB II hier eine gewisse - finanzielle - Privilegierung des sozialen Sachverhalts Klassenfahrt durch den Gesetzgeber stattgefunden hat. Eine **Korrektur** ist jedoch **nur dem Gesetzgeber** selbst - auch im Rahmen der schulrechtlichen Bestimmungen - **möglich**."
Zitiert nach dem Terminbericht Nr. 55/08 des Bundessozialgerichts

Zum Schulbedarf:

BSG, Urteil vom 08.05.2019, B 14 AS 13/18 R:
„Kosten für **Schulbücher**, die Schüler **mangels Lernmittelfreiheit** selbst kaufen müssen, sind durch das Jobcenter als **Härtefallmehrbedarf** nach § 21 Abs. 6 SGB II zu übernehmen. Diese Rechtsgrundlage findet in dieser Sondersituation unmittelbare Anwendung, ohne dass es einer Analogie bedarf. Der Annahme eines Härtefallmehrbedarfs steht nicht bereits entgegen, dass die Klägerin für das Schuljahr 2013/2014 Leistungen nach § 28 Abs. 3 SGB II erhalten hat. Zwar sind in § 28 SGB II neben dem Regelbedarf gesondert zu berücksichtigende Bedarfe für Bildung und Teilhabe bestimmt worden. Doch die ... Pauschale für die Ausstattung mit persönlichem Schulbedarf erfasst ... nicht die Ausstattung mit Schulbüchern... Der **Bedarf für Schulbücher** ist **im Regelbedarf** aufgrund der Lernmittelfreiheit in der Mehrzahl der Bundesländer strukturell **nicht realitätsgerecht** und der Höhe nach zu niedrig erfasst, wenn keine Lernmittelfreiheit besteht. ... Zur Deckung des Bedarfs für Schulbücher kann danach weder auf den Regelbedarf nach § 20 SGB II und die mit ihm verbundene Ansparkonzeption verwiesen werden noch auf ein Darlehen nach § 24 Abs. 1 SGB II... Der Bedarf für Schulbücher ist bei verfassungskonformer Auslegung ein existenznotwendiger Bedarf und als solcher auch unabweisbar, weil er seiner Höhe nach erheblich von einem durchschnittlichen Bedarf abweicht, wenn keine Lernmittelfreiheit besteht ...dieser Mehrbedarf *(konnte)* .. nicht durch **Zuwendungen Dritter** sowie unter Berücksichtigung von **Einsparmöglichkeiten** der Klägerin gedeckt werden..."

BSG, Urteil vom 19.06.2012, B 4 AS 162/11 R:
„Der Kläger hat ... eine "**allgemeinbildende Schule**" i. S. des § 24a S. 1 SGB II besucht. Auch der Besuch einer **Tagesbildungsstätte** für Kinder und Jugendliche **mit einem sonderpädagogischen Förderbedarf** in dem Schwerpunkt "Geistige Entwicklung" ... ist aufgrund der gebotenen weiten Auslegung des Begriffs der "allgemeinbildenden Schule" hierunter zu fassen. Insofern ist das SG zu Recht davon ausgegangen, dass der Inhalt dieses Begriffs nicht durch die landesrechtlichen Vorgaben, sondern vorrangig durch **bundesrechtliche Maßstäbe** bestimmt wird. Der Inhalt des Begriffs der "allgemeinbildenden Schule" ist - bezogen auf das SGB II - bereichsspezifisch nach dem Gesetzeskontext, der Historie der Vorschrift sowie nach deren Sinn und Zweck zu bestimmen. Das uneingeschränkte Abstellen auf die jeweiligen landesrechtlichen Vorgaben zum Begriff der allgemeinbildenden Schule würde gegen den Inhalt der revisiblen Norm des § 24a S. 1 SGB II verstoßen. ... In § 24a SGB II *(werden)* die Schulbedarfe bundesweit als Pauschale übernommen. Der Gesetzgeber ist davon ausgegangen, dass es sich um Bedarfe handelt, die an allen Schulen in gleicher Höhe anfallen. Ein in der Art der Leistung liegender sachlicher Grund für die Anknüpfung an landesrechtliche Begriffe und Regelungen besteht daher nicht... Es kann insbesondere nicht typisierend davon ausgegangen werden, dass die eine Tagesbildungsstätte in Niedersachsen besuchenden Schüler die von § 24a S. 1 SGB II erfassten Schulbedarfe als Leistung der Eingliederungshilfe erhalten."

Zur Schülerbeförderung:

BSG, Urteil vom 05.07.2017, B 14 AS 29/16 R:
„Ob sich der **Bildungsgang** der besuchten Schule ... unterscheidet von dem näher gelegener Schulen, bestimmt sich ... nach dem **inhaltlichen Profil** der zu vergleichenden Schulen. Danach ist ... **bundeseinheitlich** darauf abzustellen, ob es sich bei der besuchten Schule um eine solche handelt, die gegenüber den näher gelegenen Schulen einen eigenständigen Bildungsgang im Sinne eines eigenständigen Profils mit besonderer inhaltlicher Ausrichtung innerhalb der gewählten Schulart aufweist, sodass sie insoweit die "nächstgelegene" ist... Ob die durch § 28 Abs. 4 SGB II begründeten Ansprüche auf Leistungen zur Schülerbeförderung bestehen ..., hängt nicht ab von der landesrechtlichen Ausgestaltung von Schulabschlüssen, sondern von den Zielen, die der Bundesgesetzgeber mit den Vorgaben zur Berücksichtigung von Bedarfen für Bildung und Teilhabe verfolgt hat... Ausgehend hiervon weist die besuchte Schule gegenüber den näher gelegenen öffentlichen Grundschulen einen **eigenständigen Bildungsgang** ... auf. ... Dass sich dieses Profil bei der ... **Waldorfschule** von denen näher gelegener öffentlicher Schulen unterscheidet ..., entnimmt der Senat schon den besonderen Vorgaben, die insoweit landesrechtlich für den Erwerb allgemeinbildender Schulabschlüsse für Schüler von Waldorfschulen vorausgesetzt sind..."

BSG, Urteil vom 17.03.2016, B 4 AS 39/15 R:
„Zur Ausfüllung des Begriffs der "**nächstgelegenen Schule des gewählten Bildungsgangs**" ist bundeseinheitlich darauf abzustellen, ob es sich bei der besuchten Schule um eine solche handelt, die gegenüber den näher gelegenen Schulen einen eigenständigen Bildungsgang im Sinne eines **eigenständigen Profils mit besonderer inhaltlicher Ausrichtung innerhalb der gewählten Schulart** aufweist, sodass sie insoweit die "nächstgelegene" ist. ... Diese Ausfüllung ... folgt .. zwingend aus dem Sinn und Zweck der Leistungen für Schülerbeförderung als Teil des das Existenzminimum sicherstellenden "Bildungs- und Teilhabepakets" für Kinder und Jugendliche... Das BVerwG hat zur Abgrenzung entschieden, es genüge für die Annahme einer entsprechenden zumutbaren Ausbildungsstätte ... nicht, dass dort der gleiche Abschluss erreicht werden könne. So seien z. B. Gymnasien nach Lehrstoff und Lehrinhalten verschieden... Insoweit sind ... als Differenzierungskriterien angesehen worden: Unterschiedliche Aufnahmebedingungen und Prüfungsvoraussetzungen oder organisatorische Gestaltungen..., unterschiedliche weltanschauliche oder konfessionelle Prägungen... oder mit einem nicht unerheblichen Anteil über den üblichen Fächerkanon hinausgehende sprach- oder berufsspezifische Unterrichtsangebote, die der Schule .. ihre Prägung geben... Auch der Begriff des auf Schülerbeförderung Angewiesenseins wird in § 28 Abs. 4 SGB II nicht näher umschrieben. ... Dabei kommt es darauf an, ob dieser Weg zumutbar zu Fuß oder mit dem Fahrrad zurückgelegt werden kann oder ob dies nur mit öffentlichen Verkehrsmitteln möglich ist, für deren Benutzung sodann Leistungen zur Schülerbeförderung zu erbringen sind... Die **Zumutbarkeit** ist anhand der

örtlichen Besonderheiten und/oder der **persönlichen Umstände** des Schülers zu bemessen... Das heißt, es ist abzustellen z. B. auf die Beschaffenheit des zurückzulegenden Weges, das Verkehrsaufkommen dort, das Alter des Schülers, etwaige körperliche Beeinträchtigungen oder die Erforderlichkeit des regelmäßigen Transportes größerer Gepäckstücke..."

Zur Lernförderung:

BSG, Urteil vom 25.04.2018, B 4 AS 19/17 R:
„**Lernförderung** ist ... **mehr als nur Nachhilfe**... Soweit vertreten wird, Lernförderung iS des § 28 Abs. 5 SGB II sei abweichend von dem allgemeinen Sprachgebrauch enger zu fassen bzw. auf Ausnahmefälle zu beschränken ... kann dem ... nicht gefolgt werden, im Übrigen ergibt sich eine **Begrenzung des Anspruchs** auf Lernförderung aus den weiteren Anspruchsvoraussetzungen der **Geeignetheit**, **zusätzlichen Erforderlichkeit** und **Angemessenheit**. ... Aus diesem Verständnis des Begriffs "Lernförderung", dem Sinn und Zweck der Norm sowie ihrer Entstehungsgeschichte folgt vielmehr, dass Lernförderung ... nicht nur kurzzeitige, sondern ggf. **längerfristige Bedarfe** umfassen und damit unter Umständen für einen längeren Zeitraum zu erbringen sein kann. ... Die nach den schulrechtlichen Bestimmungen festgelegten wesentlichen **Lernziele**, die mit einer solchen Lernförderung erreicht werden sollen, sind die Kulturtechniken **Lesen und Schreiben** und **nicht die Versetzung** in die nächsthöhere Klasse... Erst recht gilt dies, wenn Einschränkungen dieser Fähigkeiten aufgrund eines Notenschutzes ... nicht versetzungsrelevant sind. Dass bei dem Kläger eine LRS vorlag, ergibt sich aus den Feststellungen des LSG. Offengeblieben ist allerdings die **Ausprägung dieser Störung** und damit ebenso der ... zu deckende **Bedarf**. Dies von Amts wegen zu ermitteln, ist im Verwaltungsverfahren Aufgabe der Behörde ... und im Gerichtsverfahren des Gerichts.... Das LSG wird dies ... nachzuholen haben. Grundlage für diese Ermittlungen muss der aktuelle wissenschaftliche Erkenntnisstand sein, selbst wenn dieser auf Gebieten, die sich ständig weiterentwickeln, schwierig festzustellen sein mag; dabei sind neben **Fachbüchern** und Standardwerken die **Leitlinien** der Arbeitsgemeinschaft der Wissenschaftlich Medizinischen Fachgesellschaften (AWMF), soweit sie vorliegen und einschlägig sind, zu berücksichtigen und ggf. ist ein **Sachverständigengutachten** einzuholen..."

Zu Teilhabeleistungen:

BVerfG, Beschluss vom 23.07.2014, 1 BvL 10/12, 1 BvL 12/12, 1 BvR 1691/13:
„Bildungs- und Teilhabeangebote müssen für die Bedürftigen allerdings auch tatsächlich ohne weitere Kosten erreichbar sein. Jedenfalls seit 1. August 2013 werden nach **§ 28 Abs. 7 Satz 2** SGB II weitere, mit dem Bildungspaket zusammenhängende tatsächliche Aufwendungen berücksichtigt. Zwar ist die Norm lediglich als **Ermessensvorschrift** ausgestaltet und die Gesetzesbe-

gründung zielt vorrangig auf die Finanzierung der nötigen Ausrüstung (Musikinstrumente, Schutzkleidung bei bestimmten Sportarten; BTDrucks. 17/12036, S. 7 f.). Die Vorschrift ist jedoch einer verfassungskonformen Auslegung zugänglich, womit die Sozialgerichte sicherstellen können, dass ein **Anspruch** … **auf Fahrkosten** zu derartigen Angeboten besteht."
Pressemitteilung Nr. 76/2014 vom 9. September 2014

BSG, Urteil vom 14.12.2021, B 14 AS 21/20 R:
„Die Klägerin … hat keinen Anspruch auf Erstattung von Aufwendungen für Teilhabe am sozialen und kulturellen Leben in der Gemeinschaft …, die ihr durch die Teilnahme an dem **Sommercamp des Jugendverbandes der Marxistisch-Leninistischen Partei Deutschlands** (MLPD) … entstanden sind. Nach § 28 Abs. 7 Satz 1 Nr. 3 SGB II wird bei Leistungsberechtigten bis zur Vollendung des 18. Lebensjahres ein Bedarf zur Teilhabe am sozialen und kulturellen Leben in der Gemeinschaft … von insgesamt 10 Euro monatlich für die Teilnahme an Freizeiten berücksichtigt. Zwar erfüllt die Klägerin die persönlichen Voraussetzungen für die Inanspruchnahme von Leistungen nach § 28 Abs. 7 SGB II. Das Sommercamp der Jugendorganisation unterfällt auch dem **Freizeitbegriff** des § 28 Abs. 7 Satz 1 Nr. 3 SGB II. Dem steht nicht entgegen, dass Veranstalter ein Jugendverband einer politischen Partei ist. Denn **§ 28 SGB II schließt Bedarfe für eine politische Teilhabe ein**. Bei dem Jugendverband handelt es sich jedoch nicht um einen geeigneten Anbieter. Das Erfordernis der **Eignung** ist in der Grundkonzeption der Leistungen für Bildung und Teilhabe … angelegt. Nach § 4 Abs. 2 Satz 2 SGB II wirken die … Träger darauf hin, dass Kinder und Jugendliche Zugang zu geeigneten vorhandenen Angeboten der gesellschaftlichen Teilhabe erhalten. Auch § 29 Abs. 2 Satz 2 SGB II fordert die Eignung der Anbieter ein, wenn auch nach seinem Wortlaut nur für die Erbringung der Leistungen für Bildung und Teilhabe durch Gutscheine. Allein die Form der Leistungserbringung kann jedoch insoweit keinen Unterschied ausmachen. Damit müssen sowohl die **inhaltliche Ausrichtung** des Anbieters als auch die von ihm angebotene Freizeit ihrer Art und ihrem Inhalt nach die Gewähr bieten, eine Teilhabe am sozialen und kulturellen Leben in der Gemeinschaft zu fördern. Für die positive Feststellung der Eignung eines Anbieters bedarf es neben der Prüfung, ob der Anbieter die Leistung organisatorisch erbringen kann, jedenfalls eines Mindestmaßes an inhaltlicher Kontrolle. Diese macht sich u. a. fest am **Kinder- und Jugendschutz**, der Verfassungsrang genießt. Kinder und Jugendliche haben ein Recht auf Entfaltung ihrer Persönlichkeit (Art. 1 Abs. 1 i. V. m. Art. 2 Abs. 1 GG) und bedürfen dabei des Schutzes und der Hilfe, um sich zu eigenverantwortlichen Persönlichkeiten innerhalb der sozialen Gemeinschaft zu entwickeln. Ausdruck hiervon ist auch das staatliche Wächteramt nach Art. 6 Abs. 2 Satz 2 GG. Dessen Träger ist die staatliche Gemeinschaft in ihrem jeweiligen Kompetenzbereich, also auch die kommunalen Träger …, denen die Verantwortung für die rechtmäßige Erbringung der Leistungen nach § 28 SGB II obliegt. Bestandteil der Aufgabe der SGB-II-Leistungsträger, Kinder und Jugendliche vor Gefahren für ihr Wohl zu schützen, ist u. a. die **Prüfung, ob von einem Anbieter Bestrebungen gegen die freiheitliche demokratische Grundordnung ausgehen**. Ein Anbieter, der

bezweckt, tragende Verfassungsgrundsätze zu beseitigen, ist nicht geeignet, zugleich gegenüber Kindern und Jugendlichen Leistungen zur Teilhabe am Leben in der Gemeinschaft zu erbringen. So liegt der Fall bei dem Anbieter der Freizeit, für die die Klägerin die Kostenerstattung begehrt."
Zitiert nach dem Terminbericht Nr. 44/21 des Bundessozialgerichts

BSG, Urteil vom 14.12.2021, B 14 AS 27/20 R:
„Der Kläger, bei dem es sich um den Jugendverband der MLPD handelt, ... hat keinen Anspruch auf **Aufnahme** in die von der Beklagten geführte **Liste der Anbieter von Freizeiten** i. S. des § 28 Abs. 7 SGB II und auf **Abschluss einer Kooperationsvereinbarung**. Zwar ist die Berechtigung, Anbieterlisten zu führen und Kooperationsvereinbarungen abzuschließen, nicht bereichsspezifisch in den §§ 28 f. SGB II normiert. Den Trägern von Leistungen nach dem SGB II ist es andererseits grundsätzlich nicht verwehrt, Anbieterlisten als ständige Verwaltungspraxis zu führen, in denen geeignete Anbieter i. S. des § 29 Abs. 2 Satz 2 SGB II aufgeführt sind und die leistungsberechtigten Personen zugänglich gemacht werden können. Dies folgt aus der in § 4 Abs. 2 Satz 2 und 4 SGB II normierten Zugangsgewährleistungsverantwortung der Leistungsträger. Aus dieser folgt weiter die Berechtigung zum Abschluss von Kooperationsvereinbarungen mit geeigneten Anbietern. Anbieter können hieraus jedoch grundsätzlich **keine subjektiven Ansprüche** herleiten.
Aus dem Gleichheitsgrundsatz nach Art. 3 Abs. 1 GG i. V. m. der Selbstbindung eines Leistungsträgers aufgrund einer ständigen rechtmäßigen Verwaltungspraxis kann sich jedoch ein **Anspruch auf Gleichbehandlung** ergeben. Dies gilt auch für Fälle, in denen trotz des Vorliegens der allgemeinen Voraussetzungen der Kläger unter Verletzung des Gleichheitsgrundsatzes durch die Verwaltungspraxis von Leistungen ausgeschlossen wird. Zwar ist es ständige Verwaltungspraxis der Beklagten, ... Anbieter auf parteipolitischem Gebiet, generell nicht zu berücksichtigen. Diese ist jedoch rechtswidrig. Aus dem gemeinsamen Regelungsgefüge von Leistungen zur Teilhabe nach dem SGB II und der Kinder- und Jugendhilfe folgt, dass die **politische Bildung eine wesentliche Aufgabe** ist. Differenziert die Verwaltung gleichwohl im Hinblick darauf, wen sie auf die Anbieterliste aufnimmt und mit wem sie Kooperationsvereinbarungen abschließt, bedarf es hierzu eines auch verfassungsrechtlich tragfähigen **Unterscheidungsmerkmals**. Ein solches stellt die **Geeignetheit des Anbieters** dar. Es müssen sowohl die inhaltliche Ausrichtung des Anbieters als auch die von ihm angebotene Freizeit ihrer Art und ihrem Inhalt nach die Gewähr bieten, eine **Teilhabe am sozialen und kulturellen Leben in der Gemeinschaft zu fördern**. Für die positive Feststellung der Eignung eines Anbieters bedarf es neben der Prüfung, ob der Anbieter die Leistung organisatorisch erbringen kann, jedenfalls eines Mindestmaßes an inhaltlicher Kontrolle. Unter Beachtung des verfassungsrechtlich vorgegebenen Kinder- und Jugendschutzes ist es wesentlicher Bestandteil dieser Prüfung, ob von einem Anbieter Bestrebungen gegen die freiheitliche demokratische Grundordnung ausgehen. Ein Anbieter, der bezweckt, tragende Verfassungsgrundsätze zu beseitigen, ist nicht geeignet, zugleich gegenüber Kindern und Jugendlichen Leistungen zur Teilhabe am Leben in der Gemeinschaft zu erbringen. So liegt der Fall hier.

Aus dem vom LSG in Bezug genommenen Parteiprogramm der MLPD sowie den Verfassungsschutzberichten des Landes Nordrhein-Westfalen und des Bundes ergeben sich verfassungsfeindliche Bestrebungen, die eine Geeignetheit auch der Jugendorganisation i. S. der vorhergehenden Ausführungen ausschließen."
Zitiert nach dem Terminbericht Nr. 44/21 des Bundessozialgerichts

<u>BSG, Urteil vom 10.09.2013, B 4 AS 12/13 R:</u>
„Bedarfe i. S. des § 28 Abs. 7 Nr. 2 SGB II in der bis zum 31.7.2013 geltenden Fassung sind nur solche, die für den Unterricht selbst entstehen, nicht jedoch Bedarfe für weitere mit ihm verbundene Aufwendungen, wie ... **Leihgebühren für ein Musikinstrument**... Dies folgt bereits aus dem Wortlaut der Vorschrift, wenn es dort ausdrücklich heißt, dass Bedarfe für den Unterricht gedeckt werden. Es sollte also nur der - kostenpflichtige - Unterricht selbst über die Teilhabeleistungen finanziert werden. ... So sollte **Ziel** der Leistungen nach § 28 Abs. 7 SGB II auch lediglich sein, Kindern und Jugendlichen die **Aufnahme in** bestehende **Vereins- und Gemeinschaftsstrukturen** zu ermöglichen... Der durch diese Aufnahme entstehende weitere Aufwand, auch beispielsweise durch Fahrtkosten zu etwaigen Gemeinschaftsveranstaltungen (BT-Drucks 17/3404, S 107), sollte hingegen nicht über § 28 Abs. 7 SGB II finanziert werden können. ... Nach § 28 Abs. 7 SGB II ... können mit Wirkung **ab dem 1.8.2013** nach dessen neu geschaffenem Satz 2 nun neben den Bedarfen nach Satz 1 auch weitere tatsächliche Aufwendungen berücksichtigt werden, wenn sie im Zusammenhang mit der Teilnahme an Aktivitäten nach Satz 1 Nummer 1 bis 3 entstehen und es den Leistungsberechtigten im begründeten Ausnahmefall nicht zugemutet werden kann, diese aus dem Regelbedarf zu bestreiten... Die Leistungen nach § 28 Abs. 7 SGB II dienen **nur** dazu, **außerschulische Bedarfe** zu decken... So wird auch im Zusammenhang mit der Unterrichtserteilung, die über die Leistungen nach § 28 Abs. 7 SGB II finanziert werden soll, ausdrücklich nur auf solche in Musik- oder Volkshochschulen, also im außerschulischen Unterricht, hingewiesen (BT-Drucks 17/3404, S 106)."

4.2 Bürgergeld für nichterwerbsfähige Leistungsberechtigte

Erwerbsfähige Leistungsberechtigte erhalten Bürgergeld; deren **nicht erwerbsfähige Angehörige** erhalten Bürgergeld,

- wenn sie mit ihnen in **Bedarfsgemeinschaft** leben und
- soweit sie **keinen Anspruch** haben auf **Grundsicherung im Alter und bei Erwerbsminderung**
- (§§ 41 ff. SGB XII).

Anspruchsgrundlage für das Bürgergeld für nichterwerbsfähige Leistungsberechtigte ist § 23 SGB II.

Das Bürgergeld für nichterwerbsfähige Leistungsberechtigte entspricht mit folgenden **Besonderheiten** dem Bürgergeld:

- Der Regelbedarf beträgt ab dem 1. Januar 2024
    - **bis** zur Vollendung des **6.** Lebensjahres **357 €** und
    - ab Beginn des **7.** Lebensjahres **bis** zur Vollendung des **14.** Lebensjahres **390 €** und
    - **im 15.** Lebensjahr **471 €**.

  Für nicht erwerbsfähige Angehörige, die das 15. Lebensjahr vollendet haben, ergibt sich die jeweilige Höhe des Regelbedarfs aus § 20 SGB II.

- Die **Mehrbedarfe** für nicht erwerbsfähige **behinderte** Angehörige (§ 21 Abs. 4 SGB II) werden auch gezahlt, wenn Eingliederungshilfen gewährt werden zur angemessenen Schulbildung und zur schulischen Ausbildung für einen angemessenen Beruf (§ 112 SGB IX).

- Seit dem 1. August 2006 erhalten Sozialgeldbezieher, die einen **Schwerbehindertenausweis** mit dem **Merkzeichen G** besitzen, einen **Mehrbedarf** in Höhe von 17 Prozent des maßgeblichen Regelbedarfs (§ 23 Satz 1 Nr. 4 SGB II). Seit dem 1. Januar 2009 gilt dies nur für nichterwerbsfähige Personen, die voll erwerbsgemindert nach dem SGB VI sind.

Zu berücksichtigendes Einkommen und Vermögen vermindern vorrangig die Geldleistungen der Agentur für Arbeit.

<u>BSG, Urteil vom 28.10.2014, B 14 AS 65/13 R:</u>
„Die Revisionen der Klägerinnen waren hinsichtlich ... der Regelbedarfe für die Zeit ihres Aufenthaltes bei ihren Eltern in Deutschland erfolgreich. Entgegen der Ansicht der Beklagten und des SG ist ein **gewöhnlicher Aufenthalt** in Deutschland **keine Anspruchsvoraussetzung für nicht erwerbsfähige Personen**, die mit erwerbsfähigen Leistungsberechtigten in Deutschland **in einer temporären Bedarfsgemeinschaft** leben. Der Anspruch auf Schulbedarfe ist von den Klägerinnen nicht weiterverfolgt worden."
Zitiert nach dem Terminbericht Nr. 49/14 des Bundessozialgerichts

<u>BSG, Urteil vom 06.05.2010, B 14 AS 3/09 R:</u>
„Nach § 28 Abs. 1 Satz 3 Nr. 4 SGB II a.F. erhalten nicht erwerbsfähige Personen einen Mehrbedarf von 17 v.H. der nach § 20 SGB II maßgebenden Regelleistung, wenn sie Inhaber eines Ausweises nach § 69 Abs. 5 SGB IX mit dem **Merkzeichen "G"** sind. Der Kläger zu 4 war keine "nicht erwerbsfähige Person" im Sinne dieser Vorschrift, weil aus der Gesetzgebungsgeschichte und der systematischen Stellung der Norm folgt, dass **Kinder unter 15 Jahren** grundsätzlich **nicht begünstigt** werden sollten."

<u>BSG, Urteil vom 21.12.2009, B 14 AS 42/08 R:</u>
„Für den Zeitraum bis zum Inkrafttreten des § 28 Abs. 1 Satz 3 Nr. 4 SGB II zum 1. August 2006 haben **erwerbsunfähige schwerbehinderte Menschen**, denen das **Merkzeichen "G"** zuerkannt ist, einen Anspruch auf Gewährung eines Mehrbedarfs in Höhe von 17 vH der maßgebenden Regelleistung analog § 30 Abs. 1 Nr. 2 SGB XII. Erwerbsfähigen Hilfebedürftigen steht ein solcher Anspruch dagegen nicht zu."

<u>BSG, Urteil vom 27.01.2009, B 14/11b AS 9/07 R und B 14 AS 5/08 R:</u>
„Der Senat hat in beiden Verfahren beschlossen, das Verfahren gemäß Art. 100 Abs. 1 Grundgesetz auszusetzen und dem **Bundesverfassungsgericht** die Frage **zur Entscheidung** vorzulegen, **ob** die Vorschrift (**§ 28 Abs. 1 Satz 3 Nr. 1 SGB II**), in der die **Regelleistung für Kinder bis zur Vollendung des 14. Lebensjahres** auf 60 vH der für alleinstehende Erwachsene maßgebenden

Regelleistung festgesetzt ist, **verfassungsgemäß ist**. Der Senat gründet die Annahme von Verfassungswidrigkeit auf einen Verstoß gegen
a) Art. 3 Abs. 1 Grundgesetz i. V. m. Art. 1, 6 Abs. 2, 20 Abs. 1 Grundgesetz, weil die Regelleistung für Kinder bis zur Vollendung des 14. Lebensjahres um 40 vH gegenüber der maßgebenden Regelleistung für Erwachsene herabgesetzt worden ist, **ohne** dass der **für Kinder notwendige Bedarf ermittelt** und definiert wurde,
b) Art. 3 Abs. 1 Grundgesetz, weil das Sozialgeld für Kinder von Empfängern der Grundsicherung für Arbeitsuchende nach dem SGB II abschließend und bedarfsdeckend sein soll, während Kinder von **Sozialhilfeempfängern** nach § 28 Abs. 1 Satz 2 SGB XII **abweichende Bedarfe** geltend machen können und
c) Art. 3 Abs. 1 Grundgesetz, weil § 28 Abs. 1 Satz 1 Nr. 3 SGB II die Höhe der Regelleistung für alle Kinder und Jugendlichen bis zur Vollendung des 14. Lebensjahres einheitlich mit 60 vH festsetzt, **ohne** dabei **weitere Altersstufen** vorzusehen.
Nach Auffassung des Senats wäre der Gesetzgeber gehalten gewesen, in dem grundrechtssensiblen Bereich der Sicherung des Existenzminimums von Kindern den Abschlag von der Regelleistung für Erwachsene auf der Basis einer detaillierten normativen Wertung des Kinder- und Jugendlichenbedarfs festzusetzen. Nur eine solche Festsetzung ermöglicht den Gerichten, eine begründete Entscheidung darüber zu treffen, inwieweit der Betrag von 207 Euro noch im Gestaltungsspielraum des Gesetzgebers lag. Im Übrigen geht der Senat weiterhin davon aus, dass der Gesetzgeber den ihm von Verfassungs wegen zustehenden Gestaltungsspielraum nicht überschritten hat, als er die Regelleistung zur Sicherung des Lebensunterhalts für alleinstehende Erwachsene (nach § 20 Abs. 2 SGB II) mit 345 Euro festgesetzt hat. Die Annahme von Verfassungswidrigkeit des § 28 Abs. 1 Satz 3 Nr. 1 SGB II lässt nicht den Schluss zu, dass der Betrag von 207 Euro in jedem Fall als nicht ausreichend anzusehen ist, um den Lebensunterhalt von Kindern unter 14 Jahren zu sichern."

<u>BSG, Urteil vom 15.04.2008, B 14/7b AS 58/06 R:</u>
„**§ 28 Abs. 1 Satz 3 Nr. 4** SGB II, wonach nicht erwerbsfähige Personen einen **Mehrbedarf** von 17 vom Hundert der nach § 20 maßgebenden Regelleistung erhalten, wenn sie Inhaber eines Ausweises nach § 69 Abs. 5 des Neunten Buches mit dem **Merkzeichen G** sind, wurde zwar erst mit Wirkung vom 1. August 2006 durch das Gesetz zur Fortentwicklung der Grundsicherung für Arbeitsuchende (BGBl I 1706) in das SGB II eingefügt. Da die Einfügung jedoch im Hinblick auf Art 3 Grundgesetz (GG) erfolgte, um eine Gleichbehandlung von Behinderten im SGB II und SGB XII zu gewährleisten (BT-Drucks 16/1410 S 25), kann davon ausgegangen werden, dass § 28 SGB II **für die Zeit vor Inkrafttreten** der Neuregelung **verfassungskonform** zu **ergänzen** war."

5. Grundsätze

Das SGB II ist von folgenden Grundsätzen geprägt:

1. **Grundsatz des Forderns**

2. **Grundsatz des Förderns**

3. **Leistungsgrundsätze**

5.1 Grundsatz des Forderns

Erwerbsfähige Leistungsberechtigte sind in erster Linie selbst verantwortlich für die Sicherung ihres Lebensunterhalts und des Unterhalts der mit ihnen in Bedarfsgemeinschaft lebenden Personen. Der Gesetzgeber erwartet von ihnen, dass sie alle Möglichkeiten ausschöpfen, bevor sie die Hilfe der Allgemeinheit in Anspruch nehmen.

Diese **Eigenverantwortung** ist die zentrale Forderung des SGB II.

Im Einzelnen normiert § 2 SGB II folgende **Pflichten** der erwerbsfähigen Leistungsberechtigten: Sie müssen

- alle Möglichkeiten ausschöpfen, um die Hilfebedürftigkeit zu beenden oder zu verringern (gilt auch für Personen in Bedarfsgemeinschaft)
- mitwirken an allen Maßnahmen zur Eingliederung in Arbeit
- einen Kooperationsplan erstellen (im Gesetz steht noch „abschließen“)
- alle Möglichkeiten nutzen, ihren Lebensunterhalt aus eigenen Mitteln und Kräften zu bestreiten (gilt auch für Personen in Bedarfsgemeinschaft)
- ihre Arbeitskraft einsetzen, um den Lebensunterhalt für sich zu beschaffen und für die mit ihnen in Bedarfsgemeinschaft lebenden Personen.

BSG, Urteil vom 09.04.2014, B 14 AS 23/13 R:
„*(§ 22 Abs. 1 S. 2 SGB II findet)* bei Eintritt eines neuen Leistungsfalls keine fortwirkende Anwendung... Ein **neuer Leistungsfall** liegt hier vor, weil der Kläger zu Beginn des streitigen Bewilligungsabschnitts seine frühere Hilfebedürftigkeit durch Erzielung bedarfsdeckenden Einkommens für mindestens einen Kalendermonat überwunden hatte und aus dem Leistungsbezug ausgeschieden war. Bei dem mit Eintritt seiner erneuten Hilfebedürftigkeit vorliegenden neuen Leistungsfall ist für die zu übernehmenden Aufwendungen für Unterkunft und Heizung allein § 22 Abs. 1 Satz 1 SGB II zugrunde zu legen. ... Bereits dem gesetzlichen Tatbestandsmerkmal "**weiterhin**" ist es immanent, dass un-

mittelbar vor Eingreifen der Norm ein ununterbrochener Leistungsbezug bestanden haben muss. ... Zum anderen ist der Gesetzesbegründung zu entnehmen, dass trotz der Wortlautänderung § 22 Abs. 1 Satz 2 SGB II n. F. dem bisherigen Recht entspricht... Unter Berücksichtigung des Grundsatzes der **Eigenverantwortung** und des Forderns und Förderns ist die **Überwindung der Hilfebedürftigkeit für mindestens einen Kalendermonat** jedenfalls durch Erzielung bedarfsdeckenden Einkommens eine solche Veränderung in den persönlichen Umständen... Nach Ablauf eines Kalendermonats liegt bei erneuter Hilfebedürftigkeit ein neuer Leistungsfall vor. Die bloße Abmeldung aus dem Leistungsbezug trotz tatsächlich fortbestehender Hilfebedürftigkeit genügt dagegen nicht, um eine Zäsur mit Blick auf die fortgesetzte Anwendung des § 22 Abs. 1 Satz 2 SGB II zu erreichen."

BSG, Beschluss vom 19.03.2008, B 11b AS 41/06 R:
„Eine vorherige förmliche Kostensenkungsaufforderung des Trägers ist .. ebenso wenig wie bei der parallelen sozialhilferechtlichen Regelung des § 29 Abs. 1 Satz 3 SGB XII eine eigens erwähnte zwingende Voraussetzung der Entscheidung des Trägers, nur die angemessenen KdU zu übernehmen. Dass dies vom Gesetzgeber auch erkennbar nicht gewollt ist ..., verdeutlicht beispielsweise der Kontext zu der anders lautenden Vorschrift des § 31 SGB II, der die dort geregelten Sanktionen der Absenkung und des Wegfalls des Arbeitslosengelds II u. a. an eine ausdrücklich normierte Belehrung über die Rechtsfolgen knüpft. Vorgesehen ist vielmehr, dass dem Hilfebedürftigen die Art und Weise seiner Bemühungen selbst überlassen bleiben und er sich zwecks Unterstützung und Zusicherung an den kommunalen Träger wenden soll... Die **Kürzung der Leistung** ist insoweit als besonderer gesetzlicher **Anwendungsfall des allgemeinen Grundsatzes des Forderns** (§ 2 SGB II) ausgestaltet."

BSG, Beschluss vom 16.05.2007, B 7b AS 40/06 R:
„Zwar ist es Aufgabe und Ziel der Grundsicherung für Arbeitsuchende, die **Eigenverantwortung** der erwerbsfähigen Hilfebedürftigen zu stärken... Dies betrifft aber vor allem den Bereich der Regelleistung, die den Hilfebedürftigen in die Lage versetzen soll, eigenverantwortlich am Leben teilzunehmen; dies **gilt** indes **nicht für** die Aufwendungen für **Unterkunft** und **Heizung** im Rahmen des § 22 Abs. 1 SGB II, die in tatsächlicher Höhe zu übernehmen sind, solange sie angemessen sind..."

5.2 Grundsatz des Förderns

Sind die eigenen Möglichkeiten ausgeschöpft, erhalten erwerbsfähige Hilfebedürftige im Rahmen der Grundsicherung umfassende Unterstützung. **Ziel** ist die **Eingliederung in Arbeit** und Überwindung der Hilfebedürftigkeit.

Im Einzelnen normiert § 14 SGB II folgende **Rechte**:

- **Umfassende Unterstützung**
  Die Träger der Leistungen müssen erwerbsfähige Hilfebedürftige umfassend unterstützen, also mehr als beraten und vermitteln. Sie müssen alle Faktoren berücksichtigen, die die berufliche Eingliederung beeinflussen. Bei Bedarf kann der Hilfebedürftige aus dieser Vorschrift einen Anspruch auf intensive Betreuung herleiten.

- **Beratung**
  Die Beratung erhält zum 1. August 2016 größere Bedeutung. Wegen der Beweislast der Jobcenter führt dies auch zu einer größeren Dokumentationspflicht. Die Leistungsberechtigten sind nun vor allem
  - besser über ihre Rechte und Pflichten aufzuklären
  - ihnen ist die Berechnung ihrer Leistungen zur Sicherung des Lebensunterhalts zu erläutern, ebenso
  - Inhalt und Ziel der Eingliederungsleistungen und deren Auswahl.

  Ab dem 1. Juli 2023 müssen die Jobcenter auch zum Kooperationsplan und zum Schlichtungsverfahren beraten.

- **Alle erforderlichen Leistungen**
  Die Träger müssen alle Leistungen erbringen, die im Einzelfall für die Eingliederung in Arbeit erforderlich sind.

- **Persönlicher Ansprechpartner**
  Die Agentur für Arbeit (im Optionsfall der kommunale Träger) soll *einen* persönlichen Ansprechpartner benennen für jeden erwerbsfähigen Hilfebedürftigen und die mit ihm in Bedarfsgemeinschaft lebenden Personen. Diese Zuordnung soll
  - ein kompetentes Fallmanagement sicherstellen

    - ein Vertrauensverhältnis zwischen dem Erwerbsfähigen und dem Mitarbeiter fördern
    - der Effizienz der Betreuung dienen.

  Zum 1. Juli 2023 ermöglicht der Gesetzgeber den Jobcentern, auch aufsuchend und sozialraumorientiert zu beraten.

Die Unterstützung steht allerdings unter einem Vorbehalt: Sie muss wirtschaftlich und sparsam erfolgen. Die Grundsätze der **Wirtschaftlichkeit** und **Sparsamkeit** schließen Maßnahmen aus,

- die voraussichtlich nicht zur Eingliederung in Arbeit führen
- die zur Eingliederung nicht erforderlich sind
- die in einem deutlichen Missverhältnis stehen zu dem durch Arbeit erzielbaren Einkommen, z. B. Kosten der Betreuung für mehrere minderjährige Kinder, wenn durch die Arbeit nur geringes Einkommen erzielt würde.

5.3 Leistungsgrundsätze

§ 3 SGB II beschreibt die Grundsätze der Leistungen zur Eingliederung in Arbeit:

5.3.1 Ermessen

Nach § 3 Abs. 1 S. 1 SGB II *können* Leistungen zur Eingliederung erbracht werden, soweit sie erforderlich sind zur Vermeidung, Beseitigung, Verkürzung oder Verminderung der Hilfebedürftigkeit.

Die Leistungen zur Eingliederung sind Ermessensleistungen; es besteht also in der Regel **kein Anspruch** auf eine bestimmte Leistung. Es besteht aber ein Anspruch auf pflichtgemäße Ausübung des Ermessens. Die Behörde muss vom Ziel des Gesetzes ausgehen und eine sachgerechte Lösung finden, die den Einzelfall angemessen berücksichtigt.

Die Entscheidungen unterliegen einer eingeschränkten Kontrolle durch die Sozialgerichte. Denn Ermessen bedeutet nicht völlige Entscheidungsfreiheit; die Behörde muss

- ihr Ermessen entsprechend dem Zweck der Ermächtigung ausüben
- innerhalb der gesetzlichen Grenzen handeln und
- ihre Ermessensentscheidung begründen; also die Gesichtspunkte erkennen lassen, von denen sie sich bei der Ausübung des Ermessens hat leiten lassen.

Auch sind nach der Begründung des Gesetzes die Grundsätze der Wirtschaftlichkeit und Sparsamkeit zu beachten: Haushaltsmittel begrenzen also die Ermessensleistungen.

Nach der Gesetzesbegründung unterliegt die Frage der Erforderlichkeit der Beurteilung des Fallmanagers. Streitig ist, ob hier tatsächlich ein **Beurteilungsspielraum** anzuerkennen ist. Denn unbestimmte Rechtsbegriffe (hier der Begriff „erforderlich") unterliegen grundsätzlich der uneingeschränkten gerichtlichen Prüfung. Das gründet in der Rechtsweggarantie des Grundgesetzes (Art. 19 Abs. 4).

Von einem Beurteilungsspielraum spricht man, wenn auf der Tatbestandsseite der Norm ein unbestimmter Rechtsbegriff vorliegt und auch

die Gerichte „die einzig richtige Entscheidung“ nicht so leicht finden können. Gemeint sind Fälle, in denen nur die Verwaltung die richtige Entscheidung treffen kann, da nur sie die nötige Sachkompetenz besitzt oder es auf eine subjektive Wertung ankommt.
Das Gericht prüft, ob die Behörde

- wesentliche Verfahrensvorschriften eingehalten hat
- von einem zutreffenden Sachverhalt ausgegangen ist
- zu einem *vertretbaren* Ergebnis gekommen ist
- keine sachfremden Erwägungen angestellt hat
- allgemein anerkannte Bewertungsmaßstäbe beachtet hat.

BSG, Urteil vom 18.12.2024, B 8 SO 1/24 R:
„Der Senat hat die Revision der Beklagten zurückgewiesen. Das Landessozialgericht hat zu Recht angenommen, dass der angegriffene **Erstattungsverwaltungsakt** ... **rechtswidrig** ist. Zwar hat die Klägerin ... Leistungen zu Unrecht erhalten. Die für die Erstattung erforderliche **Ermessensausübung** erweist sich aber als **fehlerhaft**. Die Auszahlungen der Leistungen beruhen auf dem Versäumnis, einen **Haken in der EDV-Anwendung** zu entfernen und auf **mangelnden internen Kontrollmechanismen** über einen Zeitraum von mehr als vier Jahren. Dieser grobe **behördliche Fehler** hätte im Rahmen der Erstattung nach § 50 Absatz 2 in Verbindung mit § 45 SGB X in die **Ermessensabwägung** eingestellt werden müssen. Dieser Ermessensfehler alleine führt zur Rechtswidrigkeit des Erstattungsverwaltungsaktes.“
Zitiert nach dem Terminbericht Nr. 48/24 des Bundessozialgerichts

BSG, Urteil vom 06.04.2011, B 4 AS 117/10 R:
„Nach § 16 Abs. 1 Sätze 1 und 2 SGB II ... erbringt die Agentur für Arbeit zur Eingliederung in Arbeit Leistungen nach § 35 SGB III. Sie kann die übrigen im Dritten Kapitel, im Ersten und Sechsten Abschnitt des Vierten Kapitels, im Fünften Kapitel, im Ersten Abschnitt des Sechsten Kapitels und die in den §§ 417, 421f, 421g, 421k, 421n, 421o, 421p, 421q und 421t Abs. 4 bis 6 SGB III geregelten Leistungen erbringen. **Übt ein Leistungsträger sein Ermessen dergestalt aus, dass er eine der** zuvor benannten **Leistungen nach § 16 Abs. 1 Satz 2 SGB II erbringt**, **ist er** nach § 16 Abs. 2 Satz 1 SGB II **hinsichtlich der Voraussetzungen und Rechtsfolgen jedoch grundsätzlich an die Regelungen des SGB III gebunden**. Ein Ermessen im Hinblick auf die Leistungshöhe steht dem Leistungsträger mithin nur dann zu, wenn auch das SGB III ein solches vorsieht...“

BSG, Urteil vom 17.12.2009, B 4 AS 27/09 R:
„Der erkennende Senat hält daran fest, dass es sich bei dem **Begriff der "Angemessenheit"** um einen durch die Gerichte vollständig überprüfbaren unbestimmten Rechtsbegriff handelt. Zwar können unbestimmte Rechtsbegriffe unter Umständen wegen hoher Komplexität oder besonderer Dynamik der geregelten Materie so vage und ihre Konkretisierung im Nachvollzug der Verwaltungsentscheidung so schwierig sein, dass die gerichtliche Kontrolle an die Funktionsgrenzen der Rechtsprechung stößt. Das Bundesverfassungsgericht hat angedeutet, dass der rechtsanwendenden Behörde in solchen Fällen ohne Verletzung rechtsstaatlicher Grundsätze ein **begrenzter Entscheidungsfreiraum** zuzubilligen sein kann... Hierfür könnten bei der Ausfüllung des Begriffs der "Angemessenheit" i. S. des § 22 Abs. 1 Satz 1 SGB II zwar die Schwierigkeiten/Komplexität der Datenerhebung und der Wandel der gewonnenen Werte auf Grund sich ändernder Marktbedingungen sowie der erheblichen regionalen Unterschiede sprechen. Gleichwohl ist dem Träger insoweit nicht im methodischen Sinne ein Beurteilungsspielraum zugewiesen..."

BSG, Urteil vom 20.08.2009, B 14 AS 45/08 R:
„Wählt der Grundsicherungsträger die Leistungsart "**Geldleistung**", so kann diese auch in Form von Pauschalbeträgen erbracht werden (§ 23 Abs. 3 Satz 5 SGB II). Allerdings ist hierbei **§ 23 Abs. 3 Satz 6 SGB II** zu beachten. Bei der Bemessung der Pauschalbeträge sind geeignete Angaben über die erforderlichen Aufwendungen und nachvollziehbare Erfahrungswerte zu berücksichtigen. Insofern spricht der Wortlaut des § 23 Abs. 3 Satz 6 SGB II dafür, dass den Grundsicherungsträgern bei der **Festsetzung der Höhe der Pauschalen** nur ein **eingeschränkter Beurteilungsspielraum** zusteht. Die Leistungsträger werden insofern "nachvollziehbare Erfahrungswerte" über die Kosten von Einrichtungsgegenständen (allerdings in einem unteren Segment des Einrichtungsniveaus) zur Stützung ihrer Pauschalbeträge vorzunehmen haben, die auch einer richterlichen Kontrolle unterliegen."

BSG, Urteil vom 23.11.2006, B 11b AS 3/05 R:
„Die ebenfalls zu prüfende Erforderlichkeit einer Eingliederungsleistung nach § 16 Abs. 2 Satz 1 SGB II beurteilt sich nach den **Zielvorgaben** der §§ 1, 3 SGB II ... Diese sind zwar für sich **nicht anspruchsbegründend**, stecken aber als programmatische Kernaussagen und Grundsätze den Leistungsrahmen der Grundsicherung für Arbeitsuchende ab ... Hierzu gehört auch die Unterstützung zur Beibehaltung einer Erwerbstätigkeit (§ 1 Abs. 1 Satz 2 SGB II). Nach § 3 Abs. 1 Satz 1 SGB II können Leistungen zur Eingliederung in Arbeit erbracht werden, soweit sie zur Vermeidung oder Beseitigung, Verkürzung oder Verminderung der Hilfebedürftigkeit erforderlich sind. Die **Erforderlichkeit** in diesem Sinn kann jedoch nur vorliegen, wenn ein **Eingliederungserfolg mit hinreichender Sicherheit** vorhergesagt werden kann ... Diese **Prognose** wiederum setzt eine Plausibilitätsprüfung voraus und deshalb ein **schlüssiges Konzept**, **wie** aus der in Aussicht genommenen Tätigkeit **der Lebensunterhalt bestritten werden soll** ... An diesen Maßstäben wird sich auch die von den Klägern

beabsichtigte Fortsetzung ihrer künstlerischen Tätigkeit messen lassen müssen mit der Konsequenz, dass gerade diese die Aussicht auf einen entsprechenden wirtschaftlichen Erfolg bieten muss. Es ist nicht Anliegen der Grundsicherung für Arbeitsuchende, eine Persönlichkeitsentfaltung ohne Rücksicht auf die Sicherung der Lebensgrundlage zu ermöglichen…"

5.3.2 Wirtschaftlichkeit und Sparsamkeit

Im Rahmen der Ermessensentscheidung sind die Grundsätze der Wirtschaftlichkeit und Sparsamkeit zu beachten (§ 3 Abs. 3 SGB II). Das soll die bestmögliche Nutzung von Ressourcen bewirken.

„Sparsamkeit" heißt geringstmöglicher Mitteleinsatz. „Wirtschaftlichkeit" bezeichnet eine günstige Zweck-Mittel-Relation im Sinne eines angemessenen und ausgewogenen Verhältnisses zwischen den angebotenen Leistungen und den hierfür geforderten Entgelten.

5.3.3 Besonderheit des Einzelfalls

Nach § 3 Abs. 1 S. 2 SGB II sind bei der Entscheidung über *Eingliederungs*leistungen im Einzelfall zu berücksichtigen:

- die Eignung
- die individuelle Lebenssituation, vor allem die familiäre Situation
- die voraussichtliche Dauer der Hilfebedürftigkeit
- die Dauerhaftigkeit der Eingliederung

5.3.4 Vorrang einer Erwerbstätigkeit oder Ausbildung

Die Eingliederung zielt in erster Linie auf die unmittelbare Aufnahme einer Ausbildung oder Erwerbstätigkeit. Folglich sollen vorrangig Maßnahmen eingesetzt werden, die eine solche ermöglichen (§ 3 Abs. 1 S. 3 SGB II).

5.3.5 Kenntnisse der deutschen Sprache (§ 3 Abs. 4 SGB II)

Ausreichende deutsche Sprachkenntnisse sind vor allem für Ausländer eine wesentliche Voraussetzung zur Eingliederung in den Arbeitsmarkt. Die Träger sollen darauf hinwirken, dass Personen, die nicht über deutsche Sprachkenntnisse entsprechend dem Niveau B1 des gemeinsamen Europäischen Referenzrahmens für Sprachen verfügen, unverzüglich einen vom Bundesamt für Migration und Flüchtlinge durchgeführten **Sprachkurs** besuchen, wenn eine unmittelbare Eingliederung in Ausbildung oder Arbeit nicht möglich ist. Die Pflicht zur Teilnahme am Sprachkurs ist ab dem 1. Juli 2023 nicht mehr in die Eingliederungsvereinbarung aufzunehmen; eine Pflicht zur Teilnahme kann sich aber ergeben aus §§ 44, 44a und 45a Aufenthaltsgesetz (§ 3 Abs. 4 SGB II).

5.3.6 Unverzüglicher Beginn der Eingliederungsarbeit (§ 3 Abs. 2 SGB II)

Erwerbsfähigen Leistungsberechtigten soll eine Arbeit oder Ausbildung angeboten werden, und zwar *unverzüglich* nach Antragstellung!

5.3.7 Nachrang

§ 3 Abs. 5 SGB II ist Ausfluss des Grundsatzes des Forderns und Förderns, er normiert die Subsidiarität der Leistungen zur Sicherung des Lebensunterhalts. D. h., Leistungen erhält jemand nur, soweit er sich nicht selbst helfen kann, z. B. durch den Einsatz seiner Arbeitskraft oder durch andere Sozialleistungen.

Seit dem 1. Januar 2008 sind Leistungsberechtigte nur dann verpflichtet, **andere Sozialleistungen** zu beantragen, wenn sie hierdurch Hilfebedürftigkeit beseitigen, verkürzen oder vermindern. Eine vorzeitige **Altersrente** muss nur in Anspruch nehmen, wer das 63. Lebensjahr vollendet hat (§ 12a SGB II). Diese Pflicht ist vom 1. Januar 2023 bis 31. Dezember 2026 ausgesetzt. Unberührt bleibt aber das Recht, Rente zu beantragen, damit der Hilfebedürftige nicht mehr alle Möglichkeiten nutzen muss, um die Hilfebedürftigkeit zu überwinden.

Nach der Unbilligkeitsverordnung ist die Inanspruchnahme der vorzeitigen Rente ***unbillig****,*

- *wenn und solange sie zum Verlust eines Anspruchs auf Arbeitslosengeld führen würde*
- *wenn Leistungsberechtigte in nächster Zukunft die Altersrente abschlagsfrei in Anspruch nehmen können*

- *solange Leistungsberechtigte sozialversicherungspflichtig beschäftigt sind oder*
- *glaubhaft machen, dass sie in nächster Zukunft eine Erwerbstätigkeit aufnehmen*
- *wenn Leistungsberechtigte dadurch hilfebedürftig nach dem Vierten Kapitel des SGB XII würden. Das ist vor allem anzunehmen, wenn 70 Prozent der bei Erreichen der Altersgrenze zu erwartenden Regelaltersrente niedriger sind als der aktuelle SGB-II-Bedarf.*

Seit dem 1. Januar 2011 sind Leistungsberechtigte nur verpflichtet, **Wohngeld** oder **Kinderzuschlag** in Anspruch zu nehmen, wenn dies die Hilfebedürftigkeit aller Mitglieder der Bedarfsgemeinschaft für mindestens drei Monate beseitigt. Bislang waren auch Anträge erforderlich, die zu keinem höheren Haushaltseinkommen führten. Die Neuregelung reduziert Bürokratie, höhlt aber den Nachrang der Hilfe weiter aus.

Diese Pflicht, Wohngeld zu beantragen, war vom 1. Januar bis 30. Juni 2023 ausgesetzt (§ 85 SGB II).

Empfänger von Bürgergeld sind grundsätzlich vom **Wohngeld** ausgeschlossen. Das gilt nicht, wenn die Leistungen ausschließlich als **Darlehen** gewährt werden (§ 7 Abs. 1 WoGG).

<u>BSG, Urteil vom 22.09.2022, B 4 AS 60/21 R:</u>
„Eine Unbilligkeit ergibt sich nicht aus § 2 UnbilligkeitsV, denn die Rentenantragstellung würde nicht zum Verlust eines Anspruchs auf Arbeitslosengeld führen. Der Klägerin stand 2016 kein Arbeitslosengeldanspruch zu und der **bloße Erwerb einer** dementsprechenden **Anwartschaft** (hier aufgrund der Aufnahme des BFD zum 1.3.2016) **unterfällt nicht dem Schutz** der Ausnahmevorschrift. Die Klägerin wäre auch nicht in nächster Zukunft berechtigt gewesen, die **Altersrente abschlagsfrei** in Anspruch zu nehmen, wie es § 3 UnbilligkeitsV voraussetzt, sondern erst **mehr als ein Jahr später**. Für den Ausnahmetatbestand des § 4 Satz 1 UnbilligkeitsV - sozialversicherungspflichtige Beschäftigung oder aus sonstiger Erwerbstätigkeit entsprechend hohes Einkommen - **fehlt** es schon an der Voraussetzung einer **Erwerbstätigkeit**. **Freiwillige im BFD leisten ihren Dienst ohne Erwerbsabsicht**. Dieser ähnelt eher einem Ehrenamt. Zudem setzt § 4 Satz 1 UnbilligkeitsV einen Mindestverdienst voraus, den die Klägerin nicht erzielt hat. Die Vorschrift knüpft an die Geringfügigkeitsgrenze des § 8 Abs 1 Nr. 1 SGB IV an. Statt durch Altersrente soll dem Nachrang … durch die Berücksichtigung monatlicher Einkünfte, die 450 Euro

übersteigen, Rechnung getragen werden. Es liegen schließlich keine außergewöhnlichen Umstände vor... Ein Absehen von der Aufforderung war daher auch im Ermessenswege nicht veranlasst."
Zitiert nach dem Terminbericht Nr. 34/22 des Bundessozialgerichts

BSG, Urteil vom 24.06.2020, B 4 AS 12/20 R:
„Die ... Unbilligkeitsverordnung ... regelt abschließend die Ausnahmetatbestände. ... Nicht erfassten unzumutbaren Härten kann im Rahmen der Ermessensausübung begegnet werden... ...die Inanspruchnahme *(ist)* unbillig, solange Hilfebedürftige sozialversicherungspflichtig beschäftigt sind oder aus sonstiger Erwerbstätigkeit ein entsprechend hohes Einkommen erzielen... ...wegen der **Pflege ihres Ehemannes** ... liegt **keine sozialversicherungspflichtige Beschäftigung** oder eine sonstige Erwerbstätigkeit vor. ... Auch der erneuten **Aufnahme eines Kindes in Vollzeitpflege** ab März 2016 liegt weder eine sozialversicherungspflichtige Beschäftigung ... noch eine sonstige Erwerbstätigkeit ... zugrunde, aus der ein entsprechend hohes Einkommen erzielt wurde. ... Relevante Ermessensgesichtspunkte können von vornherein nur solche sein, die einen atypischen Fall begründen, in dem vom gesetzlichen Regelfall der Aufforderung zur Antragstellung abzusehen ist. Dabei dürfen nur besondere Härten im Einzelfall in Betracht kommen, die keinen Unbilligkeitstatbestand ... begründen, die Inanspruchnahme der vorzeitigen Altersrente aber aufgrund außergewöhnlicher Umstände als unzumutbar erscheinen lassen... ...ein Ermessens- bzw. Abwägungsdefizit *(ist)* nicht darin zu sehen, dass er den Wegfall der rentensteigernden Wirkung der Pflegezeiten des Ehemannes mit der Bewilligung einer vorzeitigen Rente nicht in seine Ermessenserwägungen einbezogen hat."

BSG, Urteil vom 09.08.2018, B 14 AS 1/18 R:
„Liegt zwischen abschlagsbehafteter und abschlagsfreier Altersrente ein Abstand von **vier Monaten**, ist der Verweis auf die Inanspruchnahme der Altersrente mit Abschlägen **unbillig**, weil die Möglichkeit der Altersrente ohne Abschläge "**in nächster Zukunft**" besteht. ... Welche Dauer die vom Verordnungsgeber formulierte zeitliche Spanne "in nächster Zukunft" hat, ist der Verordnung selbst nicht zu entnehmen. Es handelt sich auch nicht um einen Begriff, der im Sprachgebrauch des SGB II oder im allgemeinen wie juristischen Sprachgebrauch mit einer bestimmten Zeitdauer verbunden ist. Für ein Verständnis von "in nächster Zukunft", das eine Zeitspanne von vier Monaten umfasst, streitet der mit § 3 UnbilligkeitsV verfolgte **Zweck**. ... Dem steht nicht entgegen, dass die Zeitspanne "in nächster Zukunft" in der ... Begründung zum Referentenentwurf der UnbilligkeitsV mit "innerhalb von längstens drei Monaten" erläutert worden ist. Die demgegenüber **offene Formulierung im Verordnungstext** belegt im Gegenteil, dass der Verordnungsgeber bei der Anwendung des Unbilligkeitstatbestands ... Auslegungsspielräume lassen und gerade keine strikte Zeitgrenze einführen wollte. Diese Wertentscheidung wird durch ... Äußerungen und Erwägungen im Verfahren der Verordnungsgebung, die im Verordnungstext keinen Niederschlag gefunden haben, nicht verdrängt.

Ohnehin kommt den Ausführungen im Begründungsteil des Referentenentwurfs, der keine amtliche Begründung der UnbilligkeitsV ist, für die Auslegung der Verordnung keine maßgebliche Wirkung zu."

BSG, Urteil vom 23.06.2016, B 14 AS 46/15 R:
„...mehr als zwei Jahre zwischen dem Beginn der vorzeitigen Inanspruchnahme mit Abschlägen nach Vollendung des 63. Lebensjahres bis zur abschlagsfreien Inanspruchnahme ist nicht eine bevorstehende abschlagsfreie Altersrente "in nächster Zukunft"... Das ... Ermessen des Beklagten hinsichtlich des "Ob" einer Aufforderung hat dieser erkannt und im Ergebnis fehlerfrei ausgeübt. ... Relevante **Ermessensgesichtspunkte** können ohnehin nur solche sein, die einen **atypischen Fall** begründen und auf **besonderen Härten im Einzelfal**l beruhen, die keinen Unbilligkeitstatbestand ... begründen, aber die Inanspruchnahme der vorzeitigen Altersrente aufgrund außergewöhnlicher Umstände als unzumutbar erscheinen lassen. Soweit sich Anhaltspunkte für solche Härten nicht aufdrängen, ist der Leistungsberechtigte gehalten, atypische Umstände ... vorzubringen, die der Leistungsträger zu erwägen hat... Insbesondere liegt ein atypischer Fall nicht deshalb vor, weil die vorzeitige Altersrente des Leistungsberechtigten u. U. nicht bedarfsdeckend ist und Leistungen der Hilfe zum Lebensunterhalt nach dem SGB XII in Anspruch genommen werden müssten... Eine solche Härte ergibt sich .. auch nicht aus den strengeren Regelungen über die Berücksichtigung von Vermögen nach dem SGB XII ... gegenüber dem SGB II..."

BSG, Urteil vom 09.03.2016, B 14 AS 3/15 R:
„Der Kläger ist ... verpflichtet, eine vorzeitige Altersrente zu beantragen und in Anspruch zu nehmen. ...**§ 65 Abs. 4 Satz 1 SGB II** gilt nur, wenn der erwerbsfähige Leistungsberechtigte vor dem 1.1.2008 ... das 58. Lebensjahr vollendet hat, was bei dem *(im März 1950)* geborenen Kläger aber nicht der Fall war. ... Der Rechtmäßigkeit des Bescheids steht **Datenschutzrecht** nicht entgegen, ... die Aufforderung *(wird)* nicht dadurch rechtswidrig, dass sie auf der gegen den Willen des Klägers vom beklagten Jobcenter bei der DRV angeforderten Rentenauskunft ... beruht. ...die Inanspruchnahme der vorzeitigen Altersrente *(führt)* zur Beseitigung der Hilfebedürftigkeit des Klägers nach dem SGB II. Insoweit ist nur auf ihn und nicht auch auf seine mit ihm in Bedarfsgemeinschaft lebende Ehefrau abzustellen. ... Der Verpflichtung ... zur Rentenantragstellung und Inanspruchnahme steht die ... UnbilligkeitsV nicht entgegen, weil keiner der in ihr abschließend geregelten Ausnahmetatbestände ... vorliegt. ... Soweit der Kläger einwendet, es seien bei der Bedarfsbemessung **Unterhaltsansprüche seiner Ehefrau** ihm gegenüber nicht berücksichtigt worden, verkennt er, dass es bei dem Vergleich nur um seinen eigenen Bedarf und die eigenen Rentenansprüche geht..."

BSG, Urteil vom 19.08.2015, B 14 AS 1/15 R:
„Die **Ausnahmetatbestände**, bei deren Vorliegen Leistungsberechtigte gleichwohl zur Inanspruchnahme einer vorgezogenen Altersrente nicht verpflichtet sind, regelt die **UnbilligkeitsV** … **abschließend**… Auch die … **Aufforderung** der Leistungsberechtigten zur Beantragung einer vorrangigen Leistung steht im **Ermessen** der Leistungsträger… Der Leistungsberechtigte soll prüfen können, ob er der Aufforderung folgt … oder ob er im Streit um die Aufforderung Gründe vorbringt, die gegen ihre spätere Durchsetzung und damit auch gegen die Aufforderung sprechen können. Die **Ermessensgesichtspunkte**, die den Leistungsträger … von einer eigenen künftigen Antragstellung absehen lassen könnten, sind bereits bei der Aufforderung des Leistungsberechtigten zur Antragstellung zu erwägen und müssen im Aufforderungsbescheid … erkennbar sein. … Relevante Ermessensgesichtspunkte können deshalb nur solche sein, die einen **atypischen Fall** begründen, in dem vom gesetzlichen Regelfall der Aufforderung zur Antragstellung … abzusehen ist. Dafür dürften … nur **besondere Härten im Einzelfall** in Betracht kommen, die keinen Unbilligkeitstatbestand i. S. der UnbilligkeitsV begründen, aber die Inanspruchnahme der vorzeitigen Altersrente aufgrund außergewöhnlicher Umstände als unzumutbar erscheinen lassen. … Dass abhängig von der Höhe der Rente der Kläger seinen notwendigen Lebensunterhalt ggf. nicht ausreichend aus eigenen Kräften und Mitteln bestreiten könnte und ihm deshalb insoweit … Hilfe zum Lebensunterhalt nach dem SGB XII zu leisten sein könnte, ändert nichts daran, dass der Kläger mit dem Bezug der vorzeitigen Altersrente seine Hilfebedürftigkeit nach dem SGB II beseitigt… Dies ist ebenso, wenn der Kläger bei Bezug der Rente abhängig von deren Höhe eine sog gemischte Bedarfsgemeinschaft mit seiner Ehefrau bilden würde… Schließlich vermag ein atypischer Fall nicht daraus zu folgen, wenn der Kläger und seine Ehefrau nach Erreichen der Regelaltersgrenze und bei Bezug ihrer Regelaltersrenten wegen den mit einer vorzeitigen Altersrente verbundenen dauerhaften Rentenabschlägen … **hilfebedürftig i. S. des SGB XII** sein könnten. Denn auf eine etwaige künftige Hilfebedürftigkeit des Klägers und seiner Ehefrau … kommt es im maßgeblichen Zeitpunkt seiner Aufforderung zur Beantragung einer vorzeitigen Altersrente nicht an. … Im Rahmen der Ermessensausübung vor Aufforderung zur vorzeitigen Rentenantragstellung **sind Prognosen über eine künftige Hilfebedürftigkeit nicht anzustellen**. … Die … Vorschriften des SGB II zur Sicherung des Nachrangs durch Verweis auf vorrangige Leistungen sind verfassungsgemäß. … Mit einem Wechsel von Leistungen nach dem SGB II zu solchen nach dem SGB XII verbundenen **Härten im Einzelfall**, etwa bei Vorhandensein von **Altersvorsorgevermögen**, das durch das SGB II geschützt ist und durch das SGB XII nicht geschützt wäre, kann **im Rahmen der Ermessensausübung** begegnet werden."

BSG, Urteil vom 27.09.2011, B 4 AS 202/10 R:
„Nach **§ 2 Abs. 1 Satz 1 SGB II** haben Hilfebedürftige in eigener Verantwortung alle Möglichkeiten zu nutzen, um ihren Lebensunterhalt aus eigenen Kräften und Mitteln zu bestreiten. Auch dürfen Leistungen zur Sicherung des Lebens-

unterhalts nach **§ 3 Abs. 3 SGB II** nur erbracht werden, soweit die Hilfebedürftigkeit nicht anderweitig beseitigt werden kann. Diese Vorschriften regeln **keine eigenständigen Ausschlusstatbestände**. Es handelt sich vielmehr um Grundsatznormen, die durch die Regelungen insbesondere über den Einsatz von Einkommen und Vermögen bzw. sonstige leistungshindernde Normen konkretisiert werden und regelmäßig nur im Zusammenhang mit ihnen Wirkung entfalten. Hierfür spricht der Standort dieser Normen in den Allgemeinen Vorschriften des Ersten Kapitels des SGB II und der Umstand, dass das Recht der Grundsicherung für Arbeitsuchende in den §§ 31 ff SGB II konkrete Leistungsausschlussnormen enthält…“

6. Personenkreis

6.1 Anspruchsberechtigte Personen beim Bürgergeld

Erwerbsfähige Leistungsberechtigte können Bürgergeld beanspruchen. Das sind Personen, die

- das *15.* Lebensjahr vollendet und das *65.* Lebensjahr noch nicht vollendet haben
- *erwerbsfähig* sind
- *hilfebedürftig* sind
- ihren *gewöhnlichen Aufenthalt* in der BRD haben.

Personen, die vor dem 1. Januar 1947 geboren sind, erreichen die **Altersgrenze** mit Ablauf des Monats, in dem sie das 65. Lebensjahr vollenden. Für alle, die nach dem 31. Dezember 1946 geboren sind, wird die Altersgrenze stufenweise angehoben: der Geburtsjahrgang 1964 und alle späteren erreichen die Altersgrenze mit 67 Jahren (§ 7a SGB II).

Zum Kreis der Anspruchsberechtigten können gehören:

- Arbeitnehmer
- Beamte
- Selbständige
- Arbeitslose
- Arbeitslose in Maßnahmen der Arbeitsmarktförderung (z. B. Umschüler)
- Erwerbsgeminderte, die mindestens drei Stunden aber weniger als sechs Stunden täglich erwerbstätig sein können.

Vom Leistungsbezug sind **ausgeschlossen**:

- Ausländer, denen der Zugang zum Arbeitsmarkt nach dem Ausländerrecht verwehrt ist, in den ersten 5 Jahren seit Anmeldung bei der Meldebehörde (§ 7 Abs. 1 S. 2 ff. i. V. m. § 8 Abs. 2 SGB II)
- Ausländer, die leistungsberechtigt nach § 1 AsylbLG sind (§ 7 Abs. 1 S. 2 SGB II)

- Personen, die dauerhaft voll erwerbsgemindert sind (§ 7 Abs. 1 S. 1 Nr. 2 SGB II)

- Personen, die für mindestens 6 Monate in einer stationären Einrichtung untergebracht sind oder in einer besonderen Wohnform nach § 42a Abs. 2 SGB XII (§ 7 Abs. 4 SGB II)

- Strafgefangene, auch Freigänger (§ 7 Abs. 4 SGB II)

- Personen, die eine Altersrente beziehen (§ 7 Abs. 4 SGB II)

- Personen, denen Leistungen zum Lebensunterhalt nach § 93 SGB XIV zuerkannt wurde (§ 7 Abs. 4a SGB II)

- Auszubildende, deren Ausbildung dem Grunde nach förderungsfähig ist über Berufsausbildungsbeihilfe oder nach dem BAföG (§ 7 Abs. 5 SGB II). In besonderen Härtefällen können Darlehen gewährt werden (§ 27 Abs. 3 SGB II)

- Erwerbsfähige Leistungsberechtigte, die sich ohne Zustimmung des persönlichen Ansprechpartners außerhalb des zeit- und ortsnahen Bereichs aufhalten und deshalb nicht für die Eingliederung in Arbeit zur Verfügung stehen (§ 7b SGB II).

Diese Personen gehören aber weiterhin zur Bedarfsgemeinschaft.

Hilfebedürftig ist, wer sich nicht selbst helfen kann, vor allem nicht durch die Aufnahme einer zumutbaren Arbeit oder aus dem zu berücksichtigenden Einkommen oder Vermögen (§ 9 Abs. 1 SGB II). Siehe hierzu Kapitel 7.

Zum gewöhnlichen Aufenthalt: Seite 247
Zu Ausländern: Seite 248 ff.
Zu stationären Einrichtungen: Seite 270 ff.
Zur Rente wegen Alters: Seite 277 ff.
Zur Ortsabwesenheit: Seite 279 f.
Zu Auszubildenden: Seite 280 ff.

Zum gewöhnlichen Aufenthalt:

BSG, Urteil vom 18.01.2011, B 4 AS 14/10 R:
„Die Anspruchsvoraussetzungen des § 7 SGB II erfüllt die Klägerin schon deshalb nicht, weil sie ihren Wohnsitz oder gewöhnlichen Aufenthalt nicht in der Bundesrepublik Deutschland hat, wie dies § 7 Abs. 1 Nr. 4 SGB II i. V. m. § 30 SGB I voraussetzt. Aus den Regelungen des über- und zwischenstaatlichen Rechts kann die Klägerin **keinen Anspruch auf eine Exportierbarkeit der beantragten SGB II-Leistungen nach Österreich** ableiten. Aus Art 2 des Abkommens zwischen der Bundesrepublik Deutschland und der Republik Österreich vom 17.1.1966 ergibt sich nur, dass die Klägerin bei einem Aufenthalt in Österreich Fürsorge und Jugendwohlfahrtspflege in gleicher Weise, in gleichem Umfang und unter gleichen Bedingungen wie österreichische Staatsangehörige verlangen kann, ihr Existenzminimum also im Wohnortstaat garantiert ist. Ein Anspruch folgt auch nicht aus den Regelungen der EWG (VO) Nr. 1408/71. Die Leistungen zur Sicherung des Lebensunterhalts nach dem SGB II ohne Zuschlag nach § 24 SGB II sind "besondere beitragsunabhängige Geldleistungen" i. S. von Art. 4 Abs. 2a EWG (VO) 1408/71. Als besondere beitragsunabhängige Geldleistungen gehören die Leistungen zur Sicherung des Lebensunterhalts zwar dem sachlichen Anwendungsbereich der EWGV 1408/71 an, sie unterfallen jedoch der Wohnortklausel des Art. 10a EWGV 1408/71, die eine Exportierbarkeit der Leistungen grundsätzlich ausschließt. Schließlich kann die Klägerin sich auch nicht auf Art. 39 EG-Vertrag in seiner Ausprägung in Art. 7 Abs. 2 VO 1612/68 berufen. Nach dieser Vorschrift genießt ein Wanderarbeitnehmer die gleichen sozialen Vergünstigungen wie inländische Arbeitnehmer. Insoweit kann hier dahinstehen, ob die vorhergehende Beschäftigung in der Bundesrepublik und der anschließende Bezug von Leistungen der deutschen Arbeitslosenversicherung (weiterhin) zur Annahme der Arbeitnehmereigenschaft führen können. Der Klägerin kann jedenfalls unter den Umständen des vorliegenden Falls die Wohnortvoraussetzung des § 7 Abs. 1 Nr. 4 SGB II, also ihr fehlender gewöhnlicher Aufenthalt in der Bundesrepublik Deutschland, entgegengehalten werden. Der EuGH hat die in nationalen Vorschriften vorgesehene Wohnortvoraussetzung als solche grundsätzlich für objektiv gerechtfertigt gehalten, wenn die Leistung eng mit dem sozialen und wirtschaftlichen Kontext des betreffenden Mitgliedsstaates verbunden ist. Dies ist hinsichtlich der hier streitigen SGB II-Leistungen zur Sicherung des Lebensunterhalts der Fall.“
Zitiert nach dem Terminbericht Nr. 1/11 des Bundessozialgerichts

Zu Ausländern:

<u>EuGH, Urteil vom 06.10.2020, C-181/19:</u>
„**Art. 7 Abs. 2 und Art. 10 der Verordnung (EU) Nr. 492/2011** des Europäischen Parlaments und des Rates vom 5. April 2011 über die Freizügigkeit der Arbeitnehmer innerhalb der Union **sind dahin auszulegen**, **dass sie einer Regelung** eines Mitgliedstaats **entgegenstehen, nach der ein Staatsangehöriger** eines anderen Mitgliedstaats **und seine minderjährigen Kinder**, **die** alle im erstgenannten Mitgliedstaat **ein Aufenthaltsrecht** aufgrund von Art. 10 dieser Verordnung **genießen, weil die Kinder dort die Schule besuchen**, unter allen Umständen automatisch **vom Anspruch auf Leistungen zur Sicherung ihres Lebensunterhalts ausgeschlossen sind**. Diese Auslegung wird durch Art. 24 Abs. 2 der Richtlinie 2004/38/EG des Europäischen Parlaments und des Rates vom 29. April 2004 über das Recht der Unionsbürger und ihrer Familienangehörigen, sich im Hoheitsgebiet der Mitgliedstaaten frei zu bewegen und aufzuhalten, zur Änderung der Verordnung (EWG) Nr. 1612/68 und zur Aufhebung der Richtlinien 64/221/EWG, 68/360/EWG, 72/194/EWG, 73/148/EWG, 75/34/EWG, 75/35/EWG, 90/364/EWG, 90/365/EWG und 93/96/EWG nicht in Frage gestellt.
Art. 4 der Verordnung (EG) Nr. 883/2004 des Europäischen Parlaments und des Rates vom 29. April 2004 zur Koordinierung der Systeme der sozialen Sicherheit in Verbindung mit Art. 3 Abs. 3 und Art. 70 Abs. 2 dieser Verordnung **ist dahin auszulegen**, **dass er einer Regelung** eines Mitgliedstaats **entgegensteht**, **nach der ein Staatsangehöriger** eines anderen Mitgliedstaats **und seine minderjährigen Kinder**, **die** alle im erstgenannten Mitgliedstaat **ein Aufenthaltsrecht** aufgrund von Art. 10 der Verordnung Nr. 492/2011 **genießen**, **weil die Kinder dort die Schule besuchen**, und die dort in einem **Sozialversicherungssystem** im Sinne von Art. 3 Abs. 1 der Verordnung Nr. 883/2004 eingebunden sind, unter allen Umständen automatisch **vom Anspruch auf besondere beitragsunabhängige Geldleistungen ausgeschlossen sind**."
Anmerkung F. B.: § 7 Abs. 1 Satz 2 Nr. 2 Buchst. c SGB II verstößt somit gegen EU-Recht.

<u>EuGH, Urteil vom 15.09.2015, C-67/14:</u>
„**Art. 24 der Richtlinie 2004/38/EG** des Europäischen Parlaments und des Rates vom 29. April 2004 über das Recht der Unionsbürger und ihrer Familienangehörigen, sich im Hoheitsgebiet der Mitgliedstaaten frei zu bewegen und aufzuhalten, zur Änderung der Verordnung (EWG) Nr. 1612/68 und zur Aufhebung der Richtlinien 64/221/EWG, 68/360/EWG, 72/194/EWG, 73/148/EWG, 75/34/EWG, 75/35/EWG, 90/364/EWG, 90/365/EWG und 93/96/EWG **und Art. 4 der Verordnung (EG) Nr. 883/2004** des Europäischen Parlaments und des Rates vom 29. April 2004 zur Koordinierung der Systeme der sozialen Sicherheit in der durch die Verordnung (EU) Nr. 1244/2010 der Kommission vom 9. Dezember 2010 geänderten Fassung **sind dahin auszulegen, dass sie der Regelung eines Mitgliedstaats nicht entgegenstehen, nach der Staatsangehörige anderer Mitgliedstaaten**, die sich in der von Art. 14 Abs. 4 Buchst.

b der Richtlinie 2004/38 erfassten Situation befinden, **vom Bezug bestimmter „besonderer beitragsunabhängiger Geldleistungen"** im Sinne von Art. 70 Abs. 2 der Verordnung Nr. 883/2004, **die auch eine Leistung der „Sozialhilfe"** im Sinne von Art. 24 Abs. 2 der Richtlinie 2004/38 **darstellen, ausgeschlossen werden**, während Staatsangehörige des betreffenden Mitgliedstaats, die sich in der gleichen Situation befinden, diese Leistungen erhalten."

EuGH, Urteil vom 15.09.2015, C-67/14:
„In Beantwortung der Fragen des Bundessozialgerichts hat der Gerichtshof ... entschieden, dass die Weigerung, Unionsbürgern, deren Aufenthaltsrecht in einem Aufnahmemitgliedstaat sich allein aus dem Zweck der Arbeitsuche ergibt, bestimmte „besondere beitragsunabhängige Geldleistungen" zu gewähren, die auch eine Leistung der „Sozialhilfe" darstellen, **nicht gegen den Grundsatz der Gleichbehandlung verstößt**. ... ein Unionsbürger *(kann)* hinsichtlich des Zugangs zu Sozialleistungen ... eine Gleichbehandlung mit den Staatsangehörigen des Aufnahmemitgliedstaats nur verlangen, wenn sein Aufenthalt ... die Voraussetzungen der „Unionsbürgerrichtlinie" erfüllt. Für Arbeitsuchende ... gibt es ... zwei Möglichkeiten, um ein Aufenthaltsrecht zu erlangen:
Ist ein Unionsbürger, dem ein Aufenthaltsrecht als Erwerbstätiger zustand, **unfreiwillig arbeitslos** geworden, **nachdem er weniger als ein Jahr gearbeitet hatte**, und stellt er sich dem zuständigen Arbeitsamt **zur Verfügung**, **behält** er **seine Erwerbstätigeneigenschaft und sein Aufenthaltsrecht für mindestens sechs Monate**. Während dieses .. Zeitraums kann er sich auf den Gleichbehandlungsgrundsatz berufen und hat Anspruch auf Sozialhilfeleistungen. Wenn ein Unionsbürger im Aufnahmemitgliedstaat **noch nicht gearbeitet hat** oder wenn der **Zeitraum von sechs Monaten abgelaufen ist**, darf ein Arbeitsuchender nicht ... ausgewiesen werden, solange er nachweisen kann, dass er weiterhin Arbeit sucht und eine begründete Aussicht hat, eingestellt zu werden. In diesem Fall **darf der Aufnahmemitgliedstaat jedoch jegliche Sozialhilfeleistung verweigern**.
... wenn ein Staat eine Ausweisung veranlassen oder feststellen will, dass eine Person im Rahmen ihres Aufenthalts dem Sozialhilfesystem eine unangemessene Belastung verursacht, *(müssen)* die persönlichen Umstände des Betreffenden berücksichtigt werden. ... eine solche **individuelle Prüfung** *(ist)* bei einer Fallgestaltung wie der hier vorliegenden **nicht erforderlich**, weil das in der „Unionsbürgerrichtlinie" vorgesehene **abgestufte System für die Aufrechterhaltung der Erwerbstätigeneigenschaft** (das das Aufenthaltsrecht und den Zugang zu Sozialleistungen sichern soll) **selbst** verschiedene Faktoren **berücksichtigt**, die die **persönlichen Umstände** der ... Person kennzeichnen. ... ob der Bezug von Sozialleistungen eine „unangemessene Inanspruchnahme" eines Mitgliedstaats darstellt, *(ist)* nach Aufsummierung sämtlicher Einzelanträge zu beurteilen."

EuGH, Urteil vom 11.11.2014, C 333/13:
„1. Die **Verordnung (EG) Nr. 883/2004** des Europäischen Parlaments und des Rates vom 29. April 2004 zur Koordinierung der Systeme der sozialen Sicherheit in der durch die Verordnung (EU) Nr. 1244/2010 der Kommission vom 9. Dezember 2010 geänderten Fassung **ist dahin auszulegen, dass ihr Art. 4 für die „besonderen beitragsunabhängigen Geldleistungen**" im Sinne von Art. 3 Abs. 3 und Art. 70 dieser Verordnung **gilt**.
2. **Art. 24 Abs. 1 der Richtlinie 2004/38/EG** des Europäischen Parlaments und des Rates CURIA - Documents
http://curia.europa.eu/juris/document/document_print.jsf?doclang=DE&... 18 of 19 11.11.2014 13:23 vom 29. April 2004 über das Recht der Unionsbürger und ihrer Familienangehörigen, sich im Hoheitsgebiet der Mitgliedstaaten frei zu bewegen und aufzuhalten, zur Änderung der Verordnung (EWG) Nr. 1612/68 und zur Aufhebung der Richtlinien 64/221/EWG, 68/360/EWG, 72/194/EWG, 73/148/EWG, 75/34/EWG, 75/35/EWG, 90/364/EWG, 90/365/EWG und 93/96/EWG in Verbindung mit Art. 7 Abs. 1 Buchst. b dieser Richtlinie und Art. 4 der Verordnung Nr. 883/2004 in der durch die Verordnung Nr. 1244/2010 geänderten Fassung **sind dahin auszulegen, dass sie der Regelung eines Mitgliedstaats nicht entgegenstehen, nach der Staatsangehörige anderer Mitgliedstaaten vom Bezug bestimmter „besonderer beitragsunabhängiger Geldleistungen"** im Sinne des Art. 70 Abs. 2 der Verordnung Nr. 883/2004 **ausgeschlossen werden**, während Staatsangehörige des Aufnahmemitgliedstaats, die sich in der gleichen Situation befinden, diese Leistungen erhalten, sofern den betreffenden Staatsangehörigen anderer Mitgliedstaaten im Aufnahmemitgliedstaat kein Aufenthaltsrecht nach der Richtlinie 2004/38 zusteht."

EuGH, Urteil vom 11.11.2014, C 333/13:
„Staatsangehörige anderer Mitgliedstaaten *(können)* eine Gleichbehandlung mit den Staatsangehörigen des Aufnahmemitgliedstaats hinsichtlich des Zugangs zu bestimmten Sozialleistungen (wie den deutschen Leistungen der Grundsicherung) nur verlangen, wenn ihr Aufenthalt die Voraussetzungen der „Unionsbürgerrichtlinie" erfüllt. ...der Aufnahmemitgliedstaat *(ist)* nach der Richtlinie **nicht verpflichtet, während der ersten drei Monate des Aufenthalts Sozialhilfe zu gewähren**. Bei einer **Aufenthaltsdauer von mehr als drei Monaten, aber weniger als fünf Jahren** ..., macht die Richtlinie das Aufenthaltsrecht u. a. davon abhängig, dass **nicht erwerbstätige Personen über ausreichende eigene Existenzmittel verfügen**. Damit soll verhindert werden, dass nicht erwerbstätige Unionsbürger das System der sozialen Sicherheit des Aufnahmemitgliedstaats zur Bestreitung ihres Lebensunterhalts in Anspruch nehmen. ... die Unionsbürgerrichtlinie und die Verordnung zur Koordinierung der Systeme der sozialen Sicherheit *(stehen)* einer nationalen Regelung nicht entgegen, die Staatsangehörige anderer Mitgliedstaaten vom Bezug bestimmter „besonderer beitragsunabhängiger Geldleistungen" ausschließt... Frau Dano und ihr Sohn *(verfügen) ...* nicht über ausreichende Existenzmittel und *(haben)* daher kein Recht auf Aufenthalt in Deutschland nach der Unionsbürgerrichtlinie geltend machen können. Folglich können sie sich nicht auf das in

der Richtlinie und der Verordnung zur Koordinierung der Systeme der sozialen Sicherheit verankerte Diskriminierungsverbot berufen."
Gerichtshof der Europäischen Union, Pressemitteilung Nr. 146/14

EuGH, Urteil vom 04.06.2009, C-22/08 und C-23/08:
„Als „**Arbeitnehmer**" ist jeder anzusehen, der eine tatsächliche und echte Tätigkeit ausübt, wobei Tätigkeiten außer Betracht bleiben, die einen so geringen Umfang haben, dass sie sich als völlig untergeordnet und unwesentlich darstellen. ... Dass die Bezahlung einer unselbständigen Tätigkeit unter dem Existenzminimum liegt, hindert nicht, die Person, die diese Tätigkeit ausübt, als Arbeitnehmer im Sinne des Art. 39 EG anzusehen... Eine Voraussetzung wie die in § 7 Abs. 1 **SGB II** enthaltene, wonach der Betroffene erwerbsfähig sein muss, könnte ein Hinweis darauf sein, dass die Leistung den **Zugang zur Beschäftigung erleichtern soll**. ... **Finanzielle Leistungen, die unabhängig von ihrer Einstufung nach nationalem Recht den Zugang zum Arbeitsmarkt erleichtern sollen, können nicht als „Sozialhilfeleistungen"** im Sinne von Art. 24 Abs. 2 der Richtlinie 2004/38 **angesehen werden**. ... Art. 12 EG steht einer nationalen Regelung nicht entgegen, die die Staatsangehörigen der Mitgliedstaaten von Sozialhilfeleistungen ausschließt, die Drittstaatsangehörigen gewährt werden."

BSG, Urteil vom 20.09.2023, B 4 AS 8/22 R:
„Das Sozialgericht hat den Beklagten zu Recht verurteilt, dem Kläger Leistungen nach dem SGB II für Januar 2018 bis Februar 2019 zu gewähren. Zu seinen Gunsten greift § **7 Absatz 1 Satz 4 SGB II** ein. Nach dieser Norm erhalten ... Ausländer und ihre Familienangehörigen abweichend von § 7 Absatz 1 Satz 2 Nummer 2 SGB II Leistungen nach dem SGB II, wenn sie **seit mindestens fünf Jahren** ihren **gewöhnlichen Aufenthalt im Bundesgebiet** haben. Dies setzt einen ununterbrochenen gewöhnlichen Aufenthalt im Bundesgebiet voraus. Lediglich **unwesentliche Unterbrechungen** des Aufenthalts - zum Beispiel ein kurzer Heimatbesuch - sind **unschädlich**; ansonsten beginnt die Frist wieder neu zu laufen. Beachtlich sind dabei ... nur Zeiträume, die nach der ersten Anmeldung bei der zuständigen Meldebehörde liegen. Die **Anmeldung** bei der Meldebehörde hat für den Lauf der Fünfjahresfrist konstitutive Wirkung. ...die Voraussetzungen eines gewöhnlichen Aufenthalts im Inland *(haben)* ohne wesentliche Unterbrechungen seit der ersten Anmeldung am 21. April 2009 vorgelegen. Dass der Kläger in der Folgezeit **nicht durchweg behördlich gemeldet** war, ist demgegenüber **unschädlich**. Der Senat teilt nicht die Auffassung der Revision, dass als Zeiten des gewöhnlichen Aufenthalts nur solche Zeiten zu berücksichtigen sind, in denen der Betroffene auch zugleich behördlich gemeldet war. § 7 Absatz 1 Satz 5 SGB II regelt nur die Voraussetzung für den Beginn der Fünfjahresfrist."
Zitiert nach dem Terminbericht Nr. 35/23 des Bundessozialgerichts

BSG, Urteil vom 06.06.2023, B 4 AS 4/22 R:
„Die ... Klägerin ... hat allenfalls ein Aufenthaltsrecht ... allein aus dem Zweck der Arbeitsuche... Eine **Unterhaltsgewährung** i. S. des § 3 Abs. 2 Nr. 2 FreizügG/EU a. F. setzt .. voraus, dass ein tatsächliches **Abhängigkeitsverhältnis** nachgewiesen wird... Diese Abhängigkeit ergibt sich *(daraus)* ..., dass der materielle Unterhalt des Familienangehörigen durch den Unionsbürger, der von der Freizügigkeit Gebrauch gemacht hat, oder durch dessen Ehegatten sichergestellt wird... Eine solche Abhängigkeit liegt nur vor, wenn der Verwandte in Anbetracht seiner wirtschaftlichen und sozialen Lage nicht selbst für die Deckung seiner Grundbedürfnisse aufkommt ..., wobei es ... auf die **Situation im Herkunfts- oder Heimatland** ankommt... Geleistete Zahlungen müssen zu ihrer Beachtlichkeit zwar nicht in einer Höhe erbracht werden, die allein ausreicht, um den Unterhalt vollständig zu decken. Erforderlich ist aber eine **fortgesetzte und regelmäßige Leistung** in einem Umfang, der es ermöglicht, zumindest einen Teil des Lebensunterhalts regelmäßig zu decken... Dies setzt ... einen **nicht unwesentlichen Betrag** voraus, der sich über einen gewissen Zeitraum erstreckt, der ... **mindestens zwölf Monate** beträgt. Selbst dann fehlt es jedoch an einem Abhängigkeitsverhältnis, wenn der Verwandte die Zahlungen zur Deckung seiner Grundbedürfnisse im Heimatland nicht benötigt... ...die Klägerin *(erhielt)* von ihrer Mutter zwischen Dezember 2014 und Oktober 2015, dem Monat ihrer Einreise in das Bundesgebiet, monatliche **Zahlungen zwischen 10 und 95 Euro**. ... Die Klägerin kann einen Anspruch auf Leistungen nach dem SGB II zudem nicht aus ... Art. 1 **Europäisches Fürsorgeabkommen** ... ableiten, denn die Republik **Lettland ist kein Unterzeichnerstaat** dieses Abkommens... Die Revision der Beigeladenen ist hingegen begründet und das Urteil des LSG aufzuheben ..., soweit das LSG sie zur Leistungsgewährung für die Zeit vom 1.9.2016 bis zum 28.1.2017 verurteilt hat. Insofern ist die Klage ... unzulässig, weil bislang keine Verwaltungsentscheidung ergangen ist. ... Auch der Widerspruchsbescheid ... stellt keine Entscheidung ... dar. ... Die in der Begründung des Widerspruchsbescheids "versteckte" Passage auf Seite 6, wonach mit dem Antrag vom 4.8.2016 keine Änderungen derart eingetreten seien, dass nunmehr Leistungen zu bewilligen wären, stellt **keine Regelung** dar.“

BSG, Urteil vom 18.05.2022, B 7/14 AS 27/21 R:
„Die **Freizügigkeitsberechtigung** als **Selbstständige** nach § 2 Abs. 2 Nr. 2 FreizügG/EU setzt voraus, dass eine erwerbsorientierte Tätigkeit als Selbstständige mittels einer bestimmten Einrichtung oder Organisation auf unbestimmte Zeit tatsächlich ausgeübt wird, ohne dass der erzielte Gewinn das Existenzminimum abdecken muss; umgekehrt genügt die bloße Anmeldung eines Gewerbes nicht... Die Voraussetzungen für eine solche erwerbsorientierte Tätigkeit als Selbstständige sind hier nicht erfüllt. Die Klägerin ... hatte zwar ... ein **Gewerbe "Küchenhilfe, Reinigungskraft, Aushilfe im Hotel" angemeldet**. Anhaltspunkte für eine **tatsächliche Ausübung** der Tätigkeit sind aber nicht gegeben. Insbesondere erzielte die Klägerin ... **keine Einnahmen** aus dem angemeldeten Gewerbe. ... Der Umstand, dass der Hauptantrag auf Leistungen nach dem SGB II im Rahmen eines Zugunstenverfahrens nach **§ 44**

SGB X geltend gemacht wird, **steht einer Verurteilung des Beigeladenen nicht entgegen**."

BSG, Urteil vom 29.03.2022, B 4 AS 2/21 R:
„Der Umstand, dass eine Person ... nur **sehr wenige Arbeitsstunden** leistet, kann ein Anhaltspunkt dafür sein, dass die ausgeübte Tätigkeit nur untergeordnet und unwesentlich ist... Die .. **Unterbrechung** der **Beschäftigungszeit** um **siebeneinhalb Monate** lässt das Aufenthaltsrecht ... nicht fortwirken. Jedenfalls eine Unterbrechung der Beschäftigungszeit von mehr als sechs Monaten stellt eine so **erhebliche Zäsur** dar, dass sie einer Addition der vor und nach der Unterbrechung liegenden Beschäftigungszeiten entgegensteht. ... Der Leistungsausschluss verletzt den Kläger .. nicht in seinem Grundrecht auf Gewährleistung eines menschenwürdigen Existenzminimums... Der Gesetzgeber muss Unionsbürgern ohne ein Aufenthaltsrecht oder lediglich mit einem Aufenthaltsrecht, das sich allein aus dem Zweck der Arbeitsuche ergibt, jedenfalls dann **keinen Anspruch** auf Leistungen zur Sicherung des Lebensunterhalts einräumen, wenn ihnen eine **Ausreise** aus der Bundesrepublik Deutschland ... **möglich und zumutbar** ist... Die Auffassung, es müsse ein Leistungsanspruch bestehen, solange der Staat das Nichtbestehen des Freizügigkeitsrechts nicht festgestellt hat ..., entspricht nicht der gesetzlichen Konzeption, die zur Bedingung des Leistungsausschlusses gerade nur das Fehlen eines den Anspruch auf Leistungen ... begründenden Aufenthaltsrechts ... macht. ... Der Pflicht zur **Beiladung** nach § 75 Abs. 2 Alt. 2 SGG steht nicht entgegen, dass es sich .. um ein **Überprüfungsverfahren** nach § 44 SGB X handelt."

BSG, Urteil vom 09.03.2022, B 7/14 AS 79/20 R:
„Seinem Wortlaut nach erfassen weder § 2 Abs. 3 Satz 1 Nr. 2 ... noch § 2 Abs. 3 Satz 2 FreizügG/EU Fälle der **genau ein Jahr dauernden Beschäftigung**. Beide Regelungen beziehen sich auf Zeiträume einer Erwerbstätigkeit von **länger oder kürzer** als einem Jahr. ... Vor dem Hintergrund der Entstehungsgeschichte des Art. 7 Abs. 3 RL 2004/38/EG ist aber ein Verständnis des § 2 Abs. 3 Satz 1 Nr. 2 FreizügG/EU angezeigt, das die **zeitlich unbegrenzte Fortwirkung des Arbeitnehmerstatus** auch an genau ein Jahr andauernde Beschäftigungsverhältnisse anknüpft. ... Der Kläger war im Anschluss an seine Beschäftigung auch ... unfreiwillig arbeitslos. Zwar ist nach dem Wortlaut des § 2 Abs. 3 Satz 1 Nr. 2 FreizügG/EU grundsätzlich eine **Bestätigung** der zuständigen **Agentur für Arbeit** über die **Unfreiwilligkeit der Arbeitslosigkeit** Voraussetzung für das Fortbestehen des Freizügigkeitsrechts...; die Arbeitslosigkeit des Arbeitnehmers muss auf von seinem Willen unabhängigen Gründen beruhen... Auf eine Bestätigung kann, anders als dies das LSG meint, in Fällen des Auslaufens einer **Befristung** auch **nicht** von vornherein **verzichtet** werden... Hat aber der ehemalige Arbeitnehmer infolge der Erfüllung der Anspruchsvoraussetzungen für Alg nach dem SGB III ... diese Leistung im Anschluss an die letzte Beschäftigung bezogen und ist auch von der zuständigen Agentur für Arbeit nicht der Eintritt einer Sperrzeit festgestellt worden, ist die von § 2 Abs. 3 Satz 1 Nr. 2 FreizügG/EU gewollte Einbindung der Agentur für

Arbeit bereits erfolgt. … Die erforderliche Prüfung ist … durchgeführt worden, die **Unfreiwilligkeit** der Arbeitslosigkeit **durch die Bewilligung von Alg nach dem SGB III** im unmittelbaren Anschluss an die letzte Beschäftigung **inzident geprüft und bejaht** worden."

BSG, Urteil vom 09.03.2022, B 7/14 AS 30/21 R:
„Ein Aufenthaltsrecht nach Art. 10 VO (EU) Nr. 492/2011 steht … einem Leistungsausschluss entgegen… Nach Art. 10 VO (EU) Nr. 492/2011 können Kinder eines Staatsangehörigen eines Mitgliedstaats …, der im Hoheitsgebiet eines anderen Mitgliedstaats … beschäftigt ist oder beschäftigt gewesen ist, wenn sie im Hoheitsgebiet dieses Mitgliedstaats wohnen, unter den gleichen Bedingungen wie die Staatsangehörigen dieses Mitgliedstaats am allgemeinen Unterricht teilnehmen. Dieses Recht auf **Gleichbehandlung** hinsichtlich des Zugangs zur weiteren Teilnahme am Unterricht … **vermittelt** sowohl den **Kindern** als auch den sie betreuenden **Elternteilen** ein materielles **Aufenthaltsrecht**… Das Recht knüpft an den Arbeitnehmerstatus eines Elternteils an, reicht aber zeitlich über die Beschäftigung hinaus. … Die Klägerin sowie der Kläger zu 2 nahmen die elterliche Sorge für ihre Kinder tatsächlich wahr. …das Aufenthaltsrecht aus Art. 10 VO (EU) Nr. 492/2011 *(setzt)* weder voraus, dass die Klägerin im **Zeitpunkt der Einschulung** des Klägers zu 3 oder gar zum **Zeitpunkt der Wohnsitznahme** in Deutschland **Arbeitnehmerin** war. Schon der Wortlaut des Art. 10 VO (EU) Nr. 492/2011, wonach auch Kinder ehemaliger Wanderarbeitnehmer Rechte aus der Verordnung ableiten können, spricht gegen das Verständnis des Beklagten."

BSG, Urteil vom 09.03.2022, B 7/14 AS 91/20 R:
„Über die Fälle des tatsächlich beendeten Arbeitsverhältnisses hinaus hat der EuGH seine Rechtsprechung in Sachverhaltskonstellationen weiterentwickelt, in denen - bei einem fortbestehenden Arbeitsverhältnis - das Erfordernis der tatsächlichen Tätigkeit für die Erfüllung des Arbeitnehmerbegriffs ausnahmsweise entfallen kann. Für **Erziehende in Elternzeit**, deren Arbeitsverhältnis nach nationalem Recht ruht …, hat er ausgeführt, dass **der Arbeitnehmer im Elternurlaub** während dieses Urlaubs ein **Arbeitnehmer** im Sinne des Unionsrechts **bleibt**… Zudem muss sichergestellt werden, dass die Rechte, die der Arbeitnehmer bei Antritt des Elternurlaubs bereits erworben hatte oder dabei war zu erwerben, bis zum Ende des Elternurlaubs bestehen bleiben … und sich der Arbeitnehmer im Anschluss an den Elternurlaub im Hinblick auf diese Rechte in derselben Situation befindet wie vor dem Elternurlaub… Nach § 18 Abs. 1 Satz 1 und 3 BEEG darf der Arbeitgeber das Arbeitsverhältnis ab dem Zeitpunkt, von dem an Elternzeit verlangt worden ist und während der Elternzeit grundsätzlich nicht kündigen. Während der Elternzeit ruht das Arbeitsverhältnis kraft Gesetzes; spätestens am dritten Geburtstag des Kindes leben die Hauptpflichten (Erbringung der Arbeitsleistung/Zahlung von Lohn bzw. Gehalt) wieder auf, der Arbeitnehmer hat unaufgefordert zur Arbeit zu erscheinen… Anders als es das LSG, wenn auch in anderem Zusammenhang, verstanden wis-

sen will, kann weder der Richtlinie noch der Rechtsprechung des EuGH entnommen werden, dass der unionsrechtliche Arbeitnehmerstatus nur während der Mutterschutzfristen oder für die in der Richtlinie vorgesehenen Mindestzeiträume des Elternurlaubs von vier Monaten … erhalten bleiben soll. … Die vom LSG herangezogenen Entscheidungen des EuGH, insbesondere die Entscheidung Saint Prix … sind auf den Fall der fortbestehenden Arbeitnehmereigenschaft nicht übertragbar.“

BSG, Urteil vom 12.05.2021, B 4 AS 34/20 R:
„Die Kläger sind .. nach § 7 Abs. 1 Satz 2 Nr. 2 SGB II von SGB II-Leistungen ausgeschlossen. …die Klägerin zu 1 und der Kläger zu 2 *(konnten)* schon in zeitlicher Hinsicht über **keine materielle Freizügigkeitsberechtigung** als Arbeitnehmer oder selbstständig Tätige nach § 2 Abs. 2 Nr. 1 oder 2 FreizügG/EU verfügen… …die Klägerin zu 1 *(war)* zuletzt im Jahr 2010 als Küchenhelferin tätig. Der Kläger zu 2 war während des streitigen Zeitraums weder als Arbeitnehmer beschäftigt noch selbstständig tätig… Geht es um die **Abgrenzung der Arbeitnehmerfreizügigkeit von der Niederlassungsfreiheit** ist insbesondere das **Kriterium der Unterordnung** maßgebend. Als Selbstständige dürfen Unionsbürger nicht im Rahmen eines Unterordnungsverhältnisses arbeiten und müssen die Verantwortung für ihre Tätigkeit tragen… Wenn sie .. im Rahmen eines Unterordnungsverhältnisses arbeiten, werden sie als Arbeitnehmer angesehen... Entgegen der Auffassung der Beigeladenen spielt diesbezüglich - anders als im Rahmen von § 8 Abs. 2 SGB II … - **keine** Rolle, dass dem Kläger zu 2 ggf. "**fiktiv**" eine **Arbeitsgenehmigung-EU** hätte erteilt werden können. Bereits der Wortlaut von § 13 FreizügG/EU a. F. stellt allein auf das **tatsächliche** Vorliegen einer solchen Arbeitsgenehmigung-EU ab. Die Kläger konnten sich … auch nicht auf andere Aufenthaltsrechte berufen. … Art. 1 des **Europäischen Fürsorgeabkommens** steht nicht entgegen, weil Rumänien kein Unterzeichnerstaat dieses Abkommens ist. … Die Kläger haben Anspruch auf existenzsichernde Leistungen nach dem SGB XII. … Im Falle der Klägerin zu 3, die sich … seit November 2013 im Bundesgebiet aufhält, folgt die **Ermessensreduzierung** auf Null aus dem **von ihren Eltern** … **abgeleiteten verfestigten Aufenthalt**.“

BSG, Urteil vom 27.01.2021, B 14 AS 25/20 R:
„Entgegen der Auffassung des LSG können die Kläger Anspruch auf Leistungen nach dem SGB II gegen das beklagte Jobcenter haben. Denn die Klägerin zu 1) ist aufgrund ihrer wenn auch nur **geringfügigen Beschäftigung** von November 2014 bis Februar 2015 als **Arbeitnehmerin** gemäß Art. 45 ff. AEUV anzusehen, so dass sich eine **Freizügigkeitsberechtigung** der Kläger aus Art. 10 VO (EU) Nr. 492/2011 ergeben könnte (vgl. zum früheren § 7 Abs. 1 Satz 2 Nr. 2 Buchst. c SGB II nur EuGH vom 6.10.2020 – C-181/19). Die Berufung der Klägerin zu 1) hierauf **könnte** jedoch **rechtsmissbräuchlich sein**, was sich auf die von ihr abgeleiteten Ansprüche der anderen Kläger auswirken würde. Das LSG hat diese Frage ausdrücklich offengelassen und wird dies weiter aufzuklären haben. Sollten die Kläger keine Ansprüche nach dem SGB II haben,

ist entsprechend ihrem Begehren auf Leistungen nach dem SGB XII der **Sozialhilfeträger beizuladen**…"
Zitiert nach dem Terminbericht Nr. 4/21 des Bundessozialgerichts

BSG, Urteil vom 27.01.2021, B 14 AS 42/19 R:
„Auf die Revisionen der Kläger ist das Urteil des LSG aufgehoben und die Berufung des Beklagten gegen den Gerichtsbescheid des SG zurückgewiesen worden. Die Kläger haben für die strittige Zeit vom 1.4 bis 31.7.2013 Anspruch auf Leistungen nach dem SGB II gegen das beklagte Jobcenter. Die Kläger waren in dieser Zeit **nicht** von Leistungen nach dem SGB II **ausgeschlossen**, weil sie sich auf eine **Freizügigkeitsberechtigung** aus Art. 10 VO (EU) Nr. 492/2011 berufen können… Der Kläger zu 1) war - entgegen der Ansicht des LSG - **Arbeitnehmer** im Sinne der Art. 45 ff. AEUV zu einer Zeit, als die Klägerin zu 3) eine **Schule** besuchte, und übte gemeinsam mit der Klägerin zu 2) die **elterliche Sorge** tatsächlich aus."
Zitiert nach dem Terminbericht Nr. 4/21 des Bundessozialgerichts

BSG, Urteil vom 21.03.2019, B 14 AS 31/18 R:
„…der Kläger *(war)* nach § 7 Abs. 1 Satz 2 Nr. 2 SGB II a. F. **von Leistungen nach dem SGB II ausgeschlossen**. … Von den materiellen Freizügigkeitsberechtigungen nach dem FreizügG/EU zu unterscheiden ist die generelle Freizügigkeitsvermutung für EU-Ausländer… Diese generelle Freizügigkeitsvermutung allein eröffnet indes weder einen Zugang zu Leistungen nach dem SGB II noch steht sie dem Ausschluss von Leistungen nach dem SGB II entgegen… Der Anwendbarkeit des SGB XII … steht § 21 Satz 1 SGB XII nicht entgegen… Zwar ist der Kläger … nicht eingereist, um … Sozialhilfe zu erlangen. … Doch sind … auch nach § 23 Abs. 3 Satz 1 Alt. 2 SGB XII a. F. - vorbehaltlich der Vereinbarkeit mit dem EFA - **erst recht** EU-Ausländer, die weder über eine materielle Freizügigkeitsberechtigung nach dem FreizügG/EU, die nicht von diesem Leistungsausschluss umfasst ist, noch ein Aufenthaltsrecht nach dem AufenthG verfügen, vom Anspruch auf Sozialhilfe **ausgeschlossen**… Ob auch das **EFA** der Anwendung des Leistungsausschlusses .. nicht entgegen steht, kann der Senat mangels näherer Feststellungen des LSG nicht abschließend entscheiden. **Luxemburg** ist ein Unterzeichnerstaat dieses Abkommens und der Kläger ist damit vom EFA nach seinem persönlichen Anwendungsbereich erfasst. Zudem ist ein Vorbehalt mit Blick auf existenzsichernde SGB XII-Leistungen durch die Bundesregierung nicht erklärt worden. Doch erfordert die Anwendung des Gleichbehandlungsgebots des Art. 1 EFA …, dass sich der Kläger im streitigen Zeitraum **erlaubt** i. S. des Art. 11 EFA in Deutschland **aufgehalten** hat… Hinsichtlich der nach § 18 Abs. 1 SGB XII (Kenntnisgrundsatz) erforderlichen Kenntnis des beigeladenen Sozialhilfeträgers ist auf die diesem zuzurechnende **Kenntnis des beklagten Jobcenters** zu verweisen… …eine **Ermessensreduktion** *(kommt)* in Betracht, wenn und weil sich der Aufenthalt von EU-Ausländern nach Ablauf von **sechs Monaten tatsächlichem Aufenthalt** in Deutschland, der von der Ausländerbehörde faktisch geduldet wird, so

verfestigt hat, dass die Erbringung existenzsichernder Leistungen nur im Einzelfall nach Ermessen den verfassungsrechtlichen Anforderungen nicht mehr genügt…"

BSG, Urteil vom 12.09.2018, B 14 AS 18/17 R:
„Die Verstorbene war … als Arbeitnehmerin freizügigkeitsberechtigt … und vermittelte diese Freizügigkeitsberechtigung ihren Familienangehörigen… **Arbeitnehmer ist jeder, der eine tatsächliche und echte Tätigkeit ausübt**, wobei Tätigkeiten außer Betracht bleiben, die einen so geringen Umfang haben, dass sie sich als völlig untergeordnet und unwesentlich darstellen. Der Umstand, dass eine Person im Rahmen eines Arbeitsverhältnisses nur sehr wenige Arbeitsstunden leistet, kann ein Anhaltspunkt dafür sein, dass die ausgeübten Tätigkeiten nur untergeordnet und unwesentlich sind; unabhängig von der begrenzten Höhe des … Entgelts und des begrenzten Umfangs der insoweit aufgewendeten Arbeitszeit ist indes nicht auszuschließen, dass die Tätigkeit aufgrund einer Gesamtbewertung des betreffenden Arbeitsverhältnisses als tatsächlich und echt angesehen werden kann… Für die Gesamtbewertung … ist Bezug zu nehmen insbesondere auf die **Arbeitszeit**, den **Inhalt der Tätigkeit**, eine **Weisungsgebundenheit**, den **wirtschaftlichen Wert** der erbrachten Leistung, die **Vergütung** als Gegenleistung für die Tätigkeit, den **Arbeitsvertrag** und dessen Regelungen sowie die **Beschäftigungsdauer**… Nicht alle einzelnen dieser Merkmale müssen schon je für sich die Arbeitnehmereigenschaft zu begründen genügen; maßgeblich ist ihre Bewertung in einer Gesamtschau. Der Gesamtbewertung ist … ein weites Verständnis zugrunde zu legen… Hieran gemessen ist der Arbeitnehmerstatus der Verstorbenen während ihrer Beschäftigung im Hotel zu bejahen. Dieser lag ein … Formulararbeitsvertrag über eine geringfügige Beschäftigung ab Juli 2011 zugrunde, der Regelungen ua zur Arbeitszeit (30 Stunden im Monat, grundsätzlich wochentags), zum Inhalt der Tätigkeit (Reinigungskraft in einem Hotel), zur Vergütung (100 Euro im Monat, ab Mai 2012 250 Euro im Monat) sowie zu Urlaub und Krankheit enthielt. Diese nach Arbeitszeit und Vergütung vereinbarte geringfügige Beschäftigung genügt den … Kriterien für den Arbeitnehmerstatus… …die Verstorbene *(erhielt)* für ihre vereinbarte monatliche Arbeitszeit von 30 Stunden die vereinbarte Vergütung von zunächst 100 Euro und später 250 Euro tatsächlich gezahlt. **Ob der Arbeitsvertrag auch im Übrigen so gelebt worden ist**, wie dessen Regelungen es vorsahen, **ist danach für die Arbeitnehmereigenschaft nicht entscheidend**. Weder kommt es für diese darauf an, ob die Verstorbene statt an den Wochentagen an den Wochenenden beschäftigt war, noch darauf, ob die Regelungen zu Urlaub und Krankheit zur Anwendung gekommen sind. Für den Arbeitnehmerstatus … spricht hingegen zudem die Dauer der Beschäftigung von zumindest annähernd einem Jahr."

BSG, Urteil vom 09.08.2018, B 14 AS 32/17 R:
„Der erwerbsfähige Kläger war **nicht von Leistungen nach dem SGB XII ausgeschlossen**, weil die "**Systemabgrenzung**" zwischen SGB II und SGB XII zwar grundsätzlich an das Kriterium der **Erwerbsfähigkeit** anknüpft, jedoch

hierauf nicht reduziert werden kann, sondern differenzierter ist. … Entsprechend hat auch der Gesetzgeber nunmehr im SGB XII Leistungsansprüche für die grundsätzlich von existenzsichernden Leistungen nach dem SGB II und SGB XII ausgeschlossenen Personen geregelt, ohne hierbei an die Erwerbsfähigkeit … anzuknüpfen… Der Kläger unterlag im SGB XII dem Leistungsausschluss nach § 23 Abs. 3 Satz 1 SGB XII aF. Danach haben Ausländer, die eingereist sind, um Sozialhilfe zu erlangen, oder deren Aufenthaltsrecht sich allein aus dem Zweck der Arbeitsuche ergibt, keinen Anspruch auf Sozialhilfe. … Zwar ist der Kläger … nicht eingereist, um … Sozialhilfe zu erlangen. Hierfür wäre Voraussetzung, dass der Zweck, Sozialhilfe zu erlangen, den Einreiseentschluss geprägt hat… Ein solcher finaler Zusammenhang ist hier nicht ersichtlich… Doch sind … erst recht EU-Ausländer, die weder über eine materielle Freizügigkeitsberechtigung … noch ein Aufenthaltsrecht nach dem AufenthG verfügen, vom Anspruch auf Sozialhilfe ausgeschlossen… Dies gilt … auch für die ersten drei Monate des Aufenthalts nach der Einreise… Der Leistungsausschluss … führt indes nicht zum Ausschluss auch von **Ermessensleistungen nach § 23 Abs. 1 Satz 3 SGB XII**. … Insbesondere hat das LSG die Hilfebedürftigkeit … dahinstehen lassen… eine **Ermessensreduktion** *(kommt)* in Betracht, wenn und weil sich der Aufenthalt von EU-Ausländern nach Ablauf von sechs Monaten tatsächlichem Aufenthalt in Deutschland, der von der Ausländerbehörde faktisch geduldet wird, so verfestigt hat, dass die Erbringung existenzsichernder Leistungen nur im Einzelfall nach Ermessen den verfassungsrechtlichen Anforderungen nicht mehr genügt… Indes sind den Feststellungen des LSG keine Tatsachen zu entnehmen, um entscheiden zu können, ob vorliegend vom Regelfall einer Verfestigung des tatsächlichen Aufenthalts des Klägers … auszugehen ist…“

BSG, Urteil vom 14.06.2018, B 14 AS 28/17 R:
„…der **Ausschluss von Leistungen** nach dem SGB II für **Leistungsberechtigte nach dem AsylbLG** ***(gilt)*** **auch für nicht erwerbsfähige Hilfebedürftige**, die mit einem Leistungsempfänger … in Bedarfsgemeinschaft leben… Die Klägerin hielt sich … tatsächlich im Bundesgebiet auf und war im Besitz einer Duldung nach § 60a AufenthG, weshalb sie Leistungsberechtigte nach § 1 Abs. 1 Nr. 4 AsylbLG war und dem Leistungsausschluss nach § 7 Abs. 1 Satz 2 Nr. 3 SGB II unterlag. … **Mit EU-Recht** ist dieser Leistungsausschluss **vereinbar**. … Zwar enthält die RL 2004/83/EG … einschlägige Regelungen zu Sozialhilfeleistungen für Familienangehörige von anerkannten Flüchtlingen und es gehörte die Klägerin diesem Personenkreis an… Doch entsprach das deutsche Recht bereits den mit diesen Richtlinienregelungen … zu erreichenden Zielen, weshalb die RL 2004/83/EG keinen Umsetzungsbedarf mit Blick auf die Abgrenzung der existenzsicherungsrechtlichen Leistungssysteme in Deutschland auslöste. … Ein Zugang zur Existenzsicherung ist durch die existenzsicherungsrechtlichen Leistungssysteme des SGB II, SGB XII und AsylbLG je nach ihrem leistungsberechtigten Personenkreis eröffnet. Ein Ausschluss vom Zugang zu jeglicher Hilfe trotz Hilfebedürftigkeit ist … nicht vorgesehen… Zugang zu einem existenzsicherungsrechtlichen Leistungssystem hatte auch die Klägerin, der im November 2010 Analogleistungen nach § 2 AsylbLG zustanden.

… Die … materielle Vergleichbarkeit ist aufgrund der Vergleichbarkeit der existenzsicherungsrechtlichen Leistungssysteme des SGB II, SGB XII und AsylbLG mit Blick auf die Gewährleistung eines menschenwürdigen Existenzminimums gewahrt… **Verfassungsrecht steht dem Leistungsausschluss** nach § 7 Abs. 1 Satz 2 Nr. 3 SGB II **nicht entgegen**. Insbesondere ist dem Grundrecht auf Gewährleistung eines menschenwürdigen Existenzminimums … kein Anspruch auf Leistungen aus einem bestimmten Existenzsicherungssystem zu entnehmen. … Jedenfalls sind die unterschiedlichen Ausgestaltungen sachlich gerechtfertigt, weil das AsylbLG typischerweise Hilfebedürftige erfasst, deren Bleibeperspektive ungesichert ist und deren Integrationsaussichten deshalb eingeschränkt sind. Demgegenüber erfasst das SGB II typischerweise Hilfebedürftige mit gesicherter Bleibeperspektive, deren Leistungen zur Existenzsicherung durch Leistungen zur Eingliederung in Arbeit ergänzt werden, um sie (wieder) in den Arbeitsmarkt zu integrieren."

<u>BSG, Urteil vom 30.08.2017, B 14 AS 31/16 R:</u>
„Dahinstehen kann, ob die Klägerin ab 1.1.2015 über eine materielle Freizügigkeitsberechtigung zur Arbeitsuche … oder über **keine materielle Freizügigkeitsberechtigung** mehr verfügte, denn in beiden Fällen ist sie vom **Leistungsausschluss** nach § 7 Abs. 1 Satz 2 Nr. 2 SGB II a. F. erfasst… Mit EU-Recht ist dieser Leistungsausschluss vereinbar… Auch Verfassungsrecht steht dem Leistungsausschluss … nicht entgegen. … An der Nichtvorlage dieses Leistungsausschlusses ist auch in Kenntnis der hieran geübten **Kritik** festzuhalten… Die erwerbsfähige Klägerin war nicht von Leistungen nach dem SGB XII ausgeschlossen, weil die **"Systemabgrenzung" zwischen SGB II und SGB XII** zwar grundsätzlich an das Kriterium der Erwerbsfähigkeit anknüpft, jedoch hierauf nicht reduziert werden kann… An diesem Verständnis des § 21 Satz 1 SGB XII ist auch in Kenntnis der hieran geübten **Kritik** festzuhalten… Die Klägerin unterlag im **SGB XII** dem **Leistungsausschluss** nach § 23 Abs. 3 Satz 1 SGB XII a. F. … Der Leistungsausschluss … führt indes nicht zum Ausschluss auch von **Ermessensleistungen** nach § 23 Abs. 1 Satz 3 SGB XII. … Hieran ist in Kenntnis der an dieser Rechtsprechung geäußerten **Kritik** festzuhalten… Dabei ist das Ermessen … dem Grunde und der Höhe nach auf Null reduziert, weil sich der Aufenthalt … nach … sechs Monaten tatsächlichem Aufenthalt in Deutschland so verfestigt hat, dass die Erbringung existenzsichernder Leistungen nur im Einzelfall nach Ermessen den verfassungsrechtlichen Anforderungen nicht mehr genügt. Die typisierende Annahme einer **Aufenthaltsverfestigung** von EU-Ausländern … in Deutschland, der von der Ausländerbehörde faktisch geduldet wird, hat als normative Anknüpfungspunkte § 23 Abs. 3 Satz 1 Alt. 2 SGB XII a. F. und § 2 Abs. 2 Nr. 1a FreizügG/EU, die sich auf die Arbeitsuche und die hieraus folgende Freizügigkeitsberechtigung für sechs Monate beziehen… **Hieran ist festzuhalten**…"

BSG, Urteil vom 13.07.2017, B 4 AS 17/16 R:
„**Arbeitnehmer** ist .. jeder, der eine tatsächliche und echte Tätigkeit ausübt, wobei Tätigkeiten außer Betracht bleiben, die einen so geringen Umfang haben, dass sie sich als völlig untergeordnet und unwesentlich darstellen... ...das Recht zum Aufenthalt ... bleibt unberührt bei unfreiwilliger durch die zuständige Agentur für Arbeit bestätigter Arbeitslosigkeit nach mehr als einem Jahr Tätigkeit... **§ 2 Abs. 3 Satz 1 Nr. 2 FreizügG/EU setzt keine ununterbrochene Tätigkeit von mehr als einem Jahr voraus**. Auch durch Arbeitslosigkeit unterbrochene Tätigkeiten können das gesetzliche Erfordernis erfüllen... Die Annahme, dass ein fortwirkendes Aufenthaltsrecht als Arbeitnehmer ... erst nach ununterbrochener Tätigkeit von mehr als einem Jahr vorliegt, lässt sich nicht auf den Wortlaut des Gesetzes stützen. Mit der Wendung "nach mehr als einem Jahr Tätigkeit" wird ein deutlich weiterer Sachverhalt erfasst, der nicht auf das Merkmal einer durchgängigen Tätigkeit eingeengt werden kann. ... Wenn der Gesetzgeber im Übrigen aber im Kontext von Regelungen über Tätigkeitszeiten von einem Erfordernis der "Ununterbrochenheit" absieht, ist davon auszugehen, dass diese (Nicht-)Regelung dem gesetzgeberischen Willen entspricht und es hierbei sein Bewenden hat.“

BSG, Urteil vom 17.03.2016, B 4 AS 32/15 R:
„Zeitliche Grenzen der **Fortgeltung der Arbeitnehmereigenschaft** ergeben sich aus § 2 Abs. 3 S. 2 FreizügG/EU. Hiernach bleibt ein entsprechender Status als Arbeitnehmerin (oder Selbstständige) "bei unfreiwilliger durch die zuständige Agentur für Arbeit bestätigter Arbeitslosigkeit nach weniger als einem Jahr Beschäftigung ... während der Dauer von **sechs Monaten** unberührt". ... Soweit die Klägerin ... ab 8.1.2013 weiterhin über eine Freizügigkeitsberechtigung als Arbeitsuchende verfügt hat, wäre sie ebenso wie für den Fall, dass keine Freizügigkeitsberechtigung mehr gegeben sein sollte, nicht leistungsberechtigt i. S. des § 7 Abs. 1 S. 2 Nr. 2 SGB II. ... In dieser Auslegung ... ist die Ausschlussregelung ... europarechtskonform... Bezogen auf die SGB II-Leistungen kann sich die Klägerin - nach Erklärung des Vorbehalts durch die Bundesregierung am 19.12.2011 - ... auch nicht mehr auf das **Gleichbehandlungsgebot** des Art. 1 EFA berufen... Verfassungsrechtliche Bedenken stehen dem Leistungsausschluss der Klägerin ... nicht entgegen, weil für sie ... existenzsichernde Leistungen nach dem Dritten Kapitel des SGB XII ... in Betracht kommen...“

BSG, Urteil vom 17.02.2016, B 4 AS 24/14 R:
„...auch diejenigen Unionsbürger *(sind)* "**erst-recht**" von den Leistungen zur Sicherung des Lebensunterhalts nach dem SGB II ausgenommen, die über **keine materielle Freizügigkeitsberechtigung** oder ein anderes materielles Aufenthaltsrecht verfügen. ...§ 7 Abs. 1 S. 2 SGB II ist insoweit planwidrig lückenhaft, als sie nicht ausdrücklich den Ausschluss auch derjenigen normiert, die über keine materielle Freizügigkeitsberechtigung oder ein anderes materielles Aufenthaltsrecht verfügen, weil sie einen Leistungsausschluss schon für

solche Ausländer anordnet, die sich auf eine solche materielle Freizügigkeitsberechtigung im Sinne des FreizügG/EU berufen können... Verfassungsrechtliche Bedenken stehen dem Leistungsausschluss ... nicht entgegen, weil ... existenzsichernde Leistungen nach dem Dritten Kapitel des SGB XII ... in Betracht kommen..."

BSG, Urteil vom 20.01.2016, B 14 AS 35/15 R:

„Der **Leistungsausschluss nach § 7 Abs. 1 Satz 2 SGB II** ist auf die Klägerin zu 1 anzuwenden, weil diese sich weder auf eine Freizügigkeitsberechtigung nach dem FreizügG/EU, die nicht von diesem Leistungsausschluss umfasst ist, noch auf ein Aufenthaltsrecht nach dem AufenthG berufen kann, das eine Ausnahme von dem Leistungsausschluss zu rechtfertigen vermag. ... Das Gleichbehandlungsgebot des Art. 1 EFA steht diesem Leistungsausschluss ... nicht entgegen. Denn das EFA ist *(nicht)* einschlägig, weil die Klägerin zu 1 bulgarische Staatsangehörige und Bulgarien kein Unterzeichnerstaat dieses Abkommens ist. ... Mit EU-Recht ist dieser Leistungsausschluss ... vereinbar... Der Leistungsausschluss ist .. schon deshalb mit dem Grundrecht auf Gewährleistung eines menschenwürdigen Existenzminimums ... vereinbar, weil der Klägerin zu 1 existenzsichernde Leistungen durch die Beigeladene nach § 23 Abs. 1 Satz 3 SGB XII zu gewähren sind. ... Die Anwendung des Leistungsausschlusses nach § 23 Abs. 3 Satz 1 SGB XII führt indes nicht zum Ausschluss auch von **Ermessensleistungen nach § 23 Abs. 1 Satz 3 SGB XII**. Das Ermessen der Beigeladenen ist ... dem Grunde und der Höhe nach auf null reduziert, weil sich der **Aufenthalt** der Klägerin zu 1 nach Ablauf von sechs Monaten tatsächlichem Aufenthalt in Deutschland so **verfestigt** hat, dass die Erbringung existenzsichernder Leistungen nur im Einzelfall nach Ermessen den verfassungsrechtlichen Anforderungen nicht mehr genügt... Für die am 9.3.2013 in Deutschland geborenen Kläger zu 2 und 3 gilt im Ergebnis nichts anderes."

BSG, Urteil vom 16.12.2015, B 14 AS 15/14 R:

„Die Klägerin *(hat)* keinen Anspruch auf Leistungen nach dem SGB II, obwohl sie die Leistungsvoraussetzungen des § 7 Abs. 1 Satz 1 SGB II erfüllt. Denn sie wird vom **Leistungsausschluss nach § 7 Abs. 1 Satz 2 SGB II** erfasst. Dieser **gilt allgemein auch für EU-Ausländer, die weder über eine Freizügigkeitsberechtigung** insbesondere als Arbeitnehmer, Selbstständiger oder Familienangehöriger nach dem FreizügG/EU **noch ein Aufenthaltsrecht nach dem AufenthG** verfügen. Auf eine entsprechende Freizügigkeitsberechtigung kann sich die Klägerin nicht berufen, insbesondere war sie nur kurz in Deutschland berufstätig. Auch die Voraussetzungen für ein Aufenthaltsrecht, insbesondere aufgrund von familienrechtlichen Vorwirkungen einer Schwangerschaft ... sind ... nicht gegeben. Die Klage ist jedoch nicht abzuweisen, weil als anderer leistungspflichtiger Träger nach § 75 Abs. 2 Alt. 2 SGG der zuständige Sozialhilfeträger in Betracht kommt, dessen Beiladung das LSG ... nachzuholen hat. Ein **Anspruch** gegen diesen kann – vorbehaltlich der vom LSG noch zu prüfenden Voraussetzungen des Einzelfalls im Rahmen des **§ 23 Abs. 1 Satz 3**

SGB XII - aus dem **Grundrecht auf Gewährleistung eines menschenwürdigen Existenzminimums** ... und dem tatsächlichen Aufenthalt der Klägerin in Deutschland, der von den Ausländerbehörden trotz fehlender Freizügigkeitsberechtigung und fehlendem Aufenthaltsrecht anscheinend hingenommen wurde, hergeleitet werden."
Zitiert nach dem Terminbericht Nr. 61/15 des Bundessozialgerichts

<u>BSG, Urteil vom 16.12.2015, B 14 AS 33/14 R:</u>
„Auch in diesem Verfahren ist hinsichtlich des Ergebnisses und der Begründung zunächst auf das ... Verfahren *(B 14 AS 15/14 R)* zu verweisen. ... die Klägerin zu 1 als Mutter der die Schule besuchenden Klägerin zu 2 *(kann)* daraus **keine Freizügigkeitsberechtigung als Elternteil eines Kindes** nach § 3 Abs. 4 FreizügG/EU i. V. m. Art. 12 VO (EWG) 1612/68 bzw. Art. 10 VO (EU) 492/2011 herleiten. Denn die aus diesen Vorschriften nach der Rechtsprechung des EuGH abzuleitende Rechtsposition setzt voraus, dass die Tochter das **Kind eines Wanderarbeitnehmers** ist, was jedoch nicht der Fall ist. Ohne Anspruch der Mutter auf Leistungen nach dem SGB II hat auch die Tochter keinen Anspruch nach dem SGB II. In Betracht kommen aber für beide Leistungen nach dem SGB XII."
Zitiert nach dem Terminbericht Nr. 61/15 des Bundessozialgerichts

<u>BSG, Urteil vom 03.12.2015, B 4 AS 59/13 R:</u>
„... es fehlen aber Feststellungen zu den Voraussetzungen der Ausschlussregelung des § 7 Abs. 1 S. 2 Nr. 2 SGB II. Nach der Rechtsprechung ... des BSG hindert das Vorliegen der Voraussetzungen für ein Aufenthaltsrecht nach dem FreizügG/EU oder den Regelungen des Aufenthaltsgesetzes sozialrechtlich die für einen Leistungsausschluss notwendige positive Feststellung eines Aufenthaltsrechts "allein aus dem Zweck der Arbeitsuche". Über den Wortlaut der genannten Regelung hinaus sind diejenigen **Unionsbürger "erst-recht"** von den Leistungen ... nach dem SGB II **auszunehmen**, **die über keine materielle Freizügigkeitsberechtigung oder kein Aufenthaltsrecht verfügen**. Ein solcher Leistungsausschluss ist nach den Entscheidungen des EuGH in den Sachen "Dano" und "Alimanovic" auch europarechtskonform. Die demnach erforderliche Prüfung der ... möglichen anderen Aufenthaltsrechte nach dem FreizügG/EU hat das LSG nicht vorgenommen. Schon aus diesem Grund kann der Senat nicht abschließend entscheiden, weil nicht auszuschließen ist, dass der Kläger über andere Aufenthaltsrechte ... verfügte. Diese Feststellungen ... sind auch nicht deshalb entbehrlich, weil sich der Kläger insofern ... weiterhin auf das Gleichbehandlungsgebot des Art. 1 des Europäischen Fürsorgeabkommens berufen könnte. Dem steht der von der Bundesregierung am 19.12.2011 erklärte Vorbehalt nach Art. 16 Abs. b EFA entgegen, der formell und materiell wirksam ist. Allerdings bleiben Leistungen der **Hilfe zum Lebensunterhalt nach dem Dritten Kapitel des SGB XII weiterhin möglich** und sind vom Gleichbehandlungsgebot des Art. 1 EFA umfasst. Kommt das LSG ... zu dem Ergebnis, dass der Kläger von Leistungen nach dem SGB II ausgeschlossen war, wird es ... daher über einen Anspruch ... nach dem Dritten Kapitel des

SGB XII entscheiden müssen. Der Kläger könnte Sozialhilfeleistungen nach dem EFA beanspruchen, wenn er sich ... weiterhin auf ein Aufenthaltsrecht zur Arbeitsuche berufen konnte. Da die Bundesregierung bezogen auf die Vorschriften der Hilfe zum Lebensunterhalt nach dem **SGB XII keinen Vorbehalt erklärt** hat, sind Sozialhilfeleistungen in Form der Hilfe zum Lebensunterhalt im Wege einer Gleichbehandlung mit inländischen Staatsangehörigen zu erbringen. Die Ausschlussregelung des § 23 Abs. 3 S. 1 Alt. 2 SGB XII findet dann von vornherein keine Anwendung. Diese Gleichbehandlung erfordert einen **erlaubten Aufenthalt** des Staatsangehörigen aus einem Vertragsstaat des EFA-Angehörigen im Inland, der jedenfalls bei einem Aufenthaltsrecht zur Arbeitsuche gegeben wäre. Bei einer fehlenden Freizügigkeitsberechtigung ... wären Leistungen nach § 23 Abs. 1 S. 3 SGB XII zu erbringen..."
Zitiert nach dem Terminbericht Nr. 54/15 des Bundessozialgerichts

BSG, Urteil vom 03.12.2015, B 4 AS 44/15 R:
„Die Kläger unterfallen dem Leistungsausschluss des § 7 Abs. 1 S. 2 Nr. 2 SGB II. Die Kläger verfügten zwar nicht über ein Aufenthaltsrecht allein zur Arbeitsuche... Sie sind jedoch gleichwohl von Leistungen ... nach dem SGB II ausgeschlossen. **Der Gesetzgeber hat es planwidrig unterlassen, auch diejenigen** ausdrücklich von den Leistungen ... nach dem SGB II **auszuschließen, die über keine materielle Freizügigkeitsberechtigung oder kein Aufenthaltsrecht in Deutschland verfügen**. Sie sind nach der Entstehungsgeschichte der Ausschlussregelung, ihrem systematischen Zusammenhang und der teleologischen Bedeutung der benannten Vorschrift "**erst-recht**" von diesen Leistungen **ausgeschlossen**. Den Klägern stand keine materielle Freizügigkeitsberechtigung nach dem FreizügG/EU oder ein anderes Aufenthaltsrecht zur Seite. Sie waren insbesondere nicht als Arbeitnehmer, Selbstständige oder wegen der nachgehenden Statuserhaltung bzw. als deren Familienangehörige freizügigkeitsberechtigt. Dem steht nicht entgegen, dass sie im Besitz einer Freizügigkeitsbescheinigung/EU waren. Diese begründet kein materielles Freizügigkeitsrecht. Der Leistungsausschluss ist nach den Entscheidungen des EuGH in den Sachen "Dano" und "Alimanovic" auch europarechtskonform. Die Kläger haben jedoch einen Anspruch auf Hilfe zum Lebensunterhalt ... nach § 23 Abs. 1 S.3 SGB XII gegen die Beigeladene. ... **Die Beigeladene muss sich hier die Kenntnis des Beklagten zurechnen lassen**. Ebenso wenig führt die "gesundheitlich" bestehende Erwerbsfähigkeit der Kläger zu 1) und 2) nach § 21 SGB XII zu einem Ausschluss von Leistungen nach dem 3. Kapitel des SGB XII. Sie sind als nach dem SGB II Ausgeschlossene bei Hilfebedürftigkeit dem System des SGB XII zugewiesen. Zwar waren die Kläger wegen der fehlenden Freizügigkeitsberechtigung aufgrund des § 23 Abs. 3 S. 1 Alt. 2 SGB XII auch von einem Rechtsanspruch auf die Leistungen nach § 23 Abs. 1 S. 1 SGB XII ausgeschlossen. Diesem Personenkreis sind jedoch **Leistungen nach § 23 Abs. 1 S. 3 SGB XII im Ermessenswege** zu erbringen. Insoweit schließt sich der erkennende Senat ... der Rechtsprechung ... des BVerwG zu der Vorgängervorschrift des § 120 BSHG an. Nach ... § 23 Abs. 1 S. 3 SGB XII kann Sozialhilfe geleistet werden, soweit dies im Einzelfall gerechtfertigt ist. Die

Regelung räumt dem Sozialhilfeträger dem Grunde und der Höhe nach ... Ermessen ein. **Im Falle eines verfestigten Aufenthalts - über sechs Monate** - ist dieses **Ermessen** jedoch aus Gründen der Systematik des Sozialhilferechts und der verfassungsrechtlichen Vorgaben des BVerfG in dem Sinne **auf Null reduziert**, dass regelmäßig **zumindest Hilfe zum Lebensunterhalt in gesetzlicher Höhe** zu erbringen ist. So ist es auch im vorliegenden Fall, denn die Kläger haben sich ... bereits mehr als zwei Jahre in Deutschland aufgehalten. Soweit der Beklagte bereits aufgrund der Verpflichtung durch das LSG ... Leistungen erbracht hat, findet § 107 SGB X Anwendung."
Zitiert nach dem Terminbericht Nr. 54/15 des Bundessozialgerichts

<u>BSG, Urteil vom 03.12.2015, B 4 AS 43/15 R:</u>
„Der auf die Klägerinnen zu 1) und 2) mit einem ... Aufenthaltsrecht zur Arbeitsuche anwendbare Leistungsausschluss nach § 7 Abs. 1 S. 2 Nr. 2 SGB II stand ihrem Anspruch bei Erlass des Bewilligungsbescheides ... nicht entgegen. Dieser wurde ... durch das Gleichbehandlungsgebot des Art. 1 des Europäischen Fürsorgeabkommens verdrängt. Insofern ist aber eine i. S. von § 48 Abs. 1 S. 1 SGB X wesentliche Änderung durch den von der Bundesregierung ... erklärten Vorbehalt zum EFA eingetreten. Dieser ist formell und materiell wirksam. Der Leistungsausschluss ist nach der Entscheidung des EuGH in dieser Sache zudem europarechtskonform. Auf dieser Grundlage wird das LSG ... Feststellungen zu möglichen anderen Aufenthaltsrechten ... im Monat Mai 2012 vornehmen müssen. **Für beide kann sich** ein anderes Aufenthaltsrecht ... auch aus einem - bei der Klägerin zu 2) - eigenständigen oder im Falle der Klägerin zu 1) "abgeleiteten **Aufenthaltsrecht" nach Art. 10 VO (EU) Nr. 492/2011 ergeben**. Dies würde wegen der Nichtanwendbarkeit des Leistungsausschlusses zu einer Leistungsberechtigung der Klägerin zu 1) und damit auch zu einem weiter bestehenden Anspruch der Kläger zu 3) und 4) auf Sozialgeld führen. Eine wesentliche Änderung ... läge dann nicht vor. Art 10 VO (EU) 492/2011 übernimmt inhaltsgleich die vormalige Regelung des Art. 12 Abs. 1 VO (EWG) 1612/68. **Hiernach können Kinder** eines Staatsangehörigen eines Mitgliedstaats, der im Hoheitsgebiet eines anderen Mitgliedstaats beschäftigt ist oder beschäftigt gewesen ist, wenn sie im Hoheitsgebiet dieses Mitgliedstaats wohnen, **unter den gleichen Bedingungen wie die Staatsangehörigen dieses Mitgliedstaats am allgemeinen Unterricht sowie an der Lehrlings- und Berufsausbildung teilnehmen**. Dieses historisch ausschließlich an die Arbeitnehmerfreizügigkeit und die Schaffung bestmöglicher Bedingungen für die Integration der Familie des Wanderarbeitnehmers im Aufnahmemitgliedstaat anknüpfende Recht impliziert nach der Rechtsprechung des EuGH zunächst ein Aufenthaltsrecht für diese Kinder. Ein solches besteht, solange sie tatsächlich im Aufnahmemitgliedstaat in das Schulsystem eingegliedert sind oder eine Ausbildung abschließen. **Soweit und solange diese Kinder eines Arbeitnehmers** oder ehemaligen Arbeitnehmers für die Wahrnehmung ihrer Ausbildungsrechte aus Art 10 VO (EU) 492/2011 **weiterhin der Anwesenheit und der Fürsorge des Elternteils bedürfen**, um ihre Ausbildung fortsetzen und abschließen zu können, **besteht in gleicher Weise für diesen Elternteil**, der die elterliche Sorge für die Kinder tatsächlich wahrnimmt, **ein**

abgeleitetes Recht auf Aufenthalt. Diese Aufenthaltsrechte bestehen nach der Rechtsprechung des EuGH unabhängig von den in der RL 2004/38/EG festgelegten Voraussetzungen, was durch Art. 12 Abs. 3 RL dieser Richtlinie bzw. § 3 Abs. 4 FreizügG/EU bestätigt wird. Näher zu prüfen ist daher, welchen Umfang und Charakter die vom SG angesprochenen "Arbeitszeiten" der Klägerin zu 1) im Bundesgebiet hatten und ob es sich hierbei um Beschäftigungen i. S. von Art. 10 der VO (EG) 492/2011 gehandelt hat. Schließlich ist festzustellen, ob die Kinder im Mai 2012 weiterhin tatsächlich eine Schulausbildung oder Ausbildung wahrgenommen haben. Bezogen auf die Klägerin zu 2) erscheint auch ein Aufenthaltsrecht aus einer Freizügigkeitsberechtigung ihres Vaters nicht ausgeschlossen."
Zitiert nach dem Terminbericht Nr. 54/15 des Bundessozialgerichts

<u>BSG, Urteil vom 02.12.2014, B 14 AS 8/13 R:</u>
„... der Klägerin *(stehen)* Ansprüche nach dem SGB II anstelle von Leistungen nach dem AsylbLG nicht zu. Das ergibt sich aus § 7 Abs. 1 S. 2 Nr. 3 SGB II i. V. m. § 1 Abs. 1 Nr. 3 AsylbLG. Entscheidend dafür ist allein, dass die Klägerin ... über eine **Aufenthaltserlaubnis nach § 25 Abs. 5 Aufenthaltsgesetz** verfügt und demzufolge ... zum Personenkreis der Leistungsberechtigten nach dem AsylbLG rechnet, der ... vom Leistungsbezug nach dem SGB II **ausgeschlossen** ist. Die **Aufenthaltserlaubnis entfaltet** insoweit bindende **Tatbestandswirkung**, ohne dass im Verfahren ... nach dem SGB II zu prüfen wäre, ob sie zu Recht erteilt worden ist. Ob die Klägerin aufenthaltsrechtlich einen anderen Status erlangen könnte, ist dagegen ausschließlich in den dafür vorgegebenen Verfahren zu entscheiden. Grundrechte der Klägerin stehen dem nicht entgegen. Von Verfassungs wegen ist der Gesetzgeber frei, in welchem Leistungssystem er dem Bedarf an existenzsichernden Leistungen Rechnung trägt. Dass Ausländer danach auch nach langjährigem Aufenthalt in Deutschland dem Leistungssystem des AsylbLG zugeordnet und so auf den Bezug abgesenkter Leistungen verwiesen sein können, ist unter Berücksichtigung der vom Bundesverfassungsgericht mit Urteil vom 18.7.2012 angeordneten Übergangsregelung bis zur Neuordnung der Leistungen nach dem AsylbLG vorübergehend hinzunehmen."
Zitiert nach dem Terminbericht Nr. 55/14 des Bundessozialgerichts

<u>BSG, Urteil vom 12.12.2013, B 4 AS 9/13 R:</u>
„Der Senat hat das **Verfahren ausgesetzt** und dem Gerichtshof der Europäischen Union (EuGH) folgende **Fragen zur Vorabentscheidung** vorgelegt:
1. **Gilt das Gleichbehandlungsgebot** des Art 4 VO (EG) 883/2004 - mit Ausnahme des Exportausschlusses des Art. 70 Abs. 4 VO (EG) 883/2004 - **auch für die besonderen beitragsunabhängigen Geldleistungen** i. S. von Art. 70 Abs. 1, 2 VO (EG) 883/2004?
2. Falls 1) bejaht wird: **Sind** - ggf. in welchem Umfang - **Einschränkungen des Gleichbehandlungsgebots** des Art. 4 VO (EG) 883/2004 durch Bestimmungen in nationalen Rechtsvorschriften in Umsetzung des Art. 24 Abs. 2 RL

2004/38/EG **möglich**, nach denen der Zugang zu diesen Leistungen ausnahmslos nicht besteht, **wenn sich ein Aufenthaltsrecht** des Unionsbürgers in dem anderen Mitgliedstaat **allein aus dem Zweck der Arbeitssuche ergibt**?
3. **Steht Art. 45 Abs. 2 AEUV in Verbindung mit Art. 18 AEUV einer nationalen Bestimmung entgegen, die Unionsbürgern**, die sich als Arbeitsuchende auf die Ausübung ihres Freizügigkeitsrechts berufen können, **eine Sozialleistung, die der Existenzsicherung dient und gleichzeitig auch den Zugang zum Arbeitsmarkt erleichtert**, ausnahmslos für die Zeit eines Aufenthaltsrechts nur zur Arbeitsuche und unabhängig von der Verbindung mit dem Aufnahmestaat **verweigert**?
... Der Senat geht ... davon aus, dass sich im streitigen Monat Mai 2012 ein Anspruch der Kläger auf SGB II-Leistungen nicht mehr bereits aus dem **Europäischen Fürsorgeabkommen** ergab und der von der Bundesregierung am 19. Dezember 2011 erklärte **Vorbehalt wirksam** ist. Von der richtigen Auslegung der in den Vorlagefragen bezeichneten Vorschriften des Unionsrechts hängt es ab, ob die deutsche Ausschlussklausel für EU-Bürger wirksam ist. Verstößt sie gegen EU-Recht, hatten die Kläger im Monat Mai 2012 weiterhin einen Anspruch auf SGB II-Leistungen und der Aufhebungsbescheid wäre rechtswidrig."
Zitiert nach der Medieninformation Nr. 35/13 des Bundessozialgerichts

BSG, Urteil vom 30.01.2013, B 4 AS 54/12 R:
„Die ... Klägerin ... war .. nicht als **bulgarische Staatsangehörige** von SGB II-Leistungen ausgeschlossen. Trotz ihrer nur eingeschränkten Arbeitnehmerfreizügigkeit als Staatsangehörige der neuen EU-Mitgliedstaaten war die Klägerin erwerbsfähig i. S. ... des § 8 Abs. 2 SGB II a. F... Für den Zeitraum ab SGB II-Antrag und Meldung als Arbeitsuchende im Juli 2010 ist davon auszugehen, dass für sie die Möglichkeit der Beschäftigungsaufnahme mit Erteilung einer Arbeitsgenehmigung-EU, etwa für eine unqualifizierte Tätigkeit als Hilfskraft, grundsätzlich bestand. Dies war ausreichend, weil sie sich ... bereits seit etwa einem Jahr im Inland aufhielt, also **nicht als Neueinreisende** zu behandeln war. Die rechtliche Möglichkeit der Aufnahme einer Beschäftigung war vorhanden, zumal die Klägerin als Unionsbürgerin bei der Prüfung des Vorhandenseins bevorrechtigter Arbeitnehmer für einen konkreten Arbeitsplatz Vorrang gegenüber Drittstaatsangehörigen hatte. Nach den tatsächlichen Umständen verfügte sie ... auch über einen gewöhnlichen Aufenthalt im Bundesgebiet. ... Sie *(hatte)* nach bereits einjährigem Aufenthalt die Anmietung einer Wohnung mit ihrem dauerhaft aufenthaltsberechtigten Lebensgefährten und einen langfristigen Verbleib geplant. Das Aufenthaltsrecht ... ergab sich unabhängig vom Vorhandensein einer Freizügigkeitsbescheinigung unmittelbar aus ihrem Status als Unionsbürgerin. Der **Leistungsausschluss nach § 7 Abs. 1 Satz 2 Nr. 2 SGB II**, wonach unter Umständen auch Unionsbürger keinen Anspruch auf Arbeitslosengeld II haben, wenn sich ihr Aufenthaltsrecht allein aus dem Zweck der Arbeitsuche ergibt, **greift nicht** ein. Unabhängig von der Frage, ob der ... unbegrenzte **Ausschluss von Unionsbürger**n gegen EU-Recht - insbesondere die VO (EG) Nr. 883/2004 - verstößt und diese VO hier überhaupt

Anwendung finden kann, fehlt es schon an den tatbestandlichen Voraussetzungen der Norm. Es kann nicht positiv festgestellt werden, dass sich die Klägerin ... allein zur Arbeitssuche in der Bundesrepublik Deutschland aufgehalten hat. Aufgrund der **Vorwirkungen der Geburt** ihres Kindes bestand bereits vor dem hier streitigen Zeitraum ein anderer Aufenthaltszweck als der ... Aufenthaltszweck der Arbeitsuche. Aus § 11 Abs. 1 Satz 5 FreizügG/EU i. V. m. der Auffangregelung des § 7 Abs. 1 Satz 3 AufenthaltsG können sich in begründeten Fällen Aufenthaltserlaubnisse auch für nicht ausdrücklich erfasste Aufenthaltszwecke ergeben. Dies betrifft insbesondere Aufenthaltsrechte aus dem Zusammenleben von Partnern mit einem gemeinsamen Kind und bevorstehenden Familiengründungen. Der zu erwartenden Geburt des Kindes, das einen aus Art 6 GG geschützten Anspruch auf Ermöglichung und Aufrechterhaltung eines familiären Bezugs zu beiden Elternteilen von Geburt an hat, kommen **aufenthaltsrechtliche Vor- und Schutzwirkungen für das Aufenthaltsrecht seiner Eltern** zu. Dabei kommt es maßgeblich auf die tatsächlichen Verhältnisse und besonderen Einzelfallumstände an. Insofern wäre es der bereits seit Januar 2010 schwangeren Klägerin, die bis zur SGB-II-Antragstellung keine Leistungen zur Sicherung des Lebensunterhalts erhalten hat, nicht zumutbar gewesen, sich von dem Vater des Kindes zu trennen und das Bundesgebiet zu verlassen. Es bestand daher bereits vor der Anerkennung der Vaterschaft durch den Lebensgefährten der Klägerin am 20.7.2010 und SGB II-Antragstellung ein von der Arbeitsuche unabhängiges Aufenthaltsrecht."
Zitiert nach dem Terminbericht Nr. 2/13 des Bundessozialgerichts

<u>BSG, Urteil vom 30.01.2013, B 4 AS 37/12 R:</u>
„Der Kläger war .. nicht nach **§ 7 Abs. 1 Satz 2 Nr. 1 SGB II** von Leistungen ... nach dem SGB II ausgeschlossen. Dieser Ausschlussgrund **greift nicht** in einer Fallkonstellation ..., in der ein nicht erwerbstätiger Ausländer (zwecks **Familienzusammenführung**) zu seinem deutschen Ehepartner zieht. Zwar ist der Wortlaut des § 7 Abs. 1 Satz 2 Nr. 1 SGB II insoweit nicht eindeutig. Dass dem Kläger aber Leistungen zur Sicherung des Lebensunterhalts nach dem SGB II zu gewähren sind, ergibt sich aus der Auslegung des Gesetzes unter Berücksichtigung seiner Entstehungsgeschichte, seiner Systematik sowie dem Sinn und Zweck der Regelung. Mit Einführung des § 7 Abs. 1 Satz 2 Nr. 1 SGB II ... wollte der Gesetzgeber seiner aus dem Unionsrecht folgenden Verpflichtung zur Umsetzung u. a. der Unionsbürgerrichtlinie (RL 2004/38/EG) nachkommen und die **Leistungsberechtigung von Unionsbürgern** während der ihnen durch die Richtlinie zugestandenen drei Monate voraussetzungslosen Aufenthalts in einem EU-Staat **ausschließen**. **Nicht** erkennbar ist, dass damit auch die Leistungsberechtigung **von Drittstaatsangehörigen** weiter als nach bisherigem Recht eingeschränkt werden sollte. Auch die innere Systematik des § 7 Abs. 1 Satz 2 Nr. 1 SGB II ergibt, dass Fälle wie der hier vorliegende nicht vom Leistungsausschluss erfasst werden. Es bedürfte nämlich keiner Differenzierung zwischen "Ausländerinnen und Ausländern" und "Familienangehörigen" im Wortlaut der Norm, wenn der Tatbestand auch den Zuzug von Ausländern zu deutschen Staatsangehörigen erfassen würde."
Zitiert nach dem Terminbericht Nr. 2/13 des Bundessozialgerichts

BSG, Urteil vom 25.01.2012, B 14 AS 138/11 R:

„Das SG hat im Ergebnis zutreffend entschieden, dass die Klägerinnen Anspruch auf Leistungen nach dem SGB II haben. Der Leistungsausschluss nach **§ 7 Abs. 1 Satz 2 Nr. 2 SGB II**, wonach unter Umständen auch Unionsbürger keinen Anspruch auf Arbeitslosengeld II haben, wenn sich ihr Aufenthaltsrecht allein aus dem Zweck der Arbeitsuche ergibt, **greift hier nicht** ein. Denn der Aufenthalt der Klägerinnen war hier durch ein anderes Aufenthaltsrecht legitimiert. Die Klägerin zu 1) hatte ein (abgeleitetes) **Aufenthaltsrecht als Familienangehörige**, das durch den Auszug aus der elterlichen Wohnung nicht untergegangen ist. Auf die Frage, inwieweit § 7 Abs. 1 Satz 2 Nr. 2 SGB II europarechtskonform ausgelegt werden muss, kam es danach nicht an."

BSG, Urteil vom 19.10.2010, B 14 AS 23/10 R:

„Es entspricht der gesetzlichen Konzeption des Freizügigkeitsrechts, von der Rechtmäßigkeit des Aufenthalts auszugehen, solange die Ausländerbehörde nicht von ihrer Möglichkeit Gebrauch gemacht hat, den Verlust oder das Nichtbestehen des Aufenthaltsrechts nach § 5 Abs. 5 FreizügG/EU festzustellen und die Bescheinigung über das gemeinschaftsrechtliche Aufenthaltsrecht einzuziehen... Der Kläger ist als **französischer Staatsangehöriger** Ausländer... Er ist aber nicht leistungsberechtigt nach § 1 AsylbLG und hält sich ... bereits seit Ende des Jahres 2007 in der Bundesrepublik auf. Er ist auch nicht deswegen nach **§ 7 Abs. 1 Satz 2 Nr. 2 SGB II** von Leistungen ausgeschlossen, weil sich sein Aufenthaltsrecht alleine aus dem Zweck der **Arbeitsuche** ergibt... Denn dieser **Leistungsausschluss** ist auf den ... Staatsangehörigen eines Vertragsstaates des **EFA** vom 11.12.1953 ... **nicht anwendbar**... Nach Art 1 des Abkommens, das unter anderem die Bundesrepublik Deutschland und Frankreich (und daneben Belgien, Dänemark, Estland, Griechenland, Irland, Island, Italien, Luxemburg, Malta, Niederlande, Norwegen, Portugal, Schweden, Spanien, die Türkei und Großbritannien) unterzeichnet haben, ist **jeder der Vertragschließenden verpflichtet, den Staatsangehörigen der anderen Vertragsstaaten**, die sich in irgendeinem Teil seines Gebietes, auf das dieses Abkommen Anwendung findet, erlaubt aufhalten und nicht über ausreichende Mittel verfügen, **in gleicher Weise wie seinen eigenen Staatsangehörigen** und unter den gleichen Bedingungen die **Leistungen der sozialen und Gesundheitsfürsorge** zu gewähren, die in der in diesem Teil seines Gebietes geltenden Gesetzgebung vorgesehen sind. ... Das EFA ist auch nicht in dem Sinne "überholt", dass seiner Anwendung neuere, denselben Sachverhalt regelnde gesetzliche Vorschriften entgegenstehen. Das Völkervertragsrecht wird gemäß Art. 59 Abs. 2 GG im Range von Bundesgesetzen umgesetzt. ... Innerstaatliches Recht ist grundsätzlich so auszulegen, dass ein Konflikt mit völkerrechtlichen Verpflichtungen der Bundesrepublik Deutschland nicht entsteht. ... Wenn die Bundesrepublik die sich aus dem EFA ergebenden Verpflichtungen nicht mehr tragen will, steht ihr nach Art. 24 EFA die Möglichkeit offen, das Abkommen innerhalb der dort genannten Frist zu kündigen. Hiervon hat sie bislang keinen Gebrauch gemacht."

BSG, Urteil vom 21.12.2009, B 14 AS 66/08 R:
„Entgegen der Auffassung der Revision **bezieht sich der Leistungsausschluss nach § 7 Abs. 1 Satz 2 2. Halbsatz SGB II** nicht nur auf erwerbsfähige Hilfebedürftige, sondern **auch auf (nicht erwerbsfähige) Angehörige** erwerbsfähiger Hilfebedürftiger... Allerdings ist der Revision zuzugeben, dass § 7 Abs. 1 Satz 2 2. Halbsatz SGB II nach seiner Stellung im Gesetz auch eine andere Auslegung nahelegen könnte. ... Aus der Entstehungsgeschichte des § 7 Abs. 1 Satz 2 2. Halbsatz SGB II und insbesondere aus dessen Sinn und Zweck folgt aber, dass der dort geregelte Leistungsausschluss alle Berechtigten i. S. des § 1 AsylbLG und damit auch nicht erwerbsfähige Angehörige von Leistungsberechtigten nach dem SGB II erfassen soll. Das oben angeführte systematische Argument muss hinter diesen Gesichtspunkten schon deshalb als weniger gewichtig zurücktreten, weil dem historischen Gesetzgeber im Gesetzgebungsverfahren zum SGB II **eine Reihe unbeabsichtigter systematischer Brüche** unterlaufen sind. ... Gegen dieses Ergebnis spricht schließlich nicht, dass es dazu führen kann, dass innerhalb einer Familie oder einer Bedarfsgemeinschaft Ansprüche auf unterschiedliche existenzsichernde Sozialleistungen mit unterschiedlichem Leistungsniveau gegen verschiedene Sozialleistungsträger bestehen können. Weder das SGB II noch das SGB XII oder das AsylbLG normieren einen Anspruch aller Familienangehörigen auf Gewährung familieneinheitlicher existenzsichernde Leistungen..."

BSG, Urteil vom 13.11.2008, B 14 AS 24/07 R:
„Die Klägerin zu 1 reiste mit ihrer 1987 geborenen Tochter (Klägerin zu 2) im Jahre 1992 aus dem Kosovo in die Bundesrepublik ein. Nach Ablehnung des Asylantrags erfolgte wegen der Depressionen der Klägerin zu 1) keine Abschiebung. Die Klägerinnen erhielten zuletzt befristete Aufenthaltserlaubnisse nach § 25 Abs. 5 Aufenthaltsgesetz und fortlaufend Leistungen nach dem Asylbewerberleistungsgesetz. Im Jahre 2005 lehnte der Beklagte eine Bewilligung von Arbeitslosengeld II nach dem SGB II ab, weil aus § 7 Abs. 1 Satz 2 SGB II (alter Fassung; heute § 7 Abs. 1 Satz 2 Nr. 3 SGB II) folge, dass Asylbewerber von den Leistungen der Grundsicherung für Arbeitsuchende ausgeschlossen sein sollen. Die Klage zum Sozialgericht blieb ohne Erfolg. Die Sprungrevision ... hatte keinen Erfolg. Der 14. Senat ... hat ... entschieden, dass **keine Bedenken** dagegen bestehen, dass der Gesetzgeber des SGB II **Leistungsempfänger nach dem Asylbewerberleistungsgesetz von den Leistungen des SGB II ausgeschlossen** hat. Der Ausschluss dieser Personengruppe aus dem SGB II verstößt nicht gegen höherrangiges Recht. Insbesondere ist der Gleichheitssatz des Art. 3 Abs. 1 Grundgesetz nicht berührt. Den Ausschluss von Leistungsberechtigten nach dem Asylbewerberleistungsgesetz von Leistungen nach dem SGB II hat der Gesetzgeber damit begründet, dass für sie ein besonderes Sicherungssystem besteht, das aus dem so genannten Asylkompromiss entstanden ist und eigenständige und abschließende Regelungen enthält. Das **Asylbewerberleistungsgesetz** soll dazu dienen, den **Anreiz zur Einreise** von Ausländern aus wirtschaftlichen Gründen zu **verringern** und **keine** leistungsrechtlichen **Anreize für ein weiteres Bleiben** in der Bundesrepublik

Deutschland zu schaffen. **Ziel** und Zweck des **SGB II** ... ist hingegen eine möglichst rasche und vollständige **Integration der Leistungsempfänger in den ersten Arbeitsmarkt**. Vom Leistungsbezug nach dem SGB II durfte die Gruppe, der auch die Klägerinnen angehören, ausgeschlossen werden, weil sie gerade nicht auf Dauer in der Bundesrepublik ihren Lebensmittelpunkt finden soll. Auch unter dem Gesichtspunkt der Verletzung der Menschenwürde ... und des Sozialstaatsgebots ... bestehen keine Bedenken gegen die Regelungen, zumal die Klägerinnen hier gemäß § 2 Asylbewerberleistungsgesetz so genannte Analogleistungen nach dem **SGB XII** und damit **praktisch gleichwertige Leistungen** zur Sicherung des Lebensunterhalts erhalten."
Zitiert nach der Medieninformation Nr. 54/08 des Bundessozialgerichts

BSG, Urteil vom 05.09.2007, B 11b AS 49/06 R:
„Als **Staatsangehöriger eines EU-Mitgliedstaates** hat der Kläger zwar einen **genehmigungsfreien Zugang zum deutschen Arbeitsmarkt** (§ 1 Abs. 2 Nr. 1 Aufenthaltsgesetz). Dies gilt unter den Voraussetzungen des Freizügigkeitsgesetzes (§§ 2 und 3) auch für seine Ehefrau. § 7 Abs. 1 Satz 1 Nr. 4 SGB II nimmt aber darüber hinaus für alle Berechtigten Bezug auf den Begriff des gewöhnlichen Aufenthalts in § 30 Sozialgesetzbuch Erstes Buch.
Vom Leistungsbezug ausgeschlossen sind danach Personen ohne gewöhnlichen Aufenthalt im Inland ..., mithin unter Umständen, die erkennen lassen, dass sie hier nur vorübergehend verweilen (vgl. insoweit auch § 30 Abs. 3 Satz 2 SGB I)."

BSG, Urteil vom 16.05.2007, B 11b AS 37/06 R:
„Nach § 7 Abs. 1 Satz 2 SGB II in der bis zum 31. März 2006 geltenden Fassung (a. F.) haben **Ausländer** ihren **gewöhnlichen Aufenthalt** in der Bundesrepublik Deutschland und erhalten Leistungen nach diesem Buch, wenn die Voraussetzungen nach § 8 Abs. 2 vorliegen; dies gilt nicht für Leistungsberechtigte nach § 1 des Asylbewerberleistungsgesetzes. Aufenthaltsrechtliche Bestimmungen bleiben nach § 7 Abs. 1 Satz 3 SGB II a. F. unberührt. Nach § 8 Abs. 2 SGB II können i.S. von Abs. 1 dieser Vorschrift Ausländer nur erwerbstätig sein, wenn ihnen die Aufnahme einer Beschäftigung erlaubt ist oder erlaubt werden könnte. An diesem Rechtszustand, nämlich, dass Ausländer nur dann ihren gewöhnlichen Aufenthalt ... in Deutschland haben, wenn sie über einen **Aufenthaltstitel** verfügen, der den persönlichen Aufenthalt zulässt, hat auch der durch das Gesetz vom 24. März 2006 ... mit Wirkung ab 1. April 2006 neu gefasste Satz 2 des § 7 Abs. 1 SGB II nichts geändert."

Zu stationären Einrichtungen:

BSG, Urteil vom 05.08.2021, B 4 AS 26/20 R:
„Mit Beginn des **Probewohnens in der eigenen Wohnung** nach § 18 Abs. 2 Nr. 2 MRVG Nordrhein-Westfalen auf der Grundlage einer **Vollzugslockerung**

in Form einer unbefristeten **Beurlaubung** befand sich der Kläger aber **nicht** mehr in einer **Einrichtung** i. S. des § 7 Abs. 4 Satz 2 SGB II... Zwar ist das Probewohnen eine als Maßnahme der Lockerung Teil des Maßregelvollzugs und Bestandteil eines umfassenden Behandlungs- und Vollzugsplans; auch befand sich der Kläger weiterhin in einem sogenannten "besonderen Gewaltverhältnis"... Für den Leistungsausschluss während des Zeitraums des Vollzugs einer richterlich angeordneten Freiheitsentziehung kommt es aber ... auf den "**Aufenthalt**" in einer Einrichtung an. Bereits aus dem Wortlaut des § 7 Abs. 4 Satz 2 SGB II ergibt sich, dass der Leistungsausschluss an den Vollzug der Freiheitsstrafe in einer Einrichtung gebunden ist... An den **Einrichtungsbegriff** des § 7 Abs. 4 Satz 2 SGB II sind daher im Wesentlichen dieselben Anforderungen zu stellen wie an den Einrichtungsbegriff i. S. des § 7 Abs. 4 Satz 1 SGB II. ... Die Aufnahme in eine Einrichtung im Sinne des sozialhilferechtlichen Einrichtungsbegriffs nach **§ 13 SGB XII** setzt u. a. voraus, dass ... eine **Bindung an ein Gebäude** gegeben sein muss ... Soweit Personen dezentral untergebracht sind, ist es für die Bejahung einer Einrichtung erforderlich, dass die dezentrale Unterkunft zu den Räumlichkeiten der Einrichtung gehört, der Hilfebedürftige also in die **Räumlichkeiten des Einrichtungsträgers** eingegliedert ist. ... Eine derartige räumliche Bindung liegt bei dem hier praktizierten Probewohnen ... in einer selbst angemieteten Wohnung, die keinem Träger zugeordnet werden kann, nicht mehr vor. ... Der Sinn und Zweck der Ausschlussregelung des § 7 Abs. 4 SGB II ist in der **Systemabgrenzung** zwischen dem SGB II und dem SGB XII zu sehen. Leistungsberechtigte sollten aufgrund objektiver, eindeutiger Kriterien entweder dem Leistungsspektrum des SGB II oder dem des SGB XII zugewiesen werden... Dem Ausschluss nach § 7 Abs. 4 SGB II liegt eine "**fingierte Erwerbsunfähigkeit**" zugrunde... Tragender Gesichtspunkt für eine Systemabgrenzung ist die Annahme, dass der in einer Einrichtung Verweilende u. a. aufgrund seiner Einbindung in die Tagesabläufe der Einrichtung ... so weitgehend fremdbestimmt ist, dass er für ... Integrationsbemühungen zur Eingliederung in Arbeit nicht oder nicht ausreichend zur Verfügung steht..."

<u>BSG, Urteil vom 05.08.2021, B 4 AS 58/20 R:</u>
„Nach seiner Gesetzessystematik unterscheidet § 7 Abs. 4 SGB II zwischen dem Aufenthalt in einer **stationären Einrichtung** i. S. des § 7 Abs. 4 Satz **1** SGB II und in einer **Einrichtung zum Vollzug richterlich angeordneter Freiheitsentziehung** nach § 7 Abs. 4 Satz **2** SGB II. Liegen die Voraussetzungen des § 7 Abs. 4 Satz **1** SGB II vor, ist weiter zu prüfen, ob es sich ... um ein "**Krankenhaus**" i. S. des § 107 SGB V handelt... Der Ausschluss nach § 7 Abs. 4 Satz **2** SGB II hängt allein davon ab, ob sich der Betroffene in einer **Einrichtung** und (weiterhin) "im **Vollzug** richterlich angeordneter Freiheitsentziehung" befindet. Beide Voraussetzungen sind für die Aufenthaltszeiten ... in der **Fachklinik** A1 als auch in der **Adaption** A1 gegeben. ... Der Kläger hat sich ... sowohl während seines Aufenthalts in der Fachklinik als auch in dem Adaptionshaus in einer "Einrichtung" aufgehalten, weil diese zu den Räumlichkeiten des Trägers (Drogenhilfe K) gehören und er in die Räumlichkeiten dieses Einrichtungsträgers eingegliedert war. Dem Ausschluss steht nicht entgegen, dass

es sich um den Aufenthalt in einem **Fachkrankenhaus** und einer **Adaptionseinrichtung** handelte. Die Einrichtung i. S. von § 7 Abs. 4 Satz 2 SGB II muss nicht zwingend eine JVA oder eine solche Einrichtung sein, in der ausschließlich richterlich angeordnete Freiheitsentziehungen stattfinden. ... Es wurde auf den **Grund des Aufenthalts** (Vollziehung einer richterlich angeordneten Freiheitsentziehung) und nicht auf eine formale Einordnung nach der Art der Einrichtung abgestellt. Insofern lässt sich der Begründung des Gesetzentwurfs zur Einfügung des § 7 Abs. 4 Satz 2 SGB II ... entnehmen, dass Unterbringungen im Rahmen von Vollzug von **Strafhaft**, **Untersuchungshaft**, **Maßregeln** der Besserung und Sicherung, **einstweiliger Unterbringung**, **Absonderung** nach dem Bundesseuchengesetz, Geschlechtskrankheitengesetz und der Unterbringung **psychisch Kranker** und **Suchtkranker** erfasst werden sollten, wobei die Aufzählung nicht abschließend ist. Es fallen auch Aufenthalte in Einrichtungen unter § 7 Abs. 4 Satz 2 SGB II, die eine Freiheitsentziehung mit einer Behandlung und Resozialisierung verbinden. ... Der Kläger befand sich ... auch **weiterhin im "Vollzug"** einer richterlich angeordneten Freiheitsentziehung ..., obgleich die Strafvollstreckung zwecks Durchführung einer Therapie zurückgestellt worden ist. ... Zwar befand sich der Kläger nicht mehr im Strafvollzug in einer JVA. Die Strafvollstreckung lief aber auch während seiner Zurückstellung von der Strafvollstreckung nach den §§ 35, 36 BtMG weiter... ...sowohl bei der Fachklinik A1 als auch bei der Adaption A1 *(handelte es sich)* auch um staatlich anerkannte Einrichtungen i. S. des § 35 Abs. 1 BtMG und des § 36 Abs. 1 Satz 1 BtMG.“

<u>BSG, Urteil vom 03.09.2020, B 14 AS 41/19 R:</u>
„Übernimmt der Träger einer Einrichtung nach § 7 Abs. 4 SGB II die **Gesamtverantwortung für die tägliche Lebensführung** und die Integration einer hilfebedürftigen Person, eröffnet die in seinem Therapiekonzept angelegte **Möglichkeit einer Erwerbstätigkeit** auf dem allgemeinen Arbeitsmarkt in einem Umfang von mindestens 15 Stunden wöchentlich den Zugang zu existenzsichernden Leistungen nach dem SGB II nur, wenn eine **Erwerbstätigkeit** mindestens in diesem Umfang **tatsächlich ausgeübt** wird. ...§ 7 Abs. 4 SGB II *(ist)* mit Wirkung vom 1.1.2020 wie folgt ergänzt worden: "Die Sätze 1 und 3 Nummer 2 gelten für Bewohner von Räumlichkeiten im Sinne des § 42a Absatz 2 Satz 1 Nummer 2 und Satz 3 des Zwölften Buches entsprechend"... Das zielt nach den Gesetzesmaterialien darauf ab, die in der Rechtsprechung zu § 7 Abs. 4 SGB II entwickelten Kriterien angesichts des Verzichts auf den Begriff der stationären Einrichtung im neuen Eingliederungsrecht auf die an seine Stelle getretene sogenannte **besondere Wohnform** i. S. des § 42a Abs. 2 Satz 1 Nr. 2 und Satz 3 SGB XII entsprechend zu übertragen. ... Voraussetzung für eine Gesamtverantwortung in diesem Sinne sind danach auf Seiten der Einrichtung ein **bestimmender Einfluss auf den Alltag** ... sowie Elemente der **begleitenden Kontrolle und Beobachtung** ... und auf Seiten der leistungsberechtigten Person ein entsprechend **eingeschränktes Maß an autonomer Entscheidungsmöglichkeit**, sich den Vorgaben der Einrichtung zu entziehen, ohne dass freilich ein zunehmendes Maß an Selbstständigkeit die Verantwortlichkeit des Einrichtungsträgers entfallen lässt... ...Gesamtverantwortung eines

Einrichtungsträgers ... beurteilt sich nach dem der Maßnahme bei deren Beginn zugrunde gelegten **Therapiekonzept** und nicht nach der Ausgestaltung und Entwicklung der einzelnen therapeutischen Angebote im weiteren Verlauf. ...die Klägerin *(war)* während ihres Aufenthalts im **Adaptionshaus** von Leistungen nach dem SGB II **ausgeschlossen**. ... Nicht ausschlaggebend dafür ist, wie sehr das von der Klägerin bewohnte Apartment mit gesondertem Eingang räumlich von der übrigen Einrichtung separiert war... Die ... Feststellungen tragen weiter die Einschätzung des LSG, dass dem Adaptionshaus nach dem der Maßnahme bei deren Beginn zugrunde gelegten Therapieplan bis zu deren Abschluss die Gesamtverantwortung für die tägliche Lebensführung und Integration der Klägerin zukam. ... Dass die Maßnahme in dem Adaptionshaus auf die Wiedererlangung der Selbstständigkeit der Klägerin gerichtet war und sie sich im Rahmen der Vorgaben ihre **Zeit frei einteilen** und ihren **Lebensalltag frei gestalten konnte**, steht dem nicht entgegen. ... Angesichts dessen sprechen schließlich auch die ... Möglichkeit der freien Zeiteinteilung an den nicht durch den Therapieplan vorgegebenen festen Gesprächsterminen und die Abwesenheit der Mitarbeiter am Abend und in der Nacht nicht gegen einen bestimmenden Einfluss der Einrichtung für den Tagesablauf der Klägerin. ...die Rückausnahme nach § 7 Abs. 4 Satz 3 Nr. 2 SGB II *(greift)* nicht aufgrund der zwei von ihr absolvierten **Praktika**. Diese entsprechen ... nicht einer Erwerbstätigkeit zu den üblichen Bedingungen des allgemeinen Arbeitsmarktes..."

BSG, Urteil vom 12.11.2015, B 14 AS 6/15 R:
„*(Der Kläger)* hat keinen Anspruch auf Alg II, weil er sich ab dem 5.1.2010 in einer Fachklinik zu einer stationären Langzeittherapie und damit in einer stationären Einrichtung nach § 7 Abs. 4 Satz 1 SGB II aufhielt. Die Voraussetzungen der **Rückausnahme** nach § 7 Abs. 4 Satz 3 Nr. 1 SGB II wegen eines Aufenthalts für voraussichtlich weniger als sechs Monate liegen nicht vor. Diese Rückausnahme will nach dem Sinn und Zweck der Regelung (vgl. BT-Drucks 16/1410 S 20) einen Wechsel aus dem Leistungssystem des SGB II in das des SGB XII bei einem nur absehbar kurzen Krankenhausaufenthalt vermeiden. Sie **greift** daher dann **nicht ein, wenn im Prognosezeitpunkt zu Beginn einer Krankenhausunterbringung zwar absehbar ist, dass diese weniger als sechs Monate dauert, die betreffende Person aber schon unmittelbar zuvor in einer anderen stationären Einrichtung war und dort** keine **Leistungen nach dem** SGB II, sondern dem **SGB XII erhalten hat**. Nur so wird, wie vom Gesetz beabsichtigt, ein ggf. kurzfristiger Wechsel zwischen SGB II und SGB XII vermieden. Der Kläger *(hatte)* zuvor während seines an die Entgiftungsbehandlung vom 29.4. bis zum 2.6.2009 anschließenden Aufenthalts in der stationären Übergangseinrichtung bis zu seiner Aufnahme in die Fachklinik am 5.1.2010 Leistungen nach dem SGB XII und nicht nach dem SGB II bezogen..."
Zitiert nach dem Terminbericht Nr. 48/15 des Bundessozialgerichts

BSG, Urteil vom 02.12.2014, B 14 AS 66/13 R:
„Zu Unrecht hat das LSG entschieden, dass dem Kläger für die Dauer des Aufenthalts in der **Rehabilitationsklinik** N. Leistungen ... nach dem SGB II zustehen. Der Kläger war dort in einer stationären Einrichtung i. S. von § 7 Abs. 4 S. 1 SGB II untergebracht und daher währenddessen von Leistungen nach dem SGB II ausgeschlossen. Dem steht die Rückausnahme nach § 7 Abs. 4 S. 3 Nr. 1 SGB II nicht entgegen. Zwar ist auch eine Rehabilitationsklinik für Menschen mit Abhängigkeitserkrankungen ein Krankenhaus ... Dies gilt auch bei Kostenübernahme durch den Rentenversicherungsträger. Jedoch war die Unterbringung nicht auf weniger als sechs Monate angelegt. Maßgeblich für die dafür anzustellende **Prognose** ist der **Zeitpunkt der Aufnahme in die Klinik** und nicht der Zeitpunkt der Beantragung von Leistungen nach dem SGB II...“
Zitiert nach dem Terminbericht Nr. 55/14 des Bundessozialgerichts

BSG, Urteil vom 05.06.2014, B 4 AS 32/13 R:
„Nach der Rechtsprechung zum funktionalen Einrichtungsbegriff kam es darauf an, ob die objektive Struktur der Einrichtung eine Erwerbstätigkeit ... ermöglichte. § 7 Abs. 4 S. 3 Nr. 2 SGB II sieht dagegen lediglich für den Fall einer tatsächlichen Erwerbstätigkeit eine ausdrückliche Rückausnahme vom Leistungsausschluss vor. **Zentrales Kriterium** wird damit eine **tatsächliche Erwerbstätigkeit** im Umfang **von 15 Wochenstunden** unter den Bedingungen des allgemeinen Arbeitsmarktes. Diese Rückausnahme gibt Anlass zu einer Modifizierung des bisherigen Einrichtungsbegriffs... Im Einzelnen ... *(müssen)* für das Eingreifen eines Leistungsausschlusses **drei Voraussetzungen** vorliegen.
In einem ersten Schritt ist zu prüfen, ob es sich um eine Leistungserbringung in einer **Einrichtung** handelt. Hierbei ist vom sozialhilferechtlichen Begriffsverständnis des § 13 Abs. 2 SGB XII ... auszugehen ... wobei die Bindung an ein Gebäude gegeben sein muss...
In einem zweiten Schritt kommt es darauf an, ob Leistungen **stationär** erbracht werden. Auch hierfür ist ... auf § 13 Abs. 1 SGB XII Bezug zu nehmen. ...von einer "stationären Leistungserbringung" ist auszugehen, wenn der Leistungsempfänger nach formeller Aufnahme in der Institution lebt und daher die Unterbringung Teil der Leistungserbringung ist. ...
Als dritte Voraussetzung kommt es auf eine **Unterbringung** in der stationären Einrichtung an. ... Von einer Unterbringung ist nur auszugehen, wenn der Träger der Einrichtung **nach Maßgabe seines Konzeptes die Gesamtverantwortung für die tägliche Lebensführung** und die Integration des Hilfebedürftigen übernimmt. ...
Schließlich entspricht die vorgenommene Auslegung dem **Sinn und Zweck** von § 7 Abs. 4 SGB II, Leistungsberechtigte aufgrund objektiver eindeutiger Kriterien entweder dem Leistungsspektrum des **SGB II oder** dem des **SGB XII** zuzuweisen. ... Die Auslegung ... führt schließlich nicht zu einer evtl. Schlechterstellung der Leistungsberechtigten bezogen auf Leistungen zur Eingliederung in Arbeit, denn die Eingliederungshilfe nach den §§ 53 ff SGB XII umfasst über die Verweisung in § 54 Abs. 1 S. 1 SGB XII auf § 33 SGB IX das gesamte Leistungsspektrum der Leistungen zur Teilhabe am Arbeitsleben... Sollte das

LSG eine mögliche Leistungsberechtigung des E. bejahen, wird es im Rahmen der Prüfung von § 22 SGB II weitere Ermittlungen vorzunehmen haben, ob E. einem ernsthaften Zahlungsbegehren ausgesetzt war."

BSG, Urteil vom 21.06.2011, B 4 AS 128/10 R:
„Der 14. Senat des BSG *(hat)* zu § 7 Abs. 4 Satz 2 SGB II in der hier maßgebenden Fassung entschieden, dass der Leistungsausschluss vom ersten Tag der Aufnahme in die Einrichtung ... auch greife, wenn der Hilfebedürftige in der JVA eine **Ersatzfreiheitsstrafe** nach § 43 Strafgesetzbuch verbüße, weil er sich auch dann in einer Einrichtung zum Vollzug richterlich angeordneter Freiheitsentziehung aufhalte... Jedenfalls lasse die ausdrückliche und spezielle Regelung zu den Einrichtungen zum Vollzug richterlich angeordneter Freiheitsentziehungen nach § 7 Abs. 4 Satz 2 SGB II erkennen, dass diese eine Sonderstellung einnähmen. Es komme insofern nicht mehr darauf an, ob sie nach ihrer Art die Aufnahme einer mindestens dreistündigen täglichen Erwerbsarbeit auf dem allgemeinen Arbeitsmarkt ausschlössen; vielmehr seien Leistungen generell ausgeschlossen. ... Der erkennende Senat schließt sich dieser Rechtsprechung des 14. Senats zur Auslegung des § 7 Abs. 4 Satz 2 SGB II an."

BSG, Urteil vom 24.02.2011, B 14 AS 81/09 R:
„Auf die Revision des Beklagten wurden die vorinstanzlichen Urteile aufgehoben, soweit sie den angefochtenen Bescheid für den Zeitraum aufgehoben und den Beklagten zur Leistung von Alg II verurteilt haben, in der der Kläger in einem **Freigängerheim einer JVA** wohnte.
Die Vorinstanzen sind zu Recht davon ausgegangen, dass der **Kläger** gemäß § 7 Abs. 4 SGB II von Leistungen **ausgeschlossen** war, solange er sich **im Regelvollzug** befand. Entgegen ihrer Ansicht galt dies aber **auch**, nachdem ihm **Vollzugslockerungen** gewährt worden waren. Einrichtungen zum Vollzug richterlich angeordneter Freiheitsentziehungen nehmen im Rahmen des § 7 Abs. 4 SGB II i. d. F. des Fortentwicklungsgesetzes (vom 20.7.2006) eine Sonderstellung ein. Nach § 7 Abs. 4 Satz 2 SGB II n. F. ist der **Aufenthalt in einer solchen Einrichtung dem Aufenthalt "in einer stationären Einrichtung" gleichgestellt**. Personen in derartigen Einrichtungen sind vom Leistungsbezug nach dem SGB II ausgeschlossen. **Bei diesen Einrichtungen kommt es damit nicht darauf an, ob sie nach ihrer Art die Aufnahme einer mindestens dreistündigen täglichen Erwerbstätigkeit auf dem allgemeinen Arbeitsmarkt von vornherein ausschließen**. Die Zuordnung zu den Leistungssystemen erfolgt hier nicht anhand der objektiven Struktur der Einrichtung im Einzelfall, sondern generalisiert für alle unter § 7 Abs. 4 Satz 2 SGB II fallenden Einrichtungen, deren Insassen durch den Freiheitsentzug in einem besonderen Maße vom allgemeinen Arbeitsmarkt ausgeschlossen sind. Der Umstand, dass der Kläger eine **Ersatzfreiheitsstrafe** verbüßte, führt nicht dazu, dass der Leistungsausschluss nach § 7 Abs. 4 SGB II auf ihn keine Anwendung findet."
Zitiert nach dem Terminbericht Nr. 8/11 des Bundessozialgerichts

BSG, Urteil vom 07.05.2009, B 14 AS 16/08 R:
„Der Kläger war seit April 2002 **inhaftiert** und befand sich anschließend seit dem 22. Dezember 2003 im **Maßregelvollzug im Zentrum für Psychiatrie** R in therapeutischer Behandlung. Am 2. Mai 2005 wurden dem Kläger von der .. Staatsanwaltschaft in W Vollzugslockerungen zur Arbeitsuche und Arbeitsaufnahme bewilligt. ... Der Senat hat bereits klargestellt, dass die **Unterbringung in einer stationären Einrichtung** iS des § 7 Abs. 4 SGB II als **gesetzliche Fiktion der Erwerbsunfähigkeit** ausgestaltet worden ist... Diese Fiktion **kann** nur **mit** der Aufnahme einer mindestens 15 Wochenstunden umfassenden **Erwerbsarbeit** zu regulären Arbeitsmarktbedingungen **widerlegt werden**... Die Zuweisung von Hilfebedürftigen zum System SGB II oder dem ... SGB XII entscheidet sich im Rahmen des § 7 Abs. 4 SGB II mithin nicht anhand der individuellen Leistungsfähigkeit bzw. Erwerbsfähigkeit des Hilfebedürftigen. Es kommt ausschließlich auf die **objektive Struktur und Art der Einrichtung** an. Ist die Einrichtung so strukturiert und gestaltet, dass es dem dort Untergebrachten nicht möglich ist, aus der Einrichtung heraus eine Erwerbstätigkeit auszuüben, die den zeitlichen Kriterien des § 8 SGB II genügt, so ist der Hilfebedürftige dem SGB XII zugewiesen. Tragender Gesichtspunkt für eine solche Systementscheidung ist die Annahme, dass der in einer Einrichtung Verweilende auf Grund der Vollversorgung und auf Grund seiner Einbindung in die Tagesabläufe der Einrichtung räumlich und zeitlich so weitgehend fremdbestimmt ist, dass er für die für das SGB II im Vordergrund stehenden Integrationsbemühungen zur Eingliederung in Arbeit ... nicht oder nicht ausreichend zur Verfügung steht. ... Dass der Kläger zuvor bereits längere Zeit in derselben Anstalt unter Bedingungen untergebracht war, die eine solche Erwerbstätigkeit ausschlossen - und damit seine Systemzuweisung zum SGB XII rechtfertigten ...- ändert hieran nichts. **Maßgebend ist, dass der Kläger ... objektiv in der Lage war, aus der Anstalt heraus einer Erwerbstätigkeit nachzugehen**..."

BSG, Urteil vom 16.12.2008, B 4 AS 9/08 R:
„Der rund dreiwöchige **Aufenthalt** des Klägers **in der JVA** schloss den Anspruch auf Leistungen der Grundsicherung für die Zeit des JVA-Aufenthalts nicht aus. Unter Geltung des § 7 Abs. 4 SGB II in seiner **bis zum 1.8.2006** geltenden - alten Fassung - waren Leistungen zur Grundsicherung nur bei einem länger als sechs Monate dauernden Aufenthalt in einer "stationären Einrichtung" ausgeschlossen. Hieran fehlt es, weil der JVA-Aufenthalt nur vom 24.4. bis 13.5.2006 dauerte. Die dem Kläger als dem Insassen einer JVA als Sachleistung während der Haft gewährte Verpflegung war auch kein zu berücksichtigendes Einkommen..."
Zitiert nach dem Terminbericht Nr. 65/08 des Bundessozialgerichts

BSG, Urteil vom 06.09.2007, B 14/7b AS 16/07 R:
„Der **Begriff der Einrichtung** i. S. des § 7 Abs. 4 SGB II ist **objektiv zu bestimmen**. Maßgebend ist, ob es dem **Hilfebedürftigen auf Grund der Struktur der Einrichtung möglich** ist, **drei Stunden täglich einer Erwerbstätig-**

keit (bzw. 15 Stunden wöchentlich) **auf dem allgemeinen Arbeitsmarkt nachzugehen**. ... Wäre das LSG bereits zu der Überzeugung gelangt, dass die Klägerin (subjektiv) nicht erwerbsfähig i. S. des § 8 SGB II ist, so wäre schon hieran ein Anspruch der Klägerin auf Leistungen nach dem SGB II gescheitert. Einer weiteren Prüfung des objektiven Charakters der Einrichtung hätte es dann nicht bedurft. Das LSG ist auch zutreffend davon ausgegangen, dass § 7 Abs. 4 SGB II die Fiktion enthält, iS des § 7 Abs. 1 SGB II an sich erwerbsfähige Hilfebedürftige als erwerbsunfähig anzusehen und vom Leistungsbezug nach dem SGB II auszuschließen...
Entgegen der Rechtsansicht des LSG kann der **Begriff der Einrichtung** iS des § 7 Abs. 4 SGB II **nicht durch einen Rückgriff auf das Sozialhilferecht** bestimmt werden. ...
Im Kontext der Abgrenzung von SGB II und SGB XII ist der Begriff der Einrichtung iS des § 7 Abs. 4 SGB II mithin danach zu bestimmen, ob **durch die Unterbringung** in der Einrichtung **die Fähigkeit zur** Aufnahme einer mindestens dreistündigen täglichen **Erwerbstätigkeit** auf dem allgemeinen Arbeitsmarkt **ausgeschlossen** ist. ... Von daher wird das LSG im Einzelnen noch festzustellen haben, ob die objektive Struktur des H-Hauses in O die Ausübung einer 15-stündigen Erwerbstätigkeit durch die Klägerin in der Woche zuließ. Hierfür ist beispielsweise festzustellen, **welche festen Termine im Tagesablauf** eine Anwesenheit der Klägerin im Haus erforderten, **wie dicht** diese Termine gelegt waren, wie stark die **Kontrolle über den Tagesablauf** tatsächlich institutionalisiert war (Meldetermine, Zeitpläne etc.), welche festen **Verpflichtungen** die Bewohner eingehen mussten und wie stark das "**Freizeitverhalten**" der Bewohner kontrolliert wurde."

Zur Rente wegen Alters:

<u>BSG, Urteil vom 08.12.2022, B 7/14 AS 10/21 R:</u>
„Die Klägerin war wegen des Bezugs einer **russischen Altersarbeitsrente** nach § 7 Abs. 4 SGB II von Leistungen nach dem SGB II ausgeschlossen. Die ... Rente ist ... einer deutschen Altersrente vergleichbar. Die nur **geringe Rentenhöhe hindert nicht** die Annahme einer **Vergleichbarkeit**... Bei der erforderlichen rechtsvergleichenden Betrachtung kommt es nicht auf die konkrete Rentenhöhe, sondern auf die Übereinstimmung abstrakter, das jeweilige System kennzeichnender Kriterien an. Ist ... von einer Vergleichbarkeit der ... Rente mit einer Altersrente aus dem deutschen Rentenversicherungssystem auszugehen, greift auch die dem Leistungsausschluss ... zugrundeliegende .. **Annahme eines Abschlusses des Erwerbslebens** und daran normativ anknüpfend grundsätzlich die Zuordnung ... zum ... SGB XII. Schutzwürdiges Vertrauen ... stand der Aufhebung ... nicht entgegen. ... Die Klägerin hat in keinem der Anträge auf ... Alg II den Bezug der Altersrente angegeben. **Schlechte deutsche Sprachkenntnisse** hindern den Vorwurf der groben Fahrlässigkeit ebenso wenig wie die **Angabe einer Rente in der Devisenerklärung bei der Einreise** in die Bundesrepublik... Schließlich steht der Rück-

nahme der Bewilligungsbescheide und der Erstattung ... auch nicht die Erfüllungsfiktion des § 107 Abs. 1 SGB X entgegen. ... Träte die Erfüllungsfiktion ein, würde sie der Klägerin einen Rechtsgrund für das Behaltendürfen des Alg II verleihen und damit die Rücknahme ... und den Erstattungsanspruch insoweit ausschließen. Dem hier allein denkbaren Erstattungsanspruch des Jobcenters gegen den beigeladenen Sozialhilfeträger nach § 105 SGB X (Anspruch des unzuständigen Leistungsträgers) steht allerdings § 105 Abs. 3 SGB X entgegen. Danach gilt § 105 Abs. 1 SGB X u. a. gegenüber Trägern der Sozialhilfe nur von dem Zeitpunkt an, von dem ihnen bekannt war, dass die Voraussetzungen für ihre Leistungspflicht vorlagen. An der ... Kenntnis der Leistungspflicht des Beigeladenen ... fehlt es aber bereits deshalb, weil die Klägerin auch im Jahr 2004 gegenüber dem Sozialhilfeträger nicht den laufenden Bezug einer (Alters-)Rente angegeben hatte, die für ihre Zuordnung zum ... SGB XII ... maßgeblich war."
Zitiert nach dem Terminbericht Nr. 46/22 des Bundessozialgerichts

BSG, Urteil vom 07.12.2017, B 14 AS 5/17 R:
„...erfasst wird auch der Bezug **ausländischer Altersrenten vor Erreichen der Altersgrenze** nach § 7 Abs. 1 Satz 1 Nr. 1 SGB II. ...wenn sie die gleichen typischen Merkmale aufweisen wie die ... deutsche Altersrente. Dem ist so, wenn die ausländische Rentenleistung durch einen öffentlichen Träger gewährt wird, sie an das Erreichen einer bestimmten Altersgrenze anknüpft und Lohnersatz nach einer im Allgemeinen den Lebensunterhalt sicherstellenden Gesamtkonzeption darstellt... Hinter dem Ausschluss von Leistungen ... steht die typisierende Annahme, dass Bezieher von Altersrenten vor Erreichen der Regelaltersgrenze schon aus dem Erwerbsleben ausgeschieden sind und nicht mehr in Arbeit eingegliedert werden müssen... Indes fehlen konkrete Feststellungen des LSG zu der ... Rente und zu deren rechtlicher Einordnung in das **russische Rente**nsystem sowie die ... Qualifizierung dieser Rente im Vergleich mit einer deutschen Altersrente... Eine schlichte Gleichsetzung mit der im Urteil des 4. Senats geprüften litauischen Altersrente verbietet sich hier schon deshalb, weil die dortige Rente erst mit 60 Jahren einsetzte und ca. 173 Euro monatlich betrug, während die Rente der Klägerin **mit Vollendung des 55. Lebensjahres** einsetzte und ... einen Wert von **29,85 Euro monatlich** hatte. Ob die ... Annahme, dass die erwerbsbiographische Lebensphase abgeschlossen ist, vorliegend greift, erfordert eine eingehendere Prüfung der ... **russischen Rente** (...Teilrenten hierfür nicht genügen...). Das LSG wird ... zu prüfen haben, ob die russische Rente ... in ihrem Kerngehalt den ... Merkmalen einer deutschen vorzeitigen Altersrente entspricht, d. h. nach Motivation, Funktion und Struktur gleichwertig ist..."

BSG, Urteil vom 16.05.2012, B 4 AS 105/11 R:
„Bei einer ausländischen Altersrente handelt es sich unter Berücksichtigung von Wortlaut, Entstehungsgeschichte, systematischem Zusammenhang und dem Sinn und Zweck des § 7 Abs. 4 S 1 SGB II um eine Leistungen des SGB II ausschließende Leistung, wenn sie die gleichen typischen Merkmale aufweist

wie die ausdrücklich benannte deutsche Altersrente. Dies ist ... hier wegen der bezogenen **litauischen Altersrente** der Fall. ... Eine ausländische Rente kann ... sowohl dem Begriff der Altersrente, als auch dem einer "ähnlichen Leistung öffentlich-rechtlicher Art" zugeordnet werden. ... Zu prüfen ist deshalb, ob die ausländische Rente von **Funktion und Struktur** als **der deutschen Altersrente vergleichbar** zu qualifizieren ist. Eine Vergleichbarkeit *(liegt)* dann vor, wenn die ausländischen Leistungen in ihrem Kerngehalt den gemeinsamen und typischen Merkmalen der inländischen Leistung entsprechen, d. h. nach Motivation und Funktion gleichwertig sind... Entscheidende Kriterien für die Vergleichbarkeit sind demnach: die Leistungsgewährung durch einen **öffentlichen Träger**, das Anknüpfen der Leistung an das Erreichen einer bestimmten **Altersgrenze** und der **Lohnersatz** nach einer im Allgemeinen den Lebensunterhalt sicherstellenden Gesamtkonzeption... Soweit die ausländische Altersrente bereits bezogen werden kann, bevor dies im Hinblick auf das Renteneintrittsalter nach deutschem Recht möglich wäre, ändert dies nichts an der Gleichbehandlung... Entscheidend ist vielmehr, dass auch die ausländische Leistung von dem Erreichen eines bestimmten Lebensalters abhängig und von ihrer Grundkonzeption her einer deutschen Rentenleistung vergleichbar ist... *(Es kommt)* nicht darauf an, ob die ausländische Rentenleistung individuell den Lebensunterhalt sicherstellt... Der Erklärung der Klägerin nach § 65 Abs. 4 SGB II i. V. m. § 428 Abs. 1 SGB III kommt für den Leistungsausschluss keine rechtliche Bedeutung zu."

BSG, Urteil vom 29.03.2007, B 7b AS 2/06 R:
„Der **Kläger** zu 2 **bildet** zwar **mit seiner Ehefrau**, der Klägerin zu 1, **trotz des Bezugs von Altersrente eine Bedarfsgemeinschaft** i.S. des § 7 Abs. 3 Nr. 1 und Nr. 3 Buchst a SGB II...; weil er selbst Altersrentenempfänger ist, **kann** er **aber** gemäß § 7 Abs. 4 SGB II **keine Leistungen nach dem SGB** II - auch kein Sozialgeld (§ 28 SGB II) - **erhalten**. Der Kläger zu 2 unterfiele somit bei Bedürftigkeit dem Leistungssystem des SGB XII..."

Zur Ortsabwesenheit:

BSG, Vergleich der Beteiligten vom 20.09.2023, B 4 AS 12/22 R:
„Der Senat hat die Beteiligten darauf hingewiesen, dass erwerbsfähige **Leistungsberechtigte ohne festen Wohnsitz** den Anforderungen der im streitigen Zeitraum gemäß § 7 Absatz 4a SGB II alter Fassung anwendbaren Erreichbarkeitsanordnung jedenfalls genügen dürften, wenn sie sich **täglich zum Jobcenter begeben** und dort nach für sie bestimmten Schriftstücken fragen. Die Möglichkeit der Einrichtung einer **Postadresse** bei einer **Obdachloseneinrichtung** sei demgegenüber **nicht vorrangig**. Daraufhin haben die Beteiligten in der mündlichen Verhandlung einen gerichtlichen **Vergleich** geschlossen."
Zitiert nach dem Terminbericht Nr. 35/23 des Bundessozialgerichts

<u>BSG, Urteil vom 16.05.2012, B 4 AS 166/11 R:</u>
„Der **Antrag auf Zustimmung zur Ortsabwesenheit umfasst** auch **nicht** konkludent einen **Antrag auf Fortzahlung** von Alg II für den während der Ortsabwesenheit beginnenden neuen Bewilligungszeitraum. Ein Verständnis vom Antrag auf Einholung einer Zustimmung zur Ortsabwesenheit, das über diesen originären Zweck hinausgeht, widerspräche nicht nur dem Wortlaut des § 7 Abs. 4a SGB II, sondern auch den Erwägungen aus dem Gesetzgebungsverfahren, dem **Sinn und Zweck** von § 7 Abs. 4a SGB II sowie der systematischen Einbindung der Vorschrift. ... Durch § 7 Abs. 4a SGB II sollte erreicht werden, die **missbräuchliche Inanspruchnahme von Fürsorgeleistungen** zu **vermeiden**...“

<u>BSG, Urteil vom 23.11.2006, B 11b AS 3/05 R:</u>
„Die Bewilligung einer .. Eingliederungsleistung setzt somit zunächst voraus, dass die Kläger Berechtigte nach § 7 SGB II ... waren ... **Unerheblich ist** insoweit freilich, **dass die Kläger nicht verfügbar waren**. Das Gesetz zur Fortentwicklung der Grundsicherung für Arbeitsuchende ... hat mit § 7 Abs. 4a SGB II verdeutlicht..., dass **Leistungen** nach diesem Buch **lediglich dann entfallen, wenn sich der Hilfebedürftige ohne Zustimmung** des persönlichen Ansprechpartners **außerhalb des** in der Erreichbarkeitsanordnung ... definierten **zeit- und ortsnahen Bereiches aufhält**. Dementsprechend müssen die weiteren Verfügbarkeitsvoraussetzungen des § 119 Abs. 5 SGB III i. d. F. des Dritten Gesetzes für moderne Dienstleistungen am Arbeitsmarkt ... nicht erfüllt werden.“

Zu Auszubildenden:

<u>BSG, Urteil vom 21.06.2023, B 7 AS 11/22 R:</u>
„Der Kläger ... war ... gemäß § 7 Absatz 5 Satz 1 SGB II von Leistungen zur Sicherung des Lebensunterhalts ausgeschlossen. ... Das **duale Studium**, das der Kläger durchlief, war **dem Grunde nach förderungsfähig** nach dem BAföG. Sein Einwand, die Förderungsfähigkeit des Studiums sei deswegen nicht gegeben, weil das Studium seine Arbeitskraft nicht im Sinne des § 2 Absatz 5 Satz 1 BAföG voll in Anspruch genommen habe, greift nicht durch. Es handelt sich .. bei der beruflichen Ausbildung um einen integrierten Bestandteil des Hochschulstudiums und nicht um eine daneben betriebene Tätigkeit. Soweit der Kläger deswegen keine Leistungen nach dem BAföG erhielt, weil der (späte) **Fachrichtungswechsel** dem dortigen Leistungsanspruch entgegenstand, ändert dies nichts an der Förderungsfähigkeit ... dem Grunde nach. Es waren hier allein individuelle Gründe für den Ausschluss von Ausbildungsförderungsleistungen nach dem BAföG ausschlaggebend. Offen bleiben kann, ob die **Ausbildung** ... **nach anderen Vorschriften** - etwa dem SGB III - dem Grunde nach hätte **gefördert** werden können. Auch dies **berührt nicht den Leistungsausschluss** nach § 7 Absatz 5 SGB II. ... Der Blick auf § 7 Absatz 6 SGB II zeigt, dass der Ausnahme vom Leistungsausschluss des § 7 Absatz

5 SGB II ein differenziertes Normkonzept zugrunde liegt. Auszubildende mit Fördermöglichkeiten nach dem BAföG und zugleich dem SGB III werden dort jedoch nicht aufgeführt. Bereits dies spricht dagegen, die Rückausnahme zu erweitern und zugleich den Leistungsausschluss ... einschränkend auszulegen. Die Herausnahme von Auszubildenden in nach §§ 51, 57 und 58 SGB III geförderten Ausbildungen aus dem Leistungsausschluss durch das "Rechtsvereinfachungsgesetz" ... sollte die Schnittstelle zwischen Grundsicherung für Arbeitsuchende und Ausbildungsförderung "entschärfen". Sie können nun aufstockend Alg II (jetzt Bürgergeld) zu den Ausbildungsförderungsleistungen erhalten. Geblieben ist jedoch der Ausschluss von Ausbildungen, die im Rahmen des BAföG dem Grunde nach förderungsfähig sind... Die Rückausnahme des § 7 Absatz 6 SGB II ist hier nicht einschlägig und Leistungen nach § 27 SGB II hat der Kläger nicht begehrt."
Zitiert nach dem Terminbericht Nr. 24/23 des Bundessozialgerichts

BSG, Urteil vom 19.10.2016, B 14 AS 40/15 R:
„Der Kläger hat gegen die zu 2. beigeladene BA keinen Anspruch auf weitere Leistungen. § 127 Abs. 1 Satz 2 SGB III ist ... keine "Generalklausel" und die dort aufgestellten Voraussetzungen liegen nicht vor. Das Gleiche gilt für § 127 Abs. 1 Satz 1 SGB III i. V. m. §§ 33, 44, 53, 54 SGB IX sowie § 64 Abs. 3 SGB III, weil es sich bei den **ungedeckten Kosten der Unterkunft und Heizung** nicht um Kosten der von der BA bewilligten Maßnahme handelt. Der Kläger, der aufgrund des bewilligten **Berufsvorbereitungslehrgangs mit internatsmäßiger Unterbringung** dem Leistungsausschluss nach § 7 Abs. 5 SGB II unterfällt, hat jedoch Anspruch auf **Leistungen nach § 27 Abs. 4 SGB II** a. F., der vom Gesetzgeber geschaffen wurde, um in **Härtefällen** das Existenzminimum der betreffenden Person sicherzustellen. Einen hierauf gestützten Anspruch auf Übernahme der Kosten der Unterkunft und Heizung hat das LSG ... zu Recht ... als **Darlehen** zugesprochen. Bei der Umsetzung des Urteils wird der Beklagte die beschränkte Haftung von Minderjährigen in Bezug auf ihnen aus verfassungsrechtlichen Gründen zumutbare Schulden und die zwischenzeitlich eingetretene Volljährigkeit des Klägers zu beachten haben... Die Klägerin hat ... keinen Anspruch auf weitere Leistungen für die Unterkunft und Heizung gegen den Beklagten."
Zitiert nach dem Terminbericht Nr. 39/16 des Bundessozialgerichts

BSG, Urteil vom 17.02.2015, B 14 AS 25/14 R:
„Die vom Kläger absolvierte **berufsvorbereitende Bildungsmaßnahme** führt zu diesem Leistungsausschluss, denn es handelt sich bei dieser um eine **dem Grunde nach förderungsfähige Ausbildung** i. S. des § 7 Abs. 5 SGB II. Dessen Wortlaut erfasst alle Ausbildungen, die nach dem ... BAföG oder nach den §§ 51, 57 und 58 SGB III dem Grunde nach förderungsfähig sind. Weder kommt es danach auf die konkrete Person des Auszubildenden an, noch darauf, ob und ggf. welche Förderungsleistungen diese erhält. Anknüpfungspunkt für den Leistungsausschluss ist nach seinem Wortlaut allein die konkrete Ausbildung und deren abstrakte Förderungsfähigkeit. Vom **Leistungsausschluss erfasst**

sind deshalb **auch behinderte Menschen**, die eine ... abstrakt förderungsfähige Ausbildung absolvieren, ohne dass es darauf ankommt, ob und welche, ggf. besonderen Leistungen sie für diese Ausbildung erhalten... Abstrakt förderungsfähig ist nach dem in § 7 Abs. 5 SGB II aufgeführten und hier einschlägigen § 51 SGB III ... auch eine berufsvorbereitende Bildungsmaßnahme. ... Diese den grundsätzlichen Leistungsausschluss aufrechterhaltende und um eine spezifische Zuschussleistung ergänzende Regelung macht bereits mit ihrem Wortlaut deutlich, dass der Leistungsausschluss nach § 7 Abs. 5 SGB II auch für Auszubildende gilt, die ... als Leistung zur Förderung der Teilhabe am Arbeitsleben **Ausbildungsgeld** nach dem SGB III erhalten. Dass der konkrete Bedarf des Klägers sich wegen seiner Internatsunterbringung nach anderen als den in § 7 Abs. 6 Nr. 2 und § 27 Abs. 3 Satz 1 SGB II in Bezug genommenen Vorschriften bemaß, ändert nichts am systematischen Argument, dass beide Vorschriften die Geltung des Leistungsausschlusses nach § 7 Abs. 5 SGB II auch für durch Ausbildungsgeld dem Grunde nach förderungsfähige Ausbildungen bestätigen."

BSG, Urteil vom 06.08.2014, B 4 AS 55/13 R:
„Der Wortlaut des § 7 Abs. 5 SGB II umfasst auch besondere Leistungen der Förderung der **Teilhabe** behinderter Menschen **am Arbeitsleben in Gestalt einer Ausbildung**. ... Die Klägerin hat ... eine ... dem Grunde nach förderungsfähige Ausbildung i. S. der §§ 60 bis 62 SGB III absolviert. ... *(es)* kommt für den Leistungsausschluss ... allein auf die **abstrakte Förderungsfähigkeit** der Ausbildung an... Nach § 60 Abs. 1 SGB III ist eine berufliche Ausbildung förderungsfähig, wenn sie in einem nach dem Berufsbildungsgesetz, der Handwerksordnung oder dem Seemannsgesetz staatlich anerkannten Ausbildungsberuf ... durchgeführt wird und der dafür vorgeschriebene Berufsausbildungsvertrag abgeschlossen worden ist. ... die **Eintragung** bzw. die Nichteintragung des Berufsausbildungsverhältnisses in das **Berufsausbildungsverzeichnis** *(ist)* für Gerichte, andere Behörden und Dritte insoweit bindend, als damit u. a. im Hinblick auf das Vorliegen eines Ausbildungsverhältnisses Tatbestandswirkung eintritt... Soweit die Klägerin ... ihre Ausbildung nicht in einem Betrieb, sondern in einem Berufsbildungswerk absolviert und deswegen keine Ausbildungsvergütung, sondern ... Leistungen von der BA als Teilhabeleistungen erhalten hat, ist dies den individuellen, in der Person ... liegenden Umständen geschuldet und keine Frage der abstrakten Förderungsfähigkeit der Ausbildung. ... Aus der Anwendungspraxis des § 26 BSHG kann jedoch geschlossen werden, dass die mangelnde Erwähnung des zuletzt benannten Personenkreises in den ersten Entwurfsbegründungen zum SGB II darauf zurückzuführen ist, dass deren Ausschluss - wie im BSHG - als umfasst angesehen worden war. ... Die Voraussetzungen für eine **Rückausnahme** nach § 7 Abs. 6 SGB II sind hier **nicht gegeben**. ... Da sie .. von Leistungen zur Sicherung des Lebensunterhalts ausgeschlossen ist ... hat sie auch **keinen Anspruch auf** die an die Teilhabeleistung anknüpfende **Leistung nach § 21 Abs. 4** SGB II... **Für eine Ausweitung des** von der Rechtsprechung entwickelten **Instituts der "temporären" Bedarfsgemeinschaft** ... auch auf Fallkonstellationen, in denen das volljährige Kind (unter 25 Jahren) von Leistungen zur Sicherung des

Lebensunterhalts nach dem SGB II ausgeschlossen ist, **besteht ... keine Veranlassung**."

BSG, Urteil vom 28.03.2013, B 4 AS 59/12 R:
„Ob sich der Beklagte für die Aufhebung des Bewilligungsbescheides vom 5.9.2005 auf § 45 SGB X stützen konnte, kann der Senat .. nicht abschließend beurteilen. Zwar liegt eine **anfängliche Rechtswidrigkeit** vor. Es sind jedoch noch Feststellungen dazu erforderlich, ob sich die Klägerin auf **Vertrauensschutz** berufen kann. Der Bescheid ... war bereits im Zeitpunkt seines Erlasses insoweit rechtswidrig, als der Beklagte über den tatsächlichen **Beginn der Ausbildung** am 25.8.2005 hinaus SGB-II-Leistungen gewährt hat. Ab diesem Zeitpunkt hatte die Klägerin keinen Anspruch auf Leistungen mehr, weil der **Anspruchsausschluss** nach § 7 Abs. 5 S. 1 SGB II eingriff. ... Auch reicht es aus, wenn ... durch die weitere Beantragung des BAföG zwischen dem Antrag und dem Erlass des Bescheids eine Änderung eintritt und der Leistungsempfänger diese Änderung entgegen seiner **Mitteilungspflicht** nicht mitteilt. Ein solches **Unterlassen** nach vorheriger Abfrage dieses Umstandes ist bei der Rücknahme der Leistungsbewilligung wegen anfänglicher Rechtswidrigkeit **der unrichtigen oder unvollständigen Angabe im Antragsvordruck gleichzusetzen**... Zwischen der Verletzung der Anzeigepflicht und der Bewilligung der Leistung muss daher ein Zusammenhang in der Weise bestehen, dass die rechtswidrige Leistungsgewährung wesentlich durch die Verletzung der Anzeigepflicht veranlasst worden ist ("**Kausalzusammenhang**"). Dies beinhaltet, dass es bei richtigen Angaben bzw. rechtzeitiger Anzeige des konkret bezeichneten Umstandes nicht zu den anfänglich rechtswidrigen Leistungen gekommen wäre..."

BSG, Urteil vom 22.08.2012, B 14 AS 197/11 R:
„Die Klägerin *(hat)* ... zwei genehmigte **Urlaubssemester** eingelegt. Dies muss jedoch nicht zwangsläufig dazu führen, dass nicht mehr von der Förderungsfähigkeit der Ausbildung dem Grunde nach gemäß § 2 BAföG ausgegangen werden kann. ... Ein Auszubildender *(besucht)* eine Ausbildungsstätte, solange er dieser organisationsrechtlich angehört und die Ausbildung an der Ausbildungsstätte tatsächlich betreibt... Es kommt mithin bei einem Urlaubssemester für die Förderfähigkeit dem Grunde nach sowohl auf die **organisationsrechtliche Zugehörigkeit** des Studierenden zu der Ausbildungsstätte an, die mit einer bestimmten Fachrichtung verknüpft sein muss, als auch auf ein **tatsächliches Betreiben** des Studiums. Damit ist ein Studierender während eines Urlaubssemesters dann nicht von Leistungen ... nach dem SGB II ausgeschlossen, wenn er in dieser Zeit aus organisationsrechtlichen Gründen der Hochschule nicht mehr angehört oder die organisationsrechtliche Zugehörigkeit zwar weiterhin vorliegt, er sein Studium jedoch tatsächlich nicht betreibt... Es kommt damit neben der ... Einschreibung/Immatrikulation wegen der organisatorischen Zugehörigkeit zu einer Hochschule darauf an, ob es nach .. **Hochschulrecht** dem Studierenden ermöglicht ist, während der Phase der Beurlaubung gleichwohl

an Veranstaltungen teilzunehmen sowie Prüfungen abzulegen. ... Die Beurlaubung führt aber auch dann zum Wegfall der Förderfähigkeit dem Grunde nach, wenn ... die Klägerin sich tatsächlich nicht entsprechend betätigt hat..."

BSG, Urteil vom 22.03.2012, B 4 AS 102/11 R:
„Voraussetzung für die Förderungsfähigkeit einer Ausbildung dem Grunde nach ist zunächst der **"Besuch" einer Ausbildungsstätte** ..., die sich den in § 2 Abs. 1 BAföG genannten Ausbildungsgattungen zuordnen lässt. Nach ständiger Rechtsprechung des BVerwG besucht ein Auszubildender eine Ausbildungsstätte, solange er dieser **organisationsrechtlich angehört** und die **Ausbildung an der Ausbildungsstätte tatsächlich betreibt**... Bei einer Hochschulausbildung begründet der Auszubildende seine Zugehörigkeit zu der Universität durch die Immatrikulation, die ihrerseits die Einschreibung in eine bestimmte Fachrichtung notwendig macht... Es kommt mithin bei einem **Urlaubssemester** für die Förderfähigkeit dem Grunde nach sowohl auf die organisationsrechtliche Zugehörigkeit des Studierenden zu der Ausbildungsstätte an, die mit einer bestimmten Fachrichtung verknüpft sein muss, als auch auf ein tatsächliches Betreiben des Studiums. ... Fraglich für die Beurteilung der Förderfähigkeit der Ausbildung dem Grunde nach ist ... zudem, ob der betreffende Studierende, der beurlaubt ist, aufgrund der landesrechtlichen/universitären Regelungen **berechtigt** ist, an den angebotenen Lehrveranstaltungen teilzunehmen und während der Beurlaubung Prüfungen abzulegen, die Teil der Lehrveranstaltungen sind..."

BSG, Urteil vom 22.03.2012, B 4 AS 94/11 R:
„Der Kläger ist auch nicht ... von Leistungen zur Sicherung des Lebensunterhalts ausgeschlossen. ... Der vom Kläger absolvierte **Meisterlehrgang** entsprach den Anforderungen an Maßnahmen beruflicher Aufstiegsfortbildung, die in § 2 AFBG niedergelegt sind. Damit scheidet eine Förderungsfähigkeit nach dem BAföG oder den §§ 60 bis 62 SGB III von vornherein aus. Die Ausnahmeregelung ist auf die ausdrücklich genannten Förderarten begrenzt... Hieran ändert sich auch nichts dadurch, dass das AFBG hinsichtlich des monatlichen Unterhaltsbedarfs auf einzelne Regelungen des BAföG verweist..."

BSG, Urteil vom 27.09.2011, B 4 AS 145/10 R:
„Der Ausschluss von Leistungen der Ausbildungsförderung beruht im Falle des Klägers .. auf individuellen Gründen. Er hat bereits mit dem, dem ersten juristischen Staatsexamen gleichgestellten **Diplom als Jurist in Russland** einen berufsqualifizierenden Ausbildungsabschluss erlangt. Dieser hat ihm ... den Zugang zum juristischen Vorbereitungsdienst ermöglicht. Damit sind die Fördervoraussetzungen des § 7 Abs. 1 Satz 1 BAföG nicht gegeben. ... Zwar liegen die Voraussetzungen für eine Förderung ... nach §§ 60 bis 62 SGB III nicht vor. Dies führt jedoch nicht dazu, dass § 7 Abs. 5 Satz 1 SGB II hier nicht anzuwenden wäre. Bei dem konkreten **Masterstudiengang** handelt es sich nicht um eine erstmalige Ausbildung, die ... förderungsfähig ist ..., sondern um eine

Weiterbildung. ... Die erstmalige Ausbildung hat der Kläger mit dem Studium der Rechtswissenschaften und dem Erwerb des Diploms an der russischen Staatsuniversität St. Petersburg ... bereits absolviert."

BSG, Urteil vom 30.08.2010, B 4 AS 97/09 R:
„Unabhängig von der grundsätzlichen Förderfähigkeit der Ausbildung zur Pharmazeutisch-technischen Assistentin nach dem BAföG könnte die Klägerin allerdings dann einen Anspruch auf die Regelleistung sowie Leistungen für Unterkunft und Heizung haben, wenn sie diese Ausbildung nicht als schulische Berufsausbildung, sondern im Rahmen einer beruflichen Weiterbildung i.S. des § 77 SGB III absolviert haben sollte. **Die Förderung einer "Ausbildung" nach § 77 SGB III führt nicht zu einem Leistungsausschluss nach § 7 Abs. 5 Satz 1 SGB II**. ... Die Ausnahme vom Leistungsausschluss nach § 7 Abs. 5 Satz 1 SGB II bei Weiterbildungsmaßnahmen folgt bereits aus dem Wortlaut der Vorschrift. ... Allein nach den Vorschriften einer Ausbildungsverordnung ist jedoch nicht zu beurteilen, ob ein bestimmtes Lernziel im Wege der Ausbildung oder der Weiterbildung erreicht wird. Es ist vielmehr eine Gesamtbetrachtung der konkreten Maßnahme angezeigt, die sowohl die einschlägigen Ausbildungsvorschriften als auch die Ausbildungswirklichkeit in den Blick nimmt, insbesondere, ob Vorkenntnisse eines Lernwilligen verwertbar sind..."

BSG, Urteil vom 19.08.2010, B 14 AS 24/09 R:
„Die Klägerin war gemäß § 7 Abs. 5 Satz 1 SGB II vom Bezug der Leistungen nach dem SGB II ausgeschlossen, weil das von ihr betriebene **Studium an der FHöV** M im Rahmen des BAföG **dem Grunde nach** bei der gebotenen abstrakten Betrachtungsweise **förderungsfähig** ist. ... Die Prüfung, ob eine Ausbildung dem Grunde nach förderungsfähig nach dem BAföG ist, richtet sich nach § 2 BAföG. ... Voraussetzung für die Förderungsfähigkeit einer Ausbildung dem Grunde nach ist zunächst der **"Besuch" einer Ausbildungsstätte**...
Der ... Umstand, dass an der FHöV M lediglich **Beamtenanwärter** studieren können, ist damit für die Förderungsfähigkeit der an dieser Ausbildungsstätte angebotenen Studiengänge unerheblich. An der Förderungsfähigkeit der Ausbildung dem Grunde nach ändert die Ausschlussregelung des § 2 Abs. 6 Nr. 3 BAföG ... nichts... Nach § 2 Abs. 6 Nr. 3 BAföG wird u. a. dann keine Ausbildungsförderung geleistet, wenn der Auszubildende als Beschäftigter im öffentlichen Dienst Anwärterbezüge oder ähnliche Leistungen aus öffentlichen Mitteln erhält. Die Ausschlussregelungen des § 2 Abs. 6 berühren aber die Förderungsfähigkeit einer Ausbildung dem Grunde nach nicht."

BSG, Urteil vom 21.12.2009, B 14 AS 61/08 R:
„Entgegen der Auffassung des Beklagten ist der Kläger nicht nach § 7 Abs. 5 Satz 1 SGB II von Leistungen zur Sicherung des Lebensunterhalts ... ausgeschlossen. ... Eine Ausnahme hiervon gilt unter anderem nach § 7 Abs. 6 Nr. 2 SGB II für Auszubildende, deren Bedarf sich nach § 12 Abs. 1 Nr. 1 BAföG

oder nach § 66 Abs. 1 Satz 1 SGB III bemisst. Ein solcher Ausnahmefall lag hier vor. Der Kläger erhielt Leistungen auf Grundlage des § 12 Abs. 1 Nr. 1 BAföG (sog. **Schüler-BAföG**), weil er ... eine Berufsfachschulklasse besuchte, deren Besuch eine abgeschlossene Berufsausbildung nicht voraussetzte und die nach zweijährigem Besuch einen berufsqualifizierenden Abschluss vermittelte, und die Ausbildungsstätte vom Wohnort des Vaters aus erreichbar war... Der Schüler einer Berufsfachschule erhält im Grundsatz dann den niedrigeren Satz nach § 12 Abs. 1 Nr. 1 BAföG, wenn die **Ausbildungsstätte von der Wohnung der Eltern aus erreichbar** ist. Lediglich wenn dies nicht der Fall ist oder der Auszubildende verheiratet ist oder mit einem Kind zusammenlebt, erhalten u. a. Schüler einer Berufsfachschule mit eigener Wohnung den höheren Bedarfssatz nach § 12 Abs. 2 Satz 2 i. V. m. § 2 Abs. 1a BAföG und sind damit von (ergänzenden) Leistungen zur Sicherung des Lebensunterhalts nach § 7 Abs. 5 Satz 1 SGB II ausgeschlossen. Erhält der Auszubildende nur den **niedrigeren Satz** nach § 12 Abs. 1 Nr. 1 BAföG, ist dies allein der **Grund für seine Privilegierung** in § 7 Abs. 6 Nr. 2 SGB II. ... Der damit im BAföG zum Ausdruck kommende Anreiz für Auszubildende, während der Schulausbildung zur Verminderung von Kosten der Ausbildung weiterhin im Elternhaus zu wohnen, bleibt im Kern aber auch bei einer ergänzenden Gewährung von Leistungen nach dem SGB II gewahrt.“

<u>BSG, Urteil vom 01.07.2009, B 4 AS 67/08 R:</u>
„Die Ausschlussregelung solle die Sozialhilfe mithin davon befreien, eine (versteckte) Ausbildungsförderung auf zweiter Ebene zu sein... Ein **"besonderer" Härtefall** liege erst dann vor, wenn im Einzelfall Umstände hinzuträten, die einen Ausschluss von der Ausbildungsförderung durch Hilfe zum Lebensunterhalt auch mit Rücksicht auf den Gesetzeszweck als übermäßig hart, d. h. als unzumutbar oder in hohem Maße unbillig, erscheinen ließen... Dass mit der Beendigung des Studiums der Verlust der bislang abgelegten Prüfungsleistungen einhergeht, genügt für sich noch nicht, eine unbillige Härte anzunehmen. ... Der Zielsetzung des "Förderns" entspricht es auch, **arbeitsmarktbezogene Aspekte** bei der Konkretisierung des unbestimmten Rechtsbegriffs der besonderen Härte zuzulassen. ... Die **"Erwerbszentriertheit" des SGB II** erfordert eine Auslegung der Härteregelung des § 7 Abs. 5 Satz 2 SGB II, die der Zielsetzung einer möglichst **dauerhaften Eingliederung** des erwerbsfähigen Hilfebedürftigen durch Ausübung einer Erwerbstätigkeit Rechnung trägt.“

<u>BSG, Urteil vom 30.09.2008, B 4 AS 28/07 R:</u>
„Die Klägerin begehrt für die Zeit einer beruflichen **Zweitausbildung** Leistungen ... nach dem SGB II. ... Entgegen der Auffassung des LSG handelt es sich bei der Ausbildung der Klägerin zur Rechtsanwaltsfachangestellten auch mit Rücksicht auf die von ihr bereits durchlaufene Berufsausbildung zur Bürokauffrau begrifflich nicht um eine Maßnahme der beruflichen **Weiterbildung**. Denn die Abgrenzung zwischen Aus- und Weiterbildung ist ausschließlich unter Berücksichtigung des Charakters der Maßnahme nach objektiven Kriterien vorzunehmen... Maßgebend ist ... die **objektive Ausgestaltung** der Maßnahme,

nicht jedoch die Sicht des Teilnehmers. ... **Scheidet die Förderung** einer dem Grunde nach förderungsfähigen Ausbildung schon **im primär zuständigen System** ... auf Grund individueller Versagensgründe **aus, führt dies nicht zur Leistungspflicht** des grundsätzlich nachrangigen Systems **der Grundsicherung**... Ein individueller Versagensgrund im vorgenannten Sinne liegt vor, wenn eine Förderung nach dem BAföG oder den §§ 60 bis 62 SGB III deshalb nicht in Betracht kommt, weil es sich um eine Zweitausbildung handelt. ... Die Klägerin kann Leistungen zur Sicherung des Lebensunterhalts auch nicht darlehensweise beanspruchen. ... In diesem Zusammenhang weist der Senat darauf hin, dass ... die **Neufassung** des **§ 60 Abs. 2 SGB III** die **Förderungsfähigkeit einer Zweitausbildung eröffnet**, wenn zu erwarten ist, dass eine berufliche Eingliederung auf andere Weise nicht erreicht werden kann und durch die zweite Ausbildung die berufliche Eingliederung erreicht wird..."

BSG, Urteil vom 06.09.2007, B 14/7b AS 36/06 R:
„Einen Verfassungsverstoß vermag der Senat im Leistungsausschluss nach § 7 Abs. 5 Satz 1 SGB II nicht zu erkennen. ... Allein die **Förderungsfähigkeit** der Ausbildung **dem Grunde nach** zieht nämlich die Folge des § 7 Abs. 5 Satz 1 SGB II nach sich. Individuelle Versagensgründe ... bleiben außer Betracht...Liegt ein **besonderer Härtefall** vor, hat die Verwaltung unter Ausübung pflichtgemäßen Ermessens **Art und Umfang der Leistungsgewährung** zu **prüfen**. Im Hinblick auf das "**Ob**" der Leistungsgewährung wird alsdann im Regelfall von einer **Ermessensreduktion auf Null** auszugehen sein... Bei dem Begriff des "besonderen Härtefalls" handelt es sich um einen **unbestimmten Rechtsbegriff**, dessen Ausfüllung in vollem Umfang der rechtlichen Überprüfung durch das Gericht unterliegt... Die Verwaltung hat **keinen Beurteilungsspielraum**; ihr steht auch keine Einschätzungsprärogative... ... dass ein **besonderer Härtefall** i. S. des § 7 Abs. 5 Satz 2 SGB II etwa auch dann anzunehmen ist, wenn wegen einer Ausbildungssituation Hilfebedarf (Bedarf an Hilfe zur Sicherung des Lebensunterhalts) entstanden ist, der nicht durch BAföG oder Ausbildungsbeihilfe gedeckt werden kann und deswegen begründeter Anlass für die Annahme besteht, die vor dem Abschluss stehende Ausbildung werde nicht beendet und damit drohe das Risiko zukünftiger Erwerbslosigkeit, verbunden mit weiter bestehender Hilfebedürftigkeit. ...
... kann von einem besonderen Härtefall ausgegangen werden, **wenn der Lebensunterhalt während der Ausbildung durch** Förderung auf Grund von BAföG/SGB III-Leistungen oder anderen **finanziellen Mittel** - sei es Elternunterhalt, Einkommen aus eigener Erwerbstätigkeit oder möglicherweise bisher zu Unrecht gewährte Hilfe zur Sicherung des Lebensunterhalts (Vertrauensschutz) - **gesichert war**, **die nun kurz vor Abschluss der Ausbildung entfallen**. **Gleiches gilt für den Fall der Unterbrechung** der bereits weit fortgeschrittenen und bisher kontinuierlich betriebenen Ausbildung auf Grund der konkreten Umstände des Einzelfalls **wegen einer Behinderung oder Erkrankung**. Denkbar ist auch, dass die nicht mehr nach den Vorschriften des BAföG oder der §§ 60 bis 62 SGB III geförderte **Ausbildung** objektiv belegbar die **einzige Zugangsmöglichkeit zum Arbeitsmarkt** darstellt...

Der Kläger hat sein jahrelang betriebenes **Studium der Ethnologie** im 7. Semester **abgebrochen** ... und mit dem **Studium des Bauingenieurwesens** nun ein Studium **aufgenommen** ... mit einer echten Erwerbsperspektive. Dieses allein vermag jedoch die **Annahme eines besonderen Härtefalls nicht zu rechtfertigen**."

Erwerbsfähigkeit

„Erwerbsfähigkeit" ist der zentrale Begriff des SGB II:

Nur erwerbsfähige Personen können Bürgergeld beanspruchen.

Erwerbsfähig ist, wer nicht

- wegen Krankheit oder Behinderung
- auf absehbare Zeit
- außerstande ist
- unter den üblichen Bedingungen des allgemeinen Arbeitsmarktes
- mindestens drei Stunden täglich
- erwerbstätig zu sein (§ 8 Abs. 1 SGB II).

Der Begriff schließt nahtlos an den Begriff der vollen Erwerbsminderung im Rentenrecht an (§ 43 SGB VI).

Ausländer können in diesem Sinne nur erwerbsfähig sein, wenn ihnen die Aufnahme einer **Beschäftigung erlaubt** ist oder erlaubt werden könnte (§ 8 Abs. 2 Satz 1 SGB II). Es reicht die rechtliche Möglichkeit, eine Beschäftigung vorbehaltlich einer Zustimmung nach § 39 Aufenthaltsgesetz aufzunehmen (nachrangiger Arbeitsmarktzugang).

Die Agentur für Arbeit stellt fest, ob der Arbeitsuchende erwerbsfähig und hilfebedürftig ist (§ 44a SGB II).

Der kommunale Träger kann der Entscheidung über die Erwerbsfähigkeit widersprechen; ebenso die Krankenkasse oder ein anderer Träger, der bei voller Erwerbsminderung zuständig wäre.

Im *Widerspruchsfall* entscheidet die Agentur für Arbeit auf der Basis eines Gutachtens des Trägers der Rentenversicherung. Die Agentur ist an das Gutachten gebunden (§ 44a Abs. 1 SGB II).

Bis zu dieser Entscheidung sind Leistungen nach dem SGB II zu gewähren, sog. Nahtlosigkeitsregelung (§ 44a SGB II).

Der Entscheidung über die Hilfebedürftigkeit kann nur der kommunale Träger widersprechen, und auch das nur, wenn er aufgrund der Feststellung höhere Leistungen erbringen muss (§ 44a Abs. 6 SGB II).

BSG, Urteil vom 26.11.2020, B 14 AS 47/18 R:
„Auf die Revision des Klägers ist das Urteil des LSG hinsichtlich der Feststellungsbegehren aufgehoben und die Sache zurückverwiesen worden. Nach § 44a Abs. 4 SGB II kann der kommunale Kläger einer **Feststellung der Agentur für Arbeit** (AA), ob und in welchem Umfang eine Leistungen begehrende Person hilfebedürftig ist, **widersprechen** und letztlich eine gerichtliche Entscheidung hierüber anstreben. Demgemäß hat das LSG zu Recht die vom Kläger erhobene **Feststellungsklage** in einzelnen Leistungsfällen als **zulässig** angesehen. Für die materiell-rechtliche Prüfung, ob die Entscheidung über die Hilfebedürftigkeit seitens der AA zutreffend erfolgt ist, genügt indes **nicht** eine "**Vertretbarkeitsprüfung**". Vielmehr ist zu entscheiden, ob die Feststellung der AA rechtmäßig war. Dies kann der Senat mangels entsprechender Feststellungen des LSG zu den einzelnen Leistungsfällen nicht beurteilen."
Zitiert nach dem Terminbericht Nr. 43/20 des Bundessozialgerichts

BSG, Urteil vom 21.12.2009, B 14 AS 42/08 R:
„Anspruch auf Leistungen der Grundsicherung haben nur Personen, die erwerbsfähig sind. Dabei ist der grundsicherungsrechtliche **Erwerbs(un)fähigkeitsbegriff** mit dem rentenversicherungsrechtlichen Erwerbsunfähigkeits- bzw. Erwerbsminderungsbegriff nicht deckungsgleich. Anders als im Rentenversicherungsrecht ist in der Grundsicherung für Arbeitsuchende die **Verschlossenheit des Teilzeitarbeitsmarktes** für die Beurteilung der Erwerbsfähigkeit des Hilfesuchenden grundsätzlich ohne Bedeutung, sodass der Bezug einer so genannten **Arbeitsmarktrente** grundsätzlich nicht zum Wegfall der Erwerbsfähigkeit führt."
Zitiert nach dem Bericht über die „Tätigkeit des Bundessozialgerichtes im Jahre 2009"

BSG, Urteil vom 07.11.2006, B 7b AS 10/06 R:
„Ob der Ehemann der Klägerin erwerbsfähig ist, steht nicht sicher fest. Zwar hat das LSG aufgeführt, er beziehe eine **Erwerbsminderungsrente**. Dies **besagt** jedoch **noch nichts darüber, ob er erwerbsunfähig i. S. des SGB II ist**, und zwar insbesondere deshalb, weil der **rentenversicherungsrechtliche Begriff nicht identisch sein muss mit dem des SGB II** ... Selbst wenn er nicht erwerbsfähig ist i. S. des § 8 SGB II oder nach § 44a Satz 3 SGB II so zu behandeln wäre (dazu später), könnte er indes einen Anspruch auf Sozialgeld nach § 28 Abs. 1 Satz 1 SGB II ... besitzen, soweit er nicht einen Anspruch auf Leistungen nach §§ 41 ff SGB XII hat. Danach erhalten zur Sicherung des Lebensunterhalts im Alter und bei dauerhafter Erwerbsminderung Personen mit gewöhnlichem Aufenthalt im Inland, die - soweit vorliegend einschlägig - das

18. Lebensjahr vollendet haben, unabhängig von der jeweiligen Arbeitsmarktlage voll erwerbsgemindert i. S. des § 43 Abs. 2 SGB VI sind und bei denen unwahrscheinlich ist, dass die volle Erwerbsminderung behoben werden kann, auf Antrag die Leistungen der Grundsicherung im Alter und bei Erwerbsminderung nach diesem Kapitel des SGB XII. ... Jedenfalls ist der Argumentation der Beklagten nicht zu folgen, ein Leistungsanspruch nach § 28 Abs. 1 Satz 1 SGB II scheide schon deshalb aus, weil der Ehemann der Klägerin, wenn er bedürftig wäre, einen Anspruch nach § 41 SGB XII hätte. Für eine derartige Auslegung bietet der Wortlaut der Norm keine Anhaltspunkte (vgl. demgegenüber § 21 SGB XII: "dem Grunde nach leistungsberechtigt"). Vielmehr sind die Anspruchsvoraussetzungen des § 41 SGB XII im Einzelnen zu prüfen. **Sinn des Leistungsausschlusses für Leistungsberechtigte des § 41 SGB XII ist es, den Berechtigten möglichst nicht zwei Systemen zur Sicherung des Existenzminimums zu unterstellen**...
§ 44a SGB II soll verhindern, dass sich der **Streit über die Erwerbsfähigkeit** eines Hilfebedürftigen für diesen so auswirkt, dass er weder von den Leistungsträgern des SGB II noch denen des SGB XII Leistungen erhält. Denn ist ein Hilfebedürftiger erwerbsfähig, fällt er in die Zuständigkeit des SGB II, ist er nicht erwerbsfähig, in die des SGB XII. Damit der Hilfebedürftige, bildlich gesprochen, nicht "zwischen zwei Stühlen sitzt", darf die in § 44a SGB II angeordnete Regelung der Zahlung von Alg II durch die Träger des SGB II nicht erst einsetzen, wenn zwischen den Leistungsträgern des SGB II und des SGB XII tatsächlich Streit über das Vorliegen von Erwerbsfähigkeit besteht. Vielmehr muss § 44a Satz 3 SGB II mit seiner endgültigen Zahlungspflicht der Leistungsträger des SGB XII bis zur Entscheidung der Einigungsstelle auch für den Fall gelten, dass die Leistungsträger des SGB II von einer fehlenden Erwerbsfähigkeit ausgehen, sich aber nicht um eine Klärung der Angelegenheit mit dem zuständigen Leistungsträger des SGB XII bemüht haben... Der **Hilfebedürftige ist** auf diese Weise nicht nur bei einem schon bestehenden Streit zwischen den Leistungsträgern bis zu einer Entscheidung der Einigungsstelle nach deren Anrufung, sondern **bereits im Vorfeld so zu stellen, als wäre er erwerbsfähig**. Nach Sinn und Zweck der gesetzlichen Regelung darf die Beklagte fehlende Erwerbsfähigkeit nicht annehmen, ohne den zuständigen Sozialhilfeträger eingeschaltet zu haben.“

6.2 Anspruchsberechtigte Personen beim Bürgergeld für nichterwerbsfähige LB

Bürgergeld für nichterwerbsfähige Leistungsberechtigte können Personen beanspruchen,

- die mit einem erwerbsfähigen Leistungsberechtigten in einer *Bedarfsgemeinschaft* leben (§ 7 Abs. 2 S. 1 SGB II) soweit
- sie keinen Anspruch auf Grundsicherung im Alter und bei Erwerbsminderung nach dem Vierten Kapitel des SGB XII haben (§ 19 Abs. 1 SGB II).

Zur **Bedarfsgemeinschaft** zählen nach § 7 Abs. 3 SGB II

1. der **erwerbsfähige Leistungsberechtigte**
2. sein **Partner**
   - der nicht dauernd getrennt lebende Ehegatte
   - der nicht dauernd getrennt lebende Partner einer eingetragenen Lebenspartnerschaft
   - der Partner einer eheähnlichen Gemeinschaft
3. die im Haushalt lebenden **Eltern** oder der im Haushalt lebende **Elternteil** eines minderjährigen, unverheirateten *erwerbsfähigen* Kindes und der im Haushalt lebende **Partner** dieses Elternteils
4. die zum Haushalt gehörenden unverheirateten **Kinder** der in den Nummern 1 bis 3 genannten Personen, wenn sie das 25. Lebensjahr noch nicht vollendet haben, soweit die Kinder bedürftig sind.

Eine eheähnliche Gemeinschaft setzt voraus:
- Zusammenleben
- in einem gemeinsamen Haushalt
- mit dem **Willen, wechselseitig füreinander Verantwortung zu tragen und füreinander einzustehen**.

Der Gesetzgeber **vermutet** seit dem 1. August 2006 diesen Willen, wenn Partner

- länger als ein Jahr zusammenleben
- mit einem gemeinsamen Kind zusammenleben
- Kinder oder Angehörige im Haushalt versorgen *oder*
- befugt sind, über Einkommen oder Vermögen des anderen zu verfügen.

Keine Bedarfsgemeinschaft bilden z. B.

- Eltern und ihre Kinder ab Vollendung des 25. Lebensjahres
- Eltern und ihre *verheirateten* Kinder unter 25 Jahren
- erwerbsfähige Eltern und erwerbsfähige Kinder mit eigenem Kind
- erwerbsfähige Eltern und Kinder unter 25 Jahren, die nicht hilfebedürftig i. S. d. SGB II sind
- Geschwister, die ohne Eltern zusammen leben
- Großeltern und Enkelkinder (BSG, 27.01.2009, B 14/7b AS 8/07 R)
- Pflegeeltern und Pflegekinder (BSG, 27.01.2009, B 14/7b AS 8/07 R)
- Onkel/Tanten und Neffen/Nichten
- Sonstige Verwandte und Verschwägerte
- nicht verwandte Personen einer Wohngemeinschaft.

Der Anspruch der Bedarfsgemeinschaft auf Leistungen zur Sicherung des Lebensunterhalts wird grundsätzlich nach der Vermutungsregelung des § 38 SGB II realisiert (siehe Kapitel 14, Vertretung der Bedarfsgemeinschaft).

Zum Kreis der **Anspruchsberechtigten** können gehören:

- nicht erwerbsfähige Partner
- Kinder eines Erwerbsfähigen oder eines Partners bis zum 15. Lebensjahr

Allgemein:

BSG, Urteil vom 11.11.2021, B 14 AS 89/20 R:
„Der Kläger ... hat ... keinen Anspruch auf Sozialgeld nach dem SGB II, ergänzend zu den Leistungen nach dem 4. Kapitel des SGB XII und zu seiner **Rente wegen voller Erwerbsminderung**. Zwar kann auch ein nichterwerbsfähiges Mitglied einer Bedarfsgemeinschaft, das **Leistungen der Grundsicherung im Alter und bei Erwerbsminderung nach dem SGB XII** bezieht, grundsätzlich einen **Anspruch auf Sozialgeld** haben. Es besteht insoweit allerdings ein **Vorrang-Nachrang-Verhältnis**. Dies folgt aus § 19 Abs. 1 Satz 2 und § 5 Abs. 2 Satz 2 SGB II. Dabei greift nachrangig ein **Sozialgeldanspruch** nur in dem **Ausnahmefall**, dass trotz der ... Leistungen nach dem 4. Kapitel des SGB XII eine **Bedarfsunterdeckung** verbleibt. Ein solcher Ausnahmefall liegt hier - obwohl die Vorschriften des SGB II und SGB XII nicht aufeinander abgestimmt sind und die Bedarfsermittlung nach den Grundsätzen der sogenannten "gemischten Bedarfsgemeinschaft" erfolgt - nicht vor. **Unterschiede** ... **bei der Einkommensanrechnung** ... **können eine Bedarfsunterdeckung grundsätzlich nicht bewirken**. Sie sind lediglich Ausdruck der Differenzierungen der jeweiligen Leistungssysteme aufgrund der mit ihnen verbundenen unterschiedlichen Zwecke. Unter Berücksichtigung dessen hat der Beklagte zutreffend eine **vertikale Berechnung** des Leistungsanspruchs ... vorgenommen. Die aus § 9 Abs. 2 Satz 3 SGB II folgende horizontale Einkommensberücksichtigung innerhalb der Bedarfsgemeinschaft ist in der .. Fallgestaltung, in der ein Mitglied tatsächlich Leistungen nach dem 4. Kapitel des SGB XII erhält, nur eingeschränkt anzuwenden. Denn die Verteilung des Einkommens des SGB XII-Leistungsbeziehers auf die übrigen Mitglieder der Bedarfsgemeinschaft würde zu einer doppelten Erbringung von Leistungen zur Sicherung des Lebensunterhalts ... führen. Eine derartige Konsequenz ist erkennbar nicht gewollt und würde auch dem Sinn und Zweck des Vorrang-Nachrangverhältnisses ... widersprechen. Ein Anspruch auf ergänzendes Sozialgeld ergibt sich auch nicht allein aufgrund des Abzugs der **Versicherungspauschale** des § 6 Abs. 1 Nr. 1 Alg II-V. ... Zwar hat die Regelung keine Entsprechung im SGB XII bzw. der VO zu § 82 SGB XII gefunden. Dies führt jedoch nicht dazu, dass Leistungen nach dem 4. Kapitel des SGB XII nicht den Lebensunterhalt sichern. Der Pauschbetrag ist gerade keine zusätzliche, den Bedarf erhöhende Leistung. Aus diesem Grunde erwächst ein Anspruch des Klägers auf - ergänzendes - Sozialgeld auch nicht daraus, dass seine **Kfz-Haftpflichtversicherung** ... - anders als im SGB XII - abzugsfähig wäre."
Zitiert nach dem Terminbericht Nr. 40/21 des Bundessozialgerichts

BSG, Urteil vom 28.11.2018, B 4 AS 46/17 R:
„Nach § 19 Abs. 1 Satz 2 SGB II erhalten nichterwerbsfähige Leistungsberechtigte, die mit erwerbsfähigen Leistungsberechtigten in einer Bedarfsgemeinschaft leben, Sozialgeld, soweit sie keinen Anspruch auf Leistungen nach dem 4. Kapitel des SGB XII haben. ... Die Klägerin lebt mit einem erwerbsfähigen Leistungsberechtigten in einer Bedarfsgemeinschaft. Es handelt sich bei ihr um eine nichterwerbsfähige Leistungsberechtigte, die nicht gemäß § 7 Abs. 4 Satz

1 SGB II von Leistungen nach dem SGB II ausgeschlossen ist. Die Klägerin hat ... auch keinen Anspruch auf Leistungen nach dem 4. Kapitel des SGB XII. **§ 19 Abs. 1 Satz 2 SGB II und § 5 Abs. 2 Satz 2 SGB II sind nicht in dem Sinne auszulegen, dass sie einen Anspruch auf Sozialgeld bereits dann ausschließen, wenn der Betroffene dem Grunde nach leistungsberechtigt nach dem 4. Kapitel des SGB XII ist**. ... Bei der **Erwerbsminderungsrente** ... handelt es sich nicht um eine Leistung, die einer Altersrente ähnlich ist und deswegen den Leistungsausschluss zur Folge hat... Da der Klägerin ... aufgrund fehlender Bedürftigkeit kein Anspruch auf Leistungen nach dem 4. Kapitel des SGB XII zusteht, kommt es nicht mehr darauf an, ob der Anspruch auch deswegen ausgeschlossen ist, weil es bereits an einem Antrag auf diese Sozialleistung fehlt... Für die Ansicht, eine grundsätzlich bestehende Leistungsberechtigung nach dem 4. Kapitel des SGB XII schließe einen Anspruch auf Sozialgeld aus, gibt es in § 19 Abs. 1 Satz 2 SGB II und § 5 Abs. 2 Satz 2 SGB II unter Berücksichtigung von Wortlaut, Entstehungsgeschichte, systematischem Zusammenhang und dem Sinn und Zweck dieser Vorschriften keine genügenden Anhaltspunkte."

Zum Getrenntleben:

BSG, Urteil vom 18.02.2010, B 4 AS 49/09 R:

„Der 4. Senat des Bundessozialgerichts hat ... entschieden, dass - wegen des Bestehens einer Bedarfsgemeinschaft - das Einkommen eines Ehepartners auch dann berücksichtigt werden kann, wenn beide Eheleute **bereits bei der Eheschließung vereinbart hatten, eine Ehe ohne räumlichen Lebensmittelpunkt (gemeinsame Wohnung) zu führen**. Die 1954 geborene Klägerin stand im Bezug von Arbeitslosengeld II. Sie heiratete im Januar 2005 den 1936 geborenen H.-L. M. Die Eheleute lebten auch nach der Eheschließung in ihren bisherigen Wohnungen, führten getrennte Haushalte und vereinbarten eine Gütertrennung. Die Klägerin verbrachte - wie bisher - drei bis viermal in der Woche vormittags die Zeit bei ihrem Ehemann mit Gesprächen, Spaziergängen und Fernsehen. Gelegentlich wurden gemeinsame Mahlzeiten eingenommen. Die Beklagte hob die laufende Bewilligung von SGB II-Leistungen auf, weil sich unter Berücksichtigung der Pension des Ehemannes ein einzusetzendes Einkommen ergebe, welches den Bedarf der Eheleute nach dem SGB II übersteige. Das Landessozialgericht hatte das klageabweisende Urteil des Sozialgerichts geändert und den angefochtenen Bescheid aufgehoben. Durch die Heirat sei keine rechtserhebliche Änderung in den tatsächlichen Verhältnissen eingetreten.

Das Bundessozialgericht hat den Rechtsstreit an das Landessozialgericht zurückverwiesen. Die Voraussetzungen einer von der Klägerin und ihrem Ehemann gebildeten **Bedarfsgemeinschaft** haben zum Zeitpunkt des Erlasses des Aufhebungsbescheids vorgelegen. Zur Bedarfsgemeinschaft gehört nach § 7 Abs. 3 Nr. 3a SGB II unter anderem der nicht dauernd getrennt lebende Ehegatte. Aus den vom Landessozialgericht getroffenen Feststellungen ergibt sich, dass die Klägerin mit ihrem Ehemann ab der Eheschließung, dh seit dem

5. Januar 2005, eine Bedarfsgemeinschaft bildete. Der Senat geht insoweit von den Grundsätzen aus, die zum **familienrechtlichen Begriff des Getrenntlebens** entwickelt worden sind. Für das Getrenntleben im familienrechtlichen Sinne muss regelmäßig der nach außen **erkennbare Wille** eines Ehegatten hinzutreten, **die häusliche Gemeinschaft nicht herstellen zu wollen**, weil er die eheliche Gemeinschaft ablehnt. In der vorliegenden Konstellation einer Ehe ohne gemeinsamen räumlichen Lebensmittelpunkt muss entsprechend der Wille eines Partners festgestellt werden, diese gewählte Form der Ehe aufgeben zu wollen. Ein derartiger Lösungswille der Klägerin war nach den Feststellungen des Landessozialgerichts hier im Januar 2005 nicht vorhanden. Aus der Systematik des SGB II folgt nicht, dass dem SGB II ein anderer Begriff des Getrenntlebens zugrunde liegt, bei dem auf die Feststellung eines Trennungswillens verzichtet werden kann. Allerdings lässt sich aufgrund der vom Landessozialgericht getroffenen Feststellungen nicht entscheiden, ob und in welchem Umfang die Beklagte wegen des Entfallens der Hilfebedürftigkeit die Bewilligung aufzuheben hatte. Erforderlich sind insofern Feststellungen zur Höhe des zu berücksichtigenden Einkommens des Ehemannes der Klägerin und zu dessen Bedarf."
Zitiert nach der Medieninformation Nr. 5/10 des Bundessozialgerichts

Zur eheähnlichen Gemeinschaft:

BSG, Urteil vom 12.10.2016, B 4 AS 60/15 R:
„Das LSG ist ... von einem falschen rechtlichen Ausgangspunkt ausgegangen. Aufgrund der Feststellungen des LSG ist nicht geklärt, ob Einkommen und Vermögen des L bei ... der Klägerin zu berücksichtigen ist, weil zwischen ihr und L ... eine Bedarfsgemeinschaft ... bestanden hat. Ob eine solche in Form der Verantwortungs- und Einstehensgemeinschaft vorliegt, ist durch das Tatsachengericht anhand von Indizien im Wege einer Gesamtwürdigung festzustellen. Der Senat hat insoweit nur zu überprüfen, ob das Tatsachengericht ... von dem zutreffenden Rechtsbegriff der "Verantwortungs- und Einstehensgemeinschaft" ausgegangen ist. Dies ist indes nicht der Fall. Das LSG hat geprüft, ob sich die Partner einer von ihm bejahten früheren nichtehelichen Lebensgemeinschaft nach Maßgabe ... des **§ 1567 BGB** getrennt haben. ...das LSG *(durfte)* aber **nicht** von dieser Rechtsnorm ausgehen und ... den Nachweis eines objektiv erkennbaren **Trennungswillens verlangen**. Das SGB II nennt .. in § 7 Abs. 3 Nr. 3 Buchst. c die Voraussetzungen für die Beurteilung einer Verantwortungs- und Einstehens-Gemeinschaft. Auf dieser Grundlage muss im jeweiligen Bewilligungszeitraum das **Bestehen einer solchen Gemeinschaft positiv festgestellt** werden."
Zitiert nach dem Terminbericht Nr. 38/16 des Bundessozialgerichts

BSG, Urteil vom 23.08.2012, B 4 AS 34/12 R:
„Ob eine **Verantwortungs- und Einstehensgemeinschaft** ... vorliegt, ist anhand von **Indizien** und im Wege einer **Gesamtwürdigung** festzustellen. ... §

7 Abs. 3 Nr. 3c SGB II *(normiert)* für das Vorliegen einer Verantwortungs- und Einstehensgemeinschaft drei **Voraussetzungen**, die kumulativ vorliegen müssen: Es muss sich 1. um **Partner** handeln, die 2. in einem **gemeinsamen Haushalt zusammenleben**, und zwar 3. so, dass nach verständiger Würdigung der **wechselseitige Wille** anzunehmen ist, **Verantwortung füreinander zu tragen und füreinander einzustehen**... Bei den Kriterien zu 1. und 2. ... handelt es sich um objektive Tatbestandsvoraussetzungen... Die subjektive Seite, dass die ... Partner auch den gemeinsamen Willen, füreinander Verantwortung zu tragen und füreinander einzustehen, haben müssen, wird nach § 7 Abs. 3a SGB II bei positiver Feststellung einer der dort aufgezählten vier Fälle - die ebenso wie die beiden objektiven Kriterien von Amts wegen ermittelt werden müssen ... - allerdings vermutet. Es obliegt dann dem erwerbsfähigen Leistungsberechtigten, diese Vermutung zu widerlegen. ...
Von ... einer **Partnerschaft** ist ... auszugehen, wenn eine gewisse **Ausschließlichkeit der Beziehung** gegeben ist, die keine vergleichbare Lebensgemeinschaft daneben zulässt. Zudem muss zwischen dem erwerbsfähigen Hilfebedürftigen und dem Dritten die grundsätzliche rechtlich zulässige **Möglichkeit der Heirat** bzw. Begründung einer Lebenspartnerschaft ... bestehen... *(Das LSG)* wird .. die ... Aspekte der fehlenden sexuellen Beziehungen zwischen der Klägerin und L, der nur seltenen anderweitigen partnerschaftlichen Beziehungen beider Beteiligter und des Pflegens von anderen Beziehungen nur außerhalb des gemeinsamen häuslichen Bereichs in seine Wertung einzubeziehen haben.
Das "**Zusammenleben** in einem gemeinsamen Haushalt" ... erfordert ... das Bestehen einer "**Wohn- und Wirtschaftsgemeinschaft**". ... Unter "Zusammenleben" in einer Wohnung ist mehr als nur ein bloßes "Zusammenwohnen", wie es bei Wohngemeinschaften der Regelfall ist, zu verstehen. Andererseits ist es für die Annahme einer Bedarfsgemeinschaft unter nicht ehelich verbundenen Partnern zwingend, dass sie in "**einer Wohnung**" zusammenleben. Auch bei einer Ehe ist die häusliche Gemeinschaft zwar ein Grundelement der ehelichen Lebensgemeinschaft; jedoch kann bei Vereinbarung einer abweichenden Lebensgestaltung auch eine Ehe ohne räumlichen Lebensmittelpunkt (Ehewohnung) eine solche i. S. des § 1353 BGB sein...
Die Anforderungen an das **gemeinsame Wirtschaften** gehen dabei über die gemeinsame Nutzung von Bad, Küche und ggf. Gemeinschaftsräumen hinaus. Auch der in Wohngemeinschaften häufig anzutreffende gemeinsame Einkauf ... aus einer von allen Mitbewohnern zu gleichen Teilen gespeisten Gemeinschaftskasse begründet noch keine Wirtschaftsgemeinschaft. Entscheidend insoweit ist, dass der Haushalt von beiden Partnern geführt wird, wobei die Beteiligung an der Haushaltsführung von der jeweiligen wirtschaftlichen und körperlichen Leistungsfähigkeit der Partner abhängig ist. Die Haushaltsführung an sich und das Bestreiten der Kosten des Haushalts muss gemeinschaftlich durch beide Partner erfolgen, was allerdings nicht bedeutet, dass der finanzielle Anteil der Beteiligung am Haushalt oder der Wert der Haushaltsführung selbst gleichwertig sein müssen. Ausreichend ist eine Absprache zwischen den Partnern, wie sie die Haushaltsführung zum Wohle des partnerschaftlichen Zusammenlebens untereinander aufteilen. ...

Das LSG wird … die … Aspekte der gemeinsamen Finanzierung des Hauses sowie der Unterhaltungs- und Betriebskosten hierfür, die gegenseitige Erteilung von Kontovollmachten, die getrennten Haushaltskassen und im Wesentlichen getrennte Zubereitung und Einnahme der Mahlzeiten einerseits, aber u. a. auch die … Erkenntnisse zur Haushaltsführung an sich, sei es die Organisation des Einkaufs, das Reinigen der Wohnung und der Wäsche sowie der Finanzierungshilfen durch die Schwester der Klägerin in seine Wertung einzubeziehen haben. Sind die … objektiven Voraussetzungen gegeben, gilt es den Einstehens- und Verantwortungswillen der Partner festzustellen."

7. Bedürftigkeit

Nach § 9 Abs. 1 SGB II ist derjenige **hilfebedürftig**, der seinen **Lebensunterhalt** nicht oder nicht ausreichend

- aus dem zu berücksichtigenden **Einkommen** oder
- zu berücksichtigenden **Vermögen** sichern kann und
- die erforderliche Hilfe nicht von anderen erhält.

Die missverständliche Formulierung, wonach Personen allein aufgrund ihrer Eingliederung in Arbeit hilfebedürftig werden können, wurde zum 1. Januar 2011 gestrichen.

Um Hilfebedürftigkeit zu vermeiden, muss der Hilfesuchende vor allem einsetzen

- seine **Arbeitskraft**
- zu berücksichtigendes **Einkommen**
- zu berücksichtigendes **Vermögen**.

Hilfebedürftig ist auch, wer

- wegen tatsächlicher oder rechtlicher Hindernisse das zu berücksichtigende **Vermögen** objektiv **nicht sofort verwerten kann** oder
- für den die sofortige **Verwertung** eine **Härte** bedeuten würde, z. B. bei einer Kapitallebensversicherung kurz vor dem vereinbarten Auszahlungszeitpunkt.

In beiden Fällen sind die Leistungen als **Darlehen** zu erbringen (§ 9 Abs. 4 i. V. m. § 24 Abs. 5 SGB II).

Nicht hilfebedürftig ist, wer die erforderliche Hilfe von anderen erhält oder erhalten kann. Geltend machen müssen Hilfesuchende vor allem

Ansprüche gegen **Angehörige** und **Träger anderer Sozialleistungen** (§ 12a SGB II).

Ist in einer Bedarfsgemeinschaft nicht der gesamte Bedarf aus eigenen Kräften und Mitteln gedeckt, gilt jede Person im Verhältnis seines Bedarfs zum Gesamtbedarf als hilfebedürftig, dabei bleiben Bedarfe für Bildung und Teilhabe außer Betracht (§ 9 Abs. 2 Satz 3 SGB II). Zu Sinn und Zweck dieser **Fiktion** äußern sich die Gesetzesmaterialien nicht. Umstritten ist sowohl die Vorschrift selbst als auch die richtige Berechnungsmethode.

BVerfG, Urteil vom 12.05.2005, 1 BvR 569/05:
„Leistungen der Grundsicherung für Arbeitsuchende dienen der **Sicherstellung eines menschenwürdigen Lebens**. Diese Sicherstellung ist eine verfassungsrechtliche **Pflicht des Staates**, die aus dem Gebot zum Schutze der Menschenwürde in Verbindung mit dem Sozialstaatsgebot folgt… Diese Pflicht besteht **unabhängig von den Gründen der Hilfebedürftigkeit**… Hieraus folgt, dass bei der Prüfung der Voraussetzungen eines Anspruchs auf Leistungen zur Sicherung des Existenzminimums, soweit es um die Beurteilung der Hilfebedürftigkeit der Antragsteller geht, nur auf die gegenwärtige Lage abgestellt werden darf. **Umstände der Vergangenheit** dürfen **nur insoweit** herangezogen werden, als **sie eindeutige Erkenntnisse über die gegenwärtige Lage** des Anspruchstellers **ermöglichen**. Dies gilt sowohl für die Feststellung der Hilfebedürftigkeit selbst als auch für die Überprüfung einer Obliegenheitsverletzung nach §§ 60, 66 SGB I, wenn über den Anspruch anhand eines dieser Kriterien entschieden werden soll. Aus diesen Gründen dürfen existenzsichernde Leistungen nicht auf Grund bloßer Mutmaßungen verweigert werden, insbesondere wenn sich diese auf vergangene Umstände stützen.
Das Sozialgericht hat im Ausgangsverfahren zwar darauf hingewiesen, dass die Versagung von Leistungen der Grundsicherung für Arbeitsuchende allein auf Grund vergangener Umstände verfassungsrechtlich unzulässig wäre. Es hat jedoch ohne nähere Auseinandersetzung mit den grundrechtlichen Anforderungen an den effektiven Rechtsschutz im Eilverfahren darauf hingewiesen, dass die Sache komplex sei und einer Beweisaufnahme bedürfe. Liegen die Dinge so, hätte es den Eilantrag der Beschwerdeführer nicht ohne umfassende **Güter- und Folgenabwägung** ablehnen dürfen. Auch das Landessozialgericht hat die **Unklarheiten und Zweifel an der Hilfebedürftigkeit nicht abschließend aufgeklärt**. Ebenso wenig hat es abschließend überprüft, welche konkreten Obliegenheiten nach § 60 SGB I die Beschwerdeführer verletzt haben sollen. Auf der anderen Seite ist das Landessozialgericht auch nicht in eine Abwägung eingetreten. Dies genügt nicht den verfassungsrechtlichen Anforderungen. Die Zweifel beruhten allein auf in der Vergangenheit liegenden Umständen. Die Arbeitsgemeinschaft hatte **nicht konkret vorgetragen, über welche angeblichen Einkünfte die Beschwerdeführer aktuell verfügten**; eine

Widerlegung im Rahmen ihrer Mitwirkungsobliegenheit war den Beschwerdeführern daher nicht möglich. Außerdem **sprachen die Umstände** deutlich **für die Notlage** der Beschwerdeführer. Ihre Wohnung war bereits gekündigt, eine Stromsperre angedroht; der Krankenversicherungsschutz der anscheinend kranken Beschwerdeführer drohte zu erlöschen. Es ist nicht anzunehmen, dass jemand solche Folgen eintreten ließe, wenn er nicht mittellos wäre.“

BSG, Urteil vom 18.02.2010, B 14 AS 32/08 R:
„Die Feststellung des LSG, die Klägerin habe seit April 2005 ihren Lebensunterhalt aus dem Einkommen der Mutter bestritten, trägt allein die rechtliche Schlussfolgerung nicht, die Klägerin sei wegen der vollständigen Deckung ihres Bedarfs nicht hilfebedürftig i. S. des § 9 Abs. 1 SGB II. Soweit **§ 9 Abs. 1 letzter Halbsatz SGB II** neben der Möglichkeit der Bedarfsdeckung durch zu berücksichtigendes Einkommen und Vermögen auf die erforderliche Hilfe anderer, insbesondere die Hilfe von Angehörigen, Bezug nimmt, ist damit **keine weitere, eigenständige Möglichkeit der "faktischen" Bedarfsdeckung** aufgezeigt. Innerhalb von Haushaltsgemeinschaften, die nicht zugleich Bedarfsgemeinschaften sind, bietet lediglich § 9 Abs. 5 SGB II eine Handhabe dafür, Einkommen eines anderen Mitglieds der Haushaltsgemeinschaft zu berücksichtigen, ohne dass der Träger der Grundsicherung den entsprechenden Zufluss konkret nachweisen muss. **Nur wenn trotz fehlender Leistungsfähigkeit des Angehörigen** i. S. des § 9 Abs. 5 SGB II tatsächlich **Unterstützungsleistungen** in Geld oder Geldeswert **zugewendet werden, sind diese** - nach den Grundsätzen des § 9 Abs. 1 Nr. 2 i. V. m. § 11 SGB II - **zur Deckung der Bedarfe heranzuziehen**.“
Zitiert nach dem Terminbericht Nr. 7/10 des Bundessozialgerichts

BSG, Urteil vom 23.11.2006, B 11b AS 3/05 R:
„Das LSG hat ... nicht überprüft, ob die Kläger überhaupt hilfebedürftig waren. Dies setzt insbesondere voraus, dass sie ihren Hilfebedarf nicht aus dem zu berücksichtigenden Einkommen und Vermögen sichern konnten (§ 9 Abs. 1 Nr. 2, § 11 Abs. 1 Satz 1, § 12 Abs. 1 SGB II). Dabei kann der Senat beim gegenwärtigen Verfahrensstand dahingestellt sein lassen, ob bei der Ermittlung der Hilfebedürftigkeit nur auf den **"Lebensunterhalt-Hilfebedarf"** abzustellen ist **oder auch die Kosten der Eingliederung in Arbeit** einzubeziehen sind...“

BSG, Urteil vom 07.11.2006, B 7b AS 8/06 R:
„Zum anderen **kann der Meinung, dass** die Regelung des **§ 9 Abs. 2 Satz 3 SGB II verfassungswidrig sei**, weil durch sie nichtbedürftige Personen zu Bedürftigen würden..., **in dieser Allgemeinheit nicht gefolgt werden** ..., solange die betroffene Person nur Leistungen nach dem SGB II erhalten kann (vgl. aber etwa § 7 Abs. 4 SGB II). Vielmehr wird dem individuell Nichtbedürftigen sogar noch ein Leistungsanspruch nach dem SGB II zugestanden. Das verfassungsrechtliche Problem läge mithin allenfalls in der "Kürzung" der Leistungsansprüche der bedürftigen Mitglieder einer Bedarfsgemeinschaft. Diese

Rechtsfolge ist jedoch zumindest solange hinzunehmen, als es sich um eine **"funktionierende" Bedarfsgemeinschaft** handelt, in der die bewilligten Leistungen tatsächlich auch den bedürftigen Personen im Ergebnis zufließen... Zu denken wäre jedoch immerhin daran, dass sich aus der öffentlich-rechtlichen Konstruktion der Bedarfsgemeinschaft ein **zivilrechtlicher Anspruch auf "Weiterleitung"** des Betrags herleiten lassen könnte, der dem individuell Nichtbedürftigen "für den anderen" vom Leistungsträger zugestanden wird; ggf. müsste ein Darlehen nach § 23 Abs. 1 SGB II gewährt und die Darlehensschuld erlassen werden (vgl. dann auch die Möglichkeit zur Geltendmachung eines Ersatzanspruchs gemäß § 34 Abs. 1 S. 1 Nr. 2 SGB II). **Verfassungswidrig** könnten allenfalls sonstige an das Merkmal der (fiktiven) Hilfebedürftigkeit anknüpfende **Rechtsfolgen auf der Pflichtenseite** sein ... Dem muss jedoch an der dortigen Stelle durch - eine ggf. verfassungskonforme - Auslegung Rechnung getragen werden (etwa: wichtiger Grund bei § 31 Abs. 1 S. 2 SGB II; keine Eingliederungsvereinbarung wegen Atypik, "soll"). Gleiches muss ggf. gelten für eine Auslegung des § 9 Abs. 2 S. 3 SGB II in den Fällen, in denen ein Mitglied der Bedarfsgemeinschaft keinen Anspruch nach dem SGB II haben kann (s. etwa § 7 Abs. 4 SGB II); § 9 Abs. 2 S. 3 SGB II kann dann nur für die übrigen Mitglieder der Bedarfsgemeinschaft zur Anwendung kommen.“

7.1 Bedarfsgemeinschaft

Bei der Prüfung der Hilfebedürftigkeit sind nicht nur das Einkommen und Vermögen des Hilfebedürftigen zu berücksichtigen; in die Bedürftigkeitsprüfung wird auch das **Einkommen und Vermögen des Partners** einbezogen, mit dem der Hilfebedürftige in Bedarfsgemeinschaft lebt (§ 9 Abs. 2 SGB II).

Den Kreis der Personen, die zu einer Bedarfsgemeinschaft gehören, bestimmt § 7 Abs. 3 SGB II (siehe Kapitel 6.2).

Bei **Kindern** ist auch das Einkommen und Vermögen der **Eltern** oder des **Elternteils** zu berücksichtigen, wenn die Kinder

- unverheiratet sind
- bedürftig und
- dem Haushalt der Eltern oder des Elternteils angehören.

Das gilt nach § 9 Abs. 3 SGB II jedoch nicht, wenn das Kind

- schwanger ist oder
- sein Kind bis zur Vollendung des 6. Lebensjahres betreut.

Diese Vorschrift dient dem Schutz des ungeborenen Lebens und soll sicherstellen, dass schwangere Minderjährige nicht wegen des sonst üblichen Einsatzes des Elterneinkommens die Schwangerschaft abbrechen.

Ist in einer Bedarfsgemeinschaft nicht der gesamte Bedarf gedeckt, gilt jede Person der Bedarfsgemeinschaft als hilfebedürftig im Verhältnis des eigenen Bedarfs zum Gesamtbedarf, dabei bleiben Bedarfe für Bildung und Teilhabe außer Betracht (§ 9 Abs. 2 S. 3 SGB II).

BVerfG, Beschluss vom 27.07.2016, 1 BvR 371/11:
„Es ist mit den Anforderungen des Grundgesetzes auch vereinbar, dass der Gesetzgeber die **Bedarfsgemeinschaft** in § 7 Abs. 3 Nr. 2 SGB II auf **erwachsene Kinder** bis zur Vollendung des 25. Lebensjahres ausgeweitet und deren Leistungshöhe nach dem Lebensalter bestimmt hat. ... Entscheidend ist .., dass eine **Unterdeckung** tatsächlich **verhindert** wird. Das ist .. der Fall, weil das Kind im Fall der Verweigerung der Existenzsicherung durch den Vater entweder nicht in die Bedarfsgemeinschaft einbezogen und folglich kein Einkommen und Vermögen angerechnet wird, oder aber ein Auszug aus der häuslichen Gemeinschaft ohne leistungsrechtlich nachteilige Folge möglich ist. Stehen Eltern und Kinder ... tatsächlich nicht füreinander ein, greift die **Fiktion einer Bedarfsgemeinschaft** zwischen ihnen nicht. Zwar setzt die Annahme einer Bedarfsgemeinschaft nach ... § 7 Abs. 3 Nr. 2 SGB II ausdrücklich keinen Einstandswillen voraus; gefordert wird jedoch nicht etwa nur das bloße Zusammenwohnen, sondern die **Zugehörigkeit zu einem gemeinsamen Haushalt**. Von einer solchen kann nur ausgegangen werden, wenn Menschen tatsächlich füreinander einstehen. Der Gesetzgeber darf sich von der plausiblen Annahme leiten lassen, dass eine verwandtschaftliche Bindung in der Kernfamilie, also zwischen Eltern und Kindern, grundsätzlich so eng ist, dass ein gegenseitiges Einstehen in den Not- und Wechselfällen des Lebens erwartet werden kann und regelmäßig "aus einem Topf" gewirtschaftet wird... Weigern sich Eltern aber ernsthaft, für ihre nicht unterhaltsberechtigten Kinder einzustehen, fehlt es an einem gemeinsamen Haushalt und damit auch an ... einer Bedarfsgemeinschaft; eine Berücksichtigung von Einkommen und Vermögen nach § 9 Abs. 2 Satz 2 SGB II scheidet dann aus..."

BSG, Urteil vom 14.12.2021, B 14 AS 73/20 R:
„Die Revisionen der Kläger sind i. S. der Aufhebung ... und Zurückverweisung ... erfolgreich gewesen. ... Offen ist bereits, ob die bewilligende Ausgangsentscheidung mit Wirkung für die Zukunft auf der Grundlage von § 48 Abs. 1 Satz 1 SGB X ... aufgehoben werden durfte... Alternativ könnte § 45 SGB X ... die zutreffende Rechtsgrundlage sein. Insoweit kommt es .. darauf an, wann die **Vereinbarung zum Aufenthalt** der Kläger bei ihrem Vater getroffen und wie diese umgesetzt wurde. Abhängig von der Umsetzung der Vereinbarung ist auch, ob der Erlass eines endgültigen Bewilligungsbescheides ein taugliches Instrument war. Denn wenn die rechtlich maßgebliche tatsächliche Lage nicht von vornherein mit hinreichender Deutlichkeit abzusehen ist, muss das Jobcenter **vorläufig bewilligen**; dies gilt nicht nur bei schwankendem Einkommen. Umgekehrt genügt allein die Möglichkeit einer Änderung des leistungsrelevanten Sachverhalts für eine vorläufige Bewilligung nicht. Denn letztlich unterläuft die vorläufige Bewilligung die vertrauensschützenden Regelungen der §§ 45 und 48 SGB X. Materiell-rechtlich hatten die Kläger an Tagen, in denen sie in **Bedarfsgemeinschaft mit ihrem Vater** lebten, **keinen Anspruch auf Regelbedarfe in der Bedarfsgemeinschaft mit ihrer Mutter und umgekehrt**. Dem seine **Umgangsrechte** mit einem Elternteil wahrnehmenden Kind stehen auch bei regelmäßigen Aufenthalten in zwei Bedarfsgemeinschaften **monatlich** insgesamt Ansprüche für **nur 30 Tage** zu. Die Zuordnung von Ansprüchen auf

Leistungen … als Mitglied von zwei Bedarfsgemeinschaften führt nicht zu einer Erhöhung des pauschalierten Regelbedarfs. Der Senat konnte gleichwohl nicht abschließend beurteilen, ob die Leistungen … rechtswidrig zu hoch bewilligt worden sind. **Offen bleibt** insoweit z. B., ob bei den Klägern **Mehrbedarfe**, auch **durch den Aufenthalt in zwei Bedarfsgemeinschaften**, zu decken waren. Ebenfalls mangelt es an Feststellungen zum … **Einkommen**."
Zitiert nach dem Terminbericht Nr. 44/21 des Bundessozialgerichts

BSG, Urteil vom 14.02.2018, B 14 AS 17/17 R:
„Werden die mit dem Konzept der Bedarfsgemeinschaft im SGB II verbundenen rechtlichen Erwartungen nicht erfüllt, **"funktioniert" die Bedarfsgemeinschaft nicht**... Mit dem Konzept der Bedarfsgemeinschaft im SGB II als **typisierte Einstands- und Verantwortungsgemeinschaft** ist verbunden, dass die häusliche familiäre Lebens- und Wirtschaftsgemeinschaft Anknüpfungspunkt für wirtschaftliche Rechtsfolgen sein kann, weil anzunehmen ist, dass deren Mitglieder in besonderer Weise füreinander einstehen und bereit sind, ihren Lebensunterhalt auch jenseits zwingender rechtlicher Verpflichtungen gegenseitig zu sichern... Werden diese rechtlichen Erwartungen tatsächlich nicht erfüllt, führt dies grundsätzlich nicht zu höheren Leistungsansprüchen für einzelne Mitglieder der Bedarfsgemeinschaft. Doch **berechtigt dies zur Auflösung des gemeinsamen Haushalts und damit der Bedarfsgemeinschaft**, selbst wenn das im Einzelfall zu höheren individuellen Leistungsansprüchen führen kann... Hierbei kommt auch die Inanspruchnahme der **Beratung und Unterstützung durch das Jobcenter**, insbesondere in den Fällen eines Eltern-Kind-Konflikts, in Betracht..."

BSG, Urteil vom 17.07.2014, B 14 AS 54/13 R:
„Der Senat teilt nicht die Ansicht des Berufungsgerichts, die Klägerin könne nur mit ihrer Tochter und nicht auch zugleich mit ihrer Mutter eine Bedarfsgemeinschaft bilden. Vielmehr kommen nach § 7 Abs. 3 SGB II sowohl zwei so genannte, in der Person der Klägerin **überlappende Bedarfsgemeinschaften** (Klägerin mit ihrer Tochter; Mutter der Klägerin mit dieser) in Betracht als auch eine **Bedarfsgemeinschaft, der alle drei Generationen** (und ggf. weitere durch § 7 Abs. 3 SGB II erfasste Personen) **angehören**. Ob einer und ggf. welcher dieser in Betracht kommenden Bedarfsgemeinschaften der Vorrang einzuräumen ist, konnte offen bleiben, weil es … nicht entscheidungserheblich hierauf ankommt. Allerdings neigt der Senat eher dazu, **drei in einem Haushalt lebende Generationen in einer Bedarfsgemeinschaft zusammenzuführen**."
Zitiert nach dem Terminbericht Nr. 32/14 des Bundessozialgerichts

BSG, Urteil vom 23.05.2013, B 4 AS 67/11 R:
„...die Klägerin … gehörte .. einer **Bedarfsgemeinschaft** mit ihrer Mutter und ihrem **Stiefvater** … an... Soweit die Klägerin vorträgt, dass die Annahme einer

Unterstützungsvermutung nicht mit einem durchsetzbaren Anspruch des Stiefkindes gegen den Stiefvater ... korrespondiere, behauptet sie ein unklares Zusammenwirken von Unterhaltsrecht und Sozialrecht bzw. den notwendigen Gleichklang dieser Rechtsbereiche. ... Die Annahme von **Einstehens-, Einspar- und Unterstützungsvermutungen** bei Leistungen zum steuerfinanzierten Existenzminimum muss jedoch nicht mit gesetzlichen Unterhaltsansprüchen übereinstimmen. Der Gesetzgeber darf im Sozialrecht ... andere Anknüpfungspunkte wählen als im Familienrecht, weil unterschiedliche Sachverhalte betroffen sind. ... Auch der ... gerügte **Normwiderspruch** zwischen § 9 Abs. 2 S 2 SGB II und § 9 Abs. 5 SGB II **liegt nicht vor**, weil sich eine vermeintliche Konkurrenz zwischen den beiden Einkommensberücksichtigungsvorschriften durch Auslegung auflöst. ... **§ 9 Abs. 5 SGB II ist nachrangig** und erst anwendbar, wenn keine Bedarfsgemeinschaft, sondern lediglich eine Haushaltsgemeinschaft zwischen Verwandten und Verschwägerten besteht... Bei einem minderjährigen Kind, das ... in einer Stiefkindfamilie lebt, reicht das durch die Ehe zwischen dem Elternteil und dem Stiefelternteil vermittelte **rechtliche Band** als .. Grundlage für die typisierende Annahme des Gesetzgebers, dass die gesteigerte **Elternverantwortung** des einen Ehepartners gegenüber seinem minderjährigen Kind und das Wissen des Stiefelternteils um diesen Umstand von vornherein **Grundlage des Zusammenlebens** der Partner und der Gestaltung der Ehe (z. B. bezogen auf die Verteilung von Kinderbetreuung und Erwerbstätigkeit) sein werde. Für die Berücksichtigung des Partnereinkommen beim Kind ist daher nicht gesondert zu ermitteln ..., ob und ggf. in welchem Umfang im Verhältnis des Ehepartners zu dem Kind ein "Einstandswille" ... besteht... Auch die steuerrechtlichen Regelungen gehen davon aus, dass sich die durch eine Eheschließung vermittelte Bindung auch auf die nicht gemeinsamen Kinder und deren Lebensverhältnisse auswirkt, indem bei der Freistellung des steuerlichen Existenzminimums auch für nicht gemeinsame Kinder Vergünstigungen vorgesehen sind. ... Für die Annahme einer ... besonderen finanziellen Härte liegen ... keine Anhaltspunkte vor..."

<u>BSG, Urteil vom 16.04.2013, B 14 AS 71/12 R:</u>
„Die Klägerin bildete mit ihrem **Ehemann** ... eine Bedarfsgemeinschaft, wenn sie auch während der Zeit, in der dieser **stationär versorgt** wurde, von ihm nicht dauernd getrennt lebte. Die Auslegung des Begriffs "Getrenntleben" richtet sich ... nach familienrechtlichen Grundsätzen... Gemäß § 1567 Bürgerliches Gesetzbuch leben Ehegatten getrennt, wenn zwischen ihnen keine häusliche Gemeinschaft besteht und ein Ehegatte sie erkennbar nicht herstellen will, weil er die eheliche Lebensgemeinschaft ablehnt. Maßgebend ist also ein **objektiv hervortretender Trennungswille**. Demgegenüber können Ehegatten zwar häuslich getrennt sein und dennoch - mit den Einbußen, die sich aus dem Fehlen der häuslichen Gemeinschaft notwendig ergeben - die eheliche Lebensgemeinschaft bejahen und verwirklichen... Auch wenn sich bei einer **unfreiwilligen Aufhebung der häuslichen Gemeinschaft** die allein noch mögliche Kontaktpflege auf Besuche beschränkt, so ist dies doch der Restbestand der Verwirklichung der ehelichen Lebensgemeinschaft... Das BSG *(ist)* ... davon ausgegangen, dass eine Bedarfsgemeinschaft bei Eheleuten (noch) bestehen

kann, wenn diese wegen des pflegebedingten Aufenthalts eines Ehegatten in einem Heim räumlich voneinander getrennt leben…"

BSG, Urteil vom 16.04.2013, B 14 AS 81/12 R:
„Es bestand auch keine **Bedarfsgemeinschaft** der Klägerin mit ihrem Sohn. **Grundvoraussetzung** für eine Bedarfsgemeinschaft nach § 7 Abs. 3 Nr. 2 oder 4 SGB II zwischen Eltern und Kind ist ein **gemeinsamer Haushalt**. Ein Haushalt stellt sich als Schnittstelle von Merkmalen örtlicher (Familienwohnung), materieller (Vorsorge, Unterhalt) und immaterieller Art (Zuwendung, Fürsorge, Begründung eines familienähnlichen Bandes) dar… Dass der Sohn … nicht im Haushalt der Klägerin lebte, zeigt sich deutlich an dem örtlichen und materiellen Merkmal. Dies folgt aus den Feststellungen zu den Aufenthaltszeiten des Sohnes in dem Heim einerseits - grundsätzlich immer - und den nur besuchsweisen Aufenthalten bei der Klägerin an jedem zweiten Wochenende und in den Ferien. Der Sohn hatte angesichts dessen seinen Lebensmittelpunkt und gewöhnlichen Aufenthalt … unabhängig von seiner polizeilichen Meldung nicht in der Wohnung der Klägerin, sondern in dem Heim in Bad B , denn dort wurde er entsprechend seinen Behinderungen umfassend versorgt. … Es lag auch keine sogenannte temporäre Bedarfsgemeinschaft … zwischen der Klägerin und ihrem Sohn vor, weil die in der genannten Entscheidung angeführten Gründe für eine dahingehende Auslegung des § 7 Abs. 3 SGB II zur Sicherstellung einer "SGB II-immanenten Lösung" hinsichtlich der Kosten des Umgangs, wie insbesondere das durch Art 6 Abs. 1 Grundgesetz geschützte Umgangs- und Sorgerecht der Eltern für ihre minderjährigen Kinder, vorliegend nicht gegeben sind, da der Sohn in der strittigen Zeit während seines stationären Aufenthalts im Heim Leistungen nach dem SGB XII bezog und schon **volljährig** war."

BSG, Urteil vom 14.03.2012, B 14 AS 17/11 R:
„Kommen die erwachsenen Partner der gesetzgeberischen ("typisierten") Erwartung nicht nach, für das minderjährige Kind zu sorgen, ist (**nur**) **zu prüfen, ob die Bedarfsgemeinschaft** zwischen ihnen (fort)**besteht**. Nur die entsprechende partnerschaftliche Bindung zwischen den Erwachsenen, nicht auch ein gesonderter "Einstandswille" gegenüber den minderjährigen Kindern des Partners, bedarf der Überprüfung im Einzelfall. Auch bei volljährigen Kindern kommt als gesetzgeberische Rechtfertigung für die Einbeziehung in eine Bedarfsgemeinschaft ihrer Eltern bzw. eines Elternteils … nur das besondere Eltern-Kind-Verhältnis in Betracht. … Für das Bestehen einer Bedarfsgemeinschaft … ist damit entscheidend die **Zugehörigkeit zum Haushalt** des Elternteils… Das BSG hat das Tatbestandsmerkmal der "Haushaltsaufnahme" von Kindern … mit unterschiedlichen Formulierungen umschrieben und hat insoweit zuletzt auf das Bestehen einer Familiengemeinschaft abgestellt, die eine Schnittstelle von **Merkmalen örtlicher** (Familienwohnung), **materieller** (Vorsorge, Unterhalt) und **immaterieller Art** (Zuwendung, Fürsorge, Begründung eines familienähnlichen Bandes) darstellt… Die Haushaltsaufnahme … kann .. vom Elternteil oder vom volljährigen Kind durch willentliches Verhalten dadurch

beendet werden, dass die Voraussetzungen mindestens eines der drei genannten Kriterien für die Begründung der Haushaltsaufnahme dauerhaft nicht mehr erfüllt wird... Auch bei einem Zusammenleben unter einem Dach ... kann bei erwachsenen Kindern damit von getrennten Haushalten und also zwei Bedarfsgemeinschaften auszugehen sein. ... Das Bestehen einer gemeinsamen Familienwohnung ist von der Klägerin eingeräumt. Die Mutter leistete auch materielle Unterstützung. Sie hat als Miteigentümerin des Hauses gemeinsam mit ihrem Mann der Klägerin dort eine kostenfreie Unterkunft eingeräumt. Sie sorgte mit dem Haushaltsgeld ... von 650 € im Einverständnis mit ihrem Partner für die Mahlzeiten der Klägerin. ...auch der Stiefvater *(hat)* einen ... Teil an materieller Unterstützung durch die Vermittlung eines Krankenversicherungsschutzes geleistet. ... Stiefkinder partizipieren schließlich faktisch an dem Anspruch auf Familienunterhalt, der ihrem Elternteil in rechtlich gesicherter Form aus §§ 1360, 1360a BGB gegen den anderen Partner zusteht..."

BSG, Urteil vom 14.03.2012, B 14 AS 45/11 R:
„Der Gesetzgeber *(schließt)* nur bei Vorliegen bestimmter typisierter (familiär geprägter) Lebensumstände auf (typisierte) Haushaltseinsparungen und Unterstützungsleistungen innerhalb der Gemeinschaft, die die Gewährung staatlicher Hilfe nicht oder nur noch in eingeschränktem Umfang gerechtfertigt erscheinen lassen. ... Für das Bestehen einer Bedarfsgemeinschaft eines erwachsenen Kindes im Verhältnis zu seinen (leiblichen) Eltern ... kommt ... nur das **besondere Eltern-Kind-Verhältnis** in Betracht. Dieses ... lässt sich typisierend mit der "**Zugehörigkeit zum Haushalt**" des Elternteils ... beschreiben... Die Herstellung einer lediglich räumlichen Verbindung im Sinne einer Duldung der Anwesenheit in der Wohnung genügt dagegen nicht... Eine nachgewiesene Unterstützungsleistung muss der Höhe nach den Bedarf nicht gänzlich decken. Außer Betracht bleiben müssen ... aber Zuwendungen der Mutter, die diese dem Kläger lediglich vorübergehend zur Verfügung gestellt hat und die mit einer Rückzahlungsverpflichtung des Klägers verbunden sind... Wenn die Haushaltsangehörigkeit des Klägers ... feststeht, ist das **Einkommen des Stiefvaters** bei der Feststellung des Umfangs der Hilfebedürftigkeit des Klägers zu **berücksichtigen**."

BSG, Urteil vom 19.10.2010, B 14 AS 51/09 R:
„Kläger zu 2 war zwar als **Bezieher einer Erwerbsunfähigkeitsrente** wegen dauerhafter Erwerbsunfähigkeit vom Bezug der Leistungen nach dem SGB II ausgeschlossen. Dennoch bestand zwischen ihm und seinem ... **21-jährigen Sohn** ... eine **Bedarfsgemeinschaft**. ... Entgegen der Rechtsansicht der Revision ist ... § 7 Abs. 3 Nr. 2 SGB II in der ab 1.7.2006 geltenden Fassung auch nicht verfassungswidrig. ... Die Kläger weisen zwar zu Recht darauf hin, dass angesichts der geringen Höhe der Erwerbsunfähigkeitsrente von etwa 615 Euro monatlich ein zivilrechtlicher Unterhaltsanspruch ... angesichts des Selbstbehalts des Klägers zu 2 wohl nicht bestanden hätte... Der Gesetzgeber durfte hier typisierend unterstellen, dass Eltern, die mit ihren unter 25-jährigen

Kindern in einem Haushalt zusammenleben, auch tatsächlich für diese aufkommen."

BSG, Urteil vom 02.07.2009, B 14 AS 75/08 R:
„Wie das BSG bereits entschieden hat ..., verlangt ... § 7 Abs. 3 Nr. 4 SGB II ... ("dem Haushalt angehörend") kein dauerhaftes "Leben" der unverheirateten Kinder im Haushalt des jeweiligen erwerbsfähigen Hilfebedürftigen, wie es etwa für andere Mitglieder der Bedarfsgemeinschaft in ... § 7 Abs. 3 Nr. 2 und 3 SGB II vorausgesetzt wird. Es genügt .. ein **dauerhafter Zustand** in der Form, dass die Kinder **mit einer gewissen Regelmäßigkeit länger als einen Tag** bei einem Elternteil wohnen, also nicht nur sporadische Besuche vorliegen. ... Eine **zeitweise Bedarfsgemeinschaft** mit dem umgangsberechtigten Elternteil besteht grundsätzlich **für jeden Kalendertag**, an dem sich das Kind überwiegend dort aufhält. Hierfür kann in der Regel ausschlaggebend sein, wo sich das Kind länger als 12 Stunden bezogen auf den Kalendertag aufhält. ... Dass bei dieser Auslegung ... bestimmte Teilbedarfe tatsächlich ungedeckt bleiben (können), weil einzelne Mahlzeiten an Tagen bestritten werden müssen, an denen sich das Kind nicht überwiegend in der zeitweisen Bedarfsgemeinschaft aufhält (hier etwa das Abendessen am Freitagabend), ist dem System der Pauschalierung der Regelleistungen geschuldet und hinzunehmen..."

BSG, Urteil vom 13.11.2008, B 14 AS 2/08 R:
„Zum 1.8.2006 erlaubt das Gesetz nunmehr mit § 9 Abs. 2 Satz 2 SGB II die **Berücksichtigung des Einkommens des neuen Partners der Mutter** auch bei der nicht mit ihm verwandten oder verschwägerten Tochter seiner Partnerin. Da der **faktische Stiefvater** hier über ein monatliches Einkommen in einer solchen Höhe verfügt, dass der Bedarf seiner eigenen Tochter, seiner neuen Lebenspartnerin und deren Tochter gedeckt ist, besteht kein Anspruch mehr auf steuerfinanzierte Grundsicherungsleistungen...
Der Senat hält die im Schrifttum und in der Rechtsprechung der Instanzen geäußerten **verfassungsrechtlichen Bedenken gegen § 9 Abs. 2 Satz 2 SGB II** für **beachtenswert**, letztlich aber **nicht durchgreifend**. Der Gesetzgeber hat die Neuregelung damit gerechtfertigt, diese sei erforderlich zum **Schutz der Ehe** gemäß Art 6 Abs. 1 GG. Bei einer Eheschließung der Mutter der Klägerin mit ihrem neuen Partner wäre zwischen der Klägerin und dem Stiefvater eine Haushaltsgemeinschaft i S. des § 9 Abs. 5 SGB II entstanden, sodass vermutet würde, dass das nichtleibliche Kind vom Stiefelternteil Leistungen erhält. Dann hätte hier aufgrund des hohen Einkommens des neuen Partners wohl keine Hilfebedürftigkeit bei der Klägerin vorgelegen. Mithin hätte die Wahl der Lebensform "eheähnliche Gemeinschaft" gegenüber der Lebensform Ehe den Vorteil, dass "faktische Stiefkinder" weiterhin Grundsicherungsleistungen auf Kosten der Allgemeinheit erhalten könnten. Auch vermag nicht zu überzeugen, dass die **Eheschließungs- bzw. Partnerwahlfreiheit** (geschützt jedenfalls durch Art 2 Abs. 1 GG) durch § 9 Abs. 2 Satz 2 SGB II in nicht mehr verhältnismäßiger Weise eingeschränkt wird. Es besteht kein schützenswertes Interesse,

dass bei der Wahl eines Partners mit (fremden) Kindern die Kosten dieser Kinder auf die Allgemeinheit abgewälzt werden können, wenn innerhalb der Bedarfsgemeinschaft durch den neuen Partner ... ausreichende Mittel zur Verfügung stehen. Letztlich sieht der Senat auch den Rechtsanspruch des Kindes auf Gewährung des Existenzminimums gegen den Staat (Art 1 GG i. V. m Art 20 Abs. 1 GG) als hinreichend gewährt. In der Tat führt § 9 Abs. 2 Satz 2 SGB II dazu, dass das Kind sich Einkommen einer Person "entgegenhalten" lassen muss, gegen die es letztlich keinen Rechtsanspruch auf Unterhalt hat. Allerdings hat das Kind einen **Anspruch auf Unterhalt gegen die Mutter**, der gemäß § 1603 Abs. 2 BGB von dieser auch ohne Berücksichtigung einer Selbstbehaltsgrenze zu erfüllen ist (sog Notgemeinschaft). Die Mutter der Klägerin ist mit ihrem neuen Partner eine eheähnliche Gemeinschaft eingegangen, in der sie sich wechselseitig verpflichtet haben, füreinander einzustehen. Die Mutter der Klägerin muss das von ihrem Partner Zugewandte daher zunächst und zuvörderst ihrem Kind zuwenden. Gibt die Mutter nichts an das Kind weiter, so liegt eine Sorgerechtsverletzung vor, die... zu einem Eingreifen der Mechanismen des SGB VIII führen würde. Der Gesetzgeber handelte daher noch im Rahmen des ihm im Fürsorgerecht zustehenden weiten Gestaltungsspielraums, wenn er typisierend unterstellt, dass in einer Patchwork-Familie mit insgesamt ausreichendem (bedarfsdeckenden) Einkommen der Bedarf auch des Stiefkindes gedeckt ist. Das SGB II hat sich mit dem fürsorgerechtlichen **Konstrukt der Bedarfsgemeinschaft** insgesamt vom zivilrechtlichen Unterhaltsrecht gelöst, gerade mit dem **Ziel**, das SGB II als **letztes soziales Auffangnetz** zu etablieren. Hiermit wäre es nicht vereinbar, wenn Bedarfsgemeinschaften wie die vorliegende - trotz ausreichenden Einkommens - weiterhin Grundsicherungsleistungen nach dem SGB II erhalten würden.“
Zitiert nach dem Terminbericht Nr. 55/08 des Bundessozialgerichts

<u>BSG, Urteil vom 15.04.2008, B 14/7b AS 58/06 R:</u>
„Das LSG hat zwar zu Recht entschieden, dass das **Einkommen des Ehegatten** der Klägerin **auch unterhalb des zivilrechtlichen Unterhaltsanspruchs** bei der Berechnung des Alg II **zu berücksichtigen** ist. ... **§ 9 Abs. 2 Satz 3 SGB II** ist **einschränkend** dahingehend **auszulegen**, dass der Anspruch der Klägerin sich aus der Differenz zwischen ihrem Bedarf und dem nach Abzug des Bedarfs ihres Ehemannes verbleibenden Einkommens ergibt. ... Dass der Ehemann als Bezieher einer Rente wegen Alters nach § 7 Abs. 4 Satz 1 SGB II und der Vollendung des 65. Lebensjahres, § 7 Abs. 1 Satz 1 Nr. 1 SGB II, selbst keine Leistungen nach dem SGB II erhalten konnte, steht seiner Einbeziehung in die Bedarfsgemeinschaft nicht entgegen...
Nicht maßgeblich für die Bestimmung des Bedarfs des Beigeladenen ist sein unterhaltsrechtlicher Selbstbehalt. Wie das LSG zutreffend dargelegt hat, folgen die Regelungen des SGB II nicht den Kriterien des Unterhaltsrechts... Der **Gesetzgeber** darf typisierend davon ausgehen, dass innerhalb familienhafter Beziehungen die Verteilung der für das Existenzminimum der einzelnen Personen notwendigen Leistungen entsprechend den individuellen Bedarfen erfolgt. Dabei **darf** er auch **einen gegenseitigen Willen, füreinander einzustehen, voraussetzen, der über bestehende Unterhaltspflichten hinausgeht**... Aus

dem das SGB II bestimmenden Grundsatz der Subsidiarität, § 3 Abs. 3 SGB II, folgt der vom LSG hervorgehobene Grundsatz, dass zur Überwindung einer Notlage zunächst der Partner einer ehelichen oder vergleichbaren Lebensgemeinschaft in Anspruch genommen wird, bevor staatliche Hilfe gewährt wird. Daraus rechtfertigt sich auch, dass für den Partner nur das in seinem Fall existenziell Notwendige als sein Bedarf anzusetzen ist. Der maßgebliche Bedarf des Beigeladenen ist ... nach dem SGB II zu bestimmen, nicht nach dem SGB XII...

Dem Bedarf der Bedarfsgemeinschaft ist nach § 19 Satz 2 i. V. m. § 9 Abs. 2 Satz 1 SGB II das zu berücksichtigende Einkommen des Ehegatten gegenüberzustellen. ...Ist allerdings ein Mitglied der Bedarfsgemeinschaft nicht leistungsberechtigt nach dem SGB II, ist § 9 Abs. 2 Satz 3 SGB II einschränkend dahingehend auszulegen, dass als Gesamtbedarf nur der Bedarf der hilfebedürftigen Mitglieder der Bedarfsgemeinschaft anzusehen ist. Diesem Gesamtbedarf ist das Einkommen der Bedarfsgemeinschaft gegenüberzustellen, das sich nach Abzug des eigenen Bedarfs des nicht hilfebedürftigen Mitglieds der Bedarfsgemeinschaft ergibt. ... Es findet sich kein Anhaltspunkt dafür, dass der Gesetzgeber bei gemischten Bedarfsgemeinschaften in dieser Konstellation in Kauf nehmen wollte, dass durch die anteilige Verteilung des Gesamtbedarfs eine Lücke in der Bedarfsdeckung verbleibt. Vielmehr ist davon auszugehen, dass der Gesetzgeber die Systemabgrenzung von SGB II und SGB XII in diesen Fällen nicht bedacht und geregelt hat...

Nur **das den Bedarf des nicht leistungsberechtigten Mitglieds übersteigende Einkommen ist auf die hilfebedürftigen Mitglieder der Bedarfsgemeinschaft entsprechend dem Anteil ihres individuellen Bedarfs am Gesamtbedarf zu verteilen**."

BSG, Urteil vom 07.11.2006, B 7b AS 8/06 R:

„Materiellrechtliche Grundlage für die Auslegung des Prozessrechts ist, dass das SGB II **keinen Anspruch einer Bedarfsgemeinschaft** als solcher, die keine juristische Person darstellt, kennt, sondern dass - außer bei ausdrücklichem gesetzlichen Ausschluss - **Anspruchsinhaber** jeweils **alle einzelnen Mitglieder** der Bedarfsgemeinschaft sind, selbst wenn dies in den Bescheiden der Beklagten ... nicht deutlich zum Ausdruck kommt...

Das einzelne Mitglied der Bedarfsgemeinschaft kann also schon deshalb nicht mit einer eigenen Klage die Ansprüche aller Mitglieder der Bedarfsgemeinschaft verfolgen. Hinzu kommt, dass nach **§ 9 Abs. 2 Satz 3 SGB II** ... jede Person der Bedarfsgemeinschaft im Verhältnis des eigenen (normativen) Bedarfs zum Gesamtbedarf als hilfsbedürftig gilt, wenn in einer Bedarfsgemeinschaft nicht der gesamte Bedarf aus eigenen Kräften und Mitteln gedeckt ist. Im Einzelfall **führt** diese Regelung **dazu, dass in einer Bedarfsgemeinschaft selbst derjenige, dessen individueller Bedarf durch Einkommen gedeckt ist, wie ein Hilfebedürftiger behandelt wird** ... Dies mag **wenig sinnvoll** erscheinen, entspricht jedoch dem Willen des Gesetzgebers, der nicht einfach übergangen werden kann. ... Deshalb ist ... ein ... Vorgehen aller Bedarfsgemeinschaftsmitglieder erforderlich, um die "für die Bedarfsgemeinschaft insgesamt höchstmögliche Leistung" zu erlangen. ... Andererseits wäre es nicht unangebracht, das **Konstrukt der Bedarfsgemeinschaft**, das das Sozialgesetzbuch Zwölftes Buch - Sozialhilfe - (SGB XII) nicht kennt, in der bisherigen Ausprägung (insbesondere den § 9 Abs. 2 S 3 SGB II) **ersatzlos** zu **streichen**. Die ... rechtlichen und tatsächlichen Probleme belegen, dass die Einführung einer Bedarfsgemeinschaft keineswegs der Praktikabilität dienlich ist.“

7.2 Haushaltsgemeinschaft

Lebt ein Hilfebedürftiger in **Haushaltsgemeinschaft** mit **Verwandten** oder **Verschwägerten**, vermutet § 9 Abs. 5 SGB II, dass er von ihnen Leistungen zum Lebensunterhalt erhält, soweit dies nach deren Einkommen und Vermögen *erwartet werden kann*.

Eine Haushaltsgemeinschaft liegt vor, wenn die Personen mit dem Erwerbsfähigen

- in einem Haushalt leben *und*
- „aus einem Topf" wirtschaften.

Der **Umfang**, in dem der Einsatz von Einkommen und Vermögen erwartet werden kann, entspricht demjenigen des § 16 BSHG in der bis zum 31.12.2004 geltenden Fassung:

Nach der Rechtsprechung des Bundesverwaltungsgerichts muss dem Angehörigen ein Lebenshaltungsniveau verbleiben, das deutlich über dem der Hilfe zum Lebensunterhalt liegt.

Dies konkretisiert der Verordnungsgeber in § 1 Abs. 2 Bürgergeld-V:

Die bereinigten Einnahmen werden i. d. R. **nicht als Einkommen berücksichtigt**, soweit sie einen **Freibetrag** in Höhe des

- doppelten Satzes des maßgeblichen Regelbedarfs nicht übersteigen

- zuzüglich anteilige Unterkunfts- und Heizkosten.

50% der diesen Freibetrag übersteigenden bereinigten Einnahmen sind als Einkommen anzurechnen.

Die **Vermutung** des Gesetzgebers ist **widerlegbar**: Die Vermutung ist widerlegt, wenn der Hilfebedürftige schriftlich und glaubhaft vorträgt, dass er keine Leistungen erhält oder dies offenkundig ist.

BSG, Urteil vom 19.02.2009, B 4 AS 68/07 R:

„Der Begriff der Haushaltsgemeinschaft wird gegenüber der Wohngemeinschaft dadurch gekennzeichnet, dass ihre Mitglieder nicht nur vorübergehend in einer Wohnung zusammenleben, sondern einen gemeinsamen Haushalt in der Weise führen, dass sie **aus einem "Topf" wirtschaften**... Die Vermutung ... von Unterstützungsleistungen von in einer Haushaltsgemeinschaft lebenden Verwandten und Verschwägerten ist allerdings nur gerechtfertigt, wenn dies nach den Einkommens- und Vermögensverhältnissen erwartet werden kann. ... Die **Vermutung** des § 9 Abs. 5 SGB II i. V. m § 1 Abs. 2 SGB II, dass Hilfebedürftige von mit ihnen in Haushaltsgemeinschaft lebenden Verwandten oder Verschwägerten Leistungen erhalten, **kann im Einzelfall widerlegt werden**, wenn vom Antragsteller Tatsachen benannt werden, die geeignet sind, Zweifel an der Richtigkeit der Vermutung zu begründen... Ferner ist der **Eigenanteil des Angehörigen** auch **nicht** aus systematischen Gründen zwingend **mit dem für den unterhaltsrechtlichen Selbstbehalt** nach der Düsseldorfer Tabelle anzusetzenden Betrag **gleichzusetzen**... Ob insoweit für nicht unterhaltspflichtige Angehörige mit Rücksicht auf die Grenzen der Inanspruchnahme Unterhaltsverpflichteter nach § 33 SGB II eine andere Beurteilung geboten sein könnte ..., kann hier dahinstehen. ... Der Senat geht deshalb mit der h. M. im Schrifttum ... von der **Ermächtigungskonformität** des § 1 Abs. 2 Alg II-V und **Wahrung des Grundsatzes der Verhältnismäßigkeit** aus."

7.3 Zumutbare Arbeit

§ 10 SGB II konkretisiert den Grundsatz des Forderns im Hinblick auf die Zumutbarkeit von Tätigkeiten und Maßnahmen. Die Anforderungen an die Erwerbsfähigen sind größer als nach dem SGB III.

Grundsätzlich ist jedem Erwerbsfähigen **jede Arbeit zumutbar**.

Ausgenommen sind Arbeiten und Maßnahmen zur Eingliederung,

- zu denen der Erwerbsfähige körperlich, geistig oder seelisch **nicht in der Lage** ist
- die ihm die künftige Ausübung seiner **bisherigen** überwiegenden **Arbeit** wesentlich **erschweren** würden, weil die bisherige Tätigkeit besondere körperliche Anforderungen stellt (z. B. würde ein Konzertgeiger als Waldarbeiter seine Fingerfertigkeit verlieren)
- deren Ausübung die **Erziehung seines Kindes** oder des Kindes seines Partners gefährden würde; die Erziehung ist i. d. R. nicht gefährdet,
    - wenn das Kind das 3. Lebensjahr vollendet hat und
    - soweit die Betreuung anders sichergestellt ist (z. B. in einer Tageseinrichtung)
- deren Ausübung mit der **Pflege eines Angehörigen** nicht vereinbar wäre und die Pflege anders nicht gewährleistet werden kann
- denen ein **sonstiger wichtiger Grund** entgegensteht, z. B. rechts- oder sittenwidrige Arbeiten, Arbeiten, bei denen Arbeitsschutzvorschriften nicht eingehalten werden. Eine Entlohnung unterhalb des Tariflohns oder des ortsüblichen Entgelts soll der Zumutbarkeit nach Auffassung des Bundesministeriums für Wirtschaft und Arbeit grundsätzlich nicht entgegenstehen.

Die Aufzählung ist abschließend. Der **Auffangtatbestand** (sonstiger wichtiger Grund) ist **restriktiv** anzuwenden:

Der einer Erwerbstätigkeit entgegenstehende individuelle Grund des Erwerbsfähigen muss besonderes Gewicht haben im Verhältnis zu den Interessen der Allgemeinheit, die die Leistungen aus Steuern erbringt.

Die Schärfe der Zumutbarkeitskriterien spiegelt auch Abs. 2 wider, der Umstände und Bedingungen nennt, unter denen eine Arbeit trotzdem zumutbar ist.

Hiernach gehören zum Katalog der zumutbaren Arbeiten auch Tätigkeiten und Maßnahmen zur Eingliederung in Arbeit,

- die nicht dem Beruf oder einer früher ausgeübten Tätigkeit entsprechen

- die im Hinblick auf die Ausbildung des Erwerbsfähigen als geringwertiger anzusehen sind

- deren Beschäftigungsort vom Wohnort weiter entfernt ist als ein früherer Beschäftigungs- oder Ausbildungsort

- deren Arbeitsbedingungen ungünstiger sind als bei bisherigen Beschäftigungen

- die mit der Beendigung einer Erwerbstätigkeit verbunden sind, es sei denn, die bisherige Tätigkeit kann voraussichtlich die Hilfebedürftigkeit künftig beenden (eingefügt zum 1. Januar 2009).

7.4 Einkommen

Die Einkommensanrechnung orientiert sich im Wesentlichen am Sozialhilferecht.

Bei der Bedürftigkeitsprüfung sind nach § 11 Abs. 1 S. 1 SGB II grundsätzlich **alle Einnahmen in Geld** als Einkommen zu berücksichtigen; Einnahmen in **Geldeswert** sind seit dem 1. August 2016 nur zu berücksichtigen, wenn sie im Rahmen einer Erwerbstätigkeit, des Bundesfreiwilligendienstes oder eines Jugendfreiwilligendienstes zufließen. Zu berücksichtigen sind auch Zuflüsse aus darlehensweise gewährten Sozialleistungen, soweit sie dem Lebensunterhalt dienen (§ 11 Abs. 1 S. 3 SGB II).

Zum Einkommen gehören z. B.

- Lohn, Gehalt
- Einnahmen aus selbständiger Arbeit
- Rente, Arbeitslosengeld, Krankengeld
- Kindergeld
- Unterhalt
- Mieteinnahmen
- Zinsen, Dividenden, Gewinnausschüttungen.

Ausgenommen sind:

- **SGB-II-Leistungen**, ebenso Leistungen nach dem SGB XII und dem AsylbLG.

- **Renten** und **Beihilfen** nach dem **BEG** bis zur Höhe der vergleichbaren Grundrente nach dem Kapitel 9 des SGB XIV.

- **Aufwandspauschalen** nach **§ 1878 BGB** bis zu 3.000 € im Jahr.

- Ab 1. Juli 2023: **Aufwandsentschädigungen**, oder Einnahmen aus steuerfreien **nebenberuflichen Tätigkeiten** bis zu 3.000 € im Jahr. Hierzu zählen
    - Aufwandsentschädigungen aus öffentlichen Kassen

    - Einnahmen aus nebenberuflichen Tätigkeiten als Übungsleiter, Ausbilder, Betreuer etc.

    - Einnahmen aus nebenberuflichen Tätigkeiten im Dienst oder Auftrag einer juristischen Person des öffentlichen Rechts

- **Mutterschaftsgeld** nach § 19 Mutterschutzgesetz.

- Einmalige Einnahmen aus **Erbschaften**, Vermächtnissen und Pflichtteilszuwendungen.

- **Schmerzensgeld** nach § 253 Abs. 2 BGB.

- **Zweckbestimmte Einnahmen** aufgrund öffentlich-rechtlicher Vorschriften, soweit sie einem anderen Zweck dienen als Bürgergeld. Ungeachtet des Zwecks sind aber nach näherer Bestimmung in § 11a Abs. 3 SGB II anzurechnen:
    - Leistungen für die Erziehung fremder Kinder
    - Leistungen für Kindertagespflege
    - Leistungen der Ausbildungsförderung
    - Berufsausbildungsbeihilfe
    - Reisekosten zur Teilhabe am Arbeitsleben

- **Kinderbetreuungskosten**, die mit BAföG-Leistungen oder BAB ausgezahlt werden (§ 11a Abs. 3 S. 2 Nr. 3 und 4 SGB II).

- **Zuwendungen** der freien **Wohlfahrtspflege**, soweit sie die Lage des Empfängers nicht so günstig beeinflussen, dass daneben Bürgergeld nicht gerechtfertigt wäre (max. ein halber monatlicher Regelbedarf, also 251 €).
  Beispiele: geringwertige Möbelspenden, Lebensmittelspenden der „Tafeln". Im Rahmen der Gerechtfertigkeitsprüfung sind zu berücksichtigen: Art, Wert, Umfang und Häufigkeit der Zuwendungen. Auf den Zweck der Zuwendung kommt es seit dem 1. April 2011 nicht mehr an.

- Seit dem 1. April 2011 **Zuwendungen**, die ein anderer erbringt, **ohne** eine **rechtliche oder sittliche Pflicht** zu haben, soweit

    - ihre Berücksichtigung für den Leistungsberechtigten grob unbillig wäre (z. B. Soforthilfen bei Katastrophen, Preise zur Ehrung von Zivilcourage, Ehrengaben aus öffentlichen Mitteln bei Alters- oder Ehejubiläen, Spenden aus Tombolas für bedürftige Menschen, Begrüßungsgelder für Neugeborene) oder

    - sie die Lage des Leistungsberechtigten nicht so günstig beeinflussen, dass daneben SGB-II-Leistungen nicht gerechtfertigt wären (z. B. geringfügiges Taschengeld der Großeltern).

- **Überbrückungsgeld** nach § 51 des Strafvollzugsgesetzes oder vergleichbare Leistungen nach Landesrecht sind seit dem 1. Juli 2021 nicht mehr als Einkommen zu berücksichtigen.

- **Einnahmen aus Ferienarbeit** von Schülern allgemein- oder berufsbildender Schulen, die das 25. Lebensjahr noch nicht vollendet haben, ausgenommen Ausbildungsvergütung. Das gilt ab 1. Juli 2023 ohne Begrenzung auf einen Höchstbetrag.

- **Elterngeld** bis zu 300 € im Monat bei vorheriger Erwerbstätigkeit. Der Elterngeldfreibetrag entspricht dem Freibetrag vor der Geburt (§ 10 Abs. 5 S. 2 BEEG).

§ 1 Abs. 1 Bürgergeld-V erweitert die Liste der Einnahmen, die nicht als Einkommen zu berücksichtigen sind:

- **Einmalige Einnahmen** bis 10 € pro Monat (Bagatellgrenze).

- **Kapitalerträge** bis 100 € jährlich.

- Nicht steuerpflichtige **Einnahmen einer Pflegeperson** für Leistungen der Grundpflege und der hauswirtschaftlichen Versorgung.

- **Auslandsverwendungszuschlag** für Soldaten.

- **Überbrückungsbeihilfe** für ehemalige Arbeitnehmer bei den Stationierungsstreitkräften oder den alliierten Streitkräften in Berlin.

- **Kindergeld für nicht im Haushalt lebende Kinder** des Leistungsberechtigten, soweit es an diese weitergeleitet wird.

- **Einnahmen aus Erwerbstätigkeit** bei Bürgergeldempfängern **unter 15 Jahren** bis **100 €** monatlich.

- **Sterbevierteljahresbonus**.

- **Verpflegung**, die außerhalb von Arbeitsverhältnissen bereitgestellt wird.

- **Geldgeschenke** bis **3.100 €** an Minderjährige zu Firmung, **Kommunion**, **Konfirmation**, vergleichbaren religiösen Festen und Jugendweihe.

- **Wirtschafts- und Überbrückungshilfen** des Bundes für **Selbständige** bis Juni 2021.

- Pauschalierte **Betriebskostenzuschüsse** (Überbrückungshilfe III).

- Hilfen für **Hygiene**- oder Gesundheitsartikel.

- **Verletztenrente für Wehrpflichtige der NVA** bei einer Minderung der Erwerbsfähigkeit um 20 % zwei Drittel der Mindestgrundrente nach dem BVG, bei einer Minderung der Erwerbsfähigkeit um 10 % ein Drittel.

Der **Kinderzuschlag** nach § 6a BKGG ist dem jeweiligen Kind als Einkommen zuzurechnen. Ebenso das **Kindergeld** für Kinder, die zur Bedarfsgemeinschaft gehören, soweit es bei dem jeweiligen Kind zur Sicherung des Lebensunterhalts benötigt wird. Hierdurch soll die Abhängigkeit des Kindes von Bürgergeld beseitigt werden.

Einnahmen sind *für* den Monat zu berücksichtigen, in dem sie zufließen (§ 11 Abs. 2 S. 1 SGB II). Das gilt seit dem 1. Januar 2011 auch für Einnahmen, die im Antragsmonat vor der Antragstellung zufließen (§ 37 Abs. 2 S. 2 SGB II).

Bis 30. Juni 2023:

Einmalige Einnahmen sind *von* dem Monat an zu berücksichtigen, in dem sie zufließen (§ 11 Abs. 3 S. 1 SGB II). Sie sind im **Folgemonat** zu berücksichtigen, sofern im **Zuflussmonat** Leistungen bereits erbracht wurden. Entfiele der Leistungsanspruch durch die Berücksichtigung in einem Monat, ist die einmalige Einnahme auf sechs Monate gleichmäßig aufzuteilen.

Ab 1. Juli 2023:
Auch einmalige Einnahmen sind im **Zuflussmonat** zu berücksichtigen. Das gilt nicht für **Nachzahlungen**, die nicht für den Monat des Zuflusses erbracht werden. Entfiele bei diesen der Leistungsanspruch durch die Berücksichtigung in einem Monat, ist die einmalige Einnahme auf sechs Monate gleichmäßig aufzuteilen, ab dem Zuflussmonat.

Seit dem 1. Januar 2009 ist vom Arbeitgeber bereitgestellte **Vollverpflegung** mit täglich **einem Prozent** des maßgebenden monatlichen **Regelbedarfs** als Einkommen zu berücksichtigen. Bei Teilverpflegung entfallen davon auf das Frühstück 20 %, auf Mittag- und Abendessen je 40 % (§ 2 Abs. 5 Bürgergeld-V).

Rückwirkend zum 1. Januar 2008 ist Verpflegung in *Krankenhäusern*, *Schulen* und durch *Verwandte* nicht mehr als Einkommen zu berücksichtigen. Es war ohnehin fraglich, ob die bis 31. Dezember 2008 geltende Regelung von der Verordnungsermächtigung gedeckt war.

Sonstige Einnahmen in Geldeswert sind mit ihrem Verkehrswert zu berücksichtigen (§ 2 Abs. 6 Bürgergeld-V).

Nach § 11b Abs. 1 SGB II sind vom Einkommen **abzusetzen**:

- Auf das Einkommen entrichtete **Steuern** (Nr. 1)
- Pflichtbeiträge zur **Sozialversicherung** einschließlich der Beiträge zur Arbeitsförderung (Nr. 2)
- **Beiträge zu Versicherungen** oder ähnlichen Einrichtungen, soweit die Beiträge gesetzlich vorgeschrieben oder nach Grund und Höhe angemessen sind (Nr. 3), wie
    - freiwillige Krankenversicherung
    - freiwillige Pflegeversicherung

- freiwillige Altersvorsorge, soweit die Beiträge nicht nach § 26 SGB II bezuschusst werden

Pauschale für private Versicherungen, die nach Grund und Höhe angemessen sind: **30 €/Monat**. Abzusetzen ist die Pauschale vom Einkommen *volljähriger* Hilfebedürftiger (§ 6 Abs. 1 Nr. 1 Bürgergeld-V); bei *Minderjährigen* nur, wenn diese eine entsprechende Versicherung abgeschlossen haben (§ 6 Abs. 1 Nr. 2 Bürgergeld-V).

Zusätzlich können abgesetzt werden private Versicherungen, die gesetzlich vorgeschrieben sind (z. B. Kfz-Haftpflicht, Pflegeversicherung für privat Krankenversicherte).

- Geförderte Beiträge zu einer **Riester-Altersvorsorge** in Höhe des Mindesteigenbetrags, pauschal 3 % des Einkommens abzüglich 1,5 Prozentpunkte je Kind, mindestens 5 € (Nr. 4)

- Mit der Erzielung des Einkommens verbundene notwendige Ausgaben (sog. **Werbungskosten** -Nr. 5-), z. B. für Fahrtkosten zur Arbeit pauschal **0,20 €** pro Entfernungskilometer (§ 6 Abs. 1 Nr. 5 Bürgergeld-V)

Weist der Betroffene höhere notwendige Ausgaben nach, sind diese abzusetzen.

Anstelle der in § 11b Abs. 1 Satz 1 Nr. 3 bis 5 SGB II beschriebenen Aufwendungen ist bei Beziehern von Erwerbseinkommen ohne Nachweis ein **Grundfreibetrag** von **100 €** abzusetzen. Bei einem Bruttoeinkommen über 400 € sind höhere Aufwendungen abzusetzen, wenn der Leistungsberechtigte diese nachweist.

Betriebskosten bei Selbständigen sind bei der Einkommensermittlung nach § 3 Bürgergeld-V abzuziehen. Von dem Einkommen ist zusätzlich der Grundfreibetrag abzusetzen. Liegt das Einkommen über 400 €, ist wie bei Arbeitnehmern eine höhere Absetzung nur möglich, wenn die Abzugsbeträge nach § 11b Abs. 1 Satz 1 Nr. 3 - 5 SGB II zusammen über 100 € liegen.

Der Grundfreibetrag von 100 € ist auch abzusetzen von **Ausbildungsförderung**, **Berufsausbildungsbeihilfe**, Reisekosten zur Teilhabe am Arbeitsleben, Ausbildungsgeld nach dem SGB

III, Unterhaltsbeitrag nach AFBG (§ 11b Abs. 2b S. 2 SGB II). Das gilt nicht, wenn der Grundfreibetrag bereits anderswo berücksichtigt wurde.

- **Freibeträge** bei **Erwerbstätigkeit** nach § 11b Abs. 3 SGB II (Nr. 6)
- Aufwendungen zur Erfüllung gesetzlicher **Unterhalt**spflichten, die aufgrund eines Unterhaltstitels oder einer notariell beurkundeten Unterhaltsvereinbarung zu erbringen sind (Nr. 7)
- Einkommen, das bereits bei der Ausbildungsförderung nach dem BAföG oder dem SGB III für mindestens ein Kind berücksichtigt wird (Nr. 8)
- **Freibeträge** für **Grundrentenzeiten** entsprechend § 82a SGB XII (§ 11b Abs. 2a SGB II)
- **Freibeträge** vom Erwerbseinkommen von *unter 25-jährigen* **Auszubildenden** und Studenten in Höhe der Geringfügigkeitsgrenze von 556 € (§ 11b Abs. 2b SGB II). Das gilt auch für Schüler außerhalb der Ferien sowie für Teilnehmer am Jugendfreiwilligendienst und am Bundesfreiwilligendienst. Ab Vollendung des 25. Lebensjahres sind es 250 €.

Zum Zuflussprinzip: Seite 323 ff.
Zu verschiedenen Einkommensarten: Seite 328 ff.
Zur Einkommensermittlung bei Selbständigen: Seite 360 ff.
Zu Absetzungsbeträgen: Seite 366 ff.
Zu einmaligen Einnahmen: Seite 388 ff.

Zum Zuflussprinzip:

BSG, Urteil vom 30.10.2019, B 4 KG 1/19 R:
„Auf die Revision des Klägers ist das Urteil des LSG aufgehoben und die Berufung der beklagten Familienkasse … zurückgewiesen worden. Der Kläger hat für April 2016 Anspruch auf **Kinderzuschlag**, weil das **für März nachgezahlte Wohngeld im April als Einkommen zu berücksichtigen** ist und demgemäß durch die Zahlung des Kinderzuschlags Hilfebedürftigkeit nach dem SGB II vermieden wird. Für nachgezahltes Wohngeld ist im Unterschied zu nachgezahltem Kinderzuschlag **keine Ausnahme von der Berücksichtigung im Zu-**

flussmonat zu machen..., weil es an einer entsprechenden normativen Grundlage fehlt und auch systematische Gründe nicht für eine Ausnahme sprechen. Vielmehr unterliegt die Abgrenzung der Leistungen nach dem SGB II und dem WoGG einem differenzierten Regelungsgeflecht, aufgrund dessen sich die Leistungen nicht zwingend wechselseitig ausschließen."
Zitiert nach dem Terminbericht Nr. 51/19 des Bundessozialgerichts

BSG, Urteil vom 07.12.2017, B 14 AS 8/17 R:
„In dem allein noch strittigen Monat August 2008 ist den Klägern **kein Unterhalt** des Kindsvaters **zugeflossen**. Von den jeweils zwei Unterhaltszahlungen im vorangegangenen Juli und im nachfolgenden September ist keine als Einkommen im Sinne des SGB II im August zu berücksichtigen, selbst wenn der Kindsvater durch diese Zahlungen auch seinen Unterhaltspflichten für August nachkommen wollte. Denn nach dem im SGB II grundsätzlich geltenden **Monatsprinzip** sind die Leistungen monatsweise zu berechnen, ausgehend von den Bedarfen und dem zufließenden Einkommen im jeweiligen Monat. Nach der im SGB II anzuwendenden **modifizierten Zuflusstheorie** ist vom tatsächlichen Zufluss der Einnahme auszugehen, es sei denn, rechtlich wird ein anderer Zufluss angeordnet... Rechtliche Sonderregelungen für den Zufluss von Unterhalt ähnlich wie für ein Erbe (vgl. bei diesem § 1922 Abs. 1 BGB) bestehen nicht. Demgemäß sind **mangels tatsächlichen Zuflusses keine Unterhaltszahlungen** im strittigen August als Einkommen der Kläger **zu berücksichtigen**, insbesondere nicht die Unterhaltszahlungen im Juli vorher und im September nachher. Aus § 44 SGB X folgt nichts anderes. Selbst wenn der Beklagte die Leistungen vorläufig erbracht hätte, wäre keine Saldierung über die einzelnen Monate hinweg zulässig gewesen ..., aber eine Berücksichtigung aller Einkommen im jeweiligen Monat. Anhaltspunkte für die vom LSG erwogenen "Manipulationsmöglichkeiten" oder einen Rechtsmissbrauch der Kläger sind seinen Feststellungen nicht zu entnehmen."
Zitiert nach dem Terminbericht Nr. 57/17 des Bundessozialgerichts

BSG, Urteil vom 25.10.2017, B 14 AS 35/16 R:
„Zutreffend ist der Beklagte ... davon ausgegangen, dass der **Kinderzuschlag für August 2015 keine "Leistung nach diesem Buch"** gemäß § 11a Abs. 1 Nr. 1 SGB II darstellt und deshalb nicht schon dem Grunde nach von der Berücksichtigung als Einkommen ausgeschlossen ist. ... für die Einkommenszurechnung *(ist)* entsprechend der **modifizierten Zuflusstheorie** auszugehen vom tatsächlichen Zufluss, es sei denn rechtlich wird ein anderer Zufluss als maßgeblich bestimmt... Einen derart vom tatsächlichen Mittelzugang **normativ abweichenden Zufluss** bestimmt für den **Kinderzuschlag** § 6a Abs. 1 Nr. 4 Satz 1 BKGG. Voraussetzung für dessen Bezug ist danach zusätzlich ..., dass durch ihn Hilfebedürftigkeit nach § 9 SGB II vermieden wird. ... Damit ist bezweckt, dass die Familien regelmäßig nur ein Verwaltungsverfahren entweder im Jobcenter ... oder bei der Familienkasse ... durchlaufen müssen ... Dieses wechselseitige Ausschlussverhältnis der Leistungssysteme nach SGB II einerseits und § 6a BKGG andererseits steht der Annahme des Beklagten entgegen,

dass ein nachträglich gezahlter (Gesamt-)Kinderzuschlag während des Bezugs von existenzsichernden Leistungen nach dem SGB II (notfalls auch) für diesen Zeitraum bedarfsdeckend einzusetzen ist; solche existenzsichernden Wirkungen sind ihm kindergeldrechtlich nach § 6a Abs. 1 Nr. 4 Satz 1 BKGG gerade nicht zugedacht. Grundsicherungsrechtlich sind deshalb die **Leistungen nach § 6a BKGG nur den Monaten als Einkommen zuzurechnen, für die sie zur Vermeidung des Leistungsbezugs nach dem SGB II bestimmt sind**."

BSG, Urteil vom 29.04.2015, B 14 AS 10/14 R:
„Eine **Erbschaft** ist .. grundsicherungsrechtlich nur dann Vermögen, wenn der Erbfall vor der (ersten) Antragstellung eingetreten ist... Die zugeflossenen 8000 Euro sind in dieser Höhe als **einmalige Einnahme** ... zu berücksichtigen. **Eine Minderung** durch die Rückführung des Solls auf dem Konto des Klägers ... von 2985,89 Euro, das seine Bank **aufgrund des** zwischen beiden vereinbarten **Dispositionskredits** in Höhe von 2900 Euro hingenommen hatte, im Zeitpunkt des Zuflusses der 8000 Euro **kommt** grundsicherungsrechtlich **nicht in Betracht**. In Höhe des Kontosolls bestand eine Verbindlichkeit ... des Klägers gegenüber seiner Bank, die durch Verrechnung ... im Rahmen einer Kontokorrentabrede mit dem Kläger getilgt worden ist... Zahlungen auf Verbindlichkeiten - abgesehen von ... Aufwendungen zur Erfüllung von titulierten Unterhaltsverpflichtungen ... - sind indes nicht vom Einkommen abzusetzen... Dies wäre ebenso, wenn die Auffassung der Kläger zuträfe, dass die Rückführung des Kontosolls durch Verrechnung ... mit einer Pfändung vergleichbar sei. Denn auch gepfändete Einkommensteile sind grundsätzlich als Einkommen zu berücksichtigen... Ausgehend vom Tag des Zuflusses ... am 27.6.2011 begann der ... Verteilzeitraum mit dem Zuflussfolgemonat am 1.7.2011 und endete am 31.12.2011. ... Im Verteilzeitraum war ein monatlicher Teilbetrag von 1012,05 Euro zu berücksichtigen. Denn ... neben der Versicherungspauschale *(waren)* auch monatliche Beiträge für öffentliche Versicherungen ... abzusetzen, weil aufgrund der ... vollständig aufgehobenen Alg II-Bewilligung der Kranken- und Pflegeversicherungsschutz ... entfiel... *(Es ist)* ... nicht darüber zu entscheiden, ob die im Zeitpunkt der letzten Verwaltungsentscheidung rechtmäßige Aufhebungsentscheidung auch für Oktober 2011 in diesem Monat rechtswidrig geworden ist... Bei Erlass des Widerspruchsbescheides vom 16.9.2011 verfügten die Kläger ... über genügend bereite Mittel auch zur Beitragszahlung."

BSG, Urteil vom 12.06.2013, B 14 AS 73/12 R:
„Nicht gefolgt werden kann .. den Vorinstanzen ..., soweit das gesamte Erbe ... als Einkommen berücksichtigt und auf die folgenden sechs Monate ... verteilt wurde. Vielmehr ist ... nur die **Hälfte des Erbes** zu berücksichtigen. Ob für eine volle Berücksichtigung des Erbes ... die Subsidiarität der staatlichen Fürsorge gegenüber der Obliegenheit des Schuldners zur Tilgung von privaten Schulden im Rahmen des Insolvenzrechts ... spricht ... kann dahinstehen. Entscheidend ist vielmehr, dass der Klägerin zu 1 als **bereite Mittel** zu Beginn des maßgeblichen Bewilligungsabschnitts ... nur noch 7.643,18 Euro zur Verfügung standen, weil sie ..., nachdem sie den Gesamtbetrag von 15.286,35 Euro

erhalten hat, davon 7.643,17 Euro an den **Treuhänder** aufgrund ihres **Insolvenzverfahrens** überwiesen hat. Die Berücksichtigung einer Einnahme als Einkommen setzt voraus, dass das zugeflossene Einkommen als "bereites Mittel" geeignet ist, den konkreten Bedarf im jeweiligen Monat zu decken. ... Die Verweigerung existenzsichernder Leistungen aufgrund einer unwiderleglichen Annahme, dass die Hilfebedürftigkeit bei bestimmtem wirtschaftlichen Verhalten - hier dem Verbrauch der einmaligen Einnahme in bestimmten monatlichen Teilbeträgen - (teilweise) abzuwenden gewesen wäre, ist mit Art. 1 Grundgesetz (GG) i. V. m. Art. 20 GG nicht vereinbar. ...ein solches Verhalten *(kann)* einen Ersatzanspruch nach § 34 SGB II auslösen, wobei jedoch die Kenntnisse der leistungsberechtigten Person, das Verhalten des Beklagten usw., vorliegend wohl auch das des Treuhänders, der ... "mit Vehemenz" die Hälfte der Erbschaft verlangte, zu beachten sind."

<u>BSG, Urteil vom 14.02.2013, B 14 AS 51/12 R:</u>
„Die Gehaltszahlung ist ... als (laufende) Einnahme ... und nicht als Vermögen anzusehen, weil sie an dem selben Tag auf seinem Konto einging, an dem er auch seinen Antrag auf Leistungen nach dem SGB II stellte. Auf die **Uhrzeit der Kontogutschrift** - vorliegend um 10.50 Uhr - **und** den Zeitpunkt **der Antragstellung** ... - erst nach 11.30 Uhr - kommt es nicht an. ..."mit Zeitpunkt der Antragstellung" als Zäsur zwischen Einkommen und Vermögen *(ist)* nicht die Uhrzeit an dem jeweiligen Tag der Antragstellung gemeint, sondern dieser Tag der Antragstellung. Denn als maßgebliche Begründung wird anknüpfend an die Rechtsprechung des BVerwG auf die Bedarfszeit abgestellt und die kleinste mögliche Bedarfszeit nach dem SGB II ist der Tag (vgl. § 41 Satz 1 SGB II, die Rückwirkungsregelung in § 37 Abs. 2 Satz 2 SGB II a. F.). Wird der Antrag an einem bestimmten Tag gestellt, so gilt er schon für diesen Tag und nicht erst für den nächsten. Der Antrag gilt auch nicht nur anteilig für diesen Tag der Antragstellung, je nachdem um wie viel Uhr er gestellt wurde."

<u>BSG, Urteil vom 23.08.2011, B 14 AS 165/10 R:</u>
„Weder die Kenntnis des Klägers ... von der **fehlenden Leistungsberechtigung nach dem SGB III** noch die Aufhebung der der Zahlung zugrunde liegenden Bewilligung durch die BA ... führen dazu, dass das **Alg im Zeitpunkt seines Zuflusses** nicht als **Einkommen** zu berücksichtigen war... Der Berücksichtigung ... steht ... nicht entgegen, *(dass)* nur solche Einnahmen in Geld oder Geldeswert als Einkommen ... anzusehen sind, die einen Zuwachs von Mitteln bedeuten, der dem Hilfebedürftigen zur endgültigen Verwendung verbleibt... Entscheidend für die Privilegierung von bestimmten Zuflüssen ist..., dass in dem **Zeitpunkt**, in dem die Einnahme als Einkommen berücksichtigt werden soll, der Zufluss bereits mit einer (wirksamen) **Rückzahlungsverpflichtung** belastet ist. Jedenfalls sofern eine Verpflichtung zur Rückzahlung der laufenden Einnahme erst nach dem Monat eintritt, für den sie berücksichtigt werden soll..., besteht die **Verpflichtung des Hilfebedürftigen, die Leistung als "bereite Mittel" in dem Monat des Zuflusses auch zu verbrauchen**. ... Zwar ist die Arbeitslosigkeit des Klägers ... als Leistungsvoraussetzung nach §

118 SGB III und damit das Stammrecht auf Alg vom Zeitpunkt der Arbeitsaufnahme ... an entfallen. Dies allein führt jedoch nicht dazu, dass die Zahlung ... rechtswidrig geworden und bereits bei Auszahlung mit einem Rückzahlungsanspruch belastet war... **Ein auf einer bindenden Bewilligung begründeter Leistungsbezug von Alg ist rechtmäßig, solange der Bewilligungsbescheid besteht**... Die fehlende Übereinstimmung des Bezuges mit dem materiellen Recht kann ... also nicht vor der Aufhebung des Bescheides geltend gemacht werden... Zwar ist die Bewilligung von Alg mit Wirkung für die Vergangenheit ... aufgehoben worden, die Rückzahlungsverpflichtung ... tritt jedoch erst zukünftig ein. Die (bestandskräftig gewordene) Aufhebung der Bewilligungsentscheidung im August 2007 hat deshalb im Verhältnis zum Träger der Grundsicherung lediglich die Bedeutung, dass die Hilfebedürftigen (erst) von diesem Zeitpunkt an mit Schulden (gegenüber der BA) belastet sind. Solche Verpflichtungen sind aber grundsätzlich bei Bestimmung der Hilfebedürftigkeit unbeachtlich..."

<u>BSG, Urteil vom 13.05.2009, B 4 AS 29/08 R:</u>
„Der Senat hat in seiner Entscheidung vom 16.12.2008 ... zur nachträglichen Zahlung von Krankengeld bereits dargelegt, dass die **verspätete Zahlung einer Sozialleistung nicht** dazu führt, eine **Ausnahme vom Zuflussprinzip** anzunehmen."

<u>BSG, Urteil vom 30.07.2008, B 14 AS 26/07 R:</u>
„Das LSG hat zu Recht das Arbeitsentgelt und das Alg als Einnahmen in diesem Sinne angesehen, weil sie dem Kläger im Januar 2005 nach der Antragstellung am 9. November 2004 zugeflossen sind. ... Anders als im Recht der Sozialhilfe **beginnt** die maßgebliche, vom BVerwG dort so genannte "**Bedarfszeit**" im Bereich des SGB II jedoch erst **mit der Antragstellung**. ... Mittel, die der Hilfesuchende (erst) in der Bedarfszeit erhält, sind als **Zufluss in der Bedarfszeit Einkommen**. Mittel, die der Hilfesuchende **früher**, wenn auch erst in der vorangegangenen Bedarfszeit, als Einkommen **erhalten** hat, sind, soweit sie in der aktuellen Bedarfszeit noch vorhanden sind, **Vermögen**. Zur Frage, wann etwas zufließt, ist grundsätzlich vom **tatsächlichen Zufluss** auszugehen, soweit nicht rechtlich ein anderer Zufluss als maßgeblich bestimmt wird (normativer Zufluss). Als Beispiele für einen solchen normativen Zufluss hat das BVerwG § 3 Abs. 3 Satz 2 der Durchführungsverordnung zu § 76 BSHG ... benannt, der die Anrechnung von einmaligen Einnahmen von dem Monat an regelte, in dem sie anfielen. ... Da die Frage nach Einkommen allein der Prüfung dient, ob tatsächlich Mittel zur Deckung eines Bedarfs vorhanden sind, ist in diesem Zusammenhang nicht erheblich, ob der Antragsteller den Zeitpunkt des Zuflusses bestimmen konnte oder nicht. ... Bei einem Anspruch nur für einen Teil des Monats sollen nach dem gesetzlichen Konzept sowohl Bedarf als auch Einkommen zunächst monatsweise einander gegenübergestellt und dann in entsprechende Teilbeträge umgerechnet werden. Die Zahl der Anspruchstage wird dann mit einem Dreißigstel der vollen monatlichen Leistung multipliziert..."

BSG, Urteil vom 30.07.2008, B 14 AS 43/07 R:
„**Einkommen** i. S. des § 11 Abs. 1 SGB II ist grundsätzlich alles das, was jemand **nach Antragstellung** wertmäßig dazu erhält und **Vermögen** das, was er **vor Antragstellung** bereits hatte. ... Entgegen der Ansicht der Klägerin bleibt die Berücksichtigung des im Juni 2005 zugeflossenen Arbeitsentgeltes auch davon unberührt, dass es die Klägerin dazu eingesetzt hat, den im Dezember 2004 aufgebauten **Überziehungskredit zurückzuführen**. Insoweit handelt es sich lediglich um eine bestimmte **Form der Einkommensverwendung**. Das Arbeitsentgelt verliert hierdurch nicht seinen Charakter als Einkommen...“

BSG, Urteil vom 30.07.2008, B 14/7b AS 12/07 R:
„Soweit die Beklagte vorträgt, Einkommen sei jeweils für den ganzen Monat relevant ..., trifft dies nicht zu. Die Beklagte hat ihrerseits Leistungen ebenfalls erst ab Antragstellung nach § 37 SGB II zu erbringen. Andererseits ist sie darauf zu verweisen, dass gemäß § 41 Abs. 1 Satz 1 SGB II ein Leistungsanspruch für jeden Kalendertag besteht. Werden **Leistungen nur für einen Teil des Monats** gewährt, ist demnach der aktuelle Bedarf ab Antragstellung tageweise zu ermitteln und kann auch **Einkommen** erst **ab Antragstellung für die verbleibenden Tage** berücksichtigt werden.“

Zu verschiedenen Einkommensarten:

BVerfG, Beschluss vom 16.03.2011, 1 BvR 591/08, 1 BvR 593/08:
„Die Beschwerdeführer sind nicht in ihrem Grundrecht auf Gleichbehandlung aus Art. 3 Abs. 1 GG verletzt. Sie werden zwar als Empfänger der voll als Einkommen berücksichtigten **Verletztenrente** gegenüber den Empfängern der nach § 11 Abs. 1 Satz 1, Abs. 3 SGB II privilegierten Leistungen ungleich behandelt. Die Ungleichbehandlung ist jedoch sachlich gerechtfertigt. ... Ob Ansprüche auf eine Verletztenrente aus der gesetzlichen Unfallversicherung, die allein durch Beiträge der Arbeitgeber finanziert wird, überhaupt vom Schutzbereich des Art. 14 Abs. 1 GG umfasst werden, kann dahinstehen, da es jedenfalls an einem Eingriff in diesen Schutzbereich fehlt. Denn der Zahlbetrag der Verletztenrente bleibt unverändert. Gemindert wird lediglich das nicht von Art. 14 Abs. 1 GG geschützte Arbeitslosengeld II.“
Zitiert nach der Pressemitteilung Nr. 27/2011 vom 14. April 2011

BVerfG, Beschluss vom 07.07.2010, 1 BvR 2556/09:
„Das Grundrecht auf Gewährleistung eines menschenwürdigen Existenzminimums aus Art. 1 Abs. 1 GG in Verbindung mit dem Sozialstaatsprinzip des Art. 20 Abs. 1 GG enthält ... **keinen Anspruch auf** Leistungen zur **Rücklagenbildung** oder zur Finanzierung der Aufwendungen für den **Besuch einer Privatschule**. Die Verfassungsbeschwerde betrifft die Anrechnung von Leistungen

nach dem **BAföG** auf die Leistungen nach dem SGB II. ... Es ist verfassungsrechtlich nicht zu beanstanden, dass die **Aufwendungen** der Beschwerdeführerin **für den Besuch der privaten Berufsfachschule** nicht zu einem höheren, bei der Berechnung der Leistungen nach dem Sozialgesetzbuch Zweites Buch zu berücksichtigenden gesetzlichen Bedarf führen. ... Die Beschwerdeführerin wird durch die Anrechnung von Einkommen nicht anders behandelt als Auszubildende, die Leistungen nach dem Sozialgesetzbuch Zweites Buch beziehen und eine schulgeldfreie Schule besuchen. ... Die Auffassung des Bundessozialgerichts, dass die mit dem Besuch der Privatschule verbundenen Aufwendungen **nicht** gemäß § 11 Abs. 2 Nr. 5 SGB II **das zu berücksichtigende Einkommen mindern**, weil nicht auf diesem Weg das Gebot, den Anteil der zweckbestimmten Einnahmen nach objektiven Maßstäben festzulegen, umgangen werden darf, ist vertretbar und damit nicht willkürlich, so dass auch dies keinen verfassungsrechtlichen Bedenken unterliegt."

BVerfG, Beschluss vom 11.03.2010, 1 BvR 3163/09:
„Das Sozialgericht hat in verfassungsrechtlich nicht zu beanstandender Weise festgestellt, dass es sich beim **Kindergeld** auch **nicht** teilweise um eine anderen Zwecken als die Leistungen des SGB II dienende Einnahme handelt, die ... **anrechnungsfrei** bleiben müsste. Dies folgt unabhängig von ... § 11 Abs. 1 Satz 3 SGB II auch aus § 31 Satz 2 Einkommensteuergesetz. Danach ist Kindergeld, das, ... wegen Fehlens eines zu versteuernden Einkommens nicht zur steuerlichen Freistellung des (steuerrechtlichen) Existenzminimums eines Kindes erforderlich ist, eine Leistung zur Förderung der Familie... Als solche dient es dazu, die **wirtschaftliche Lage von Familien mit Kindern** im Verhältnis zu solchen ohne Kinder zu **verbessern** und deren **Lebensunterhalt** zu **sichern**... Dass das Kindergeld in voller Höhe als Einkommen im Sinne von § 11 Abs. 1 SGB II auf die Leistungen nach dem SGB II angerechnet wird, ist mit dem Grundgesetz vereinbar."

BSG, Urteil vom 28.11.2024, B 4 AS 16/23 R:
„Die Kläger haben keinen Anspruch auf Arbeitslosengeld II ohne Anrechnung der **Einnahmen** aus dem Betrieb der **Photovoltaikanlage**. Bei der **Einspeisevergütung** handelt es sich um zu berücksichtigendes Einkommen im Sinne des § 11 Absatz 1 Satz 1 SGB II. Abzuziehen ist allein die so genannte Versicherungspauschale in Höhe von 30 Euro (§ 6 Absatz 1 Nummer 1 Arbeitslosengeld II-V). Die steuerrechtlich im Wege der **Abschreibung** zu berücksichtigende Abnutzung der Anlage ist grundsicherungsrechtlich **keine mit der Erzielung des Einkommens verbundene notwendige Ausgabe**. Von der Einspeisevergütung sind **keine Erwerbstätigenfreibeträge** im Sinne des § 11b Absatz 2 Satz 1 in Verbindung mit Absatz 3 SGB II abzusetzen. Das SGB II verwendet den **Begriff** der **Erwerbstätigkeit** bereichsspezifisch. Erwerbstätig ist danach nur jemand, der unter Einsatz und Verwertung seiner Arbeitskraft eine wirtschaftlich verwertbare Leistung gegen Entgelt erbringt, um damit seinen Lebensunterhalt zu verdienen. Bestandteil des die Erwerbstätigkeit prägenden Austauschverhältnisses ist zudem die **Fremdnützigkeit der Arbeit**,

die gegen Entgelt geleistet wird. Die Verwaltung eigenen Vermögens erfolgt demgegenüber nicht fremdnützig, sondern eigennützig. Bei Einnahmen aus einer Photovoltaikanlage handelt es sich schon deshalb nicht um "Einkommen aus Erwerbstätigkeit", weil es an der Fremdnützigkeit der Tätigkeit fehlt. Die mit Hilfe der Anlage erzielten Erträge sind vielmehr das Ergebnis einer privaten Vermögensverwaltung. Zudem haben die Kläger keine Arbeitskraft aufgewandt. Der für jede Vermögensverwaltung erforderliche Zeitaufwand genügt hierfür nicht. Unerheblich ist insoweit, dass die Finanzverwaltung den Betrieb der Photovoltaikanlage als unternehmerische Tätigkeit eingestuft hat. Grundrechte der Kläger stehen weder der Berücksichtigung der Einspeisevergütung als Einkommen noch der Nichtberücksichtigung der Erwerbstätigenfreibeträge entgegen. Insbesondere liegt keine Verletzung des Grundrechts auf Gleichbehandlung aus Artikel 3 Absatz 1 Grundgesetz vor."
Zitiert nach dem Terminbericht Nr. 41/24 des Bundessozialgerichts

<u>BSG, Urteil vom 17.07.2024, B 7 AS 10/23 R:</u>
„Bei dem **Geldgeschenk** handelt es sich um eine **Einnahme** i. S. des § 11 Abs. 1 Satz 1 SGB II. … Die Einnahme ist nach § 11a Abs. 5 Nr. 2 SGB II nicht als Einkommen zu berücksichtigen, soweit die **Kosten der Dachreparatur** als Bedarfe i. S. des § 22 Abs. 2 SGB II berücksichtigungsfähig gewesen sind. …die Mutter *(hat)* die **Zuwendung** erbracht, **ohne** hierzu eine **rechtliche oder sittliche Pflicht** zu haben. …eine Unterstützung *(ist)* nicht zwingend geboten, wenn das Kind auf die Unterstützungsleistung der Eltern **nicht angewiesen** ist, weil es **Anspruch auf Leistungen** nach dem SGB II hat. … Der Gesetzgeber hatte bei der Schaffung des § 11a Abs. 5 Nr. 2 SGB II zwar Situationen vor Augen, in denen gelegentliche oder regelmäßige Zuwendungen Anderer, die üblich und auch gesellschaftlich akzeptiert sind, ohne Berücksichtigung … bleiben sollen, wie … ein monatliches Taschengeld der Großeltern… Dies schließt aber weder nach dem Wortlaut des § 11a Abs. 5 Nr. 2 SGB II … noch nach seinem Sinn und Zweck (**Sicherung des Nachranggrundsatzes**) die Wertung aus, dass die Berücksichtigung einer einmaligen Einnahme als Einkommen, der – hypothetisch – ein durch Leistungen nach dem SGB II zu deckender Bedarf in gleicher Höhe gegenüber gestanden hätte, nicht gerechtfertigt ist. … Die Kosten der Dachreparatur haben im Grundsatz einen durch den Beklagten zu deckenden Bedarf … ausgelöst. … Das mit Wellasbestplatten belegte Dach … war erheblich beschädigt. Es musste durch Neueindeckung repariert werden. Diese Arbeiten sind in schlichter Ausführung durch einen Dachdecker erfolgt. Die einmalige Zahlung der Mutter diente im Wesentlichen der Begleichung der Rechnung des Dachdeckers und insoweit der Deckung eines einmaligen Bedarfs i. S. des § 22 Abs. 2 SGB II… Der Klägerin hätten gegen den Beklagten … Zahlungen in (fast) gleicher Höhe zugestanden. … Soweit die Zahlung der Mutter die Aufwendungen für die Reparatur des Daches übersteigt, unterliegt sie nicht der Privilegierung… Das betrifft den **Differenzbetrag** zwischen der Forderung des Dachdeckers (… 6983,46 Euro) … und dem geschenkten Betrag i. H. v. 7130 Euro, mithin **146,54 Euro**. Diese einmalige Einnahme wäre … im **Folgemonat** des Zuflusses, also im nicht verfahrensgegenständlichen Monat Juni 2017 zu berücksichtigen."

BSG, Urteil vom 21.12.2023, B 5 R 1/22 R und B 5 R 4/23 R:
„Die Beklagte muss dem Kläger auch den zusätzlichen Betrag der Witwenrente im Sterbevierteljahr (sogenannter **Sterbevierteljahresbonus**) erstatten. Der Kläger ist im Vergleich zur Beklagten nachrangig verpflichtet. Hätte die Beklagte die Witwenrente zu einem früheren Zeitpunkt ausgezahlt, wäre der Kläger auch im Umfang des Sterbevierteljahresbonus nicht zur Leistung von Arbeitslosengeld II an die Witwe verpflichtet gewesen. Auch insoweit ist die Witwenrente nicht von der Einkommensanrechnung nach § 11a Absatz 3 Satz 1 SGB II ausgenommen. Nach dieser Vorschrift sind Leistungen, die aufgrund öffentlich-rechtlicher Vorschriften zu einem ausdrücklich genannten Zweck erbracht werden, nur so weit als Einkommen zu berücksichtigen, als die Leistungen nach diesem Buch im Einzelfall dem-selben Zweck dienen. Der **Sterbevierteljahresbonus dient** letztlich **demselben Zweck wie das Arbeitslosengeld II**. Auch der Sterbevierteljahresbonus bezweckt eine Sicherung des Lebensunterhalts. Die vorübergehend erhöhte Hinterbliebenenrente soll den während des Sterbequartals eintretenden besonderen Bedarf des hinterbliebenen Ehegatten befriedigen. Das Grundsicherungsrecht sieht bedarfsabhängige Leistungen zur Sicherung des Lebensunterhalts vor, mit denen ebenfalls auf die besondere Situation nach dem Tod des Ehepartners reagiert werden kann. Dazu gehören etwa Leistungen für Mehr- oder besondere Bedarfe, für Unterkunft und Heizung für eine Übergangszeit oder die Gewährung eines Darlehens. Zwar spräche angesichts der Privilegierung, die der Sterbevierteljahresbonus an anderer Stelle erfährt, viel dafür, ihn von der Einkommensanrechnung im SGB II auszunehmen. Eine entsprechende Regelung ist aber bisher nicht erfolgt."
Zitiert nach dem Terminbericht Nr. 55/23 des Bundessozialgerichts

BSG, Urteil vom 13.12.2023, B 7 AS 15/22 R:
„Die ... für eine ... **Reservistenübung** gezahlten **Mindestleistungen** sind ebenso wenig wie die **Reservistendienstleistungsprämie** als Einkommen ... zu berücksichtigen. Gleichwohl bleibt es bei dem ... Urteil des Landessozialgerichts. Der Kläger ist hiergegen nicht in Revision gegangen. Zwar ... *(sind)* die **Mindestleistungen** als Erwerbseinkommen zu qualifizieren. Sie ... sind .. keine zweckbestimmten Einnahmen... Der Kläger war während der Reservistenübung erwerbstätig. ...die Tätigkeit von Reservisten *(soll)* während einer Übung vergleichbar mit der Besoldung von Berufs- und Zeitsoldaten bezahlt werden. Für alle drei Gruppen dienen die Zahlungen ... der Alimentation. ... Dementsprechend sind von den Mindestleistungen grundsätzlich **Absetzungen** nach § 11b Absatz 2 und 3 SGB II ... vorzunehmen. ...die Mindestleistungen und Reservistendienstleistungsprämie *(sind)* jedoch im .. Juli 2017 ... nicht als Einkommen zu berücksichtigen. Vielmehr wären sie ... als Nachzahlung im .. August 2017 der Berechnung zugrunde zu legen gewesen. Es handelt sich ... um laufende Einnahmen. Dies folgt aus dem USG2015, das die kalendertägliche Bestimmung der Höhe der Leistungen auf der Grundlage von Tagessätzen anordnet. ...laufende Einnahmen *(sind zwar grundsätzlich)* für den Monat zu berücksichtigen, in dem sie zufließen. Auf diesen Zeitpunkt ist gemäß § 11

Absatz 3 Satz 2 SGB II auch für die gesetzlich als einmalige Einnahmen qualifizierten **Nachzahlungen** abzustellen. Dabei handelt es sich um **Zahlungen, die nicht für den Monat des Zuflusses erbracht werden**. Dies ist hier der Fall, denn die Zahlungen der Mindestleistungen und Reservistendienstleistungsprämie hätten nach dem USG2015 im Juni 2017 erfolgen müssen. Allerdings greift nach § 11 Absatz 3 Satz 3 SGB II dann die Regel, dass in dem Fall, in dem für den Monat des Zuflusses bereits Leistungen ohne Berücksichtigung der einmaligen Einnahme erbracht worden sind, die einmaligen Einnahmen in der Gestalt der Nachzahlungen im **Folgemonat** … berücksichtigt werden."

BFH, Urteil vom 19.01.2023, III R 36/21:
Leitsätze des Bundesfinanzhofs:
„1. **Erstattungsansprüche des Jobcenters** nach § 74 Abs. 2 EStG i. V. m. §§ 102 bis 105 SGB X sind mit der allgemeinen **Leistungsklage** geltend zu machen, da zwischen den Leistungsträgern kein Über- und Unterordnungsverhältnis besteht.
2. Für die Monate, in denen die **Familienkasse rechtzeitig geleistet** hat, scheidet ein Erstattungsanspruch des Jobcenters aus…
3. Ein Erstattungsanspruch ist außerdem ausgeschlossen, wenn die Familienkasse selbst geleistet hat, bevor sie von der Leistung des Jobcenters **Kenntnis** erlangt hat…
4. Im Fall des § 74 Abs. 2 EStG i. V. m. § 104 Abs. 1 Satz 1 Halbsatz 2 SGB X hat die Familienkasse von der Leistung des Jobcenters Kenntnis erlangt, sobald eine entsprechende Mitteilung unter der eigens für Erstattungsanträge eingerichteten **Funktionsadresse der Familienkasse** eingegangen ist.
5. **Organisatorische Entscheidungen der Familienkasse**, die dazu führen, dass dem für die Festsetzung und **Auszahlung des Kindergelds** zuständigen Sachbearbeiter eine in den Geschäftsbereich gelangte Information nicht bekannt wird, rechtfertigen es **nicht**, diese im Verhältnis zu Dritten als **unbekannt** zu werten."

BSG, Urteil vom 13.07.2022, B 7/14 KG 1/21 R:
„… die Klägerin *(hat)* bereits deshalb keinen Anspruch auf einen **Kinderzuschlag**, weil durch ihn Hilfebedürftigkeit nach § 9 SGB II nicht vermieden wird. … Dies entspricht der gesetzlichen **Zielsetzung** des Kinderzuschlags: Eltern sollen nicht nur wegen der **Unterhaltsbelastung** für ihre Kinder Alg II und Sozialgeld in Anspruch nehmen müssen und durch den Kinderzuschlag einen **Anreiz** zur Aufnahme oder Ausweitung einer Erwerbstätigkeit erhalten. Dementsprechend ist der Kinderzuschlag nur für Familien vorgesehen, die ohne ihn allein wegen des Unterhaltsbedarfs für ihre Kinder Anspruch auf Alg II und Sozialgeld hätten… Daraus folgt, dass **Hilfebedürftigkeit** nach § 9 SGB II dann **nicht vermieden** wird, wenn **keines der Mitglieder der Bedarfsgemeinschaft Leistungen nach dem SGB II erhalten kann**… Die Klägerin und ihr Ehemann sind nicht erwerbsfähig… Die Kinder der Klägerin haben schon nicht das erforderliche Mindestalter …, um erwerbsfähige Leistungsberechtigte zu

sein und ihren erwerbsunfähigen Eltern einen Sozialgeldanspruch zu vermitteln… Das Kinderzuschlagsrecht bestimmt mit der Einführung eines Bemessungszeitraums für die Ermittlung des zu berücksichtigenden Einkommens (§ 6a Abs. 8 Satz 1 BKGG) die "Hilfebedürftigkeit nach § 9 …" im Vergleich zur originären Anspruchsprüfung nach dem SGB II nunmehr anhand unterschiedlicher Zeiträume, also "ungleichzeitig"… Der (mittelbare) **Ausschluss** vom Kinderzuschlag nach § 6a BKGG für Personen, die nach dem SGB II nicht leistungsberechtigt wären, ist **verfassungsgemäß**…“

BSG, Urteil vom 13.07.2022, B 7/14 AS 75/20 R:
„Das … Alg nach dem SGB III, das Entgelt aus ihrer Erwerbstätigkeit und das **Trinkgeld** sind jeweils im Monat des Zuflusses Einkommen… Gleichwohl ist das Trinkgeld … nicht als Einkommen … zu berücksichtigen. § 11 Abs. 1 Satz 1 letzter Halbsatz SGB II nimmt Einnahmen i. S. des § 11a SGB II hiervon aus. Nach dessen Abs. 5 bleibt Einkommen unter … weiteren Voraussetzungen unberücksichtigt, soweit es als **Zuwendung** zu qualifizieren ist. Um eine Zuwendung handelt es sich, wenn ein anderer sie erbringt, **ohne** hierzu eine **rechtliche oder sittliche Pflicht** zu haben. … Das Trinkgeld ist im vorliegenden Fall eine freiwillige und ohne Rechtspflicht erfolgte Zahlung. Es ist **kein Erwerbseinkommen**. Arbeitsrechtlich werden als Trinkgeld Leistungen verstanden, die ohne rechtliche Verpflichtung als persönliche Zuwendung aus einer bestimmten Motivationslage von Dritten freiwillig erbracht werden… Auch besteht keine "sittliche Pflicht" für die Gabe von Trinkgeld. Eine sittliche Verpflichtung kann nur dann bejaht werden, wenn innerhalb der Beziehung des Zuwendenden zum Zuwendungsempfänger selbst besondere Umstände gegeben sind, die die Zuwendung oder Unterstützung als zwingend geboten erscheinen lassen… Ob Trinkgelder sozialversicherungsrechtlich beitragspflichtige Einnahmen darstellen, ist für ihre rechtliche Bewertung als Zuwendung nicht von entscheidender Bedeutung. … Anders als vom LSG vorausgesetzt, ist damit … ***(keine)*** **"besondere Nähebeziehung"** zwischen Gebendem und Nehmendem erforderlich, um geringfügige Zuwendungen Dritter von der Berücksichtigung als Einkommen auszunehmen. … Das … **Trinkgeld i. H. v. 25 Euro beeinflusst ihre Lage nicht so günstig, dass daneben Leistungen nach dem SGB II nicht gerechtfertigt wären**. … Schließlich ergibt sich aus … § 42a Abs. 2 Satz 1 SGB II, dass - umgekehrt - eine Einbuße des monatlichen Zahlbetrags i. H. v. 10 % des maßgebenden Regelbedarfs als hinnehmbar angesehen wird. … Bei einer Zuwendung, die **10 % des jeweils maßgebenden Regelbedarfs** nicht übersteigt, ist hingegen typisierend davon auszugehen, dass die Subsidiarität existenzsichernder SGB II-Leistungen gewahrt bleibt, eine Überkompensation mithin nicht eintritt. … Besondere Umstände des Einzelfalls, die eine abweichende Bewertung erforderten, sind … nicht erkennbar. Für die abschließende Berechnung … ist … auch die **Versicherungspauschale** als Absetzposition beim Alg nach dem SGB III zu berücksichtigen.“

BSG, Urteil vom 11.11.2021, B 14 AS 15/20 R:
„Die der leistungsberechtigten Klägerin im Mai 2017 zugeflossene **Zahlung nach § 198 GVG** hat ihre Hilfebedürftigkeit nicht entfallen lassen. Die **Entschädigung** wegen eines infolge der **unangemessenen Dauer des Ausgangsverfahrens** erlittenen immateriellen Nachteils nach § 198 Abs 2 GVG ist nach § 11a Abs. 3 Satz 1 SGB II **von der Einkommensberücksichtigung** bei der Berechnung des Alg II/Sozialgeldes **ausgenommen**. Danach sind Leistungen, die aufgrund öffentlich-rechtlicher Vorschriften zu einem **ausdrücklich genannten Zweck** erbracht werden, nur so weit als Einkommen zu berücksichtigen, als die Leistungen nach dem SGB II im Einzelfall demselben Zweck dienen.
Die Leistung "Entschädigungszahlung nach § 198 GVG" wird aufgrund einer öffentlich-rechtlichen Vorschrift erbracht. Die Regelung verpflichtet ein Land zu staatlicher Ersatzleistung durch einen **staatshaftungsrechtlichen "Entschädigungsanspruch"**, weil bei einem Beteiligten Nachteile aufgrund von Verzögerungen bei Gerichten eingetreten sind. Dies kann nach § 198 Abs 2 GVG auch eine Entschädigung für einen **Nicht-Vermögensnachteil** bedeuten, wenn nicht nach den Umständen des Einzelfalles Wiedergutmachung auf andere Weise ausreichend ist. ...der Klägerin *(ist)* die Entschädigung wegen eines ebensolchen Nachteils nach § 198 Abs 2 GVG durch eine Verzögerung des Ausgangsverfahrens von 21 Monaten zuerkannt worden. Die Zahlung diente auch einem in § 198 GVG ausdrücklich zu entnehmenden Zweck... Insoweit genügt es, wenn sich die vom Gesetzgeber gewollte "finale" Zweckbindung eindeutig **aus dem Gesamtzusammenhang ableiten** lässt. Der Zweck des § 198 Abs 2 GVG ist die **Wiedergutmachung der Folgen eines überlangen Verfahrens**, die auf mehrere Arten erfolgen kann, u. a. durch die Zahlung einer Entschädigung, die wie vorliegend allein dem Ausgleich immaterieller Nachteile zu dienen bestimmt war. Soweit in § 198 GVG **keine Vorgaben für die letztendliche Verwendung** der Zahlung enthält, hat dies **keinen Einfluss auf die finale Zweckbestimmung**. § 11a Abs 3 SGB II fordert solche Vorgaben ebenso wenig wie die Parallelregelung des § 83 Abs 1 SGB XII. Dass § 198 GVG verschiedenartige Nachteile eines überlangen Gerichtsverfahrens pauschaliert ausgleicht gebietet ebenfalls keine andere Auslegung. Insoweit handelt es sich um eine **eigenständige Rechtsgrundlage nach den Vorgaben der EMRK**, ohne dass der Ausgleich der Nachteilslagen einzelnen Anspruchsnormen im deutschen Recht zugeordnet werden könnte. Der Ausgleich des immateriellen Nachteils unterfällt auch nicht der Rückausnahme des § 11a Abs. 3 Satz 1 Halbsatz 2 SGB II. Die dort verlangte Zweckidentität ist nicht gegeben, denn das SGB II sieht für immaterielle Schäden keine Leistungen vor.“
Zitiert nach dem Terminbericht Nr. 40/21 des Bundessozialgerichts

BSG, Urteil vom 11.11.2021, B 14 AS 33/20 R:
„...soweit die volljährige Tochter der Klägerin zu 1 **Erwerbseinkommen innerhalb der Herbstferien** erzielt hat, **führt** dieses **nicht zu einem Kindergeldüberhang**, der in der Folge als Einkommen ... zu berücksichtigen wäre. Das Erwerbseinkommen der volljährigen Tochter ist insoweit bei der Berechnung

ihres Alg II-Anspruchs ausgenommen. Es ist **nach § 1 Abs. 4 Satz 1 Alg II-V a. F. privilegiert**. Danach sind nicht als Einkommen zu berücksichtigende Einnahmen von Schülerinnen und Schülern allgemein- oder berufsbildender Schulen, die das 25. Lebensjahr noch nicht vollendet haben, aus Erwerbstätigkeiten, die in den Schulferien für höchstens vier Wochen je Kalenderjahr ausgeübt werden, soweit diese ... 1.200 Euro kalenderjährlich nicht überschreiten. Die Privilegierung des Einkommens aus einer Erwerbstätigkeit ist mithin durch **drei zeitliche Parameter** begrenzt. Die Erwerbstätigkeit darf 1) **höchstens vier Wochen**, 2) **innerhalb eines Kalenderjahres** und muss 3) **in den Ferien** verrichtet werden. Die Regelung knüpft an § 5 Abs. 4 Satz 1 JArbSchG an. Sie soll sicherstellen, dass die schulischen Belange der leistungsberechtigten Person durch die Ausübung einer oder mehrerer Erwerbstätigkeiten nicht beeinträchtigt werden und die **Schulferien** ihren **Erholungscharakter** nicht einbüßen. Da nach § 15 Satz 1 JArbSchG Jugendliche an fünf Tagen in der Woche beschäftigt werden dürfen, ist durch die vom Verordnungsgeber gewollte Parallele zum JArbSchG auch im Anwendungsbereich des § 1 Abs. 4 Satz 1 Alg II-V a. F. davon auszugehen, dass **Jugendliche** in der Summe an **20 Tagen** in den Ferienzeiten beschäftigt werden dürfen. Für **volljährige Schüler**, die nicht den Beschränkungen des JArbSchG unterliegen, gelten zwar die Vorschriften des ArbZG. Dies bedeutet jedoch nur, dass eine Arbeitswoche nach §§ 3 und 10 Abs. 1 Satz 1 ArbZG mit sechs Werk- bzw. Arbeitstagen gleichzusetzen ist. Bei ihnen umfasst der "Vierwochenzeitraum" des § 1 Abs. 4 Satz 1 Alg II-V a. F. demnach nicht 20, sondern **24 Tage** im Kalenderjahr. Wird eine Erwerbstätigkeit sowohl innerhalb als auch außerhalb der Ferien ausgeübt bleibt allein privilegiert das in den Ferien erarbeitete Einkommen. Vorliegend war die volljährige Tochter ... während der Schulferien im Jahr 2017 in der Summe an 22 Tagen erwerbstätig. Damit ist die zuvor benannte zeitliche Grenze nicht überschritten. Die in der Summe 1.200 Euro nicht übersteigenden Einnahmen sind daher nach § 1 Abs. 4 Satz 1 Alg II-V a. F. privilegiert und nicht als Einkommen nach § 11 Abs. 1 Satz 1 SGB II bei ihr zu berücksichtigen. **Anderes gilt nur für die außerhalb der Ferienzeiten erwirtschafteten Einnahmen**... Nach Abzug der Absetz- und Freibeträge übersteigen diese zusammen mit den Leistungen zur Ausbildungsförderung und dem Kindergeld den Bedarf der volljährigen Tochter. Der hieraus folgende **Kindergeldüberhang ist als Einkommen ... zu berücksichtigen**."
Zitiert nach dem Terminbericht Nr. 40/21 des Bundessozialgerichts

<u>BSG, Urteil vom 11.11.2021, B 14 AS 41/20 R:</u>
„...der **Fahrkostenersatz** durch einen **Arbeitgeber** *(ist)* als **Einkommen aus Erwerbstätigkeit** ... bei der Berechnung des Alg II zu berücksichtigen. Es handelt sich bei dem Fahrkostenersatz um Einnahmen die dem Leistungsberechtigten zumindest im sachlichen Zusammenhang mit der Beschäftigung zufließen. Der Fahrkostenersatz ist auch "bereites Mittel". Bei wirtschaftlicher Betrachtung handelt es sich dabei nicht von vornherein um einen reinen Durchlaufposten, bei dem dem Empfänger trotz des Einkommenszuflusses kein wertmäßiger Zuwachs verbleibt. Die Verwendung des Aufwendungsersatzes stand

dem Kläger nach der Zahlung durch die Arbeitgeberin frei. Ist der Fahrkostenersatz Einkommen, sind hiervon die mit seiner Erzielung verbundenen **notwendigen Aufwendungen** nach § 11b Abs. 1 Satz 1 Nr. 5 SGB II ... **abzusetzen**. Die Höhe des Absetzungsbetrags folgt aus der Ausfüllung des unbestimmten Rechtsbegriffs der "verbundenen notwendigen Ausgaben" ..., insbesondere unter Berücksichtigung systematischer Gesichtspunkte. Ausgangspunkt insoweit ist, dass ein angemessenes privates Kfz im SGB II zwar unter Vermögensschutz steht, zugleich aber die Kosten für dessen Betrieb und Unterhaltung nicht bei der Bedarfsbemessung berücksichtigt werden; sie sind aus dem pauschalierten Regelbedarf zu finanzieren. Für die Situation der beruflichen Nutzung eines privaten Kfz sehen **§§ 3 und 6 Alg II-V** zwar Regelungen zur Bestimmung der Absetzbeträge ... vor. Sie können jedoch hier **nicht unmittelbar** zur Anwendung kommen. Die dortigen Ausgangslagen, die Absetzung von Beträgen für zurückgelegte Wegstreckenkilometer zwischen Arbeits- und Wohnort und die Absetzung als Betriebsausgaben eines Selbständigen treffen nicht die vorliegende Fallkonstellation. Aufgrund dessen **verbietet sich** auch eine **analoge Anwendung** der Verordnung. Jedoch liegt es nahe, aus Gründen der gleichmäßigen Handhabung in Anlehnung an die Grundentscheidung des Verordnungsgebers und aus Gründen der Verwaltungsvereinfachung pauschaliert **0,10 Euro je gefahrenem Kilometer auf einem "Betriebsweg"** von dem Fahrkostenersatz als Absetzbetrag zugrunde zu legen. Wenn allerdings höhere Aufwendungen nachgewiesen werden ..., kann sich der Absetzbetrag erhöhen. Darüber, welche Absetzungen im Einzelnen vorzunehmen sind, wird das LSG ... im wiedereröffneten Berufungsverfahren zu befinden haben.“
Zitiert nach dem Terminbericht Nr. 40/21 des Bundessozialgerichts

<u>BSG, Urteil vom 05.08.2021, B 4 AS 83/20 R:</u>
„Zwar sind Steuern und Sozialversicherungsbeiträge auf diesen Sachbezug erhoben worden, weil es sich um Arbeitsentgelt gehandelt hat. ...diese gesetzlichen Abzüge *(führen)* aber nicht dazu, dass die Verpflegung dadurch "erkauft" wurde. Der **arbeitsvertraglich vereinbarte** Anspruch auf **Verpflegung** stellt eine als **Einkommen** zu berücksichtigende Einnahme in **Geldeswert** nach § 11 Abs. 1 Satz 2 SGB II dar. Einnahmen "in Geldeswert" sind im Allgemeinen solche, die nicht unmittelbar in Bar- oder Buchgeld bestehen, aber einen in Geld zu bemessenden wirtschaftlichen Wert haben... Ein Sachbezug ... ist ... als Einkommen zu berücksichtigen, wenn er ... arbeitsvertraglich als Teil der Arbeitsvergütung vereinbart worden ist. Außerdem muss er zugeflossen sein. Ob ein **Zufluss** vorliegt, hängt ... nicht davon ab, ob eine tatsächlich bestehende **Möglichkeit**, den Sachbezug in Anspruch zu nehmen, **realisiert wird**... Will der Leistungsempfänger die Einkommensanrechnung vermeiden, ist er gehalten, auf eine Änderung des Arbeitsvertrages zu drängen. Kommt der Arbeitgeber seiner Verpflichtung aus dem Arbeitsvertrag nach und stellt den Sachbezug ... tatsächlich zur Verfügung, ist von einem Zufluss der geldwerten Einnahme auszugehen. ... Der Beklagte hat den Sachbezug Verpflegung der Höhe nach zutreffend (nur) nach Maßgabe von **§ 2 Abs. 5 Alg II-V** berücksichtigt und nicht nach den höheren Beträgen der Sozialversicherungsentgeltverordnung, die der Arbeitgeber ausweislich der Bezügeabrechnungen zugrunde

gelegt hatte. …§ 2 Abs. 5 Alg II-V *(verstößt)* nicht gegen höherrangiges Recht, insbesondere nicht gegen § 20 Abs 1 Satz 4 SGB II.“

BSG, Urteil vom 08.12.2020, B 4 AS 30/20 R:
„Die der Klägerin ausgezahlten **Raten aus dem Studienkredit** waren **nicht** als **Einkommen** zu berücksichtigen. Ein **Darlehen** stellt … als lediglich vorübergehend zur Verfügung gestellte Leistung **kein Einkommen** dar. Dem Leistungsberechtigten muss ein wertmäßiger Zuwachs zur endgültigen Verwendung verbleiben, da nur dann die Hilfebedürftigkeit dauerhaft entfällt. Nach § 11 Abs. 1 Satz 2 SGB II a. F. (jetzt § 11 Abs. 1 Satz 3 SGB II) sind zwar "auch Zuflüsse aus darlehensweise gewährten **Sozialleistungen**, soweit sie dem Lebensunterhalt dienen", als Einkommen zu berücksichtigen. An einer entsprechenden Regelung für **Privatdarlehen** fehlt es indessen. Die … zugeflossenen Darlehenszahlungen sind schon keine öffentlich-rechtlichen Leistungen, also auch keine darlehensweise gewährten Sozialleistungen. § 11a Abs. 3 Satz 1 SGB II bestimmt ebenfalls allein für **öffentlich-rechtliche Leistungen**, dass diese bei einer von dem Zweck der Leistungen nach dem SGB II abweichenden **Zweckbestimmung** nicht als Einkommen zu berücksichtigen sind. Deshalb kommt auch der Zweckbestimmung des Darlehens … **keine Bedeutung** zu. Träfe diese Auffassung des Beklagten zu, wäre für Bezieher von Leistungen nach dem SGB II ein Verbraucherkredit in der Regel wirtschaftlich sinnlos. Sie setzten sich, ohne mehr Mittel zur Verfügung zu haben, persönlich einer Rückzahlungspflicht aus, und ein Darlehen würde letztlich nur eine Entlastung des Grundsicherungsträgers bewirken. Im Rahmen der **Eigenverantwortung** (§ 1 Abs. 2 Satz 1, § 20 Abs. 1 Satz 4 SGB II) ist es jedoch auch für Hilfebedürftige nicht ausgeschlossen, ihren Lebensstandard für die Übergangszeit des Leistungsbezugs durch Darlehen, für die sie später selbst einzustehen haben, auf einem Niveau zu erhalten, das unabhängig von der Höhe der Grundsicherungsleistungen ist.“
Zitiert nach dem Terminbericht Nr. 45/20 des Bundessozialgerichts

BSG, Urteil vom 14.10.2020, B 4 AS 14/20 R:
„Die Revision des Klägers hatte keinen Erfolg. Mit dem ihm zugeflossenen **Sofortbonus** hat er **Einkommen** erzielt, das zu berücksichtigen war. Denn diesen Bonus erhielt er als eine einmalige **Wechselprämie unabhängig vom Stromverbrauch** gleich zu Beginn der Vertragslaufzeit. Zudem war er in der Verwendung nicht gebunden. Zwar hat das BSG Rückzahlungen von Stromkosten, die auf Vorauszahlungen in Zeiträumen beruhen, in denen Hilfebedürftigkeit nach §§ 7, 9 SGB II bestand, nicht als zu berücksichtigendes Einkommen angesehen. Voraussetzung war aber eine wirtschaftliche Konnexität zum Stromverbrauch und den geleisteten Vorauszahlungen, die hier fehlt. Der Sofortbonus kann deshalb auch nicht als antizipierte Rückzahlung aufgefasst werden. Die Sonderregelung des § 22 Abs. 3 Halbs. 2 SGB II kommt nicht zur Anwendung, weil diese Vorschrift sich nur auf Rückzahlungen und Guthaben aus Vorauszahlungen für Haushaltsenergie bezieht, die hier nicht im Streit stehen.“
Zitiert nach dem Terminbericht Nr. 38/20 des Bundessozialgerichts

BSG, Urteil vom 17.09.2020, B 4 AS 3/20 R:
„...die von dem Caritasverband ... geleisteten **Motivationszuwendungen** ... sind **Einkommen** ..., weil es hierfür (zunächst) keine Rolle spielt, welcher Art die Einkünfte sind, aus welcher Quelle sie stammen und aus welchem Grunde sie geleistet werden... Bezogen auf die Anrechenbarkeit des ... Einkommens und möglicher Absetzbeträge bedarf es indes keiner Entscheidung, ob es sich um Einkommen aus Erwerbstätigkeit oder eine Zuwendung i. S. von § 11a Abs. 4 SGB II handelt; denn dies führt bei ... auf einen längeren Zeitraum angelegten **Zuverdienstprojekten** zu identischen Ergebnissen. Zwar geht § 11a Abs. 4 SGB II zunächst von dem Grundsatz der Nichtberücksichtigung von Zuwendungen der freien Wohlfahrtspflege aus... Andererseits ist wegen des zeitgleichen Bezugs staatlich finanzierter Sozialleistungen nach dem Wortlaut des § 11a Abs. 4 SGB II eine "**Gerechtfertigkeitsprüfung**" ... vorzunehmen... Im Rahmen einer gewichteten Abwägungsentscheidung kann dabei auch ein Teil der Zuwendungen als Einkommen zu berücksichtigen sein. ... Ähnlich der Zweckbestimmung bei den Motivationszuwendungen dienen auch die **Erwerbstätigenpauschale** nach § 11b Abs. 2 Satz 1 SGB II sowie der **Erwerbstätigenfreibetrag** nach § 11b Abs. 3 SGB II dem Ausgleich für arbeitsbedingte Mehraufwendungen und der Stärkung des Arbeits- und Selbsthilfewillens. ... Die **Erwerbszentriertheit des SGB II** und dessen pauschalierende Systematik legen es nahe, dass erwerbsfähige Alg II-Berechtigte in Zuverdienstprojekten hinsichtlich der ihnen neben den SGB-II-Leistungen verbleibenden Beträge nicht auf unbestimmte Dauer in wirtschaftlicher Hinsicht deutlich besser als der Personenkreis der "Erwerbsaufstocker" gestellt werden. ... Nach den vorstehenden Grundsätzen sind die ... Motivationszuwendungen daher auch bei einer Einordnung als Zuwendungen nach § 11a Abs. 4 SGB II unter Heranziehung der Erwerbstätigenpauschale ... in Höhe von 100 Euro und des weiteren Erwerbstätigenfreibetrages ... von der Berücksichtigung als Einkommen auszunehmen.“

BSG, Urteil vom 24.06.2020, B 4 AS 9/20 R:
„Aufgrund ... § 11 Abs. 3 SGB II wäre die **Einkommenssteuererstattung** auch (noch) im streitigen Zeitraum vom 1.6.2016 bis 30.9.2016 anzurechnen. ... Diese normative Vorgabe zur Aufteilung einer ... tatsächlich zugeflossenen einmaligen Einnahme und deren Berücksichtigung im Verteilzeitraum bleibt auch davon unberührt, dass ab 1.6.2016 ein neuer Bewilligungszeitraum begann... ...einer (anteiligen) Anrechnung der Einkommenssteuererstattung ... *(standen)* die vom BSG entwickelten **Grundsätze zu den "bereiten Mitteln"** entgegen. ...eine einmalige Einnahme *(kann)* im **Verteilzeitraum nicht** als **Einkommen** berücksichtigt werden, soweit sie **bereits zu anderen Zwecken** als zur Bestreitung einer aktuellen Notlage **verwendet** wurde und daher nicht mehr geeignet ist, den konkreten Bedarf im jeweiligen Monat zu decken... Vorliegend fehlte es ab 1.6.2016 an einer tatsächlichen Verfügbarkeit des Wertzuwachses, weil ... *(die)* Einkommenssteuererstattung ... allein zur **Schuldentilgung** verwandt worden ist. Ab Juni 2016 konnte er nicht mehr auf den im März 2016 seinem

Konto gutgeschriebenen Betrag ... von 2382,92 Euro im Sinne eines tatsächlich vorhandenen "aktiven Guthabens" zurückgreifen. ... Einer Anwendbarkeit der Grundsätze zu den bereiten Mitteln steht auch nicht entgegen, dass sich der Kläger durch **erneute Inanspruchnahme des Dispositionskredits** bei der Commerzbank bereite Mittel für seinen Lebensunterhalt hätte verschaffen können. **Eine solche Obliegenheit bestand** für die ... Monate des Verteilzeitraums ... **nicht**. ... Zwar *(läuft)* ... abweichendes Ausgabeverhalten dem Grundsatz der Eigenverantwortung vor Inanspruchnahme der Leistungen zur Sicherung des Lebensunterhalts zuwider. Konsequenzen ... hat dies jedoch erst aufgrund der zum 1.1.2017 in Kraft getretenen Regelung des § 24 Abs. 4 Satz 2 SGB II. Danach können Leistungen zur Sicherung des Lebensunterhalts als rückzahlbares Darlehen erbracht werden, soweit Leistungsberechtigte einmalige Einnahmen ... vorzeitig verbraucht haben."

BSG, Urteil vom 29.08.2019, B 14 AS 42/18 R:
„Die **Zahlung der Versicherung auf das Darlehenskonto** ... ist ... zu Recht **nicht** als zu berücksichtigendes **Einkommen** ... angesehen worden, weil diese Zahlung nicht zu bereiten Mitteln der Eheleute und die Rückbuchung der zuvor abgebuchten Darlehensrate .. der Bank auf das Girokonto nicht zu einer (weiteren) Einnahme der Eheleute geführt hat. ...die ... Versicherungsleistung *(ersetzte)* die ... Darlehensraten und durch das Zusammenwirken von T-Bank und T-Versicherung war sichergestellt, dass die Mittel von den Eheleuten nicht zur Existenzsicherung eingesetzt werden konnten. Die aufgrund einer Stornierung erfolgende **Rückbuchung der zuvor abgebuchten Darlehensrate** seitens der Bank auf das Girokonto ... führte nicht zu einer Einnahme der Eheleute. Denn diese Rückbuchung kann nicht losgelöst von der zuvor erfolgten Abbuchung der Darlehensrate gesehen werden, so dass der für eine Einnahme erforderliche Wertzuwachs auf dem Girokonto ... nicht festzustellen ist. ... Die **Rentennachzahlung** ... im Frühjahr 2016 kann nicht als für das Jahr 2015 zu berücksichtigendes Einkommen angesehen werden. ...nachgezahltes Einkommen *(ist)* grundsätzlich im Zuflussmonat und nicht für die Zeit zu berücksichtigen, für die es nachgezahlt wird. ... Eine Rechtsgrundlage für eine rechtlich abweichende zeitliche Zuordnung der Rentennachzahlung besteht nicht. Aus ... § 48 Abs. 1 Satz 3 SGB X oder einem ihm entnommenen Rechtsgedanken kann derartiges nicht hergeleitet werden... Wenn die ... zur Wiederherstellung des Nachrangs ... geschaffenen ... §§ 102 ff. SGB X im Einzelfall nicht oder nur unzureichend eingreifen, muss dies solange hingenommen werden, wie der Gesetzgeber die geltende Rechtslage nicht ändert. Mit den Mitteln richterlicher Rechtsfortbildung jedenfalls kann ein als unerwünscht angesehener Doppelbezug von Sozialleistungen nicht verhindert werden... Im Übrigen hat der Beklagte die ... höheren Leistungen im Rahmen der bestehenden Erstattungsvorschriften gegenüber der Rentenversicherung als Erstattungsanspruch geltend machen können, weil **auch künftige, noch ungewisse Ersatzansprüche** angemeldet werden können..."

BSG, Urteil vom 21.03.2019, B 14 AS 42/17 R:
„Das von der Klägerin für ihre Tochter bezogene Kindergeld ist als ihr Einkommen zu berücksichtigen, soweit es bei der Tochter zur Sicherung des Lebensunterhalts nicht benötigt wird. Die Klägerin hat keinen Anspruch auf Alg II ohne Berücksichtigung des **Kindergeldüberhangs** als Einkommen... ...beim Kindergeld handelt es sich **nicht** um eine ... **zweckbestimmte Einnahme** ...; zu einer ... zweckbestimmten Einnahme wird das Kindergeld auch nicht durch Regelungen des Unterhaltsrechts ..., denen eine über das Unterhaltsrecht hinausreichende, grundsicherungsrechtlich beachtliche Zweckbestimmung des Kindergelds nicht entnommen werden kann... Nach § 1612b Abs. 1 BGB ist das auf das Kind entfallende Kindergeld zur Deckung seines Barbedarfs zu verwenden, und zwar zur Hälfte, wenn ein Elternteil seine Unterhaltspflicht durch Betreuung des Kindes erfüllt (Satz 1 Nr. 1) und in allen anderen Fällen in voller Höhe (Satz 1 Nr. 2). Nach Satz 2 mindert es in diesem Umfang den Barbedarf des Kindes. Die Regelung reagiert auf die kindergeldrechtliche Unterscheidung zwischen materieller Anspruchsinhaberschaft einerseits und Bezugsberechtigung andererseits, wonach zwar beiden Elternteilen ein Anspruch auf Kindergeld zusteht ..., es im Interesse der Verfahrensvereinfachung aber nur einem Berechtigten gezahlt wird... Bei mehreren Berechtigten ist das derjenige, der das Kind in seinen Haushalt aufgenommen hat..."

BSG, Urteil vom 12.09.2018, B 14 AS 36/17 R:
„Die der Klägerin als berliner **Bezirksverordneten** geleistete **Aufwandsentschädigung** ist **nicht** als **zweckbestimmte Einnahme** von der Berücksichtigung als Einkommen ausgenommen. ... Nach der Rechtsprechung des BSG ist es für eine Privilegierung ... erforderlich, dass es sich bei der Leistung um eine in ihrer Verwendung zweckbestimmte Einnahme handelt... Erforderlich ist mit der Leistung die Verfolgung eines Zwecks, der über die vom SGB II verfolgte Sicherung des Lebensunterhalts hinausgeht... Diese Voraussetzungen sind vorliegend nicht erfüllt. ... Das LSG hat den insoweit maßgeblichen landesrechtlichen Regelungen ... entnommen, dass die Bezirksverordneten geleistete **Grundentschädigung** als **Teil der Aufwandsentschädigung** keinen weitergehenden Zweck verfolgt als die Sicherung des Lebensunterhalts aufgrund des Ausfalls anderweitiger Erwerbsmöglichkeiten; an diese Auslegung ist der Senat gebunden... Dem steht der ... Einwand, dass die Aufwandsentschädigung das freie Mandat in der Bezirksverordnetenversammlung gewährleisten solle, nicht entgegen, denn daraus folgt keine rechtliche Vorgabe einer bestimmten Verwendung der Aufwandsentschädigung durch Bezirksverordnete..."

BSG, Urteil vom 14.06.2018, B 14 AS 13/17 R:
„...die **Ausgleichsrente** *(ist)* zu **berücksichtigen** ..., wohingegen die **Grundrente** ... zu Recht von der Berücksichtigung als Einkommen **ausgenommen** wurde (§ 11 Abs. 1 Satz 1 Halbsatz 2 SGB II). Dass der Gesetzgeber zwischen Grundrente und Ausgleichsrente unterscheidet, wird bereits in der historischen Entwicklung seit Erlass des BSHG im Jahre 1961 deutlich. ... Zudem ergibt

sich aus ... § 76 Abs. 1 BSHG, dass bereits zu dessen Geltungszeiten nur Grundrenten, nicht aber darüber hinausgehende Rentenzahlungen von der Einkommensberücksichtigung ausgenommen waren. Diese Regelung des BSHG wurde in § 11 Abs. 1 SGB II ... ausdrücklich vom Gesetzgeber übernommen... Nach § 32 BVG wird die Ausgleichsrente gezahlt, wenn eine zumutbare Erwerbstätigkeit nicht oder nur in beschränktem Umfang oder nur mit überdurchschnittlichem Kräfteaufwand ausgeübt werden kann. Das zeigt, dass eine Ausgleichsrente rein materiell ausgerichtet ist, sodass sie sich von der Grundrente mit ihrem immateriellen Gehalt unterscheidet... Auch wenn sich das PrVG von seiner Zielrichtung her von dem BEG unterscheidet, weil es nur auf eine relativ kleine Gruppe Verfolgter gerichtet ist, die sich nach Art und Schwere der erlittenen Verfolgung aus dem Kreis der NS-Verfolgten heraushebt und im Land Berlin lebt, enthält es von seiner Anlage her ebenso wie das BVG und vergleichbare Gesetze einen immateriellen Teil, der der besonderen Anerkennung und Würdigung der Verfolgten dienen soll und der mit der Grundrente abgedeckt ist, sowie eine zusätzliche Betreuung und Versorgung, die rein materiell ausgerichtet ist und sich von der Grundrente mit ihrem immateriellen Gehalt unterscheidet... Angesichts dieser Ausgangslage bleibt kein Raum dafür, die Ausgleichsrente nach dem PrVG durch erweiternde Auslegung des § 11 Abs. 1 Satz 1 SGB II in die Privilegierung der Grundrente miteinzubeziehen. Auch eine Analogie, die zu einer Privilegierung dieser Ausgleichsrente führen könnte, ist ausgeschlossen...
Als zweckbestimmte Einnahme ... kann die Ausgleichsrente nach dem PrVG ebenfalls nicht von der Berücksichtigung als Einkommen ausgenommen werden, weil sie nicht zu einem anderen Zweck als die Leistungen nach dem SGB II gezahlt wird. Der Zweck der Ausgleichsrente besteht ... in der Existenzsicherung des Leistungsempfängers."

BSG, Urteil vom 14.06.2018, B 14 AS 37/17 R:
„Wohngeldrechtlich soll ein im Alg II-Bezug stehender Elternteil für ein mit ihm zusammenlebendes Kind Wohngeld als sogenanntes **Kinderwohngeld** beziehen können, wenn dessen Bedarf hierdurch und sein weiteres Einkommen ohne lebensunterhaltssichernde Leistungen nach dem SGB II gedeckt werden kann. ... **Inhaber des Anspruchs** auf Kinderwohngeld als Mietzuschuss ... ist ... der (oder ein) **Elternteil, der die von dem begünstigten Kind (mit)bewohnte Wohnung gemietet hat**. ... Im Unterschied zum Einzelanspruchskonzept bei Mehr-Personen-Bedarfsgemeinschaften nach dem SGB II ... ist damit im Wohngeldrecht der Ansatz verfolgt, keine Einzelansprüche für jedes Haushaltsmitglied zu bestimmen, sondern nur eine Person als Anspruchsinhaber festzulegen und ihr das Wohngeld ... zu leisten... Demgemäß bemisst sich der Wohngeldanspruch im Falle des Kinderwohngelds bei Mietzuschüssen allein nach dem Mietanteil, der dem Anteil der zu berücksichtigenden - also: nicht ausgeschlossenen - Haushaltsmitglieder an der Gesamtzahl der Haushaltsmitglieder entspricht (§ 11 Abs. 3 Satz 1 WoGG). Wird dem selbst vom Wohngeld ausgeschlossenen Wohngeldberechtigten auf dieser Grundlage Kinderwohngeld gewährt, dient das der Entlastung der dabei berücksichtigten Haushalts-

mitglieder und soll zur Zahlung der auf sie entfallenden Miete verwandt werden… Grundsicherungsrechtlich ist das hiernach erbrachte **Kinderwohngeld Einkommen des Kindes** und nicht des Elternteils, dem es gezahlt worden ist. … Zutreffend hat der Beklagte abweichend vom tatsächlichen Zufluss und der normativen Zuordnung … dem Sohn der Klägerin zur Deckung seines nach Abzug von Unterhalt und Kinderwohngeld noch offenen Bedarfs einen Anteil von 20,02 Euro an dem von der Klägerin bezogenen Kindergeld als Einkommen zugerechnet…"

BSG, Urteil vom 24.08.2017, B 4 AS 9/16 R:
*„Der Kläger hat keinen Anspruch auf höhere Leistungen … ohne (Teil-)Anrechnung der ihm nach **§ 1908i Abs. 1 Satz 1 i. V. m. § 1835a BGB** zugeflossenen Einnahmen. … Die **Aufwandsentschädigungen** sind zu berücksichtigende Einnahmen… § 11a Abs. 3 Satz 1 SGB II regelt hierzu keine Ausnahme. ... Der Aufwendungsersatzanspruch des Betreuers wird aufgrund von zivilrechtlichen Regelungen … erbracht. Die nicht nach öffentlich-rechtlichen Vorschriften erbrachte Leistung wird durch § 11a Abs. 3 Satz 1 SGB II nicht privilegiert. … Ein entsprechender Verwendungszweck der Zahlung ist weder dem Wortlaut der §§ 1908i Abs. 1 Satz 1, 1835a Abs. 1 BGB noch dem Sinn und Zweck der Leistung zu entnehmen. Denn dem Betreuer ist für die erhaltene Zahlung **kein Verwendungszweck** vorgegeben."*

BSG, Urteil vom 24.05.2017, B 14 AS 32/16 R:
„…die Tilgungsbeträge *(sind)* dem Kläger als Einkommen zugeflossen. Entscheidend dafür ist allein, dass die Verbindlichkeit des Klägers bei seinem Arbeitgeber durch den abredegemäßen Lohneinbehalt monatlich um 100 Euro reduziert worden ist und der Kläger insoweit einen wertmäßigen Zuwachs um diesen Betrag erlangt hat… Der Berücksichtigung des zur **Tilgung eines Arbeitgeberdarlehens** einbehaltenen Arbeitsentgelts als Einkommen stehen … die Grundsätze zum bereiten Mittel jedenfalls dann nicht entgegen, wenn dem Leistungsberechtigten **ausreichend Mittel zur Deckung des Existenzminimums** verbleiben. … Vielmehr hat der Kläger im Vorhinein eine Verwendungsentscheidung über das in den betreffenden Monaten zu erwartende Einkommen getroffen, die grundsätzlich nicht anders zu bewerten ist wie jede andere Entscheidung über die zur Verfügung stehenden Mittel… Ohne Bedeutung dafür ist, ob er darin autonom in dem Sinne war, dass ihm tatsächlich andere Handlungsoptionen offen gestanden hätten."

BSG, Urteil vom 19.10.2016, B 14 AS 53/15 R:
„Eine Rechtsgrundlage für die … Berücksichtigung des **an den Großvater gezahlten Kindergeldes** als Einkommen des Klägers ist bei der vorliegenden Sachlage nicht gegeben. Die Voraussetzungen des § 11 Abs. 1 Sätze 3 und 2 SGB II in der damals geltenden Fassung liegen nicht vor, weil der Kläger und der Großvater **keine Bedarfsgemeinschaft** bilden. Durchgreifende Gründe für eine … erweiternde Auslegung der Vorschrift sind nicht zu erkennen. Die nicht

näher konkretisierte Feststellung des SG, der Großvater habe das Kindergeld für den Kläger verwandt, genügt nicht für eine Berücksichtigung des Geldes als (allgemeine) Einnahme des Klägers nach § 11 Abs. 1 Satz 1 SGB II, weil z. B. hinsichtlich Bar- und Sachzuwendungen sowie Verpflegung zu differenzieren ist. Andererseits hat das SG nicht beachtet, dass der Kläger und sein Großvater eine Haushaltsgemeinschaft bilden (vgl. § 9 Abs. 5 SGB II) und schon aus diesem Grund eine weitere Sachaufklärung, insbesondere hinsichtlich des Einkommens des Großvaters, notwendig ist."
Zitiert nach dem Terminbericht Nr. 39/16 des Bundessozialgerichts

<u>BSG, Urteil vom 26.07.2016, B 4 KG 2/14 R:</u>
„Die notwendige Überzeugung von einer Verfassungswidrigkeit der allein zu prüfenden **Anrechenbarkeit des Mindestelterngeldes** auf die SGB II-Leistungen **bei vor der Geburt nicht erwerbstätigen Eltern** kann sich der Senat nicht bilden. Die Berücksichtigung des an die Ehefrau gezahlten Elterngeldes als Einkommen verletzt nicht den allgemeinen Gleichheitssatz des Art. 3 Abs. 1 GG i. V. m. Art. 6 GG. Soweit die Ehefrau des Klägers hinsichtlich der Anrechnungsfreiheit des Mindestelterngeldes bei existenzsichernden Leistungen ungleich gegenüber der Vergleichsgruppe der SGB II-Berechtigten behandelt wird, die vor der Geburt ein Einkommen aus Erwerbstätigkeit erzielt haben, ist **rechtfertigender Grund** für eine unterschiedliche Behandlung die vorangegangene berufliche Tätigkeit. Als weitere Vergleichsgruppen sind die Elterngeldberechtigten in der Situation der Ehefrau des Klägers und die gleichfalls vor der Geburt nicht erwerbstätigen Empfänger anderer bedürftigkeitsabhängiger Sozialleistungen zu betrachten, bei denen das Mindestelterngeld jedoch nicht auf die jeweiligen Sozialleistungen angerechnet wird. Auch insofern liegen rechtfertigende **Sachgründe für eine Differenzierung** vor. Der rechtfertigende Sachgrund für eine ungleiche Behandlung der beiden Vergleichsgruppen kann in den unterschiedlichen Zielsetzungen der einkommensabhängigen Sozialleistungen, deren konkreter Ausgestaltung sowie der Ausformung des Subsidiaritätsgrundsatzes gesehen werden."
Zitiert nach dem Terminbericht Nr. 32/16 des Bundessozialgerichts

<u>BSG, Urteil vom 15.06.2016, B 4 AS 41/15 R:</u>
„**Gewinne aus Glücksspiel** sind Einnahmen in Geld und somit zu berücksichtigendes Einkommen... Die Berechnung der Höhe der Einnahmen richtet sich nach den Vorschriften über die Einkommensanrechnung "in sonstigen Fällen" (§ 2b Alg II-V i. d. F. vom 17.8.2005 bzw. § 4 Alg II-V i. d. F. vom 17.12.2007). Im Gegensatz zum Vorbringen des Klägers handelt es sich bei den Glücksspieleinnahmen nicht um Einkommen aus Gewerbetrieb... Das reine Glücksspiel ist kein Betrieb eines Gewerbes. Insoweit fehlt es sowohl an einer Teilnahme am allgemeinen wirtschaftlichen Verkehr als auch an einer Verknüpfung von Leistung und Gegenleistung. Weder die Spieltätigkeit noch der Spieleinsatz stellen Tätigkeiten dar, die durch den Spielgewinn vergütet werden..."

BSG, Urteil vom 19.08.2015, B 14 AS 43/14 R:
„Zutreffend hat das SG entschieden, dass die im Dezember 2011 gutgeschriebenen **Bausparzinsen** ... nicht als Einkommen .. zu berücksichtigen waren. Zwar sind die Zinsen grundsätzlich Einkommen und kein Vermögen, weil sie ... nach der erstmaligen Beantragung von Alg II gutgeschrieben worden sind. **Mangels Verfügbarkeit** als zur Sicherung des Lebensunterhalts bereite Mittel sind sie allerdings noch **nicht im Zeitpunkt der Gutschrift als Einkommen zu berücksichtigen**. Zu diesem Zeitpunkt vermittelte die Gutschrift der Klägerin zunächst nur die Rechtsposition, nach späterer Kündigung des Bausparvertrags die Auszahlung der Zinsen als Teil der gesamten Bausparsumme verlangen zu können. **Erst mit der Überweisung** auf ein zur Bestreitung des Lebensunterhalts frei verfügbares Konto stehen die Zinsen so zur Verfügung, dass sie als **bereite Mittel** zur Existenzsicherung eingesetzt werden können. Das liegt hier ... nicht deshalb anders, weil der Klägerin jederzeit die Möglichkeit der vorzeitigen Kündigung des Bausparvertrags offen stand. Da sie von dieser Möglichkeit bis Ende Dezember 2011 keinen Gebrauch gemacht hat, wäre sie danach unzulässig auf lediglich fiktiv vorhandenes Einkommen verwiesen; die Verweigerung existenzsichernder Leistungen aufgrund der Annahme, dass die Hilfebedürftigkeit bei bestimmtem wirtschaftlichen Verhalten – hier der vorzeitigen Kündigung des Bausparvertrags – (teilweise) abzuwenden gewesen wäre, ist mit Art. 1 GG i. V. m. Art. 20 GG nicht vereinbar."
Zitiert nach dem Terminbericht Nr. 38/15 des Bundessozialgerichts

BSG, Urteil vom 25.06.2015, B 14 AS 17/14 R:
„Die **Nachzahlung** der **Leistungen nach dem AsylbLG** ... ist **nicht** als **Einkommen** ... zu berücksichtigen... Dies kann zwar nicht dem Wortlaut des § 11 Abs. 1 Satz 1 SGB II a. F. entnommen werden... Gegen eine Berücksichtigung der strittigen Nachzahlung sprechen jedoch der Sinn und Zweck des § 11 Abs. 1 Satz 1 SGB II a. F. ... sowie systematische und historische Zusammenhänge... Denn die Leistungen nach dem SGB II, dem SGB XII und dem AsylbLG bilden drei nebeneinanderstehende Existenzsicherungssysteme. ... Durch die Nichtberücksichtigung von "Leistungen nach diesem Buch" will die Vorschrift **Zirkelschlüsse vermeiden**, weil die Berücksichtigung von Leistungen nach dem SGB II bei der Ermittlung von Ansprüchen nach dem SGB II vor allem bei einer Bedarfsgemeinschaft mit mehreren Personen und der wechselseitigen Berücksichtigung von Einkommen ... keinen Sinn ergeben würde... Für die Nichtberücksichtigung einer Nachzahlung nach dem AsylbLG als Einkommen nach dem SGB II sprechen zudem die systematischen Zusammenhänge zwischen den Leistungen nach dem SGB II, dem SGB XII und dem AsylbLG. ... Ursprünglich waren die Leistungen zur Existenzsicherung, die heute nach dem SGB II, dem SGB XII und dem AsylbLG beansprucht werden können, im BSHG als umfassendem Fürsorgesystem geregelt... Dass Differenzierungen hinsichtlich der Leistungshöhe in Abhängigkeit von den Besonderheiten bestimmter Personengruppen zulässig sind ... und es sie in erheblichem Maße auch tatsächlich gibt (vgl. nur den Vorrang des Sachleistungsprinzips nach § 3 Abs. 1 AsylbLG im Unterschied zu den Geldleistungen nach § 20

SGB II, § 27a SGB XII), schließt die strukturelle Gleichwertigkeit der drei Leistungssysteme nicht aus..."

BSG, Urteil vom 17.02.2015, B 14 KG 1/14 R:
„Es ist unklar, inwieweit das Erbe ... auch als Einkommen zu berücksichtigen ist. Sowohl eine Berücksichtigung des Erbes als Einkommen als auch eine als Vermögen setzt jedoch voraus, dass das Erbe als bereites Mittel ... verwertbar ist. ... Der **Verwertbarkeit** des Erbes kann die vom Erblasser angeordnete **Dauertestamentsvollstreckung** entgegenstehen, die aus der Anweisung im Testament gegenüber dem Testamentsvollstrecker folgt. ...der Erbe kann ein bestimmtes Verhalten des Testamentsvollstreckers letztlich nur mittels einer Klage erzwingen, z. B. wenn der Testamentsvollstrecker sein ihm eingeräumtes Ermessen anders ausübt, als der Erbe meint, dass es ausgeübt werden sollte. ... Übertragen auf das vorliegende Verfahren und die **Anordnung des Erblassers, den Stamm des Vermögens zu erhalten** und der Klägerin aus den Früchten des Vermögens eine dauerhafte Zuwendung zu sichern, bedeutet dies: Wenn der Testamentsvollstrecker dem folgt, ständen der Klägerin nur die genannten Früchte des Vermögens als bereite Mittel zur Verfügung, nicht aber das gesamte Vermögen... Nur wenn dies "nach seinem (des Testamentsvollstreckers) freien Ermessen untunlich (ist), soll er das ererbte Vermögen in angemessenen, seiner freien Ermessensentscheidung unterliegenden Raten an die Erbin auszahlen". ... Angesichts dieser rein gewillkürten Erbeinsetzung ... ist nicht zu erkennen, wieso die Dauertestamentsvollstreckung wegen eines Verstoßes gegen die guten Sitten zu Lasten der öffentlichen Hand nach § 138 BGB anfechtbar sein soll. Aber selbst wenn eine Sittenwidrigkeit ... angenommen werden sollte, folgt daraus nicht, dass die Klägerin zum Zeitpunkt des Zuflusses des Erbes über dieses verfügen konnte, weil zu diesem Zeitpunkt die Dauertestamentsvollstreckung noch bestand. Die Klägerin müsste erst die Anordnung der Dauertestamentsvollstreckung durch den Erblasser erfolgreich anfechten... Insofern ... *(hat)* die Beklagte ... **Beratungspflichten** ... und, wenn sie ein Vorgehen der Klägerin gegen den Testamentsvollstrecker für angezeigt hält, *(hat sie)* diese dabei zu **unterstützen**..."

BSG, Urteil vom 17.07.2014, B 14 AS 54/13 R:
„Der Senat teilt nicht die Ansicht des Berufungsgerichts, die Klägerin könne nur mit ihrer Tochter und nicht auch zugleich mit ihrer Mutter eine Bedarfsgemeinschaft bilden. Vielmehr kommen nach § 7 Abs. 3 SGB II sowohl zwei so genannte, in der Person der Klägerin **überlappende Bedarfsgemeinschaften** (Klägerin mit ihrer Tochter; Mutter der Klägerin mit dieser) in Betracht als auch eine **Bedarfsgemeinschaft, der alle drei Generationen** (und ggf. weitere durch § 7 Abs. 3 SGB II erfasste Personen) **angehören**. Ob einer und ggf. welcher dieser in Betracht kommenden Bedarfsgemeinschaften der Vorrang einzuräumen ist, konnte offen bleiben, weil es ... nicht entscheidungserheblich hierauf ankommt. Allerdings neigt der Senat eher dazu, **drei in einem Haushalt lebende Generationen in einer Bedarfsgemeinschaft zusammenzu-**

führen. ... Für eine abschließende Entscheidung über die Höhe des Leistungsanspruchs der Klägerin reichen die bisher getroffenen Feststellungen des LSG zu ihrem Bedarf nicht aus. Insbesondere ist ungewiss, ob die Klägerin allein erziehend war. ...das von der Familienkasse an die kindergeldberechtigte Mutter der Klägerin ausgezahlte und von der Mutter an die mit ihr in einem Haushalt lebende Klägerin weitergegebene Kindergeld *(ist)* nicht als Einkommen der Klägerin zu berücksichtigen. Denn in einer Bedarfsgemeinschaft nur der Mutter der Klägerin mit dieser ebenso wie in einer Drei-Generationen-Bedarfsgemeinschaft wird diese Berücksichtigung zulasten der ihre Tochter betreuenden Klägerin durch die Schutzvorschrift des § 9 Abs. 3 SGB II ausgeschlossen. Doch auch ausgehend von der vom LSG ... zugrunde gelegten Bedarfsgemeinschaft nur der Klägerin mit ihrer Tochter ist eine **Berücksichtigung des der Mutter der Klägerin ausgezahlten Kindergeldes bei der Klägerin ausgeschlossen**. Denn nach ständiger Rechtsprechung des BSG ist das Kindergeld für volljährige, nicht zur Bedarfsgemeinschaft gehörende, aber im Haushalt lebende Kinder normativ dem Kindergeldberechtigten zugeordnet und bei diesem ... als Einkommen zu berücksichtigen... Rechtlich **unerheblich** ist es, dass die Mutter der Klägerin dieser das Kindergeld tatsächlich **weitergegeben** hatte. Diese Verwendung des nach § 11 Abs. 1 Satz 1 SGB II der Mutter zugeordneten Kindergeldeinkommens begründet keine neue Einkommenszuordnung. Auf die spätere Rückforderung des der Mutter gezahlten und nicht bei der Klägerin zu berücksichtigenden Kindergeldes ... kommt es danach bei der Prüfung der Höhe des Leistungsanspruchs der Klägerin nicht mehr an."
Zitiert nach dem Terminbericht Nr. 32/14 des Bundessozialgerichts

<u>BSG, Urteil vom 17.10.2013, B 14 AS 58/12 R:</u>
„Das Urteil des LSG ist aufgehoben und die Sache zur erneuten Verhandlung und Entscheidung ... zurückverwiesen worden. ... Ob und in welcher Höhe die Klägerin weitere Ansprüche auf Alg II hat, konnte mangels .. Feststellungen des LSG ... nicht abschließend beurteilt werden. Der Revisionsbegründung der Klägerin konnte jedoch nicht gefolgt werden, soweit sie höheres Alg II wegen der Verletzung des § 11 SGB II a. F. begehrte. Das LSG hat im Ergebnis zu Recht nur den Teil der **Verletztenrente**, der der nach § 65 BVG ruhenden Beschädigtengrundrente nach § 30 Abs. 1 BVG entspricht, von der Anrechnung als Einkommen ausgenommen. **Nicht auszunehmen** ist jedoch die umstrittene **Schwerstbeschädigtenzulage**; sie ist kein Teil der Beschädigtengrundrente und auch nicht als zweckbestimmte Leistung nach § 11 Abs. 3 SGB II a. F. von der Berücksichtigung als Einkommen ausgenommen. Gleiches gilt für die **Ausgleichsrente** und den **Ehegattenzuschlag**."
Zitiert nach dem Terminbericht Nr. 48/13 des Bundessozialgerichts

<u>BSG, Urteil vom 22.08.2013, B 14 AS 78/12 R:</u>
„...das dem Kläger zu 5 im April 2007 ausgezahlte **Überbrückungsgeld** *(war)* in diesem Monat Einkommen, es ist jedoch im Juni 2007 nicht als Einkommen zu berücksichtigen, ebenso wenig das Eigengeld und das Hausgeld. ... Das Überbrückungsgeld wird ...aus den Bezügen des Gefangenen gebildet, in dem

diese, soweit sie ihm nicht als Hausgeld zur Verfügung stehen, einem für das Überbrückungsgeld gebildeten Konto zugeführt werden... Das Überbrückungsgeld soll ein gewisses "Polster" bilden, um die Wiedereingliederung des Gefangenen in das normale Leben zu erleichtern..., weswegen es auch dem Pfändungsschutz unterliegt (§ 51 Abs. 4 Satz 1 StVollzG). Vor der Haftentlassung ... kann der Gefangene über das Geld nicht verfügen... Zur Bestimmung des vom Verordnungsgeber genannten "angemessenen Zeitraums" ist auf die ... **Zweck**bestimmung für das Überbrückungsgeld zurückzugreifen, "den notwendigen **Lebensunterhalt des Gefangenen und seiner Unterhaltsberechtigten für die ersten vier Wochen nach seiner Entlassung sichern**" zu sollen. Angesichts der Offenheit der Verordnung .. und der exakten Zeitangabe im Gesetz .. kann das "angemessen" bei der Verteilung von Überbrückungsgeld aus systematischen Gründen und aufgrund der Normenhierarchie hier für einen **Verteilzeitraum** ... nur mit "**vier Wochen**" konkretisiert werden. ... Bei der rechtlichen Beurteilung des **Eigengeldes** ist zu beachten, dass es "die Bezüge des Gefangenen sind, die nicht als Hausgeld, Haftkostenbeitrag, Unterhaltsbeitrag oder Überbrückungsgeld in Anspruch genommen werden" (§ 52 StVollzG), auf dem Eigengeldkonto auch das vom Gefangenen eingebrachte Geld gutzuschreiben ist (§ 83 StVollzG) und er über das Eigengeld grundsätzlich frei verfügen kann... Dies spricht gegen einen Zufluss des Eigengeldes am 11.4.2007, sondern möglicherweise früher. Entscheidend ist jedoch, dass angesichts eines Betrags von 418,77 Euro keine Gründe für eine Verteilung auf mehrere Monate zu erkennen sind. Entsprechendes gilt für das **Hausgeld** nach § 47 StVollzG, weil dieses dem Gefangenen schon während seiner Inhaftierung zur freien Verfügung steht und der am 11.4.2007 ausgezahlte Betrag sich nur auf 38,65 Euro belief."

BSG, Urteil vom 16.04.2013, B 14 AS 81/12 R:
„Das für den Sohn der Klägerin von der Familienkasse gezahlte **Kindergeld** ist .. nicht als Einkommen der Klägerin zu berücksichtigen. ... Anspruchsberechtigt für das Kindergeld ist nicht das Kind, sondern die Eltern oder ein anderer Berechtigter, der das Kind in seinem Haushalt aufgenommen hat... Kindergeld ist daher - vorbehaltlich abweichender Normen - auch im SGB II als Einkommen der Eltern anzusehen... Eine weitere abweichende Norm enthält § 1 Abs. 1 Nr. 8 Alg II-V ... Der Beklagte meint zwar, dass die Regelung sich nur auf in Ausbildung befindliche Kinder beziehe... Vielmehr bezieht die Regelung sich auf das Kindergeld für alle Kinder des Hilfebedürftigen, die nicht im Haushalt des Hilfebedürftigen leben und an die das **Kindergeld nachweislich weitergeleitet** wird - ohne weitere Einschränkungen."

BSG, Urteil vom 11.12.2012, B 4 AS 27/12 R:
„Zwar sind neben dem Grundgehalt des Klägers als Fernfahrer die ... in unterschiedlicher Höhe gezahlten "**Spesen**" **als Einkommen** bei der Berechnung der Leistungen zur Sicherung des Lebensunterhalts **zu berücksichtigen**. Es handelt sich hierbei nicht um zweckbestimmte Einnahmen. Soweit der Kläger

zu 2) allerdings tatsächliche notwendige Aufwendungen hatte, die mit der Erzielung eines Einkommens verbunden waren, sind diese von seinem Gesamteinkommen nach § 11 Abs. 2 Satz 1 Nr. 5 SGB II in Abzug zu bringen. Insofern fehlt es jedoch an Feststellungen des LSG zu den mit der Fernfahrertätigkeit ... verbundenen Aufwendungen. Die Erforderlichkeit von Feststellungen hierzu entfällt ... auch nicht deshalb ab dem 1.1.2008, weil nach dem zu diesem Zeitpunkt eingeführten **§ 6 Abs. 3 Alg II-V** lediglich ein Pauschbetrag für Verpflegung von 6 Euro täglich abzusetzen ist. Soweit diese Regelung die Berücksichtigung höherer tatsächlicher Verpflegungsmehraufwendungen bei mindestens 12-stündiger Abwesenheit ausschließt, **überschreitet** sie **den Rahmen der Verordnungsermächtigung** des § 13 Nr. 3 SGB II. Es mangelt an einer "Öffnungsklausel". Da andererseits dem Begriff der Notwendigkeit inne wohnt, dass extrem hohe und damit nicht nur nach Auffassung des Grundsicherungsträgers, sondern per se nicht notwendige Aufwendungen nicht durch den Steuerzahler zu finanzieren sein sollen, sind **§ 6 BRKG i. V. m. § 4 Abs. 5 EStG** zur Begrenzung der zu übernehmenden tatsächlichen Aufwendungen heranzuziehen. Die dortigen Werte bilden die **Obergrenze für nachgewiesene höhere Verpflegungsaufwendungen**. Notwendige Aufwendungen anderer Art - Übernachtungs- oder sonstige Reisenebenkosten - können darüber hinaus nach § 11 Abs. 2 S. 1 Nr. 5 SGB II - soweit sie nachgewiesen worden sind - ggf. vom Einkommen abgesetzt werden."
Zitiert nach dem Terminbericht Nr. 67/12 des Bundessozialgerichts

BSG; Urteil vom 22.08.2012, B 14 AS 103/11 R:
„Der Beklagte hat die der Klägerin zu 1 zugeflossenen **Zinseinkünfte aus der Schmerzensgeldzahlung** zu Recht als **Einkommen** berücksichtigt. Die im SGB II normierte Freistellung von Schmerzensgeld beim zu berücksichtigenden Einkommen erstreckt sich nicht auf die aus Schmerzensgeldzahlungen erzielten Zinsen. Zum einen hat das BSG schon in anderem Zusammenhang entschieden, dass Kapitalzinsen auch dann nicht als sonstige zweckbestimmte Einnahmen von der Berücksichtigung als Einkommen freizustellen sind, wenn es sich bei dem verzinsten Kapital um Schonvermögen handelt. Der Rechtsprechung des BGH ist zudem zu entnehmen, dass der Einsatz der aus dem Vermögensstamm fließenden Früchte nicht als besondere Härte eingestuft werden kann. Vergleichbare Wertungen, die jeweils zwischen Kapital und hieraus erzielten Zinsen unterscheiden, liegen auch der jüngeren Rechtsprechung des BVerwG zugrunde."
Zitiert nach dem Terminbericht Nr. 43/12 des Bundessozialgerichts

BSG, Urteil vom 23.05.2012, B 14 AS 148/11 R:
„Das LSG hat zu Recht den **Durchschnitt aller Erziehungsbeiträge**, die die Klägerin für ihre **vier Pflegekinder** erhalten hat, der Berechnung des zu berücksichtigenden Einkommens zugrunde gelegt und diesen mit 174 Euro zutreffend berechnet ((118 + 118 + 200 + 260): 4 = 174). Denn die ... Reihung und Rangfolgenbildung mit der Bestimmung eines ersten bis vierten Pflegekindes ist dem Wortlaut des § 11 Abs. 4 SGB II in der damaligen Fassung nicht

zu entnehmen und steht im Widerspruch zu dessen systematischer und teleologischer Auslegung sowie der Gesetzesbegründung. Der Wortlaut des § 11 Abs. 4 SGB II a. F. mit den Begriffen "erstes", "zweites", "drittes", "viertes" beinhaltet nicht zwangsläufig eine zeitliche Reihenfolge der Pflegekinder, sondern zunächst nur eine Regelung über das Ausmaß der anzurechnenden Erziehungsbeiträge. ... Gegen eine solche Reihung oder Rangfolge sprechen systematische Gründe und der Zweck der Regelung. ... **Zweck** der Regelung ist es, aufgrund dieses Zusammenhangs bei bis zu zwei Kindern die Erziehungsbeiträge nicht als Einkommen zu berücksichtigen und bei einer größeren Anzahl von Kindern den gesamten Erziehungsbeitrag nur zu einem Teil zu berücksichtigen, weil dann die Grenze des nicht zu berücksichtigenden Einkommens auch im Hinblick auf die so genannte Gerechtfertigkeitsprüfung überschritten ist. Diese Grenze kann jedoch nicht von Zufälligkeiten abhängen, sondern muss aufgrund des Gleichheitssatzes aus Art 3 Abs. 1 Grundgesetz in vergleichbaren Situationen auch zu vergleichbaren Ergebnissen führen. Dies wird jedoch nur gewährleistet, wenn auf den Durchschnitt der jeweils gezahlten Erziehungsbeiträge abgestellt wird und nicht auf den Erziehungsbeitrag für das jeweilige Kind, das mehr oder weniger zufällig als das vierte Kind gerechnet wird."

<u>BSG, Urteil vom 22.03.2012, B 4 AS 94/11 R:</u>
„Dem LSG ist darin zuzustimmen, dass zwar nicht der Maßnahmebeitrag (§ 10 Abs. 1 AFGB) als zweckbestimmte Einnahme, jedoch der ausdrücklich ... zur Deckung des Unterhaltsbedarfs geleistete **Unterhaltsbeitrag (§ 10 Abs. 2 AFBG)** als Einkommen zu berücksichtigen ist. Dies gilt auch für den Darlehensanteil am Unterhaltsbeitrag."

<u>BSG, Urteil vom 14.03.2012, B 14 AS 98/11 R:</u>
„Der vom geschiedenen Ehemann der Klägerin an den Beklagten gezahlte **Unterhalt** stellt kein Einkommen der Klägerin dar. ... Bei den Beträgen, die ein Jobcenter infolge des Übergangs von Ansprüchen des Leistungsberechtigten nach § 33 SGB II ... erhält, handelt es sich nicht um Einkommen des Leistungsberechtigten i. S. des § 11 SGB II."

<u>BSG, Urteil vom 20.12.2011, B 4 AS 203/10 R:</u>
„Anspruchsgrundlage des Erstattungsanspruchs ... wäre § 104 Abs. 1 S 1 SGB X, nach dem der für die entsprechende Leistung zuständige Leistungsträger erstattungspflichtig ist (hier also die BA), wenn der nachrangig verpflichtete Leistungsträger Sozialleistungen erbracht hat... Voraussetzung für den Eintritt einer **Erfüllungsfiktion** ist weiter, dass der endgültig zuständige Leistungsträger, hier also die BA, nicht bereits in Unkenntnis der anderen Leistung geleistet hat (§ 103 Abs. 1 S. 1 Halbs. 2 SGB X). ... § 107 Abs. 1 SGB X stellt .. auf das **Bestehen des Erstattungsanspruchs** und nicht auf dessen Realisierung ab... Auch zur Höhe des bewilligten Alg fehlen Feststellungen des LSG. Der Senat kann daher nicht beurteilen, in welcher Höhe durch die Leistungen der BA die

Erfüllungsfiktion mit der Folge des Erlöschens des SGB II-Anspruchs ... eingetreten ist, insbesondere ob der Kläger in dem streitigen Zeitraum ... einen Anspruch auf aufstockende vorläufige SGB II-Leistungen hatte. ... Da § 107 SGB X eine Korrektur rechtswidriger Bescheide durch den unzuständig gewordenen Leistungsträger über dessen Leistungspflicht im Verhältnis zum Leistungsberechtigten demnach ausschließt, **sind** - im Umfang des Eingreifens der Erfüllungsfiktion - **die Leistungen** ... **nach dem SGB II** - über § 107 SGB X - **als rechtmäßige Zahlung von Alg anzusehen**... Besteht - unter Berücksichtigung der Höhe des Alg ... - kein Anspruch auf aufstockende SGB II-Leistungen, ist die ... im Mai 2007 zugeflossene Einkommensteuererstattung im Alg II-Zeitraum als Vermögen mit der Folge anzusehen, dass eine Anrechnung als Einkommen für die Zeit ab 13.6.2007 entfiele.“

BSG, Urteil vom 20.12.2011, B 4 AS 46/11 R:
„Die Reduzierung der Höhe der Leistung zur Sicherung des Lebensunterhalts um monatlich 190 Euro wegen der **Zuwendungen der Eltern** war rechtswidrig. ... **Nur der "wertmäßige Zuwachs" stellt Einkommen** i. S. des § 11 Abs. 1 SGB II **dar**. Es handelt sich hier jedoch nicht um Geldzahlungen, die dem Kläger zum endgültigen Verbleib zugewendet worden sind. Nach den ... Feststellungen des LSG haben die Eltern ... ihm das Geld nicht i. S. des § 516 BGB geschenkt. Dahinstehen kann, ob dem Kläger eine Rückzahlungsverpflichtung gegenüber den Eltern als Darlehensgebern unabhängig von dem Fall der nachträglichen Leistung durch den Beklagten oblag. Denn durch die Zuwendungen der Eltern ist die **rechtswidrig** vom Grundsicherungsträger **abgelehnte Leistung** bis zur Herstellung des rechtmäßigen Zustandes **substituiert** worden. Bereits zum BSHG war anerkannt, dass die Hilfe eines Dritten den Sozialhilfeanspruch dann nicht ausschließt, wenn der Dritte vorläufig - gleichsam anstelle des Sozialhilfeträgers und unter Vorbehalt des Erstattungsverlangens - nur deshalb einspringt, weil der Träger der Sozialhilfe nicht rechtzeitig geholfen oder Hilfe abgelehnt hat. ... Die Zuwendungen der Eltern ... erfüllen ... diese Voraussetzungen, weil sie ... in der Erwartung der Rückzahlung und im Vertrauen auf einen bestehenden, lediglich noch nicht erfüllten SGB II-Leistungsanspruch des Klägers erfolgt sind. ... *(es)* lagen weder Umstände vor, die die Annahme einer gesetzlichen Verpflichtung hierzu rechtfertigen, noch waren die Zuwendungen nach dem Darlehensvertrag zum endgültigen Verbleib beim Kläger vorgesehen. Welche Vereinbarungen zwischen dem Hilfebedürftigen und einem Dritten für den Fall getroffen werden, dass ein (Kosten)Erstattungsanspruch gegenüber dem Träger der Grundsicherung im Ergebnis eines Verfahrens nicht besteht, ist insoweit unerheblich. Der Beklagte wäre zudem ohne die Zuwendungen der Eltern in vollem Umfang zur Leistung verpflichtet gewesen. Die Zuwendungen stellen damit kein Einkommen ... dar und entbinden den Grundsicherungsträger nicht von seiner Leistungsverpflichtung.“
Zitiert nach dem Terminbericht Nr. 68/11 des Bundessozialgerichts

BSG, Urteil vom 20.12.2011, B 4 AS 200/10 R:
„Zwar können nach der Rechtsprechung des BSG zweckbestimmte **Zuwendungen auch auf privatrechtlicher Grundlage** begründet werden. Es fehlt vorliegend allerdings bereits an der Vereinbarung eines derartigen Verwendungszwecks, denn eine hierauf gerichtete Vereinbarung zwischen der Klägerin und ihrem Vater ist nicht getroffen worden. Unabhängig davon handelt es sich bei der **Motivation des Vaters**, **der Klägerin** im Ergebnis **einen über dem Existenzminimum liegenden Lebensstandard zu verschaffen**, auch **nicht** um einen gegenüber dem mit der Gewährung von SGB II-Leistungen verfolgten Zielen qualitativ **abweichenden Zweck**."
Zitiert nach dem Terminbericht Nr. 68/11 des Bundessozialgerichts

BSG, Urteil vom 26.05.2011, B 14 AS 93/10 R:
„Bei den wegen der **Entschädigung** als Ortsbürgermeisterin und **Stadträtin** gezahlten Entschädigungen handelt es sich dem Grunde nach um Einkommen aus Erwerbstätigkeit. ... Systematisch handelt es sich ... **nicht** (auch nicht teilweise) um eine **zweckbestimmte Einnahme** i. S. des § 11 Abs. 3 Nr. 1 Buchst a SGB II. ... Ein weitergehender Zweck als die Sicherung des Lebensunterhalts (wegen des Ausfalls anderweitiger Erwerbsmöglichkeiten) nach Absetzung der notwendigen Aufwendungen wird mit der Zahlung der Entschädigungen nicht verfolgt. Die Klägerin übersieht, dass mit den Entschädigungen .. eine Anerkennung ihres Ehrenamtes, die als Zweckbestimmung i. S. des § 11 Abs. 3 SGB II beachtlich sein könnte, nicht verbunden ist."

BSG, Urteil vom 17.06.2010, B 14 AS 46/09 R:
„Ein **Darlehen** ... stellt damit ... **kein Einkommen** dar, auch wenn es als "bereites Mittel" zunächst zur Deckung des Lebensunterhalts verwandt werden könnte... Die zugrunde liegende Annahme, ein Anspruch auf Sozialhilfe komme nur bei tatsächlich (fort-)bestehendem Bedarf nach Antragstellung in Betracht, lässt sich auf das SGB II nicht übertragen. Ein solches normatives Strukturprinzip (**"keine Leistungen für die Vergangenheit"**; Bedarfsdeckungsgrundsatz) **kennt das SGB II** - wie das SGB XII – **nicht**... Eine Differenzierung danach, ob die durch den Darlehensvertrag vereinbarte Verpflichtung zur vollständigen Rückerstattung in denjenigen Bewilligungsabschnitt fällt, in dem die Darlehenssumme dem Hilfebedürftigen zugeflossen ist, ... scheidet ... aus. ... **Entscheidend** für die Abgrenzung **ist** damit allein, **ob ein Darlehensvertrag** entsprechend § 488 BGB zivilrechtlich **wirksam abgeschlossen worden** ist. ...
Um der Gefahr eines Missbrauchs von Steuermitteln entgegenzuwirken, ist es allerdings geboten, an den **Nachweis** des Abschlusses und der Ernstlichkeit eines Darlehensvertrages unter Verwandten **strenge Anforderungen** zu stellen. Dies setzt voraus, dass sich die Darlehensgewährung auch anhand der tatsächlichen Durchführung klar und eindeutig von einer verschleierten Schenkung oder einer verdeckten, auch freiwilligen Unterhaltsgewährung abgrenzen lässt. ... Bei der vorzunehmenden Prüfung, ob überhaupt ein wirksamer Darle-

hensvertrag geschlossen worden ist, können einzelne Kriterien des sog Fremdvergleichs ... herangezogen ... werden... Demgegenüber spricht es etwa gegen die Glaubhaftigkeit einer solchen Behauptung, wenn der Inhalt der Abrede (insbesondere die **Darlehenshöhe** sowie die **Rückzahlungsmodalitäten**) und der **Zeitpunkt** des Vertragsschlusses nicht substantiiert dargelegt werden oder ein plausibler **Grund** für den Abschluss des Darlehensvertrages nicht genannt werden kann."

BSG, Urteil vom 01.06.2010, B 4 AS 67/09 R:
„Von März bis Mai 2006 hat die Beklagte zutreffend das ... **Überbrückungsgeld nach § 57 SGB III** als Einkommen bei der Berechnung von Regelleistung und Leistungen für Unterkunft und Heizung berücksichtigt. Es ist auch nicht ein Teil der Leistung nach § 57 Abs. 1 SGB III für "soziale Sicherung" pauschaliert oder in Höhe der tatsächlich entrichteten Beiträge zur gesetzlichen Sozialversicherung als zweckbestimmte Einnahme i. S. des § 11 Abs. 3 Nr. 1 Buchst. a SGB II von der Einkommensberücksichtigung auszunehmen. Auch dieser Leistungsanteil "soziale Sicherung" **dient demselben Zweck wie Leistungen nach dem SGB II**. Alg II-Leistungsbezieher sind "kostenlos" in der gesetzlichen Kranken-, Pflege- und Rentenversicherung abgesichert. Zudem sind im SGB II Instrumente zur Kompensation von Aufwendungen für eine darüber hinausgehende dem Grunde und der Höhe nach angemessene soziale Sicherung ausdrücklich vorgesehen. Die **Beiträge zur Arbeitslosenversicherung für Selbstständige** sind als dem Grunde nach angemessen i. S. des § 11 Abs. 2 Nr. 3 SGB II vom Einkommen vor dessen Berücksichtigung bei der Berechnung des Alg II abzusetzen."

BSG, Urteil vom 01.06.2010, B 4 AS 89/09 R:
„Die Beklagte hat zu Recht ... die ... **Zuschläge für Nacht-, Sonn- und Feiertagsarbeit** als Einkommen berücksichtigt. ... Die Zuschläge ... unterfallen keiner der in § 11 Abs. 1 Satz 1 SGB II genannten Ausnahmen. Sie sind auch nicht als zweckbestimmte Leistungen i. S. des § 11 Abs. 3 Nr. 1 Buchst. a SGB II von der Einkommensberücksichtigung auszunehmen. ... Die Zuschläge für Nacht-, Sonn- und Feiertagsarbeit **dienen dem gleichen Zweck wie die Leistungen zur Sicherung des Lebensunterhalts** nach dem SGB II, weil sich ein abweichender Verwendungszweck nicht feststellen lässt... Mit der Zahlung der Nacht-, Sonn- und Feiertagszuschläge ist arbeitsvertraglich ein konkreter, von dem Arbeitgeber vorgegebener Verwendungszweck nicht verbunden. Es verbleibt daher bei dem Grundsatz der Berücksichtigung dieser Einnahmen als Einkommen. Auch aus den die Zuschläge betreffenden Normen des Steuer- und des Arbeitsrechts kann eine besondere Zweckbestimmung nicht hergeleitet werden."

BSG, Urteil vom 18.02.2010, B 14 AS 76/08 R:
„In der Sache streiten die Beteiligten darum, ob die dem Kläger gewährte **Übergangsleistung** gemäß **§ 3 Abs. 2 Berufskrankheiten-Verordnung** (BKV) als

Einkommen **zu berücksichtigen** ist. ... Die Übergangsleistung ... stellte zunächst Einkommen ... dar. ... Bei der Übergangsleistung ... handelt es sich nicht um eine Leistung nach einem Gesetz, das eine entsprechende Anwendung des BVG vorsieht. Bei der Übergangsleistung handelt es sich auch nicht um Vermögen des Klägers. ... Auch eine Privilegierung ... gemäß § 11 Abs. 3 SGB II kommt nicht in Betracht. ... Der erkennende Senat hat bereits entschieden ... , dass innerhalb des fürsorgerechtlichen Systems des SGB II eine grundsätzliche **Pflicht** des Leistungsempfängers besteht, **bedarfssteigernde Schuldentilgungen zu unterlassen**."

BSG, Urteil vom 02.07.2009, B 14 AS 75/08 R:
„Die Kläger ... waren während des Bestehens der **zeitweisen Bedarfsgemeinschaft** auch hilfebedürftig... Entgegen der Auffassung der Revision ist das dem Vater ausgezahlte **Kindergeld nicht** nach § 11 Abs. 1 Satz 3 SGB II **anteilig für die Dauer des Aufenthalts** der Kläger zu 2 bis 4 bei der Klägerin zu 1 als Einkommen der Kinder zu berücksichtigen. ... § 11 Abs. 1 Satz 3 SGB II ... ist als bloße Zurechnungsregel zu verstehen..., die nur dann Anwendung findet, wenn sowohl der Kindergeldberechtigte als auch das Kind, für das das Kindergeld gezahlt wird, der Bedarfsgemeinschaft angehören..."

BSG, Urteil vom 01.07.2009, B 4 AS 9/09 R:
„Der vom Jugendamt gewährte Sachkostenzuschuss oder **Aufwendungsersatz für die "Pflegesöhne"** bleibt ... wegen seiner Bestimmung zur Lebensunterhaltssicherung der Kinder als Einkommen unberücksichtigt. ... Grundsätzlich handelt es sich bei den ... **Erziehungshonoraren** um Einkommen... Durch § 11 Abs. 3 Nr. 1 lit. a SGB II soll verhindert werden, dass die besondere **Zweckbestimmung** einer Leistung durch ihre Berücksichtigung im SGB II verfehlt wird, sowie dass für den identischen Zweck Doppelleistungen erbracht werden... Wenn der Vertrag zwischen dem Kifa e.V. und der Klägerin zu 2 allein keinen hinreichenden Anhalt für eine konkrete Zweckbestimmung ergeben sollte, sind die Rechtsbeziehungen im Umfeld des Vertrags, die Aufschluss über die Rechtsnatur der Einnahmen ... geben könnten, näher zu untersuchen. ... Sollte sich erweisen, dass die gezahlten Erziehungshonorare ganz oder teilweise die Kosten der Erziehung i. S. von § 39 Abs. 1 Satz 2 SGB VIII, den so genannten Erziehungsbeitrag umfasst haben - wären die Erziehungshonorare in Höhe des "Erziehungsbeitrags" als zweckbestimmte Einnahme zu werten... Da mit dem Erziehungsbeitrag jedoch zugleich die "**Erziehungsleistung**" der Pflegeperson **abgegolten** wird, ist er insoweit anders als der Sachkostenzuschuss oder Aufwendungsersatz ... als deren Einnahme im Rahmen des SGB II zu werten. ... Würde die Hilfe zur Erziehung ... nach § 34 SGB VIII erbracht, kann es nach den Umständen des Einzelfalls jedoch ebenfalls ... gerechtfertigt sein, zumindest einen Teil des hierfür der "Pflegeperson" gezahlten Honorars von der Einkommensberücksichtigung im SGB II auszunehmen. **Maßstab der "Gerechtfertigkeitsprüfung"** ist das **Maß der Professionalität** bzw. der Erwerbsmäßigkeit der Erziehungsleistung. ...bei der **Pflege von mehr als zwei**

Kindern kann davon ausgegangen werden, dass die Grenzen zur "Erwerbsmäßigkeit" überschritten werden. Dann wird die "Pflegearbeit" zur Erwerbsquelle und ist trotz der Zweckgebundenheit des Erziehungsbeitrags als Einkommen der Pflegeperson im SGB II zu berücksichtigen. ... Kann jedoch ein "Erziehungsbeitrag" nicht beziffert werden, liegt es nahe, den vom Deutschen Verein für öffentliche und private Fürsorge als "Erziehungsbeitrag" empfohlenen Betrag zur Abgeltung der Erziehungsleistung i. S. des § 39 Abs. 1 Satz 2 SGB VIII *(für das Jahr 2005 = 207 Euro...)* als nicht bedarfsmindernd zu werten und insoweit als zweckbestimmte Einnahme berücksichtigungsfrei zu lassen."

BSG, Urteil vom 13.05.2009, B 4 AS 29/08 R:
„Das der Klägerin ... am 18.1.2005 auf ihrem Konto gutgeschriebene **Insolvenzgeld** ist als Einkommen bei der Berechnung des Alg II zu berücksichtigen. Der Senat folgt der Auffassung der Klägerin nicht, das InsG sei als Vermögen zu behandeln. ... Keine andere Beurteilung folgt daraus, dass der Zweck des der Klägerin gewährten InsG darin zu sehen ist, einen im InsG-Zeitraum - hier im Dezember 2003 - konkret ausgefallenen Anspruch auf Arbeitsentgelt zu ersetzen. Insbesondere führt der Zweck der Leistung **nicht** dazu, im InsG eine **zweckbestimmte Einnahme** im Sinne des § 11 Abs. 3 Nr. 1a SGB II zu sehen."

BSG, Urteil vom 07.05.2009, B 14 AS 4/08 R:
„Das ... **Übergangsgeld nach § 51 SGB IX** ... ist ... **als Einkommen** i. S. des § 11 Abs. 1 Satz 1 SGB II zu **berücksichtigen**. ... Da das Übergangsgeld **der Sicherung des Lebensunterhalts dient**, sind auch die Voraussetzungen des § 11 Abs. 3 Nr. 1 Buchst a SGB II nicht gegeben. ... Das Übergangsgeld hat auch nicht unter dem Gesichtspunkt einer besonderen Härte außer Betracht zu bleiben. Eine § 2 Abs. 3 Satz 3 Alg II-V ... entsprechende Regelung für den Fall des Zuflusses laufender Sozialleistungen fehlt. Es kann offen bleiben, ob § 2 Abs. 3 Satz 3 Alg II-V überhaupt, wie die Klägerin meint, eine Ausnahmeregelung für Härtefalle normiert... Die Vorschrift regelt jedenfalls die Verteilung einmaliger Einnahmen ggf. auch über den Monat des Zuflusses hinaus. Dies ist für den Fall der laufenden Einnahmen nach § 2 Abs. 2 Satz 1 Alg II-V nicht vorgesehen, sodass es bereits insofern an einer Vergleichbarkeit der Fallkonstellationen fehlt. Unabhängig davon sind besondere Umstände, die einen **Härtefall** begründen könnten, nicht ersichtlich. Sie sind insbesondere **nicht allein in der verspäteten Auszahlung** der Leistung für Januar 2005 zu sehen. ... ... **§ 2 Abs. 2 Alg II-V** ist auch **ermächtigungskonform**. ... § 13 Satz 1 Nr. 1 SGB II genügt den Anforderungen an Verordnungsermächtigungen nach Art 80 Abs. 1 GG. Hiernach können die Bundesregierung, ein Bundesminister oder die Landesregierungen durch Gesetz ermächtigt werden, Rechtsverordnungen zu erlassen. Dabei müssen Inhalt, Zweck und Ausmaß der erteilten Ermächtigung im Gesetz bestimmt werden. Diesen Anforderungen an die Bestimmtheit der Ermächtigungsnorm wird § 13 SGB II gerecht."

BSG, Urteil vom 17.03.2009, B 14 AS 63/07 R:
„Bei Ermittlung des einzusetzenden Einkommens sind die ... Leistungen nach dem **BAföG** teilweise als zweckbestimmte Einnahme nach § 11 Abs. 3 Nr. 1 Buchst a SGB II nicht zu berücksichtigen. Entgegen der Auffassung des LSG ist der **zweckbestimmte Anteil** dieser Leistungen nicht konkret entsprechend der zweckgebundenen Verwendung durch die Klägerin, sondern **pauschal zu bestimmen**. ... Mit ... § 11 Abs. 3 Nr. 1 Buchst a SGB II soll einerseits vermieden werden, dass die besondere Zweckbestimmung einer Leistung durch die Berücksichtigung im Rahmen des SGB II verfehlt wird. Andererseits soll die Vorschrift aber auch verhindern, dass für einen identischen Zweck Doppelleistungen erbracht werden. Es kommt demnach darauf an, ob die in Frage stehende Leistung ebenso wie die Leistungen nach dem SGB II der Existenzsicherung des Begünstigten dient...
Damit dient das BAföG ausdrücklich der Ausbildungsförderung und zwar sowohl der Deckung des Lebensunterhalts während der Ausbildung als auch der Deckung der Kosten der Ausbildung selbst. ... Allerdings ist unter Beachtung von Sinn und Zweck von § 11 SGB II sowie des ... Nachranggrundsatzes erforderlich, den Anteil der Ausbildungsförderung, der eine Privilegierung ... erfährt, betragsmäßig einzugrenzen. Entgegen der Auffassung des LSG kann es dabei nicht auf die subjektive Zweckbestimmung durch den Empfänger der Leistung ankommen. ... Im Übrigen wird nur eine pauschale Bestimmung des Ausbildungsanteils den Anforderungen einer Massenverwaltung gerecht. ... In der Praxis der Sozialhilfeträger, der sich die Träger der Grundsicherung für Arbeitsuchende überwiegend angeschlossen haben, ist ausgehend von einer entsprechenden Regelung in den Allgemeinen Verwaltungsvorschriften zum Bundesausbildungsförderungsgesetz ... davon ausgegangen worden, dass eine Pauschale von **20 vom Hundert** von den BAföG-Leistungen **für ausbildungsbedingte Kosten** gewährt werde. Der Senat hält die Pauschalierung in einer solchen Größenordnung durchaus für nachvollziehbar... Die Pauschalierung muss sich ... allerdings **von dem Betrag ableiten, der nach dem BAföG** insgesamt als **bedarfsdeckend** angesehen wird. ... Die Pauschale ist vorliegend also ausgehend von dem Betrag zu bestimmen, mit dem ein Berufsfachschüler, der wegen der Förderfähigkeit der Ausbildung nach dem BAföG ... von Leistungen zur Sicherung des Lebensunterhalts nach dem SGB II ausgeschlossen ist, seine **gesamten Ausbildungskosten** decken muss. Dies sind 412 Euro... Für die Klägerin errechnet sich daraus eine Pauschale für zweckbestimmte Ausbildungskosten in Höhe von 82,40 Euro... Die Ausbildungskosten, die über den zweckbestimmten Anteil der Ausbildungsförderung hinaus wegen der Besonderheiten der vorliegenden Ausbildung angefallen sind, kann die Klägerin nicht als mit der Erzielung des Einkommens verbundene notwendige Ausgaben i. S. des § 11 Abs. 2 Satz 1 Nr. 5 SGB II vom Einkommen absetzen."

BSG, Urteil vom 17.03.2009, B 14 AS 15/08 R:
„Der im Jahre 1947 geborene Kläger erlitt im Jahre 1971 bei der Nationalen Volksarmee .. der ehemaligen **DDR** als Wehrpflichtiger eine **Wehrdienstbeschädigung** in Form einer dauernden Lärmschwerhörigkeit. Deshalb erhielt er vom Träger der Sozialversicherung der DDR bis zum Jahre 1990 eine Rente in

Höhe von 456 Mark... Diese **Rente wurde in die gesetzliche Unfallversicherung überführt**, sodass der Kläger im streitigen Zeitraum von der nunmehr zuständigen Verwaltungs-Berufsgenossenschaft eine Verletztenrente in Höhe von monatlich 647,35 Euro bezog. ... Die dem Kläger gewährte **Verletztenrente** stellt im Rahmen der Prüfung der Hilfebedürftigkeit nach dem SGB II **in vollem Umfang zu berücksichtigendes Einkommen** dar."

BSG, Urteil vom 03.03.2009, B 4 AS 38/08 R:
„Das LSG ist .. zutreffend davon ausgegangen, dass die der Klägerin ... zugeflossene **Eigenheimzulage als Einkommen zu berücksichtigen** war. Die von den Klägern angegebene Verwendung der Eigenheimzulage zur **Begleichung von laufenden Steuern, Gebühren usw.** dient der Finanzierung laufender Aufwendungen und liegt **nicht** mehr innerhalb des Rahmens, der noch als "nachweisliche **Finanzierung**" gerade **der Immobilie** angesehen werden kann. Die monatliche Berücksichtigung von Teilbeträgen der Eigenheimzulage als Einkommen erfolgt zusammen mit den übrigen Einkünften der Bedarfsgemeinschaft nach § 19 Satz 2 SGB II. Soweit die Beklagte die Eigenheimzulage vorrangig zur Minderung der Unterkunftskosten anrechnet, ist diese Praxis nicht durch das Gesetz gedeckt. Erst nach einer Gegenüberstellung von Gesamtbedarf und Einkünften lässt sich feststellen, ob den Klägern im streitigen Zeitraum höhere Unterkunftskosten zustehen."
Zitiert nach dem Terminbericht Nr. 14/09 des Bundessozialgerichts

BSG, Urteil vom 03.03.2009, B 4 AS 47/08 R:
„Der Senat hat die Revision des Klägers gegen das Urteil des Bayerischen LSG zurückgewiesen, weil die in einem **arbeitsgerichtlichen Vergleich** vereinbarte **Abfindung** beim Arbeitslosengeld II als **Einkommen** leistungsmindernd zu berücksichtigen ist. Dies gilt auch dann, wenn der frühere Arbeitgeber die Abfindung ... erst auf Grund von Zwangsvollstreckungsmaßnahmen des früheren Arbeitnehmers zahlt und die Zahlung daher in einen Zeitraum fällt, in dem der arbeitslos gewordene Arbeitnehmer Arbeitslosengeld II bezieht, auf das die Abfindung als bedarfsminderndes Einkommen anzurechnen ist. Bei den nach Antragstellung im Bedarfszeitraum zugeflossenen Abfindungsteilzahlungen handelt es sich um berücksichtigungsfähiges Einkommen iS des § 11 SGB II und **nicht** um **Vermögen** i. S. des § 12 SGB II. Dies folgt aus der sog Zuflusstheorie, die auch im vorliegenden Fall Anwendung findet. Nicht entscheidend ist, weshalb eine bestimmte Forderung ... erst zu einem bestimmten Zeitpunkt erfüllt wird und Zahlungen stattfinden. Vom **tatsächlichen Zufluss** als Differenzierungskriterium zwischen Einkommen und Vermögen ist schon aus Gründen der Rechtsklarheit und Rechtssicherheit **auch** dann auszugehen, wenn **Zahlungen im Wege der Zwangsvollstreckung** erfolgen."
Zitiert nach dem Terminbericht Nr. 14/09 des Bundessozialgerichts

BSG, Urteil vom 16.12.2008, B 4 AS 70/07 R:
„Es handelt sich bei dem **Krankengeld** im konkreten Fall um eine letzte Zahlung in einer Reihe laufender Zahlungen und damit nicht um eine einmalige Einnahme. ... Der Revision ist zwar einzuräumen, dass der Anspruch des Klägers auf Krankengeld spätestens am letzten Tag der festgestellten Arbeitsunfähigkeit ... fällig war und von der Krankenkasse auch hätte erfüllt werden müssen. ... Gesetz und Rechtswirklichkeit (Praxis) fallen hier seit Jahren auseinander, wobei vieles dafür spricht, de lege ferenda das Gesetz der Praxis anzupassen, nicht umgekehrt. ... Das Krankengeld ist auch nicht unter dem Gesichtspunkt einer besonderen Härte von der Einkommensberücksichtigung auszunehmen. **Für laufende Einnahmen ... ist in § 2 Alg II-V keine Ausnahmeregelung für Härtefälle vorgesehen**. Ob eine solche in § 2 Abs. 3 Satz 3 Alg II-V erblickt werden könnte, kann hier dahinstehen. § 2 Abs. 3 Alg II-V regelt lediglich die Berücksichtigung einmaliger Einnahmen... Diese Regelung ist auch nicht entsprechend bei laufenden Leistungen anzuwenden.“

BSG, Urteil vom 18.06.2008, B 14 AS 22/07 R:
„**Zu Unrecht** sind das LSG und die Beklagte davon ausgegangen, dass die dem Kläger **während seines Krankenhausaufenthaltes** im Januar und Februar 2006 zur Verfügung gestellte **Krankenhauskost als Einkommen** gemäß § 11 SGB II **berücksichtigt** werden durfte. ... Selbst wenn man davon ausgehen würde, dass die Gewährung von Verpflegung eine Einnahme in Geldeswert gemäß § 11 Abs. 1 Satz 1 SGB II darstellt, so ist auf Grund des Wortlauts und der Struktur des § 13 Abs. 1 Satz 1 Nr. 1 SGB II jedenfalls zu fordern, dass in der Alg II-V selbst ausdrücklich geregelt wird, "wie das Einkommen im Einzelnen zu berechnen ist". Wäre diese Voraussetzung erfüllt, müsste sodann die Frage geklärt werden, ob diese Einnahme in Geldeswert einen "**Marktwert**" hat bzw. haben muss...“

BSG, Urteil vom 18.06.2008, B 14 AS 46/07 R:
„Zu Unrecht sind das LSG und der Beklagte davon ausgegangen, dass die Regelleistung der Klägerin gekürzt werden darf, weil sie ihren Nahrungsbedarf durch die Gewährung von **Verpflegung durch** ihre **Eltern** gedeckt hat. Jedenfalls für den hier streitigen Zeitraum (18. Januar 2005 bis 31. Juli 2005) fehlte es im SGB II und der maßgebenden Alg II-V vom 20. Oktober 2004 ... an einer hinreichend bestimmten Rechtsgrundlage für eine Berücksichtigung von zur Verfügung gestellter Ernährung als Einkommen (1.). Offen bleiben kann, ob sich nach der ab 1. Januar 2008 geltenden Alg II-V vom 17. Dezember 2007 (BGBl I 2942) die Rechtslage anders darstellen würde. ... Die SachbezV ist jedoch nicht auf die kostenlose Zurverfügungstellung von Nahrung durch Verwandte, Eltern etc. anzuwenden. Dies folgt zunächst daraus, dass die SachbezV lediglich über § 2 Abs. 4 Alg II-V in Bezug genommen wird. ... Dementsprechend ist es **Hauptziel der Sachbezugsverordnung**, **Lohnbestandteile möglichst weitgehend der Sozialversicherungspflicht zu unterwerfen**.“

BSG, Urteil vom 19.03.2008, B 11b AS 13/06 R:
„Die Zuordnung zum Kindergeldberechtigten entfällt nicht etwa dann, wenn dieser das Kindergeld an das Kind weiterleitet oder wenn das **Kindergeld** ohne Vorliegen der Voraussetzungen des § 74 EStG von der Familienkasse an das Kind direkt bezahlt wird... Als **Einkommen des Kindes** kann das Kindergeld nur dann behandelt werden, wenn **nach förmlichem Vorgehen i. S. des § 74 EStG** eine **Auszahlung an das Kind** erfolgt..."
(siehe aber § 1 Abs. 1 Nr. 8 ALG II – V)

BSG, Urteil vom 06.12.2007, B 14/7b AS 16/06 R:
„Die Beklagte hat den **Existenzgründungszuschuss** zu Recht als **Einkommen** des Ehemannes mit der Folge berücksichtigt, dass das Alg II um den monatlichen Zahlbetrag des Existenzgründungszuschusses zu kürzen war. Beim Existenzgründungszuschuss handelt es sich nicht um eine zweckbestimmte Einnahme, die einem anderen Zweck dient als die Leistungen nach dem SGB II und deshalb bei der Ermittlung des Einkommens im Rahmen der Grundsicherung für Arbeitsuchende unberücksichtigt bleibt. Zwar ergibt sich der Zweck des Existenzgründungszuschusses nicht ohne weiteres aus der maßgebenden Regelung in § 421L SGB III. Den Gesetzgebungsmaterialien ist zu entnehmen, dass diese 2003 eingeführte Leistung einen sozial abgesicherten Start in die Selbständigkeit gewährleisten sollte. Sie sollte damit sowohl der sozialen Sicherung als auch der Sicherung des Lebensunterhalts in der Zeit der Existenzgründung dienen. Es ist dagegen nicht zu erkennen, dass der Existenzgründungszuschuss vorrangig der Anschaffung und dem Unterhalt von Betriebsmitteln dienen sollte." Zitiert nach dem Terminbericht Nr. 59/07 des Bundessozialgerichts

BSG, Urteil vom 05.09.2007, B 11b AS 51/06 R:
„Die **Rente wegen Berufsunfähigkeit** ist beim Arbeitslosengeld II im Rahmen der Bedürftigkeitsprüfung .. in vollem Umfang als Einkommen zu berücksichtigen. Es handelt sich nicht um eine privilegierte, zweckbestimmte Leistung."
Zitiert nach dem Bericht über die „Tätigkeit des Bundessozialgerichtes im Jahre 2007"

BSG, Urteil vom 16.05.2007, B 11b AS 27/06 R:
„Die Beklagte hat die ... **Erwerbsunfähigkeitsrente** auf Zeit in Höhe des Zahlbetrages sowie die **betriebliche Invaliditätsrente** als Einkommen berücksichtigt. Gegen die Berücksichtigung der genannten Renten lassen sich keine durchgreifenden Einwendungen erheben. Denn als Einkommen sind nach § 11 Abs. 1 Satz 1 SGB II - von hier ersichtlich nicht einschlägigen Ausnahmen abgesehen - grundsätzlich alle Einnahmen in Geld oder Geldeswert zu berücksichtigen. Dazu gehören auch Rentenzahlbeträge, ohne dass eine Privilegierung nach § 11 Abs. 3 SGB II oder nach § 1 Abs. 1 ... Alg II-V eingreift..."

BSG, Urteil vom 29.03.2007, B 7b AS 12/06 R:
„Das Urteil des LSG ist abzuändern, soweit das LSG den in dem **Pflegegeld** für die beiden Pflegekinder enthaltenen **Erziehungsbeitrag** gemäß § 39 Abs. 1 Satz 2 SGB VIII als Einkommen gemäß § 11 SGB II berücksichtigt ... hat. ... Den Klägern stehen ... dem Grunde nach Leistungen zur Sicherung des Lebensunterhalts nach dem SGB II ohne Berücksichtigung der Erziehungsbeiträge als Einkommen zu..."

BSG, Urteil vom 07.11.2006, B 7b AS 18/06 R:
„Hieraus folgt, dass **Kindergeld** erst dann - ggf. anteilig - als **Einkommen der Eltern** bzw. des Kindergeldberechtigten zu berücksichtigen ist, **wenn der Bedarf des Kindes**, z. B. durch weitere Unterhaltszahlungen oder Vermögen, **gedeckt** ist... Die von den Klägern beanstandete Berücksichtigung des den Bedarf des Klägers zu 5) übersteigenden Kindergeldes als Einkommen bei der Klägerin zu 1) ist damit nur Ausdruck des Grundsatzes, dass das Kindergeld - ohne die Zurechnungsregel des § 11 Abs. 1 Satz 3 SGB II - ohnehin Einkommen der Klägerin zu 1) als Kindergeldberechtigter darstellen würde. Der Senat hat insofern **keine verfassungsrechtlichen oder sonstige Bedenken gegen** das Regelungskonzept des **§ 11 Abs. 1 Satz 3 SGB II**, das zu wählen in der Gestaltungsfreiheit des Gesetzgebers lag."

Zur Einkommensermittlung bei Selbständigen:

BSG, Urteil vom 13.12.2023, B 7 AS 16/22 R:
„Von den … Betriebseinnahmen … sind **Beiträge zum Versorgungswerk der Rechtsanwälte** in Höhe des Mindestbeitrags für selbstständig Tätige in der gesetzlichen Rentenversicherung im Sinne des § 165 Absatz 1 Satz 1 Nummer 1 SGB VI … erst im abschließenden Schritt der **Bereinigung** … in Abzug zu bringen. Zutreffend ist der Beklage zwar davon ausgegangen, dass es sich insoweit **nicht** um … **Betriebsausgaben** handelt. Auch kann das gefundene Ergebnis nicht auf § 11b Absatz 1 Satz 1 Nummer 3 Buchst. b SGB II gestützt werden. Denn Aufwendungen für Beiträge zu öffentlichen oder privaten Versicherungen zur Altersvorsorge von Personen, die von der Versicherungspflicht in der gesetzlichen Rentenversicherung befreit sind, würden bei einem Einkommen bis zu 400 Euro in der Pauschale von 100 Euro nach § 11b Absatz 2 SGB II aufgehen. Nur bei höherem Einkommen könnte der darüber hinausgehende Betrag … gegebenenfalls ebenfalls abgesetzt werden. **Ebenso wenig** handelt es sich … um **Pflichtbeiträge zur Sozialversicherung**… ..die Vorschrift *(erfasst)* nur Beiträge zur … gesetzlichen Sozialversicherung - hier der gesetzlichen Rentenversicherung. Die **Gleichbehandlung** von in der gesetzlichen Rentenversicherung pflichtversicherten Selbstständigen und in berufsständischen Versorgungswerken Pflichtversicherten, die nicht der Versicherungspflicht in der gesetzlichen Rentenversicherung unterliegen, **gebietet** jedoch eine **Abzugsfähigkeit der Beiträge zum Versorgungswerk** in analoger Anwendung des § 11b Absatz 1 Satz 1 Nummer 2 SGB II. Es liegt insoweit eine **planwidrige Lücke** vor, denn beide Gruppen können ihrer Beitragslast nicht ausweichen und die Gewährleistung des Existenzminimums bliebe für die Mitglieder verkammerter Berufe an dieser Stelle planwidrig lückenhaft. ... Die Betrachtung des systematischen Zusammenhangs, insbesondere der Blick auf *(das) …* SGB VI in Verbindung mit den Grundregeln der Bezuschussung von Beiträgen zu freiwilligen und privaten Versicherungen für den Krankheits- und Pflegefall nach § 26 SGB II zeigt jedoch, dass zugleich eine **Begrenzung der abzugsfähigen Beitragshöhe** im SGB II erforderlich ist. So ist die Grundsicherung für Arbeitsuchende allein auf die Sicherung des Existenzminimums ausgerichtet. Der im Rahmen der analogen Anwendung daher erforderliche Gleichklang zwischen den in der gesetzlichen Rentenversicherung Pflichtversicherten und den verpflichtend Beiträge zu einem Versorgungswerk Zahlenden wird hier durch eine Begrenzung der Absetzbeträge hergestellt. Im Hinblick auf die **Fahrkosten** ist die Klägerin mit ihrer Revision **nicht** durchgedrungen. Die … Fahrkosten … sind mit der Erzielung des Einkommens verbunden… Es gelten alsdann die … Regeln zur Berücksichtigung in der Pauschale von 100 Euro bei einem Einkommen bis 400 Euro“
Zitiert nach dem Terminbericht Nr. 52/23 des Bundessozialgerichts

BSG, Urteil vom 19.03.2020, B 4 AS 1/20 R:
„…die **Kosten für die Heilpraktikerausbildung** *(sind)* **keine Betriebsausgaben** i. S. des § 3 Abs. 2 Alg II-V a. F. sind. …im SGB II *(erfolgt)* keine Saldierung von Einnahmen und Verlusten aus mehreren Gewerbebetrieben… Insoweit gilt

es auch zu verhindern, dass mit öffentlichen Mitteln eine Tätigkeit aufrechterhalten wird, in der die Verluste überwiegen; die **unwirtschaftliche Tätigkeit** ist vielmehr zu **beenden**. Wird die verlustreiche Tätigkeit gleichwohl fortgeführt, soll sie nicht mittelbar über einen Abzug des Verlusts von den Einnahmen aus einer anderen Tätigkeit finanziert werden. Vor diesem Hintergrund sind erst recht **Ausgaben**, die im Zusammenhang mit einer **noch gar nicht ausgeübten**, sondern nur beabsichtigten **selbständigen Tätigkeit** stehen, **nicht** als **Betriebsausgaben** ... einer anderen, gegenwärtig ausgeübten selbständigen Tätigkeit ... zu berücksichtigen. ... Gemäß § 11 Abs. 2 Satz 1 Nr. 5 SGB II a. F. sind vom Einkommen die mit der Erzielung des Einkommens verbundenen notwendigen Ausgaben abzuziehen... Bereits der Wortlaut der Norm zwingt zu einem Verständnis, wonach **nur die Ausgaben abzusetzen** sind, die gerade **durch die Erzielung des jeweiligen Einkommens kausal verursacht** sind, denn nur solche Ausgaben sind mit der Erzielung des Einkommens notwendig verbunden... **Ausbildungskosten für einen künftig auszuübenden Beruf** sind daher **nicht absetzbar**... ...die Kosten ... von monatlich 180 Euro, die die Klägerin für die Ausbildung zur Heilpraktikerin zu tragen hatte, *(sind)* nicht vom Einkommen abzusetzen, weil sie mit den ausgeübten Tätigkeiten ... in keinem kausalen Zusammenhang standen. ...die steuerrechtlichen Regelungen zu **vorweggenommenen Werbungskosten** *(sind)* nicht auf das ... SGB II zu übertragen. Die Absetzungsmöglichkeit durch § 11 Abs. 2 Nr. 5 SGB II a. F. setzt im Vergleich zu den Werbungskosten im Sinne des Steuerrechts einen engeren Rahmen... Etwas anderes folgt auch nicht daraus, dass die Ausbildung zur Heilpraktikerin möglicherweise zur Eingliederung der Klägerin in den Arbeitsmarkt beitragen kann. ... Der Gesetzgeber erwartet in verfassungsgemäßer Weise, dass der Betroffene ggf. eine Ausbildung abbricht, um seine Arbeitskraft zur Beschaffung des Lebensunterhaltes einzusetzen..."

<u>BSG, Urteil vom 01.12.2016, B 14 AS 34/15 R:</u>
„Nach dem Regelungskonzept des § 3 Alg II-V ist der **Bezugsrahmen** zur Ermittlung der Betriebseinnahmen und Betriebsausgaben der jeweilige **Bewilligungszeitraum**. Dies gilt auch hinsichtlich der **Kfz-Kosten** in § 3 Abs. 7 Alg II-V. Diese Regelung ist durch die Ermächtigungsgrundlage in § 13 SGB II gedeckt, verstößt nicht gegen höherrangiges Recht, wie z. B. das Kalenderjahr als Gewinnermittlungszeitraum nach § 4a Abs. 1 Satz 1 Nr. 3 EStG, weil das SGB II andere Bewilligungszeiträume vorsieht, und ist mit Verfassungsrecht vereinbar. Die Differenzierung in § 3 Abs. 7 Alg II-V beruht auf Sachgründen und hält sich im Rahmen einer zulässigen Typisierung nach Art. 3 Abs. 1 GG, Verstöße gegen Art. 12 und 14 GG sind nicht zu erkennen."
Zitiert nach dem Terminbericht Nr. 46/16 des Bundessozialgerichts

<u>BSG, Urteil vom 12.10.2016, B 4 AS 38/15 R:</u>
„Nach § 11b Abs. 1 S. 1 Nr. 7 SGB II sind Aufwendungen zur Erfüllung gesetzlicher Unterhaltsverpflichtungen bis zu dem in einem Unterhaltstitel oder in einer notariell beurkundeten Unterhaltsvereinbarung festgelegten Betrag vom Einkommen abzusetzen. Der Beklagte ist zutreffend davon ausgegangen, dass

nur laufender titulierter Unterhalt, nicht jedoch Zahlungen auf Unterhaltsrückstände ... als Absetzbeträge berücksichtigt werden können. Auch die Nichtberücksichtigung von **Rücklagen für Anwaltskosten und ein neues Kfz** entspricht der bisherigen Rechtsprechung des BSG.“
Zitiert nach dem Terminbericht Nr. 38/16 des Bundessozialgerichts

BSG, Urteil vom 17.02.2016, B 4 AS 17/15 R:
„Zutreffend ist das LSG davon ausgegangen, dass **keine Saldierung von Einnahmen und Verlusten aus mehreren Gewerbebetrieben** im SGB II erfolgt. § 3 Alg II-V erlaubt nur den Ausgleich von Einnahmen und Ausgaben, die der Einkommensberechnung zugrunde zu legen sind, innerhalb eines gegenüber dem Monatsprinzip des § 11 SGB II längeren Zeitraums (regelmäßig Bewilligungszeitraum), nicht aber den Ausgleich von Einnahmen und Ausgaben mehrerer Tätigkeiten, d. h. nicht den Ausgleich innerhalb einer Einkommensart (horizontaler Verlustausgleich). ... Nach dem Wortlaut des § 3 Alg II-V ... ist ausdrücklich keine Orientierung am EStG, das den horizontalen Verlustausgleich kennt, vorgenommen worden. ... Auch aus der Verwendung des Wortes "alle" in § 3 Abs. 1 S. 2 Alg II-V in Verknüpfung mit den Betriebseinnahmen ... kann nicht geschlossen werden, dass ein Ausgleich des Verlustes zwischen mehreren Einnahmen derselben Einkommensart ... ermöglicht werden soll. Denn das Wort "alle" hat allein eine zeitliche Ausgleichskomponente. Es bezieht sich nicht auf eine Gesamtheit selbstständiger Tätigkeiten und daraus insgesamt erzielter Einnahmen, sondern auf "alle" Einnahmen "im Bewilligungszeitraum". ... Der Verordnungsgeber ... wollte durch das Abstellen auf Einnahmen anstelle der einkommensteuerrechtlichen Einkünfte die einkommensteuerrechtlichen Besonderheiten, wie .. den Verlustausgleich, gerade ausschließen... Aus dem fehlenden ausdrücklichen Verbot des horizontalen Verlustausgleichs ... kann entgegen der Auffassung der Kläger nicht im Wege des Umkehrschlusses aus § 5 Alg II-V ... auf dessen Zulässigkeit geschlossen werden... Aus den Verordnungsmaterialien ergibt sich, dass der Verordnungsgeber mit der Einfügung des § 5 Alg II-V zum 1.1.2008 nicht nur den Ausschluss des vertikalen Verlustausgleichs (klarstellend) regeln wollte. ...mit § 5 werde der Ausgleich von Verlusten zwischen einzelnen Einkommensarten für die Berechnung des ... zu berücksichtigenden Einkommens ausgeschlossen.“

BSG, Urteil vom 05.06.2014, B 4 AS 31/13 R:
„Das LSG ist ... zu Unrecht davon ausgegangen, ... dass bei Einkünften bis zu 400 Euro lediglich .. ein **Pauschbetrag** ... von **100 Euro** abgesetzt werden könne. ... Nach der Ermittlung der Betriebseinnahmen sind zur Berechnung des ... anrechenbaren Einkommens von den Betriebseinnahmen ... die im Bewilligungszeitraum tatsächlich geleisteten notwendigen Ausgaben mit Ausnahme der nach § 11 Abs. 2 SGB II a. F. abzusetzenden Beträge ohne Rücksicht auf steuerrechtliche Vorschriften abzusetzen (§ 3 Abs. 2 S. 1 Alg II-V 2008/2009). Im gleichberechtigten Zusammenwirken der beiden Regelungen sind daher solche Ausgaben **keine "Betriebsausgaben"** ..., **die gleichzeitig Absetzbeträge** nach § 11 Abs. 2 SGB II a. F. **sind**... Die Beträge, die sich aus

§ 11 Abs. 2 SGB II a. F. ergeben, werden erst in einem abschließenden Schritt von dem nach § 3 Abs. 4 Alg II-V 2008/2009 monatsweise verteilten Einkommen abgesetzt... es *(kommt)* nicht zu einer zweifachen Absetzbarkeit der betrieblichen Ausgaben... das Berufungsgericht *(kann)* ... nicht ohne weitere Prüfung davon ausgehen, dass die **Leasingraten für das Kfz** des Klägers nicht zumindest anteilig von seinen Einnahmen abgesetzt werden können. Es dürfte davon auszugehen sein, dass er ein Fahrzeug für die offenbar an verschiedenen Orten ausgeübten Tätigkeiten als Tischtennistrainer benötigt. ... Wenn das LSG zu dem Ergebnis gelangt, dass die Aufwendungen für ein Kfz grundsätzlich notwendig sind, ist bei der einzelfallbezogenen Entscheidung über die Absetzbarkeit der ... Leasingraten als Betriebsausgaben in einem weiteren Prüfungsschritt zu beachten, dass tatsächliche Ausgaben nicht abgesetzt werden sollen, soweit diese ganz oder teilweise vermeidbar sind, offensichtlich nicht den Lebensumständen während des Bezugs der Leistungen zur Grundsicherung für Arbeitsuchende entsprechen ... oder das Verhältnis der Ausgaben zu den jeweiligen Erträgen in einem auffälligen Missverhältnis steht... das Berufungsgericht *(wird)* ... hier zumindest Leasingraten für ein **Fahrzeug der unteren Mittelklasse** als Absetzbeträge berücksichtigen und prüfen müssen, ob preisgünstigere Beschaffungsmöglichkeiten eines Kfz als der Umfang der ... gewählten Leasingalternative für ihn verfügbar und realisierbar waren. ... die regelmäßigen **Fahrten von der Wohnung zur "Betriebsstätte"** und zurück ... sind also, obwohl es sich auch um Betriebsausgaben handelt, dem "privaten Bereich" zuzuordnen und gelten regelmäßig als von dem pauschalen Absetzbetrag nach § 11 Abs. 2 S. 2 SGB II a. F. (mit)erfasst... Die notwendigen Ausgaben für darüber hinausgehende Fahrten (etwa im Rahmen von Sportfreizeiten u ä.) sind ggf. als weitere Betriebsausgaben zu berücksichtigten. Schließlich sind im Falle einer überwiegend betrieblichen Nutzung für private Fahrten von den Betriebsausgaben Absetzungen für private Fahrten von 0,10 Euro für jeden gefahrenen Kilometer vorzunehmen (§ 3 Abs. 7 S. 2 Alg II-V 2009). Weiter wird das LSG zu entscheiden haben, ob **Handykosten** als notwendige **Betriebsausgaben** zu berücksichtigen sind. Insofern sind weitere Feststellungen des LSG zur privaten und/oder beruflichen Nutzung des Handys erforderlich. Sind notwendige und angemessene betriebliche Aufwendungen nachgewiesen, kann der betriebliche Anteil ggf. auch geschätzt werden..."

<u>BSG, Urteil vom 22.08.2013, B 14 AS 1/13 R:</u>
„Die Berücksichtigung der **Einnahmen der KG** als Einnahmen des Klägers folgt aus dessen Stellung als alleiniger Gesellschafter und Geschäftsführer der KG. Auch die von der KG vereinnahmte **Umsatzsteuer** ist wie die übrigen Einnahmen der KG bei der Berechnung des Einkommens zu berücksichtigen. Seit dem 1.1.2008 verweist die Alg II-V nicht mehr auf die Vorschriften des Steuerrechts. Entscheidend ist deshalb auch für die Umsatzsteuer, ob sie im Laufe des Bewilligungsabschnitts als **notwendige Betriebsausgabe** i. S. des § 3 Abs. 2 Alg II-V gezahlt wurde, was vorliegend nicht erfolgt ist. Allein die **künftige Fälligkeit einer Umsatzsteuer führt nicht zu einem Absetzbetrag im aktuellen Bewilligungsabschnitt**."
Zitiert nach dem Terminbericht Nr. 41/13 des Bundessozialgerichts

BSG, Urteil vom 28.03.2013, B 4 AS 42/12:
„Der Kläger ist im Rahmen seiner Mitwirkungspflicht nach § 60 Abs. 1 S 1 SGB I gehalten, Angaben über seine **voraussichtlichen Einkünfte aus selbstständiger Tätigkeit** für den Bewilligungszeitraum **unter Verwendung des Vordrucks "EKS"** in dem durch den Vordruck vorgesehenen Umfang zu machen. ... Die Obliegenheit zur Angabe von Tatsachen nach § 60 Abs. 1 S. 1 Nr. 1 SGB I wird systematisch durch diejenige in § 60 Abs. 1 S. 1 Nr. 2 SGB I ergänzt, wonach derjenige, der Sozialleistungen beantragt oder erhält, Änderungen in den Verhältnissen, die für die Leistung erheblich sind oder über die im Zusammenhang mit der Leistung Erklärungen abgegeben worden sind, unverzüglich mitzuteilen hat. Diese Obliegenheit dient in erster Linie dazu, die Grundlage für die Aufhebung von Verwaltungsakten mit Dauerwirkung durch den Sozialleistungsträger nach § 48 SGB X zu schaffen. ... Im Übrigen ergibt sich keine andere Beurteilung daraus, dass die Höhe der Einkünfte selbstständig Tätiger vielfach in größerem Umfang mit Unsicherheiten behaftet sind, als dies z. B. für Einnahmen aus Kapitalvermögen oder Einkünften aus abhängiger Beschäftigung angenommen werden kann. Insoweit ändert das **Ausmaß der Unsicherheit** nichts daran, dass der Antragsteller am ehesten zu verlässlichen Angaben über seine voraussichtlichen finanziellen Verhältnisse im Bewilligungszeitraum in der Lage sein wird und eine Verwaltungsentscheidung ohne seine Mitwirkung praktisch nicht vollziehbar ist. ... . Es sind keine Anhaltspunkte dafür ersichtlich, dass angesichts des **Ziels** der ab 1.1.2008 für selbständig Tätige geltenden Regelungen, **höhere Einsparungen bei den passiven Leistungen** zu erzielen, der hieraus erwachsende Aufwand diesen Personenkreis, der seinen Lebensunterhalt ergänzend durch eine steuerfinanzierte Sozialleistung sicherstellen will, unverhältnismäßig belasten würde.“

BSG, Urteil vom 21.06.2011, B 4 AS 21/10 R:
„**Ansparrücklagen** sollen dem Selbständigen ermöglichen, eine **Rücklage für künftige Investitionen** zu bilden. Durch ihre Bildung wird verhindert, dass in bestimmter Höhe erzielte Gewinne besteuert werden... Die Rücklagenbildung hat zur Folge, dass sie im Jahr der Bildung zu einem buchmäßigen Aufwand führt, unabhängig davon, ob dabei ein Verlust entsteht oder ein bestehender Verlust sich erhöht (§ 7g Abs. 3 Satz 4 EStG). Durch die Bildung einer Rücklage erhält der Steuerpflichtige mithin einen Steuervorteil unter der Bedingung, dass er spätestens zwei Jahre nach der (eigenkapitalschonenden) Rücklagenbildung investiert. ... Gleichwohl ist der Gewinn aus der aufgelösten Ansparrücklage im hier streitigen Zeitraum **Einkommen**. Dieses wird durch den Verweis in § 2a Alg II-V auf die einkommensteuerrechtlichen Vorschriften normativ bestimmt. ... Wörtlich heißt es in § 2a Abs. 1 Satz 1 Alg II-V, von dem nach diesen Vorschriften bestimmten Einkommen sei "auszugehen". Diese Formulierung lässt erkennen, dass der einkommensteuerrechtlich relevante Gewinn nicht mit dem ... zu berücksichtigenden Einkommen gleichgesetzt werden kann. ... Sinn und **Zweck** ... des § 2a Alg II-V ist es mithin, im Interesse der Verwaltungsvereinfachung die einkommensteuerrechtlichen Festsetzungen als Anknüpfungs-

punkt für die grundsicherungsrechtliche Berechnung des berücksichtigungsfähigen Einkommens heranzuziehen. Die tatsächliche Berücksichtigung bei der Berechnung des Alg II hat allerdings unter der grundsicherungsrechtlichen Einschränkung zu erfolgen, dass der einkommensteuerrechtlich ermittelte Gewinn auch tatsächlich zur Bestreitung des Lebensunterhalts zur Verfügung steht. Nur so kann der Zweck des SGB II, die Existenzsicherung zu gewährleisten, erfüllt werden."

BSG, Urteil vom 21.06.2011, B 4 AS 22/10 R:
„Durch den Verweis in § 2a Alg II-V auf die einkommensteuerrechtlichen Vorschriften wurde ... **ab dem 1.10.2005** normativ bestimmt, dass die aufgelöste oder aufzulösende **Ansparrücklage**, obwohl sie vor der Antragstellung gebildet wurde ... als **Einkommen bei Zufluss im jeweiligen Steuerjahr** zu berücksichtigen ist... Da diese Regelung ... hier jedoch nicht anzuwenden ist und die Ansparrücklage in jedem Fall bereits vor der Antragstellung gebildet wurde, ist sie - soweit sie im hier streitigen Zeitraum noch vorhanden war - Vermögen und ist unter den Bedingungen des § 12 SGB II zur Lebensunterhaltssicherung zu verwerten."

BSG, Urteil vom 30.07.2008, B 14 AS 44/07 R:
„Soweit die Beklagte später davon ausgegangen ist, sie könne unter Berücksichtigung der einkommensteuerrechtlichen Regelungen ... **Privatentnahmen** als Einkommen bewerten, fand sich in der Alg II-V in der vom 1. Januar 2005 bis 30. September 2005 geltenden Fassung keinerlei Rechtsgrundlage für ein solches Vorgehen."

Zu Absetzungsbeträgen:

<u>BSG, Urteil vom 17.12.2024, B 7 AS 9/23 R:</u>
„Zwar hat der Beklagte die teilweise **Aufhebung** der Leistungsbewilligung für ... Dezember 2017 mit § 48 SGB X auf eine **unzutreffende Rechtsgrundlage** gestützt. Wegen des prognostisch zum Zeitpunkt der Bewilligung nicht sicher feststellbaren Einkommens ... hätte der Beklagte eine v**orläufige Entscheidung** ... treffen müssen. Grundlage für die Aufhebungsentscheidung wäre alsdann wegen einer anfänglichen Rechtswidrigkeit § 45 SGB X gewesen. Allein dies führt jedoch nicht zur Rechtswidrigkeit der Entscheidung... Hier ist ein "**Auswechseln**" der Rechtsgrundlagen durch das Gericht wegen desselben Ziels der Entscheidung grundsätzlich zulässig. Die **Steuernachforderung** ist ... nicht als Mehrbedarf anzuerkennen. Sie ist auch **nicht vom Einkommen abzusetzen**. Denn bei dieser Forderung handelt es sich insoweit nicht um eine auf das Einkommen zu entrichtende Steuer im Sinne des § 11b Absatz 1 Satz 1 Nummer 1 SGB II. Die Vorschrift erfasst - jedenfalls bei Erwerbstätigkeit in abhängiger Beschäftigung - nur solche Steuern, die sich auf das **im Bewilligungszeitraum erzielte Einkommen** beziehen. Ebenso wenig handelt es sich bei der Steuernachforderung um eine mit der Erzielung des Einkommens verbundene notwendige Ausgabe im Sinne des § 11b Absatz 1 Satz 1 Nummer 5 SGB II. Neben dem laufenden monatlichen Erwerbseinkommen ist ... die im November 2017 zugeflossene **Jahressonderzahlung** wie eine einmalige Einnahme, verteilt auf 6 Kalendermonate, bedarfsmindernd zu berücksichtigen. Hiervon ist allerdings neben den ... Absetzungen wegen Steuern und Versicherungsbeiträgen ein (zusätzlicher) **Erwerbstätigenfreibetrag** ... von 200 Euro ... in Abzug zu bringen. Dass eine derartige **kumulative Berücksichtigung bei dem Zusammentreffen von laufendem und einmaligen Einkommen** zulässig ist, hat der Senat bereits bestätigt... Hieraus folgt ein niedrigeres zu berücksichtigendes Einkommen als vom Landessozialgericht angenommen. Deshalb kann nicht offen bleiben, ob **Aufwendungen** ... **für Unterkunft** in tatsächlicher Höhe ... oder nur in angemessener Höhe ... als Bedarf anzuerkennen sind. Bei einem insoweit geringeren Bedarf kann sich die Aufhebungsentscheidung ... trotz des geringeren zu berücksichtigenden Einkommens als rechtmäßig erweisen.“
Zitiert nach dem Terminbericht 46/24 des Bundessozialgerichts

<u>BSG, Urteil vom 17.12.2024, B 7 AS 17/23 R:</u>
„Die vom Kläger bezogene **Betriebsrente** ist vom Beklagten in zutreffender Höhe als Einkommen im Sinne des § 11 Absatz 1 Satz 1 SGB II bei der Berechnung der SGB-II-Leistung berücksichtigt worden. Von den Einnahmen sind allerdings vor deren Berücksichtigung bei der Berechnung des Arbeitslosengeldes II die in § 11b SGB II normierten Absetzungen vorzunehmen. Eine § 82 Absatz 4 SGB XII vergleichbare Regelung, wonach Beziehern von Hilfe zum Lebensunterhalt oder Grundsicherungsleistungen im Alter und bei Erwerbsminderung nach dem SGB XII der **Abzug weiterer Beträge von ihrer Betriebsrente** ermöglicht wird, sieht das SGB II nicht vor. **Eine entsprechende Anwendung des § 82 Absatz 4 SGB XII scheidet** nach der Entstehungsgeschichte

sowie dem Sinn und Zweck der Privilegierung im SGB XII **aus**. Soweit der Gesetzgeber dabei typischerweise die Zeit nach der Beendigung des Erwerbslebens erfassen wollte, handelt es sich bei Menschen in dieser Lebensphase nicht um den nach dem SGB II leistungsberechtigten Personenkreis."
Zitiert nach dem Terminbericht Nr. 46/24 des Bundessozialgerichts

<u>BSG, Urteil vom 17.07.2024, B 7 AS 7/23 R:</u>
„...das LSG *(hat)* festgestellt, dass die ... **Einnahmen aus der Vermietung** auf ein getrenntes Konto gingen, die Mieteinnahmen **zur Begleichung der Finanzierungsraten und der Nebenkosten** verwendet würden und E die .. Zins- und Tilgungsleistungen sowie feste Kosten zu tragen habe. Das LSG hat sodann aufgrund des Umstands, dass die Klägerin und E je zur Hälfte **Miteigentümer** des Hausgrundstücks sind, der Klägerin die Hälfte der Kaltmieteinnahmen als Einkommen zugeordnet. Weder hat es aber festgestellt, dass und wann ihr Einnahmen tatsächlich als Einkommen **zufließen** und sie im Sinne von bereiten Mitteln darüber verfügen kann, noch dessen monatliche Höhe. ... Nicht als Einkommen zu berücksichtigen wären jedenfalls **Betriebskostenvorauszahlungen** ... Insoweit handelt es sich um einen reinen **Durchlaufposten**. Betriebskosten ... stehen dem Vermieter .. weder zur freien Verfügung noch erwächst ihm ein wertmäßiger Zufluss... Der Vermieter ist als Treuhänder verpflichtet, die Zahlungen des Mieters zur Deckung der laufenden Kosten zu verwenden und ggf. überzahlte Vorschüsse zurückzuzahlen... Der Vermieter handelte daher treuwidrig, verwendete er Betriebskostenvorauszahlungen für andere Zwecke, z. B. zur Sicherung seines eigenen Lebensunterhalts. ... Sollte der Klägerin Einkommen aus Mieteinnahmen ... zufließen, sind nach § 11b Abs. 1 Satz 1 Nr. 5 SGB II u. a. die mit der Erzielung des Einkommens verbundenen **notwendigen Aufwendungen abzusetzen**. Verbunden sind Aufwendungen mit dem Einkommen, wenn die **Zielrichtung** der Aufwendung mit der Einkunftsart in einer Beziehung steht... ...allerdings *(trägt)* E die gesamten Finanzierungslasten des Hausgrundstücks, also auch der vermieteten Wohnungen. Daher spricht schon nichts dafür, dass bei der Klägerin überhaupt **Aufwendungen** anfallen. ...**Tilgungsleistungen** für eine selbst bewohnte, dem Vermögensschutz ... unterfallende Immobilie *(gehören)* nicht zu den berücksichtigungsfähigen Aufwendungen für Unterkunft und Heizung... Dabei macht es keinen Unterschied, ob normativ Tilgungsleistungen für das selbstgenutzte Wohneigentum als Bedarfe für die Unterkunft Anerkennung oder - bei Tilgungsleistungen auf vermietetes Wohneigentum - als Absetzbetrag vom Einkommen Berücksichtigung fänden... **Ausnahmen** von diesem Grundsatz sind im Hinblick auf den im SGB II ausgeprägten Schutz des Grundbedürfnisses "Wohnen" nur in besonderen Fällen zugelassen worden, in denen es um die Erhaltung von Wohneigentum geht, dessen Finanzierung im Zeitpunkt des Bezugs von Grundsicherungsleistungen bereits weitgehend abgeschlossen war... Dass eine solche Situation vorliegt, hat das LSG nicht festgestellt. ... Es fehlt bereits am **Schutz des Grundbedürfnisses Wohnen** bei an Dritte vermietetem Wohnraum."

BSG, Urteil vom 27.09.2022, B 7/14 AS 59/21 R:
„Der **Anspruch** der Verstorbenen auf Leistungen zur Sicherung des Lebensunterhalts ist **mit ihrem Tod erloschen**. Er ist höchstpersönlicher Natur. Dies findet seinen Ausdruck in § 42 Abs. 4 Satz 1 SGB II, der das Verbot der Übertragung der Leistungen zur Sicherung des Lebensunterhalts festschreibt. Ob dies auch im Falle der Sonderrechtsnachfolge in der Konstellation einer Bedarfsgemeinschaft gilt, brauchte der Senat nicht zu entscheiden, denn Anhaltspunkte für deren Vorliegen sind hier nicht gegeben. Der Beklagte verlangt zu Recht der Leistungsberechtigten erbrachte Leistungen ... von jeweils 40,40 Euro für die Monate Mai und Juni 2013 vom Kläger zurück. Zwar ist auch insoweit ein möglicher Anspruch auf höhere Leistungen mit dem Tod der Leistungsberechtigten erloschen. Ihr Tod hat aber ihre Schuld gegenüber dem Beklagten ... nicht entfallen lassen. Vielmehr **haftet** der **Kläger als** ihr **Erbe** (§ 1922 BGB) hierfür. ...bei der Berechnung des Alg II *(trafen)* grundsätzlich zu berücksichtigende **Einkommen** aus zwei **Verletztenrenten** und aus der ***(ehrenamtlichen)*** **Tätigkeit** zusammen. Vor deren Anrechnung waren von dem Einkommen die Beträge des § 11b SGB II abzusetzen. Soweit die Beteiligten übereinstimmend davon ausgehen, bei der Tätigkeit handele es sich um eine "ehrenamtliche", mit steuerprivilegierten Einnahmen ..., wäre vorliegend monatlich der pauschale Betrag von 200 Euro hiervon abzusetzen. Von den Einkommen aus Sozialversicherungsleistungen sind u. a. die Beiträge zu öffentlichen und privaten Versicherungen i. S. des § 11b Abs. 1 Satz 1 Nr. 3 SGB II, insbesondere zur **Kfz-Haftpflichtversicherung** und die **Versicherungspauschale** ... absetzfähig. Der Beklagte hatte auch bis zur Aufnahme der Tätigkeit durch die Leistungsberechtigte von den Renten aus der gesetzlichen Unfallversicherung die zuletzt benannten Beträge in Abzug gebracht. **Mit dem Hinzutreten des weiteren Einkommens gingen diese Beiträge in der Pauschale von 200 Euro auf.** Weitere die Pauschale übersteigende Absetzungen von den Renten verblieben nicht. Wäre das Einkommen aus der Tätigkeit für das Kirchspiel als Erwerbseinkommen oder als sonstiges Einkommen zu bewerten, änderte dies am Ergebnis nichts. Es würde sich dann zwar zu Lasten der Leistungsberechtigten das zu berücksichtigende Einkommen erhöhen und damit der Regelbedarf sinken. Der Streitgegenstand ist jedoch auf die Erstattung von 40,40 Euro je Monat begrenzt."
Zitiert nach dem Terminbericht Nr. 35/22 des Bundessozialgerichts

BSG, Urteil vom 29.03.2022, B 4 AS 24/21 R:
„...bei **Vorauszahlungen auf Arbeitsentgelt** sind in dem Monat, in dem diese **zufließen**, auch die **Absetzbeträge** bei Erwerbstätigkeit in Abzug zu bringen, selbst wenn eine Abrechnung erst im Folgemonat erfolgt. ... Von diesem ... Arbeitsentgelt war .. nicht die Versicherungspauschale ... abzusetzen, ... sondern stattdessen ein **Grundfreibetrag** von 100 Euro ... und der weitere **Erwerbstätigenfreibetrag**... Dies ergibt sich aus *(dem)* ... **Monatsprinzip**... Dem Zuflussprinzip steht als Gegenpol ein "Abflussprinzip" gegenüber. Im systematischen Gleichklang mit dem Zuflussprinzip ist auch das Abflussprinzip normativen Modifizierungen zugänglich. Eine solche liegt vor, wenn das Gesetz

den Abzug pauschaler Freibeträge anstelle tatsächlicher Aufwendungen vorsieht. Diese Freibeträge sind dann im Monat des Zuflusses beachtlich. ... Wird also ein **Vorschuss** oder eine **Abschlagszahlung** geleistet, beruht dies auf einer besonderen vertraglichen Absprache ..., die den Arbeitnehmer begünstigt, weil er früher über Entgelt verfügen kann. Die **Anreizfunktion** der Freibeträge würde reduziert, wenn sie bei Vorschüssen oder Abschlägen auf Arbeitslohn für eine Erwerbstätigkeit nicht berücksichtigt werden dürften. ... Es erschließt sich zudem nicht ..., dass bei einer Vorabzahlung der Zahlbetrag auf einen Bruttobetrag "hochgerechnet" werden müsste, weil vom Zahlbetrag keine Abzüge vorgenommen wurden. Im Gesetzeswortlaut ist stets nur allgemein von Einkommen die Rede. Eine Unterscheidung zwischen Brutto- und Nettoeinkommen findet sich nicht."

BSG, Urteil vom 21.07.2021, B 14 AS 29/20 R:
„Bei der Prüfung der Voraussetzungen der Steuerbefreiung nach § 3 Nr. 26 Satz 1 EStG kann der Senat offenlassen, ob die Tätigkeit ... für den Verein als abhängige Beschäftigung oder selbstständige Tätigkeit zu qualifizieren ist... **§ 3 Nr. 26 Satz 1 EStG erfasst** schon seinem Wortlaut nach gleichermaßen **Einnahmen aus nichtselbstständiger** Tätigkeit **und** solche aus **selbstständig ausgeübter Tätigkeit**... ...die Nebenberuflichkeit i. S. des § 3 Nr. 26 Satz 1 EStG *(ist)* nach steuerrechtlichen Maßstäben zu beurteilen... Eine **nebenberufliche Tätigkeit** liegt vor, wenn sie nicht mehr als ein **Drittel der Arbeitszeit** eines vergleichbaren Vollzeit-Erwerbstätigen beansprucht... Aufgrund der vorzunehmenden typisierenden Betrachtungsweise ist nicht erforderlich, dass der Steuerpflichtige tatsächlich einem Hauptberuf nachgeht... Werden .. **gleichartige Tätigkeiten** ausgeübt, sind diese **zusammen zu würdigen**, wenn sie sich nach der Verkehrsanschauung als Ausübung eines einheitlichen Hauptberufs darstellen... Davon ist bei den Tätigkeiten ... als Trainer in einem **Fitnessstudio** und für einen **Verein** auszugehen. ... *(Es)* fehlt an tatsächlichen Feststellungen ... zu den geleisteten Stunden im Veranlagungszeitraum sowohl für das Fitnessstudio als auch den Verein. ...§ 11b Abs. 2 Satz 3 SGB II i. V. m. § 3 Nr. 26 Satz 1 EStG *(erfasst)* **nicht nur ehrenamtliche Tätigkeiten** im Sinne der sozialversicherungsrechtlichen Rechtsprechung."

BSG, Urteil vom 12.09.2018, B 14 AS 36/17 R:
„Die der Klägerin als gewählter **Bezirksverordneten** geleistete **Aufwandsentschädigung** ist bei Geltendmachung den Grundfreibetrag übersteigender Absetzbeträge **nicht vom Nachweis der Ausgaben freigestellt**. ... Bei der Aufwandsentschädigung ... handelt es sich ... um eine nach § 3 Nr. 12 EStG **steuerprivilegierte Tätigkeit**. Zugunsten der Klägerin findet deshalb der erhöhte pauschale **Grundfreibetrag von 200 Euro** Anwendung. ... Insbesondere führt der vom Gesetz für einen höheren Freibetrag geforderte Nachweis der Aufwendungen nicht automatisch zu einem Eingriff in ihre Mandatsausübung, weil zunächst die einschlägigen Datenschutzbestimmungen und darüber hinaus spezifische Grenzen zum Schutz ihrer Mandatsausübung zu beachten sind. Die Vorschriften des SGB II über die Berücksichtigung von Einkommen auch aus

einem kommunalen Mandat verletzen weder den aus Art. 28 Abs. 1 Satz 2 GG folgenden Grundsatz der Gleichheit der Wahl noch die Freiheit der Mandatsausübung... Zu berücksichtigen ist zunächst, dass die Klägerin durch die Bestimmungen zum Sozialdatenschutz (§ 35 SGB I, §§ 67 ff. SGB X) davor geschützt ist, dass Angaben zu Absetzbeträgen vom Jobcenter zu anderen Zwecken als der Prüfung des Anspruchs ... und deren Berechnung verwendet werden. ... Zu berücksichtigen ist sodann, dass die Klägerin nach § 11b Abs. 2 Satz 3 SGB II bereits durch den nachweislosen erhöhten pauschalen Grundfreibetrag privilegiert ist. Erst wenn sie diesen übersteigende Absetzbeträge geltend machen will, sind entsprechende Angaben und Nachweise erforderlich. Dabei wird ihr nicht abverlangt, ihre politische Tätigkeit offenzulegen und einer inhaltlichen Bewertung zugänglich zu machen, also den von ihr abgelehnten "**politischen Fingerabdruck**" abzugeben, sondern lediglich einzelne Ausgaben zu bezeichnen und dem Jobcenter deren Prüfung auf ihre mandatsbezogene Verwendung zu ermöglichen. Einer völligen Freistellung von Nachweispflichten stehen zudem gewichtige Gemeinwohlbelange entgegen ...; der Staat hat ein berechtigtes Interesse daran, dass steuerfinanzierte bedürftigkeitsabhängige Sozialleistungen nur an Bedürftige gewährt werden. ... Es stellt schließlich auch keine unzulässige Ungleichbehandlung dar, dass die Klägerin anders als Bezirksverordnete, die keine SGB II-Leistungen beziehen, der Regelung des § 11b Abs. 2 Satz 3 SGB II unterworfen ist. Art. 3 Abs. 1 GG gebietet, alle Menschen vor dem Gesetz gleich zu behandeln, verwehrt dem Gesetzgeber aber nicht jede Differenzierung. Differenzierungen bedürfen jedoch stets der Rechtfertigung durch Sachgründe, die dem Ziel und dem Ausmaß der Ungleichbehandlung angemessen sind... **Rechtfertigender Grund** für eine Ungleichbehandlung kann insbesondere der **Bezug von nachrangigen Sozialleistungen** sein..."

<u>BSG, Urteil vom 24.08.2017, B 4 AS 9/16 R:</u>

„Von den zugeflossenen **steuerprivilegierten Einnahmen** (§ 3 Nr. 26b EStG i. V. m. **§ 1835a BGB**) ist gemäß § 11b Abs. 2 Satz 3 SGB II ... ein Betrag von 200 Euro monatlich abzusetzen. ... Der **Absetzbetrag** ist ... **im Monat des Zuflusses** mit ... **200 Euro** zu berücksichtigen. Die Monatsbeträge sind nicht zu einem Jahresbetrag von 2400 Euro (12 x 200 Euro) zu kumulieren... Zwar schreibt § 1835a Abs. 2 BGB zwingend die jährliche Auszahlung vor, für Absetzbeträge nach § 11b SGB II gilt aber ... das Monatsprinzip. ... Nur der Gesetzgeber wäre berufen, eine rechts- oder sozialpolitisch "gerechtere" Regelung zu schaffen, indem er an der Schnittstelle von Betreuungs- und Steuerrecht entweder das dortige Jahresprinzip (partiell) aufhebt oder im Bereich des SGB II eine (partielle) Abweichung vom Monatsprinzip regelt. ...der Kläger *(könnte)* grundsätzlich einen **weiteren Absetzbetrag nach § 11b Abs. 1 Satz 1 Nr. 5 SGB II** geltend machen, wenn mit der Erzielung des Einkommens notwendige Ausgaben verbunden sind, die er im Einzelnen belegen kann. ... Der (weitere) **Absetzbetrag** für erwerbstätige Leistungsberechtigte **nach § 11b Abs. 1 Satz 1 Nr. 6 und Abs. 3 SGB II kommt** dagegen **nicht in Betracht**... Es handelt sich bei seiner Tätigkeit gerade nicht um eine Erwerbstätigkeit ..., denn er hat sie nicht als Berufsbetreuer … sondern als ehrenamtlicher Betreuer … ausgeübt."

BSG, Urteil vom 05.07.2017, B 14 AS 27/16 R:
„Der Rentenversicherungsträger bewilligte ihm für die Dauer der stationären Rehabilitation und der Wiedereingliederung **Übergangsgeld** (Übg)… …das … Übg *(ist)* **nicht um den Erwerbstätigenfreibetrag zu bereinigen**, selbst wenn es im Hinblick auf die **stufenweise Wiedereingliederung** gezahlt worden sein sollte. … Einkommen aus Erwerbstätigkeit … hat der Kläger … während der stufenweisen Wiedereingliederung nicht bezogen. Erwerbstätig ist, wer unter Einsatz und Verwertung seiner Arbeitskraft eine wirtschaftlich verwertbare Leistung gegen Entgelt erbringt, um damit seinen Lebensunterhalt zu verdienen… An einer in diesem Sinne wirtschaftlich verwertbaren Leistung fehlt es …, weil das **Wiedereingliederungsverhältnis** arbeitsrechtlich ein durch den Rehabilitationszweck geprägtes **Vertragsverhältnis eigener Art** darstellt … und nicht auf die für Arbeitsverhältnisse typische Leistungsbeziehung "Arbeit gegen Lohn" gerichtet ist… Mangels eines Austauschverhältnisses zwischen Arbeitsleistung und Arbeitsentgelt … tritt das Übg auch nicht derart an die Stelle des Erwerbseinkommens, wie das … für die Gewährung von InsG und Kug angenommen wird… Vielmehr steht es als Entgeltersatzleistung insoweit dem Krg gleich, das ebenfalls nicht um den Erwerbstätigenfreibetrag zu bereinigen ist…"

BSG, Urteil vom 24.05.2017, B 14 AS 32/16 R:
„Selbst wenn … der Kläger … zur Erreichung seines Arbeitsplatzes auf den mit dem Darlehen angeschafften Pkw zwingend angewiesen gewesen sei, ist die **Anschaffung eines Pkw** schon einkommensteuerrechtlich durch einen Arbeitnehmer, wenn es sich bei dem Fahrzeug nicht um ein Arbeitsmittel handelt, stets ein **privater Vorgang** …, was eine **Berücksichtigung** damit verbundener Aufwendungen **als notwendige Ausgabe** i. S. von § 11b Abs. 1 Satz 1 Nr. 5 SGB II über die Beträge nach § 6 Abs. 1 Nr. 3 Buchst. a Alg II-V a.F. hinaus grundsätzlich schon im Ansatz **ausschließt**… Insoweit besteht … auch kein Anlass zu einem ausnahmsweise erweiternden Verständnis des Absetzbetrags, weil auf besondere Bedarfslagen in diesem Zusammenhang mit Eingliederungsleistungen nach den §§ 16 ff. SGB II zu reagieren sein kann…"

BSG, Urteil vom 08.02.2017, B 14 AS 10/16 R:
„Beiträge, die für eine gesetzlich **vorgeschriebene Haftpflichtversicherung eines Hundes** gezahlt werden, können vom Halter **nicht** vom Einkommen **abgesetzt** werden, um so höheres ergänzendes steuerfinanziertes Arbeitslosengeld II zu erhalten. … Geklagt hatte eine Hundehalterin, die ergänzend zu ihrem Einkommen aus Erwerbstätigkeit Arbeitslosengeld II bezogen hatte. Das Bundessozialgericht begründete die fehlende Absetzmöglichkeit der Versicherungsbeiträge mit Sinn und Zweck der einschlägigen gesetzlichen Bestimmung (§ 11b Absatz 1 Satz 1 Nummer 3 Sozialgesetzbuch Zweites Buch): Danach sollen nur solche Versicherungen, die einen spezifischen **Bezug zu den Zielen**

des Sozialgesetzbuchs Zweites Buch aufweisen, vom Einkommen abgesetzt werden können, so zum Beispiel die Gebäudebrandversicherung, weil sie dem Wohnen dient, oder die Kfz-Haftpflichtversicherung, weil durch ein Auto die Aufnahme einer Erwerbstätigkeit erleichtert wird. Ein derartiger Bezug zur Existenzsicherung oder zur Aufnahme einer Erwerbstätigkeit ist bei der Tierhaltung nicht gegeben, auch wenn ein Hund für viele Menschen von großer Bedeutung ist. Ist ein Hund aus gesundheitlichen Gründen notwendig, werden zum Beispiel von der Krankenkasse die Kosten eines Blindenführhundes übernommen."
Zitiert nach der Pressemitteilung 3/2017 des Bundessozialgerichts

BSG, Urteil vom 08.02.2017, B 14 AS 22/16 R:
„...**nicht-titulierte Unterhaltszahlungen** ***(sind)*** **nicht vom** zu berücksichtigenden **Einkommen** nach dem SGB II **abzuziehen**. Der Wortlaut des ... § 11 Abs. 2 Satz 1 Nr. 7 SGB II a. F. ist eindeutig, er regelt "Aufwendungen ... bis zu dem in einem Unterhaltstitel oder in einer notariell beurkundeten Unterhaltsvereinbarung festgelegten Betrag". Diese Voraussetzung ist vorliegend unstreitig nicht erfüllt. Aus dem Sinn und Zweck der Vorschrift, ihren systematischen Zusammenhängen sowie Verfassungsrecht folgt nichts anderes. Ausgehend von der Rechtmäßigkeit der endgültig festgesetzten Leistungen ist die vom Beklagten begehrte Erstattung der Überzahlung nicht zu beanstanden."
Zitiert nach dem Terminbericht Nr. 3/17 des Bundessozialgerichts

BSG, Urteil vom 08.12.2016, B 4 AS 59/15 R:
„Die Kläger haben zwar als Minderjährige, vertreten durch ihre Mutter, eine **Schüler-Zusatz-versicherung** abgeschlossen, für die sie 1 Euro für das Schuljahr zu zahlen haben. Dennoch ist die **Versicherungspauschale** (§ 6 Abs. 1 Nr. 2 Alg II-V) ... von 30 Euro monatlich vom Einkommen der minderjährigen Kläger **nicht abzusetzen**, denn es handelt sich insoweit nicht um eine die Pauschale auslösende Versicherung im Sinne des § 6 Abs. 1 Nr. 2 Alg II-V. Bei dem eher **symbolischen Jahresbeitrag von 1 Euro** handelt es sich nicht um einen Versicherungsbeitrag, der in einem synallagmatischen Verhältnis zu den abgesicherten Risiken steht. Nur vor dem Hintergrund der weitgehenden Entlastung der Versicherer von Verwaltungsaufgaben und deren Erledigung durch die Schulen sowie aufgrund der Beschränkung der Versicherer auf die Schadensabwicklung kann die Versicherung zu den genannten, subventionierten Konditionen angeboten werden."
Zitiert nach dem Terminbericht Nr. 47/16 des Bundessozialgerichts

BSG, Urteil vom 26.07.2016, B 4 AS 54/15 R:
„Das **Taschengeld** ... **aus dem BFD** ist als Einkommen zu berücksichtigen... Schon die Bezeichnung als "Taschengeld" des Dienstleistenden spricht für eine offene Zweckverwendung. ... Von den Einnahmen ... von 225 Euro monatlich ist im Jahr 2012 ein (weiterer) Freibetrag von 75 Euro monatlich sowie im Jahr

2013 ein solcher von 100 Euro monatlich abzusetzen. **Absetzungen** von Freibeträgen für die Ausübung einer **Erwerbstätigkeit** sind allerdings **ausgeschlossen**, denn es handelt sich bei dem BFD nicht um eine Erwerbstätigkeit. Nach seiner Zweckrichtung ist der BFD einem Ehrenamt jedenfalls ähnlich. ... Die Voraussetzungen des § 1 Abs. 7 S. 4 Alt. 2 Alg II-V liegen nicht vor... Zwar ist das Taschengeld aus dem BFD ebenfalls steuerfrei, die Steuerfreiheit beruht aber nicht auf einer der ausdrücklich genannten Bestimmungen, sondern auf § 3 Nr. 5 Buchst f EStG. Demgegenüber liegt ein Fall des § 1 Abs. 7 S. 4 Alt. 1 Alg II-V vor, denn der ... Kläger hat eine (selbständige) Erwerbstätigkeit ausgeübt. ...bei Auslegung der Vorschrift *(ist)* nach ihrem Sinn und Zweck sowie aufgrund systematischer Erwägungen eine **teleologische Reduktion des § 1 Abs. 7 S. 4 Alg II-V** geboten. § 1 Abs. 7 S. 4 Alg II-V ist eine Harmonisierungsregelung, mit der bezweckt wird, sicherzustellen, dass beim Zusammentreffen von BFD und Erwerbstätigkeit "jeweils nur die Freibeträge nach § 11b Abs. 2 und 3 SGB II" zur Anwendung kommen... § 1 Abs. 7 S. 1 Alg II-V geht typisierend davon aus, dass dem Dienstleistenden während des Freiwilligendienstes im Wesentlichen das Taschengeld als Einkommen zur Verfügung steht. Die S. 2 und 3 ... betreffen demgegenüber die Fälle, in denen Leistungsberechtigte im BFD weiteres Einkommen haben und von diesen bereits Absetzungen (§ 11b Abs. 2 und 3 SGB II) von mehr als 140 Euro vornehmen konnten. Liegen diese Voraussetzungen vor, sind auch Absetzungen vom Taschengeld vorzunehmen, die aber geringer ausfallen (60 Euro monatlich). S. 4 schließlich regelt die Fallgruppe, dass der Freiwilligendienst mit einer (selbständigen) Erwerbstätigkeit zusammentrifft. In diesen Fällen sollen die S. 1 bis 3 nicht gelten, sondern es soll bei der Anwendung der §§ 11a und 11b SGB II i. V. m. § 3 Alg II-V bleiben. ... S. 4 verfolgt den Zweck, dass erwerbstätige Leistungsberechtigte nicht die Freibeträge nach §§ 11a und 11b SGB II mit den spezifischen Absetzungen von Taschengeld aus dem BFD nach § 1 Abs. 7 S. 1 bis 3 Alg II-V kumulieren können. Der Verordnungsgeber hat dabei typisierend angenommen, es sei für erwerbstätige Leistungsberechtigte vorteilhaft, die Freibeträge nach § 11b Abs. 2 und 3 SGB II zu nutzen. Mit dieser Typisierung hat er allerdings solche **Fallgestaltungen nicht bedacht**, in denen erwerbstätige Leistungsberechtigte ein so **geringes Einkommen** aus Erwerbstätigkeit erzielen, dass sie nicht einmal den Grundfreibetrag ausschöpfen können. Liegen diese Voraussetzungen ... vor, hätte die Regelung zur Folge, dass erwerbstätige Leistungsberechtigte mit geringen Einkünften weniger vom Einkommen absetzen können als diejenigen Leistungsberechtigte, die (nur) Freiwilligendienst leisten und daneben nicht erwerbstätig sind. ... es *(ist)* deshalb geboten, ... S. 1 und 4 ... so in Konkordanz zu bringen, dass diese beim Zusammentreffen eines geringen Einkommens aus Erwerbstätigkeit (bis zu 100 Euro) ergänzend zu dem Grundfreibetrag von 100 Euro, einen (weiteren) Freibetrag auf das Taschengeld des BFD erhalten, sodass sie insgesamt Freibeträge von bis zu 175 Euro bzw. 200 Euro nutzen können..."

BSG, Urteil vom 15.06.2016, B 4 AS 41/15 R:
„Ohne Rechtsfehler hat das LSG von den Spielgewinnen neben der Versicherungspauschale keine weiteren Beträge abgesetzt. In Zeiträumen, in denen der

Kläger auch Erwerbseinkommen hatte, ist die Pauschale allerdings mit dem Grundfreibetrag abgegolten... Ob als i. S. des § 11 Abs. 2 S. 1 Nr. 5 SGB II a. F. notwendige Ausgabe, die mit der Erzielung des Einkommens verbunden ist, vom Spielgewinn der Spieleinsatz absetzbar ist, der in dem zum Spielgewinn führenden Spiel aufgewendet worden ist, kann hier dahinstehen. Derartige Spieleinsätze lassen sich ... nicht mehr beziffern. Jedenfalls weitere im Rahmen der Teilnahme am Glücksspiel aufgewendete sog. **vergebliche Spieleinsätze sind nicht von den Spielgewinnen absetzbar**. Ausgaben sind nach § 11 Abs. 2 S. 1 Nr. 5 SGB II a. F. nur dann absetzbar, wenn es sich um mit der Erzielung des Einkommens verbundene notwendige Aufwendungen handelt. ... Denn notwendig ... sind Ausgaben nur, soweit sie im Rahmen einer vernünftigen Wirtschaftsführung anfallen, das heißt nicht außer Verhältnis zu den Einnahmen stehen... Der im Einkommensbegriff ... konkretisierte Nachranggrundsatz ... gebietet eine enge Auslegung des § 11 Abs. 2 S. 1 Nr. 5 SGB II a. F. ... Hieraus folgt: Vorhandenes Einkommen, auch aus Spielgewinn, ist nicht als Spieleinsatz zur weiteren Gewinnerzielung zu verwenden, sondern zur Lebensunterhaltssicherung. Dies gilt umso mehr für vergeblichen Spieleinsatz, der zudem auch "unwirtschaftlich" ist, weil er außer Verhältnis zu dem Spielgewinn steht, und zu keinem Gewinn führt. ... Die vom Kläger geltend gemachte Spielsucht kann ebenfalls nicht zu einer Absetzung der Spieleinsätze führen."

BSG, Urteil vom 16.06.2015, B 4 AS 37/14 R:
„...das **Ausbildungsgeld** *(ist)* auch **nicht um die Erwerbstätigenpauschale** (§ 11 Abs. 2 S 2 SGB II a. F.; ab 1.4.2011: § 11b Abs. 2 S 1 SGB II) **oder den Erwerbstätigenfreibetrag** (§ 30 SGB II a. F.; ab 1.4.2011: § 11b Abs. 3 SGB II) **zu bereinigen**. Das Ausbildungsgeld ist kein Einkommen aus Erwerbstätigkeit und auch nicht wie solches zu behandeln. Erwerbstätig ist nur jemand, der eine wirtschaftlich verwertbare Leistung gegen Entgelt erbringt, um damit seinen Lebensunterhalt zu verdienen. ... Ziel ist es, die Lebenshaltungskosten des behinderten Menschen in etwa abzudecken... Gleichwohl wird es nicht dadurch zu einer Gegenleistung für erbrachte Arbeit im Sinne von Arbeitsentgelt, sondern bleibt eine fürsorgerische Leistung mit Taschengeldcharakter. Wegen dieser Ausgestaltung des Ausbildungsgeldes als rein bedarfsorientierte Sozialleistung können auch die mit den Absetzbeträgen ... verfolgten Ziele nicht greifen... Die Unterstützung des Klägers durch Ausbildungsgeld und weitere Teilhabeleistungen dient ... der Umsetzung der sich aus Art. 3 Abs. 3 S 2 GG ergebenden Rechte Behinderter. Einer Gleichsetzung dieser Teilhabeleistungen mit Arbeitsentgelt bzw. Ausbildungsvergütung bedarf es aus verfassungsrechtlichen Gründen nicht."

BSG, Urteil vom 24.04.2015, B 4 AS 32/14 R:
„Die dem Kläger im Mai 2011 zugeflossene **Nachzahlung** ist ... nicht als einmalige, sondern als **laufende Einnahme** zu beurteilen, sodass sie schon deshalb im Monat Mai und nicht im Folgemonat als Einkommen zu berücksichtigen war. ... Unerheblich ist deshalb, dass das der Nachzahlung zugrunde liegende

Entgelt bereits zu einem früheren Zeitpunkt erarbeitet wurde. ...laufende Einnahmen *(sind)* solche, die auf **demselben Rechtsgrund** beruhen **und regelmäßig erbracht** werden, bei einmaligen Einnahmen erschöpft sich das Geschehen in einer einzigen Leistung... Für die Qualifizierung einer Einnahme als laufende Einnahme reicht es danach aus, wenn sie zwar nicht "laufend" sondern in einem Gesamtbetrag erbracht wird, aber nach dem zugrunde liegenden Rechtsgrund regelmäßig zu erbringen gewesen wäre. ... Wenn also Zahlungen aus ihrem Rechtsgrund heraus regelmäßig zu erbringen sind, ändert sich ihr Charakter als laufende Einnahme nicht dadurch, dass sie ... dem Berechtigten zeitweise ganz oder teilweise vorenthalten und erst später in einem Betrag nachgezahlt werden... Dementsprechend haben beide für die Grundsicherung zuständigen Senate des BSG bereits mehrfach entschieden, dass auch die letzte (Abschluss-)Zahlung in einer Reihe laufender Zahlungen als laufende Einnahme zu qualifizieren ist ..., ohne dass problematisiert wurde, ob das zugrunde liegende Rechtsverhältnis überhaupt noch bestanden hat.“

BSG, Urteil vom 11.02.2015, B 4 AS 29/14 R:
„Das Einkommen ... war um die **Versicherungspauschale** ... sowie ... um den ... Beitrag für eine **Kfz-Haftpflichtversicherung** ... zu bereinigen... Demgegenüber liegen weder die Voraussetzungen für die ... **Erwerbstätigenpauschale** von 100 Euro ... vor, noch ist der **Erwerbstätigenfreibetrag** nach § 30 SGB II (...seit 1.4.2011 § 11b Abs. 3 SGB II) abzusetzen. ... *(es)* sollte Ziel der Freibetragsregelungen sein, Hilfebedürftigen stärkere Anreize ... zur Aufnahme oder Weiterführung einer Erwerbstätigkeit ... zu bieten... Diese Zielsetzung geht bei einer einmaligen Einnahme in der Gestalt der **Einkommenssteuererstattung** jedoch ins Leere. ... Mangels Erwerbstätigkeit des Klägers konnten diesem Aufwendungen im Zusammenhang mit einer Erwerbstätigkeit ... nicht entstehen. Mit der Erzielung einer Einkommenssteuererstattung sind solche Mehraufwendungen nicht verbunden... Eine Absetzung des Freibetrags nach § 30 SGB II ... würde ebenfalls dessen Sinn und Zweck zuwiderlaufen. Zweck des Freibetrages nach § 30 SGB II ist es, ... nicht nur Ausgleich für tatsächliche Aufwendungen zu schaffen, sondern die Aufnahme und Beibehaltung einer konkreten Erwerbstätigkeit ... zu fördern, um Hilfebedürftigkeit ... zu verringern... und nicht ... eine unspezifische "Belohnung" für die Ausübung einer Erwerbstätigkeit zu gewähren. Anreize für die Aufnahme oder Beibehaltung einer Erwerbstätigkeit vermag eine Steuererstattung jedoch schon deshalb nicht zu bieten, weil es an einem Bezug zu einer aktuell ausgeübten Erwerbstätigkeit ... fehlt. ... Die Steuererstattung ist auch **nicht zur Hälfte als Einkommen der Klägerin** zu berücksichtigen mit der Folge, dass bei ihr ebenfalls .. die Absetzung einer Versicherungspauschale ... vorzunehmen wäre. ... Die gemeinsame steuerliche Veranlagung von Eheleuten ändert hieran nichts. Die nach steuerrechtlichen Maßgaben vorzunehmende Zuordnung der Steuererstattung entspricht inhaltlich der sozialrechtlichen. Nach ständiger Rechtsprechung des BFH ... sind zusammen veranlagte Eheleute in Bezug auf einen Erstattungsanspruch weder Gesamtgläubiger i. S. des § 428 BGB noch Mitgläubiger i. S. des § 432 BGB... Erstattungsberechtigt ist nach § 37 Abs. 2 AO vielmehr derjenige, auf dessen Rechnung die Zahlung bewirkt worden ist. ...

Eine hälftige Aufteilung ist ... **nur** in den Fällen vorzunehmen, in denen **Einkommensteuer-Vorauszahlungen eines Ehegatten für zusammen zur Einkommensteuer veranlagte Eheleute** geleistet wurden, die **beide Einkommen** erzielt haben, und zum Zeitpunkt der Steuervorauszahlung Anhaltspunkte für eine bestimmte andere Tilgungsabsicht des zahlenden Ehegatten fehlen. Bei einer zwischen den Eheleuten bestehenden Lebens- und Wirtschaftsgemeinschaft wird unterstellt, dass derjenige Ehegatte, der die Zahlung auf die gemeinsame Steuerschuld bewirkt, mit seiner Zahlung auch die Steuerschuld des anderen mit ihm zusammen veranlagten Ehepartners begleichen will. Beide Ehegatten sollen dann im Falle des Entstehens eines Erstattungsanspruchs hälftig erstattungsberechtigt sein... Ein solcher Fall liegt hier indes nicht vor. Denn ... der Erstattungsanspruch *(beruhte)* ausschließlich auf Steuervorauszahlungen des Klägers."

BSG, Urteil vom 28.10.2014, B 14 AS 61/13 R:
„Das SG hat zu Recht das Erwerbseinkommen der Klägerin zu 1 um den allgemeinen Grundfreibetrag nach § 11b Abs. 2 Satz 1 SGB II von 100 Euro und deren Entschädigung für die **ehrenamtliche Tätigkeit** um einen weiteren Freibetrag nach § 11b Abs. 2 Satz 3 SGB II von 12,50 Euro bereinigt. Entgegen der Ansicht der Klägerinnen bewirkt der Bezug eines privilegierten Einkommens nach § 11b Abs. 2 Satz 3 SGB II nicht, dass dessen erhöhter Freibetrag vom gesamten Einkommen abzuziehen ist. Anders als der Beklagte meint, ist der erhöhte **Freibetrag nicht erst zu berücksichtigen, wenn die Entschädigung** für die ehrenamtliche Tätigkeit **über 100 Euro beträgt**."
Zitiert nach dem Terminbericht Nr. 49/14 des Bundessozialgerichts

BSG, Urteil vom 17.07.2014, B 14 AS 25/13 R:
„Mit der Bereinigung des Gehaltszuflusses nur um den Erwerbstätigenfreibetrag nach § 30 Satz 2 Nr. 1 SGB II und nicht auch um den Grundfreibetrag nach § 11 Abs. 2 Satz 2 SGB II a. F. ist der Beklagte jedoch dem **Zweck des Grundfreibetrags** nicht gerecht geworden. Seine Einführung bereits kurz nach Inkrafttreten des SGB II war neben der **Verringerung des Aufwands für die Einkommensbereinigung um Versicherungsbeiträge und Werbungskosten** im Wesentlichen von dem Ziel bestimmt, die **Anreize** für die Aufnahme oder Aufrechterhaltung einer nicht bedarfsdeckenden **Erwerbstätigkeit** auch **unterhalb** der bis dahin privilegierten Schwelle von **400 Euro** zu verstärken. Insbesondere Langzeitarbeitslose könnten Beschäftigungen häufig nur im Bruttolohnbereich bis 400 Euro aufnehmen. Daher sei ein Grundfreibetrag von 100 Euro einzuführen, bis zu dem das Einkommen ohne Anrechnung auf die Leistungen bleibe; das führe zu einer deutlichen **Erhöhung der Hinzuverdienstmöglichkeiten im Niedriglohnbereich**. Diesem Regelungsziel wird die Auslegung des Grundfreibetragstatbestands nur gerecht, wenn bei der Bereinigung von Hinzuverdiensten jedenfalls bei nur einem Beschäftigungsverhältnis der Zeitraum berücksichtigt wird, in dem das zu bereinigende Einkommen erarbeitet worden ist. Andernfalls würde beim Zufluss eines für mehrere Monate bestimmtem Erwerbseinkommens aus einem laufenden Beschäftigungsverhältnis

innerhalb nur eines Monats das Anliegen des Gesetzgebers verfehlt, monatlich jedenfalls 100 Euro von der Anrechnung auf das Alg II freizustellen. Gegenteiliges folgt auch nicht aus dem Monatsbegriff des § 11 Abs. 2 Satz 2 SGB II a. F. Denn wie insbesondere der Verweis auf § 11 Abs. 2 Satz 1 Nr. 5 SGB II a. F. erweist, bezieht sich der Monatsbegriff hier nicht wie beim Zuflussprinzip auf den Zeitraum, in dem Einkommen bedarfsdeckend einzusetzen ist, sondern auf den Zeitraum, in dem es erarbeitet worden ist. **Fließt** Leistungsberechtigten mit nur einem Beschäftigungsverhältnis **innerhalb eines Monats in mehreren Monaten erarbeitetes Arbeitsentgelt zu, so sind** deshalb **auch die für die weiteren Monate bestimmten Einnahmen um den Grundfreibetrag** nach § 11 Abs. 2 Satz 2 SGB II a. F. **zu bereinigen**."
Zitiert nach dem Terminbericht Nr. 32/14 des Bundessozialgerichts

BSG, Urteil vom 05.06.2014, B 4 AS 49/13 R:
„Der Beklagte ... hat zu Recht die Bewilligung von Alg II für ... Oktober und November 2008 in Höhe von je 30 Euro aufgehoben und die Erstattung von insgesamt 60 Euro begehrt. ... Die Klägerin hat durch die Tätigkeit als **Übungsleiterin** bedarfsminderndes Einkommen erzielt. Zwar bleibt dieses Einkommen - unabhängig davon, ob es sich dabei um solches aus selbständiger Tätigkeit oder abhängiger Beschäftigung handelt - bei der Leistungsberechnung berücksichtigungsfrei, weil es den pauschalen Absetzbetrag von 100 Euro nach § 11 Abs. 2 S. 2 SGB II a. F. unterschreitet. Das Einkommen ... aus **Kindergeld** ist jedoch nunmehr **in voller Höhe** der Berechnung ... zugrunde zu legen. Es ist hiervon, anders als bei der ursprünglichen Leistungsbewilligung, **keine Versicherungspauschale** von 30 Euro mehr in Abzug zu bringen. Absetzungen vom Einkommen sind nur vorzunehmen, soweit die abzugsfähige Belastung nicht bereits (vorab) in voller Höhe oder anteilig abgesetzt worden ist. Die Versicherungspauschale ist hier jedoch bereits mit dem pauschalen Abzug vom Einkommen ... aus der Übungsleitertätigkeit berücksichtigt worden. Dies führt zwar dazu, dass die Klägerin die Pauschale nach § 11 Abs. 2 S. 2 SGB II a. F. nicht in vollem Umfang "ausnutzen" kann. Hieraus folgt jedoch nicht ..., dass dieser Differenzbetrag auf das Kindergeld zu übertragen ist. Bereits der Wortlaut des § 11 Abs. 2 S. 2 SGB II zeigt, dass die **Pauschale von 100 Euro nur vom Erwerbseinkommen abzusetzen** ist, nicht jedoch von anderen Einkommensarten. Eine Verteilung eines verbleibenden Restes der Erwerbstätigenpauschale auf andere Einkommensarten widerspräche aber auch der in der Gesetzesbegründung benannten **Ziel**setzung. Es sollte ein **Anreiz für die Aufnahme einer Erwerbstätigkeit** geschaffen werden, jedoch keine allgemeine Erhöhung der Absetzbeträge unabhängig hiervon. Zudem folgt aus der Eigenart der Pauschale, dass eine exakte Bestimmung des "unverbrauchten" Teils nicht möglich ist. **Die Übertragung** insoweit **auf eine andere Einkommensart könnte** darüber hinaus **den Abzug von Freibeträgen bewirken**, **der** gesetzlich **bei der weiteren Einkommensart nicht vorgesehen ist**. Denn die Erwerbstätigenpauschale beinhaltet neben Absetzungen für Versicherungsbeiträge auch solche für Beiträge zur geförderten Altersvorsorge und von Ausgaben, die mit der Erzielung des Einkommens verbunden sind."
Zitiert nach dem Terminbericht Nr. 25/14 des Bundessozialgerichts

BSG, Urteil vom 20.02.2014, B 14 AS 53/12 R:
„Die **Zahlung** des Klägers ... von weiteren 150 Euro **auf Rückstände aus ebenfalls titulierten Unterhaltsforderungen** ihm gegenüber aus der Vergangenheit **ist** ... **nicht als Absetzbetrag von seinem Erwerbseinkommen zu berücksichtigen**. ... Dem ... Wortlaut der Norm *(kann)* nicht entnommen werden, ob es sich um laufende Unterhaltsverpflichtungen handeln muss oder ggf. auch Schulden für die Vergangenheit umfasst sein können. ...nach dem Wortlaut *(können)* nur Aufwendungen bis zur Höhe des in einem Unterhaltstitel festgelegten Betrags abgesetzt werden, nicht aber darüber hinausgehende, nicht titulierte Beträge... Dem ... Unterhaltstitel entsprechen nur die ... Aufwendungen für die - laufenden - Unterhaltszahlungen ... von 269 Euro, die auch als Absetzbetrag bei der Ermittlung des Einkommens berücksichtigt wurden. Die vom Kläger begehrte ... Absetzung seiner Zahlungen von weiteren 150 Euro für Unterhaltsrückstände geht gerade über diesen titulierten Betrag pro Monat hinaus. ... Dies folgt auch aus der Gesetzesbegründung ...: "Mit der Einfügung von Nummer 7 wird geregelt, dass Aufwendungen zur Erfüllung gesetzlicher Unterhaltsverpflichtungen bis zu dem in einem Unterhaltstitel oder in einer notariell beurkundeten Unterhaltsvereinbarung festgelegten Betrag, den Betroffenen nicht als bereites, d. h. einsatzfähiges Einkommen zur Verfügung stehen" ... Aus diesen Überlegungen folgt auch, dass ... eine **Gleichstellung von Zahlungen auf Unterhaltsrückstände mit laufenden Unterhaltszahlungen grundsätzlich nicht möglich** ist, weil sich beide Zahlungsziele grundlegend unterscheiden.“

BSG, Urteil vom 16.10.2012, B 14 AS 11/12 R:
„Der **Zuschuss zum Krankenversicherungsbeitrag** dient zwar einem bestimmten Zweck, ist aber **keine zweckbestimmte Einnahme** i. S. des § 11 Abs. 3 Nr. 1 Buchst a SGB II a. F., weil er nicht einem anderen Zweck als die Leistungen nach dem SGB II dient. Denn dieser Zuschuss dient ebenso wie der Zuschuss ... nach § 26 Abs. 2 SGB II a. F. dem Krankenversicherungsschutz des Klägers. ... Der Beitragsanteil zur privaten Krankenversicherung ..., der nicht durch den Zuschuss nach § 26 Abs. 2 SGB II a. F. gedeckt ist, kann jedoch **nicht als Absetzbetrag** aufgrund eines gesetzlich vorgeschriebenen Versicherungsbeitrags nach § 11 Abs. 2 Satz 1 Nr. 3 Alternative 1 SGB II a. F. berücksichtigt werden.“

BSG, Urteil vom 19.06.2012, B 4 AS 163/11 R:
„Die Eigenleistungen zu **vermögenswirksamen Leistungen** werden nicht in den in § 11 Abs. 2 SGB II aufgeführten Privilegierungstatbeständen genannt. Dies ist mit Rücksicht darauf nicht zu beanstanden, dass der Vermögensaufbau nicht zu den Zielen des SGB II rechnet. ...ein über die zugebilligten Pauschalen hinausgehender Betrag für **Business-Kleidung** sowie für **Kosmetik** und **Friseur** *(kann)* nicht vom Einkommen in Abzug gebracht werden. Die ... Aufwendungen für Business-Kleidung und Schuhe *(gehören)* anknüpfend an die steu-

errechtliche Sichtweise nicht zu den mit der Erzielung des Einkommens verbundenen notwendigen Ausgaben. Dem Begriff der **Werbungskosten** unterfällt nach § 9 Abs. 1 S 3 Nr. 6 EStG nur die "**typische Berufskleidung**", die von der "bürgerlichen Kleidung" abgegrenzt wird. ... Typische Berufskleidung ist steuerrechtlich also nur solche, die ihrer Beschaffenheit nach objektiv nahezu ausschließlich für die berufliche Verwendung bestimmt und wegen der Eigenart des Berufes nötig ist... In ihrer Beschaffenheit kommt die funktionale Bestimmung beruflicher Bekleidung entweder in ihrer Unterscheidungsfunktion oder ihrer Schutzfunktion zum Ausdruck... Die ... Aufwendungen für **Friseurbesuche** sind ... ebenfalls nicht als notwendige Aufwendungen zur Erzielung von Einkommen i. S. des § 11 Abs. 2 Nr. 5 SGB II absetzungsfähig. Auch bei diesen Ausgaben handelt es sich um gemischte Aufwendungen, die zugleich dem privaten und beruflichen Lebensbereich zugeordnet werden können und die grundsätzlich durch die Regelleistung gedeckt werden. Allein der Umstand, dass die Klägerin hierfür möglicherweise überdurchschnittlich hohe Aufwendungen getätigt hat ... führt noch nicht zur ihrer Berücksichtigungsfähigkeit. Eine über die steuerrechtlichen Grundsätze hinausgehende Berücksichtigung von Aufwendungen ist allerdings im Einzelfall ... geboten, wenn dies durch das zentrale Anliegen des SGB II, den erwerbsfähigen Leistungsberechtigten bei der Aufnahme oder Beibehaltung einer Erwerbstätigkeit zu unterstützen, geboten wird. ... Ob und in welchem Umfang die Klägerin auf der Grundlage des **§ 16 Abs. 2 S 1 SGB II** einen Leistungsanspruch ... hat, war ... im Revisionsverfahren nicht zu entscheiden. Insoweit mangelt es bereits an einer vorhergehenden Verwaltungsentscheidung..."

BSG, Urteil vom 14.03.2012, B 14 AS 18/11 R:
„Das Merkmal "Einkommen aus Erwerbstätigkeit" in § 30 SGB II ist ... dahingehend zu fassen, dass der **Freibetrag nur vom Erwerbseinkommen im engeren Sinne abzusetzen** ist. Diese Auslegung entspricht der Zielsetzung des Gesetzes, wonach der ... Erwerbstätige mehr Geld zur Verfügung haben soll als derjenige, der trotz Erwerbsfähigkeit nicht arbeitet... Dem Kug ***(Kurzarbeitergeld)*** kommt demgegenüber eine "Zwitterstellung" zu. Es fungiert zwar als Entgeltersatzleistung. Aus dem Gesamtzusammenhang nach Sinn und Zweck des Kug ergibt sich jedoch, dass der **Schwerpunkt** bei der Einordnung auf der **Entgeltkomponente** liegt. ... Diese Einordnung ... wird letztlich bestätigt durch die Neufassung des SGB III ..., wonach ab dem 1.4.2012 das Kug zwar weiterhin im Rahmen der Entgeltersatzleistungen aufgeführt wird, jedoch unter dem neuen Abschnitt "Verbleib in Beschäftigung" geregelt ist. ... Die persönlichen Voraussetzungen für den Bezug von Kug stellen ... ausdrücklich darauf ab, dass Kug nur bezogen werden kann, wenn eine versicherungspflichtige Beschäftigung fortgesetzt wird und das Arbeitsverhältnis nicht gekündigt oder durch Aufhebungsvertrag aufgelöst ist. Damit korrespondiert der Gesetzeszweck des § 30 SGB II. Der Erwerbstätigenfreibetrag soll Anreize zur Aufnahme oder Beibehaltung auch einer nicht bedarfsdeckenden Erwerbstätigkeit geben... Die Anreizfunktion ist das entscheidende Bindeglied zwischen dem ... Kug und § 30 SGB II, der ... ein Förderinstrument eigener Art ist... Während

bei echten Entgeltersatzleistungen die Zielsetzung der Aufnahme oder Weiterführung einer Erwerbstätigkeit auf dem allgemeinen Arbeitsmarkt ins Leere geht, wird durch das Kug genau dieser - wie bei § 30 SGB II - unterstützende Anreiz geschaffen... Dementsprechend ist ... die **Entgeltfortzahlung im Krankheitsfall** ... als Anspruch auf Arbeitsentgelt qualifiziert worden, von dem der Erwerbstätigenfreibetrag abgesetzt werden kann, weil auch hier die Anreizfunktion dergestalt greift, die Erwerbstätigkeit so bald wie möglich fortzusetzen..."

BSG, Urteil vom 14.03.2012, B 14 AS 98/11 R:
„Fließt infolge eines Anspruchsübergangs dem Leistungsberechtigten zu berücksichtigendes Einkommen i. S. des § 11 Abs. 1 SGB II nicht zu, kommt bei der Berechnung des Alg II-Anspruchs auch die (**fiktive**) **Absetzung** von Beträgen nach § 11 Abs. 2 SGB II i. V. m. mit der Alg II-V nicht in Betracht. ... Auch wenn ein titulierter **Unterhaltsanspruch** wegen unregelmäßiger Zahlungen des Unterhaltsschuldners nicht geeignet ist, den Bedarf des Hilfebedürftigen als "bereites Mittel" zu decken, geht er nach § 33 Abs. 1 Satz 1 i. V. m. Abs. 2 SGB II nur insoweit auf den Grundsicherungsträger über, als er im Falle der rechtzeitigen Erfüllung bei der Bedarfsermittlung als Einkommen zu berücksichtigen gewesen wäre. Absetzbeträge ... werden vom Anspruchsübergang also nicht erfasst. ... Fließen ihm Teile eines im Übrigen übergegangenen Anspruchs in der Folge tatsächlich zu, berechnen sich die von diesem Einkommenszufluss ... zu berechnenden Absetzbeträge aus dem Gesamtbetrag der ursprünglichen Forderung. Infolge eines gesetzlichen Anspruchsübergangs steht ein Leistungsberechtigter also nicht besser, aber auch nicht schlechter als solche Leistungsberechtigte, die einen Anspruch, der nicht von einem Anspruchsübergang erfasst wird, selbst geltend machen. Der Beklagte hat damit zwar die Reichweite des gesetzlichen Anspruchsübergangs nach § 33 SGB II verkannt, soweit er darauf hingewirkt hat, dass der geschiedene Ehemann den gesamten Unterhaltsanspruch an ihn zahlt. Ansprüche der Klägerin gegen den Beklagten ... erwachsen daraus aber nicht."

BSG, Urteil vom 16.02.2012, B 4 AS 89/11 R:
„Ist das **Einkommen eines minderjährigen Kindes** das einzige Einkommen der Bedarfsgemeinschaft und ist das Kind auf die Hilfe der Bedarfsgemeinschaft angewiesen, **scheidet der Abzug der Versicherungspauschale für "Familienversicherungen"** hiervon nach ständiger Rechtsprechung des BSG **aus**. Mit seinem Einkommen sollen in erster Linie seine Existenzsicherung gesichert und keine Versicherungen der Familie finanziert werden. Daher kann nichts anderes gelten, wenn zwar die tatsächliche Beitragszahlung nachgewiesen wird, diese jedoch für private Familienversicherungen erfolgt, im vorliegenden Fall also für die **Haftpflicht**-, **Hausrat**- und **Familienauslandskrankenversicherung**. Die ... über die anteiligen Beiträge zu den Familienversicherungen hinaus geltend gemachten **Beiträge zu privaten Versicherungen waren bereits dem Grunde nach nicht angemessen**. Es bedurfte daher keiner Entscheidung, inwieweit im Hinblick auf § 11 Abs. 2 Satz 1 Nr. 3 SGB II unabhängig

von der Pauschale des § 3 Nr. 1 Alg II-V konkret nachgewiesene Beiträge für Versicherungen, die für den Kläger ... abgeschlossen worden sind, dessen ... Einkommen mindern und ob aus der ab dem 1.8.2009 geänderten Rechtslage folgt, dass auch schon im hier streitigen Zeitraum bei konkretem Nachweis der eigenen Versicherung des Kindes ein Pauschalabzug vorzunehmen ist. Hinsichtlich der privaten **Kinderunfallversicherung** hat das LSG bindend festgestellt, dass Bezieher von Einkommen knapp oberhalb der Grundsicherungsgrenze sie nicht üblicherweise zur Vorsorge abschließen und auch die individuellen Lebensverhältnisse im konkreten Fall den Abschluss einer derartigen Versicherung nicht bedingen. Bei der **fondsgebundenen Kinderrentenversicherung** handelt es sich ... um eine **kapitalbildende Sparanlage**, die ebenso wenig wie andere Sparanlagen das Einkommen ... zu mindern vermag. Hinsichtlich der **Zusatzkrankenversicherung** gilt, dass der Kläger ... familienversichert in der gesetzlichen Krankenversicherung und seine medizinische Versorgung im Krankheitsfall damit sichergestellt war."
Zitiert nach dem Terminbericht Nr. 9/12 des Bundessozialgerichts

<u>BSG, Urteil vom 24.11.2011, B 14 AS 201/10 R:</u>
„Das SG hat zutreffend entschieden, dass vom Einkommen der Klägerin aus Erwerbstätigkeit kein Grundfreibetrag nach § 11 Abs. 2 Satz 2 SGB II ... von 100 Euro abzusetzen ist. Der **Freibetrag** nach § 11 Abs. 2 Satz 2 SGB II steht **nur erwerbsfähigen Hilfebedürftigen mit Erwerbseinkommen** zu. Auf die **nicht erwerbsfähige Klägerin** ist jedoch **§ 82 Abs. 3 Satz 1 SGB XII entsprechend** anzuwenden, wonach ein Betrag ... von **30 vom Hundert** des Einkommens aus selbständiger und nichtselbständiger Tätigkeit der Leistungsberechtigten abzusetzen ist, höchstens jedoch 50 vom Hundert des Eckregelsatzes. Da in beiden Existenzsicherungssystemen für die Anrechnung von Erwerbseinkommen Freibeträge vorgesehen sind, kann die Klägerin nicht nur deshalb schlechter behandelt werden, weil sie als Nichterwerbsfähige in das Leistungssystem des SGB II einbezogen wird. Sie steht - als nicht erwerbsfähige Sozialgeldbezieherin - der vom SGB XII erfassten Personengruppe aber näher als der Gruppe der erwerbsfähigen Hilfebedürftigen."
Zitiert nach dem Terminbericht Nr. 60/11 des Bundessozialgerichts

<u>BSG, Urteil vom 26.05.2011, B 14 AS 93/10 R:</u>
„Bei den wegen der **Entschädigung** als Ortsbürgermeisterin und **Stadträtin** gezahlten Entschädigungen handelt es sich dem Grunde nach um Einkommen aus Erwerbstätigkeit. ...Nach § 11 Abs. 2 Nr. 5 SGB II sind vom Einkommen ferner abzusetzen: die mit der Erzielung des Einkommens verbundenen notwendigen Ausgaben. ... Insoweit kommen ... allenfalls die ... **Telefonkosten** ... von 23,50 Euro in Betracht. Dagegen scheidet sowohl die Absetzbarkeit der **Mandatsträgerbeiträge** als auch der **Beiträge für die Parteimitgliedschaft** aus. ... Insbesondere bei den Mandatsträgerbeiträgen handelt es sich nicht um mit der Erzielung des Einkommens verbundene notwendige Ausgaben, da es keine gesetzliche oder parlamentsordnungsgeschäftliche Verpflichtung zur Zahlung dieser Beiträge gibt. Die Verpflichtung zur Zahlung folgt vielmehr - wie

die Zahlung der Mitgliedsbeiträge an die Partei selbst - aus der Satzung der jeweiligen Partei. Ähnliches gilt für die **Beiträge an die Bürger- und Schützengesellschaft** des Ortes. ... Auch wegen der Fahrkosten kann lediglich auf den in § 3 Nr. 3 Buchst. a bb Alg II-V a. F. vorgesehenen pauschalen Ersatz von 0,06 Euro pro gefahrenem Kilometer zurückgegriffen werden... In die Kilometerpauschale fließen auch die **Kfz-Steuern** ein."

BSG, Urteil vom 10.05.2011, B 4 KG 1/10 R:
„Auch die **gepfändeten Teile des Alg sind Einkommen** i. S. des § 11 Abs. 1 Satz 1 SGB II. Zwar kann dies dem Wortlaut der Norm nicht entnommen werden, weil dieser keine weitergehende Definition dessen enthält, was als Einkommen gilt. Auch die gepfändeten Teile des Alg bewirken bei dem Kläger jedoch einen "wertmäßigen Zuwachs", also eine Veränderung des Vermögensstandes... ...die Lebensunterhaltssicherung durch eigene Mittel (*geht*) grundsätzlich der Schuldentilgung vor... Dies betrifft auch gepfändete Einkommensbestandteile. ... Von der grundsätzlichen Berücksichtigung der wegen anderer als Unterhaltsverpflichtungen ... gepfändeten Anteile des Einkommens ist aber dann eine **Ausnahme** zu machen, wenn der im laufenden SGB II-Bezug stehende Berechtigte die **Rückgängigmachung der Pfändung** aus Rechtsgründen überhaupt **nicht oder nicht ohne Weiteres realisieren kann**..., weil ihm dann bereite Mittel zur Bedarfsdeckung nicht zur Verfügung stehen. Die gepfändeten Anteile des Einkommens sind unter diesen Voraussetzungen in gleicher Weise **wie die Aufwendungen zur Erfüllung gesetzlicher Unterhaltsverpflichtungen** nach § 11 Abs. 2 Satz 1 Nr. 7 SGB II vom Einkommen **abzusetzen**. ... Ist demnach für den unmittelbaren Einsatz des gepfändeten Einkommens zur Bedarfsdeckung von Bedeutung, ob es sich um "bereite Mittel" handelt, muss einzelfallbezogen geprüft werden, ob dem Hilfebedürftigen im Rahmen seiner Selbsthilfeobliegenheit ... zuzumuten ist, auf die Rückgängigmachung der Pfändung hinzuwirken. Als Bezieher von existenzsichernden und bedarfsabhängigen Sozialleistungen dürfte für den Kläger dabei grundsätzlich erkennbar gewesen sein, dass er gegen eine unberechtigte Minderung seines Einkommens vorgehen und seine Hilfebedürftigkeit dartun musste."

BSG, Urteil vom 10.05.2011, B 4 AS 139/10 R:
„Im Gegensatz zur Auffassung des SG kommt es für die Ausfüllung des unbestimmten Rechtsbegriffs der **Angemessenheit** in § 6 Abs. 1 Nr. 2 Alg II-V jedoch nicht darauf an, ob Leistungen aus der privaten Versicherung zu einer Entlastung staatlicher Sozialversicherungsträger beitragen können. Im Gegenteil, wenn bereits ein hinreichender **Schutz durch die gesetzliche Sozialversicherung** gegeben ist, **scheidet** die **Absetzbarkeit** von Beiträgen für **private Versicherungen**, die dieselben Risiken abdecken, im Grundsicherungsrecht schon aus systematischen Gründen **aus**. ... Daher wird in der Rechtsprechung von BSG und BVerwG zur Ausfüllung des unbestimmten Rechtsbegriffs der Angemessenheit im Hinblick auf Versicherungsbeiträge im existenzsichernden Bereich darauf abgestellt, für **welche Lebensrisiken** (Grund) und **in welchem**

Umfang (Höhe) Bezieher von Einkommen knapp oberhalb der Grundsicherungsgrenze üblicherweise Vorsorgeaufwendungen zu tätigen pflegen und andererseits, welche individuellen **Lebensverhältnisse** die Situation des Hilfebedürftigen prägen... Zwar bestehen Zweifel, dass der Abschluss einer **privaten Unfallversicherung für Kinder** bei Beziehern von Einkommen knapp oberhalb der Grundsicherungsgrenze üblich ist. ... Sollte das SG zu der Erkenntnis gelangen, dass der Abschluss einer privaten Unfallversicherung für Kinder bei Beziehern von Einkommen knapp oberhalb der Grundsicherungsgrenze nicht üblich sei, wird es gleichwohl die persönlichen Lebensumstände des Klägers ... zu ermitteln haben. Denn auch **besondere Umstände des Einzelfalls** können ... dazu führen, dass eine solche private Absicherung als angemessen zu bewerten ist. Diese können beispielsweise in einer besonderen Gefährdung des jungen Menschen aufgrund einer Erkrankung oder Behinderung oder einer sonstigen besondere Gefährdungen hervorrufenden Lebenssituation erblickt werden. ... Unschädlich ist ..., dass der Kläger zu 3 die Versicherung nicht selbst - also eigentätig - abgeschlossen hat."

<u>BSG, Urteil vom 09.11.2010, B 4 AS 78/10 R:</u>
„**Unterhaltszahlungen** sind einkommensmindernd zu berücksichtigen, wenn diesen Zahlungen ein titulierter Unterhaltsanspruch – hier: beim Jugendamt unterschriebene Unterhaltsurkunde – zu Grunde liegt. Dem steht nicht entgegen, dass der erwerbsfähige Hilfebedürftige bereits seinen eigenen Unterhalt nicht aus seinem Einkommen bestreiten kann. Bei einer Unterhaltsurkunde handelt es sich um einen **Unterhaltstitel** zur Erfüllung gesetzlicher Unterhaltspflichten i. S. des § 11 Abs. 2 Satz 1 Nr. 7 SGB II. Der Umfang der gesetzlichen Unterhaltsverpflichtung ist nicht in jedem Einzelfall eigenständig festzustellen, sondern es ist regelmäßig auf den titulierten Unterhaltsanspruch abzustellen. Die Unterhaltsverpflichtung bleibt nicht wegen der allgemeinen Pflicht zur Eigenaktivität nach § 2 SGB II außer Betracht. Dies folgt bereits daraus, dass die gesetzliche Regelung die vom Kläger gewählte Gestaltung ausdrücklich zulässt."
Zitiert nach dem Bericht über die „Tätigkeit des Bundessozialgerichtes im Jahre 2010"

<u>BSG, Urteil vom 09.11.2010, B 4 AS 7/10 R:</u>
„Zutreffend ist das LSG auch davon ausgegangen, dass sich die Angemessenheit der Höhe der Beiträge bei der **betrieblichen Altersversorgung** grundsätzlich ebenfalls nach dem **Mindesteigenbetrag für die "Riesterförderung"** gemäß § 86 EStG bestimmt. Dem Hilfebedürftigen ist jedoch bis zur ersten objektiv rechtlichen Möglichkeit der Änderung der Beitragshöhe nach Eintritt in den SGB II-Leistungsbezug eine "**Schonfrist**" einzuräumen, in der die tatsächlich abgeführten Beiträge, soweit sie nicht die Grenze des § 3 Nr. 63 EStG überschreiten, vom Einkommen als der Höhe nach angemessene Beiträge abzusetzen sind. ...
Die Beiträge für den **Kindergartenbesuch** ... können nicht zur Minderung des ... zu berücksichtigenden Einkommens ... herangezogen werden. Zutreffend hat das LSG dargelegt, dass Aufwendungen für **Kinderbetreuung** im Rahmen

des § 11 Abs. 2 Nr. 5 SGB II i. V. m. § 3 letzter Halbs. Alg II-V ... vom zu berücksichtigenden Einkommen in Absatz gebracht werden können... Mit dem 11. Senat des BSG ist der erkennende Senat ... jedoch der Auffassung, dass eine Absetzbarkeit als "Werbungskosten" nur dann erfolgen kann, wenn die Betreuungsaufwendungen infolge der Erwerbstätigkeit entstanden sind...
Bei den auf Grund von **Entgeltumwandlung** abgeführten Beiträgen an die **Pensionskasse** ... handelt es sich um dem Grunde nach angemessene Beiträge i. S. des § 11 Abs. 2 Nr. 3 Halbs. 1 SGB II. ... Systematisch handelt es sich ... nicht um eine zweckbestimmte Einnahme..., sondern um einen Absetzbetrag i. S. des § 11 Abs. 2 SGB II. ... Anders verhält es sich ... mit dem vom Arbeitgeber getragenen **Beitragszuschuss**... Insoweit handelt es sich nicht um einen Absetzbetrag i. S. des § 11 Abs. 2 Nr. 3 Halbs. 1 SGB II. Er wird vom Arbeitgeber als Versicherungsnehmer und nicht vom Entgelt des Arbeitnehmers direkt an den Versicherer abgeführt und ist damit eine **zweckbestimmte Einnahme** ..., die zudem nicht zur aktuellen Sicherung des Lebensunterhalts zur Verfügung steht, sondern erst bei Eintritt des Versicherungsfalls Wirkung entfaltet..."

BSG, Urteil vom 01.06.2010, B 4 AS 67/09 R:
„Auf Grund der während des Leistungsbezugs bestehenden Pflichtversicherung handelt es sich bei den **freiwilligen Beiträgen zur gesetzlichen Kranken- und sozialen Pflegeversicherung** nicht um angemessene Beiträge i. S. des § 11 Abs. 2 Nr. 3 SGB II; sie könnten also auch nicht vom Einkommen vor dessen Berücksichtigung in Abzug gebracht werden. Grundsätzlich gilt für die Beiträge zur freiwilligen Versicherung in der gesetzlichen **Rentenversicherung** nichts anderes. ... **Für die Beiträge zur Arbeitslosenversicherung gilt etwas anderes**. ... Da .. Versicherungspflicht in der Arbeitslosenversicherung mit dem Alg II-Bezug nicht eintritt und durch die Entrichtung von freiwilligen Beiträgen zur Arbeitslosenversicherung ein zeitnaher Anspruch auf eine andere Sozialleistung aufgebaut werden kann, handelt es sich bei freiwilligen Beiträgen zur Arbeitslosenversicherung um dem Grunde nach angemessene Beiträge i. S des § 11 Abs. 2 Nr. 3 SGB II, die vom Einkommen vor dessen Berücksichtigung abgesetzt werden können."

BSG, Urteil vom 13.05.2009, B 4 AS 29/08 R:
„Da das **Insolvenzgeld** ... in rechtlicher und wirtschaftlicher Hinsicht an die Stelle des **Arbeitsentgeltanspruchs tritt, ist es auch hinsichtlich der Einkommensbereinigung wie** der **Arbeitsentgelt**anspruch zu behandeln. Denn es kann keinen Unterschied machen, ob der Arbeitgeber das Arbeitsentgelt (wegen Zahlungsschwierigkeiten) zu einem späteren Zeitpunkt zahlt oder ob an die Stelle des Arbeitsentgeltanspruchs wegen des Eintritts eines Insolvenzereignisses das durch die BA gezahlte InsG tritt. Für die Nachzahlung von Arbeitsentgelt hat der 14. Senat des Bundessozialgerichts bereits entschieden, dass vom Bruttoarbeitsentgelt die nach § 11 Abs. 2 SGB II abzusetzenden Beiträge abzuziehen sind... Da es sich beim InsG bereits um eine Nettogröße handelt, kommen zur Bereinigung neben der **Versicherungspauschale** nur noch

die Absetzung der **mit der Erzielung des Einkommens** im Dezember 2003 **getätigten Aufwendungen** sowie der Erwerbstätigenfreibetrag … in Betracht."

<u>BSG, Urteil vom 13.05.2009, B 4 AS 39/08 R:</u>
„Zur Ermittlung des Umfangs der Hilfebedürftigkeit der Kinder ist eine **Versicherungspauschale** in Höhe von je 30 Euro monatlich von den **Unterhaltszahlungen an die Kinder** in Abzug zu bringen. … Die minderjährigen Kinder der Klägerin waren im streitigen Zeitraum **nicht hilfebedürftig** … und damit … nicht Mitglieder einer Bedarfsgemeinschaft mit der Klägerin. … Zwar haben die mit der Klägerin nicht in Bedarfsgemeinschaft lebenden minderjährigen Kinder tatsächliche Aufwendungen für private Versicherungen … nicht geltend gemacht. Dieses ist … jedoch unschädlich. Die Versicherungspauschale … ist grundsätzlich unabhängig davon in Abzug zu bringen, ob tatsächlich Beiträge zu privaten Versicherungen aufgewendet worden sind. … Dies gilt ebenfalls, soweit nach § 7 Abs. 3 Nr. 4 SGB II zu bestimmen ist, ob das minderjährige Kind sich seinen Lebensunterhalt aus eigenem Einkommen beschaffen kann und ob ggf. vom Kindergeld ein Rest verbleibt, der einem hilfebedürftigen Elternteil als Einkommen zuzurechnen ist. Auch in diesem Fall ist der Hilfebedarf nach den Regeln des SGB II zu ermitteln…"

<u>BSG, Urteil vom 19.09.2008, B 14/7b AS 10/07 R:</u>
„Der Kläger zu 2) … wäre selbst dann in die Bedarfsgemeinschaft einzubeziehen, wenn er von Leistungen nach dem SGB II … ausgeschlossen wäre… Nicht maßgeblich für die Bestimmung des Bedarfs des Klägers zu 2) ist sein **unterhaltsrechtlicher Selbstbehalt**. … Soweit die Kläger **Beiträge zu privaten Versicherungen** als Absetzbeträge geltend machen, hat der Senat bereits entschieden, dass es nicht zu beanstanden ist, dass § 3 Abs. 1 Nr. 1 Alg II-V … 30 Euro monatlich für die Beiträge zu privaten Versicherungen als abzusetzenden Pauschbetrag vorsieht… Die **Verbindlichkeiten** des Klägers zu 2) sind **nicht** von seinem Einkommen **abzuziehen**. Die Berücksichtigung von Verbindlichkeiten bei der Ermittlung des Einkommens ist weder in § 11 Abs. 2 SGB II noch in der auf der Grundlage des § 13 SGB II ergangenen Alg II-V vorgesehen. Auch für die von der Klägerin zu 1) begehrte Berücksichtigung eines Härtefalles fehlt es an einer Rechtsgrundlage. … *(Anm.: Nach § 11 Abs. 2 Satz 1 Nr. 7 SGB II)* sind Aufwendungen zur Erfüllung gesetzlicher **Unterhaltsverpflichtungen** bis zu dem in einem Unterhaltstitel oder in einer notariell beurkundeten Unterhaltsvereinbarung festgelegten Betrag vom Einkommen abzusetzen. Es kann offen bleiben, ob die … Vorschrift abschließend ist oder ob auch aus **andere**n Gründen bestehende und **titulierte Ansprüche** oder gepfändete oder auf andere Weise der Disposition entzogene Einkommensteile das zu berücksichtigende Einkommen mindern. Freiwillige Zahlungen zur Tilgung von Schulden … können jedenfalls nicht vom Einkommen abgesetzt werden…"

BSG, Urteil vom 19.09.2008, B 14 AS 56/07 R:
„Der erkennende Senat hat in seiner Rechtsprechung mehrfach zu erkennen gegeben, dass die Pauschalierung unabhängig von einem Nachweis der Entrichtung von Beiträgen von jedem Einkommen abzuziehen ist... Mithin ist davon auszugehen, dass die **Pauschale** in Höhe von **30 Euro** gemäß § 3 Nr. 1 Alg II-V **ohne** jeden **Nachweis** und **von jedem** erzielten **Einkommen abzuziehen** ist."

BSG, Urteil vom 30.07.2008, B 14 AS 44/07 R:
„Die Revision der Beklagten ist unbegründet. Zu Recht hat das LSG entschieden, dass den Klägern ... höhere Leistungen gemäß §§ 19 ff SGB II zustehen, weil das zu berücksichtigende Einkommen des Klägers ... um den nicht gemäß § 26 SGB II bezuschussten Teil seines **Beitrag**es **zum Versorgungswerk der Architektenkammer** Baden-Württemberg in Höhe von 172 Euro monatlich gemäß § 11 Abs. 2 Nr. 3 Buchst b SGB II zu mindern ist."

BSG, Urteil vom 18.06.2008, B 14 AS 55/07 R:
„Grundsätzlich ist zwar vom erzielten Einkommen eine **Pauschale** in Höhe von 30,- EUR **für private Versicherungen** - **unabhängig von** den tatsächlichen **Aufwendungen** für Versicherungen **und** Prüfung der **Angemessenheit** der Versicherungen im Einzelfall - abzusetzen (1). Hiervon macht § 3 Nr. 1 Alg II-V jedoch eine **Ausnahme**, wenn das Einkommen der Bedarfsgemeinschaft lediglich aus dem **Kindergeld eines minderjährigen Kindes** besteht (2). Die Regelung des § 3 Nr. 1 Alg II-V ist ermächtigungskonform und verfassungsgemäß (3). ...
Auch in der Bedarfsgemeinschaft bleiben die Ansprüche der einzelnen Angehörigen der Bedarfsgemeinschaft aber deren Individualansprüche ... Dieses folgt eindeutig aus der Formulierung in § 7 Abs. 1 Satz 1 SGB II, wonach Leistungen "Personen" erhalten."

BSG, Urteil vom 19.03.2008, B 11b AS 7/06 R:
„Der **Pauschbetrag** stellt **keine zusätzliche, den Bedarf erhöhende Leistung** dar, sondern soll nur dann in Abzug gebracht werden, wenn tatsächlich Einkommen erzielt wird... § 3 Nr. 1 Alg II-V kann auch nicht etwa dahingehend ausgelegt werden, das Kindergeld sei entgegen der Zuordnung durch § 11 Abs. 1 Satz 3 SGB II allein für die Möglichkeit der Absetzung als Einkommen der Mutter zu behandeln ...; einem solchen Verständnis steht der eindeutige Wortlaut des § 11 Abs. 1 Satz 3 SGB II entgegen. ... Bei über **keinerlei Einkommen** verfügenden Eltern bzw. einem Elternteil konnte der Gesetzgeber davon ausgehen, dass sie auch über **keine** finanziellen **Mittel** verfügen, **um die Beiträge für Versicherungen zu bezahlen**."

<u>BSG, Urteil vom 27.02.2008, B 14/7b 32/06 R:</u>
„Die Klägerin zu 2 kann allerdings mit ihrem Vorbringen **nicht** durchdringen, die von ihr erbrachte **Eigenleistung im Rahmen der vermögenswirksamen Leistungen** sei **vom Einkommen abzusetzen**. Ob der **Arbeitgeberzuschuss** zu den vermögenswirksamen Leistungen ... zu Recht als privilegiertes Einkommen anerkannt worden ist, **kann dahinstehen**. Jedenfalls kann die von den Klägern behauptete weitere Eigenleistung .. von 39,88 Euro nicht gemäß § 11 Abs. 2 SGB II vom Einkommen abgesetzt werden. Die Eigenleistungen zu vermögenswirksamen Leistungen sind in den dort aufgezählten Privilegierungstatbeständen nicht genannt. Ebenso wenig enthält die Alg II-V in der hier maßgebenden Fassung eine zusätzliche Privilegierung dieser Eigenleistungen. Dies erscheint auch konsequent, weil es grundsätzlich nicht Sinn und Zweck des SGB II ist, zum Vermögensaufbau beizutragen."

<u>BSG, Urteil vom 23.11.2006, B 11b AS 3/06 R:</u>
„Zutreffend hat das LSG .. ausgeführt, dass es für den vom Kläger zu 1) für seine **Pkw-Haftpflichtversicherung** einschließlich der Kaskoversicherung aufgewendeten Betrag ... von 29,85 € monatlich **keine Anspruchsgrundlage** gibt. Vielmehr sieht § 11 Abs. 2 Nr. 3 Halbs. 1 SGB II insoweit vor, dass Beiträge zu öffentlichen und oder privaten Versicherungen oder ähnlichen Einrichtungen, soweit diese Beiträge gesetzlich vorgeschrieben oder nach Grund und Höhe angemessen sind, **vom Einkommen abzusetzen** sind."

<u>BSG, Urteil vom 07.11.2006, B 7b AS 18/06 R:</u>
„Der Senat hat schließlich auch **keine Bedenken gegen § 3 Nr. 1 Alg II-V** ... Mit dem festgelegten Betrag von **30,00 EUR** sollen die Beiträge zu **privaten Versicherungen** abgedeckt werden, die bei in einfachen wirtschaftlichen Verhältnissen lebenden Bürgern in Deutschland allgemein üblich sind. Insoweit liegt nach Überzeugung des Senats die Festlegung des konkreten Betrages von 30,00 EUR noch in der Gestaltungsfreiheit des Verordnungsgebers; jedenfalls soweit gleichzeitig davon ausgegangen wird, dass von der Pauschale nicht die Beiträge zu gesetzlich vorgeschriebenen privaten Versicherungen erfasst sind, die nach § 11 Abs. 2 Nr. 3 SGB II **gesondert** vom Einkommen **absetzbar** sind und hierzu auch die Beiträge zu einer **Kfz-Haftpflichtversicherung** gezählt werden, deren Abschluss Voraussetzung für die Zulassung eines Kfz ist... Vorliegend war nicht zu entscheiden, ob jede private Kfz-Haftpflichtversicherung als gesetzlich vorgeschriebene Versicherung unter § 11 Abs. 2 Nr. 3 Satz 1 SGB II zu subsumieren ist oder nur dann, wenn die Haltung eines Kfz notwendig ist... ...ist es auch nicht zu beanstanden, dass der Verordnungsgeber nicht für jeden einzelnen Grundsicherungsempfänger eine Pauschale i. H. v. 30,00 EUR ... vorgesehen hat."

Zu einmaligen Einnahmen:

BSG, Urteil vom 11.07.2024, B 4 AS 14/23 R:
„Das Kindergeld war ... Einkommen der Klägerin. ...die **Kindergeldnachzahlung** *(war)* **nicht** deswegen **auf sechs Monate aufzuteilen**, weil durch deren ungeteilte Berücksichtigung im Januar 2018 der Leistungsanspruch des Sohnes der Klägerin entfiel. Nach **§ 11 Abs. 3 Satz 4 SGB II** ... ist die einmalige Einnahme auf einen Zeitraum von sechs Monaten gleichmäßig aufzuteilen und monatlich mit einem entsprechenden Teilbetrag zu berücksichtigen, wenn der Leistungsanspruch durch die Berücksichtigung in einem Monat entfiele. Diese **Regelung zum Berücksichtigungszeitpunkt** lässt die **spezielle Regelung der personellen Zuordnung** von Kindergeld nach **§ 11 Abs. 1 Satz 5 SGB II** jedoch unberührt. § 11 Abs. 1 Satz 5 SGB II belässt es grundsätzlich bei der ... im Kindergeldrecht ... fußenden Zuordnung des Kindergelds zum Einkommen des berechtigten Elternteils. Eine Ausnahme hiervon ordnet die Norm nur in Bezug auf zur Bedarfsgemeinschaft gehörende Kinder an und nur "soweit" das Kindergeld zur Sicherung des Lebensunterhalts des jeweiligen Kindes benötigt wird... Für den **Kindergeldüberhang** verbleibt es bei dem Grundsatz, dass es sich um **Einkommen des Kindergeldberechtigten** handelt, hier der Klägerin. Deren Leistungsanspruch blieb auch bei vollständiger Anrechnung des Kindergeldüberhangs im Januar 2018 bestehen, wenn auch in verminderter Höhe. Anderenfalls wäre eine Aufteilung des ihr verbleibenden Teils der Nachzahlung gemäß § 11 Abs. 3 Satz 4 SGB II zu prüfen gewesen. Für einen solchen **Vorrang der speziellen Regelung** zur personellen Zuordnung von Kindergeld in § 11 Abs. 1 Satz 5 SGB II gegenüber der allgemeinen Regelung über die Aufteilung einmaliger Einnahmen in § 11 Abs. 3 Satz 4 SGB II spricht entscheidend das mit der Zuordnung von Kinderzuschlag und Kindergeld zum Einkommen des jeweiligen Kindes ... verfolgte **Ziel**, die **Abhängigkeit des Kindes von Sozialgeld** und Arbeitslosengeld II zu **beseitigen** ... Das ... Entfallen des Leistungsanspruchs ihres Sohnes im Januar 2018 entspricht danach gerade dem gesetzlich angestrebten Ziel. Diesem Ziel liefe es zuwider, wenn in Fällen wie diesem die Aufteilung einer Kindergeldnachzahlung auf sechs Monate dazu führte, dass das Kind im Leistungsbezug verbliebe. ... Weitere **Versicherungspauschalen** für jeden der drei Monate, für den die Kindergeldnachzahlung erfolgte, sind nicht abzusetzen."

BSG, Urteil vom 12.12.2013, B 14 AS 76/12 R:
„...eine einmalige Einnahme *(darf)* als Einkommen in einem **Verteilzeitraum** nur berücksichtigt werden, soweit sie als bereites Mittel geeignet ist, den konkreten Bedarf im jeweiligen Monat zu decken. **Steht die einmalige Einnahme nicht (mehr) zur Verfügung ist** auf einen entsprechenden Antrag hin **(wieder) Alg II zu bewilligen**. Inwieweit ein Ersatzanspruch nach § 34 SGB II oder eine Minderung des Anspruchs wegen einer Pflichtverletzung in Betracht kommt (§§ 32, 31 Abs. 2 SGB II), ist vorliegend nicht zu prüfen."
Zitiert nach dem Terminbericht Nr. 60/13 des Bundessozialgerichts

BSG, Urteil vom 17.10.2013, B 14 AS 38/12 R:
„Das Urteil des LSG ist ... aufgehoben und die Sache zur erneuten Verhandlung und Entscheidung ... zurückverwiesen worden. Der zuletzt ergangene **Änderungsbescheid** vom 4.11.2009 ist schon deswegen **aufzuheben**, weil er für Januar 2010 die ihnen bewilligten **Leistungen herabgesetzt** hat und eine Anhörung der Kläger vom LSG nicht festgestellt wurde. Im Übrigen war die Revision erfolgreich, weil es nach der Rechtsprechung des BSG für die Anrechnung einer **einmaligen Einnahme** nicht dahingestellt bleiben kann, ob diese Einnahme in den strittigen Monaten (noch) als **bereites Mittel** zur Sicherung des Existenzminimums der Kläger zur Verfügung stand (BSG vom 29.11.2012 - B 14 AS 33/12 R)."
Zitiert nach dem Terminbericht Nr. 48/13 des Bundessozialgerichts

BSG, Urteil vom 10.09.2013, B 4 AS 89/12 R:
„Die Revision wurde zurückgewiesen, soweit der Beklagte die Bewilligung ... für die Zeit vom 1.12.2005 bis 31.3.2006 aufgehoben hat. Insoweit ist der .. Aufhebungs- und Erstattungsbescheid wegen wesentlicher Änderungen in den tatsächlichen Verhältnissen rechtmäßig. Im Dezember 2005 entfiel die Hilfebedürftigkeit der Klägerin wegen der **doppelten Entgeltzahlung** an den mit ihr in einer Bedarfsgemeinschaft lebenden Partner, für die Zeit ab Januar 2006 aufgrund der im Dezember 2005 zugeflossenen Abfindung. Diese stellte anrechenbares Einkommen dar, das ... in einem angemessenen Verteilzeitraum einen Wegfall der Hilfebedürftigkeit bewirkte. Eine **Umwandlung der Abfindung in Vermögen** wegen einer "Überwindung von Hilfebedürftigkeit" durch die doppelte Entgeltzahlung kam schon deshalb nicht in Betracht, weil der Verteilzeitraum aufgrund der Abfindungszahlung erst im Januar 2006 anlief. ... Die Revision ... ist im Sinne der Aufhebung des LSG-Urteils und Zurückverweisung begründet, soweit die Aufhebung ... für die Zeiträume vom 1.4.2006 bis 30.9.2006 und 1.10.2006 bis 31.3.2007 im Streit steht. Es fehlen tatsächliche Feststellungen dazu, ob die aufgehobenen Bewilligungsbescheide anfänglich rechtswidrig i. S. des § 45 SGB X waren. Dies setzt voraus, dass die Abfindung auch bei den erneuten Antragsstellungen ... weiterhin "als Einkommen im Verteilzeitraum" zu berücksichtigen war... Zwar ist der Hilfebedürftige gehalten, eine einmalige Einnahme in dem angemessenen **Verteilzeitraum** zur Sicherung des Lebensunterhaltes einzusetzen, der nach der Rechtslage bis zum 31.3.2011 den im Gesetz angelegten maximalen Bewilligungszeitraum von 12 Monaten nicht überschreiten darf. Für Fallgestaltungen, in welchen eine aktuelle Bedarfslage wegen Verbrauchs vorhandener Mittel und deshalb wegen eines Fehlens "bereiter Mittel" ungedeckt bleibt, ist hiervon jedoch eine Ausnahme zu machen."
Zitiert nach dem Terminbericht Nr. 44/13 des Bundessozialgerichts

BSG, Urteil vom 29.11.2012, B 14 AS 33/12 R:
„Der Beklagte konnte weitergehende Hilfebedürftigkeit jedoch nicht schon deshalb verneinen, weil dem Konto des Klägers zu 1 im vorangegangenen Zeit-

raum eine einmalige Einnahme zugeflossen war. Wenn die **einmalige Einnahme** … tatsächlich im Bedarfszeitraum **nicht mehr zur Verfügung** stand, kommt … schon aus diesem Grund ein **höherer Anspruch** auf Leistungen zur Sicherung des Lebensunterhalts in Betracht. Die Berücksichtigung einer Einnahme als Einkommen hängt letztlich davon ab, ob das zugeflossene Einkommen als "**bereites Mittel**" geeignet ist, den konkreten Bedarf im jeweiligen Monat zu decken. Dies gilt auch in Fällen, in denen eine einmalige Einnahme über einen Verteilzeitraum hinweg zu berücksichtigen gewesen wäre. Zwar muss der Hilfebedürftige sein Einkommen auch dann zur Behebung einer gegenwärtigen Notlage für sich verwenden, wenn er sich dadurch außerstande setzt, anderweitig bestehende Verpflichtungen zu erfüllen. Die Verweigerung existenzsichernder Leistungen kann jedoch nicht allein damit begründet werden, dass die Hilfebedürftigkeit bei sachgerechtem Verhalten hier dem Verbrauch der einmaligen Einnahme in bestimmten monatlichen Teilbeträgen abzuwenden gewesen wäre. Werden einmalige Einnahmen nicht zur Sicherung des Lebensunterhalts im Verteilzeitraum verwandt und entsteht hierdurch Hilfebedürftigkeit, kann der Grundsicherungsträger u. U. einen Ersatzanspruch nach § 34 SGB II geltend machen."
Zitiert nach dem Terminbericht Nr. 63/12 des Bundessozialgerichts

BSG, Urteil vom 22.08.2012, B 14 AS 164/11 R:
„Von der Berücksichtigung als Einkommen *(sind)* gemäß § 11 Abs. 3 Nr. 2 SGB II a. F. nur Entschädigungen freigestellt, die wegen eines Schadens, der nicht Vermögensschaden ist, nach § 253 Abs. 2 BGB geleistet werden. **Zu den Entschädigungen nach § 253 Abs. 2 BGB zählen … auch auf der Grundlage von § 15 Abs. 2 AGG geleistete Zahlungen**. … Der Gesetzgeber hat § 253 Abs. 2 BGB ausdrücklich nicht auf das allgemeine Persönlichkeitsrecht erstreckt… Soweit daher für Verletzungen des allgemeinen Persönlichkeitsrechts Ersatz eines immateriellen Schadens verlangt wird, ist grundsätzlich weiter § 823 BGB i. V. m. Art. 1 Abs. 1 und Art. 2 Abs. 1 GG unter Ausschluss des § 253 Abs. 2 BGB Anspruchsgrundlage… Der Gesetzgeber hat allerdings diesen aktuellen systematischen Ansatz aus dem zivilrechtlichen Bereich nicht in das Sozialrecht übernommen. … Entschädigungszahlungen nach § 15 Abs. 2 AGG sind daher wegen der Entscheidung des Gesetzgebers, im Sozialrecht alle Schmerzensgeldansprüche gleich zu behandeln, auch dann unter § 11 Abs. 3 Nr. 2 SGB II a. F. zu subsumieren, wenn der Anspruch auf einer Verletzung des allgemeinen Persönlichkeitsrechts durch **Benachteiligung** aus Gründen der Rasse oder **wegen** der ethnischen Herkunft, des Geschlechts, der Religion oder der Weltanschauung, **einer Behinderung**, des Alters oder der sexuellen Identität (§ 1 AGG) seitens des Arbeitgebers beruht und deshalb zivilrechtlich nicht unter § 253 Abs. 2 BGB fallen würde…
Wird in einem arbeitsgerichtlichen Vergleich die Zahlung eines Geldbetrages vereinbart, so kann dies nur dann als eine … von der Berücksichtigung als Einkommen freizustellende Entschädigung nach § 15 Abs. 2 AGG gewertet werden, wenn dieser **Rechtsgrund im arbeitsgerichtlichen Vergleich zum Ausdruck gekommen** ist und der Vergleich nicht lediglich zur Beseitigung der Ungewissheit über den Ausgang des Verfahrens abgeschlossen wurde."

BSG, Urteil vom 23.08.2011, B 14 AS 185/10 R:
„Eine **Rückzahlung von Stromkosten**, die auf Vorauszahlungen in Zeiträumen beruht, in denen Hilfebedürftigkeit ... bestand, kann .. nach Sinn und Zweck des § 11 Abs. 1 und § 20 SGB II **nicht** als **Einkommen** berücksichtigt werden. ... Der Hilfebedürftige soll über den Einsatz seiner Mittel ... selbst bestimmen und einen ... höheren Bedarf in einem Lebensbereich durch geringere Ausgaben in einem anderen ausgleichen können... Dementsprechend schließt der Regelbedarf ausdrücklich einen Ansparbetrag ein, der seine Entsprechung in dem Vermögensfreibetrag nach § 12 Abs. 1 Nr. 4 SGB II findet... Damit ist es aber auch geboten, Einnahmen, die aus Einsparungen bei den Regelbedarfen resultieren, über den jeweiligen Bezugszeitraum hinweg von der Berücksichtigung als Einkommen freizustellen. Von daher ist es unerheblich, ob die Klägerin die Vorauszahlungen für die Stromkosten aus ihrer Hinterbliebenenrente oder ihren SGB II-Leistungen erbracht hat. Entscheidend ist alleine, dass sie während dieser Zeit hilfebedürftig nach dem SGB II war..."

BSG, Urteil vom 18.01.2011, B 4 AS 90/10 R:
„Die Revision hatte keinen Erfolg. Der Bescheid des Beklagten vom 12.10.2007 in der Gestalt des Widerspruchsbescheides vom 10.1.2008 ist rechtmäßig. Durch den Zufluss von Einkommen in Gestalt des **Krankenhaustagegeld**es am 19.3. und 25.4.2007 an den Kläger zu 2 ist eine wesentliche Änderung in den Verhältnissen gegenüber denjenigen eingetreten, die der Leistungsbewilligung vom 28.11.2006 in der Gestalt der Änderung vom 12.2.2007 für den Zeitraum vom 1.1. bis 30.6.2007 zu Grunde lagen. Der Beklagte hat daher zu Recht die Bewilligungsbescheide geändert und die Erstattung von je 125,58 Euro für den Monat März 2007 sowie 48,90 Euro für den Monat April 2007 von beiden Klägern gefordert.
Es handelt sich bei der Krankenhaustagegeldleistung **nicht** um **Vermögen**. Das LSG hat auch zutreffend die Rechtsauffassung des Beklagten bestätigt, dass es sich bei dem Krankenhaustagegeld **nicht** um eine **zweckbestimmte Einnahme** i. S. des § 11 Abs. 3 Nr. 1 Buchstabe a SGB II handelt, die bei der Berechnung der Leistungen zur Sicherung des Lebensunterhalts nach dem SGB II außer Betracht zu bleiben hat. Eine auf privatrechtlicher Grundlage erbrachte Leistung ist dann zweckbestimmt im Sinne dieser Vorschrift, wenn ihr über die Tilgungsbestimmung hinaus erkennbar eine bestimmte Zweckrichtung beigemessen ist. Der erkennende Senat versteht dies als eine Vereinbarung, aus der sich objektiv erkennbar ergibt, dass die Leistung für einen bestimmten Zweck verwendet werden soll (privatrechtlicher Verwendungszweck). An einer derartigen Zweckbestimmung mangelt es beim Krankenhaustagegeld."
Zitiert nach dem Terminbericht Nr. 1/11 des Bundessozialgerichts

BSG, Urteil vom 13.05.2009, B 4 AS 49/08 R:
„Die **Steuererstattung** gehört nicht zu den bereits erlangten Einkünften, mit denen Vermögen angespart wurde... Der Erstattungsbetrag bleibt, was er bei einer anderen Wahl der Steuerklasse gewesen wäre, nämlich **Einkommen**. ...

Die Möglichkeit, die Berücksichtigung der einmaligen Einnahme erst im Folgemonat vorzunehmen, soll den Verwaltungsaufwand vermindern ..., weil Leistungen zur Sicherung des Lebensunterhalts nach § 41 Abs. 1 Satz 4 SGB II monatlich im Voraus erbracht werden. Gemessen an diesem Zweck **können einmalige Zuwendungen, die** dem SGB II-Berechtigten **am Monatsende zufließen** (hier am 28.2.2006) und infolge dessen schon nach den verwaltungspraktischen Abläufen nicht mehr bei der Auszahlung im Folgemonat Berücksichtigung finden können, auch **im nachfolgenden Monat angerechnet werden**. ... Im Übrigen ist ein Verstoß gegen § 2 Abs. 3 Satz 3 Alg II-V nicht darin zu sehen, dass der Beklagte das zu berücksichtigende Einkommen in nicht identischen Teilbeträgen auf einen Zeitraum von sechs Monaten verteilt hat. ... Ein **Anspruch auf eine gleichmäßige Aufteilung** von einmaligen Einnahmen auf einen längeren Verteilzeitraum **besteht** deshalb ... **nicht**."

BSG, Urteil vom 30.09.2008, B 4 AS 57/07 R:
„**Zinsgutschriften** aus einem Sparguthaben sind Einnahmen in Geld i. S. von § 11 Abs. 1 Satz 1 SGB II und als Einkommen des Versicherten zu berücksichtigen, wenn sie dem Hilfebedürftigen zeitlich nach Stellung seines Antrags auf Grundsicherungsleistungen (vgl. § 37 SGB II) zugeflossen sind. ... Auch für Zinseinnahmen gilt danach: Erfolgt deren **Zufluss vor der Antragstellung**, sind sie dem - ggf. durch Freibeträge nach § 11 Abs. 2 SGB II berücksichtigungsfrei gestellten - **Vermögen** zuzurechnen. Sind sie dem Hilfebedürftigen dagegen zugeflossen, **nachdem** der Hilfebedürftige den zukunftsgerichteten **Antrag** (vgl. § 37 Abs. 2 SGB II) auf Grundsicherungsleistungen gestellt hatte, sind Zinseinnahmen als **Einkommen** zu berücksichtigen. ... Die Beklagte war ... **nicht** verpflichtet, die ... im September zugeflossenen Zinseinnahmen **auf weitere Folgemonate des Verteilzeitraums aufzuteilen**."

BSG, Urteil vom 30.09.2008, B 4 AS 29/07 R:
„**Der Verteilzeitraum beginnt grundsätzlich mit dem Zeitpunkt des Zuflusses** der einmaligen Einnahme (Ausnahme § 2 Abs. 3 Satz 2 Alg II-V idF vom 22.8.2005) und erfasst zunächst den gesamten Bewilligungszeitraum... **Die Berücksichtigung** einer Einkommensteuererstattung als Einkommen **endet weder mit dem Ablauf des laufenden Bewilligungszeitraums noch durch eine neue Antragstellung**. ... Dem Bewilligungszeitraum für sich allein genommen kommt für die Begrenzung des Verteilzeitraums keine eigenständige Bedeutung zu. **Bewilligungszeitraum und Verteilzeitraum sind zunächst identisch**. Erst im Zusammenhang mit einer erneuten Antragstellung ist zu klären, ob der Verteilzeitraum sich auch auf den neuen Bewilligungszeitraum erstreckt. ... Zwar gilt nach dem oben dargelegten Zuflussprinzip, dass ein Zufluss vor der Antragstellung nach der Antragstellung als Vermögen zu berücksichtigen ist. Wenn aber nach der Antragstellung eine als Einkommen zu berücksichtigende einmalige Einnahme zugeflossen ist, die bei Aufhebung der Bewilligungsentscheidung oder Ende des Bewilligungsabschnitts noch nicht völlig verbraucht war, ändert die erneute Antragstellung allein den "Aggregatzustand" der Einnahme nicht. Sie "mutiert" nicht gleichsam durch eine neue

Antragstellung zum Vermögen... Bei einer die **Beendigung** der Hilfebedürftigkeit **für mindestens einen Monat** bewirkenden Änderung ist es nicht mehr gerechtfertigt, die zuvor berücksichtigte einmalige Einnahme nach erneuter Antragstellung weiterhin als Einkommen leistungsmindernd anzusetzen. Es handelt sich um einen Zufluss vor der erneuten - vergleichbar der ersten... - Antragstellung und dem "Wiedereintritt" von Hilfebedürftigkeit. Der Zufluss wäre daher **ab diesem Zeitpunkt** als **Vermögen** zu berücksichtigen."

BSG, Urteil vom 30.07.2008, B 14 AS 26/07 R:
„**Laufende Einnahmen** sind solche, die auf **demselben Rechtsgrund** beruhen und **regelmäßig erbracht werden** ..., bei **einmaligen Einnahmen** erschöpft sich das Geschehen in einer **einzigen Leistung** ... Dabei ändert sich die Qualifizierung als laufende Einnahme nicht dadurch, dass es sich bei der Zahlung um die letzte einer typischerweise regelmäßig erfolgenden Leistung handelt wie etwa bei der letztmaligen - oder wie hier erst- und gleichzeitig letztmaligen - Arbeitsentgeltzahlung."

7.5 Vermögen

Die Prüfung der Hilfebedürftigkeit erstreckt sich auch auf das Vermögen.

Wie Vermögen zu berücksichtigen ist, regelt § 12 SGB II im Wesentlichen in Anlehnung an das bisherige Recht der *Arbeitslosenhilfe*. Die Vorschriften weichen zum Teil erheblich ab vom Recht der Sozialhilfe.

Als Vermögen sind **alle verwertbaren Vermögensgegenstände** zu berücksichtigen (§ 12 Abs. 1 SGB II).

Ausgenommen sind

- angemessener **Hausrat**
- ein angemessenes **Kraftfahrzeug** für *jeden* erwerbsfähigen Hilfebedürftigen der Bedarfsgemeinschaft. Der Gesetzgeber vermutet die Angemessenheit, wenn der Antragsteller dies im Antrag erklärt.
- für die **Altersvorsorge** bestimmte **Versicherungsverträge** und andere nach Bundesrecht geförderte Formen der Altersvorsorge.
- weitere **Vermögensgegenstände**, die (von Selbständigen) unabhängig von der Anlageform als für die **Altersvorsorge** bestimmt bezeichnet werden. Auf eine Befreiung von der Rentenversicherungspflicht kommt es seit dem 1. Januar 2023 nicht mehr an. Es gilt eine **Höchstgrenze** von 8.000 € (für das Jahr 2023) für jedes angefangene Jahr einer hauptberuflichen Selbständigkeit.
- ein selbst genutztes **Hausgrundstück** von bis zu 140 m² Wohnfläche oder eine selbst genutzte Eigentumswohnung von bis zu 130 m²; bei mehr als vier Bewohnern erhöht sich die Fläche für jede weitere Person um 20 m².

- Vermögen zur baldigen **Beschaffung oder Erhaltung eines Hausgrundstücks** oder einer Eigentumswohnung von angemessener Größe, soweit dieses zu Wohnzwecken Behinderter oder Pflegebedürftiger dient oder dienen soll.

- Sachen und Rechte, soweit ihre Verwertung für den Betroffenen eine besondere **Härte** bedeuten würde. Eine offensichtliche Unwirtschaftlichkeit ist seit dem 1. Januar 2023 nicht mehr zu prüfen.

- Gegenstände, die zur Aufnahme oder Fortsetzung der Berufsausbildung oder der Erwerbstätigkeit unentbehrlich sind (§ 7 Abs. 1 Bürgergeld-V); hierzu zählen z. B. Werkzeuge, Maschinen, der einzige LKW eines Fuhrunternehmers.

Die **Angemessenheit** bestimmt sich nach den Lebensumständen während des Bezugs der SGB-II-Leistungen, also einer staatlichen Fürsorgeleistung, und nicht nach dem vorherigen Lebenszuschnitt.

Nach § 12 Abs. 2 SGB II sind vom Vermögen für jede Person in der Bedarfsgemeinschaft **15.000 € abzusetzen**. Nicht ausgeschöpfte Freibeträge sind auf andere Personen der Bedarfsgemeinschaft zu übertragen (§ 12 Abs. 2 S. 2 SGB II).

Ab dem 1. Januar 2023 gilt eine **Karenzzeit** von einem Jahr:

In dieser Zeit ist nur *erhebliches* Vermögen zu berücksichtigen (§ 12 Abs. 3 SGB II).

Vermögen ist erheblich, wenn es für den Leistungsberechtigten **40.000 €** übersteigt und für jede weitere Person in der Bedarfsgemeinschaft **15.000 €**. Selbst genutzte Hausgrundstücke sind hierbei nicht zu berücksichtigen. Der Gesetzgeber vermutet, dass kein erhebliches Vermögen vorhanden ist, wenn der Antragsteller dies im Antrag erklärt. Der Antragsteller muss eine Selbstauskunft vorlegen, Nachweise nur, wenn das Jobcenter hierzu auffordert (§ 12 Abs. 4 SGB II).

Liegt erhebliches Vermögen vor, sind während der Karenzzeit für den Leistungsberechtigten 40.000 € abzusetzen und für jede weitere Person in der Bedarfsgemeinschaft 15.000 €.

Die Karenzzeit gilt nicht, wenn Bürgergeld unter Berücksichtigung des Einkommens nur für einen Monat zu erbringen ist (§ 12 Abs. 6 SGB II).

Maßgebend für die **Bewertung** des Vermögens ist der Verkehrswert zum Zeitpunkt der Antragstellung (§ 12 Abs. 4 SGB II) – ohne Rücksicht auf steuerrechtliche Vorschriften (§ 8 Bürgergeld-V). Das gilt vor allem für Abschreibungen.

Zur Abgrenzung Einkommen – Vermögen: Seite 397 ff.
Zur Verwertung/Verwertbarkeit: Seite 401 ff.
Zu verschiedenen Vermögensarten: Seite 418 ff.
Zu Absetzungsbeträgen: Seite 422

Zur Abgrenzung Einkommen – Vermögen:

BSG, Urteil vom 28.02.2024, B 4 AS 22/22 R:
„Bei den Kapitalerträgen … handelt es sich nicht um Einkommen, sondern um Vermögen. **Anteile an einem Investmentfonds bleiben auch dann Vermögen, wenn ihr Wert steigt**. Der vorliegende Fall bietet keinen Anlass, von dem allgemeinen Maßstab zur Abgrenzung von Einkommen und Vermögen abzuweichen. …§ 4 Satz 2 Nr. 3 Alg II-V *(bestimmt)* nicht alle Erträge aus Kapitalanlagen zu Einkommen im Sinne des SGB II. Aus den Wertungen des Steuerrechts ergibt sich nichts anderes, weil diese auf das SGB II nicht übertragbar sind. Es liegt zwar nahe, dass **Ausschüttungen** - unabhängig von der Fondsart - nach damaliger Rechtslage **Einkommen** darstellen. Nach den … Feststellungen des LSG sind der Klägerin aus ihren Fondsanteilen … aber keine Ausschüttungen zugeflossen. … Die Abgrenzung von Einkommen und Vermögen bestimmt sich im Ausgangspunkt nach der modifizierten Zuflusstheorie. … Nach diesen Grundsätzen waren die im Mai 2015 verkauften Fondsanteile Vermögen, weil sie bereits vor der Antragstellung … im Eigentum der Klägerin standen. … Der Wert von Fondsanteilen … unterliegt Schwankungen. … Eine **Wertsteigerung** ist keine Frucht aus den Anteilen vergleichbar eines Zinses, da sie **nicht eigenständig kapitalisierbar** ist… Um die Wertsteigerung zu realisieren, ist vielmehr der Verkauf … der Anteile notwendig. Demgegenüber sind Zinsen auf Kapitalvermögen nach Antragstellung schon deswegen als Einkommen zu berücksichtigen …, weil sie sich typischerweise gesondert auszahlen lassen… An der Qualifizierung als Vermögen ändert sich nichts durch den Verkauf der Fondsanteile. Insoweit liegt nur eine **Vermögensumschichtung** vor… Dahinstehen kann zudem die … Frage, ob etwas anderes für den Fall gilt, dass jemand mit Fondsanteilen erwerbsmäßig Handel treibt."

BSG, Urteil vom 08.05.2019, B 14 AS 15/18 R:
„Ein .. rechtlich maßgeblicher Zufluss liegt bei einem Erbfall vor, weil nach § 1922 Abs. 1 BGB mit dem Tod einer Person deren Vermögen als Ganzes auf die Erben übergeht… Ob der Erbe schon zum Zeitpunkt des Erbfalls tatsächlich … Vorteile aus seiner Erbenstellung ziehen kann, ist dabei zunächst ohne Belang. § 11 Abs. 1 Satz 1 SGB II setzt nicht voraus, dass der Einnahme bereits ein "**Marktwert**" zukommt. Entscheidend für die **Abgrenzung** von Einkommen und Vermögen ist daher, ob der **Erbfall** vor oder nach der ersten **Antragstellung** … eingetreten ist. … **Endet** indes aufgrund Beendigung der **Hilfebedürftigkeit** für mindestens einen Kalendermonat der Leistungsfall **zwischen Erbfall und Zufluss** bereiter Mittel aus der Erbschaft, ist der Zufluss Vermögen…

...die am 2.2.2012 zugeflossenen **5330 Euro** *(sind)* **Vermögen** und nicht Einkommen. Der für die normative Abgrenzung von Einkommen und Vermögen bei einem Erbfall maßgebliche **Todestag** des Erblassers fiel hier auf den **25.6.2009** und somit in die Zeit des ersten Bezugs von Leistungen... Zu diesem Zeitpunkt stand das Erbe nicht als bereites Mittel zur Deckung des Bedarfs zur Verfügung. Der **Zufluss** des Geldes aus dem Erbe erfolgte erst am **2.2.2012**. ... Nach dieser Beendigung des ersten Leistungsfalls war bei erneuter Antragstellung ab November 2010 ein neuer Leistungsfall eingetreten und das Erbe zum Zeitpunkt dieses Antrags, der zum zweiten Leistungsbezug führte, sowie bei dem Weiterbewilligungsantrag vom 6.1.2012 als schon vorhandenes Vermögen anzusehen. ...es *(ist)* nicht von Belang, dass .. kein Erwerbseinkommen erzielt wurde, sondern andere Einkommensarten der Beendigung der Hilfebedürftigkeit zugrunde lagen. ... Die Hilfebedürftigkeit der Kläger zum Zuflusszeitpunkt entfällt auch nicht aufgrund der als Vermögen einzustufenden 5330 Euro. ... Der .. **Vermögensfreibetrag** beträgt ... 5850 Euro ... und übersteigt den zugeflossenen Betrag aus der Erbschaft."

BSG, Urteil vom 09.08.2018, B 14 AS 20/17 R:

„**Einnahmen zum Ausgleich eines Vermögensschadens** sind grundsicherungsrechtlich **nicht** als **Einkommen** zu qualifizieren. ...**Ratenzahlungen** *(sind)* **zum Ersatz eines Wertgegenstandes**, den jemand vor Antragstellung bereits hatte, dem **Vermögen** und nicht dem Einkommen zuzurechnen. Zur Frage der Berücksichtigung von Schadensersatzzahlungen als Einkommen hat das BVerwG zu § 76 Abs. 1 BSHG ... entschieden, dass solcher Schadensersatz nicht als Einkommen anzusehen ist, der lediglich eine frühere Vermögenslage wiederherstellt, wie beim Schadensersatz für die Beschädigung oder den Verlust einer Sache. Denn der bloße Ersatz für etwas, was jemand bereits hatte, bewirke keinen Zufluss, sei keine Einnahme, sondern, wie das Ersetzte, wiederum unmittelbar Vermögen. ... Anders liege es dagegen bei denjenigen Schadensersatzleistungen, mit denen kein zuvor vorhandenes Vermögen ersetzt wird, sondern mit denen der Berechtigte erstmals eine Leistung in Geld oder Geldeswert erhält... Diese Wertung hat ihre Gültigkeit bei Inkrafttreten des SGB II nicht verloren. ... Ausdrücklich sind .. von der Einkommensberücksichtigung nur ausgenommen "Entschädigungen, die ... nach § 253 Absatz 2 des Bürgerlichen Gesetzbuchs geleistet werden". Daraus folgt allerdings ... nicht, dass jede andere Schadensersatzzahlung im Umkehrschluss grundsicherungsrechtlich als Einkommen zu qualifizieren ist. ... Sind danach Geldzuflüsse aus der Umschichtung vorhandener Werte durch den Berechtigten sozialrechtlich grundsätzlich nicht als zum Lebensunterhalt einzusetzendes Einkommen anzusehen, so kann es beim Wertersatz Dritter für die Entziehung oder Beschädigung eines dem Vermögen zuzurechnenden Gegenstands nicht anders liegen; auch durch solche Zahlungen erhält der Empfänger keinen Wert hinzu, den er nicht vorher schon hatte... **Ausgenommen** davon sind allerdings Fälle, in denen mit bereits erlangten Einkünften Vermögen angespart wurde, zB bei Banken, Sparkassen oder Versicherungen, weil andernfalls der Rückgriff auf Erspartes unzulässig als Einkommen gewertet würde... Eine Berücksichtigung der Zahlungen als Vermögen nach § 12 Abs. 1 SGB II scheidet ebenfalls aus, weil … das Vermögen des … 53-jährigen Klägers den Grundfreibetrag nach § 12 Abs. 1 Nr. 1 SGB II auch bei ihrer Berücksichtigung nicht erreicht hat."

BSG, Urteil vom 10.08.2016, B 14 AS 51/15 R:
„… bei der **kapitalbildenden Lebensversicherung** *(handelt es sich)* … um **Vermögen**. Denn bereits vor der ersten Antragstellung … verfügte der Kläger über die … Lebensversicherung… Nichts anderes gilt für die **Überschussbeteiligung** und den **Anteil an den Bewertungsreserven**… Denn die Überschussbeteiligung ist Bestandteil des einheitlichen Kapitallebensversicherungsvertrags… Sie floss dem Kläger nicht gesondert als Einkommen zu, sondern stand ihm als Versicherungsnehmer vor der ersten Alg II-Antragstellung aufgrund seines Versicherungsverhältnisses … bereits dem Grunde nach zu, ohne ihrer Höhe nach für den Ablaufzeitpunkt der Lebensversicherung garantiert zu sein. … Die Überschussbeteiligung wird nicht jährlich während der Vertragslaufzeit gesondert ausgezahlt. Sie wird während dieser Zeit den Versicherungsnehmern wiederkehrend zugeteilt, angesammelt und zusammen mit der Versicherungssumme ausgezahlt… Bei Lebensversicherungen ist ihr jeweils gegenwärtiger Verkehrswert im Verlauf der Zeit nach der Antragstellung der jeweilige Rückkaufswert der Versicherung zuzüglich der Überschussbeteiligung und ggf. abzüglich von Verwertungskosten… Anders als typischerweise Zinsen, die … gesondert zu zahlen sind und sich entsprechend vom Kapitalvermögen gesondert auszahlen lassen …, lässt sich die erfolgsabhängige Überschussbeteiligung einer rechtlich einheitlichen Kapitallebensversicherung typischerweise **nicht gesondert zur Auszahlung** bringen."

BSG, Urteil vom 25.01.2012, B 14 AS 101/11 R:
„Der Beklagte hat die Bewilligung von Leistungen nach dem SGB II für die Zeit vom 3.6. bis zum 18.11.2008 zu Recht abgelehnt. Entgegen der Ansicht der Kläger sind die Einnahmen der Klägerin zu 2) aus der **Erbschaft Einkommen** i. S. des § 11 Abs. 1 Satz 1 SGB II in der bis Ende 2010 geltenden Fassung. Im Fall der Gesamtrechtsnachfolge kann der Erbe bereits mit dem Erbfall über seinen Anteil am Nachlass verfügen. **Maßgebend** für die Einordnung als "wertmäßiger Zuwachs" und damit für die Abgrenzung von Einkommen und Vermögen ist, ob der **Erbfall** jedenfalls **vor der ersten Antragstellung** eingetreten ist. Das Einkommen war allerdings erst ab dem 1.4.2008 auf die Bedarfe der Kläger anzurechnen, weil es erst ab diesem Zeitpunkt tatsächlich zur Deckung der Bedarfe der Kläger zur Verfügung stand. Der Beklagte hat die Einnahmen auch zutreffend über den Monat April hinaus als Einkommen berücksichtigt. Die Rückzahlung der darlehensweise für April und Mai 2008 erbrachten Leistungen führt nicht dazu, dass die Kläger so zu stellen wären, als sei das Einkommen in Zeiten ohne Hilfebedarf erzielt worden."
Zitiert nach dem Terminbericht Nr. 2/12 des Bundessozialgerichts

BSG, Urteil vom 24.02.2011, B 14 AS 45/09:
„Wenn feststeht, dass die Klägerin als (Mit-)Erbin die Gesamtrechtsnachfolge nach ihrer Großmutter angetreten hat, ist ... davon auszugehen, dass ein sich aus dem **Erbe** ergebender **Geldbetrag** als Vermögen einzuordnen ist. ... Maßgebend ist im Falle der Gesamtrechtsnachfolge also, dass der **Erbfall** mit dem Tod der Großmutter .. am 1.10.2003 und damit jedenfalls **vor der (ersten) Antragstellung** eingetreten ist... Der Zufluss des Geldbetrages im Juni 2008 aus diesem Erbe stellt sich in diesem Fall als "versilbern" bereits vorhandenen Vermögens dar und ist somit weiterhin als Vermögen zu qualifizieren... Wenn die Klägerin dagegen mit dem Erbfall lediglich Inhaberin einer **Forderung gegen den Nachlass** geworden ist, sind Freibeträge nicht zu berücksichtigen, weil es sich in diesem Fall **im Zeitpunkt des Zuflusses** des Geldbetrages um **Einkommen** i. S. des § 11 SGB II handelt..."

BSG, Urteil vom 30.07.2008, B 14/11b AS 17/07 R:
„Das der Klägerin am 5. August 2005 zugeflossene **Überbrückungsgeld** stellte ... **im Zeitpunkt der Antragstellung** am 8. August 2005 bereits **Vermögen** dar und war nicht als Einkommen im Sinne des § 11 Abs. 1 SGB II zu berücksichtigen. ... Das LSG hat zu Recht das Überbrückungsgeld nicht als Einnahme in diesem Sinne angesehen, weil es der Klägerin vor der Antragstellung am 8. August 2005 zugeflossen ist. Es handelt sich um Vermögen im Sinne des § 12 SGB II, dessen Berücksichtigung sich nach anderen Maßstäben richtet. Der Senat folgt für das SGB II im Grundsatz der vom BVerwG zur Sozialhilfe entwickelten Abgrenzung von Einkommen und Vermögen. Sie entspricht sowohl dem Willen des Gesetzgebers als auch dem Sinn und Zweck der Grundsicherungsleistungen als bedarfsabhängige Fürsorgeleistungen. Anders als im Recht der Sozialhilfe **beginnt** die maßgebliche, vom BVerwG dort so genannte "**Bedarfszeit**" im Bereich des SGB II jedoch erst **mit der Antragstellung**. ... **Einkommen** i. S. des § 11 Abs. 1 SGB II ist grundsätzlich alles das, was jemand **nach Antragstellung** wertmäßig dazu erhält und **Vermögen** das, was er **vor Antragstellung** bereits hatte. ... Dem Hilfebedürftigen ist ... grundsätzlich nicht verwehrt, den Zeitpunkt der Antragstellung frei zu wählen. Im Hinblick auf den Bezug von Überbrückungsgeld bis zum 6. August 2005 bestehen hier für eine "manipulative" Antragstellung keinerlei Anhaltspunkte."

Zur Verwertung/Verwertbarkeit:

BVerfG, Beschluss vom 28.04.2022, 1 BvL 12/20:
„**§ 12 Absatz 3 Satz 1 Nummer 4** in Verbindung mit Satz 2 Sozialgesetzbuch Zweites Buch … **ist mit dem Grundgesetz vereinbar**. … Dass *(die Norm) …* für die Frage der Verwertungsbedürftigkeit größeren Wohneigentums nicht nach dessen **familiärer Vorgeschichte** differenziert, dient einem legitimen Zweck, ist geeignet und erforderlich, diesen zu erreichen, und steht zu der Belastung der Betroffenen nicht außer Verhältnis. … Nicht zu berücksichtigen, ob in dem aktuell zu groß bemessenen Wohneigentum einst Kinder erzogen wurden, für die entsprechend größerer Wohnraum vorgehalten werden musste, entspricht dem allgemeinen System der **Grundsicherung**, staatliche Leistungen **nachrangig** zu gewähren. … Für die Frage der **angemessenen Größe** von Wohnraum auf die **aktuelle Bewohnerzahl** abzustellen, ist zur Realisierung des Bedarfsdeckungsprinzips auch im verfassungsrechtlichen Sinne **geeignet** und **erforderlich** und die daraus für Eltern ausgezogener Kinder resultierende Ungleichheit steht zu dem Regelungszweck nicht außer Verhältnis. Das … **Ziel**, … staatliche Grundsicherungsleistungen auf die **Deckung des aktuellen Bedarfs** zu beschränken, ist von Gewicht. Denn auch der soziale Rechtsstaat ist darauf angewiesen, dass Mittel der Allgemeinheit, die zur Hilfe für deren bedürftige Mitglieder bestimmt sind, nur in Fällen in Anspruch genommen werden, in denen aktuell Bedürftigkeit vorliegt… Auf der anderen Seite werden den Betroffenen hier nicht Leistungen verwehrt, die sie zur Existenzsicherung benötigten. Denn sie verfügen über **Wohneigentum**, das sie **einsetzen** und damit ihren Bedarf selbst sichern können.“

BSG, Urteil vom 17.07.2024, B 7 AS 7/23 R:
„Das … Hausgrundstück ist, auch wenn sie es nicht allein bewohnt, sondern noch fünf weitere Menschen in - wohl - abgeschlossenen Wohneinheiten, ein **selbst genutztes Hausgrundstück**. Es ist allerdings von **unangemessener Größe**. Bei der Beurteilung der Angemessenheit … ist die gesamte Wohnfläche des Hauses von **260 qm** einschließlich der vermieteten Wohnungen, nicht lediglich der selbst bewohnte Anteil von 80 qm zu berücksichtigen… Auch bei **Miteigentum** kommt es auf die gesamte Wohnfläche … an, wenn der Leistungsberechtigte und dessen Haushaltsangehörige dieses allein bewohnen … oder wenn der Miteigentümer das Haus zwar nicht allein bewohnt, er aber nicht durch die Nutzung des anderen Miteigentümers auf einen seinem Bruchteil (§ 1008 BGB) entsprechenden Grundstücks- und Gebäudeteil beschränkt ist. Nur in diesem Fall wäre allein dieser Grundstücks- und Gebäudeteil zu beurteilen… Ist - wie hier infolge der Vermietung - ohnedies nur die Nutzung, nicht aber die Verwertung des Hausgrundstücks eingeschränkt, kommt eine abweichende Beurteilung der … zu berücksichtigenden Größe nicht in Betracht… Schließlich müsste das Vermögen … auch **rechtlich verwertbar** sein. …jedenfalls nach Ende der Ehe *(wäre)* eine **Zustimmung des Ehemanns** nach § 1365 BGB **für einen Antrag auf Teilungsversteigerung nicht mehr erforderlich** … und

das mögliche Fehlen als Verwertungshindernis daher nicht beachtlich. Die Teilhaber einer Bruchteilsgemeinschaft können zwar vereinbaren, dass die Aufhebung für immer oder auf Zeit ausgeschlossen oder von einer Kündigungsfrist abhängig ist (§ 749 Abs. 2 BGB). Die Teilhaber sind an die Vereinbarung aber nicht gebunden, wenn ein **wichtiger Grund** eintritt (§ 749 Abs. 2 Satz 1 BGB), der es ihnen unzumutbar macht, die Gemeinschaft fortzusetzen. ... Ob es einen wichtigen Grund darstellte, wenn der Klägerin ggf. die Mittel zur Finanzierung des Lebensunterhalts ohne eine Verwertung des (einzigen) Vermögensgegenstands nicht zur Verfügung stünden ..., kann ... jedoch offenbleiben. Denn die Teilungsversteigerung ist nur eine Art der Verwertung. Einem **einvernehmlichen Verkauf** stünde ein wirksamer Ausschluss der Teilungsversteigerung ohnedies nicht entgegen. Wäre die Verwertung ... nicht **unwirtschaftlich**, wäre schließlich zu prüfen, ob in der Verwertung ... eine **besondere Härte** ... liegt. ...bislang *(liegen)* allerdings keine Anhaltspunkte dafür vor. ... Eventuelles (anteiliges) **Bausparguthaben** ... wäre allerdings ebenfalls als Vermögen bei der Prüfung der Hilfebedürftigkeit zu berücksichtigen."

BSG, Urteil vom 20.02.2020, B 14 AS 52/18 R:
„Ob und für welchen Zeitraum zu berücksichtigendes Vermögen Hilfebedürftigkeit ausschloss, kann der Senat nicht abschließend entscheiden. Der Kläger verfügte mit seiner **Kapitallebensversicherung**, die er sich Anfang September 2013 auszahlen ließ, über Vermögen, das seinen Vermögensfreibetrag überstieg. Maßgeblicher **Stichtag für die Bewertung** des Vermögens ist **zunächst** der 1.9.2013 als **erster Tag des Antragsmonats**. Allerdings hat sich die **Vermögenslage** ... im Verlauf des September 2013 durch den Ausgleich des Kontosolls ... wesentlich **geändert**. ...der **Verbrauch des Vermögens *(bleibt)* im laufenden Monat nicht unberücksichtigt**; ein **Monatsprinzip** gilt bei der Berücksichtigung von Vermögen insoweit **nicht**. ... Der Kläger verfügte am 1.9.2013 über eine gekündigte Kapitallebensversicherung, die am 4.9.2013 i. H. v. 12 171,23 Euro an ihn ausgezahlt wurde. Der Auszahlungsanspruch war Vermögen, weil der Kläger es vor der Antragstellung bereits hatte... Der für die Vermögensbewertung maßgebliche Zeitpunkt der Antragstellung ist im Fall der Rückwirkung des Leistungsantrags (§ 37 Abs. 2 Satz 2 SGB II) der Monatserste. Dies ergibt sich aus Wortlaut, systematischer Stellung, Sinn und Zweck sowie der Entstehungsgeschichte der beiden hier zusammenwirkenden gesetzlichen Regelungen. ... Es besteht keine gesetzliche Grundlage dafür, wesentliche Veränderungen im Hinblick auf die Höhe des vorhandenen Vermögens (jedenfalls) für den laufenden Kalendermonat unberücksichtigt zu lassen. Abweichend von der Einkommensberücksichtigung ... gibt es bei der Berücksichtigung von **Vermögen** ... insoweit **keine normative Grundlage für ein Monatsprinzip**."

BSG, Urteil vom 12.10.2017, B 4 AS 19/16 R:
„Zutreffend hat das LSG allerdings angenommen, dass die Verwertung der **Lebensversicherung**, deren Substanzwert **aus "nicht benötigten Hilfeleistungen"** herrührt, für den Kläger **keine besondere Härte** bedeutet. Zweck und

Funktion der SGB II-Leistungen führen nicht zu einer Schonung im Rahmen der Vermögensprüfung. Dagegen spricht schon ... § 12 Abs. 2 SGB II. Die nach dieser Regelung zu berücksichtigenden Freibeträge korrespondieren mit der Konzeption des Regelbedarfs als pauschalierter Leistung. Dem Leistungsberechtigten soll ermöglicht werden, aus dem Regelbedarf Rücklagen für größere Anschaffungen zu bilden. Wollte der Gesetzgeber aber Ansparungen aus SGB II-Leistungen in beschränktem Umfang von einem Absetzbetrag erfasst sehen, so kann nicht angenommen werden, dass **aus SGB II-Leistungen angespartes Vermögen** zugleich in unbegrenzter Höhe als Schonvermögen freizustellen wäre, weil in diesem Fall ... § 12 Abs. 2 SGB II leerliefe."
Zitiert nach dem Terminbericht Nr. 48/17 des Bundessozialgerichts

BSG, Urteil vom 30.08.2017, B 14 AS 30/16 R:
„Das **Haus** ... liegt mit **110 qm Wohnfläche** oberhalb der angemessenen Größe von 90 qm für eine Person ... und ist **grundsätzlich zu verwerten**. Es ist aber dennoch als Vermögen nicht zu berücksichtigen, weil seine Verwertung eine besondere Härte darstellen würde. Die Verwertung eines selbstbewohnten Hauses unangemessener Größe ist für sich genommen keine besondere Härte. Notwendig sind vielmehr außergewöhnliche Umstände, die dem Betroffenen ein deutlich größeres Opfer abverlangen als die mit der Vermögensverwertung stets verbundenen Einschnitte... Die Dauer des Leistungsbezugs kann im Rahmen der Beurteilung möglicher außergewöhnlicher Umstände bei der Verwertung eines Hauses in Betracht zu ziehen sein. Eine **besondere Härte** folgt .. aus dem Umstand, dass bei Erlass des angefochtenen Bescheids ... die **ernste Möglichkeit** bestand, der Kläger werde zeitnah **wieder in das Berufsleben eingegliedert** und würde nur für eine **vorübergehende Zeit Leistungen** nach dem SGB II benötigen. Denn sein Arbeitsverhältnis war nach wie vor nicht gekündigt worden, und eine differenzierte Ermittlung seines Leistungsvermögens mittels einer sog. ERGOS-Untersuchung war erfolgt. Die Forderung nach einer mit ganz überwiegender Wahrscheinlichkeit bestehenden begründeten Aussicht auf Wiedereingliederung in das Erwerbsleben überspannt die Voraussetzungen für eine besondere Härte, zumal die Eingliederung in Arbeit und die Vermeidung einer zukünftigen Hilfebedürftigkeit zentrale Ziele des SGB II sind... Trotz des in dieser Weise nur absehbar kurzzeitigen Leistungsbezugs sein Haus als Lebensmittelpunkt verwerten zu müssen, wäre ... eine besondere Härte gewesen."
Zitiert nach dem Terminbericht Nr. 41/17 des Bundessozialgerichts

BSG, Urteil vom 24.05.2017, B 14 AS 16/16 R:
„Diese **Wohnflächengrenzen** können jedoch **nicht als quasi normative** Größen herangezogen werden, sondern bedürfen beim Vorliegen besonderer **Umstände** einer Anpassung, da Entscheidungsspielraum für außergewöhnliche, vom Regelfall abweichende Bedarfslagen im **Einzelfall** bestehen bleiben muss. Insbesondere kann im Hinblick auf den Verhältnismäßigkeitsgrundsatz ... bei einer Überschreitung der angemessenen Wohnfläche um nicht mehr als

10 vH noch von einer angemessenen Wohnfläche auszugehen sein... Bei einem **Hausgrundstück** oder einer **ETW** kommt eine solche **Unwirtschaftlichkeit** in Betracht, wenn bei einer Veräußerung nach Abzug der verkaufsbedingten Aufwendungen vom erzielten Verkaufspreis wesentlich weniger als der zum Erwerb und zur Herstellung der Immobilie aufgewendete Gesamtbetrag erzielt werden könnte; gewisse Verluste - insbesondere unter dem Aspekt veränderter Marktpreise und des bisher in Anspruch genommenen Wohnwertes - können jedoch als zumutbar angesehen werden, eine absolute Grenze lässt sich nicht ziehen... ...der Kläger *(hat)* die ETW 1993 lastenfrei von seinen Eltern geerbt und sie ist auch aktuell lastenfrei. Dem steht ... ein Verkehrswert von 95 636,80 Euro ohne und 100 636,80 Euro mit Garage gegenüber. Das LSG hat sich hierfür ... auf die Stellungnahme des Gutachterausschusses ... gestützt. ... Aufgrund seiner Feststellungen hat das LSG zu Recht eine offensichtliche Unwirtschaftlichkeit der Verwertung der ETW verneint."

BSG, Urteil vom 12.10.2016, B 4 AS 4/16 R:
„Die Kläger haben mangels Bedürftigkeit keinen Anspruch auf **Umwandlung der darlehensweise gewährten Leistungen in einen Zuschuss**. Diesem Anspruch steht entgegen, dass ihr **Hausgrundstück** mit Einfamilienhaus wegen seiner Größe als Vermögen zu berücksichtigen ist. Nach § 12 Abs. 3 S. 1 Nr. 4 SGB II gilt nur ein selbst genutztes Hausgrundstück von angemessener Größe als Schonvermögen... Für Familienheime mit nur einer Wohnung, die von bis zu vier Personen bewohnt werden, sah das II. WobauG eine Wohnflächengrenze von 130 qm vor. Diese Wohnflächengrenze ist bei einer Belegung mit weniger als vier Personen um jeweils 20 qm pro Person zu reduzieren. Hiervon ausgehend beträgt die Wohnflächengrenze einer angemessenen Wohnung im Fall der Kläger **110 qm**... Die Wohnfläche ... von **143,39 qm** übersteigt diese Grenze nicht unerheblich. Besondere Umstände, die eine Anpassung der Werte rechtfertigen könnten, liegen nicht vor. Nicht als normativer Anknüpfungspunkt für eine Erhöhung der allgemeinen Angemessenheitsgrenze kann ... § 82 Abs. 3 S. 2 II. WoBauG herangezogen werden, wonach eine Verminderung der Personenzahl nach dem erstmaligen Bezug der Wohnung für die Beurteilung der angemessenen Wohnfläche von steuerbegünstigten Wohnungen unschädlich ist. ... Zu Recht hat das LSG ... besondere Umstände verneint, wonach die Verwertung ... eine besondere Härte bedeuten würde. Soweit die Kläger meinen, der Beklagte hätte ein dem "**Kostensenkungsverfahren**" ... bei unangemessenen Kosten der Unterkunft und Heizung entsprechendes Verfahren durchführen müssen, verkennen sie den Regelungszusammenhang sowie den Sinn und Zweck des Kostensenkungsverfahrens."
Zitiert nach dem Terminbericht Nr. 38/16 des Bundessozialgerichts

BSG, Urteil vom 18.09.2014, B 14 AS 58/13 R:
„Die .. **Wohnflächengrenzen nach dem II. WoBauG** können .. nicht als quasi normative Größen herangezogen werden, sondern bedürfen beim Vorliegen besonderer Umstände einer Anpassung, da Entscheidungsspielraum für au-

ßergewöhnliche, vom Regelfall abweichende Bedarfslagen im Einzelfall bestehen bleiben muss… Insbesondere kann im Hinblick auf den Verhältnismäßigkeitsgrundsatz … bei einer **Überschreitung** der angemessenen Wohnfläche **um nicht mehr als 10 vH** noch von einer angemessenen Wohnfläche auszugehen sein… Die Ausübung eines Gewerbes oder Berufs in einem selbstgenutzten Haus oder einer selbstgenutzten ETW kann ein solcher besonderer Umstand sein… Eine hierauf beruhende **Erhöhung der angemessenen Wohnfläche** trägt der gesetzgeberischen Anordnung Rechnung, dass die Grundsicherung den Hilfebedürftigen bei der Aufnahme oder Beibehaltung einer Erwerbstätigkeit unterstützen soll… Die aufgrund einer Gewerbe- oder Berufsausübung zu berücksichtigenden Flächen … bewirken keine Änderung hinsichtlich der zu berücksichtigenden Größe …, weil durch diese Umstände nicht die … Wohnfläche verkleinert wird, vielmehr ist nach wie vor die gesamte Wohnfläche in die Prüfung der Angemessenheit einzubeziehen… Hinsichtlich der angemessenen Wohnfläche ist anstelle von 80 qm als Mindestgröße von 94,5 qm auszugehen, wenn der von der Klägerin für ihr **Gewerbe als Feng-shui-Beraterin** genutzte Raum von **14,5 qm** in die Berechnung der angemessenen Wohnfläche einbezogen wird… Ob es sich wirklich um ein auf die Erzielung von Einkommen gerichtetes Gewerbe oder eine Liebhaberei handelte, wird das LSG festzustellen haben. Nicht in die Berechnung einzubeziehen ist der weitere Raum, der … sowohl … u. a. für ihre berufliche Tätigkeit als auch von ihrem Sohn privat genutzt wurde. Ob eine Verwertung der ETW **offensichtlich unwirtschaftlich** ist, kann nicht abschließend beurteilt werden. … Feststellungen des LSG zum Substanzwert der Wohnung, … sowie zu ihrem Nutzungsvorteil fehlen völlig. … Das LSG hat zur Bestimmung der Höhe der Vorfälligkeitsentschädigung 1 % des Betrages der … Belastungen von 100.407,09 Euro angenommen, insgesamt 1000 Euro, ohne diese Schätzung durch ein Beweismittel zu belegen. Die hiergegen erhobene Verfahrensrüge … greift durch …, weil … ihre Bank, … 8650 Euro als Vorfälligkeitsentschädigungen aufführen… Die Verwertung der ETW würde **keine besondere Härte** darstellen… Einer Verwertung … könnten die **Freibeträge** nach § 12 Abs. 2 SGB II entgegenstehen. … Diese Prüfung ist .. mangels näherer Feststellungen des LSG nicht möglich…“

<u>BSG, Urteil vom 20.02.2014, B 14 AS 10/13 R:</u>
„**Prognostische Betrachtungen zum Zeitraum einer möglichen Verwertung** der beiden Versicherungen hat das LSG nicht angestellt. …eine sofortige Auflösung von Lebensversicherungsverträgen ist in aller Regel nicht möglich… Die **Verwertung der Lebensversicherung** … ist schon deshalb … **offensichtlich unwirtschaftlich**, weil der bei ihrer Auflösung zu erzielende Gegenwert in einem deutlichen Missverhältnis zum wirklichen Wert steht. … Der **Verlust** … beträgt **44,26 %**. Hinsichtlich der **Rentenversicherung** … kommt eine **Verwertung nur durch** ihre **Auflösung** und nicht auch durch Beleihung in Betracht. Eine **Beleihung** ist **offensichtlich unwirtschaftlich** …, weil die Zinsaufwendungen … hierfür höher wären als der Verlust bei einer vorzeitigen Auflösung der Versicherung… Der Senat kann … nicht abschließend darüber entscheiden, ob … eine **Verlustquote von 16,71 %** offensichtlich unwirtschaftlich … ist

..., weil das LSG nicht geprüft ... hat, ob die Verwertung der Rentenversicherung ... durch Auflösung in einem absehbaren und angemessenen Zeitrahmen möglich war. ... Ein Verzicht auf diese Feststellung kommt zwar in Betracht, wenn die Verlustquote evident hoch ist... Das ist ... nicht der Fall. Insoweit kann die Frage ... nicht offen bleiben, weil die Verlustquote zwischen dem Bereich von "Grenze noch nicht erreicht" (12,9 %) und "Wirtschaftlichkeit zweifelhaft" (18,5 %) bei rein isolierter Betrachtung des Verhältnisses von eingezahlten Beiträgen (Substanzwert) und Rückkaufswert liegt ... und weil auch erst durch die Berücksichtigung dieser Versicherung die Klägerin ihren Vermögensfreibetrag ... von 7.050 Euro überschreiten würde. ... Ohnehin könnte nicht ... für alle Fälle einer Verwertung von Lebensversicherungen durch ihre vorzeitige Auflösung bestimmt werden, wo prozentgenau die Grenze zur offensichtlich unwirtschaftlichen Verwertung liegt. ... Denn sowohl bei der **Offensichtlichkeit** als auch bei der **Unwirtschaftlichkeit** handelt es sich um **unbestimmte Rechtsbegriffe** ... Mit ihrer Verwendung zeigt der Gesetzgeber an, dass es bei der Rechtsanwendung jeweils um eine **Entscheidung im Einzelfall** ... gehen soll... Zu den ... zu berücksichtigenden Umständen des Einzelfalls können mit Blick auf die Verwertung von Lebensversicherungen neben der Verlustquote bei ihrer vorzeitigen Auflösung die konkreten **Vertragsbedingungen** der Versicherung (z. B. versicherte Risiken, Laufzeit, Leistungen vor und nach Ablauf, Prämien, Kündigungsfristen) und die konkrete **Vertragssituation** (z. B. bisherige Laufzeit und Ansparphase im Verhältnis zur Laufzeitvereinbarung, bereits in Anspruch genommene Leistungen vor Ablauf) ebenso gehören wie der Umstand, ob die Versicherung bereits beliehen ist. ... Die Offensichtlichkeit einer Unwirtschaftlichkeit kann zudem mitgeprägt werden durch das, was bei der vorzeitigen Auflösung von Versicherungen an Verlusten im Wirtschafts- und Rechtsverkehr allgemein üblich ist. Auch diese Verhältnisse können schwanken. ... Als ein solcher Umstand kommt vorliegend in Betracht, dass die Klägerin Alg II nur für die zwei Monate zwischen dem Auslaufen des Alg und dem Beginn des Beschäftigungsverhältnisses beansprucht. ... Doch auch der Umstand einer **nur absehbar kurzen Leistungsdauer** kann die Annahme einer **besonderen Härte** der Verwertung einer Versicherung durch ihre Auflösung rechtfertigen.“ *(bisher offen gelassen)*

<u>BSG, Urteil vom 12.12.2013, B 14 AS 90/12 R:</u>
„Zwar ist das LSG zu Recht davon ausgegangen, dass das **Hausgrundstück** ... unangemessen groß ist und dass im Rahmen der Angemessenheitsprüfung die **Familie der Tochter** nicht einzubeziehen ist, weil zwischen beiden **weder** eine **Bedarfsgemeinschaft noch** eine **Haushaltsgemeinschaft** bestehen. Anders als das LSG hält der Senat aber eine **besondere Härte** i. S. des § 12 Abs. 3 Satz 1 Nr. 6 Alt. 2 SGB II für möglich. Sie kommt in Betracht, wenn ein Hausgrundstück nach § 12 Abs. 3 Satz 1 Nr. 4 SGB II nicht geschützt ist, das nach **§ 90 Abs. 2 Nr. 8 SGB XII** geschützt wäre, weil dort die "unter einem Dach" wohnenden Angehörigen im Rahmen der Angemessenheitsprüfung einbezogen werden, im SGB II aber ... nicht. Für die Annahme einer besonderen Härte ... genügt indes nicht diese unterschiedliche Wirkung unterschiedlicher

Regelungen. Vielmehr sind bei der Härtefallprüfung die **konkreten wirtschaftlichen Verhältnisse** in den Blick zu nehmen. Die Einbeziehung von Angehörigen, die mit der Leistungen nach dem SGB II beanspruchenden Person "unter einem Dach" wohnen, liegt jedenfalls nahe, wenn diese **Angehörigen** ihrerseits **hilfebedürftig** sind. Andererseits kann die wirtschaftliche Leistungsfähigkeit der "unter einem Dach" mitwohnenden Angehörigen zum Ausschluss einer besonderen Härte führen, weil das Haus durch ihre Einbeziehung größer und wertvoller sein darf, verglichen mit einem Abstellen allein auf die Leistungen beanspruchende Person (hier die tatsächlichen 129 qm statt der für die Klägerin allein angemessenen 90 qm). **Sinn und Zweck eines Vermögensschutzes** für ein Hausgrundstück aus Härtefallgründen ist es nicht, wirtschaftlich leistungsfähigen Angehörigen ein kostenfreies Mitwohnen zu ermöglichen. Eine besondere Härte läge danach nicht vor, wenn wirtschaftlich leistungsfähige Angehörige mit der Leistungen beanspruchenden Person "unter einem Dach" wohnen, ohne einen entsprechend ihrer Leistungsfähigkeit angemessenen Beitrag für das Wohnen zu leisten. Das LSG wird zu prüfen haben, ob eine besondere Härte vorliegt. Hierfür spricht, dass die Tochter und der Schwiegersohn der Klägerin ein Darlehen über 75.000 Euro aufgenommen haben, dessen Mittel zumindest teilweise zur Finanzierung von Arbeiten am und im Haus verwandt worden sein sollen."
Zitiert nach dem Terminbericht Nr. 60/13 des Bundessozialgerichts

BSG, Urteil vom 11.12.2012, B 4 AS 29/12 R:
„Die Kläger ... waren nicht hilfebedürftig ..., denn sie verfügten über verwertbares Vermögen in Gestalt einer **Lebensversicherung**. Ein **Verwertungsschutz** i. S. des § 12 Abs. 2 und 3 SGB II lag nicht vor. Sie können sich insbesondere nicht auf einen Verwertungsschutz in Höhe der in § 12 Abs. 2 S. 1 Nr. 3 SGB II festgelegten Beträge berufen. Weder haben sie mit dem Versicherer einen Verwertungsausschluss nach § 165 Abs. 3 VVG vereinbart, noch kann im SGB II auf eine derartige Vereinbarung zu Gunsten einer privatrechtlichen Erklärung über die Nichtverwertung der Lebensversicherung vor Eintritt ins Rentenalter gegenüber dem Jobcenter verzichtet werden. Zum einen ist eine **nachträgliche Herstellung des Verwertungsausschlusses** für abgelaufene Zeiträume **nicht möglich**, denn ohne den vereinbarten Verwertungsausschluss konnten die Kläger ... frei über das Kapital der Versicherung verfügen. Zum anderen ist anders als im Recht der Arbeitslosenhilfe ... ein Verwertungsschutz im Falle einer besonderen Härte nach § 12 Abs. 3 S. 1 Nr. 6 Alt. 2 SGB II grundsätzlich möglich. Dies gilt auch für den Fall des fehlenden Verwertungsausschlusses nach § 165 Abs. 3 VVG. Die Voraussetzungen des Ausnahmetatbestandes des § 12 Abs. 3 S. 1 Nr. 6 Alt. 2 SGB II waren hier jedoch nicht erfüllt. **Trotz** der ... **Belastungen** der Lebensversicherung bleibt diese auch Vermögen... Insoweit hat das BSG wiederholt entschieden, dass Vermögen i. S. von § 12 SGB II nicht die Bilanz aus aktiven und passiven Vermögenswerten ist, sondern aus den vorhandenen aktiven Vermögenswerten besteht. Eine Belastung des Vermögens, das zu einer Einschränkung der Verfügbarkeit hierüber geführt haben könnte, hat das LSG nicht festgestellt und haben die Kläger auch nicht geltend gemacht."

Zitiert nach dem Terminbericht Nr. 67/12 des Bundessozialgerichts

BSG, Urteil vom 12.07.2012, B 14 AS 158/11 R:
„Bei der Beurteilung der Angemessenheit ist von der **Gesamtwohnfläche** des Hauses von **174 qm** auszugehen und nicht nur von den vom Kläger bewohnten 69,3 qm. Dies folgt aus der Stellung des Klägers als Eigentümer des gesamten Hausgrundstücks, die durch das **Wohnrecht zugunsten seiner Eltern** zwar **hinsichtlich der Nutzung, nicht aber der Verwertung** des Grundstücks **eingeschränkt** ist... Nur wenn das Eigentum des Klägers auf den von ihm benutzten Teil des Hauses beschränkt wäre ... käme eine andere Prüfung in Betracht. ... Das Hausgrundstück ist verwertbares Vermögen... Vermögen ist verwertbar, wenn es verbraucht, übertragen oder belastet werden kann. Der Begriff der Verwertbarkeit ist ein rein wirtschaftlicher und beurteilt sich sowohl nach den tatsächlichen als auch nach den rechtlichen Verhältnissen... Abgesehen von den grundsätzlichen Unterschieden zwischen einem Erbbaurecht ... und Eigentum ... kann aus jener Entscheidung nicht abgeleitet werden, dass jedes (Haus-)Grundstück, das mit einem Nießbrauch oder Wohnrecht belastet ist, nicht nach § 12 Abs. 1 SGB II verwertbar sei. Vielmehr ist im jeweiligen **Einzelfall** zu prüfen, ob es eine **Verwertungsmöglichkeit** gibt... Die Verwertung des Hausgrundstücks durch eine - weitere - Beleihung in Höhe von z. B. 10.000 Euro ist weder offensichtlich unwirtschaftlich noch stellt sie eine besondere Härte i. S. des § 12 Abs. 3 Satz 1 Nr. 6 SGB II dar.“

BSG, Urteil vom 23.05.2012, B 14 AS 100/11 R:
„...seine **Münzsammlung** ist als verwertbarer Vermögensgegenstand i. S. von § 12 Abs. 1 SGB II einzustufen... Es war .. absehbar, dass der Kläger kurzfristig aus seinem Vermögen einen wirtschaftlichen Nutzen ziehen konnte, prognostisch jedenfalls mindestens innerhalb eines Zeitraums von sechs Monaten. Die Zeit bis zu einem Verkauf des verwertbaren Vermögensgegenstandes wäre ... mit einem Darlehen zu überbrücken gewesen. ... Die Wirtschaftlichkeit der Verwertung eines bestimmten Vermögensgegenstands ist ausschließlich nach objektiven Kriterien zu bestimmen. ... Die **Unwirtschaftlichkeit** kann ... nicht durch einen strikt monetären Vergleich des aktuell erzielbaren Verkaufserlöses mit den Erwerbskosten ermittelt werden... Der Substanzwert ist somit keine feste Größe, der sich nur aus dem Anschaffungswert ergibt. Es ist nach Vermögensgegenständen zu differenzieren. Der Anschaffungswert kann zwar bei fest kalkulierbaren Wertanlagen eine entscheidende Rolle spielen, so z. B. bei der Bewertung einer Kapitallebensversicherung, deren Rückkauf dann als unwirtschaftlich qualifiziert wird, wenn der Rückkaufswert die Summe der eingezahlten Beträge um eine bestimmte Marge unterschreitet... Im Übrigen gilt aber, dass der **Anschaffungswert** lediglich ein **Indiz** für die Frage der Unwirtschaftlichkeit darstellen kann. ... Je nach Vermögensgegenstand fallen Substanzwert und Verkehrswert zusammen. Der Verkehrswert wird durch den Preis bestimmt, der im gewöhnlichen Geschäftsverkehr nach der Beschaffenheit des Bewertungsgegenstands bei einer Veräußerung zu erzielen wäre. ...

Ausgehend von den genannten Parametern kann bei **frei handelbaren Vermögenswerten** ... **keine feste Grenze** ermittelt werden, ab der eine Verwertung unwirtschaftlich wäre. ... Selbst im Vergleich zu dem ermittelten Anschaffungswert ... von 27 410,20 Euro stellt ein um 22 % reduzierter Kauferlös keinen wirtschaftlichen Ausverkauf dar."

BSG, Urteil vom 22.03.2012, B 4 AS 99/11 R:
„Die **Teilbarkeit** eines Hausgrundstücks bei entsprechender Größe ist keine Frage der angemessenen Größe des Hausgrundstücks, sondern erst bei der Zumutbarkeit der Verwertbarkeit eines unangemessenen Hausgrundstücks im Rahmen der **Härteregelung** zu berücksichtigen... **Prüfungsmaßstab** *(ist)* bei der Verwertung von Immobilienvermögen, ob dieses nur mit erheblichen wirtschaftlichen Verlusten veräußert werden kann... Zwar kann sich auch aus einer zumutbaren **Verwertungsform** ein Härtefall ergeben ...; hier ist ein solcher jedoch nicht allein ... darin zu sehen, dass ... mit dem Verkauf anstelle der (bloßen) Vermietung eine bestimmte Verwertungsart zugemutet wird. Weitere Anhaltspunkte, etwa familiärer Art, sind ... nicht ersichtlich und ... nicht vorgetragen. ... Zwar ist zu berücksichtigen, dass die Kläger aus dem Vermögen regelmäßige **Mieterträge** erzielen... Diese Erträge sind jedoch ... mit weiteren Umständen abzuwägen. In die Überlegung einzubeziehen ist, dass die Grenze der angemessenen Größe eines Hausgrundstücks erheblich überschritten wird..."

BSG, Urteil vom 30.08.2010, B 4 AS 70/09 R:
„Die dinglich gesicherte **Forderung** ... aus dem **notariellen Überlassungsvertrag** ist jedenfalls im hier streitigen Zeitraum Vermögen ... und nicht Einkommen... Die **Verwertung muss** für den Betroffenen einen **Ertrag bringen**, durch den er, wenn auch nur kurzfristig, seinen **Lebensunterhalt bestreiten** kann. ... Als Möglichkeit der **Verwertung** der dinglich gesicherten Forderung kommen hier deren Umwandlung in Geld durch **Verkauf** oder ... die **Beleihung** dieser Forderung gegen Aufnahme eines Darlehens in Betracht. ... Insofern ist zu berücksichtigen, dass zwar auch (noch) nicht fällige Forderungen abgetreten werden können... Sollte das LSG auf der Grundlage von Ermittlungen bei prognostischer Betrachtung zu einer fristgemäßen Verwertungsmöglichkeit der Forderung gelangen, wird es alsdann zu prüfen haben, ob diese Verwertung **offensichtlich unwirtschaftlich** ... ist... Ist eine nicht offensichtlich unwirtschaftliche Verwertung ... möglich, wird das LSG ferner zu prüfen haben, ob dies ... eine **besondere Härte** ... darstellt. ... Das LSG wird bei seiner Bewertung die Erwerbsbiographie, die gesundheitliche Situation und das Lebensalter des Klägers sowie die vom BSG entwickelten Kriterien zur besonderen Härte berücksichtigen müssen. ... Sollte das LSG zu dem Ergebnis gelangen, dass die dinglich gesicherte Forderung nicht als Vermögen zu berücksichtigen ist, hängt ... Hilfebedürftigkeit ferner von der Verwertbarkeit der **Unfallversicherung mit garantierter Beitragsrückerstattung** ab. Es handelt sich insoweit um eine Mischform zwischen kapitalbildender Lebens- und Unfallversicherung... Die Unfallversicherung ist nicht bereits deshalb von der Vermögensberücksichtigung ausgenommen, weil sie von der in § 12 Abs. 2 Nr. 3 SGB II

enthaltenen - speziell die Verschonung von Altersvorsorgewerten bei der Feststellung von Vermögen betreffenden - Regelung erfasst wird. ... Offen ist aber, ob der Ausnahmetatbestand des § 12 Abs. 3 Satz 1 Nr. 3 SGB II ... eingreift. Hiernach sind als Vermögen nicht zu berücksichtigen vom Inhaber als für die Altersvorsorge bestimmt bezeichnete Vermögensgegenstände in angemessenem Umfang, wenn der erwerbsfähige Hilfebedürftige von der Versicherungspflicht in der gesetzlichen Rentenversicherung befreit ist. ... Zu prüfen ist auch, zu welchem Zeitpunkt überhaupt eine Möglichkeit zur Kündigung der Versicherung ... bestand, der Kläger also über diese uneingeschränkt verfügen konnte. ... Dabei spricht nicht allein der Umstand, dass die Unfallversicherung mit garantierter Beitragsrückzahlung unter Berücksichtigung der Kündigungsfrist nach § 8 VVG bzw. § 11 VVG verwertet werden kann, gegen die Annahme eines Härtefalls. ... Im Rahmen des Härtefalls ist vielmehr lediglich entsprechend der früheren Rechtsprechung des BSG zum Recht der Arbeitslosenhilfe darauf abzustellen, ob der Hilfebedürftige das Vermögen nach Eintritt in den Ruhestand zur Bestreitung des Lebensunterhalts für sich verwenden will und eine dieser Bestimmung entsprechende Vermögensdisposition getroffen hat..."

<u>BSG, Urteil vom 06.05.2010, B 14 AS 2/09 R:</u>
„Zum Vermögen des Klägers zählt der **Pflichtteilsanspruch** aus § 2303 Abs. 1 BGB. ... Als Verwertungsmöglichkeiten kommen hier die **Geltendmachung der Forderung gegenüber der Mutter** als Erbin nach § 2303 Abs. 1 BGB, **Abtretung** und **Verkauf** oder die **Verpfändung der Forderung** in Betracht. Nach § 2317 Abs. 2 BGB ist der Pflichtteilsanspruch vererblich und übertragbar. ... **Vermögen ist verwertbar, wenn seine Gegenstände verbraucht, übertragen und belastet werden können**. Ist der Inhaber dagegen in der Verfügung über den Gegenstand beschränkt und kann er die Aufhebung der Beschränkung nicht erreichen, ist von der Unverwertbarkeit des Vermögens auszugehen. ...
Das LSG wird daher noch zu ermitteln haben, ob und ggf. welche Verwertungsmöglichkeit tatsächlich bestanden hat. Dazu gehört die Feststellung, ob eine Verwertung perspektivisch **innerhalb von 6 Monaten ab Antragstellung** hätte realisiert werden können. Selbst wenn - als möglicherweise einfachste Verwertungsvariante - die Mutter als Erbin zu einer entsprechenden Vereinbarung bereit gewesen wäre, aber etwa die Aufnahme eines Bankkredits erforderlich gewesen wäre, dürfte dies angesichts der vom Kläger vorgetragenen finanziellen Verhältnisse der Mutter zweifelhaft sein. Dass der Kläger den Pflichtteilsanspruch wegen **familienhafter Rücksichtnahme** gegenüber der Mutter nicht geltend machen wollte, **führt nicht zu** seiner **Unverwertbarkeit**. Dies kann nur im Rahmen der Prüfung der besonderen Härte i. S. des § 12 Abs. 3 Nr. 6 SGB II eine Rolle spielen... Eine besondere Härte resultiert hier nicht bereits daraus, dass der Kläger nur kurze Zeit Leistungen nach dem SGB II in Anspruch genommen hat. ... Die Verwertung des Pflichtteilsanspruchs kann hier dann eine **besondere Härte** darstellen, wenn dies notwendig zu einer Veräußerung des Hausgrundstücks oder einer unzumutbaren wirtschaftlichen Belastung der Mutter des Klägers führen würde. ... Dass die Rechtsordnung die familiäre Verbun-

denheit von Erblasser und Pflichtteilsberechtigtem in besonderem Maße berücksichtigt, zeigt § 852 Abs. 1 ZPO. ... Das rechtfertigt es aber nicht, stets eine besondere Härte anzunehmen, wenn der Pflichtteilsanspruch aus einem **Berliner Testament** resultiert. Insbesondere dann, wenn etwa ausreichend Barvermögen zur Auszahlung des Pflichtteilsanspruchs zur Verfügung steht, scheidet die Annahme einer besonderen Härte regelmäßig aus. ... **Familiäre Belange** können auch im SGB II unter **Härtegesichtspunkten** zu einer Vermögensfreistellung führen. ... Als **Orientierungspunkt** für die Beurteilung der Zumutbarkeit einer wirtschaftlichen Belastung des Erben, die hier in Frage steht, können die in § 1 Abs. 2 und § 4 Abs. 2 Alg II-V festgelegten Grenzen für die Leistungsfähigkeit von Angehörigen im Rahmen des **§ 9 Abs. 5 SGB II** herangezogen werden.“

BSG, Urteil vom 07.05.2009, B 14 AS 35/08 R:
„Bei **langjährig Selbständigen** kann eine Pflicht zur Verwertung von Lebensversicherungen ausscheiden, wenn im Einzelfall eine **Kumulation von Umständen und Belastungen** vorliegt, die zusammengenommen eine **besondere Härte** für den Betroffenen bedeuten. ... Das LSG ist zutreffend davon ausgegangen, dass die **Lebensversicherungen** der Klägerin **nicht** von den in **§ 12 Abs. 2 und 3 SGB II** enthaltenen, speziell die Verschonung von Altersvorsorgewerten bei der Feststellung von Vermögen betreffenden Regelungen erfasst werden. ... Die Klägerin unterfällt nicht § 12 Abs. 3 Satz 1 Nr. 3 SGB II, weil sie nicht ... von der Versicherungspflicht in der gesetzlichen Rentenversicherung befreit gewesen ist. Die Klägerin unterlag auf Grund ihrer selbständigen Tätigkeit vielmehr von vornherein nicht der Versicherungspflicht... Für die Berücksichtigung der konkret individuellen Vorsorgesituation von langjährig Selbständigen steht vielmehr die **Härteregelung** in **§ 12 Abs. 3 Satz 1 Nr. 6 2. Alternative SGB II** zur Verfügung. ... Gerade die Kumulation von Risiken und Belastungen legt es im vorliegenden Fall nahe, vom Vorliegen einer besonderen Härte ... auszugehen. ... Des Weiteren wird das LSG zu ermitteln haben, inwieweit die Klägerin im streitigen Zeitraum noch in der Lage war, durch **Erwerbstätigkeiten** auf dem allgemeinen Arbeitsmarkt das seinerzeit erreichte Niveau ihrer **Altersvorsorge** zu erhalten oder zu verbessern. Soweit die Gesetzesmaterialien als Beispiel für einen Härtefall die Notwendigkeit einer **Auflösung von Altersvorsorgewerten "kurz vor Renteneintritt"** nennen, ist der Einwand des Beklagten beachtlich, dass die Klägerin bei Antragstellung 55 Jahre alt war. Angesichts der generell angestrebten Verlängerung der Lebensarbeitszeit ... kann im Hinblick auf den Altersrentenfall nicht generell davon ausgegangen werden, dass ein 55jähriger Antragsteller auf Leistungen nach dem SGB II "kurz vor dem Rentenalter" steht. ...
Eine entsprechende Zweckbestimmung zur Altersvorsorge im Rahmen des § 12 Abs. 3 Satz 1 Nr. 6 2. Alternative SGB II ist etwa dann zweifelhaft, wenn eine Rentenversicherung bereits erheblich früher als zur üblichen Altersgrenze fällig gestellt ist... Insofern liegt es nahe, im Rahmen des § 12 Abs. 3 Satz 1 Nr. 6 2. Alternative SGB II, ebenfalls auf das **60. Lebensjahr als frühesten Fälligkeitszeitpunkt einer Lebensversicherung** abzustellen.“

BSG, Urteil vom 27.01.2009, B 14 AS 42/07 R:

„Zu den Vermögensgegenständen, die .. in die Prüfung der Hilfebedürftigkeit ... einzubeziehen sind, gehören der Anteil an dem Nachlass, über den der Kläger nach § 2033 Abs. 1 Satz 1 BGB verfügen kann, der **Miteigentumsanteil an dem Grundstück in ungeteilter Erbengemeinschaft** und der Anspruch auf Auseinandersetzung der Erbengemeinschaft (§§ 2042 ff BGB). ... **Vermögen ist verwertbar, wenn seine Gegenstände verbraucht, übertragen und belastet werden können.** Ist der Inhaber dagegen in der Verfügung über den Gegenstand beschränkt und kann er die Aufhebung der **Beschränkung** nicht erreichen, ist von der Unverwertbarkeit des Vermögens auszugehen. Mithin hat der Begriff der Verwertbarkeit ... den Bedeutungsgehalt, den das BSG bereits in einer früheren Entscheidung zum Recht der Arbeitslosenhilfe mit dem Begriff der **Möglichkeit des "Versilberns"** von Vermögen umschrieben hat... Darüber hinaus enthält der Begriff der Verwertbarkeit aber auch eine **tatsächliche Komponente**... Die Verwertung muss für den Betroffenen einen Ertrag bringen, durch den er, wenn auch nur kurzzeitig, seinen Lebensunterhalt bestreiten kann. Tatsächlich nicht verwertbar sind Vermögensgegenstände, für die in absehbarer Zeit kein Käufer zu finden sein wird, etwa weil Gegenstände dieser Art nicht (mehr) marktgängig sind oder weil sie, wie Grundstücke infolge sinkender Immobilienpreise, über den Marktwert hinaus belastet sind. ... Nach Ablauf des jeweiligen Bewilligungszeitraumes ist bei fortlaufendem Leistungsbezug erneut und ohne Bindung an die vorangegangene Einschätzung zu überprüfen, wie für einen weiteren Bewilligungszeitraum die Verwertungsmöglichkeiten zu beurteilen sind. ... Wenn der Kläger seinerseits an der Auseinandersetzung der **Erbengemeinschaft** nicht interessiert war und den **Auseinandersetzungsanspruch** nicht ernstlich geltend gemacht hat, besteht kein tatsächliches Verwertungshindernis... Sofern eine einvernehmliche Erbauseinandersetzung an der Weigerung eines Miterbens scheitert, bleibt für den Hilfebedürftigen wie für jeden anderen ökonomisch handelnden Marktteilnehmer keine andere wirtschaftlich sinnvolle Möglichkeit der Verwertung des Erbteils als die streitige Auseinandersetzung nach den gesetzlichen Regelungen. Dies gilt umso mehr, als die auf den Teilungsvorschriften der §§ 2042 Abs. 2, 2046 - 2048 BGB beruhende gesetzliche Regelung in der Praxis einen **"heilsamen Einigungsdruck" auf die Miterben** ausübt..."

BSG, Urteil vom 15.04.2008, B 14/7b AS 52/06 R:

„Grundsätzlich ist **der Teil eines Vermögensgegenstands** zumutbar **verwertbar, dessen Wert die**se **Freibetragsgrenze überschreitet**. ... Soweit der Kläger geltend macht, der Freibetrag für vor dem 1. Januar 1948 Geborene betrage nach ... § 65 Abs. 5 SGB II 520 EUR anstelle von 200 EUR, folgt hieraus für ihn kein höherer Freibetrag. Er ist 1951 geboren. Eine grundrechtswidrige **Ungleichbehandlung** der vor dem 1. Januar 1948 geborenen Hilfebedürftigen **gegenüber den Jüngeren** vermag der Senat ... **nicht festzustellen**. ... Die **Privilegierung des** nach Bundesrecht ausdrücklich **als Altersvorsorge geförderten Vermögens** gegenüber anderen Anlageformen wie einer Kapitallebensversicherung stellt **keine** verfassungswidrige **Ungleichbehandlung** i. S.

des Art 3 Abs. 1 GG dar. ... Er muss sich insoweit auf die Möglichkeit verweisen lassen, die Lebensversicherung zu beleihen und seinen Lebensunterhalt bis zum Ausgang des Verfahrens von den Darlehensbeträgen zu bestreiten. Die **Beleihung** einer Versicherung stellt eine Form der Verwertung dar... Sie **mindert den Rückkaufswert und kann** dementsprechend zu einem Unterschreiten der Vermögensfreibetragsgrenze und damit **zur Hilfebedürftigkeit führen**. ... Der durch § 12 Abs. 2 Nr. 3 SGB II statuierte **Zwang**, die **Verwertung** der Lebensversicherung bis zum Eintritt in den Ruhestand **auszuschließen** bzw. nicht zu verwerten, ist auch **verfassungsrechtlich nicht zu beanstanden**. ... **Ziel** des § 12 Abs. 2 SGB II ist es, Vermögen vor der Verwertung zur Sicherung des Lebensunterhalts zu schützen, allerdings vor dem Hintergrund des Grundsatzes der Subsidiarität der steuerfinanzierten Leistungen des SGB II. ... Der **Verlust des Berufsunfähigkeitsschutzes** bei Verwertung der Lebensversicherung stellt **kein**en eine **besondere Härte** begründenden Umstand dar. Ob ein solcher mitversichert ist, ist ... im SGB II kein vermögensrelevanter Gesichtspunkt. Das Risiko der gesundheitsbedingten Erwerbsminderung wird grundsätzlich durch die gesetzliche Rentenversicherung abgedeckt. ... Es ist mithin zu ermitteln, welchen **Verkehrswert** der Vermögensgegenstand gegenwärtig auf dem Markt hat. Dieser gegenwärtige Verkaufspreis ist dem **Substanzwert** gegenüber zu stellen... Der Substanzwert ergibt sich bei einem Lebensversicherungsvertrag aus den eingezahlten Beiträgen und der Verkehrswert aus dem Rückkaufswert der Versicherung. ... Nicht zu beanstanden ist .., dass das LSG seine Prüfung ... auf das Kapitalvermögen des Klägers beschränkt und die Schulden bei seiner Mutter ... sowie den Kontosaldo Ende Dezember 2004 ... außer Betracht gelassen hat. ...der Gesetzesbegründung folgend ... kann ... auf die zur Alhi entwickelten Grundsätze zurückgegriffen werden. Danach erfordert auch die Bedürftigkeitsprüfung im SGB II **keine Saldierung aller Aktiva und Passiva**."

<u>BSG, Urteil vom 15.04.2008, B 14/7b AS 68/06 R:</u>
„Im Bericht des Ausschusses für Wirtschaft und Arbeit, auf dessen Vorschlag eine besondere Härte in ... § 12 Abs. 3 Satz 1 Nr. 6 SGB II eingefügt wurde ..., wird als **Härtefall** gerade der Fall bezeichnet, dass ein erwerbsfähiger Hilfebedürftiger kurz vor dem Rentenalter seine Ersparnisse für die Altersvorsorge einsetzen müsste, obwohl seine Rentenversicherung **Lücken wegen selbstständiger Tätigkeit** aufweise. ... Da die Leistungen nach dem SGB II in der Regel nur für eine vorübergehende Zeit gewährt werden sollen, schützt § 12 SGB II vor einem wirtschaftlichen Ausverkauf der erarbeiteten Vermögenswerte. ... Es kommt ... nicht allein auf den **Verlust der Altersvorsorge** und den **Zeitpunkt des Eintritts** an. Hinzukommen muss .. noch eine **Versorgungslücke**. Demnach sind nur besondere, bei anderen Hilfebedürftigen regelmäßig nicht anzutreffende Umstände beachtlich und in ihrem Zusammenwirken zu prüfen. ... Der Kläger hat die Lebensversicherung wiederholt beliehen bzw. wohl auch den Vertrag geändert. Dieses belegt, dass er sie zumindest nicht ausschließlich zur Alterssicherung verwenden, sondern ihre Verwendung disponibel halten wollte. ... Unabhängig von Beleihungen oder anderen Eingriffen in die Lebens-

versicherung durch beispielsweise Teilrückkauf, ist der **Substanzwert** in Gestalt der eingezahlten Beiträge und der **Verkehrswert** in Gestalt des Rückkaufswerts **im Zeitpunkt der Antragstellung** zu ermitteln.“

BSG, Urteil vom 15.04.2008, B 14/7b AS 56/06 R:
„**Art. 6 Abs. 1 GG schützt** die Ehe als das auf Dauer angelegte und zuvor staatlich beurkundete Zusammenleben von Mann und Frau in einer umfassenden, grundsätzlich unauflöslichen Lebensgemeinschaft... **Nicht** vom Schutzbereich dieses Grundrechtes erfasst ist hingegen **ein bestimmtes Modell der Ehe** (z. B. "Versorgerehe" oder "Doppelverdienerehe"). Bestimmte Rollenverteilungen können im Gegenteil gegen das Diskriminierungsverbot wegen des Geschlechtes aus Art. 3 Abs. 2 GG verstoßen... Die von der Revision angestrebte **Auslegung des § 65 Abs. 5 SGB II** i. V. m. § 4 Abs. 2 Satz 2 AlhiV 2002 würde zu einer Besserstellung von Ehepaaren mit einem jüngeren Partner führen, obwohl von dem jüngeren Partner auf Grund seines Lebensalters noch erwartet werden kann, dass er eine angemessene Alterssicherung aufbaut. ... In der Begründung des ... SGB II wird insoweit ausdrücklich auf die "**Riesteranlageformen**" ... hingewiesen. Ob auch andere Vorsorgeformen von der Regelung erfasst werden ... kann hier dahinstehen. ... Das Vorliegen einer **besonderen Härte** scheidet aber schon deswegen aus, weil keine **Indizien für eine atypische Erwerbsbiographie** vorhanden sind, die die Notwendigkeit der Inanspruchnahme einer Lebensversicherung wegen niedriger Rentenansprüche auf Grund von Lücken im Versicherungsverlauf nach sich gezogen haben könnten. Lücken, die beispielsweise durch Arbeitslosigkeit entstanden sind, können nicht hierzu gerechnet werden, da diese durch rentenrechtliche Zeiten in die Rentenberechnung einfließen.“

BSG, Urteil vom 15.04.2008, B 14 AS 27/07 R:
„**Unter 55-Jährige** verfügen bei typisierender Betrachtungsweise hingegen noch über bessere Chancen auf dem Arbeitsmarkt und können sich durch eigene Erwerbstätigkeit eher weitere Rentenanwartschaften aufbauen. Dafür, dass der Gesetzgeber einen weitergehenden Vertrauensschutz schaffen wollte, bestehen keine Anhaltspunkte. **Besonderheiten in der Erwerbsbiographie des Partners** (z. B. Zeiten der Kindererziehung oder der Pflege von Angehörigen) sind hingegen im Rahmen der **Härtefallprüfung** nach § 12 Abs. 3 Satz 1 Nr. 6 SGB II zu berücksichtigen... Erforderlich ist insoweit nach geltendem Recht zumindest, dass der Sicherung ein nach § 5 Altersvorsorgeverträge-Zertifizierungsgesetz ... durch die Bundesanstalt für Finanzdienstleistungsaufsicht **zertifizierter Altersvorsorgevertrag** zu Grunde liegt. ... Entgegen der Ansicht der Kläger wirkt der Verwertungsausschluss ... nicht auf die Zeit ab dem 1. Januar 2005 zurück. ... Eine in der Gestaltungsmacht des Bürgers liegende vertragliche Disposition kann nicht im Wege des Herstellungsanspruchs nachgeholt bzw. fingiert werden, weil sie außerhalb des Sozialrechtsverhältnisses liegt... Es kommt nach den Vorstellungen des Gesetzgebers im Beispielsfall also nicht allein auf den **Verlust der Altersvorsorge** und dessen **Zeitpunkt**, sondern beides nur zusammen mit der **Versorgungslücke** an.

Demnach sind nur besondere, **bei anderen Hilfebedürftigen regelmäßig nicht anzutreffende Umstände** beachtlich und in ihrem Zusammenwirken zu prüfen."

BSG, Urteil vom 06.12.2007, B 14/7b AS 46/06 R:
„Im Verfahren B 14/7b AS 46/06 R hatte der 14. Senat ... am 6. Dezember 2007 darüber zu entscheiden, ob sich der Grundsicherungsträger im Hinblick auf die aus seiner Sicht (später) bestehende Verwertbarkeit eines Hauses, das mit einem lebenslangen **Nießbrauchsrecht** zugunsten der Mutter des Klägers belastet ist, zu Recht geweigert hat, dem Kläger Arbeitslosengeld II als Zuschuss zu gewähren. Das Bundessozialgericht hat diese Frage verneint und entschieden, dass **Grundeigentum**, das in absehbarer Zeit **nicht verwertet werden kann** und dessen **Verwertbarkeit nicht vom Willen des Vermögensinhabers abhängt**, nicht als berücksichtigungsfähiges Vermögen im Sinne des SGB II anzusehen ist. Dies hat zur Folge, dass dann, wenn im übrigen Hilfebedürftigkeit besteht, **Leistungen** zur Sicherung des Lebensunterhalts **als Zuschuss** und nicht nur als Darlehen zu gewähren sind."
Zitiert nach der Medieninformation Nr. 42/07 des Bundessozialgerichts

BSG, Urteil vom 06.09.2007, B 14/7b AS 66/06 R:
„Der Senat geht ... davon aus, dass ein isoliert betrachtet unangemessener Vermögensgegenstand ... nicht in jedem Fall zu verwerten ist. Vielmehr ist im Rahmen des § 12 SGB II eine Gesamtbetrachtung aller Vermögensgegenstände und Vermögenswerte anzustellen. **Das verwertbare Vermögen** i. S. des § 12 SGB II **darf** nur **insgesamt betrachtet nicht die Freibeträge** gemäß § 12 Abs. 2 SGB II **übersteigen**... Hinsichtlich der Wirtschaftlichkeit der Verwertung ist auf das **ökonomische Kalkül eines rational handelnden Marktteilnehmers** abzustellen... Es ist mithin zu ermitteln, welchen **Verkehrswert** der Vermögensgegenstand gegenwärtig auf dem Markt hat. Dieser gegenwärtige Verkaufspreis ist dem **Substanzwert** gegenüber zu stellen... Aus allem zieht der Senat den Schluss, dass die **Grenze der offensichtlichen Unwirtschaftlichkeit** i. S. des § 12 Abs. 3 Satz 1 Nr. 6 SGB II noch **nicht** erreicht ist, wenn bei einem Verkauf der Lebensversicherung der Rückkaufswert **12,9 %** unter den eingezahlten Beiträgen liegt. Geht man allerdings davon aus, dass der Substanzwert einer Lebensversicherung nicht nur darin besteht, dass Beiträge einbezahlt wurden, sondern dass zugleich mit einer Lebensversicherung eine ... Anwartschaft auf eine wesentlich höhere Gesamtsumme ... verbunden ist, könnte **zweifelhaft** sein, ob ein Verlust von **18,5 %** (bei rein isolierter Betrachtung des Verhältnisses von eingezahlten Beträgen und Rückkaufswert) noch im Bereich der Wirtschaftlichkeit ... liegt. ... Der Rückkaufswert dieser Versicherung von 6.557,50 EUR ist mit einem Verlust von **48,2 %** gegenüber den eingezahlten Beträgen verbunden. Ein solcher Verlust ist in jedem Fall **offensichtlich unwirtschaftlich**. ... Jedenfalls dürfte eine absehbar **kurze** Leistungs- bzw. **Anspruchsdauer** keinen Einfluss darauf haben, ob ein Vermögensgegenstand verwertbar ... ist."

BSG, Urteil vom 16.05.2007, B 11b AS 37/06 R:
„Der **Begriff der Verwertbarkeit** ist ein rein wirtschaftlicher und beurteilt sich sowohl nach den tatsächlichen als auch nach den rechtlichen Verhältnissen... **Tatsächlich nicht verwertbar** sind Vermögensbestandteile, für die in absehbarer Zeit kein Käufer zu finden sein wird, sei es, dass Gegenstände dieser Art nicht (mehr) marktgängig sind oder dass z.B. ein Grundstück infolge sinkender Immobilienpreise über den Marktwert hinaus belastet ist. **Rechtlich nicht verwertbar** ist ein Vermögensgegenstand, für den Verfügungsbeschränkungen bestehen, deren Aufhebung der Hilfebedürftige nicht erreichen kann... Der Verwertbarkeit i. S. des § 12 Abs. 1 SGB II steht nicht der Umstand entgegen, dass der Erwerb eines bestimmten Vermögensteils steuerlich gefördert wurde...
Zu beachten ist, dass die **Verwertung eines Grundstücks** in mehrfacher Form möglich ist, etwa durch **Veräußerung**, aber auch durch **Belastung**... Hiernach ist es dem Hilfebedürftigen grundsätzlich selbst überlassen, wie ein Vermögensgegenstand zu verwerten ist. Doch folgt aus dem Grundsatz der Subsidiarität der Grundsicherung für Arbeitsuchende (vgl. § 9 Abs. 1 Nr. 2 SGB II), dass er nur zwischen den Verwertungsarten wählen kann, die den Hilfebedarf in etwa gleicher Weise decken. Anderenfalls hat er regelmäßig die **Verwertungsart** zu wählen, die den **höchsten Deckungsbeitrag** erbringt... Das LSG wird deshalb insbesondere festzustellen haben, wie hoch der Verkehrswert des Grundstücks ist ... und wie die konkreten Möglichkeiten einer Veräußerung einzuschätzen sind... Erst wenn feststeht, dass weder Veräußerung noch Belastung den Klägern möglich sind, stellt sich die weitere... Frage nach der **Vermietung** einzelner Zimmer oder der Schaffung einer abgeschlossenen Einliegerwohnung. Entgegen der Rechtsansicht des LSG ist es **nicht Aufgabe der Beklagten**, den Klägern **Verwertungsmöglichkeiten aufzuzeigen** bzw. nachzuweisen. Wann von einer "**besonderen Härte**" i. S. des § 12 Abs. 3 Satz 1 Nr. 6 SGB II auszugehen ist, richtet sich nach den Umständen des Einzelfalles, wobei maßgebend nur **außergewöhnliche Umstände** sein können, die nicht durch die ausdrücklichen Freistellungen über das Schonvermögen ... und die Absetzungsbeträge ... erfasst werden... Dabei gilt im SGB II ein strengerer Maßstab als im Recht der Sozialhilfe... Für die Anwendung des § 12 Abs. 3 Satz 1 Nr. 6 SGB II müssen daher außergewöhnliche Umstände (etwa die Betreuungspflege bedürftiger Personen...) vorliegen, die dem Betroffenen ein **deutlich größeres Opfer** abverlangen als eine einfache Härte und erst recht als die mit der Vermögensverwertung stets verbundenen Einschnitte. ... Entgegen der Ansicht des LSG ist ... **nicht zu berücksichtigen**, dass das **Hausgrundstück** bereits **vor Eintritt der Hilfebedürftigkeit vorhanden** war. Denn auch ein vor diesem Zeitpunkt erworbenes Vermögen ist grundsätzlich nicht davon freigestellt, dass es in Notzeiten zur Behebung der Notlage eingesetzt werden muss...
Von einer **offensichtlichen Unwirtschaftlichkeit** der Verwertung ist auszugehen, wenn der auf dem Markt erzielbare Gegenwert in einem deutlichen Missverhältnis zum "wirklichen Wert" steht... Eine Unwirtschaftlichkeit in diesem Sinne käme etwa in Betracht, wenn bei einer Veräußerung wesentlich weniger als der ... zum Erwerb des Grundstücks und zur Erstellung des Hauses aufge-

wendete Gesamtbetrag erzielt werden könnte; gewisse Verluste … können jedoch als zumutbar angesehen werden. Eine absolute Grenze lässt sich bei Immobilien - anders als möglicherweise bei anderen Gegenständen … - nicht ziehen."

Zu verschiedenen Vermögensarten:

BSG, Urteil vom 03.09.2020, B 14 AS 55/19 R:
„Vermögen ihrer Tochter kann bei der Klägerin schon deshalb nicht ... berücksichtigt werden, weil *... (§ 9 Abs. 2 SGB II)* ... eine **Berücksichtigung des Kindesvermögens bei seinen Eltern** innerhalb der Bedarfsgemeinschaft **nicht** zulässt. Insoweit kommt es auf die Frage, ob die Tochter Mitglied der Bedarfsgemeinschaft ist, nicht an. ...eine Hilfebedürftigkeit der Klägerin *(entfiel)* nicht deshalb, weil gemäß **§ 9 Abs. 5 SGB II** vermutet werden konnte, dass sie Leistungen von ihrer Tochter erhielt. ... Steht fest, dass keine Unterstützung geleistet wurde, ist die **Rechtsvermutung widerlegt**. Nur wenn der Verbleib von Einkommen oder Vermögen unklar ist, hat § 9 Abs. 5 SGB II eine rechtliche Bedeutung. ... Die gesetzliche Regelung "erwartet" nicht, was familienrechtlich nicht erlaubt ist. Deshalb sind im Hinblick auf die Frage, in welchem Umfang Unterstützungsleistungen erwartet werden können, die Grenzen der elterlichen Vermögenssorge (vgl. § 1626 Abs. 1 Satz 2 BGB) zu beachten. Diese ist fremdnützige Verwaltung mit dem grundsätzlichen Ziel der **Bewahrung des Kindesvermögens** zum Nutzen des Kindes, weshalb es familienrechtlich grundsätzlich als pflichtwidrig angesehen wird, wenn Eltern Geld des Kindes für eigene Zwecke gebrauchen... Unzutreffend hat deshalb das LSG das ... Vermögen der Tochter ohne Weiteres der Klägerin zugeordnet und lediglich festgestellt, Tatsachen, die die Vermutung widerlegten, seien nicht ersichtlich. ... Hiermit korrespondiert, dass der leistungsfähige Angehörige nach § 9 Abs. 5 SGB II nicht zu einem Vermögenseinsatz verpflichtet ist... Die Regelung vermutet eine Unterstützungsleistung und sie greift nicht, wenn es an dieser Unterstützung nachweisbar fehlt. ... **Voraussetzung** für eine **Widerlegung** der **Vermutung** ist, dass die Klägerin Tatsachen vorträgt, die geeignet sind, Zweifel an der Richtigkeit der Vermutung zu begründen... In dem Fall ist von Amts wegen zu ermitteln... Nach diesen Maßstäben ist ... nachgewiesen, dass die Leistungen tatsächlich nicht erbracht wurden. Der Kontostand des **Bausparkontos** war über die gesamte streitbefangene Zeit unverändert und der Bausparvertrag ... nicht gekündigt worden."

BSG, Urteil vom 20.02.2020, B 14 AS 52/18 R:
„Auf die Revision des beklagten Jobcenters ist das Urteil des LSG aufgehoben und die Sache ... an das LSG zurückverwiesen worden. Der vom Kläger am 19.9.2013 gestellte **Antrag** auf Leistungen zur Sicherung des Lebensunterhalts **wirkte** gemäß § 37 Abs. 2 Satz 2 SGB II in Bezug auf das zu berücksichtigende Vermögen **auf den 1.9. zurück**. An diesem Tag lag sein Vermögen *(F. B.: gekündigte **Lebensversicherung**)* mit gut **12.000 Euro** deutlich oberhalb seines Freibetrags von 7.350 Euro. Am **19.9.** lag sein ... Vermögen mit circa **4.600 Euro** jedoch unterhalb seines Freibetrags. An diesem Tag stand sein Vermögen einem Anspruch auf Leistungen nicht mehr entgegen. **Abweichend von der Einkommensberücksichtigung** (vgl. § 11 Abs. 2, 3 SGB II) **gibt es bei der Berücksichtigung von Vermögen** im SGB II **keine normative Grundlage für ein Monatsprinzip**. Ab wann der Kläger Anspruch auf anteilige Leistungen hatte, wird das LSG aufzuklären haben."

Zitiert nach dem Terminbericht Nr. 4/20 des Bundessozialgerichts

BSG, Urteil vom 22.03.2012, B 4 AS 99/11 R:
„Bei der Beurteilung der Angemessenheit des Hausgrundstücks ist die **gesamte Wohnfläche** des Hauses von 167 qm **einschließlich der vermieteten Einliegerwohnung**, nicht lediglich der selbst bewohnte Anteil von 117 qm, zu berücksichtigen. Die Einbeziehung der gesamten Wohnfläche ... rechtfertigt sich aus der Überlegung, dass die Kläger kraft ihres Eigentums, dessen Verwertbarkeit als Vermögen im Streit steht, keinen Beschränkungen hinsichtlich dessen Nutzung unterliegen."

BSG, Urteil vom 15.04.2008, B 14/7b AS 34/06 R:
„Das BSG hat für Eigentumswohnungen ... bei einer Belegung der Wohnung mit zwei Personen typisierend die Grenze auf 80 qm festgesetzt... Dieser Grenzwert kann allerdings nicht als quasi normative Größe herangezogen werden, es bleibt vielmehr Entscheidungsspielraum für außergewöhnliche Bedarfslagen im Einzelfall. ... Diese für Eigentumswohnungen gezogene Grenze kann aber nicht ohne weiteres für Hauseigentum übernommen werden. Der Senat hält vielmehr ein **Haus** mit einer **Wohnfläche von 91,89 qm** noch für **angemessen** i. S. des § 12 Abs. 3 Satz 1 Nr. 4 SGB II. ... im bisherigen Recht der Arbeitslosenhilfe ... wurde aber ein Familienheim in Anlehnung an die Vorschriften des II. WoBauG mit einer Größe von 130 qm als angemessen angesehen... Selbst wenn man bei dieser Beurteilung von einem 4-Personen-Haushalt ausgeht und bei einer geringeren Bewohnerzahl die Wohnfläche entsprechend reduziert, würde eine **angemessene Wohnfläche für zwei Personen von 90 qm** hier **nur geringfügig überschritten** werden. ...
Entgegen der Auffassung des LSG folgt aus der nach der Wohnfläche beurteilten Angemessenheit des Hausgrundstücks nicht ohne weiteres, dass die **Grundstücksgröße** keine weitere Berücksichtigung findet. Das kann nur dann der Fall sein, wenn Haus und Grundstück eine solche Einheit bilden, dass sie nur als einheitlicher Vermögensgegenstand betrachtet werden können... Bei einer Grundstücksgröße von **1.003 qm** besteht regelmäßig Anlass zu überprüfen, ob nach den tatsächlichen und rechtlichen örtlichen Gegebenheiten die Grundstücksfläche als angemessen anzusehen ist. Soweit dies verneint wird, ist zu prüfen, ob eine gesonderte **Verwertung des die Angemessenheit übersteigenden Grundstücksteiles** in Betracht kommt. ... Soweit das LSG davon ausgegangen ist, dass die **Versicherungen** der **Tilgung** des für den **Hauskauf** aufgenommenen Darlehens dienen sollen, ist bereits nicht dargelegt, woraus sich rechtlich eine entsprechende Verknüpfung ergibt. Da die Voraussetzungen des § 12 Abs. 3 Satz 1 Nr. 5 SGB II nicht vorliegen, ist eine Zweckbestimmung zur Finanzierung des Hausgrundstückes aber auch **nicht privilegiert**."

BSG, Urteil vom 15.04.2008, B 14/7b AS 6/07 R:
„Auch auf der Grundlage dieses strengen rechtlichen Maßstabes ist davon auszugehen, dass die Berücksichtigung eines **aus** einer **Schmerzensgeld**zahlung

herrührenden Vermögens für den Betroffenen ... eine **besondere Härte** darstellt. Das SGB II setzt insoweit allerdings einen **Wertungswiderspruch** fort, den bereits das Recht der Sozialhilfe und der Alhi enthielt. Dieser besteht darin, dass bestimmte Einnahmen zwar als Einkommen privilegiert werden, nicht jedoch als Vermögen. So regelt § 11 Abs. 3 Nr. 2 SGB II bei der Frage der Berücksichtigung von Einkommen, dass Entschädigungen, "die wegen eines Schadens, der nicht Vermögensschaden ist, nach § 253 Abs. 2 BGB geleistet werden" nicht als Einkommen berücksichtigt werden. Im Moment des Zuflusses einer Schmerzensgeldzahlung gemäß § 253 Abs. 2 BGB ist diese mithin auf Grund des Privilegierungstatbestands des § 11 Abs. 3 Nr. 2 SGB II nicht zu Lasten des Grundsicherungsempfängers als Einkommen zu berücksichtigen. § 12 SGB II privilegiert hingegen Vermögensbestandteile nicht, die aus einer Schmerzensgeldzahlung herrühren. ... Ein Rechtssatz, wonach der Charakter des Schmerzensgeldes (Ausgleich für immaterielle Schäden) verloren gehen könne, wenn der jeweils Betroffene dieses lediglich anspare und nicht verbrauche, ist nicht ersichtlich. Das Schmerzensgeld ist jeweils in seiner ganzen noch vorhandenen Höhe geschützt... **Auch "angespartes" Schmerzensgeld ist** insofern gemäß § 12 Abs. 3 Satz 1 Nr. 6 SGB II **privilegiert**."

<u>BSG, Urteil vom 06.09.2007, B 14/7b AS 66/06 R:</u>
„Nach § 12 Abs. 3 Nr. 1 SGB II ist ein angemessenes **Kfz** für jeden in der Bedarfsgemeinschaft lebenden erwerbsfähigen Hilfebedürftigen nicht als Vermögen zu berücksichtigen. Das BSG sieht die **Grenze der Angemessenheit** bei einem Wert des Kfz von **7.500 Euro**. Liegt der Verkehrswert über 7.500 Euro, so ist er im Regelfall ohne weitere Prüfung als unangemessen anzusehen. Dies hat zur Konsequenz, dass der Verkehrswert eines Pkw als Vermögen zu berücksichtigen ist, soweit der Grenzbetrag von 7.500 Euro überschritten wird."
Zitiert nach dem Bericht über die „Tätigkeit des Bundessozialgerichtes im Jahre 2007"

<u>BSG, Urteil vom 16.05.2007, B 11b AS 37/06 R:</u>
„Nach der Rechtsprechung des 7b. Senats des BSG ... ist bei der Konkretisierung des Rechtsbegriffs der **angemessenen Größe** i. S. des § 12 Abs. 3 Satz 1 Nr. 4 SGB II im Grundsatz bundeseinheitlich auf die Vorgaben des außer Kraft getretenen **2. WoBauG** ... abzustellen, wobei eine Differenzierung nach der Bewohnerzahl ... angebracht ist ... Nach den tatsächlichen Feststellungen des LSG überschreitet das von den Klägern und dem volljährigen Sohn I bewohnte Haus die maßgebliche Wohnfläche von 130 qm. Der Umstand, dass nur die Kläger eine Bedarfsgemeinschaft bilden, während mit dem Sohn I lediglich eine Haushaltsgemeinschaft besteht, rechtfertigt keinen erhöhten Raumbedarf ... Da bereits die **Wohnfläche des Hauses** die zulässige Höchstgrenze von **130 qm** überschreitet, bedarf es vorliegend keiner weiteren Erörterung, ob und inwieweit auch die Grundstücksgröße (561 qm) in die Angemessenheitsprüfung einzubeziehen ist..."

BSG, Urteil vom 07.11.2006, B 7b AS 2/05 R:
„Eine ... **selbst genutzte Eigentumswohnung** von angemessener Größe bleibt als **Schonvermögen** unberücksichtigt und schließt Hilfebedürftigkeit nicht aus. Bei der Konkretisierung des unbestimmten Rechtsbegriffs der angemessenen Größe eines selbst genutzten Hausgrundstücks oder einer entsprechenden Eigentumswohnung ist im Regelfall weiterhin auf die zwischenzeitlich außer Kraft getretenen Bestimmungen des **II. Wohnungsbaugesetzes** abzustellen. Eigentumswohnungen sind danach nicht unangemessen groß, wenn die Wohnfläche bei einem Haushalt von **vier Personen 120 qm** nicht überschreitet. Bei einer geringeren Familiengröße sind typisierend für jede Person Abschläge von 20 qm vorzunehmen; wobei im Regelfall von einer Mindestzahl von zwei Personen auszugehen ist."
Zitiert nach dem Bericht über die „Tätigkeit des Bundessozialgerichtes im Jahre 2006"

Zu Absetzungsbeträgen:

BSG, Urteil vom 13.05.2009, B 4 AS 58/08 R:
„Der Senat folgt dem LSG darin, dass ein zusätzlicher **Freibetrag** nach **§ 12 Abs. 2 Satz 1 Nr. 1a SGB II** ... nicht in Ansatz gebracht werden kann. Nach dieser Vorschrift sind vom Vermögen ein Grundfreibetrag in Höhe von 4 100 Euro für jedes hilfebedürftige minderjährige Kind abzusetzen. Entgegen der Auffassung der Kläger kann dieser Freibetrag **nicht** als so genannter "**Kinderfreibetrag**" angesehen werden, der der Bedarfsgemeinschaft unabhängig vom tatsächlichen Vorhandensein von Vermögen auf Seiten des zur Bedarfsgemeinschaft gehörenden Kindes zu Gute kommt. Vielmehr bezieht sich der Freibetrag ausschließlich auf tatsächlich beim Kind vorhandenes Vermögen... Den Klägern ist zuzugestehen, dass der Wortlaut der Vorschrift auch eine andere Auslegung zuließe. Entstehungsgeschichte, Systematik sowie der Sinn und Zweck der Regelung sprechen jedoch dafür, dass der Freibetrag nach § 12 Abs. 2 Satz 1 Nr. 1a SGB II **nur dem jeweiligen Kind zu Gute kommen soll, soweit es Vermögen hat**. ... Zulässiges Differenzierungskriterium ist insoweit, ob das Kind auch Vermögensinhaber ist. Handelte es sich lediglich um einen Freibetrag, der der Bedarfsgemeinschaft insgesamt zu Gute kommt, wäre nicht sichergestellt, dass das durch den Freibetrag geschützte Vermögen auch für die Belange des Kindes eingesetzt wird.“

8. Anreize zur Arbeitsaufnahme

Das SGB II will

- die Initiative erwerbsfähiger Hilfebedürftiger fördern und
- die Aufnahme einer Erwerbstätigkeit finanziell attraktiv gestalten.

Zu diesem Zweck stehen zwei Instrumente zur Verfügung:

- **Einstiegsgeld**

  und

- **Freibeträge**

Das Einstiegsgeld ist ein befristeter Arbeitnehmerzuschuss, der als Ermessensleistung gestaltet ist. Es soll als Anreiz wirken für die *Aufnahme* einer Erwerbstätigkeit.

Freibeträge vom Erwerbseinkommen dienen der *Aufnahme* und *Beibehaltung* einer Erwerbstätigkeit. Sie existieren bereits im Sozialhilferecht, sind im SGB II jedoch großzügiger bemessen – inzwischen nicht nur bei höheren Einkommen.

Die Kombination aus Freibetrag und Einstiegsgeld führt dazu, dass i. d. R. von jedem netto aus Erwerbseinkommen verdienten Euro weniger als 85 Cent auf das Bürgergeld angerechnet werden.

8.1 Einstiegsgeld

Das Einstiegsgeld soll einen finanziellen Anreiz schaffen, um eine sozialversicherungspflichtige oder selbständige Erwerbstätigkeit aufzunehmen (§ 16b SGB II; bis zum 31.12.2008 § 29 SGB II).

Es *kann* erwerbsfähigen Hilfebedürftigen gewährt werden

- die arbeitslos sind
- zur Überwindung der Hilfebedürftigkeit
- bei Aufnahme einer Erwerbstätigkeit
- wenn dies **erforderlich** ist zur Eingliederung in den allgemeinen Arbeitsmarkt.

Das Ermessen ermöglicht, in jedem **Einzelfall** zu entscheiden, ob diese Art der Förderung geeignet erscheint zur Aufnahme einer Erwerbstätigkeit.

Das Einstiegsgeld wird als Zuschuss zum Bürgergeld gezahlt, ergänzend zu den Freibeträgen nach § 11b Abs. 3 SGB II.

Das Einstiegsgeld kann für **höchstens 24 Monate** gewährt werden (§ 16b Abs. 2 S. 1 SGB II). Dadurch wird einer Dauersubvention von Löhnen entgegengewirkt, die der Gesetzgeber nicht für vertretbar hält.

Die *Dauer* der Maßnahme soll sich auch nach der *Qualifikation* des Hilfebedürftigen richten, die mit der Dauer der Erwerbstätigkeit i. d. R. zunimmt, ein höheres Einkommen ermöglicht und das Erfordernis eines Einstiegsgeldes verringert.

Die Bemessung der **Höhe** des Einstiegsgeldes soll berücksichtigen

- die *Dauer* der Arbeitslosigkeit und
- die *Größe* der Bedarfsgemeinschaft.

Das Bundesministerium für Arbeit und Soziales hat durch *Rechtsverordnung* vom 29. Juli 2009 bestimmt, wie das Einstiegsgeld zu bemessen ist:

Bei der **einzelfallbezogenen Bemessung** des Einstiegsgelds beträgt der *Grundbetrag* höchstens 50 % des maßgebenden Regelbedarfs. Wer mindestens zwei Jahre arbeitslos war, erhält zusätzlich einen *Ergänzungsbetrag* von 20 % des Eckregelsatzes. Bereits nach sechs Monaten Arbeitslosigkeit soll der Ergänzungsbetrag an Personen gezahlt werden, deren Eingliederung erschwert ist wegen in ihrer Person liegender Umstände. Für jeden weiteren Leistungsberechtigten in der Bedarfsgemeinschaft soll ein Ergänzungsbetrag von 10 % des Eckregelsatzes gezahlt werden. Der Gesamtbetrag ist begrenzt auf den Eckregelsatz (§ 1 ESGV).

Das Einstiegsgeld kann **pauschal bemessen** werden, wenn dies zur Eingliederung *besonders zu fördernder Personengruppen* erforderlich ist. Die Höhe des Einstiegsgeldes darf sich in Abhängigkeit von der Förderdauer ändern. Das pauschal bemessene Einstiegsgeld darf 75 % des Eckregelsatzes nicht überschreiten (§ 2 ESGV).

BSG, Urteil vom 05.08.2015, B 4 AS 46/14 R:
„Auch bestehen Zweifel an der Übertragbarkeit des Begriffsverständnisses von "**Arbeitslosigkeit**" aus dem ... SGB III. Die diesen Zentralbegriff ... nach ... § 138 SGB III prägenden Merkmale der Beschäftigungslosigkeit, Verfügbarkeit und Erreichbarkeit sowie der Eigenbemühungen fügen sich nur schwer in das ... SGB II ein. Der Beklagte hat die Überwindung der Hilfebedürftigkeit durch die Aufnahme der ... Erwerbstätigkeit und deren Förderung durch das Einstiegsgeld unter Berücksichtigung der Erforderlichkeit zur Eingliederung ... prognostisch zu beurteilen... Ein **Beurteilungsspielraum** ... ist dem Beklagten gleichwohl **nicht** eingeräumt... Bezugspunkt für die **Prognose** ist die letzte Verwaltungsentscheidung... Maßgeblich ist ..., ob der Erfolg im Sinne der Überwindung der Hilfebedürftigkeit durch die ... Erwerbstätigkeit wahrscheinlich eintreten wird und das Einstiegsgeld für eine Eingliederung in den allgemeinen Arbeitsmarkt .. wahrscheinlich erforderlich ist... der Gesetzgeber *(wollte)* zumindest bei der Bemessung der Leistung die Situation der Bedarfsgemeinschaft einbeziehen. Auch geht die **Funktion** des Einstiegsgeldes ... deutlich über die der bloßen Verringerung des Hilfebedarfs ... durch ... Erwerbseinkommen hinaus. Das Einstiegsgeld soll vielmehr für den Hilfebedürftigen mit der Aufnahme der Erwerbstätigkeit eine **spürbare Verbesserung seiner finanziellen Situation** herbeiführen, um damit zu bewirken, dass er die aufgenommene **Erwerbstätigkeit ausbaut**... Auch besagen weder die Höhe des vereinbarten Entgelts noch ggf. eine Befristung für sich alleine, dass durch die Tätigkeit Hilfebedürftigkeit nicht prognostisch überwunden werden kann. Abzustellen ist .. auf die **Umstände des Einzelfalls** unter Berücksichtigung der ... Ausgestaltung der aufgenommenen Erwerbstätigkeit und wollte man auf den Hilfebedarf der gesamten Bedarfsgemeinschaft abstellen, wohl auch deren Situation. ... Die aufgenommene Erwerbstätigkeit war prognostisch schon nicht

geeignet, den Hilfebedarf des Klägers zu überwinden. Damit bedarf es der Prüfung, ob die Erbringung von Einstiegsgeld zur Eingliederung des Klägers in den allgemeinen Arbeitsmarkt erforderlich war, im konkreten Fall nicht mehr. Die **Überwindung der Hilfebedürftigkeit** und die **Erforderlichkeit des Einstiegsgeldes** für die Eingliederung in den allgemeinen Arbeitsmarkt sind zwei **getrennt voneinander zu prüfende Tatbestandsvoraussetzungen**, die aufeinander aufbauen. Sie sind nicht zu einem Merkmal zusammenzuziehen…"

BSG, Urteil vom 23.11.2006, B 11b AS 3/05 R:
„Die Kläger können einen Anspruch auf Übernahme der **Mietkosten** für ihr **Künstleratelier** auch nicht aus § 29 Abs. 1 Satz 1 SGB II … herleiten. Das als Leistung zur Eingliederung in Arbeit normierte Einstiegsgeld … kann zur Überwindung von Hilfebedürftigkeit u. a. bei Aufnahme einer selbständigen Erwerbstätigkeit als Zuschuss zum … Alg II erbracht werden… § 29 SGB II soll dem Hilfebedürftigen einen Anreiz für die Aufnahme einer unselbständigen oder selbständigen Tätigkeit bieten … und setzt mithin voraus, dass das **Einstiegsgeld und die Aufnahme der Erwerbstätigkeit** in einem **zeitlichen und sachlichen Zusammenhang** stehen. Eine Bewilligung scheidet insoweit grundsätzlich aus, wenn … die Förderung einer bereits ausgeübten Erwerbstätigkeit beantragt wird…, ohne dass gleichzeitig Anhaltspunkte für eine wesentliche Änderung der Beschäftigung bestehen, beispielsweise von einer geringfügigen zu einer vollen Erwerbstätigkeit… Hinzu kommt, dass in § 29 Abs. 1 Satz 1 SGB II eine **vorhergehende Arbeitslosigkeit** des Hilfesuchenden **vorausgesetzt** wird. Ob der Begriff "arbeitslos" i. S. des § 29 SGB II mit den Kriterien des SGB III gleichzusetzen ist, bedarf hier keiner abschließenden Beurteilung. Die Kläger waren jedenfalls unter keinem Gesichtspunkt arbeitslos. Der Begriff der Arbeitslosigkeit ist in § 16 Abs. 1, § 119 Abs. 1 SGB III … definiert. Arbeitslosigkeit setzt danach Beschäftigungslosigkeit, Eigenbemühungen zur Beendigung der Beschäftigungslosigkeit, die Verfügbarkeit in subjektiver wie objektiver Hinsicht sowie schließlich die Arbeitslosmeldung voraus… Die Kläger wollten jedoch nach ihren eigenen Angaben ihre bisher mehr als acht Stunden täglich umfassende künstlerische Tätigkeit künftig unverändert fortsetzen und waren jedenfalls aus diesem Grund nicht arbeitslos. Hieran ändert sich auch dann nichts, wenn man im Geltungsbereich des SGB II an die **Arbeitslosigkeit** bereichsspezifisch geringere Anforderungen stellt und diese mit **faktischer Beschäftigungslosigkeit** gleichsetzt…"

8.2 Freibeträge

§ 11b Abs. 3 SGB II (bis zum 31.12.2010: § 30 SGB II) legt fest, in welcher Höhe **Erwerbseinkommen** bei erwerbsfähigen Leistungsberechtigten auf das Bürgergeld anzurechnen ist.

Wer arbeitet, soll nach dem Willen des Gesetzgebers mehr Geld zur Verfügung haben, als derjenige, der trotz Erwerbsfähigkeit nicht arbeitet.

Von dem monatlichen Bruttoerwerbseinkommen sind seit dem 1. April 2011 abzusetzen:

20 % auf das Einkommen von 100 bis 1.000 €

10 % auf das Einkommen von 1.000 bis 1.200 € (*ohne* minderjähriges Kind)
oder 1.000 bis 1.500 € (*mit* minderjährigem Kind)

Von dem monatlichen Bruttoerwerbseinkommen sind ab dem **1. Juli 2023** abzusetzen:

20 % auf das Einkommen von 100 bis 520 €

30 % auf das Einkommen von 520 bis 1.000 €

10 % auf das Einkommen von 1.000 bis 1.200 € (*ohne* minderjähriges Kind)
oder 1.000 bis 1.500 € (*mit* minderjährigem Kind)

Bei Auszubildenden und Studenten unter 25 Jahren entfällt der Erwerbstätigenfreibetrag auf das Einkommen von 100 bis 520 € (§ 11b Abs. 3 S. 3 SGB II).

Der Freibetrag erhöht sich damit ab den 1. Juli 2023 bei einem Bruttoeinkommen von 1.000 € von 180 € auf 228 €.

BSG, Urteil vom 27.09.2011, B 4 AS 180/10 R:
„Der **Erwerbstätigenfreibetrag** ... ist grundsätzlich **nicht vom Krankengeld** als Entgeltersatzleistung in Abzug zu bringen. ... Aus Wortlaut, Entstehungsgeschichte, systematischem Zusammenhang sowie Sinn und Zweck der Regelung folgt .., dass dieser Erwerbstätigenfreibetrag einzig vom Erwerbs- und nicht von Erwerbsersatzeinkommen ... in Abzug zu bringen ist. ... Beim Krankengeld handelt es sich jedoch nicht um Erwerbseinkommen, sondern um eine Entgeltersatzleistung... Soweit das SG Stade zwischen dem Krankengeldbezug differenziert, dem eine Arbeitsunfähigkeit während des bestehenden Arbeitsverhältnisses und bei bestehender Arbeitslosigkeit zugrunde liegt, um den Abzug des Erwerbstätigenfreibetrags bei ersterem zu rechtfertigen ..., vermag dieses nicht zu überzeugen."

BSG, Urteil vom 26.05.2011, B 14 AS 93/10 R:
„Bei den wegen der **Entschädigung** als Ortsbürgermeisterin und **Stadträtin** gezahlten Entschädigungen handelt es sich dem Grunde nach um Einkommen aus Erwerbstätigkeit. ... Vom .. bereinigten Einkommen ... ist nach § 11 Abs. 2 Nr. 6 i. V. m. § 30 SGB II in der bis zum 30.9.2005 geltenden Fassung ein **Erwerbstätigenfreibetrag** abzusetzen. Dies kann auch in Ansehung der für sich genommenen ehrenamtlichen Tätigkeit der Klägerin nicht fraglich sein, da ... den .. Entschädigungen in ganz wesentlichen Teilen Entgeltcharakter zukommt."

BSG, Urteil vom 13.05.2009, B 4 AS 29/08 R:
„Da das **Insolvenzgeld** ... in rechtlicher und wirtschaftlicher Hinsicht an die Stelle des **Arbeitsentgeltanspruchs tritt, ist es auch hinsichtlich der Einkommensbereinigung wie** der **Arbeitsentgelt**anspruch zu behandeln. ... Da es sich beim InsG bereits um eine Nettogröße handelt, kommen zur Bereinigung neben der Versicherungspauschale nur noch die Absetzung der mit der Erzielung des Einkommens im Dezember 2003 getätigten Aufwendungen sowie der **Erwerbstätigenfreibetrag** ... in Betracht."

9. Leistungsminderungen

Der erwerbsfähige Leistungsberechtigte muss alle Möglichkeiten ausschöpfen, um seine Hilfebedürftigkeit zu beenden oder zu verringern. Das folgt aus dem Grundsatz des Forderns (§ 2 SGB II).

§§ 31 ff. SGB II konkretisieren diesen Grundsatz ab dem 1. Januar 2023 dahingehend, dass bestimmte Pflichtverletzungen sanktioniert werden durch **Minderung** des **Bürgergeldes**:

Meldeversäumnis
(§ 32 SGB II)

Der Leistungsberechtigte

- verstößt gegen eine **Meldeaufforderung** des Jobcenters *
- erscheint nicht bei einer ärztlichen oder psychologischen **Untersuchung**, zu der das Jobcenter aufgefordert hat*.

Leistungsminderung

Kürzung des Regelbedarfs für einen Monat um jeweils **10 %** für jedes Meldeversäumnis

Wiederholt der Leistungsberechtigte ein Meldeversäumnis, ist die Minderung ins-gesamt auf 30 % begrenzt.

Pflichtverletzung
(§ 31 Abs. 1 und 2 SGB II)

Der Leistungsberechtigte weigert sich,

- einer Aufforderung nach § 15 Abs. 5 oder 6 nachzukommen
- zumutbare **Arbeit oder Ausbildung** aufzunehmen oder fortzuführen.

Leistungsminderung

Kürzung des Regelbedarfs für einen Monat um **10 %**

Wiederholt der Leistungsberechtigte eine Pflichtverletzung, mindert sich der Regelbedarf bei der **ersten Wiederholung** für zwei Monate um **20 %**.

Der Leistungsberechtigte verhindert durch sein Verhalten die Anbahnung einer Arbeit oder einer Ausbildung.

Der Leistungsberechtigte hat eine zumutbare **Eingliederungsmaßnahme** nicht angetreten, abgebrochen oder den Abbruch veranlasst.

Der Leistungsberechtigte

- hat nach Vollendung des 18. Lebensjahres sein **Einkommen** oder **Vermögen** in der Absicht gemindert, die Voraussetzungen für das Bürgergeld oder dessen Erhöhung herbeizuführen*
- setzt trotz Belehrung über die Rechtsfolgen oder deren Kenntnis sein **unwirtschaftliches Verhalten** fort*.

Die Agentur für Arbeit stellt fest, dass der Anspruch auf Arbeitslosengeld wegen einer **Sperrzeit** ruht oder erloschen ist (die Entscheidung bindet das Jobcenter).

Das Jobcenter stellt fest, dass die Voraussetzungen für eine Sperrzeit erfüllt wären (**Sperrzeitfiktion**).

Bei jeder **weiteren Pflichtverletzung** mindert sich der Regelbedarf für jeweils drei Monate um **30 %**.

Als wiederholte Pflichtverletzung gilt eine Pflichtverletzung innerhalb eines Jahres seit Beginn des vorangegangenen Sanktionszeitraums.

Das Jobcenter muss die Minderung aufheben, wenn Leistungsberechtigte diese Pflichten erfüllen oder sich nachträglich ernsthaft und nachhaltig **bereit erklären**, diesen nachzukommen.

Gründet die Sperrzeit in einem Meldeversäumnis: **Kürzung** des Regelbedarfs für einen Monat um jeweils **10 %** für jedes Meldeversäumnis.

Besonderheit bei unter 25-Jährigen:

Leistungsberechtigte unter 25 Jahren sollen innerhalb von vier Wochen ein **Beratungsangebot** erhalten. In dem Beratungsgespräch ist der Kooperationsplan zu überprüfen und bei Bedarf fortzuschreiben.

In den mit * gekennzeichneten Fällen gilt die Minderung für Bezieher von **Bürgergeld für nicht Erwerbsfähige** entsprechend. Das gilt auch für die Regeln der Beweislastumkehr (§ 32 SGB II).

Ein nicht erwerbsfähiger Leistungsberechtigter kann seine Pflicht z. B. verletzen, wenn er ohne wichtigen Grund zu einer ärztlichen oder psychologischen Untersuchung nicht erscheint, obwohl ihn der SGB-II-Träger hierzu aufgefordert hat, weil er ein Vermittlungshindernis für den erwerbsfähigen Partner darstellt, z. B. weil er von Alkohol abhängig ist und deshalb nur der erwerbsfähige Partner ein zum Haushalt gehörendes Kind betreuen kann.

Unwirtschaftliches Verhalten liegt vor, wenn ein Leistungsberechtigter bei allen oder einzelnen seiner Handlungen jede wirtschaftlich vernünftige Betrachtungsweise vermissen lässt und hierbei sein Verhalten wesentlich vom Durchschnitt abweicht. Hierbei ist auch zu berücksichtigen, dass ihm die Hilfe durch die Allgemeinheit gewährt wird.

Die **Sonderregelung** für **junge Erwerbsfähige** soll vermeiden, dass diese den Kontakt zum Jobcenter abbrechen und somit für Unterstützung nicht mehr zu erreichen sind.

Die Pflichtverletzungen nach § 31 Abs. 1 und § 32 SGB II bleiben für den Leistungsberechtigten ohne Folgen, wenn er einen **wichtigen Grund** für sein Verhalten nachweist.
Hierdurch tritt eine Beweislastumkehr ein. Der Leistungsberechtigte muss die einen wichtigen Grund begründenden Tatsachen nachweisen, die sich aus seiner Sphäre oder seinem Verantwortungsbereich ergeben.

Die Leistung ist nicht zu mindern, wenn sie im Einzelfall eine **außergewöhnliche Härte** bedeutete (§ 31a Abs. 3 SGB II).

Die Handlungen oder Unterlassungen des Leistungsberechtigten dürfen nur sanktioniert werden, wenn er in den Fällen des § 31 Abs. 1 und des § 32 über die **Rechtsfolgen** schriftlich belehrt wurde oder diese kennt. Das gilt auch beim unwirtschaftlichen Verhalten, doch ist hier die Form der Belehrung nicht vorgeschrieben.

Die Belehrung soll dem Leistungsberechtigten ermöglichen, hinreichend zu erkennen, welche konkreten Folgen eine Pflichtverletzung hat.

Das Jobcenter soll den Leistungsberechtigten vor der Feststellung der Minderung **persönlich anhören**,

- wenn er dies verlangt
- er seine Pflichten wiederholt verletzt oder
- wiederholt Meldetermine versäumt.

Im Falle einer **Sperrzeit** tritt die Minderung mit Beginn der Sperrzeit ein, im Übrigen in dem Monat, der auf die Bekanntgabe des Verwaltungsakts folgt, der die Minderung oder den Wegfall der Leistung feststellt (§ 31b Abs. 1 SGB II i. V. m. § 39 Abs. 1 SGB X).

Bei einer **erneuten Pflichtverletzung** beginnt ein erneuter Zeitraum, der sich an den ersten Zeitraum anschließen oder sich mit ihm überschneiden kann, je nach dem Zeitpunkt der Pflichtverletzung. Auch bei einer Überschneidung ist die Minderung insgesamt auf 30 % begrenzt.

Eine Minderung darf die Zahlbeträge für **Unterkunfts- und Heizkosten** nicht verringern (§ 31a Abs. 4 S. 2 SGB II). Die Minderung ist also auf den Restzahlbetrag des Regelbedarfs begrenzt.

Die Minderung ist innerhalb von sechs Monaten ab dem Zeitpunkt der Pflichtverletzung festzustellen (§ 31b Abs. 1 S. 3 SGB II).

Während der Minderung der Leistungen besteht **kein Anspruch auf *Hilfe zum Lebensunterhalt* nach dem SGB XII** (§ 31b Abs. 3 SGB II).

Zudem besteht **kein Anspruch auf eine vorzeitige Leistung** nach § 42 Abs. 2 SGB II, wenn der Leistungsanspruch im Folgemonat durch eine Sanktion gemindert ist.

Zu den Anforderungen an Bescheid und Belehrung: Seite 433 ff.
Zum „wichtigen Grund“: Seite 436
Zu den sonstigen Voraussetzungen nach § 31 ff. (Eingliederungsvereinbarung, zumutbare Arbeit etc.): Seite 436 ff.
Zu den sonstigen Voraussetzungen nach § 32 (Meldeaufforderung, Untersuchung): Seite 442 ff.
Zur wiederholten Pflichtverletzung: Seite 445

Zu den Anforderungen an Bescheid und Belehrung:

BVerfG, Beschluss vom 06.05.2016, 1 BvL 7/15:
„Dem Vorlagebeschluss ist nicht hinreichend nachvollziehbar zu entnehmen, ob die Rechtsfolgenbelehrungen ... den gesetzlichen Anforderungen des § 31 Abs. 1 Satz 1 SGB II genügen... Das gilt hier insbesondere, weil die fachgerichtliche Rechtsprechung **hohe Anforderungen** an die Art und Weise der **Rechtsfolgenbelehrung** stellt. ... Es ist auch nicht auszuschließen, dass die Art und Weise der Rechtsfolgenbelehrung und ihr Inhalt für die verfassungsrechtliche Bewertung der Sanktionsvorschriften von Bedeutung sind, weil die **Verhältnismäßigkeit einer Sanktion** mit davon abhängen kann, in welchem Maße Betroffene darüber informiert sind, was aus ihrem Verhalten folgt. ... **Richtigkeit** und **Verständlichkeit** der ... Belehrung können in Zweifel gezogen werden, da sie primär über die Minderung in Höhe von 30 % bei erstmaligem Verstoß informiert und **auf die Folgen eines wiederholten Verstoßes nur „vorsorglich“ hinweist**. Daraus ergibt sich nicht, dass das Jobcenter zu diesem Zeitpunkt bereits von einem ersten sanktionierten Pflichtenverstoß ausging und nun ein Verstoß gegen die Pflichten im **Eingliederungsverwaltungsakt** (als wiederholte Pflichtverletzung) eine Absenkung der Leistungen ... von 60 % des maßgebenden Regelbedarfs zur Folge hat. Darüber hinaus werden allgemein **„mit Ihnen vereinbarte“ Pflichten** erwähnt, obwohl es sich um einseitig durch Verwaltungsakt auferlegte Pflichten handelt. ... Ausführungen zum Vorliegen einer ordnungsgemäßen Rechtsfolgenbelehrung liegen auch nahe, weil die Fehleranfälligkeit von Rechtsfolgenbelehrungen der Fachöffentlichkeit bekannt ist.“

BSG, Urteil vom 29.04.2015, B 14 AS 19/14 R:
„Ändernde Wirkungen entfalten die Feststellungsbescheide aber auch nicht im Hinblick auf die ... zuerkannten Leistungen für diesen Bewilligungsabschnitt selbst. Solche Wirkungen kamen entsprechenden Bescheiden schon zur alten Rechtslage nicht zu... Hieran hat sich weiterhin nichts geändert. Soweit nunmehr gilt "**Der Auszahlungsanspruch mindert sich** mit Beginn des Kalendermonats, der auf das Wirksamwerden des Verwaltungsaktes folgt, der die Pflichtverletzung und den Umfang der Minderung der Leistung feststellt" ... **berührt** das **die Geltung bereits erlassener Bewilligungen nicht** unmittelbar. Wie bis dahin ist damit vielmehr nur zum Ausdruck gebracht, ab welchem Zeit-

punkt und um welchen Minderungsbetrag der Anspruch auf Leistungen ... abgesenkt ist. Nicht bestimmt ist hierdurch aber, dass es zu ihrer Umsetzung abweichend von § 48 Abs. 1 Satz 2 SGB X einer förmlichen Änderung bereits ergangener Bewilligungen nicht bedarf. Daran ändert nichts, dass durch die Regelung nach den Materialien "klargestellt" werden soll, "dass sich der Auszahlungsanspruch der Betroffenen bei pflichtwidrigem Verhalten kraft Gesetzes mindert"... Soweit dadurch zum Ausdruck gebracht sein sollte, dass die Durchbrechung der **Bindungswirkung** bereits ergangener Bewilligungen (vgl. § 77 SGG) ausnahmsweise nicht eine förmliche Änderungsentscheidung nach **§ 48 SGB X**, erfordert, sondern unmittelbar durch Gesetz angeordnet ist, findet das in dem Gesetzeswortlaut ... keine Stütze."

<u>BSG, Urteil vom 15.12.2010, B 14 AS 92/09 R:</u>
„Das **Bestimmtheitserfordernis** des § 33 Abs. 1 SGB X verlangt, dass der Verfügungssatz eines Verwaltungsaktes nach seinem Regelungsgehalt in sich widerspruchsfrei ist und den Betroffenen bei Zugrundelegung der Erkenntnismöglichkeiten eines verständigen Empfängers in die Lage versetzen muss, sein Verhalten daran auszurichten. Mithin muss aus dem **Verfügungssatz** für die Beteiligten **vollständig**, **klar** und **unzweideutig** erkennbar sein, was die Behörde will. ... Der **Warnfunktion** der **Rechtsfolgenbelehrung** kommt im ... SGB II noch eine größere Bedeutung zu als im Bereich der Arbeitsförderung."

<u>BSG, Urteil vom 18.02.2010, B 14 AS 53/08 R:</u>
„Die **Belehrung** über die **Rechtsfolgen** muss **konkret, verständlich, richtig** und **vollständig** sein. Erforderlich ist insbesondere eine **Umsetzung der in Betracht kommenden Verhaltensanweisungen und möglicher Maßnahmen auf die Verhältnisse des konkreten Einzelfalls**. Diese strengen Anforderungen an den Inhalt der Rechtsfolgenbelehrung sind vor allem deshalb geboten, weil es sich bei der Herabsetzung der Grundsicherungsleistungen, wie aus der Entscheidung des Bundesverfassungsgerichts vom 9. Februar 2010 (1 BvL 1/09, 3/09, 4/09) hervorgeht, um einen **schwerwiegenden Eingriff** handelt. Die der Klägerin bei Abschluss der Eingliederungsvereinbarung erteilte Rechtsfolgenbelehrung genügt den genannten Anforderungen nicht. Die Klägerin wurde nicht konkret über die Rechtsfolgen einer Pflichtverletzung belehrt; die Belehrung bestand vielmehr im Wesentlichen aus einer Wiedergabe des Gesetzestextes. Sie führte eine Vielzahl von Sanktionstatbeständen und möglichen Rechtsfolgen auf, ohne die konkret in Betracht kommenden deutlich zu machen. ... Da der Absenkungsbescheid schon wegen der unzulänglichen Rechtsfolgenbelehrung aufzuheben war, **war nicht** darüber **zu entscheiden**, **ob** die im Bescheid angeordnete **völlige Streichung** der Regelleistung für einen Zeitraum von drei Monaten **zulässig** war."
Zitiert nach der Medieninformation Nr. 4/10 des Bundessozialgerichts

BSG, Urteil vom 10.12.2009, B 4 AS 30/09 R:
„Die Wirksamkeit einer .. **Rechtsfolgenbelehrung** setzt voraus, dass sie konkret, richtig und vollständig ist, **zeitnah im Zusammenhang mit dem jeweiligen Angebot** einer Arbeitsgelegenheit erfolgt, sowie dem erwerbsfähigen Hilfebedürftigen in verständlicher Form erläutert, welche **unmittelbaren und konkreten Auswirkungen** sich aus der Weigerung, die angebotene Arbeitsgelegenheit anzutreten, für ihn ergeben, wenn für die Weigerung kein wichtiger Grund vorliegt... **Nur eine verständliche Rechtsfolgenbelehrung kann** die mit den Sanktionen verfolgte Zweckbestimmung, **das Verhalten des Hilfebedürftigen** zu **steuern**, verwirklichen. **Die Warn- und Steuerungsfunktion geht verloren, wenn der Grundsicherungsträger die Rechtsfolgenbelehrung** derart **standardisiert**, dass sie ... lediglich verschiedene Arten von Maßnahmen aufzählt und die Arbeitsgelegenheit ... als eine von mehreren möglichen Varianten benennt. Hinreichend belehrt wird der Adressat nämlich nur, wenn nur die **konkrete Maßnahme**, an deren Nichtteilnahme nachteilige Folgen geknüpft werden, ausdrücklich benannt wird und der Adressat sich damit direkt angesprochen fühlt. Nicht ausreichend ist es demgegenüber, wenn mehrere Varianten zur Auswahl gestellt werden und dem Hilfebedürftigen die Auswahl überlassen wird, ob eine der genannten Alternativen für ihn einschlägig ist. ... Die hier zu beurteilende Rechtsfolgenbelehrung ist darüber hinaus auch deshalb mangelhaft, weil sie in der einschlägigen Passage die fragliche Maßnahme lediglich durch einen Hinweis auf deren gesetzliche Grundlage (§ 16 Abs. 3 Satz 2 SGB II) umschreibt. Es ist mit dem Zweck der Rechtsfolgenbelehrung nicht zu vereinbaren, dass deren Inhalt nur unter Hinzuziehung des Gesetzestextes zu erschließen ist."

BSG, Urteil vom 16.12.2008, B 4 AS 60/07 R:
„Ebenfalls keine tatsächlichen Feststellungen liegen zu der Frage vor, ob die Beklagte das Angebot der Arbeitsgelegenheit mit einer den Anforderungen des § 31 Abs. 1 Satz 1 Nr. 1 SGB II entsprechenden Rechtsfolgenbelehrung ausgestattet hatte. Hinsichtlich dieser ... Voraussetzung für eine Absenkung des Alg II unter Wegfall des Zuschlags folgt der Senat der hM in der Literatur, wonach die **Schriftlichkeit der Rechtsfolgenbelehrung nicht zwingend zu fordern** ist... Es genügt also grundsätzlich auch eine mündliche Belehrung, wenn sie in engem zeitlichen Zusammenhang vor dem sanktionsbewehrten Verhalten erteilt wird. Dies ergibt sich bereits mit hinreichender Deutlichkeit aus dem Vergleich mit dem Wortlaut des § 31 Abs. 2 Satz 1 SGB II, denn dort wird eine schriftliche Rechtsfolgenbelehrung ausdrücklich vorausgesetzt. Schwierigkeiten können sich bei einer mündlichen Belehrung aber ... hinsichtlich des Nachweises der ordnungsgemäßen Belehrung ergeben. Im Übrigen gilt ... für die Rechtsfolgenbelehrung inhaltlich, dass sie **konkret**, **verständlich**, **richtig** und **vollständig** sein muss. Nur eine derartige Belehrung vermag dem Zweck der Rechtsfolgenbelehrung - nämlich der **Warn- und Steuerungsfunktion** ... - zu genügen."

Zum „wichtigen Grund":

BSG, Urteil vom 09.11.2010, B 4 AS 27/10 R:
„Wichtige Gründe ... können alle **Umstände des Einzelfalls** sein, die unter Berücksichtigung der berechtigten **Interessen des Hilfebedürftigen** in **Abwägung** mit etwa entgegenstehenden **Belangen der Allgemeinheit** das Verhalten des Hilfebedürftigen rechtfertigen. ... Mit seinem Revisionsvorbringen, er sei auf Grund "seiner Krankmeldung" durch Dr. B vom Vorliegen eines wichtigen Grundes ausgegangen bzw. ein wichtiger Grund sei schon wegen des anberaumten Arzttermins gegeben, stellt er auf subjektive Vorstellungen, nicht jedoch auf den rechtlich geforderten "objektiven Maßstab" für die Annahme eines wichtigen Grundes ab... Macht der Arbeitslose gesundheitliche Gründe für sein Nichterscheinen geltend, kommt als Nachweis für die Unfähigkeit, aus gesundheitlichen Gründen beim Leistungsträger zu erscheinen, zwar regelmäßig die Vorlage einer Arbeitsunfähigkeitsbescheinigung in Betracht. **Arbeitsunfähigkeit** ist jedoch **nicht** in jedem Einzelfall **gleichbedeutend mit einer krankheitsbedingten Unfähigkeit, zu einem Meldetermin zu erscheinen**..."

Zu den sonstigen Voraussetzungen nach § 31 (Eingliederungsvereinbarung, zumutbare Arbeit etc.):

BVerfG, Urteil vom 05.11.2019, 1 BvL 7/16:
„**Leitsätze**

„1. Die zentralen verfassungsrechtlichen Anforderungen an die Ausgestaltung staatlicher Grundsicherungsleistungen ergeben sich aus der grundrechtlichen Gewährleistung eines menschenwürdigen Existenzminimums (Art. 1 Abs. 1 in Verbindung mit Art. 20 Abs. 1 GG). **Gesichert werden muss einheitlich die physische und soziokulturelle Existenz. Die den Anspruch fundierende Menschenwürde steht allen zu und geht selbst durch vermeintlich „unwürdiges" Verhalten nicht verloren**. Das Grundgesetz verwehrt es dem Gesetzgeber aber nicht, die Inanspruchnahme existenzsichernder Leistungen an den Nachranggrundsatz zu binden, also nur dann zur Verfügung zu stellen, wenn Menschen ihre Existenz nicht vorrangig selbst sichern können, sondern wirkliche Bedürftigkeit vorliegt.

2. **Der Gesetzgeber** kann erwerbsfähigen Menschen, die nicht in der Lage sind, ihre Existenz selbst zu sichern und die deshalb staatliche Leistungen in Anspruch nehmen, abverlangen, selbst zumutbar an der Vermeidung oder Überwindung der eigenen Bedürftigkeit aktiv mitzuwirken. Er **darf sich auch dafür entscheiden, insoweit verhältnismäßige Pflichten mit wiederum verhältnismäßigen Sanktionen durchzusetzen**.

3. Wird eine Mitwirkungspflicht zur Überwindung der eigenen Bedürftigkeit ohne wichtigen Grund nicht erfüllt und sanktioniert der Gesetzgeber das durch den vorübergehenden Entzug existenzsichernder Leistungen, schafft er eine

außerordentliche Belastung. Dies unterliegt strengen Anforderungen der Verhältnismäßigkeit; der sonst weite Einschätzungsspielraum zur Eignung, Erforderlichkeit und Zumutbarkeit von Regelungen zur Ausgestaltung des Sozialstaates ist hier beschränkt. Prognosen zu den Wirkungen solcher Regelungen müssen hinreichend verlässlich sein; je länger die Regelungen in Kraft sind und der Gesetzgeber damit in der Lage ist, fundierte Einschätzungen zu erlangen, umso weniger genügt es, sich auf plausible Annahmen zu stützen. **Zudem muss es den Betroffenen tatsächlich möglich sein, die Minderung existenzsichernder Leistungen durch eigenes Verhalten abzuwenden; es muss also in ihrer eigenen Verantwortung liegen, in zumutbarer Weise die Voraussetzungen dafür zu schaffen, die Leistung auch nach einer Minderung wieder zu erhalten**.

Entscheidung

1. **§ 31a Absatz 1 Sätze 1, 2 und 3** Sozialgesetzbuch Zweites Buch in der Fassung des Gesetzes zur Ermittlung von Regelbedarfen und zur Änderung des Zweiten und Zwölften Buches Sozialgesetzbuch vom 24. März 2011 (Bundesgesetzblatt I Seite 453) sowie der Bekanntmachung der Neufassung des Zweiten Buches Sozialgesetzbuch vom 13. Mai 2011 (Bundesgesetzblatt I Seite 850), geändert durch das Gesetz zur Verbesserung der Eingliederungschancen am Arbeitsmarkt vom 20. Dezember 2011 (Bundesgesetzblatt I Seite 2854), geändert durch das Neunte Gesetz zur Änderung des Zweiten Buches Sozialgesetzbuch – Rechtsvereinfachung – sowie zur vorübergehenden Aussetzung der Insolvenzantragspflicht vom 26. Juli 2016 (Bundesgesetzblatt I Seite 1824), **ist für Fälle des § 31 Absatz 1** Sozialgesetzbuch Zweites Buch in der genannten Fassung **mit Artikel 1 Absatz 1 Grundgesetz in Verbindung mit dem Sozialstaatsprinzip des Artikel 20 Absatz 1 Grundgesetz unvereinbar, soweit die Höhe der Leistungsminderung bei einer erneuten Verletzung einer Pflicht nach § 31 Absatz 1** Sozialgesetzbuch Zweites Buch **die Höhe von 30 Prozent des maßgebenden Regelbedarfs übersteigt**, **soweit eine Sanktion** nach § 31a Absatz 1 Sätze 1 bis 3 Sozialgesetzbuch Zweites Buch **zwingend zu verhängen ist, auch wenn außergewöhnliche Härten vorliegen, und soweit § 31b Absatz 1 Satz 3** Sozialgesetzbuch Zweites Buch **für alle Leistungsminderungen** ungeachtet der Erfüllung einer Mitwirkungspflicht oder der Bereitschaft dazu **eine starre Dauer von drei Monaten vorgibt**.

2. Bis zum Inkrafttreten der Neuregelung durch den Gesetzgeber sind § 31a Absatz 1 Sätze 1, 2 und 3 und § 31b Absatz 1 Satz 3 in Fällen des § 31 Absatz 1 Sozialgesetzbuch Zweites Buch in der Fassung folgender **Übergangsregelungen** weiter anwendbar:

a. **§ 31a Absatz 1 Satz 1** Sozialgesetzbuch Zweites Buch **ist in den Fällen des § 31 Absatz 1** Sozialgesetzbuch Zweites Buch **mit der Maßgabe anzuwenden, dass die Leistungsminderung** wegen einer Pflichtverletzung nach

§ 31 Absatz 1 SGB II **nicht erfolgen muss, wenn dies im konkreten Einzelfall unter Berücksichtigung aller Umstände zu einer außergewöhnlichen Härte führen würde**. Insbesondere kann von einer Minderung abgesehen werden, wenn nach Einschätzung der Behörde die Zwecke des Gesetzes nur erreicht werden können, indem eine Sanktion unterbleibt.

b. **§ 31a Absatz 1 Sätze 2 und 3** Sozialgesetzbuch Zweites Buch **sind in den Fällen des § 31 Absatz 1** Sozialgesetzbuch Zweites Buch **mit der Maßgabe anwendbar, dass wegen wiederholter Pflichtverletzungen eine Minderung der Regelbedarfsleistungen nicht über 30 Prozent des maßgebenden Regelbedarfs hinausgehen darf**. **Von einer Leistungsminderung kann abgesehen werden, wenn dies im konkreten Einzelfall unter Berücksichtigung aller Umstände zu einer außergewöhnlichen Härte führen würde**. Insbesondere kann von einer Minderung abgesehen werden, wenn nach Einschätzung der Behörde die Zwecke des Gesetzes nur erreicht werden können, indem eine Sanktion unterbleibt.

c. **§ 31b Absatz 1 Satz 3** Sozialgesetzbuch Zweites Buch **ist in den Fällen des § 31 Absatz 1** Sozialgesetzbuch Zweites Buch **mit folgender Maßgabe anzuwenden**: Wird die **Mitwirkungspflicht erfüllt oder erklären sich Leistungsberechtigte nachträglich ernsthaft und nachhaltig bereit**, ihren Pflichten nachzukommen, **kann** die zuständige Behörde unter Berücksichtigung aller **Umstände des Einzelfalls** ab diesem Zeitpunkt die Leistung wieder in vollem Umfang erbringen. Die Minderung darf ab diesem Zeitpunkt nicht länger als einen Monat andauern.“

BVerfG, Urteil vom 14.02.2005, BvR 199/05:
„Aus diesen Gründen ist es auch bei der Grundsicherung für Arbeitsuchende unabdingbar, dass die fachnahen Sozialgerichte die relevanten tatsächlichen und rechtlichen Fragen klären und die einzelnen Regelungen verfassungsrechtlich überprüfen… Dazu zählt es zum Beispiel, **ob bei der Weigerung, eine Eingliederungsvereinbarung abzuschließen, die Geldleistungen gekürzt werden dürfen (§ 31 Abs. 1 Nr. 1 Buchstabe a SGB II) oder ob es ausreicht, an Stelle der Vereinbarung einen Verwaltungsakt zu erlassen (§ 15 Abs. 1 Satz 6 SGB II)**.“

BSG, Urteil vom 03.05.2018, B 11 AL 2/17 R:
„Ein weiteres Verfahren betraf **Sperrzeiten** wegen Arbeitsablehnung gemäß § 159 Absatz 1 Satz 2 Nummer 2 SGB III im Falle **dreier nahezu zeitgleicher Vermittlungsvorschläge** der beklagten Bundesagentur für Arbeit an den Kläger auf jeweils eine Stelle im Schwarzwald, im Oberallgäu und in einem wohnortnah gelegenen Betrieb in Sachsen. Der Kläger bewarb sich auf keinen der Vorschläge. Die Beklagte hob daraufhin die Bewilligung von Arbeitslosengeld wegen Eintritts von drei Sperrzeiten auf. Der 11. Senat ist dieser Einzelbetrachtung nicht gefolgt. Vielmehr ist bei **mehreren Beschäftigungsangeboten**, die in einem so **engen zeitlichen Zusammenhang** durch die Beklagte ergehen,

dass sie der arbeitslosen Person gleichzeitig vorliegen und diese hierauf zu reagieren hat, von einem **einheitlich zu betrachtenden Lebenssachverhalt** auszugehen. Infolgedessen konnte der Kläger durch Nichtbewerbung nur **eine** Sperrzeit verwirklichen."
Zitiert nach dem Bericht über die „Tätigkeit des Bundessozialgerichts im Jahr 2018"

BSG, Urteil vom 12.10.2017, B 4 AS 34/16 R:
„Soweit solche ergänzenden **Leistungen in Form von Gutscheinen** erbracht werden, sind sie als **Sachleistung** anzusehen ... und setzen - wenn der Leistungsträger nicht von sich aus tätig geworden ist - einen entsprechenden Antrag voraus... Die Entscheidung über einen solchen Antrag hat ... in der Form des Verwaltungsakts zu erfolgen. ... Sollte der Kläger tatsächlich Sachleistungen erhalten haben, wären hierfür die ausgehändigten **Gutscheine** und nicht andere Bescheide des Beklagten über Leistungsbewilligungen (weiterhin) die **Rechtsgrundlage**. Ob und unter welchen Voraussetzungen der Beklagte nach Rücknahme der Sanktionsbescheide, die Voraussetzung für die Erteilung der Gutscheine waren, auch die darauf bezogenen Verwaltungsakte aufheben oder zurücknehmen kann, hatte der Senat nicht zu entscheiden. Daraus resultierende Erstattungsansprüche wären allerdings, soweit sie sich auf die Erstattung von Sachleistungen richten, gemäß § 50 Abs. 1 Satz 2 SGB X bzw. § 40 Abs. 6 SGB II (der § 40 Abs. 3 SGB II in der vom 1.4.2011 bis 31.7.2016 geltenden Fassung entspricht) in Geld zu erstatten."

BSG, Urteil vom 23.06.2016, B 14 AS 30/15 R:
„Eine Eingliederungsvereinbarung *(ist)* wirksam, wenn sie nicht nichtig ist. ... Es liegt bereits die Nichtigkeit ... wegen eines qualifizierten Rechtsverstoßes gegen ein gesetzliches Verbot ... durch einen **Formenmissbrauch** nahe, weil durch sie faktisch in der Form eines einseitig regelnden Verwaltungsakts gehandelt wird... Denn sie bedient sich zwar der Form des öffentlich-rechtlichen Vertrags, sie lässt aber ... nicht erkennen, dass sie dem ... gesetzgeberischen Regelungskonzept entspricht. ... Weder ist ersichtlich, dass die Eingliederungsvereinbarung ... auf den Leistungsgrundsätzen des § 3 Abs. 1 Satz 2 SGB II beruht... Noch ist ersichtlich, dass sie außer der Zusage des Beklagten, bei Vorliegen geeigneter Stellenangebote Vermittlungsvorschläge zu unterbreiten, individuelle, konkrete und verbindliche Leistungsangebote zur Eingliederung in Arbeit ... als die grundsätzlich notwendigen Bestandteile einer Eingliederungsvereinbarung enthält... Der Eingliederungsvereinbarung ist weder zu entnehmen, ob und inwieweit eine **Eignungsanalyse** ... durchgeführt und die bisher gewonnenen **Erfahrungen** bei der Eingliederungsvereinbarung ... berücksichtigt wurden... Noch ist ihr zu entnehmen, ob und ggf. warum es vorliegend kein Verstoß gegen § 15 Abs. 1 SGB II ... sein könnte, in der Eingliederungsvereinbarung außer der Zusage von Vermittlungsvorschlägen bei Stellenangeboten **keine individuellen, konkreten und verbindlichen Leistungsangebote** des Beklagten ... zu vereinbaren. ... Gleichwohl bedarf es hier keiner

Aufhebung und Zurückverweisung an das LSG ..., denn die Eingliederungsvereinbarung ... ist jedenfalls deshalb insgesamt nichtig ..., weil sich der Beklagte entgegen dem sog. **Koppelungsverbot** ... eine **unzulässige Gegenleistung** ... hat versprechen lassen. Die sanktionsbewehrte Obliegenheit des Klägers zu den ... Bewerbungsbemühungen ist ... unangemessen im Verhältnis zu den vom Beklagten insoweit übernommenen Leistungsverpflichtungen. Denn die Eingliederungsvereinbarung sieht **keine** Regelung zu **individuellen, konkreten und verbindlichen Unterstützungsleistungen** für die in ihr bestimmten individuellen, konkreten und verbindlichen Bewerbungsbemühungen ... vor... Dass gesetzliche Vorschriften die Übernahme von Bewerbungskosten ermöglichen ..., ändert nichts daran, dass Eingliederungsvereinbarungen ein ausgewogenes Verhältnis der wechselseitigen Verpflichtungen aufzuweisen haben... Probleme einer konkreten Bestimmung von Leistungen zur Kostenübernahme bereits vor dem Anfall von Bewerbungskosten machen eine verbindliche Bestimmung nicht von vornherein unmöglich; so kommt die **Zusage dem Grunde nach** in Betracht, dass Bewerbungsaktivitäten auf Antrag und nach Maßgabe der gesetzlichen Vorschriften durch Übernahme von angemessenen und nachgewiesenen Kosten für schriftliche Bewerbungen sowie für Fahrkosten zu Vorstellungsgesprächen unterstützt werden; Einzelheiten können dem Antragsverfahren überlassen bleiben... Auch Pauschalierungen ... oder Höchstbetragsregelungen kommen in Betracht."

BSG, Urteil vom 15.12.2010, B 14 AS 92/09 R:
„Es bestehen ... zunächst keine rechtlichen Zweifel daran, dass der Kläger sich geweigert hat, eine Arbeit anzunehmen. **Weigern** in diesem Sinne bedeutet regelmäßig die vorsätzliche, ausdrückliche oder stillschweigende, schriftlich, mündlich oder in anderer Weise dem Leistungsträger oder dem Arbeitgeber zum Ausdruck gebrachte **fehlende Bereitschaft, sich an die durch das Gesetz auferlegte Pflicht zu halten.** Die Aufnahme einer Tätigkeit kann mithin auch durch konkludentes Verhalten verweigert werden... Das LSG wird allerdings ... nochmals darüber zu entscheiden haben, ob die Arbeit dem Kläger tatsächlich **zumutbar** ... war. Nach § 10 Abs. 1 Satz 1 Nr. 3 SGB II ist die Ausübung der Arbeit auch dann zumutbar, wenn die **Erziehung eines unter dreijährigen Kindes** nicht gefährdet ist. ... Maßgeblich ist insofern ausschließlich die **objektive Betreuungssituation**, die von Amts wegen zu ermitteln ist... Soweit der Kläger darüber hinaus im Rahmen der Zumutbarkeit vorgetragen hat, eine Arbeitsstelle als **Erzieher** sei ihm als **vormaligem Fernsehredakteur** generell unzumutbar, verkennt er die Tragweite des § 10 Abs. 1 Satz 1 SGB II, wonach dem erwerbsfähigen Hilfebedürftigen grundsätzlich **jede Arbeit zumutbar** ist."

BSG, Urteil vom 22.03.2010, B 4 AS 68/09 R:
„Eine **Weigerung**, eine Arbeit fortzuführen, liegt nur vor, wenn der erwerbsfähige Hilfebedürftige **selbst kündigt**, einen Aufhebungsvertrag schließt oder die abhängige oder selbständige Tätigkeit einfach aufgibt. ... Die hier vorliegende **Arbeitgeberkündigung** kann aber nach **§ 31 Abs. 4 Nr. 3 Buchst. b SGB II**

einen Kürzungstatbestand begründen, weil diese Regelung auf die vorliegende Konstellation anwendbar ist. ... Im Unterschied zu § 31 Abs. 1 Satz 1 Nr. 1 Buchst. c SGB II erfordert § 31 Abs. 4 Nr. 3 Buchst. b SGB II für den Eintritt der Sperrzeit **keine vorherige Rechtsfolgenbelehrung**. Das Verhältnis von § 31 Abs. 1 SGB II und § 31 Abs. 4 Nr. 3 SGB II ist ... nicht so zu verstehen, dass § 31 Abs. 4 Nr. 3 SGB II im Sinne einer speziellen Gesamtregelung nur für pflichtwidrige Handlungen Anwendung finden kann, die zeitlich vor einer Antragstellung oder dem Beginn des Leistungsbezugs ... liegen. ... Die Heranziehung des § 31 Abs. 4 Nr. 3 Buchst b SGB II setzt allerdings ... voraus, dass das von dem Hilfebedürftigen abverlangte Verhalten nicht bereits von § 31 Abs. 1 SGB II erfasst ist und das sperrzeitrelevante Ereignis zu einem Zeitpunkt eintritt, in dem eine Beziehung des Hilfebedürftigen zum Rechtskreis des SGB III vorliegt...
Vor diesem Hintergrund will § 31 Abs. 4 Nr. 3 Buchst. a SGB II - wie zuvor § 25 Abs. 2 Nr. 3 Buchst. a BSHG - sicherstellen, dass der Ruhens- oder Erlöschenstatbestand wegen einer im Geltungsbereich des SGB III eingetretenen Sperrzeit nicht folgenlos bleibt, wenn zwischenzeitlich ein Anspruch auf Alg II dem Grunde nach entstanden ist... ...das LSG ... wird neben der Frage, ob ein arbeitsvertragswidriges Verhalten vorliegt, u. a. zu prüfen haben, ob ein solches Verhalten dem Kläger **subjektiv vorwerfbar** ist und die auf ein arbeitsvertragswidriges Verhalten zurückzuführende **Lösung des Beschäftigungsverhältnisses** für ihn **vorhersehbar** war. Dies kann regelmäßig nur bei **vorheriger Abmahnung** bejaht werden..."

BSG, Urteil vom 17.12.2009, B 4 AS 20/09 R:
„Treten Leistungsempfänger eine **Trainingsmaßnahme** nicht an, ohne dass mit ihnen zuvor eine **Eingliederungsvereinbarung** geschlossen oder ihnen gegenüber ein die Eingliederungsvereinbarung ersetzender Verwaltungsakt erlassen worden ist, kann dieses Verhalten nicht mit der Absenkung der Regelleistung sanktioniert werden. § 31 Abs. 1 Satz 1 Nr. 1 lit c SGB II setzt ausdrücklich eine Eingliederungsvereinbarung voraus. § 31 Abs. 4 Nr. 3 lit b SGB II bezieht zwar seinem Wortlaut nach sämtliche **Sperrzeittatbestände** des Arbeitslosenversicherungsrechts ein; **auszuklammern** sind jedoch bei systematischer und teleologischer Betrachtung diejenigen Sperrzeittatbestände, **die sinngemäß bereits von § 31 Abs. 1 SGB II erfasst werden**."
Zitiert nach dem Bericht über die „Tätigkeit des Bundessozialgerichts im Jahr 2009"

BSG, Urteil vom 16.12.2008, B 4 AS 60/07 R:
„Hingegen bestehen in einem Fall wie dem vorliegenden - der Kläger hatte ... vier Jahre keine Berufstätigkeit mehr ausgeübt - keine grundsätzlichen Bedenken dagegen, die **Arbeitsgewöhnung und -erprobung** im Rahmen einer Arbeitsgelegenheit in einem zeitlichen Umfang durchzuführen, der einer Vollzeittätigkeit nahekommt. Dies gilt insbesondere dann, wenn der beabsichtigte Zeitraum der Tätigkeit in der Arbeitsgelegenheit lediglich ca. ein Vierteljahr beträgt. ... Vor diesem Hintergrund kann der Senat dahingestellt lassen, ob es sich bei

dem Merkmal der **Zusätzlichkeit** überhaupt um eine Voraussetzung handelt, der im Verhältnis zu den Teilnehmern an einer Maßnahme nach § 16 Abs. 3 Satz 2 SGB II **drittschützender Charakter** zukommt. Zweifel daran, dass eine Prüfung dieses Merkmals auch von erwerbsfähigen Hilfebedürftigen, die sich gegen die Absenkung ihres Leistungsanspruchs zur Wehr setzen, verlangt werden kann, sind jedenfalls unter dem Gesichtspunkt angebracht, als die Zielrichtung des Merkmals der Zusätzlichkeit eher auf den **Schutz von Konkurrenten** ausgerichtet sein dürfte. ... Hierbei kann im vorliegenden Zusammenhang die umstrittene Frage ... unentschieden bleiben, ob es sich bei dem Angebot einer Arbeitsgelegenheit um einen **Verwaltungsakt** handelt. ...
Das BVerwG hatte als Anforderungen an die Bezeichnung von Arbeitsgelegenheiten formuliert, es müsse die **Art der Arbeit**, ihr **zeitlicher Umfang** und ihre **zeitliche Verteilung** sowie die **Höhe der angemessenen Entschädigung** für Mehraufwendungen im Einzelnen bestimmt sein... Das BSG hat zu dem in § 144 Abs. 1 Satz 2 Nr. 4 SGB III (Sperrzeit wegen Ablehnung einer beruflichen Eingliederungsmaßnahme) geregelten Sperrzeittatbestand darüber hinaus entschieden, dass dem Arbeitslosen verbindlich bezeichnet werden muss, **welche Leistungen ihm** bei der Teilnahme an der Maßnahme dem Grunde nach **zustehen**..."

Zu den sonstigen Voraussetzungen nach <u>§ 32</u> (Meldeaufforderung, Untersuchung):

<u>BSG, Urteil vom 03.09.2020, B 14 AS 24/17 R:</u>
„Die .. Voraussetzungen sind nicht erfüllt, weil die Einladungen der kAöR ... **keine Aufforderungen des zuständigen Trägers** waren. Dass die kAöR in dem Kopf der Meldeaufforderungen unter ihren Namen noch den Begriff "Jobcenter" aufführte ... macht die Meldeaufforderung der kAöR nicht zu einer Meldeaufforderung des Beklagten. Der Landkreis konnte die **Befugnis**, eine **Meldeaufforderung** ... zu verfügen, **nicht** wirksam **auf** die **kAöR übertragen**. Denn eine Aufteilung der beiden zentralen Aufgaben des SGB II - der Leistungen zur Eingliederung in Arbeit und der Leistungen zur Sicherung des Lebensunterhalts - auf zwei verschiedene Stellen verstößt gegen den **Grundsatz** der **"Leistungen aus einer Hand"**... Aus dem SGB II ... ist keine Befugnis zur Übertragung der Zuständigkeit für Meldeaufforderungen im Rahmen der Leistungen zur Eingliederung in Arbeit, herleitbar. Dem einschlägigen Landesrecht ist keine abweichende Regelung zu entnehmen. Aus Art. 28 Abs. 2 GG über die kommunale Selbstverwaltung ergibt sich ... nichts Anderes... Für eine **Differenzierung** hinsichtlich des Grundsatzes der "Leistungen aus einer Hand" zwischen **zkT** und **gE** ... ist kein durchgreifender rechtlicher Ansatz zu erkennen, zumal es sinnwidrig wäre, bei getrennter Trägerschaft ... einen solchen Grundsatz anzunehmen, indes bei einheitlicher Trägerschaft den Grundsatz als disponibel anzusehen. Aus dem Recht der Träger der Grundsicherung, zu ihrer **Unterstützung Dritte** mit der Wahrnehmung von Aufgaben zu beauftragen (§ 6 Abs. 1 Satz 2 SGB II), ist keine Befugnis eines zkT zur Übertragung aller

Leistungen zur Eingliederung in Arbeit, einschließlich der Zuständigkeit für Meldeaufforderungen, herleitbar. Wie schon dem Wortlaut der Vorschrift entnommen werden kann, zielt sie nur auf eine "Unterstützung" der Träger ab, nicht jedoch auf eine umfassende Übertragung oder "Auslagerung" wesentlicher Teile ihrer Aufgaben. ... Auch aus der Befugnis der gE nach § 44b Abs. 4 SGB II, einzelne Aufgaben durch die Träger wahrnehmen zu lassen, und dem dortigen Verweis auf §§ 88 bis 92 SGB X kann **keine Rechtfertigung für eine Aufteilung** der beiden zentralen Aufgaben des SGB II ... auf zwei verschiedene Stellen abgeleitet werden."

BSG, Urteil vom 29.04.2015, B 14 AS 19/14 R:
„Die Voraussetzungen für die Feststellung eines Meldeversäumnisses sind .. hinsichtlich der Meldetermine am 24.10.2011, 4.11.2011 und 11.11.2011 gegeben, nicht jedoch ... für den vierten und die weiteren Meldetermine. ... Die **Voraussetzungen** ... eines Meldeversäumnisses ... sind: Eine **leistungsberechtigte Person** muss eine Aufforderung des zuständigen Jobcenters, sich bei ihm zu melden oder bei einem Untersuchungstermin zu erscheinen, erhalten haben (**Meldeaufforderung**), mit der ein zulässiger **Meldezweck** verfolgt wurde ...; die Person muss eine schriftliche **Belehrung** über die **Rechtsfolgen** erhalten oder von diesen Kenntnis haben und ohne **wichtigen Grund** der Meldeaufforderung schuldhaft nicht nachgekommen sein. ... Keine Voraussetzung aufgrund der neuen Rechtslage ist, dass ein Verwaltungsakt über die erste Feststellung eines Meldeversäumnisses und der eingetretenen Minderung ergangen ist, ehe ein zweites Meldeversäumnis eintreten konnte... Wie konkret der Meldezweck benannt werden muss, kann nicht für alle Einzelfälle generell festgelegt werden, weil dafür die jeweilige Beratungssituation maßgebend ist; eine stichwortartige Konkretisierung ist aber im Regelfall ausreichend... Aufgrund der Abfolge der ... **sieben Meldeaufforderungen** ... **innerhalb von acht Wochen** sind die Bescheide vom 14.12.2011, 15.12.2011, 2.1.2012 und 3.1.2012 rechtswidrig... Die Rechtswidrigkeit der genannten Bescheide folgt nicht aus der "**Einladungsdichte**" als solche... Die Abfolge von siebenmal derselben Meldeaufforderung mit denselben Zwecken in nahezu wöchentlichem Abstand ... verstößt jedoch gegen die **vor einer Meldeaufforderung notwendige Ermessensausübung** wegen einer Ermessensunterschreitung, weil relevante Ermessensgesichtspunkte nicht berücksichtigt worden sind... Zumindest nach der dritten gleichlautenden Meldeaufforderung mit dem Ergebnis der Nichtwahrnehmung des Termins hätte der Beklagte nicht in der bisherigen Weise fortfahren dürfen. Vielmehr hätte er aufgrund der ... im Rahmen des § 31a SGB II eingefügten Abstufungen zwischen den Rechtsfolgen eines Meldeversäumnisses mit einer Minderung um 10 vH und den Rechtsfolgen bei einer Pflichtverletzung mit einer Minderung um 30 vH sowie der Erbringung ergänzender Sachleistungen bei einer Minderung um mehr als 30 vH seine bisherige Ermessensausübung überprüfen müssen. ... Denn es handelt sich nach dem Wortlaut und der Konzeption der **§§ 31 bis 32 SGB II** ... **nicht** um **Strafvorschriften**, nach denen aufgrund eines bestimmten schuldhaften Verhaltens bestimmte Strafen "verhängt" werden, sondern um die gesetzlichen Folgen von

Obliegenheitsverletzungen, weil die Durchsetzung z. B. einer Meldeaufforderung nicht mit Mitteln des Verwaltungszwangs vollstreckt werden darf. ... Der Beklagte hätte auch von weiteren Meldeaufforderungen Abstand nehmen und die Klägerin zu einer ärztlichen oder psychologischen Untersuchung auffordern können... Durchgreifende **verfassungsrechtliche Bedenken** gegen eine Minderung des Alg II-Anspruchs ... nach §§ 32, 31a Abs. 3, § 31b SGB II **bestehen nicht**."

BSG, Urteil vom 29.04.2015, B 14 AS 20/14 R:
„Regelungsgegenstand der .. Bescheide ist allein die Feststellung von Meldeversäumnissen und der sich daraus ergebenden ... Minderungen, nicht aber die Höhe des Leistungsanspruchs für Zeiten, für die dem Kläger ... Leistungen ... zuerkannt worden waren. ... Mindert sich kraft Gesetzes der "Auszahlungsanspruch" ... zu einem bestimmten Zeitpunkt, so bedeutet das nicht, dass die zugrunde liegende Bewilligung selbst abweichend von § 48 Abs. 1 Satz 2 SGB X ohne ausdrückliche (Teil-)Aufhebung partiell ihre Regelungswirkung verlieren könnte. ... Wie konkret der **Meldezweck** benannt werden muss, kann nicht für alle Einzelfälle generell festgelegt werden, weil dafür die **jeweilige Beratungssituation maßgebend** ist; eine **stichwortartige Konkretisierung** ist aber **im Regelfall ausreichend**... Dementsprechend ist die Angabe "Gespräch über das Bewerberangebot/die berufliche Situation" eine grundsätzlich zulässige und ausreichende Konkretisierung des Meldezwecks... Ein Ermessensnichtgebrauch, ... ist nicht festzustellen, weil der Beklagte ... die Meldeaufforderung ausgesprochen hatte, um die berufliche Situation des Klägers mit ihm zu erörtern, was angesichts der Länge seines Leistungsbezugs naheliegend war. ... Die in den Meldeaufforderungen genannten Zwecke dienten dem zentralen Ziel des SGB II, die arbeitsuchende, leistungsberechtigte Person bei der Aufnahme einer Erwerbstätigkeit zu unterstützen und im Zusammenwirken mit ihr Wege zu entwickeln und ihr aufzuzeigen, wie sie eine solche Erwerbstätigkeit ... erlangen kann..."

BSG, Urteil vom 09.11.2010, B 4 AS 27/10 R:
„Wegen der strukturellen Ähnlichkeit des § 31 SGB II zu den Sperrzeittatbeständen des § 144 Abs. 1 Satz 2 SGB III ist auch im Rahmen des § 31 Abs. 2 SGB II die **subjektive Vorwerfbarkeit** des Verhaltens als ungeschriebenes Tatbestandsmerkmal zu prüfen... Der Verstoß gegen die Meldepflicht war dem Kläger - unbesehen der Prüfung des Vorliegens eines wichtigen Grundes für die Versäumnis des Meldetermins... - ... vorwerfbar, weil die Beklagte ihn mit den Einladungsschreiben ... ausdrücklich darauf hingewiesen hat, dass nur eine ärztliche Bescheinigung mit Angabe gesundheitlicher Gründe sein Nichterscheinen zu den Meldeterminen entschuldigen könne. ... Macht der Arbeitslose gesundheitliche Gründe für sein Nichterscheinen geltend, kommt als Nachweis für die Unfähigkeit, aus gesundheitlichen Gründen beim Leistungsträger zu erscheinen, zwar regelmäßig die Vorlage einer Arbeitsunfähigkeits-

bescheinigung in Betracht. **Arbeitsunfähigkeit** ist jedoch **nicht** in jedem Einzelfall **gleichbedeutend mit einer krankheitsbedingten Unfähigkeit, zu einem Meldetermin zu erscheinen**…"

Zur wiederholten Pflichtverletzung:

BSG, Urteil vom 09.11.2010, B 4 AS 27/10 R:
„Zu einer (weiteren) Absenkung des Alg II bei wiederholten Meldeversäumnissen i. S. des § 31 Abs. 3 Satz 3 SGB II mit einem jeweils erhöhten Absenkungsbetrag bedarf es einer **vorangegangenen** entsprechenden **Feststellung eines ggf. weiteren Meldeversäumnisses mit einem Absenkungsbetrag der niedrigeren Stufe**. Zwar ergibt sich dies nicht bereits aus dem Wortlaut der Vorschrift; jedoch sprechen der systematische Zusammenhang sowie der Sinn und Zweck der Regelung dafür, eine jeweils (weitere) wiederholte Pflichtverletzung mit einem erhöhten Absenkungsbetrag nur dann anzunehmen, wenn eine vorangegangene Pflichtverletzung jeweils mit einem **Absenkungsbescheid** der niedrigeren Stufe sanktioniert und dem Hilfebedürftigen zugestellt worden ist… Die Sanktionierung durch Festlegung eines erhöhten Absenkungsbetrags soll erst greifen, wenn dem Hilfebedürftigen durch den vorangegangenen Sanktionsbescheid mit einer Minderung des Sanktionsbetrags in der niedrigeren Stufe die Konsequenzen seines Verhaltens vor Augen geführt worden sind."

10. Mitwirkungspflichten

§§ 56 ff. SGB II regeln diverse Mitwirkungspflichten; die folgende Aufstellung gibt hierüber einen Überblick:

Pflicht	Folge bei Zuwiderhandlung
Erwerbsfähige müssen eine **Arbeitsunfähigkeit** und deren voraussichtliche Dauer unverzüglich **anzeigen** (§ 56 Abs. 1 S. 1 Nr. 1 SGB II)	nicht ausdrücklich geregelt* *(u. U. Geldbuße möglich nach § 63 Abs. 1 Nr. 7 SGB II)*
Erwerbsfähige müssen vor Ablauf des 3. Kalendertages nach Eintritt der Arbeitsunfähigkeit eine **ärztliche Bescheinigung vorlegen** über die Arbeitsunfähigkeit und deren voraussichtliche Dauer (§ 56 Abs. 1 S. 1 Nr. 2 SGB II).	nicht ausdrücklich geregelt* (*Schadenersatz möglich laut Begründung zu § 62 SGB II)*
Krankenkassen müssen auf Verlangen des Jobcenters **Arbeitsunfähigkeitsbescheinigungen überprüfen** (§ 56 Abs. 1 S. 6 SGB II)	nicht ausdrücklich geregelt
Arbeitgeber müssen auf Verlangen des Jobcenters **Auskunft** erteilen über entscheidungserhebliche Tatsachen, vor allem über Ende und Grund der **Beendigung** des **Beschäftigungsverhältnisses** (§ 57 SGB II).	**Schadenersatz** (§ 62 SGB II) **Geldbuße** bis zu 2.000 € möglich (§ 63 SGB II)
Arbeitgeber müssen das **Einkommen** auf dem vorgeschriebenen Vordruck möglich (§ 63 SGB II) unverzüglich **bescheinigen** und die **Bescheinigung aushändigen** (§ 58 Abs. 1 SGB II).	**Geldbuße** bis zu 2.000 €

Pflicht	Folge bei Zuwiderhandlung
Hilfebedürftige müssen dem Arbeitgeber unverzüglich den vorgeschriebenen **Vordruck vorlegen** (§ 58 Abs. 2 SGB II).	**Geldbuße** bis zu 2.000 € möglich (§ 63 SGB II)
Erwerbsfähige müssen sich **persönlich melden**, wenn das Jobcenter hierzu auffordert (§ 59 SGB II i. V. m. § 309 SGB III).	**Kürzung** des Bürgergeldes (§ 32 SGB II)
Erwerbsfähige müssen sich bei **Wechsel der Zuständigkeit** des Jobcenters unverzüglich beim neuen Jobcenter **melden** (§ 59 SGB II i. V. m. § 310 SGB III).	**Geldbuße** bis zu 5.000 € möglich (§ 63 Abs. 1 Nr. 7 SGB II) (eine analoge Anwendung des § 32 SGB II dürfte nicht in Betracht kommen)
Allgemeine Auskunftspflicht für *Dritte,* die bedürftigkeitsrelevante Leistungen erbringen (§ 60 Abs. 1 SGB II).	**Schadenersatz** (§ 62 SGB II) **Geldbuße** bis zu 2.000 € möglich (§ 63 SGB II)
Auskunftspflicht für *Kreditinstitute*, *Versicherungen* etc. mit Anlageformen, aus denen zu berücksichtigendes **Einkommen** oder **Vermögen** resultiert (§ 60 Abs. 2 SGB II).	**Schadenersatz** (§ 62 SGB II) **Geldbuße** bis zu 2.000 € möglich (§ 63 SGB II)
Arbeitgeber müssen **Auskunft erteilen** über die **Beschäftigung**, vor allem über das Arbeitsentgelt (§ 60 Abs. 3 SGB II).	**Schadenersatz** (§ 62 SGB II) **Geldbuße** bis zu 2.000 € möglich (§ 63 SGB II)
Partner müssen **Auskunft erteilen** über ihr Einkommen und Vermögen, ebenso *Dritte*, die dieses verwalten (§ 60 Abs. 4 SGB II).	**Schadenersatz** (§ 62 SGB II) **Geldbuße** bis zu 2.000 € möglich (§ 63 SGB II)

Pflicht	Folge bei Zuwiderhandlung
Arbeitgeber müssen **Einsicht in Unterlagen** gewähren, damit Angaben zu leistungsrelevanten Sachverhalten geprüft werden können (§ 60 Abs. 5 SGB II).	**Geldbuße** bis zu 2.000 € möglich (§ 63 SGB II)
Träger von Eingliederungsmaßnahmen müssen **Auskunft erteilen** über leistungserhebliche Tatsachen (§ 61 Abs. 1 SGB II).	**Geldbuße** bis zu 2.000 € möglich (§ 63 SGB II) Schadenersatz nicht geregelt (*Schadenersatz möglich laut Begründung zu § 62 SGB II)*
Teilnehmer an Eingliederungsmaßnahmen müssen **Auskünfte erteilen**, die zur Qualitätsprüfung nötig sind (§ 61 Abs. 2 S. 1 Nr. 1 SGB II).	nicht ausdrücklich geregelt* (*Schadenersatz möglich laut Begründung zu § 62 SGB II)*
Teilnehmer an Eingliederungsmaßnahmen müssen eine **Leistungsbeurteilung** durch den Maßnahmeträger **zulassen** (§ 61 Abs. 2 S. 1 Nr. 2 SGB II).	nicht ausdrücklich geregelt*
Maßnahmeträger müssen die **Beurteilungen** unverzüglich dem SGB-II-Träger **übermitteln** (§ 61 Abs. 2 S. 2 Nr. 1 SGB II).	nicht ausdrücklich geregelt
Maßnahmeträger müssen die **Fehltage** der Teilnehmer und die Gründe dafür dem Jobcenter **übermitteln** (§ 61 Abs. 2 S. 2 Nr. 2 SGB II).	nicht ausdrücklich geregelt
Hilfebedürftige müssen **Änderungen** in ihren Verhältnissen unverzüglich **mitteilen** (§ 60 Abs. 1 Nr. 2 SGB I)	**Geldbuße** bis zu 5.000 € möglich (§ 63 SGB II)

Bis 30. Juni 2023:
In den mit * gekennzeichneten Fällen ist im Einzelfall zu prüfen, ob die Mitwirkungspflicht in der Eingliederungsvereinbarung geregelt werden kann. Folgen bei Zuwiderhandlungen könnten dann sanktioniert werden (§ 31 Abs. 1 S. 1 Nr. 1 SGB II).

BSG, Urteil vom 26.11.2020, B 14 AS 13/19 R:
„Auf die Revision der Klägerin sind die vorinstanzlichen Entscheidungen und der **Versagungsbescheid** ... **aufgehoben** worden. Für das Verfahren zur **Feststellung der Erwerbsfähigkeit** einer Person nach § 44a Abs. 1 - 3 SGB II gelten die allgemeinen Regelungen zur **Amtsermittlung** (§§ 20 ff. SGB X) und den **Mitwirkungspflichten** (§§ 60 ff. SGB I) gleichermaßen für alle beteiligten Leistungsträger sowie für die genannte Person. Von den sich aus § 66 Abs. 1 SGB I ergebenden Voraussetzungen für den angefochtenen Versagungsbescheid ist die **erhebliche Erschwerung der Sachverhaltsaufklärung** nach den Feststellungen des LSG **nicht gegeben**. Gegen eine Erschwerung aufgrund Zeitablaufs seitens der Klägerin spricht schon, dass das strittige Gutachten des Ärztlichen Dienstes vom 27.9.2010 stammt, der Auftrag des Beklagten an den Rentenversicherungsträger über zwei Jahre später erfolgte und die dem vorliegenden Verfahren zugrunde liegende Mitwirkungsaufforderung vom 20.2.2014 datiert. Für eine gutachterliche Stellungnahme über die Erwerbsfähigkeit der Klägerin im Februar/März 2013 - dem Zeitpunkt der ersten Aufforderung der Beklagten - oder März/April 2014 - der vorliegend strittigen Aufforderung - ist die **Vorlage des vollständigen Gutachtens** vom 27.9.2010 zwar **wünschenswert, aber keinesfalls streitentscheidend**. Dies gilt vor allem, wenn die Ermittlungen zu Klärung der vergleichbaren Voraussetzungen nach § 43 SGB VI für eine Rente wegen Erwerbsminderung in den Blick genommen werden, in denen solche Gutachten von nachgeordneter Bedeutung sind und in aller Regel ein Gutachten nach körperlicher Untersuchung eingeholt wird. Die übrigen im Laufe des Verfahrens erörterten Streitpunkte können dahingestellt bleiben."
Zitiert nach dem Terminbericht Nr. 43/20 des Bundessozialgerichts

BSG, Urteil vom 14.05.2020, B 14 AS 7/19 R:
„Das **Löschungsrecht** nach **Art. 17 Abs. 1 DSGVO** erstreckt sich ... auch auf Kopien von Kontoauszügen... Unrechtmäßig verarbeitet wurden bzw. nicht mehr notwendig sind ... zur Leistungsakte genommene Kontoauszüge, sofern sich ihre Verarbeitung nicht auf eine nach Art. 6 DSGVO rechtfertigende Befugnis stützen konnte bzw. nicht mehr kann. Rechtmäßig ist die Verarbeitung personenbezogener Daten danach u. a., soweit sie "zur Erfüllung einer rechtlichen Verpflichtung erforderlich (ist), der der Verantwortliche unterliegt"... Danach war das **Jobcenter befugt**, Informationen u. a. über Gutschriften auf Konten von Leistungsbeziehern zu erheben und ist weiter befugt, solche **Kontoauszüge für die Dauer von zehn Jahren** nach Bekanntgabe der Leistungs-

bewilligung **in Kopie zur Leistungsakte zu nehmen**, sofern es die Schwärzung nicht leistungserheblicher Angaben zu Zahlungsempfängern angeboten hat... Rechtsgrundlage dieser Erhebungsbefugnis ist § 35 Abs. 2 SGB I... Die Betroffenen weniger belastende und zur ordnungsgemäßen Aufgabenerfüllung ausreichende und für die Jobcenter zumutbare Möglichkeiten ... bestehen nicht. Insbesondere bieten **Aktenvermerke** über die ... vorgelegten Kontoauszüge solche Möglichkeiten nicht. ... Eine nachträgliche erneute Erhebung der Einkommenslage bei Antragstellung ... scheidet ... schon wegen des unverhältnismäßigen Verwaltungsaufwands aus, den dies angesichts des häufigen Änderungsbedarfs in der Grundsicherung für Arbeitsuchende bedingen würde..."

BSG, Urteil vom 23.06.2016, B 14 AS 4/15 R:
„Maßgeblich ist allein, ob **im Zeitpunkt der Geltendmachung des Auskunftsverlangens ein Leistungsfall** besteht. Mit der Ablehnung des Antrags ist dies nicht mehr der Fall. ... Sollte sich in einem etwaigen Widerspruchsverfahren hinsichtlich der Leistungsablehnung ergeben, dass Leistungen doch zu bewilligen sind, wäre dies eine neue Sachlage, die dann auch einen neuen Auskunftsanspruch zur Folge haben könnte, der dann aber erneut von dem Leistungsträger geltend gemacht werden müsste. ... Insofern greift auch nicht der Einwand der Revision durch, im Falle einer Bedarfs- und Einkommensänderung ... hätte anstelle eines erneuten Leistungsantrags eine einfache Veränderungsmitteilung ausgereicht, um ihm entsprechende Leistungen zu gewähren... Werden SGB II-Leistungen gegenüber dem Anspruchsinhaber ... abgelehnt, so entfallen damit ...zugleich die Voraussetzungen für die Auskunftsverpflichtung ... nach § 60 Abs. 2 Satz 1 Alt. 1 SGB II ..., obwohl ein Rückgriff nach § 33 Abs. 1 Satz 2 SGB II ... möglich wäre. Beide Normen ergänzen sich insofern nicht, sondern schließen sich tatbestandlich aus. Entgegen der Revision kann § 60 Abs. 2 Satz 1 Alt. 1 SGB II nicht erweiternd dahingehend ausgelegt werden, dass er auch die Einholung von Auskünften zur Prüfung und Vorbereitung von Rückgriffsansprüchen nach § 33 Abs. 1 Satz 2 SGB II ... ermöglicht. ... Ein Festhalten an dem Erfordernis der **Personenidentität** ... als Voraussetzung für ein Auskunftsverlangen gegenüber einem leistungsverpflichteten Dritten führt nicht zu einer nicht gewollten und sinnwidrigen Regelungslücke im Hinblick auf den ... Anspruchsübergang... Der Leistungsträger wird also auch ohne erweiternde Auslegung des § 60 Abs. 2 Satz 1 Alt. 1 SGB II in die Lage versetzt, sich die erforderlichen Auskünfte zu beschaffen, wofür er jedoch den **Zivilrechtsweg** beschreiten muss..."

BSG, Urteil vom 24.04.2015, B 4 AS 39/14 R:
„Der Beklagte ist nach § 52 Abs. 1 Nr. 3 SGB II verpflichtet, die vorgesehenen Daten jeweils zu Beginn eines jeden Quartals zu erheben. Es ist dem Kläger wegen des **Datenabgleich**s ohne angreifbaren Verwaltungsakt nicht möglich, nachträglich effektiven Rechtsschutz zu erlangen. ... Die automatisierte Datenerhebung und -übermittlung ... **verletzt** im Ergebnis .. **nicht** das ... allgemeine

Persönlichkeitsrecht des Klägers in seiner Ausprägung als **Recht auf informationelle Selbstbestimmung**. ... § 52 Abs. 1 Nr. 3 SGB II und § 2 Abs. 4 GrSiDAV legen auch hinreichend normenklar fest, welcher Ausschnitt der beim Bundeszentralamt für Steuern vorhandenen Daten in die automatisierten Datenabgleiche ... einbezogen werden dürfen. ... Die Datenabgleiche verfolgen erkennbar das **Ziel**, ... Hilfebedürftigkeit ... zu prüfen, einen Leistungsmissbrauch zu vermeiden sowie die "Konzentration der Leistungen ... auf die wirklich Bedürftigen sowie die wirtschaftliche und sparsame Verwendung der Haushaltsmittel" sicherzustellen ... Die ... Eingriffsermächtigung genügt auch dem .. Grundsatz der Verhältnismäßigkeit. Der Grundsatz der Verhältnismäßigkeit verlangt, dass ein Grundrechtseingriff einem legitimen Zweck dient ... und als Mittel zu diesem Zweck geeignet ... sowie erforderlich und angemessen ... ist... Auch wenn zu unterstellen ist, dass die weitaus überwiegende Zahl der Empfänger von SGB II-Leistungen .. Einkommen oder Vermögen korrekt angibt, hat bereits das Wissen um einen möglichen Datenabgleich eine nicht zu unterschätzende Präventivwirkung... Ein ebenso wirksamer, den Betroffenen aber weniger belastender Weg ... ist nicht ersichtlich... Es entsteht kein umfassender "Sozialdatenpool"; vielmehr werden nur Informationen erhoben, zu deren Angabe SGB II-Leistungsberechtigte ohnehin ... verpflichtet wären..."

BSG, Urteil vom 04.06.2014, B 14 AS 38/13 R:
„Ein Anspruch der Klägerin auf **Kostenerstattung** für die von ihr erteilte **Auskunft** und Zahlung der begehrten 22,61 Euro zuzüglich 5 Euro Mahnkosten ergibt sich weder bei einem auf § 57 SGB II noch bei einem auf § 60 Abs. 3 SGB II gestützten Auskunftsverlangen... § 57 und § 60 Abs. 3 SGB II überschneiden sich mit ihren weiten Wortlauten in ihren Anwendungsbereichen. Aufgrund der systematischen Stellung der Auskunftspflichten nach § 57 und § 60 Abs. 3 SGB II mag sich zwar annehmen lassen, dass § 57 SGB II vorrangig anzuwenden ist und ... die Auskunftspflicht nach § 60 Abs. 3 SGB II verdrängt... Allerdings wirkt es sich rechtlich nicht aus, dass sich der Beklagte vorliegend auf § 60 Abs. 3 SGB II gestützt hat, weil ... sowohl die Voraussetzungen des § 57 SGB II als auch des § 60 Abs. 3 SGB II ... erfüllt sind. ... Das Auskunftsverlangen des Jobcenters und die Auskunftspflicht des (ehemaligen) Arbeitgebers werden in zeitlicher Hinsicht nur durch die Voraussetzung begrenzt, dass die Auskünfte für den Leistungsanspruch erheblich sein können; hierfür genügt es, dass sich die verlangte Auskunft einem Leistungszeitraum zuordnen lässt... **Für die Erforderlichkeit der verlangten Auskunft genügt ihre abstrakte Erheblichkeit für den** nach dem materiellen Recht zu beurteilenden **Leistungsanspruch**. ... § 57 SGB II sieht ... eine Kostenerstattung nicht vor. Er verweist auch nicht auf die allgemeine Kostenerstattungsregelung in § 21 Abs. 3 Satz 4 SGB X. Auch § 60 Abs. 3 SGB II sieht ... eine Kostenerstattung nicht vor. Hier zeigt ein Vergleich mit § 60 Abs. 2 und Abs. 4 SGB II ... zudem, dass das Fehlen eines Kostenerstattungsanspruchs für Arbeitgeber nicht etwa auf einem unbewussten Unterlassen des Gesetzgebers beruht, sondern einer ... Regelungsabsicht ... entspricht. ... § 21 Abs. 3 Satz 4 SGB X wird ... durch die abweichenden Regelungen in § 57 und § 60 Abs. 3 SGB II ...

verdrängt. … Die im Ausschluss einer Kostenerstattung für Arbeitgeberauskünfte liegende … Ungleichbehandlung … gegenüber anderen Auskunftsverpflichteten sind Ausdruck der Indienstnahme der Arbeitgeber und finden ihre Rechtfertigung in der erhöhten **Sozialpflichtigkeit** der Arbeitgeber…"

BSG, Urteil vom 24.02.2011, B 14 AS 87/09 R:
„Auf die Revision des Klägers wurden die vorinstanzlichen Urteile und die angefochtenen Bescheide des Beklagten aufgehoben. Das Auskunftsbegehren der Beklagten gegenüber dem Kläger war in seiner konkreten Form rechtswidrig. Für das konkrete **Auskunftsverlangen** fehlte es an einer Rechtsgrundlage. Die **Voraussetzungen des § 60 Abs. 4 SGB II**, auf die der Beklagte das Auskunftsverlangen im angefochtenen Bescheid gestützt hat, **lagen** nach den nicht mit Verfahrensrügen angegriffenen Feststellungen des LSG **nicht vor**. Es war auch **nicht zulässig**, das Auskunftsverlangen nachträglich mit einem **Rückgriff auf § 60 Abs. 2 SGB II** zu rechtfertigen, wie dies das LSG im Rahmen des Berufungsverfahrens getan hat."
Zitiert nach dem Terminbericht Nr. 8/11 des Bundessozialgerichts

BSG, Urteil vom 19.09.2008, B 14 AS 45/07 R:
„Eine grundsätzliche **Pflicht zur Vorlage** der **Kontoauszüge**, einer **Kontenübersicht** und der **Lohnsteuerkarte** folgt aus § 60 I Nr. 3 SGB I. Hiernach hat, wer Sozialleistungen beantragt oder erhält, Beweismittel zu bezeichnen und auf Verlangen des zuständigen Leistungsträgers Beweisurkunden vorzulegen. Die allgemeinen Mitwirkungspflichten gelten grundsätzlich auch im Bereich der Grundsicherung für Arbeitsuchende. Die von der Beklagten geforderten Vorlagepflichten waren auch nicht durch § 65 SGB I eingeschränkt, der Grenzen der Mitwirkungspflicht aufzeigt. Insbesondere kann die Beklagte **nicht** darauf verwiesen werden, **nur im Rahmen eines (Erst-)Antrags** die Vorlage von Kontoauszügen etc. zu fordern. Eine solche Aufforderung kann auch … bei Stellung eines Folgeantrags erfolgen. **Ebenso wenig** ist die Vorlagepflicht **auf konkrete Verdachtsfälle beschränkt**. Hinsichtlich der zeitlichen Erstreckung war die Vorlage von Kontoauszügen **jedenfalls** der letzten **drei Monate nicht unverhältnismäßig**.
Die Vorlagepflicht wird auch durch die Regelungen des Sozialdatenschutzes nicht grundsätzlich eingeschränkt. Sowohl nach den speziellen Datenschutzvorschriften des SGB II (§§ 50 ff) als auch nach den allgemeinen Regelungen des Sozialdatenschutzes in den §§ 67 ff SGB X ist die Erhebung von geschützten Sozialdaten zulässig, wenn ihre Kenntnis zur Erfüllung einer Aufgabe der erhebenden Stelle nach dem Sozialgesetzbuch erforderlich ist. Die Vorlage der **Kontoauszüge** und einer Kontenübersicht ist in diesem Sinne **erforderlich**, um die **Anspruchsvoraussetzungen** der Grundsicherungsleistungen zu ermitteln und zu überprüfen. Im Einzelfall kann allerdings zweifelhaft sein, ob die Erhebung besonderer Arten personenbezogener Daten für die Erfüllung der Aufgaben des Grundsicherungsträgers erforderlich ist. Hierzu zählen Angaben über die rassische und ethnische Herkunft, politische Meinungen, religiöse oder

philosophische Überzeugungen, Gewerkschaftszugehörigkeit oder Sexualleben. Dies betrifft aber nur die Ausgabenseite (Sollstellung) der Kontenbewegungen. Während die **Einnahmen** jeweils **unbegrenzt** aus den Kontoauszügen hervorgehen müssen, räumen die Regelungen des Sozialdatenschutzes (§ 67 Abs. 12 i. V. m. § 67a Abs. 1 SGB X) dem Grundsicherungsempfänger die Möglichkeit ein, auf der **Ausgaben**seite die **Empfänger** von Zahlungen zu **schwärzen** oder unkenntlich zu machen, wenn diese Zahlungen besondere personenbezogene Daten betreffen (etwa Beiträge für Gewerkschaften, politische Parteien, Religionsgemeinschaften etc.). Die überwiesenen Beträge müssen aber auch in diesen Fällen für den Grundsicherungsträger erkennbar bleiben. Die Regelungen über den Sozialdatenschutz in den §§ 67 ff SGB X greifen auch nicht in das Grundrecht des Klägers auf informationelle Selbstbestimmung ein.
Der Grundsicherungsträger ist zwar grundsätzlich gehalten, **in** seinen **Mitwirkungsaufforderungen auf** die aufgezeigten **Möglichkeiten der Schwärzung** von Angaben zu Zahlungsempfängern **hinzuweisen**. Im vorliegenden Fall kann aber dahinstehen, ob ein unterlassener Hinweis die Aufforderung bereits rechtswidrig macht, denn der Kläger hat sich von vorneherein und prinzipiell geweigert, überhaupt Kontoauszüge vorzulegen bzw. mitzuwirken."
Zitiert nach dem Terminbericht Nr. 46/08 des Bundessozialgerichts

11. Pflichten anderer

Die Leistungen des SGB II unterliegen dem Nachrangprinzip. Die §§ 33 bis 34b SGB II verfolgen das Ziel, den **Nachrang wiederherzustellen**.

Hierzu bietet das SGB II fünf Möglichkeiten:

1. **Übergang von Ansprüchen**
2. **Rückgriff auf Unterhaltspflichtige**
3. **Ersatzansprüche bei sozialwidrigem Verhalten**
4. **Ersatzansprüche für rechtswidrig erbrachte Leistungen**
5. **Erstattungsanspruch bei Doppelleistungen**

11.1 Übergang von Ansprüchen

§ 3 Abs. 3 SGB II normiert den Nachrang der Leistungen zur Sicherung des Lebensunterhalts. Um den Nachrang zu verwirklichen, bedarf es als Gegenstück einer Vorschrift, die es dem Jobcenter ermöglicht, **Ansprüche** des Leistungsempfängers gegen andere, vorrangig verpflichtete Dritte auf sich **überzuleiten**:

§ 33 Abs. 1 SGB II ist diese Rechtsgrundlage, soweit nicht Sonderregelungen vorgehen (z. B. § 33 Abs. 2 SGB II oder §§ 102 ff. SGB X).

Nach der ersten Fassung des § 33 konnten die SGB-II-Träger den Übergang von Ansprüchen der Leistungsempfänger nur durch Überleitungsanzeige bewirken.

Seit dem 1. August 2006 gehen auf die Leistungsträger nach dem SGB II **kraft Gesetzes** Ansprüche über, die Empfänger von Leistungen zur Sicherung des Lebensunterhalts gegen einen anderen haben,

- der **nicht Sozialleistungsträger** im Sinne des § 12 SGB I ist
- soweit **zeitliche Deckungsgleichheit** (Kongruenz) besteht
- wenn eine **kausale Verknüpfung** besteht zwischen der Nichtleistung des anderen und den SGB-II-Leistungen
- **bis zur Höhe der erbrachten Leistungen**.

Seit dem 1. Januar 2009 geht der Anspruch auch über, soweit ein Kind als Anspruchsinhaber wegen Berücksichtigung von Kindergeld nach § 11 Abs. 1 Satz 3 keine Leistungen empfangen hat (§ 33 Abs. 1 Satz 4 SGB II). Nach bisheriger Rechtslage wäre der Schuldner privilegiert, wenn Leistungsempfänger und Anspruchsinhaber nicht identisch sind.

Dem Übergang des Anspruchs steht nicht entgegen, dass der Anspruch nicht übertragen, verpfändet oder gepfändet werden kann.

Der Anspruch geht kraft Gesetzes über, kann aber zur gerichtlichen Geltendmachung im Einvernehmen mit dem Leistungsempfänger an diesen **zurückübertragen** werden. Dieser macht den Anspruch geltend, ggf.

mit Unterstützung des Jugendamtes oder eines Rechtsanwalts, und tritt ihn wiederum an das Jobcenter ab (§ 33 Abs. 4 SGB II). Die Regelung entspricht der bisherigen Praxis in der Sozialhilfe.

Für die Vergangenheit können die Jobcenter Ansprüche nur geltend machen,

- unter den Voraussetzungen des bürgerlichen Rechts (z. B. §§ 1585b, 1613 BGB);

  oder

- wenn sie dem Verpflichteten die Erbringung der Leistung schriftlich mitgeteilt haben (**Rechtswahrungsanzeige**).

Das regelt § 33 Abs. 3 SGB II für *alle* Ansprüche; von Bedeutung ist es vor allem bei Unterhaltsansprüchen, denn diese bestehen grundsätzlich nicht für die Vergangenheit. Die Rechtswahrungsanzeige ist kein Verwaltungsakt.

Nach Abs. 3 Satz 2 können die Jobcenter bis zur Höhe der bisherigen monatlichen Aufwendungen auch auf **künftige Leistungen** klagen, wenn die Leistung zur Sicherung des Lebensunterhalts voraussichtlich für längere Zeit zu erbringen ist.

§ 33 Abs. 1 SGB II findet keine Anwendung in den Fällen des gesetzlichen Anspruchsübergangs nach §§ 115 (Ansprüche gegen den Arbeitgeber) und 116 SGB X (Ansprüche gegen Schadensersatzpflichtige).

11.2 Rückgriff auf Unterhaltspflichtige

Auch der Unterhaltsrückgriff dient der Wiederherstellung des Nachrangs der Leistungen zur Sicherung des Lebensunterhalts.

Im Gegensatz zum Sozialhilferecht ging der Anspruch aber zunächst *nicht* kraft Gesetzes über (Legalzession), auch wenn es so schien, als ob diese Auffassung der Gesetzesbegründung zu Grunde läge.

Wie bei der allgemeinen Regelung des § 33 Abs. 1 SGB II musste auch der Übergang **zivilrechtlicher Unterhaltsansprüche** *bewirkt* werden, war eine **Überleitungsanzeige** erforderlich (§ 33 Abs. 2 SGB II a. F.).

Dies änderte das Gesetz zur Fortentwicklung der Grundsicherung für Arbeitsuchende zum 1. August 2006.

Die Überleitung erfasst auch den **Auskunftsanspruch** nach § 1605 Abs. 1 BGB (§ 60 Abs. 2 S. 3 SGB II).

Der Unterhaltsanspruch geht *nicht* über,

- soweit er durch **laufende Zahlung** erfüllt wird
- wenn der Unterhaltsberechtigte mit dem Unterhaltspflichtigen
    - in einer **Bedarfsgemeinschaft** lebt
    - **verwandt** ist und den Unterhaltsanspruch nicht geltend macht, es sei denn, es handelt sich um Unterhaltsansprüche
        - minderjähriger Leistungsberechtigter
        - Leistungsberechtigter unter 25 Jahren in der Erstausbildung

      gegen ihre Eltern
- wenn die unterhaltsberechtigte Person ein **Kind** des Unterhaltspflichtigen ist und
    - **schwanger** ist oder
    - ihr leibliches Kind bis zur Vollendung des 6. Lebensjahres betreut

- soweit der Unterhaltspflichtige durch den Übergang des Anspruchs selbst **bedürftig** würde.

Ein **Unterhaltsrückgriff** kommt also grundsätzlich nur in folgenden Fällen in Betracht:

- Unterhaltsansprüche gegenüber getrennt lebenden oder geschiedenen **Ehe- oder Lebenspartnern**.

- Unterhaltsansprüche von **minderjährigen Kindern** gegenüber ihren Eltern.

- Unterhaltsansprüche von Leistungsberechtigten **unter 25 Jahren**, die die **Erstausbildung** noch nicht abgeschlossen haben, gegenüber ihren Eltern.

- Unterhaltsansprüche von **Müttern** und Vätern aus Anlass der **Geburt**.

- Unterhaltsansprüche gegenüber Verwandten, die der Unterhaltsberechtigte **selbst geltend macht**.

Unterhaltsansprüche bestehen grundsätzlich nicht für die **Vergangenheit** (siehe 11.1); Ausnahmen regelt z. B. § 1613 BGB:

Der Berechtigte kann Erfüllung oder Schadenersatz wegen Nichterfüllung fordern ab dem Zeitpunkt

- der Aufforderung zur Auskunftserteilung

- des Verzugs

- der Rechtshängigkeit.

BGH, Beschluss vom 31.05.2023, XII ZB 190/22:

„**Normzweck** sei die Vermeidung verwaltungsaufwändiger und unwirtschaftlicher Rückgriffsbemühungen. ... Nach **§ 7a UVG** wird der nach § 7 UVG übergegangene **Unterhaltsanspruch nicht verfolgt**, solange der Elternteil, bei dem der Berechtigte nicht lebt, **Leistungen nach dem Zweiten Buch** Sozialgesetzbuch bezieht und über **kein eigenes Einkommen** im Sinne von § 11 Abs. 1 Satz 1 SGB II verfügt. Die tatbestandlichen Voraussetzungen der Norm liegen ... unzweifelhaft vor, sodass es allein darauf ankommt, welche Rechtsfolgen sich daraus ergeben. **§ 7a UVG schließt allerdings den Anspruchsübergang nicht aus**, sondern setzt diesen vielmehr voraus. Damit wird gleichzeitig vorausgesetzt, dass ein Unterhaltsanspruch gegeben ist. ...**§ 7a UVG *(hindert)* bereits die gerichtliche Geltendmachung** durch den Träger der Unterhaltsvorschusskasse. ... Bereits der Wortlaut der Vorschrift weist deutlich in diese Richtung. Denn das „Verfolgen" eines Anspruchs umfasst erheblich mehr als nur die Vollstreckung eines entsprechenden Titels. ... Die Möglichkeit, dass auch Leistungsbezieher nach dem Zweiten Buch Sozialgesetzbuch im Einzelfall über **vollstreckbares Vermögen** verfügen können ..., ist vom Gesetzgeber ersichtlich **außer Acht gelassen** worden. Dessen ungeachtet hätte sich *(eine Anlehnung an Vorschriften)* ... angeboten, die ... einen Ausschluss des Anspruchsübergangs vorsehen (§§ 33 Abs. 2 Satz 3 SGB II, 94 Abs. 3 Satz 1 Nr. 1 SGB XII - sozialrechtliche Vergleichsberechnung), was insbesondere die Geltendmachung des Unterhaltsanspruchs durch den Unterhaltsberechtigten weiterhin ermöglichen würde. Davon hat der Gesetzgeber allerdings abgesehen, was ungeachtet der darin liegenden **systematischen Inkonsistenz** als verbindliche gesetzgeberische Entscheidung zu respektieren ist."

BSG, Urteil vom 14.03.2012, B 14 AS 98/11 R:

„Auch wenn ein titulierter **Unterhaltsanspruch** wegen unregelmäßiger Zahlungen des Unterhaltsschuldners nicht geeignet ist, den Bedarf des Hilfebedürftigen als "bereites Mittel" zu decken, geht er nach § 33 Abs. 1 Satz 1 i. V. m. Abs. 2 SGB II nur insoweit auf den Grundsicherungsträger über, als er im Falle der rechtzeitigen Erfüllung bei der Bedarfsermittlung als Einkommen zu berücksichtigen gewesen wäre. **Absetzbeträge ... werden vom Anspruchsübergang also nicht erfasst**. ... Fließen ihm Teile eines im Übrigen übergegangenen Anspruchs in der Folge tatsächlich zu, berechnen sich die von diesem Einkommenszufluss ... zu berechnenden Absetzbeträge aus dem Gesamtbetrag der ursprünglichen Forderung. Infolge eines gesetzlichen Anspruchsübergangs steht ein Leistungsberechtigter also nicht besser, aber auch nicht schlechter als solche Leistungsberechtigte, die einen Anspruch, der nicht von einem Anspruchsübergang erfasst wird, selbst geltend machen. Der Beklagte hat damit zwar die Reichweite des gesetzlichen Anspruchsübergangs nach § 33 SGB II verkannt, soweit er darauf hingewirkt hat, dass der geschiedene Ehemann den gesamten Unterhaltsanspruch an ihn zahlt. Ansprüche der Klägerin gegen den Beklagten ... erwachsen daraus aber nicht."

11.3 Ersatzansprüche bei sozialwidrigem Verhalten

§ 34 SGB II regelt, was im Sozialhilferecht „Kostenersatz bei schuldhaftem Verhalten“ heißt.

Die Vorschrift lehnt sich an das Sozialhilferecht. Ihre *Bedeutung* liegt darin, dass jemand, der die Voraussetzungen für die Hilfegewährung durch sozialwidriges Verhalten herbeigeführt hat, nicht erwarten kann, Leistungen aus Mitteln der Allgemeinheit ohne Rückzahlungspflicht zu erhalten.

Die Leistungen muss ersetzen, wer folgende **Voraussetzungen** erfüllt:

- Vollendung des **18**. Lebensjahres
- **Vorsätzliches** oder **grob fahrlässiges Verhalten**
- **Leistungsgewährung** nach dem SGB II an sich oder Personen, die mit ihm in Bedarfsgemeinschaft leben (ab dem 1. April 2011 entfällt die Beschränkung auf Leistungen zur Sicherung des Lebensunterhaltes)
- **Kausalität** zwischen dem Verhalten und den Voraussetzungen der Leistungen
- **Sozialwidrigkeit**: Sozialwidrig handelt der, dessen Verhalten aus der Sicht der Allgemeinheit zu missbilligen ist. Das sozialwidrige Verhalten muss bewusst oder grob fahrlässig nicht bewusst sein.
- Fehlen eines wichtigen Grundes

Fraglich ist, welcher „**wichtige Grund**“ das Herbeiführen der Hilfebedürftigkeit wohl rechtfertigen könnte. Seit dem 1. August 2016 gilt als Herbeiführung auch erhöhen, aufrechterhalten oder nicht verringern der Hilfebedürftigkeit.

Der Ersatzanspruch erfasst auch Beiträge zur Sozialversicherung. Sachleistungen und Gutscheine sind in Geld zu ersetzen. Der Ersatzanspruch ist nicht geltend zu machen, soweit dies eine **Härte** bedeutete.

Die Ersatzpflicht geht auf den **Erben** über, begrenzt auf den Wert des Nachlasses zum Zeitpunkt des Erbfalls.

Der Anspruch erlischt **3 Jahre** nach Ablauf des Jahres, für das die Leistung erbracht wurde (§ 34 Abs. 3 SGB II).

<u>BSG, Urteil vom 03.09.2020, B 14 AS 43/19 R:</u>
„Ein **fahrlässiges arbeitsvertragswidriges Verhalten**, das Anlass für die Lösung eines Beschäftigungsverhältnisses gegeben und die in Anspruch genommene Person in die Lage gebracht hat, Leistungen nach dem SGB II in Anspruch nehmen zu müssen, ist **sozialwidrig**, wenn sie die **Hilfebedürftigkeit** als mögliche Folge ihres Verhaltens **grob fahrlässig verkannt** hat und das Verhalten einer **vorsätzlichen Herbeiführung** von Hilfebedürftigkeit **wertungsmäßig gleichsteht**. ... Der ... Vorwurf der Sozialwidrigkeit ist darin begründet, dass der Betreffende ... in zu missbilligender Weise sich selbst oder seine unterhaltsberechtigten Angehörigen in die Lage gebracht hat, existenzsichernde Leistungen in Anspruch nehmen zu müssen... Verwendet er etwa erzielte Einnahmen nicht zur Sicherung des Lebensunterhalts und wird dadurch Hilfebedürftigkeit herbeigeführt, kann dies einen Ersatzanspruch nach § 34 SGB II auslösen, wenn ein anderes Ausgabeverhalten grundsicherungsrechtlich abverlangt war... Wie der Senat bereits entschieden hat, stehen die Vorschriften vielmehr ... in einem **Stufenverhältnis**, nach dem auf die Verwirklichung eines nach **§ 31 SGB II** sanktionsbewehrten Tatbestands regelhaft mit einer Minderung ... zu reagieren und (nur) in einem besonderen **Ausnahmefall zusätzlich** ein **Ersatzanspruch** nach § 34 SGB II geltend zu machen ist. Kennzeichen dessen ist, dass - deliktsähnlich - die in den Tatbeständen des § 31 SGB II ausgedrückten **Verhaltenserwartungen in besonders hohem Maß verletzt** worden sind... Das gilt auch für arbeitsvertragswidriges Verhalten, das Anlass für die Lösung eines Beschäftigungsverhältnisses gegeben und damit den Minderungstatbestand von § 31 Abs. 2 Nr. 3 oder 4 SGB II ... erfüllt hat. ... Maßgebend dafür ist nicht das **Maß der Pflichtverletzung** im Beschäftigungsverhältnis, sondern **im Verhältnis zur Allgemeinheit**, die als Solidargemeinschaft die Mittel der Grundsicherung für Arbeitsuchende aufzubringen hat... Sozialwidrig ... war der Verstoß gegen das Trennungsgebot hiernach ... deshalb nur, wenn sich der Kläger **grob fahrlässig** der **Einsicht verschlossen** hat, dass sein Verhalten zum **Entzug seiner Fahrerlaubnis** führen und er deshalb seinen Arbeitsplatz als Taxifahrer verlieren und hilfebedürftig ... werden könnte und dies weiter der vorsätzlichen Herbeiführung ... von Hilfebedürftigkeit nach dem SGB II wertungsmäßig gleichsteht.“

<u>BSG, Urteil vom 29.08.2019, B 14 AS 49/18 R:</u>
„**Voraussetzung dem Grunde nach** ist .. neben dem **sozialwidrigen Verhalten** selbst die **Ursächlichkeit des Verhaltens für den Leistungsbezug**... Ob

... eine **Kausalbeziehung** ... besteht, lässt sich nicht vorab einheitlich beurteilen, sondern nur **zeitabschnittsweise** mit Blick auf die für diesen Zeitraum jeweils konkreten Ursachen der Hilfebedürftigkeit und muss deshalb der Geltendmachung des Ersatzanspruchs vorbehalten bleiben. Tauglicher Gegenstand einer ... **Grundlagenentscheidung** nach § 34 SGB II kann deshalb nur die **Bewertung des** ... **Verhaltens** mit dem Ziel sein, für nachfolgende Heranziehungsentscheidungen verbindlich dessen Sozialwidrigkeit festzustellen. ... Die Geltendmachung eines Ersatzanspruchs bei Sozialwidrigkeit zusätzlich zu einer Leistungsminderung bei Pflichtverletzung ("Sanktion") wegen desselben Verhaltens erfordert regelmäßig einen **gesteigerten Verschuldensvorwurf**, der sich auf die ihm vom Jobcenter zugrunde gelegten Umstände stützen muss. ... Verwendet er etwa erzielte Einnahmen nicht zur Sicherung des Lebensunterhalts und wird dadurch Hilfebedürftigkeit herbeigeführt, kann dies einen Ersatzanspruch ... auslösen, wenn ein anderes Ausgabeverhalten grundsicherungsrechtlich abverlangt war... Ob ein Verhalten als sozialwidrig anzusehen ist ..., ist regelmäßig nur unter **Berücksichtigung aller Umstände des konkreten Einzelfalls** zu bewerten... ...die Feststellungen *(tragen)* den .. Grundlagenbescheid nicht. Im Kern beschränken sie sich darauf, der Kläger habe sich durch seine Fehlzeiten vertragswidrig verhalten und damit ... Anlass zu einer Sperrzeit nach dem SGB III gegeben. Abgesehen davon, dass für das öffentlich geförderte Berufsausbildungsverhältnis ... besondere Regelungen gelten, kann dem nicht entnommen werden, inwieweit damit im Sinne eines deliktsähnlichen Verständnisses von § 34 SGB II zugleich von einem sozialwidrigen Verhalten auszugehen ist. Das hätte nähere Ermittlungen ... zu dem Vorwurf erfordert, dass der Kläger es auf eine Beendigung des Ausbildungsverhältnisses angelegt hat. Zudem wären dabei auch die Gründe einzubeziehen gewesen, die Anlass für seine Vermittlung in eine mit öffentlichen Mitteln geförderte außerbetriebliche Ausbildung gegeben haben.“

BSG, Urteil vom 29.08.2019, B 14 AS 50/18 R:
„Jobcenter sind ermächtigt, vor der Geltendmachung eines Ersatzanspruchs bei sozialwidrigem Verhalten eine **isolierte Feststellung zur Sozialwidrigkeit** des Verhaltens zu treffen. ... Die **Aufgabe einer Beschäftigung im Ausland wegen des Umzugs eines deutschen Staatsangehörigen ins Bundesgebiet** ohne vorherige Sicherung des Lebensunterhalts ist **nicht sozialwidrig** iS von § 34 SGB II. Ersatzansprüche nach § 34 SGB II ... bestehen ... nur "bei sozialwidrigem Verhalten". Mit dieser Wendung ... ist Bezug genommen auf die Rechtsprechung des BVerwG zu der ... Regelung des § 92a BSHG ..., nach der die Ersatzpflicht ... auf einen "engen deliktsähnlichen Ausnahmetatbestand" beschränkt war ...; dem entspricht auch das Verständnis des BSG von § 34 SGB II... Der ... Vorwurf der **Sozialwidrigkeit** ist darin begründet, dass der Betreffende ... **in zu missbilligender Weise** sich selbst oder seine unterhaltsberechtigten Angehörigen in die Lage gebracht hat, existenzsichernde Leistungen in Anspruch nehmen zu müssen... Diese Wertmaßstäbe verletzt nicht, wer sich als erwerbsfähiger deutscher Staatsangehöriger im Bundesgebiet seinen gewöhnlichen Aufenthalt nimmt und eine im Ausland ausgeübte Be-

schäftigung aufgibt, ohne sich zuvor um eine Existenzgrundlage im Bundesgebiet bemüht zu haben; eine solche Obliegenheit ist dem **Grundsatz der Eigenverantwortung** … nicht zu entnehmen. Verziehen deutsche Staatsangehörige aus dem Ausland ins Bundesgebiet, steht das unter dem Schutz ihres Grundrechts auf **Freizügigkeit** aus **Art. 11** Abs. 1 GG, das auch das Recht umfasst, zur Wohnsitznahme nach Deutschland einzureisen … Zu einer .. Zuzugssteuerung ermächtigt das SGB II nicht. … **Vergleichbar** liegt es beim **Ehemann** der Klägerin, dessen Zuzug nach Deutschland mit seiner Ehefrau und den gemeinsamen Kindern **ungeachtet der unionsrechtlichen Aufenthaltsbefugnisse** grundrechtlich durch **Art. 6** Abs. 1 GG gedeckt ist und dem deshalb ebenfalls kein Verstoß gegen den Grundsatz der Eigenverantwortung vorgehalten werden kann."

BSG, Urteil vom 08.02.2017, B 14 AS 3/16 R:
„Die … **Absenkung** der Leistungen nach §§ 31 ff SGB II entfaltet zwar **keine Sperrwirkung** hinsichtlich des … Ersatzanspruchs nach § 34 SGB II, dessen Voraussetzungen liegen aber nicht vor. Voraussetzung für den Ersatzanspruch in der zur Zeit des Bescheides geltenden Fassung des § 34 SGB II war u. a. ein **Herbeiführen der Hilfebedürftigkeit**. Ein solches ist vorliegend jedoch **nicht gegeben**, weil der Kläger und seine mit ihm in Bedarfsgemeinschaft lebenden Familienangehörigen während der ganzen Zeit vom Abschluss des Arbeitsvertrages am 14.2.2011 bis zur Wirksamkeit der Kündigung am 28.2.2011 hilfebedürftig waren und im Leistungsbezug … standen. Die bloße Aussicht, dass der Leistungsbezug enden würde, lässt die Hilfebedürftigkeit … nicht schon entfallen. Die Fassung des § 34 SGB II aufgrund des am 1.8.2016 in Kraft getretenen 9. SGB II-ÄndG ist aufgrund des Geltungszeitraumprinzips nicht anzuwenden. Die dortige Einfügung, dass als ein **Herbeiführen auch ein Aufrechterhalten** der Hilfebedürftigkeit gilt, ist entgegen der Begründung des Gesetzentwurfs … **keine Klarstellung**, wie schon aus dem Vergleich der Wörter "herbeiführen" und "aufrechterhalten" folgt."
Zitiert nach dem Terminbericht Nr. 3/17 des Bundessozialgerichts

BSG, Urteil vom 16.04.2013, B 14 AS 55/12 R:
„Mit den … vorsätzlich begangenen strafbaren Handlungen, die zu seiner **Inhaftierung** und damit zum Verlust seines Arbeitsplatzes bzw. zu den nur eingeschränkten Verdienstmöglichkeiten während des Freigangs geführt haben, hat der Kläger die **Hilfebedürftigkeit** seiner Angehörigen **nicht** … **herbeigeführt**. Wegen der Herbeiführung von Hilfebedürftigkeit … bzw. der Herbeiführung einer Zahlung … setzt § 34 Abs. 1 Satz 1 SGB II a. F. als objektives Tatbestandsmerkmal ein **sozialwidriges Verhalten** des Erstattungspflichtigen voraus. Diese **ungeschriebene** und eingrenzende **Tatbestandsvoraussetzung** ist erforderlich, weil es sich bei § 34 SGB II … um eine Ausnahme von dem Grundsatz handelt, dass existenzsichernde und bedarfsabhängige Leistungen, auf die ein Rechtsanspruch besteht, regelmäßig unabhängig von der Ursache der entstandenen Notlage und einem vorwerfbaren Verhalten in der Vergangenheit zu leisten sind… Für die Annahme eines sozialwidrigen Verhaltens ist

erforderlich, dass die **Existenzgrundlage** ... durch das maßgebliche Verhalten selbst **unmittelbar beeinträchtigt** wird oder wegfällt. **Nicht jedes strafbare Verhalten**, das absehbar zu einer Inhaftierung und also regelmäßig zum Wegfall von Erwerbsmöglichkeiten führt, **ist** damit sozialwidrig. ... Der Vorwurf der Sozialwidrigkeit ist daher nicht in der Strafbarkeit einer Handlung, sondern darin begründet, dass der Betreffende im Hinblick auf die von der Solidargemeinschaft aufzubringenden Mittel der Grundsicherung für Arbeitsuchende in zu missbilligender Weise sich selbst oder seine mit ihm in Bedarfsgemeinschaft lebenden Personen in die Lage gebracht hat, Leistungen nach dem SGB II in Anspruch nehmen zu müssen. Verwendet der Leistungsberechtigte etwa erzielte Einnahmen nicht zur Sicherung des Lebensunterhalts und wird dadurch die (teilweise) Hilfebedürftigkeit herbeigeführt, kann dies einen Ersatzanspruch ... auslösen, wenn ein anderes Ausgabeverhalten grundsicherungsrechtlich abverlangt war ... obwohl ein solches Verhalten regelmäßig keinen Straftatbestand erfüllt. ... Durch ... den **Handel mit Kokain** ... ist seine berufliche Existenzgrundlage nicht unmittelbar beeinträchtigt worden oder weggefallen. ...die Verbüßung der **Haftstrafe** als lediglich **mittelbare Folge** eines (strafbaren) Verhaltens *(stellt)* von vornherein kein "Verhalten" dar, das für sich genommen als sozialwidrig gelten könnte."

BSG, Urteil vom 29.11.2012, B 14 AS 33/12 R:
„Werden **einmalige Einnahmen nicht zur Sicherung des Lebensunterhalts** im Verteil-zeitraum **verwandt** und entsteht hierdurch Hilfebedürftigkeit, kann der Grundsicherungsträger u. U. einen Ersatzanspruch nach § 34 SGB II geltend machen."
Zitiert nach dem Terminbericht Nr. 63/12 des Bundessozialgerichts

BSG, Urteil vom 02.11.2012, B 4 AS 39/12 R:
„**Nicht jedes** ... **verwerfliche Verhalten**, das eine Hilfebedürftigkeit oder Leistungserbringung nach dem SGB II verursacht, **führt zur Erstattungspflicht**. **Erfasst wird nur ein Verhalten mit spezifischem Bezug**, d. h. "innerem Zusammenhang", **zur Herbeiführung der Hilfebedürftigkeit** bzw. Leistungserbringung. Dies ergibt sich aus der Entstehungsgeschichte der Kostenersatzpflicht in ihrer Neufassung bei Einführung des BSHG sowie dem jetzigen systematischen Kontext des § 34 SGB II mit weiteren SGB-II-Regelungen. Bereits mit Einführung der Kostenersatzregelung des § 92a BSHG galt, dass mit der Schaffung eines Rechtsanspruchs auf Sozialhilfe die ... regelmäßige Erstattung der Sozialhilfekosten entfallen sollte. Die neu aufgenommene Kostenersatzpflicht beschränkte sich auf einen "engen deliktähnlichen Ausnahmetatbestand" und setzte ein sozialwidriges Verhalten voraus, das durch einen spezifischen Bezug zwischen dem Verhalten selbst und dem Erfolg gekennzeichnet war. Diese **einschränkende Auslegung** gilt sinngemäß auch für die Anwendung des § 34 Abs. 1 SGB II, weil es sich um existenzsichernde und bedarfsabhängige Leistungen handelt, auf die ein **Rechtsanspruch** besteht und die grundsätzlich **unabhängig von der Ursache** der entstandenen Notlage und einem etwaigen vorwerfbaren Verhalten in der Vergangenheit zu leisten sind.

Dieser Grundsatz darf nicht durch eine weitreichende und nicht nur auf begründete Ausnahmefälle beschränkte Ersatzpflicht der Leistungsberechtigten und ihrer Angehörigen unterlaufen werden. Zudem sind die z. T. vom Sozialhilferecht abweichenden Wertungen des SGB II bei der Einstufung eines Verhaltens als sozialwidrig i. S. des § 34 SGB II einzubeziehen. Insofern enthält das SGB II detaillierte Regelungen zur Refinanzierung von "zu Unrecht" erbrachten SGB-II-Leistungen bzw. zu Leistungskürzungen bei bestimmten Verhaltensweisen. Unter Berücksichtigung dieser Grundsätze ist das Verhalten des Klägers nicht als sozialwidrig i. S. des § 34 SGB II einzustufen, obwohl es - wie dessen strafrechtliche Bewertung zeigt - in hohem Maße verwerflich ist. Anders als möglicherweise bei **Vermögensdelikten** besteht bei den hier im Mittelpunkt stehenden **Straftaten** kein spezifischer Bezug zur Herbeiführung von Hilfebedürftigkeit nach dem SGB II. Das mit der Straftat im Jahre 2003 im Zusammenhang stehende, konkret zur Inhaftierung im Januar 2005 führende Verhalten des Klägers war in seiner Handlungstendenz nicht auf die Herbeiführung von Bedürftigkeit bzw. den Wegfall der Erwerbsfähigkeit oder -möglichkeit gerichtet."
Zitiert nach dem Terminbericht Nr. 58/12 des Bundessozialgerichts

11.4 Ersatzansprüche für rechtswidrig erbrachte Leistungen

Zum 1. April 2011 übernimmt der Gesetzgeber den Grundgedanken des § 104 SGB XII in das SGB II: Der Verursacher rechtswidrig an einen Dritten erbrachten Leistungen muss diese ersetzen (§ 34a SGB II).

Die Leistungen muss ersetzen, wer folgende **Voraussetzungen** erfüllt:

- **Vorsätzliches** oder **grob fahrlässiges Verhalten**
- **Leistungsgewährung** nach dem SGB II an **Dritte** (diese müssen nicht mit dem Verursacher in Bedarfsgemeinschaft leben)
- **Rechtswidrigkeit** der Geld- und Sachleistungen
- **Kausalität** zwischen dem Verhalten und den Leistungen

Auf Sozialwidrigkeit oder einen wichtigen Grund kommt es nicht an.

Der Ersatzanspruch erfasst auch Beiträge zur Sozialversicherung. Der Verursacher muss nicht volljährig sein.

Die Ersatzpflicht geht auf den **Erben** über, begrenzt auf den Wert des Nachlasses zum Zeitpunkt des Erbfalls. Der Anspruch gegen den Erben erlischt drei Jahre nach dem Tod des Ersatzpflichtigen; der Erbe muss keine Einrede der Verjährung erheben.

Der Anspruch verjährt **4 Jahre** nach Ablauf des Jahres, in dem der Verwaltungsakt unanfechtbar geworden ist, mit dem die Erstattung nach § 50 SGB X festgesetzt wurde (§ 34a Abs. 2 SGB II).

Die Haftung des Verursachers hängt nicht mehr ab von einem **Aufhebungsbescheid** nach §§ 45 ff. SGB X: Soweit der Bewilligungsbescheid nicht aufgehoben werden kann, verjährt der Ersatzanspruch in vier Jahren nach Ablauf des Jahres, in dem die Behörde Kenntnis von der Rechtswidrigkeit der Leistung erlangte.

Der Verursacher und der Erstattungspflichtige nach § 50 SGB X haften als Gesamtschuldner (§ 34a Abs. 4 SGB II). Der Erstattungsanspruch nach § 50 SGB X bleibt unberührt; beide Erstattungspflichten bestehen kumulativ.

BSG, Urteil vom 12.05.2021, B 4 AS 66/20 R:
„...§ 34a Abs 1 Satz 1 SGB II ... erlaubt es, Personen in Anspruch zu nehmen, die - wie hier der Kläger als gesetzlicher **Betreuer** - außerhalb eines sozialrechtlichen Leistungsverhältnisses stehen ... Im Unterschied zu § 34 SGB II bezieht sich § 34a SGB II also erstens ausschließlich auf **rechtswidrig erbrachte Leistungen**, richtet sich zweitens an **andere Personen** als die Leistungsempfänger und greift drittens lediglich dann ein, wenn diese Personen die (rechtswidrige) **Leistungserbringung** - und nicht nur die Voraussetzungen dafür - **herbeigeführt** haben. ... Tatbestandlich setzt der Ersatzanspruch nach § 34a Abs. 1 Satz 1 SGB II im Einzelnen voraus, dass ein **Verhalten** der in Anspruch genommenen Person erstens objektiv im Sinne eines zurechenbaren Grundes **ursächlich** für eine rechtswidrige Leistungserbringung gewesen ist und zweitens - im Sinne eines subjektiven Elements - **vorsätzlich oder grob fahrlässig** gerade auf diese rechtswidrige Leistungserbringung - den "Handlungserfolg" - gerichtet war. Der Ersatzanspruch ist damit einem deliktischen Anspruch ähnlich. Keine (ungeschriebene) Anspruchsvoraussetzung ... ist die "**Sozialwidrigkeit**" des Verhaltens. ...es ist auch nicht vorgesehen, dass von der Heranziehung bei einer besonderen **Härte** ... abzusehen ist. ...
Nach der **sozialrechtlichen Theorie der wesentlichen Bedingung** sind kausal und rechtserheblich nur solche ... Ursachen (1. Stufe), die wegen ihrer besonderen Beziehung zum Erfolg zu dessen Eintritt wesentlich mitgewirkt haben (2. Stufe). Für die ... Entscheidung über die Wesentlichkeit einer Ursache für den Erfolg sind deren Art und Ausmaß, der zeitliche Ablauf des Geschehens und der (Schutz-) Zweck der anzuwendenden Normen von Bedeutung... Vorliegend kommt im Sinne der ersten Stufe der Prüfung als **Ursache** für die rechtswidrige Leistungserbringung neben dem Verhalten des Klägers (Mitwirkung bei der Antragstellung bzw. unterlassene Sichtung der Kontoauszüge und Information des Beklagten) ... eine **unzureichende Sachbearbeitung** in Betracht. Der Beklagte hätte bei ordnungsgemäßer Bearbeitung des Leistungsantrags ... den Hinweis auf eine zweijährige beitragspflichtige Beschäftigung als Auszubildender zum Anlass nehmen müssen, S auf seine Verpflichtung nach § 12a Abs. 1 Satz 1 SGB II zur Inanspruchnahme von Alg I hinzuweisen und ggf. selbst gemäß § 5 Abs. 3 SGB II den erforderlichen Antrag zu stellen. In diesem Fall ... wäre eine rechtswidrige Leistungserbringung nicht eingetreten... Das Fehlverhalten des Beklagten ... überragt das mögliche Fehlverhalten des Klägers als ehrenamtlicher Betreuer und auch ein mögliches Fehlverhalten des S... ...§ 34a SGB II *(dient)* nicht der Kompensation behördlicher Fehler."

BSG, Urteil vom 18.11.2014, B 4 AS 12/14 R:
„Der Kläger muss die erhaltenen Leistungen nur bis zur Höhe seines Vermögens erstatten, das er hatte, als er volljährig wurde. Dies ergibt sich aus §

1629a Abs. 1 Satz 1 Halbsatz 1 BGB. Entscheidend ist insoweit, dass die **Erstattungsforderung während der Minderjährigkeit erbrachte Leistungen** betrifft und **durch eine Handlung des gesetzlichen Vertreters** begründet wurde. Beide Voraussetzungen sind hier erfüllt. Nach den ... Feststellungen des LSG hat die Mutter trotz entsprechender Information durch den Kläger versäumt, das Jobcenter über die Zahlung zu informieren. Hierzu wäre sie als gesetzliche Vertreterin ... verpflichtet gewesen. Hätte sie das Jobcenter informiert, hätte dieses die Leistungen umgehend anpassen können, so dass es nicht zu einer Überzahlung gekommen wäre. Unerheblich ist dagegen, dass das Jobcenter den Erstattungsbescheid erst nach dem Eintritt der Volljährigkeit des Klägers erließ. Andernfalls könnte das Jobcenter - ggf. auch durch gezieltes Abwarten - erreichen, dass ein junger Volljähriger die von ihm während seiner Minderjährigkeit bezogenen Leistungen entgegen **§ 1629a BGB** erstatten muss. § 1629a BGB begünstigt auch keine unberechtigte Inanspruchnahme von Sozialleistungen, weil das Jobcenter den handelnden Vertreter zumindest seit dem 1.4.2011 über **§ 34a SGB II** n. F. auf Erstattung in Anspruch nehmen kann."
Zitiert nach dem Terminbericht Nr. 53/14 des Bundessozialgerichts

11.5 Erstattungsanspruch bei Doppelleistungen

§ 34b SGB II hat folgenden Normzweck:

Das Jobcenter soll auch dann seine Leistungen zurückbekommen, wenn ein Erstattungsanspruch nicht mehr möglich war, weil der Leistungsberechtigte die Beantragung vorrangiger Leistungen nicht mitgeteilt hat.

Ein Leistungsberechtigter muss dem Jobcenter die Leistung eines vorrangigen Trägers erstatten, wenn

- der **vorrangig** verpflichtete Leistungsträger
- in **Unkenntnis** der Leistung des Jobcenters
- an den Leistungsberechtigten **geleistet** hat und
- der geleistete Betrag **nicht als Einkommen** berücksichtigt werden kann.

Der Erstattungsanspruch besteht in der Höhe in der ein Erstattungsanspruch nach dem SGB X bestünde.

Der Erstattungsanspruch verjährt vier Jahre nach Ablauf des Kalenderjahres, in dem der vorrangig verpflichtete Leistungsträger die Leistung erbracht hat.

§ 104 SGB X hat Vorrang vor § 34b; das Jobcenter hat kein Wahlrecht.

Zu erstatten ist nicht die SGB-II-Leistung, sondern die vorrangige Sozialleistung bis zur Höhe der an die Bedarfsgemeinschaft erbrachten Leistungen (s. Verweis auf § 34c).

12. Leistungsträger

Die Leistungen nach dem SGB II erbringen grundsätzlich zwei Träger (§ 6 SGB II):

- die **Bundesagentur für Arbeit**
- und die **kommunalen Träger** (Kreise und kreisfreie Städte).

Landesrecht kann auch andere Träger bestimmen, z. B. kreisangehörige Städte und Gemeinden. Denkbar ist dies z. B. für die Kindertagesbetreuung nach dem SGB VIII, soweit kreisangehörige Städte zum Träger der Jugendhilfe erklärt wurden.

Eine **Delegationsmöglichkeit** schafft Abs. 2, eingefügt durch das Optionsgesetz: Kreise können ihre Gemeinden zur Durchführung ihrer Aufgaben heranziehen, soweit Landesrecht dies bestimmt. Den Widerspruchsbescheid nach dem SGG erlassen in diesen Fällen die Kreise.

Die Aufgaben verteilen sich wie folgt:

Kommunale Träger (§ 6 Abs. 1 S. 1 Nr. 2 SGB II):

- *Hilfe zur Eingliederung in Arbeit* nach § 16a SGB II zur Verwirklichung einer ganzheitlichen und umfassenden Betreuung und Unterstützung
  - Betreuung minderjähriger oder behinderter Kinder oder häusliche Pflege von Angehörigen
  - Schuldnerberatung
  - psychosoziale Betreuung
  - Suchtberatung
- *Leistungen zur Sicherung des Lebensunterhalts*
  - Unterkunft und Heizung (§§ 22, 27 Abs. 3 SGB II)
  - einmalige Leistungen (§ 24 Abs. 3 Nr. 1 und 2 SGB II) für
    - Erstausstattungen für die Wohnung einschließlich Haushaltsgeräten
    - Erstausstattungen für Bekleidung einschließlich bei Schwangerschaft und Geburt
  - Leistungen für Bildung und Teilhabe (§ 28 SGB II)

Agenturen für Arbeit (alle übrigen Aufgaben, § 6 Abs. 1 S. 1 Nr. 1 SGB II):

- *Hilfe zur Eingliederung in Arbeit*, vor allem
    - allgemeine Unterstützung/persönliche Ansprechpartner (§ 14 SGB II)
    - Eingliederungsvereinbarung (§ 15 SGB II)
    - Schaffung von Arbeitsgelegenheiten (§ 16d SGB II)
    - Leistungen der aktiven Arbeitsmarktpolitik (analog SGB III), z. B. Beratung, Vermittlung, Förderung von Berufsausbildung und Weiterbildung

- *Leistungen zur Sicherung des Lebensunterhalts*, vor allem
    - Regelbedarfe (§ 20 SGB II)
    - Mehrbedarfszuschläge (§ 21 SGB II)
    - Bürgergeld an nichterwerbsfähige Angehörige (§ 23 SGB II)
    - Sozialversicherung (§ 26 SGB II, SGB V, SGB XI)

BSG, Urteil vom 01.04.2009, B 14 SF 1/08 R:
„Für Streitigkeiten über **Hausverbote** für die Behördenräume des Grundsicherungsträgers gegen Leistungsberechtigte, die Behördenmitarbeitern gedroht bzw. den Geschäftsablauf gestört haben sollen, ist der **Rechtsweg zu den Gerichten der Sozialgerichtsbarkeit** gemäß § 51 Abs. 1 Nr. 4a SGG gegeben, weil insoweit ein enger Sachzusammenhang zu den vom Träger wahrzunehmenden Sachaufgaben besteht."
Zitiert nach dem Bericht über die „Tätigkeit des Bundessozialgerichts im Jahr 2009"

Option kommunaler Träger
§ 6a SGB II ermöglichte 69 Kreisen und kreisfreien Städten, die Übernahme der Trägerschaft für *alle* Aufgaben nach dem SGB II zu beantragen (**Experimentierklausel**). Die Trägerschaft wurde zunächst für 6 Jahre zugelassen durch *Rechtsverordnung* des Bundesministeriums für Wirtschaft und Arbeit. Auf der Basis von § 6a Abs. 1 SGB II n. F. wurden die Zulassungen über den 31. Dezember 2010 hinaus unbefristet verlängert.
Zum 1. Januar 2012 eröffnete § 6a Abs. 2 SGB II n. F. 43 weiteren Kreisen und kreisfreien Städten die Möglichkeit, die alleinige Trägerschaft

zu übernehmen. Voraussetzung war ein sehr aufwändiges Antragsverfahren. Dem Antrag mussten 2/3 der Mitglieder des Kreistages oder des Stadtrates zustimmen und die zuständige oberste Landesbehörde.

BVerfG, Urteil vom 20.12.2007, 2 BvR 2433/04, Absatz-Nr. 173:
„Die Regelung des § 6a SGB II zeigt, dass der Bundesgesetzgeber selbst eine in der Natur der Aufgabe begründete Notwendigkeit für die gemäß § 44b SGB II organisierte Aufgabenwahrnehmung von Bundesagentur und kommunalen Trägern nicht gesehen hat. Denn diese Regelung sieht ohne weitere Voraussetzungen vor, dass anstelle der Arbeitsgemeinschaften Kreise und kreisfreie Städte - in beschränkter Anzahl - die Leistungen der Grundsicherung für Arbeitsuchende außerhalb der Regellösung des § 44b SGB II vollziehen können. **Weshalb dies nicht** auch **ohne** die in § 6a Abs. 3 Satz 1 SGB II vorgesehene **zahlenmäßige Beschränkung möglich sein sollte, ist nicht ersichtlich**."

BSG, Urteil vom 25.04.2023, B 7/14 AS 69/21 R:
„**Kosten für im Vollzug des SGB II eingesetzte Staatsbeamte, für die** beim Kläger **keine Aufwendungen anfallen, sind** von der Beklagten **nicht zu ersetzen**. Ein Anspruch auf Ersatz von Personalkosten für nicht im Vollzug des SGB II eingesetzte Kommunalbeamte besteht nicht. ... **Fiktive Kosten können** ... **nicht ersetzt verlangt werden**. ... Mit abgeordneten Beamten sind allerdings dem Landkreis zugewiesene Staatsbeamte nicht gleichzusetzen. ... Der Einwand eines Verstoßes gegen Treu und Glauben oder des "venire contra factum proprium" (§ 242 BGB) scheidet im Verhältnis zweier gesetzesgebundener Behörden von vornherein aus."

BSG, Urteil vom 02.07.2013, B 4 AS 72/12 R:
„Das LSG hat zutreffend entschieden, dass dem Kläger ein Anspruch auf Rückerstattung ... von 164 554 Euro gegen die Beklagte zusteht. Der aus dem **allgemeinen öffentlich-rechtlichen Erstattungsanspruch** resultierende Rückerstattungsanspruch des Klägers ist zu bejahen, weil der Beklagten ihrerseits kein öffentlich-rechtlicher Erstattungsanspruch betreffend die im Jahr 2006 vom Kläger verauslagten Mittel für Eingliederungsleistungen zustand. Ein solcher wird ... zwar nicht durch Art. 104a Abs. 5 GG oder eine speziellere Anspruchsgrundlage, etwa Art. 106 Abs. 8 GG, § 5 Abs. 2 der zwischen den Beteiligten geschlossenen Verwaltungsvereinbarung oder §§ 102 ff SGB X verdrängt. ... Ersatzansprüche im Verhältnis von Bund und Kommunen sind durch eine entsprechende Heranziehung der sog. **Haftungskernrechtsprechung zu Art. 104a Abs. 5 GG** begrenzt. Danach greift der öffentlich-rechtliche Erstattungsanspruch nicht bereits bei jeglicher fahrlässiger Falschanwendung des Gesetzes, sondern lediglich **bei vorsätzlichem oder grob fahrlässigem Fehlverhalten**. Ohne eine entsprechende Heranziehung dieser Grundsätze hafteten die Kommunen dem Bund in stärkerem Umfang, als dies im Verhältnis von

Bund und Ländern der Fall wäre. Insoweit ist eine erstattungs- und haftungsrechtliche Gleichstellung geboten. Aus dem Begriff "erforderlicher Ausgleich" in Art 106 Abs. 8 GG kann nichts Abweichendes hergeleitet werden.
Als Rechtsgrundlage für die Gewährung der streitigen Eingliederungsleistungen kam jeweils die Öffnungsklausel in § 16 Abs. 2 Satz 1 SGB II a. F. in Betracht. Diese Regelung stellte eine Rechtsgrundlage für Leistungen zu alternative Modelle zur Eingliederung dar, soweit insbesondere die in §§ 2, 3 SGB II niedergelegten Grundsätze und das auch ohne ausdrückliche Regelung zu prüfende Aufstockungsgebot Beachtung fanden. Unter Berücksichtigung dieser Vorgaben bewegte sich die Eingliederungsmaßnahme "**Ausbildungskostenzuschuss**" noch im Rahmen der für das SGB II geltenden Prinzipien, da § 16 Abs. 1 SGB II a. F. durch den Verweis auf eine Förderung nach § 235a SGB III a. F. ebenfalls Ausbildungsförderungsleistungen, indes für einen anderen Personenkreis, vorsah. Hingegen waren die Gewährung sog **Selbstvermittlungsprämien** auf der Grundlage der Öffnungsklausel ausgeschlossen. Eine derartige Förderung widerspricht den Grundsätzen und Zielen des SGB II, weil durch die Selbstvermittlungsprämie ein Anreiz gesetzt wird, den ohnehin nach § 2 Abs. 2 Satz 2 SGB II bestehenden Obliegenheiten zur Sicherung des Lebensunterhalts nachzukommen. Gleichwohl greift ein öffentlich-rechtlicher Erstattungsanspruch der Beklagten für den streitgegenständlichen Zeitraum nicht durch, weil sich das Verhalten des Klägers nicht als zumindest grob fahrlässig darstellte. Insoweit ist zu berücksichtigen, dass Instanzgerichte zuvor Selbstvermittlungsprämien auf Grundlage der Regelungen des SGB II und des SGB III zugesprochen hatten. Hinzu kommt, dass eine entsprechende Leistung in der **Arbeitshilfe SWL** sogar ausdrücklich für möglich gehalten worden ist."
Zitiert nach dem Terminbericht Nr. 31/13 des Bundessozialgerichts

Arbeitsgemeinschaften/Jobcenter

Um trotz geteilter Trägerschaft die Aufgaben einheitlich wahrzunehmen, *mussten* die Agenturen für Arbeit und die kommunalen Träger Arbeitsgemeinschaften bilden (§ 44b SGB II).
Die Arbeitsgemeinschaft nahm die Aufgaben der Agentur für Arbeit als Leistungsträger nach dem SGB wahr. Die kommunalen Träger *sollten* der Arbeitsgemeinschaft die Wahrnehmung ihrer Aufgaben übertragen. Aus verfassungsrechtlichen Gründen konnte der Bund die Kommunen hierzu nicht zwingen.
Die Arbeitsgemeinschaften konnten weitgehend frei gestaltet werden, das schaffte Flexibilität und ermöglichte verschiedene Modelle.

Nachdem das Bundesverfassungsgericht die Arbeitsgemeinschaften für verfassungswidrig erklärt hatte, wurde das Grundgesetz geändert (Art. 91e). Auf dieser Basis verpflichtet § 44b SGB II n. F. die BA und die kommunalen Träger, zum 1. Januar 2011 gemeinsame Einrichtungen zu bilden; diese führen den Namen „Jobcenter“ und sollen eine einheitliche Durchführung des SGB II sichern.

BVerfG, Urteil vom 20.12.2007, 2 BvR 2433/04:
„Arbeitsgemeinschaften ... widersprechen dem Grundsatz eigenverantwortlicher Aufgabenwahrnehmung, der den zuständigen Verwaltungsträger verpflichtet, seine Aufgaben grundsätzlich durch eigene Verwaltungseinrichtungen, also mit eigenem Personal, eigenen Sachmitteln und eigener Organisation wahrzunehmen. **§ 44b SGB II ist mit Artikel 28 Absatz 2 Satz 1 und 2 in Verbindung mit Artikel 83 des Grundgesetzes unvereinbar**. Die Vorschrift bleibt bis zum 31. Dezember 2010 anwendbar, wenn der Gesetzgeber nicht zuvor eine andere Regelung trifft.“

BSG, Urteil vom 08.12.2022, B 7/14 AS 25/21 R:
„Die beklagte **Bundesagentur** für Arbeit war **nicht berechtigt**, ***(die Widerspruchsbescheide)*** ... in eigenem Namen **zu erlassen**. ... Nach § 44b Abs. 4 SGB II kann auf Grundlage eines Beschlusses der Trägerversammlung die gemeinsame Einrichtung aber einzelne Aufgaben auch durch ihre Träger wahrnehmen lassen. Die Regelung ermöglicht die Zuweisung einzelner Aufgaben durch Auftrag, aber auch die Übertragung hoheitlicher Befugnisse zur Wahrnehmung eines ganzen Aufgabenkomplexes zur Erledigung in eigenem Namen. **Ob der Forderungseinzug**, der regelmäßig die Rückabwicklung von Leistungen umfasst, die Aufgabengebiete beider Träger betreffen, als Aufgabenkomplex **auf nur einen Träger** zum Handeln im eigenen Namen zulässigerweise **übertragen werden könnte**, **kann hier dahingestellt bleiben**. Denn nach dem **Beschluss der Trägerversammlung** wurde die Beklagte nur ermächtigt, Verwaltungsakte und Widerspruchsbescheide im Namen der gemeinsamen Einrichtung, also des beigeladenen Jobcenters, und nicht im eigenen Namen zu erlassen. ... Dem entsprechen die angefochtenen Widerspruchsbescheide nicht. Die Beklagte hat weder im Namen des Beigeladenen entschieden noch auf andere Art und Weise und aus Sicht des Bescheidadressaten transparent ein Vertretungsverhältnis offen gelegt. Klarheit darüber, wem ein Verwaltungshandeln zuzurechnen ist, gehört aber zu den unabdingbaren Rechtmäßigkeitserfordernissen eines jeden Verwaltungsakts. Die von der Klägerin eingelegte Revision war schon wegen fehlender Postulationsfähigkeit als unzulässig zu verwerfen.“
Zitiert nach dem Terminbericht Nr. 46/22 des Bundessozialgerichts

BSG, Urteil vom 14.05.2020, B 14 AS 28/19 R:
„...die Beklagte *(meint)* zu Unrecht, der Kläger könne das Bestehen der **Forderungen** nicht im Verhältnis zu ihr **infrage stellen**. ... Die ... Beklagte ... selbst hat Forderungskonten für den Beigeladenen geführt, dem Kläger Auskünfte über diese Konten erteilt und ihm erklärt, im Auftrag des Beigeladenen dessen Forderungen einziehen zu dürfen. Aufgrund dieses Verhaltens ist der Kläger nicht darauf verwiesen, seine Einwände gegen die Rechtmäßigkeit der

Vollstreckungsanordnung gegenüber dem Beigeladenen geltend zu machen. ... Ohne weitergehende Bedeutung ist, dass die Beklagte sich im Ergebnis selbst die Befugnis zugesprochen hat, das Bestehen der Erstattungsforderungen des Beigeladenen prüfen zu können. ...das LSG *(wird)* zunächst zu prüfen haben, auf welcher konkreten **rechtlichen Grundlage** die Beklagte den **Einzug der Forderungen** des Beigeladenen betreibt. Darf sie die Aufgabe nicht ... ausführen, kann sie dessen Forderungen nicht geltend machen. ...auch bei der Beauftragung mit der Durchführung einzelner Aufgaben *(muss)* ... ein **Beschluss der Trägerversammlung** nach § 44c Abs. 2 Satz 2 Nr. 4 SGB II die .. Erteilung des Auftrags durch ... den Geschäftsführer tragen... Die **Kontrollpflicht der Beklagten** bezieht sich nicht auf die Rechtmäßigkeit von Erstattungsbescheiden des Beigeladenen. Sie hat aber u. a. näher zu prüfen, ob wirksame Leistungsbescheide vorliegen oder festgesetzte Forderungen schon ausgeglichen sind. ... Die sachliche Prüfpflicht ... als Anordnungsbehörde erfasst ... das Bestehen des der Leistungsaufforderung zugrunde liegenden Verwaltungsakts... Die Beklagte ist aber auch verpflichtet, in jedem Stadium der Vollstreckung selbstständig auf Änderungen der Statthaftigkeit der Vollstreckung zu reagieren und ggf. deren Einstellung zu veranlassen... Insoweit muss sie prüfen, ob Erstattungsbescheide weiterhin Bestand haben ... oder ... geändert bzw. aufgehoben worden sind. Gleiches gilt für das Erlöschen des Anspruchs durch Zahlung oder Aufrechnung... Möglichkeiten der **Informationsbeschaffung** hierzu zu regeln, ist Sache zwischen der Beklagten ... und dem Beigeladenen."

<u>BSG, Urteil vom 14.02.2018, B 14 AS 12/17 R:</u>
„Die grundsätzlich ausschließliche Zuständigkeit der gemeinsamen Einrichtung nach § 44b Abs. 1 Satz 2 Halbsatz 1 SGB II umfasst auch **Mahnungen** und **Mahngebührenbescheide** nach dem VwVG. ... Soll eine von der gemeinsamen Einrichtung grundsätzlich selbst wahrzunehmende Aufgabe durch einen ihrer Träger ausgeführt werden, erfordert das einen entsprechenden **Übertragungsbeschluss ihrer Trägerversammlung**. ... Sollen Zuständigkeiten einer gemeinsamen Einrichtung im Bereich des Forderungseinzugs in einer den rechtsstaatlichen Anforderungen genügenden Weise übertragen werden, muss der Übertragungsentscheidung zweifelsfrei zu entnehmen sein, ob sie nur die Überwachung und Abwicklung des Zahlungsverkehrs erfasst oder ob auch Kompetenzen nach dem VwVG zur Mahnung und Einleitung (und Überwachung) der Vollstreckung einbezogen sind und wo die Zuständigkeiten für Stundung, Niederschlagung ... und Erlass von Forderungen ... liegen."

<u>BSG, Urteil vom 26.05.2011, B 14 AS 54/10 R:</u>
„Bei der ... **Festsetzung von Mahngebühren** handelt es sich um einen **Verwaltungsakt** gemäß § 31 Satz 1 SGB X ... Die Beklagte ist nicht befugt, einzelne Aufgabenbereiche im Rahmen der Grundsicherung für Arbeitsuchende ohne entsprechende gesetzliche Grundlage in eigener Zuständigkeit auszuüben. ... Die **Übertragung einzelner Aufgaben** durch die Träger kollidiert mit dem Grundsatz der einheitlichen Wahrnehmung der Aufgaben nach dem SGB

II ... und bedarf deshalb einer ausdrücklichen **gesetzlichen Regelung**. Eine Art "**Selbsteintrittsrecht**" der Grundsicherungsträger sieht das Gesetz dagegen **nicht** vor.“

BGH, Urteil vom 22.10.2009, III ZR 295/08:
„Eine Arbeitsgemeinschaft nach § 44b SGB II ist ... im Zivilprozess **rechts- und parteifähig**. ... Die **Amtspflicht zur sorgfältigen Ermittlung** und Feststellung **des** im Rahmen von § 19 SGB II entscheidungserheblichen **Sachverhalts** obliegt der ... der Arbeitsgemeinschaft ... **nicht im Drittinteresse der gesetzlichen Krankenkassen**. ... Allerdings bestehen erhebliche **Bedenken gegen** die ... **Passivlegitimation** der Beklagten. ... Die Passivlegitimation der Beklagten wird jedenfalls durch den Umstand entscheidend in Frage gestellt, dass sie nicht über eigenes Personal verfügt... Nach Art. 34 Satz 1 GG trifft bei Pflichtverletzungen eines Amtsträgers die Verantwortlichkeit aber grundsätzlich den Staat oder die Körperschaft, in deren Dienst er steht. ... Ob auch die konkrete Aufgabe, bei deren Erfüllung die Pflichtverletzung begangen wurde, in den Aufgabenkreis der Anstellungskörperschaft fällt, ist grundsätzlich unbeachtlich.“

BSG, Urteil vom 19.03.2008, B 11b AS 23/06 R:
„Die Beklagte ist als **Arbeitsgemeinschaft** (Arge) organisiert und - unbeschadet ihrer Rechtspersönlichkeit - zumindest als nicht rechtsfähige Personenvereinigung nach § 70 Nr. 2 SGG beteiligtenfähig... Zwischenzeitlich hat zwar das Bundesverfassungsgericht (BVerfG) in seinem Urteil vom 20. Dezember 2007 - 2 BvR 2433/04 und 2 BvR 2434/04 - ... § 44b SGB II und die darin geregelte organisatorische Ausgestaltung der Argen für unvereinbar mit dem verfassungsrechtlichen Grundsatz eigenverantwortlicher Aufgabenwahrnehmung der Gemeinden und Gemeindeverbände erklärt. Schon angesichts der **bis zum Jahr 2010** eingeräumten Übergangsfristen besteht aber **kein Zweifel an der Beteiligtenfähigkeit** der Beklagten für das hiesige Verfahren.“

BSG, Urteil vom 23.11.2006, B 11b AS 1/06 R:
„Die durch ihren Geschäftsführer vertretene **Beklagte** (§ 44b Abs. 2 Satz 2 SGB II) **muss sich im Revisionsverfahren nicht** nach § 166 SGG **durch einen zugelassenen Prozessbevollmächtigten vertreten lassen**. Ein Vertretungszwang besteht nicht, da die Arbeitsgemeinschaft Behörde i. S. des § 1 Abs. 2 Sozialgesetzbuch Zehntes Buch (SGB X) ist...
Angesichts der nur organisatorischen **Wahrnehmungszuständigkeit**, die die Rechtsträgerschaft der hinter der Arbeitsgemeinschaft stehenden Träger unberührt lässt, ist im Übrigen geäußerten **Bedenken**, es handle sich bei der Arbeitsgemeinschaft um eine **unzulässige Mischverwaltung ... nicht zu folgen**.“

BSG, Urteil vom 07.11.2006, B 7b AS 8/06 R:
„Vorliegend ist die Beklagte durch öffentlich-rechtlichen Vertrag gegründet worden. Ob sie alleine dadurch zur juristischen Person geworden ist (§ 70 Nr. 1 SGG) kann dahinstehen. Ebenso kann offen bleiben, ob das Landesrecht zulässig bestimmen kann, dass sie als Behörde beteiligtenfähig ist (§ 70 Nr. 3 SGG), ob also eine solche Regelung überhaupt auf ein "Mischgebilde" einer Landes- und einer Bundesbehörde Anwendung findet ... Selbst wenn keine dieser beiden Regelungen eingriffe, wäre eine **Beteiligtenfähigkeit** der Beklagten jedenfalls nach § 70 Nr. 2 SGG als nicht rechtsfähige Personenvereinigung zu bejahen. Das Gesetz macht in § 44b Abs. 3 SGB II deutlich, dass die maßgeblichen Entscheidungen einheitlich von der Arbeitsgemeinschaft getroffen werden sollen (zur Verfassungsmäßigkeit das Senatsurteil vom 7. November 2006 - B 7b AS 6/06 R). Es wäre nicht nachvollziehbar, wenn trotzdem statt dieser sowohl die BA als auch der kommunale Träger verklagt bzw. verurteilt werden müssten ... obwohl die Bildung der Arbeitsgemeinschaft gerade das Ziel einer einheitlichen Entscheidung verfolgt."

BSG, Urteil vom 07.11.2006, B 7b AS 14/06 R:
„Die Zulässigkeit der Revision scheitert insbesondere nicht daran, dass die Sprungrevision nicht von einem "Bediensteten" der Beklagten, sondern von einem bevollmächtigten Beamten der Stadt D., eingelegt und begründet worden ist. Dies verstößt nicht gegen § 166 SGG; denn für Behörden gilt der Vertretungszwang durch zugelassene Prozessbevollmächtigte nicht. Für Behörden handeln vielmehr ihre gesetzlichen Vertreter, Vorstände oder besonders Beauftragte (§ 71 Abs. 3 SGG), und zwar ohne dass regelmäßig eine Vollmacht vorgelegt und die Beauftragung nachgeprüft werden muss ... **Um eine Behörde i. S. dieser Vorschrift** (zum Behördenbegriff § 1 Abs. 2 SGB X) **handelt es sich bei der Beklagten, weil sie Aufgaben der öffentlichen Verwaltung wahrnimmt** ... Nach § 71 Abs. 3 SGG können nicht nur bei der Behörde selbst Beschäftigte beauftragt werden, sondern auch Personen, die eine gleiche Sachnähe zu den streitigen Rechtsfragen aufweisen wie diese Beschäftigten... Diese Sachnähe weist der Beamte der Stadt D. (Rechtsamt) auf, weil die Arbeitsgemeinschaft - unabhängig davon, in welcher Rechtsform sie errichtet ist (dazu unter 10) - gebildet worden ist von der Bundesagentur für Arbeit (BA) und der kreisfreien Stadt D ... Unter diesen Voraussetzungen **bestehen keine Bedenken, dass die Arbeitsgemeinschaften** des § 44b SGB II **Bedienstete einer der an ihr beteiligten juristischen Personen beauftragen**. Ein Verstoß gegen das Rechtsberatungsgesetz (RBerG) ist hierin nicht zu sehen, weil es sich für den beauftragten Bediensteten nicht um eine fremde Angelegenheit handelt (§§ 1 Abs. 1 S 1, 6 RBerG). ...dabei ist nicht entscheidungserheblich, dass es sich bei der **Beklagten**, wie in § 3 Abs. 1 des Gesetzes zur Ausführung des SGB II für das Land Nordrhein-Westfalen ... vorgesehen, um eine **Anstalt des öffentlichen Rechts** handelt, und der Landesgesetzgeber berechtigt war, eine solche Regelung - ergänzend zum SGB II (Art. 72 Abs. 1, 74 Abs. 1 Nr. 7) - zu treffen..."

13. Örtliche Zuständigkeit

§ 36 Abs. 1 SGB II knüpft die örtliche Zuständigkeit an den **gewöhnlichen Aufenthalt** des erwerbsfähigen Leistungsberechtigten.

Anders als im SGB III (§ 327) ist ein Zuständigkeitswechsel immer an die Änderung des gewöhnlichen Aufenthalts gebunden.

Nach der amtlichen Begründung des Gesetzes kommt alternativ die Zuständigkeit nach dem *Wohnsitz* in Betracht. Diese Auffassung findet aber keine Stütze im Gesetz.

Für die Leistungen nach § 6 Abs. 1 S. 1 **Nr. 1** SGB II ist die *Agentur für Arbeit* oder der zugelassene kommunale Träger zuständig,

- in deren oder dessen Gebiet
- der erwerbsfähige Leistungsberechtigte seinen gewöhnlichen Aufenthalt hat.

Für die Leistungen nach § 6 Abs. 1 S. 1 **Nr. 2** SGB II ist der *kommunale Träger* zuständig,

- in dessen Gebiet
- der erwerbsfähige Leistungsberechtigte seinen gewöhnlichen Aufenthalt hat.

Seinen gewöhnlichen Aufenthalt hat jemand dort,

- wo er sich unter Umständen **aufhält**, die erkennen lassen,
- dass er an diesem Ort oder in diesem Gebiet **nicht nur vorübergehend verweilt** (§ 30 Abs. 3 S. 2 SGB I).

Für die Begründung des gewöhnlichen Aufenthalts muss also ein **Aufenthalt** von *voraussichtlich* einer gewissen **Dauer** vorliegen.

Entgegen der Auffassung der Bundesagentur lässt sich der g. A. nicht mit einer Meldebestätigung „nachweisen“. Diese wirkt lediglich als Indiz.

Die Anknüpfung an den g. A. ist *wenig praktikabel* und verursacht einen erhöhten Verwaltungsaufwand gegenüber dem Sozialhilferecht, das auf den tatsächlichen Aufenthalt abstellt. § 36 Abs. 1 Satz 4 SGB II stellt klar, dass Leistungen durch den Träger der Grundsicherung zu erbringen sind, in dessen Gebiet sich der erwerbsfähige Leistungsberechtigte **tatsächlich aufhält**, wenn ein gewöhnlicher Aufenthalt nicht feststellbar ist. Damit wird vermieden, dass Menschen (z. B. Nichtsesshafte) allein aufgrund ihrer atypischen Lebensgewohnheiten aus dem Leistungsbezug ausgeschlossen sind.

Seit dem 1. Januar 2011 setzt der neue Satz 3 die Rechtsprechung des BSG zur Zuständigkeit im Rahmen des **Umgangsrechts** um: Diese richtet sich für Leistungen an Minderjährige nach dem **gewöhnlichen Aufenthalt der umgangsberechtigten Person**.

Die Zuständigkeitsvorschriften gelten entsprechend für nicht erwerbsfähige Personen, die Leistungen für **Bildung und Teilhabe** erhalten (Satz 5). Leistungen für Bildung und Teilhabe werden nicht von der Horizontalberechnung erfasst; es kann deshalb Fälle geben, in denen nur nicht erwerbsfähige Kinder Leistungen für Bildung und Teilhabe beanspruchen können. In diesen Fällen ist der Träger örtlich zuständig, der zuständig wäre, wenn es sich bei den Kindern um erwerbsfähige Personen handelte.

Für Personen mit einer **Wohnsitzauflage** nach § 12a Aufenthaltsgesetz ist der Zuweisungsort zuständig (§ 36 Abs. 2 SGB II).

Frauen, die sich in einem **Frauenhaus** aufhalten, erwerben dort auch regelmäßig ihren g. A.; zuständig ist dann der für den Ort des Frauenhauses maßgebende Träger. Der kommunale Träger dieses Ortes hat seit dem 1. August 2006 einen Anspruch auf Kostenerstattung gegen den kommunalen Träger des bisherigen g. A. (§ 36a SGB II). Für Zeiträume ab dem 01.01.2030 entfällt die Kostenerstattung.

BSG, Urteil vom 08.03.2023, B 7 AS 7/22 R:

„Der **Erstattungsanspruch** des Jobcenters Osnabrück gegen das Jobcenter Münster ist **dem Grunde nach gegeben**. Er folgt aus § 36a SGB II. ... Voraussetzung ist .., dass sich die ... leistungsberechtigte Frau ... vom bisherigen gewöhnlichen Aufenthaltsort in ein Frauenhaus begibt und es durch diese Flucht

zum Wechsel der örtlichen Zuständigkeit des kommunalen Trägers kommt. ... Die Leistungsberechtigten hatten ihren **gewöhnlichen Aufenthalt** im Sinne des § 30 SGB I zunächst in Münster. Dem steht nicht entgegen, dass sie sich bereits dort in einem **Frauenhaus** aufgehalten hatten. Der weiteren Flucht in ein Frauenhaus nach Osnabrück folgt daher die Erstattungsverpflichtung des Trägers der Herkunftskommune - des Jobcenters Münster. Zwar haben die Leistungsberechtigten durch den **"Zwischenaufenthalt" bei einer Freundin in Osnabrück** an diesem Ort ihren gewöhnlichen Aufenthalt begründet. Denn nach § 30 Absatz 3 Satz 2 SGB I hat jemand seinen gewöhnlichen Aufenthalt dort, wo er sich unter Umständen aufhält, die erkennen lassen, dass er an diesem Ort oder in diesem Gebiet nicht nur vorübergehend verweilt. Entscheidend ist insoweit der prognostisch **zukunftsoffene Aufenthalt** in einer bestimmten politischen Gemeinde. ...der Aufenthalt der Leistungsberechtigten in Osnabrück *(war)* - bereits während des Aufenthalts bei der Freundin - zukunftsoffen und zwar in der Erwartung der kurzfristig erfolgenden Aufnahme im Osnabrücker Frauenhaus. Grundsätzlich endete damit die Erstattungsverpflichtung des Jobcenter Münster. Denn **die Begründung eines gewöhnlichen Aufenthalts außerhalb eines Frauenhauses** ... **beschließt an sich die "Fluchtkette" und damit die nachgehende Erstattungspflicht des Trägers der Herkunftskommune**... In Anknüpfung an den Gesetzeszweck des "Schutzes des Einrichtungsortes" sowie die bisherige Rechtsprechung zum Sozialhilferecht ist jedoch in Fallkonstellationen wie der vorliegenden eine **Ausnahme** zu machen. Die "**Fluchtkette**" ist **nicht** als **unterbrochen** anzusehen, wenn der **gewöhnliche Aufenthalt in der Absicht begründet worden ist, in das Frauenhaus vor Ort aufgenommen zu werden** und nur eine vorübergehende Zeit außerhalb der Einrichtung bis zur Aufnahme zu überbrücken. So liegt der Fall hier."
Zitiert nach dem Terminbericht Nr. 6/23 des Bundessozialgerichts

<u>BSG, Urteil vom 23.05.2012, B 14 AS 156/11 R:</u>
„Ist der Rhein-Erft-Kreis damit als Herkunftskommune dem Grunde nach Erstattungsverpflichteter und der Rhein-Sieg-Kreis als aufnehmende Kommune dem Grunde nach Erstattungsberechtigter, werden von der **Erstattungspflicht alle Leistungen** erfasst, **die** vom kommunalen Träger nach § 6 Abs. 1 Nr. 2 SGB II (**rechtmäßig**) an die leistungsberechtigte Frau und die mit ihr in Bedarfsgemeinschaft lebenden Kinder **für die Zeit des Aufenthaltes im Frauenhaus erbracht werden**. Wegen des Umfangs der Kostenerstattungspflicht knüpft § 36a SGB II allein daran an, dass sich die Leistungspflicht der erstattungsberechtigten Kommune für Leistungen nach § 6 Abs. 1 Nr. 2 SGB II aus der örtlichen Zuständigkeit während des Aufenthalts ergibt und differenziert nicht weitergehend dahin, ob die jeweiligen Kosten innerhalb oder außerhalb des Frauenhauses anfallen... Die aufnehmende Kommune wird von sämtlichen Kosten freigestellt, für die die Herkunftskommune zuständig gewesen wäre, wenn der gewöhnliche Aufenthalt dort nicht durch die Flucht ins Frauenhaus beendet worden wäre. Abgegrenzt wird die Verpflichtung zur Kostenerstattung lediglich in zeitlicher Hinsicht: Kosten, die entstehen, nachdem die Frau außerhalb des Frauenhauses Aufenthalt genommen hat, werden von der Erstattungspflicht nicht mehr erfasst. ...damit *(sind)* auch die einmaligen Leistungen

für die **Erstausstattung der Wohnung** ... vom Kostenerstattungsanspruch der aufnehmenden Kommune erfasst. ... Weder aus § 23 Abs. 3 Satz 1 Nr. 1 SGB II a. F. noch aus § 36 SGB II folgt, dass es wegen der örtlichen Zuständigkeit für die Erbringung dieser Leistungen auf den Ort der auszustattenden Unterkunft ankommt... Auch insoweit ist für die örtliche **Zuständigkeit** maßgeblich allein der **Aufenthalt der Leistungsberechtigten im Zeitpunkt der Antragstellung**."

<u>BSG, Urteil vom 23.05.2012, B 14 AS 190/11 R:</u>
„Erstattungsverpflichtet ist der kommunale Träger am Ort des bisherigen gewöhnlichen Aufenthalts außerhalb eines Frauenhauses (Herkunftskommune). Erstattungsberechtigt ist die Kommune, in deren örtlichen Zuständigkeitsbereich i. S. des § 36 SGB II das Frauenhaus gelegen ist (aufnehmende Kommune). ... Unerheblich ist für das Entstehen von Kostenerstattungsansprüchen ..., ob ... die Flucht in das im klagenden Landkreis gelegene Frauenhaus nicht unmittelbar von einem Ort des (gewöhnlichen) Aufenthalts außerhalb dieses Frauenhauses erfolgt ist... **Nur ein gewöhnlicher Aufenthalt außerhalb eines Frauenhauses lässt eine Kostenerstattungspflicht entstehen**. ...**psychosozialen Betreuungsleistungen** *(steht)* auf dieser Grundlage der Aufenthalt im Frauenhaus nicht grundsätzlich entgegen. Das Konkurrenzverhältnis zwischen den Leistungen nach § 16 Abs. 2 Satz 2 Nr. 3 SGB II a. F. und §§ 67 bis 69 SGB XII, die die Beklagte als allein denkbare Anspruchsgrundlage für eine psychosoziale Betreuung bei Aufenthalt im Frauenhaus ansieht, mag im Einzelfall schwierig zu bestimmen sein... Dies erlaubt aber auf Grundlage der gesetzlichen Regelungen in SGB II und SGB XII nicht den Schluss, während des Aufenthalts im Frauenhaus komme aufgrund typisierend unterstellten besonderen Lebensverhältnissen der betroffenen Frauen der in § 3 Abs. 1 SGB II normierte **Eingliederungsgedanke** nicht zum Tragen."

<u>BSG, Urteil vom 23.05.2012, B 14 AS 133/11 R:</u>
„Im Hinblick auf die kommunalen Aufgaben nach § 6 Abs. 1 Nr. 2 SGB II hat der kommunale Träger, von dem sich die Zuständigkeit für die Erfüllung der Aufgaben einer Arbeitsgemeinschaft ableitet, aber eine ausschließlich gebietsbezogene Verbandszuständigkeit für die Erbringung dieser Aufgaben. ... Eine Arbeitsgemeinschaft als gemeinschaftliche Verwaltungseinrichtung der Bundesagentur und des kommunalen Trägers mit Teilrechtsfähigkeit kann bezogen auf die kommunalen Aufgaben nach dem SGB II **nicht außerhalb der Verbandszuständigkeit des kommunalen Trägers zuständig** sein."

<u>BSG, Urteil vom 07.11.2006, B 7b AS 14/06 R:</u>
„Zuständig für die Leistungen nach §§ 20 - 22 SGB II an die Kinder während deren Aufenthalts beim Vater ist dann die für diesen Aufenthalt nach § 36 SGB II zuständige Beklagte. Insoweit **muss § 36 SGB II eine der zeitweisen Bedarfsgemeinschaft gerecht werdende Auslegung erfahren**. Grundsätzlich

gilt die Vertretungsvermutung des § 38 SGB II. Probleme bei Leistungen "an zwei Bedarfsgemeinschaften" sind jedenfalls lösbar.“

14. Besondere Verfahrensvorschriften

Für das Verfahren nach dem SGB II sind **grundsätzlich** die Vorschriften des **SGB X** anzuwenden (§ 40 Abs. 1 S. 1 SGB II). An die Stelle der Vierjahresfrist des **§ 44** SGB X tritt seit dem 1. April 2011 eine Frist von einem Jahr; Leistungen dürfen längstens bis zum Beginn des Jahres rückwirkend erbracht werden, das dem Jahr der Rücknahme vorausgegangen ist (§ 40 Abs. 1 S. 2 SGB II).

Daneben gelten verschiedene **Besonderheiten**:

Zu Vorschriften des SGB III und X: Seite 483 ff.
Zum Erstattungsverfahren: Seite 496
Zur wiederholten Antragstellung nach § 28 SGB X: Seite 496 f.
Zur Vollstreckung: Seite 498
Zum Antragserfordernis: Seite 498 ff.
Zur Vertretung der Bedarfsgemeinschaft: Seite 505 f.
Zur sofortigen Vollziehbarkeit: Seite 506 ff.
Zur Berechnung der Leistung und zum Bewilligungszeitraum: Seite 508 f.
Zur vorläufigen Entscheidung: Seite 510 ff.
Zur Auszahlung: Seite 517
Zur Unpfändbarkeit: Seite 517
Zu Darlehen: Seite 517 f.
Zur Aufrechnung: Seite 518 ff.
Zur Verteilung von Teilzahlungen: Seite 520
Zum Erlass von Ansprüchen: Seite 520 f.

1. Entsprechend anwendbar sind nach § 40 Abs. 2 SGB II die **Vorschriften des SGB III** über die

   - Aufhebung von Verwaltungsakten nach § 330 Abs. 1:
     bei der Unwirksamkeit einer Satzung nach § 22a SGB II ist auf die Zeit nach der Entscheidung des LSG abzustellen

   - Aufhebung von Verwaltungsakten (§ 330 Abs. 2 und 3):
     in den meisten Anwendungsfällen steht die Aufhebung entgegen den allgemeinen Vorschriften des SGB X *nicht im Ermessen* der Behörde; das verpflichtet zum Tätigwerden und reduziert das Risiko vor Gericht – in der Regel zum Nachteil der Bürger

- vorläufige Zahlungseinstellung (§ 331):
  die Behörde kann unter bestimmten Voraussetzungen eine laufende Leistung *ohne Bescheid* vorläufig einstellen; sie darf die Zahlung auch teilweise einstellen, wenn sie Kenntnis von Tatsachen erhält, die den Anspruch mindern

- Erstattung von Beiträgen zur Kranken-, Renten- und Pflegeversicherung (§ 335 Abs. 1, 2 und 5):
  wird Bürgergeld zurückgefordert, sind grundsätzlich auch die *Sozialversicherungsbeiträge zu ersetzen.*

BSG, Urteil vom 11.09.2024, B 4 AS 6/23 R:
„Der Beklagte hat dem Grunde nach einen Erstattungsanspruch gegen die Klägerin aus § 40 Absatz 2 Nummer 1 SGB II in Verbindung mit § 328 Absatz 3 Satz 2 Halbsatz 1 SGB III. Das gilt auch für die ihrem Ehemann gezahlten Leistungen, für die sie nicht als Sonderrechtsnachfolgerin, sondern als **Erbin einer Nachlassverbindlichkeit** haftet. Dem Erstattungsanspruch steht die **Erfüllungsfiktion** des § 107 SGB X nicht entgegen, weil der allein in Betracht kommende **Erstattungsanspruch nach § 105 SGB X gegen den Beigeladenen nicht besteht**. Dieser scheitert nicht schon daran, dass der beigeladene Landkreis zum einen Sozialhilfeträger und zum anderen als zugelassener kommunaler Träger Rechtsträger des beklagten Jobcenters ist. Wegen der in §§ 6a, 6b SGB II enthaltenen Maßgaben für zugelassene kommunale Träger sind die Voraussetzungen für einen solchen "In-sich-Prozess" erfüllt. ... Jedoch kann nach § 105 Absatz 3 SGB X ein Erstattungsanspruch gegen einen Sozialhilfeträger nur dann bestehen, wenn dieser Kenntnis von den Voraussetzungen seiner etwaigen Leistungspflicht hatte. Dies war .. nicht der Fall, denn **anders als im Leistungsverhältnis kann im Erstattungsverhältnis die Kenntnis des Jobcenters** ... auch bei einem zugelassenen kommunalen Träger **nicht zugleich** als **Kenntnis dieses Trägers in seiner Funktion als Sozialhilfeträger** angesehen oder zugerechnet werden. Für gemeinsame Einrichtungen nach § 44b SGB II hat das Bundessozialgericht ... bereits entschieden, dass einem Sozialhilfeträger im Erstattungsverhältnis anders als im Leistungsverhältnis die Kenntnis des Jobcenters nicht zugerechnet werden kann. Dies gilt auch für einen zugelassenen kommunalen Träger. Anderenfalls liefe die nach § 105 Absatz 3 SGB X vorgesehene Privilegierung des Sozialhilfeträgers in diesen Fällen stets leer, obwohl es sich um strikt zu trennende Aufgaben handelt. Für die Aufgaben nach dem SGB II sind ... besondere Einrichtungen zu schaffen, deren Aufwendungen zu einem wesentlichen Teil vom Bund getragen werden... Der Erstattungsanspruch gegen die Klägerin steht dem Beklagten jedoch nicht in voller Höhe zu. **Nicht zu erstatten** sind die ... an den Gesundheitsfonds gezahlten **Beiträge zur**

Kranken- und Pflegeversicherung ..., denn diese sind keine dem Ehemann "erbrachte Leistungen" im Sinne von § 328 Absatz 3 Satz 2 Halbsatz 1 SGB III. Die Voraussetzungen des § 335 SGB III liegen nicht vor."

BSG, Beschluss vom 29.11.2023, B 5 SF 9/22 S:
„Die **Kostenbefreiung** ergibt sich aus § 2 Abs. 3 Satz 1 GKG i. V. m § 64 Abs. 3 Satz 2 Halbsatz 1 SGB X. Danach wird den Trägern der Grundsicherung für Arbeitsuchende im sozialgerichtlichen Verfahren unabhängig vom Verfahrensgegenstand eine Kostenbefreiung gewährt. ... Zwar sind **gemeinsame Einrichtungen** ... selbst nicht Träger... Den gemeinsamen Einrichtungen ist jedoch die Wahrnehmung der Aufgaben nach dem SGB II ... übertragen... Aufgrund ihrer besonderen Stellung **partizipieren** gemeinsame Einrichtungen **an der Kostenfreiheit der Träger** der Grundsicherung für Arbeitsuchende nach § 64 Abs. 3 Satz 2 Halbsatz 1 SGB X, die andernfalls weitgehend leer laufen würde. Die Kostenbefreiung ... gilt unverändert, wenn diese ... an **Erstattungsstreitigkeiten mit einem anderen Träger** beteiligt sind. ... Das Zusammenspiel der Regelungen in § 64 Abs. 3 Satz 2 Halbsatz 2 SGB X und § 197a Abs. 3 SGG soll damit sicherstellen, dass die **Träger der Sozialhilfe** vor den Gerichten der Sozialgerichtsbarkeit lediglich in Erstattungsstreitigkeiten zu Gerichtskosten herangezogen werden. ... Es spricht nichts dafür, dass eine vergleichbare Inanspruchnahme der SGB II-Träger gewollt war."

BSG, Urteil vom 21.06.2023, B 7 AS 3/22 R:
„§ 1629a BGB ... soll den Schutz des allgemeinen Persönlichkeitsrechts ... sicherstellen. ... Die Verbindlichkeit des Klägers ... überstieg bei **Eintritt der Volljährigkeit** am 30.12.2016 nicht dessen Vermögen. ... Maßgeblich für die Frage der **Beschränkung der Haftung** auf das zu diesem Zeitpunkt vorhandene Vermögen ist nicht eine im SGB II vorgenommene Bestimmung von Einkommen und Vermögen. Vielmehr bedient sich der Gesetzgeber in § 1629a BGB einer Stichtagsregelung, um "Altvermögen" und "Neuvermögen" voneinander abzugrenzen... Der Stichtag ist mit dem Eintritt der Volljährigkeit (§ 2 BGB) verbunden. Entscheidend ist **grundsätzlich** allein eine **Saldierung von Schuld und Vermögen** zum Zeitpunkt dieses Stichtags, also der Vollendung des 18. Lebensjahres... Vermögen im Rahmen des § 1629a BGB ist das **Aktivvermögen** der volljährig gewordenen Person bei Eintritt der Volljährigkeit. Auf ein Nettovermögen als Differenz von Aktiva und Passiva kommt es nicht an... Ein **Pfändungsschutz** nach **§ 811 ZPO** greift hier für das Kontoguthaben des Klägers schon nicht. Denn bei § 811 ZPO geht es nur um die Unpfändbarkeit von **Sachen** ... und nicht um Forderungen gegen Drittschuldner... Der Stand des Vermögens ... ist nicht unter Berücksichtigung aller Pfändungsschutzvorschriften bereits im Erkenntnisverfahren zu ermitteln. ... Lediglich bei Gegenständen des persönlichen Gebrauchs (§ 811 Abs. 1 Satz 1 ZPO) hat das BSG die Berücksichtigung einer fehlenden Herausgabepflicht des volljährig Gewor-

denen im Rahmen des § 1629a BGB schon im Erkenntnisverfahren zugelassen… Der Haftung des Klägers mit seinem Guthaben auf dem Girokonto steht **§ 40 Abs. 9 SGB II** … nicht entgegen. … Die Vorschrift ist zum 1.1.2023 in Kraft getreten. Eine **rückwirkende Geltung** hat der Gesetzgeber **nicht** angeordnet…"

BSG, Urteil vom 08.12.2020, B 4 AS 46/20 R:
„Der Senat hat die Revision des Klägers zurückgewiesen. Die .. Bescheide sind rechtmäßig. Zwar war der ursprüngliche **Aufhebungs- und Erstattungsbescheid** vom 14.3.2013 unbestimmt, denn erst der während des Widerspruchsverfahrens erlassene Änderungsbescheid vom 18.7.2014 enthielt die bei teilweiser Leistungsaufhebung erforderliche Zuordnung der Aufhebungsbeträge zu den einzelnen Monaten. **Bestimmtheitsmängel können** aber jedenfalls **während des Widerspruchsverfahrens beseitigt werden**. Dass der Bescheid vom 18.7.2014 erst nach Ablauf der **Jahresfrist** des § 45 Abs. 4 Satz 2 SGB X erlassen wurde, ist unerheblich, denn die Frist wurde **durch den ursprünglichen Aufhebungs- und Erstattungsbescheid gewahrt**. Dem durch die Jahresfrist geschützten Vertrauen des Klägers in den Bestand des Bewilligungsbescheides war bereits im Zeitpunkt der ersten Rücknahmeentscheidung im Umfang der Rücknahme die Grundlage entzogen. Für diese Erschütterung des Vertrauens ist eine auf die monatlichen Beträge bezogene Bestimmtheit des Aufhebungs- und Erstattungsbescheides nicht erforderlich. Die Voraussetzungen für die Rücknahme der Leistungsbewilligungen mit Wirkung für die Vergangenheit sind auch insoweit gegeben, als die Bewilligungen auf zumindest **grob fahrlässig falschen Angaben des Vaters** des volljährigen Klägers beruhten. Der Vater des Klägers hat nach den Feststellungen des LSG als Vertreter des Klägers - zumindest im Rahmen einer sog. Duldungsvollmacht - gehandelt. Wer es aber duldet, dass ein anderer für ihn wie ein Vertreter auftritt, muss sich nach den Grundsätzen der Duldungs- oder Anscheinsvollmacht dessen Verhalten **zurechnen lassen**, selbst wenn er keinen Bevollmächtigungswillen gehabt hätte."
Zitiert nach dem Terminbericht Nr. 45/20 des Bundessozialgerichts

BSG, Urteil vom 24.06.2020, B 4 AS 10/20 R:
„Die Bescheide … waren **mangels Vorläufigkeitsvorbehalt** endgültige Bewilligungen. … Ihre Änderung kann daher nur nach Maßgabe der **vertrauensschützenden Regelungen** der §§ 45 ff. SGB X erfolgen… Stützt die Behörde ihre Entscheidung auf eine falsche Rechtsgrundlage …, handelt es sich bei gebundenen Verwaltungsakten lediglich um eine unzutreffende Begründung des Verwaltungsaktes… Weil die §§ 45, 48 SGB X auf dasselbe Ziel, nämlich die Aufhebung eines Verwaltungsaktes, gerichtet sind, ist das "**Auswechseln**" dieser Rechtsgrundlagen … grundsätzlich zulässig… Der Senat konnte auf der Grundlage der bisher getroffenen Feststellungen nicht entscheiden, ob eine **Ermessensausübung** infolge der **Bösgläubigkeit** der Kläger unterbleiben konnte. … Das LSG ist … zu

Recht davon ausgegangen, dass eine Bösgläubigkeit der Klägerin zu 1 dem Kläger zu 2 zuzurechnen wäre. ... Allerdings wird das LSG im wiedereröffneten Berufungsverfahren die Rechtsprechung des 14. Senats des BSG zur Beschränkung der **Minderjährigenhaftung** nach § 1629a Abs. 1 BGB ... zu berücksichtigen haben."

BSG, Urteil vom 14.05.2020, B 14 AS 10/19 R:
„...das **Rechtsschutzinteresse** *(ist)* ... nicht wegen der **Niederschlagung** der Erstattungsforderung durch die Bundesagentur für Arbeit entfallen; diese ist auf ein **Verwaltungsinternum** beschränkt und lässt den Bestand des ... Bescheids unberührt... **Ziel** ... des § 40 Abs. 1 Satz 2 Nr. 1 SGB II ist eine zeitliche Begrenzung der Überprüfung von Verwaltungsakten im Verfahren nach § 44 SGB X, die ... keine Leistungserbringung oder Beitragserhebung ... zum Gegenstand haben. ... Eine **Geltungswirkung** dieser Bestimmung für **vor** ihrem **Inkrafttreten** gestellte Überprüfungsanträge lässt sich **nicht** feststellen. ... Das gilt auch für das Übergangsrecht zu § 40 Abs. 1 Satz 2 Nr. 1 SGB II. ...§ 77 Abs. 13 SGB II ist ausweislich der Überschrift Übergangsvorschrift nur zum RBEG/SGB II/SGB XII-ÄndG und die Übergangsregelungen zum Inkrafttreten des 9. SGB II-ÄndG in § 80 SGB II beziehen sich nicht auf § 40 SGB II. ...eine über mehrere Monate erstreckte **Teilaufhebung** ... *(ist)* nur hinreichend bestimmt ..., soweit ihm die ändernden Teilbeträge **für jeden Monat im Einzelnen** entnommen werden können. ...auch für jeden Außenstehenden *(muss)* zweifelsfrei zu erkennen sein, in welcher Höhe Leistungen ... für den betreffenden Monat zuerkannt bleiben..."

BSG, Urteil vom 28.11.2018, B 4 AS 43/17 R:
„Die Klägerin kann sich auf die **Beschränkung der Minderjährigenhaftung** berufen, auch wenn sie erst im Laufe des Gerichtsverfahrens gegen den **Erstattungsbescheid** volljährig geworden ist. Die auf Verfassungsrecht beruhende Beschränkung der Minderjährigenhaftung nach § 1629a BGB gilt im SGB II entsprechend... Dies war **ab dem Eintritt der Volljährigkeit** ... und damit im Laufe des Gerichtsverfahrens zu beachten. Aus dem Umstand, dass die Klägerin verfahrensrechtlich zutreffend gegen den strittigen Aufhebungs- und Erstattungsbescheid eine (reine) Anfechtungsklage erhoben hat, folgt nichts anderes. Trotz der Faustformel "letzte Verwaltungsentscheidung" bestimmt sich der maßgebliche **Zeitpunkt für die Beurteilung der Sach- und Rechtslage** letztlich nach materiellen Recht und nicht nach der Klageart. Auf das Vorliegen der Voraussetzungen des § 48 SGB X hinsichtlich des Erstattungsbescheids kam es nicht an, weil dieser aufgrund der ... Anfechtungsklage nicht bestandskräftig geworden ist."
Zitiert nach dem Terminbericht Nr. 51/18 des Bundessozialgerichts

BSG, Urteil vom 25.04.2018, B 4 AS 29/17 R:
„Hiernach verfügte der Kläger ... über zu berücksichtigendes und seinen monatlichen Bedarf ... offensichtlich **übersteigendes Vermögen**... Ob dieses Vermögen zur Deckung der Bedarfe des Klägers über den gesamten Rücknahmezeitraum ausgereicht hätte ..., ist für die anfängliche Rechtswidrigkeit der zurückgenommenen Alg II-Bewilligungen unbeachtlich. Maßgeblich für die Rechtswidrigkeit der zurückgenommenen Bewilligungen als Voraussetzung für deren Rücknahme nach § 45 SGB X ist die Situation bei ihrem Erlass... In der Situation der Leistungsbewilligung ... ist vorhandenes, zu verwertendes und verwertbares **Vermögen** ... **so lange zu berücksichtigen, wie es tatsächlich vorhanden ist**... Die Voraussetzungen für die zwingende Rücknahme der Leistungsbewilligungen mit Wirkung für die Vergangenheit nach § 40 Abs. 2 Nr. 3 SGB II iVm § 330 Abs. 2 SGB III sind auch insoweit gegeben, als die Bewilligungen auf zumindest grob fahrlässig unrichtigen bzw. unvollständigen Angaben ... beruhten. ...der Kläger *(kann sich)* auf Vertrauensschutz nicht berufen, weil er im Rahmen des Erstantrags die ausdrückliche Nachfrage, ob er über Vermögen im Wert von über 4850 Euro verfüge, zumindest grob fahrlässig verneint hat. ... Ist die Rücknahme einer Alg II-Bewilligung wegen verschwiegenen Vermögens vom Begünstigten zu vertreten, kommt es auf das Verhältnis zwischen dem zu erstattenden Betrag und dem ursprünglich einzusetzenden Vermögenswert nicht an. Soweit ... im Rahmen der Ermessensausübung nach § 45 Abs. 2 Satz 1 SGB X auch bei fehlendem Vertrauensschutz besonderen Härten Rechnung zu tragen sein kann ..., ist dies für das Verfahrensrecht des SGB II durch den Verweis auf § 330 Abs. 2 SGB III ausgeschlossen. ... Dass der Beklagte einen **Forderungserlass** zur Vermeidung unbilliger Härten bislang nicht geprüft hat, berührt die Rechtmäßigkeit der Rücknahme und der Erstattungsforderung nicht. ...§ 44 SGB II *(vermittelt)* einen Anspruch auf ermessensfehlerfreie Entscheidung über einen Forderungserlass."

BSG, Urteil vom 25.10.2017, B 14 AS 9/17 R:
„Der angefochtene Bescheid ... ist nur insoweit aufgehoben worden, wie die Erstattung von Beiträgen zur Rentenversicherung ... von 2280 Euro gefordert wird. Im Übrigen ist die Klage abgewiesen worden. Entgegen der Ansicht von SG und LSG ist dem angefochtenen Bescheid nicht nur die Aufhebung der in dessen Verfügungssatz ausdrücklich genannten Bescheide zu entnehmen, sondern die **Aufhebung aller Bescheide**, die Regelungen **für den im Verfügungssatz genannten Zeitraum** ... enthalten. Dies folgt nach dem zugrunde zu legenden objektiven Empfängerhorizont aus der weiteren **Begründung** des Bescheids, an dem hinsichtlich seiner Bestimmtheit angesichts des genannten Zeitraums und der aufgegliederten Erstattungsforderung keine Zweifel bestehen. Spätestens dem Widerspruchsbescheid konnte der Kläger genau aufgeführt für die einzelnen Zeiträume die betroffenen Änderungsbescheide entnehmen. Die Aufhebung des Erstattungsbegehrens hinsichtlich der Rentenversicherungsbeiträge beruht auf dem Fehlen einer Rechtsgrundlage."

Zitiert nach dem Terminbericht Nr. 49/17 des Bundessozialgerichts

BSG, Urteil vom 04.04.2017, B 4 AS 6/16 R:
„Der Beklagte war ... unzutreffend davon ausgegangen, nur einen Teil der Kosten der Kläger für deren Unterkunft ... übernehmen zu müssen, obwohl er sich mangels Durchführung eines Kostensenkungsverfahrens nicht auf die Unangemessenheit der Kosten berufen durfte. ... Dadurch sind den Klägern in der Summe Sozialleistungen zu Unrecht nicht erbracht worden, sodass die rechtswidrigen Bescheide ... zu ändern und den Klägern die vorenthaltenen Leistungen auch für die Vergangenheit nachzuzahlen sind. ...ein **Anspruch** ... auf teilweise Rücknahme der Bewilligungsbescheide und Leistungsnachzahlung *(ist)* **nicht deshalb ausgeschlossen, weil diese** ab Oktober 2010 **auf Leistungen** nach dem SGB II **nicht mehr angewiesen waren**... Eine solche - zusätzliche - Anspruchsvoraussetzung lässt sich dem geltenden Recht nicht entnehmen. ... Solche Besonderheiten hat zwar bisher zur Sozialhilfe und zum Asylbewerberleistungsrecht der für diese Rechtsgebiete zuständige Senat des BSG ... angenommen, weil Leistungen der Sozialhilfe nur der Behebung einer gegenwärtigen Notlage dienen würden... Doch ist diese Rechtsprechung nicht übertragbar auf den Rechtskreis des SGB II. Schon aus ... § 40 SGB II folgt, dass der Gesetzgeber den Berechtigten im SGB II grundsätzlich so stellen wollte, als hätte die Verwaltung von vornherein richtig entschieden."

BSG, Urteil vom 23.02.2017, B 4 AS 57/15 R:
„Nach gefestigter Rechtsprechung des BSG hat die Verwaltung schon eine **Rücknahmeentscheidung** nach § 44 Abs. 1 SGB X **nicht mehr zu treffen, wenn** die rechtsverbindliche, grundsätzlich zurückzunehmende **Entscheidung keine Wirkungen mehr entfalten kann**, also ausschließlich Leistungen für Zeiten betrifft, die außerhalb der durch den Rücknahmeantrag bestimmten Verfallsfrist liegen. ... Sind die vorläufig einbehaltenen SGB II-Leistungen demnach wegen des streitigen Bescheides ... nicht - nachträglich - ausgezahlt worden, sind Sozialleistungen auf der Grundlage einer ggf. unrichtigen Verwaltungsentscheidung i. S. von § 44 Abs. 1 SGB X und § 44 Abs. 4 SGB X zu Unrecht nicht erbracht worden. Schon eine Rücknahmeentscheidung ist daher nicht mehr zu treffen..."

BSG, Urteil vom 12.10.2016, B 4 AS 37/15 R:
„Der **Umfang des Prüfauftrags** war für den Beklagten erkennbar, weil der Kläger konkret vorgetragen hat, für welchen **Zeitraum** er die Berücksichtigung seiner rückständigen Unterhaltsverpflichtungen ... begehrt. Da er ausgeführt hat, dass er in einem bezeichneten Zeitraum der durchgehenden Leistungsbewilligung die Berücksichtigung seiner rückständigen Unterhaltsverpflichtungen als Absetzbetrag von seinem Einkommen verfolgt,

waren … **trotz fehlender Bezeichnung der** … zu ändernden **Bewilligungsbescheide** diese ohne Weiteres ermittelbar und der Umfang des Prüfauftrags erkennbar.“

BSG, Urteil vom 12.10.2016, B 4 AS 1/16 R:
„Durch **Übermittlung der PDF-Datei** in das elektronische Gerichts- und Verwaltungspostfach des LSG am letzten Tag der **Berufungsfrist** wurden weder die besonderen Anforderungen des § 65a SGG an die elektronische Form noch die Anforderungen an die Schriftform gewahrt. Die Übermittlung entsprach mangels der erforderlichen qualifizierten elektronischen Signatur nicht den hierfür festgelegten Anforderungen. Die Berufung ist auch nicht deshalb als form- und fristgemäß zu werten, weil der elektronisch übermittelte Berufungsschriftsatz noch am Tag seines Eingangs ausgedruckt worden ist. … Dies gilt unabhängig davon, ob die übermittelte Datei eine **Unterschrift** enthält oder auf welche Weise diese Unterschrift generiert wurde. ...auch eine Wiedereinsetzung in den vorigen Stand gemäß § 67 Abs. 1 SGG *(kommt)* nicht in Betracht.“
Zitiert nach dem Terminbericht Nr. 38/16 des Bundessozialgerichts

BSG, Urteil vom 26.07.2016, B 4 AS 47/15 R:
„…vor Erlass des Widerspruchsbescheids *(bedurfte es)* einer **erneuten Anhörung**, denn eine solche ist stets für den Fall erforderlich, dass ein Aufhebungsbescheid auf § 48 SGB X und sodann der Widerspruchsbescheid auf **§ 45 Abs. 1, Abs. 2 Satz 3 Nr. 3 SGB X** gestützt wird. Die erforderliche Anhörung war hier nicht ausnahmsweise nach den Umständen des Einzelfalls entbehrlich. Der Anhörungsmangel wurde auch nicht im Gerichtsverfahren geheilt. Es kann letztlich dahinstehen, ob die Anhörungsfrist noch angemessen war. Jedenfalls scheitert die Heilung des Anhörungsmangels daran, dass der Beklagte sich mit dem Anhörungsschreiben - entgegen … § 13 Abs. 3 Satz 1 SGB X - nicht an den Prozessbevollmächtigten …, sondern direkt an die Klägerin gewendet hat.“
Zitiert nach dem Terminbericht Nr. 32/16 des Bundessozialgerichts

BSG, Urteil vom 25.06.2015, B 14 AS 30/14 R:
„Notwendig für die Verneinung der Hilfebedürftigkeit ist … nicht nur das Bestehen einer Bedarfsgemeinschaft, sondern ebenfalls, dass innerhalb der Bedarfsgemeinschaft ein ausreichendes zu berücksichtigendes Einkommen erzielt wird (§ 9 Abs. 2 SGB II). Zur Höhe des … Einkommens hat der Beklagte aber keine Feststellungen in den .. Bescheiden getroffen und .. nicht ein Auskunftsverlangen nach § 60 Abs. 4 Satz 1 SGB II gegen den früheren Ehemann … eingeleitet, sondern nur ausgeführt, es sei davon auszugehen, dass die Bedarfsgemeinschaft in der Lage sei, den notwendigen Lebensunterhalt aus dem vorhandenen Einkommen zu bestreiten. Dies war keine Feststellung aufgrund von Ermittlungen, sondern eine bloße Vermutung, auf die jedoch ein Rücknahmebescheid nicht gestützt werden

kann. ... Damit trägt der Beklagte nicht nur die objektive Beweislast für die belastende Rücknahmeentscheidung ..., sondern er ist bereits im vorherigen Verfahrensstadium **verpflichtet**, die **Tatbestandsvoraussetzungen** für eine Norm, auf die er seine Verwaltungsentscheidung stützt, **zu ermitteln und** entsprechend **festzustellen**, damit sich der Leistungsberechtigte ... mit seiner Argumentation auf die die Entscheidung tragenden Gründe einrichten kann. ... Der Beklagte kann auf der Grundlage des § 60 Abs. 4 Satz 1 Nr. 1 SGB II einen Verwaltungsakt erlassen und bei unterbliebener oder pflichtwidriger Erfüllung der Auskunftspflicht durch den Dritten die Rechte und Befugnisse nach den §§ 62 und 63 SGB II (Schadenersatz, Ordnungswidrigkeitenrecht) in Anspruch nehmen, zudem wäre ein vollstreckungsrechtlicher Zwangsgeldbescheid ... nach Erlass des Auskunftsverwaltungsakts ... zu erwägen... Das LSG war aufgrund seiner Amtsermittlungspflicht nach § 103 SGG nicht verpflichtet, die vom Beklagten unterlassene Ermittlung des zu berücksichtigenden Einkommens ... nachzuholen."

BSG, Urteil vom 29.04.2015, B 14 AS 31/14 R:

„Nach **Wegfall der Voraussetzungen für die** zunächst nur **vorläufige Bewilligung** der .. Leistungen nach dem SGB II ... hatte der Beklagte jedoch anstelle des auf § 48 SGB X gestützten Änderungsbescheids eine **endgültige Bewilligungsentscheidung** ... zu treffen, woran es hier fehlt... Demgemäß hat auch die angefochtene Erstattungsverfügung keine Grundlage... Zu Recht hat das LSG den angefochtenen Bescheid ... als inhaltlich hinreichend bestimmt angesehen... *(es reicht aus)*, wenn ein eine Bedarfsgemeinschaft zwischen Elternteil und minderjährigem Kind betreffender Änderungsbescheid zwar **nur gegenüber dem Elternteil** ergeht, jedoch ... mit hinreichender Deutlichkeit zu erkennen ist, dass der zurückzuzahlende Gesamtbetrag das Ergebnis einer Addition von insgesamt mehreren, an die einzelnen Mitglieder der Bedarfsgemeinschaft gerichteten Korrekturentscheidungen ist, und dass ... auch durch den Hinweis auf die gesetzliche Vertretung des Kindes ersichtlich wird, dass der Elternteil nicht (Gesamt-)Schuldner der Rückforderungssumme ist... Hieran gemessen ist die Adressierung des angefochtenen Bescheids allein an die Klägerin unschädlich, weil sich auch hier einleitend der Hinweis findet, dass die Leistungen in dem geänderten Ausgangsbescheid für die Klägerin und ihre Söhne bewilligt worden sind, die im Einzelnen aufgeführten Korrekturbeträge zwischen den drei Klägern unterscheiden und schließlich ebenfalls die Wendung gebraucht ist "Soweit der Bescheid Ihre Kinder betrifft, ergeht er an Sie als gesetzlichen Vertreter." ... Als ... abschließende Entscheidung über das zunächst nur vorläufig beschiedene Leistungsbegehren genügt die Regelungswirkung eines bloßen **Änderungsbescheids** nach § 48 Abs. 1 Satz 2 SGB X nicht... Denn ungeachtet dessen genügt den Anforderungen an eine i. S. von § 328 Abs. 3 SGB III "abschließende Entscheidung" nur ein Bescheid, der den ursprünglichen Vorläufigkeitsvorbehalt aufhebt und die begehrte Leistung als die "zustehende Leistung" endgültig zuerkennt, was mit einem Änderungsbescheid nach § 48 Abs. 1 Satz 2

SGB X regelmäßig nicht zum Ausdruck gebracht wird. ... Ausdrücklich enthält der Bescheid eine abschließende Regelung nicht; dem Wortlaut nach beschränken sich die Verfügungssätze darauf, dass die erteilte Bewilligung teilweise "aufgehoben" und eine entsprechende Erstattungsforderung festgesetzt wird."

BSG, Urteil vom 04.06.2014, B 14 AS 2/13 R:
„...die **Anhörungsvorschriften** sollen nach ihrem Sinn und Zweck **vor Überraschungsentscheidungen schützen** und das Vertrauen in die Verwaltung stärken (vgl. BT-Drucks 7/868, S 28). Als eingreifender Verwaltungsakt ... sind auch Bescheide zu verstehen, die neben einer Begünstigung im Vergleich zum vorherigen Rechtszustand weniger günstigere Regelungen enthalten... In Betracht kommt die Ausnahmevorschrift des § 24 Abs. 2 Nr. 3 SGB X... Dass der Kläger zu 1 ... selbst tatsächliche Angaben ... gemacht hat, ist nicht erkennbar. Die Angabe durch den Betroffenen ist aber grundsätzlich Voraussetzung für das Eingreifen der genannten Ausnahmevorschrift... Soweit der Kläger zu 1 sich gegenüber dem Beklagten tatsächlich nicht selbst geäußert hat, kommt eine Zurechnung der Mitteilung durch die E. zu den aufgetretenen Änderungen ... nur in Betracht, wenn sie die Erklärungen ... mit dem ausdrücklichen Willen und Wissen für den Kläger zu 1 so gemacht hat, als habe er die Erklärungen i. S. von § 24 Abs. 2 Nr. 3 SGB X selbst abgegeben. ... **Keine Zurechnungswirkung** entfaltet dagegen insoweit die **Vertretungsfiktion** nach § 38 Abs. 1 SGB II...
Im Hinblick auf die Bekanntgabe von Verwaltungsakten gegenüber **Minderjährigen** hat der Senat unter Heranziehung des Zustellungsrechts des Bundes (§ 6 Abs. 3 VwZG) bereits entschieden, dass die **Bekanntgabe gegenüber einem gesetzlichen Vertreter genügt**... Die Grenze der Wirkung des § 38 Abs. 1 SGB II wird aber bei Verwaltungsakten gesehen, die eine belastende Entscheidung beinhalten, insbesondere also bei Aufhebungs- und Erstattungsbescheiden... Im Grundsatz mussten die Änderungsbescheide neben der E. auch dem Kläger zu 1 gesondert bekannt gegeben werden. ... Dem Kläger zu 1 sind die Änderungsbescheide ... bekannt gegeben worden. Zum einen ist der Wille des Beklagten, die geänderten Leistungsbescheide über die E. auch zielgerichtet dem Kläger zu 1 bekannt geben zu wollen, daraus ersichtlich, dass bereits **im Verfügungssatz alle Adressaten** mit Namen und Geburtsdaten **aufgeführt** sind, sodass es keine Zweifel geben kann, wer inhaltlich von der Entscheidung betroffen sein sollte. Eine Bekanntgabe ist im Übrigen ... gegenüber dem Kläger zu 1 jedenfalls spätestens zu dem Zeitpunkt erfolgt, zu dem er seinen Rechtsanwalt konsultierte...
Das **Bestimmtheitserfordernis** hinsichtlich des Adressaten der Verwaltungsakte ist hier gewahrt. Den jeweiligen Änderungsbescheiden lässt sich eindeutig entnehmen, welche Adressaten betroffen sind. Dafür ist nicht nur das Adressfeld maßgeblich ..., sondern die Bestimmung des oder der Adressaten kann sowohl durch den Text im Verfügungssatz als auch durch die Begründung des angefochtenen Bescheids erfolgen..."

BSG, Urteil vom 13.02.2014, B 4 AS 22/13 R:
„Erfolgt die Überprüfung aufgrund eines Antrags des Leistungsberechtigten, löst dieser Antrag zwar grundsätzlich eine **Prüfpflicht des Leistungsträgers** aus. Der Antrag bestimmt jedoch zugleich auch den Umfang des Prüfauftrags der Verwaltung im Hinblick darauf, ob bei Erlass des Verwaltungsakts das Recht unrichtig angewandt oder von einem unrichtigen Sachverhalt ausgegangen worden ist. Aufgrund oder aus Anlass des Antrags muss sich der Verwaltung im Einzelfall objektiv erschließen, aus welchem Grund - Rechtsfehler und/oder falsche Sachverhaltsgrundlage - nach Auffassung des Leistungsberechtigten eine Überprüfung erfolgen soll. Dazu muss der Antrag konkretisierbar sein, d. h. entweder **aus dem Antrag** selbst - ggf. nach Auslegung - oder aus einer Antwort des Leistungsberechtigten aufgrund konkreter Nachfrage des Sozialleistungsträgers **muss der Umfang des Prüfauftrags** für die Verwaltung bis zum Abschluss des Widerspruchsverfahrens **erkennbar werden**. Ist dies nicht der Fall, ist der Sozialleistungsträger berechtigt, von einer inhaltlichen Prüfung dieses Antrags abzusehen. Diese Begrenzung des Prüfauftrags der Verwaltung wird durch den Wortlaut, die Gesetzesbegründung sowie den Sinn und Zweck des **§ 44 SGB X** gestützt."

BSG, Urteil vom 13.02.2014, B 4 AS 19/13 R:
„Nach § 44 Abs. 4 S. 1 SGB X werden Sozialleistungen ... längstens für einen Zeitraum von bis zu vier Jahren vor der Rücknahme eines Verwaltungsaktes erbracht, wenn der Verwaltungsakt mit Wirkung für die Vergangenheit zurückgenommen worden ist. Der Zeitraum der Rücknahme wird von Beginn des Jahres an gerechnet, in dem der Verwaltungsakt zurückgenommen wird.... Für die Berechnung tritt nach S. 3 an die Stelle der Rücknahme der Antrag, wenn dieser zur Rücknahme führt. Diese Regelungen werden durch § 40 Abs. 1 S. 2 SGB II in der Weise modifiziert, dass anstelle des Zeitraums von vier Jahren ein Zeitraum von einem Jahr tritt. ... Der Senat folgt ... der .. Entscheidung des 11. Senats des BSG..., der eine **Anwendung des § 44 Abs. 4 SGB X ausgeschlossen** hat, **soweit eine Erstattungsforderung des Leistungsträgers gegen einen Leistungsbezieher über eine bestimmte Geldsumme streitig ist**. Danach rechtfertigt es insbesondere der Zweck der Vorschrift nicht, sie auch auf Fälle auszudehnen, in denen es nicht um rückwirkend zu erbringende Sozialleistungen geht. ... Die vom 11. Senat ... entwickelten Grundsätze sind auf die vorliegende Gestaltung übertragbar. ... Ausschlaggebend ist insoweit, dass derjenige rechtstreue Leistungsberechtigte, der eine von der Behörde geltend gemachte rechtswidrige Erstattungsforderung beglichen hat, im Ergebnis nicht schlechter stehen kann, als wenn diese Zahlung unterblieben wäre. Zudem greift unabhängig von der Frage der ... Erstattung in beiden Konstellationen die Grundüberlegung für die Beschränkung des § 44 Abs. 4 SGB X, dass laufende Sozialleistungen wegen ihres Unterhaltscharakters nicht für einen längeren Zeitraum nachgezahlt werden sollen...

nicht ein. Die Nachzahlung von rechtswidrig vorenthaltenen Sozialleistungen kann dem Einbehalten von rechtswidrig erlangten Erstattungsbeträgen wertungsmäßig nicht gleichgestellt werden. Die Revision ist jedoch hinsichtlich der ... **Zinsen** seit Rechtshängigkeit unbegründet... Bei dem ... Anspruch auf Rückgewähr des ursprünglich an den Beklagten gezahlten Erstattungsbetrages handelt es sich nicht um eine Geldleistung i. S. des § 44 Abs. 1 SGB I. Unter Geldleistung im Sinne der Regelung über die Verzinsung von Ansprüchen im SGB sind grundsätzlich **nur Sozialleistungen** zu verstehen..."

BSG, Urteil vom 10.09.2013, B 4 AS 89/12 R:
„Der **Bestimmtheit** eines **Aufhebungsbescheid**es steht insoweit nicht entgegen, dass er nur an ein Mitglied der Bedarfsgemeinschaft gerichtet ist, wenn die Auslegung ... ergibt, dass nur dieses Mitglied in Anspruch genommen werden soll... Einer näheren **Differenzierung nach Monaten** sowie nach dem Umfang der Aufhebung bezüglich der **Leistungsarten** (Regelleistung, Kosten der Unterkunft und Heizung) bedurfte es hier wegen der vollumfänglichen Aufhebung nicht, weil für die Klägerin erkennbar war, welche Bezugsmonate von der Aufhebung in vollem Umfang betroffen waren... Der Beklagte hat bereits durch die **Angabe einer Erstattungsforderung in der "Betreffzeile"** des Bescheides vom 31.1.2007 sowie die Anordnung der sofortigen Vollziehung der Erstattung eine Regelung i. S. von § 31 SGB X getroffen."

BSG, Urteil vom 22.08.2012, B 14 AS 165/11 R:
„Der Beklagte hatte **vor Erlass des Erstattungsbescheides kein Ermessen** auszuüben. ... Diese Ermessensausübung wird ... ausgeschlossen durch die in § 40 Abs. 1 Satz 2 SGB II a. F: angeordnete .. entsprechende Geltung des § 330 Abs. 2 SGB III. ... Entscheidend ist .. die Wendung "liegen die in § 45 Abs. 2 Satz 3 SGB X genannten Voraussetzungen vor" und die Rechtsfolgenanordnung, dass dann der Verwaltungsakt auch mit Wirkung für die Vergangenheit zurückzunehmen ist, also **kein Ermessen hinsichtlich der Rücknahme** auszuüben ist. Dies gilt gerade für die in § 50 Abs. 2 Satz 2 SGB X angeordnete entsprechende Geltung des § 45 SGB X, weil § 50 Abs. 2 SGB X die Erstattung von Leistungen regelt, die ohne Verwaltungsakt erbracht wurden. Für den Ausschluss einer Ermessensausübung sprechen auch der Sinn und Zweck des § 330 Abs. 2 SGB III sowie systematische Zusammenhänge. ... Zu deren Begründung *(Vorgängerregelung in § 152 Abs. 2 AFG)* wurde damals ausgeführt, sie solle dem Umstand Rechnung tragen, dass die Arbeitsämter anders als die meisten Sozialversicherungsträger die Leistungen überwiegend kurzfristig zu erbringen und vielfach ebenso kurzfristig zu beenden haben, sodass Überzahlungen praktisch nicht zu vermeiden seien. Allein im Jahr 1992 sei in 1,85 Millionen Fällen über die Erstattung überzahlter Leistungen zu entscheiden gewesen, daher solle an die Stelle einer Ermessensentscheidung eine gebundene Entscheidung treten... Dieser Grund gilt für Leistungen

nach dem SGB II in noch stärkerem Maße, da diese von den sich oft ändernden Bedarfen und Einkommen der Leistungsberechtigten abhängen."

BSG, Urteil vom 23.05.2012, B 14 AS 133/11 R:
„Für die **Rücknahme eines Verwaltungsakts** ist die Arbeitsgemeinschaft zuständig, die ihn erlassen hat, auch wenn aktuell eine andere Arbeitsgemeinschaft für die leistungsberechtigte Person örtlich zuständig ist."
Zitiert nach dem Bericht über die „Tätigkeit des Bundessozialgerichts im Jahr 2012"

BSG, Urteil vom 15.12.2010, B 14 AS 61/09 R:
„Nach § 330 Abs. 1 SGB III ist ein Verwaltungsakt, wenn er unanfechtbar geworden ist, nur mit Wirkung für die Zeit nach der Entscheidung des Bundesverfassungsgerichts oder ab dem Bestehen der ständigen Rechtsprechung zurückzunehmen, wenn die in § 44 Abs. 1 Satz 1 SGB X genannten Voraussetzungen für die Rücknahme eines rechtswidrigen nicht begünstigenden Verwaltungsaktes vorliegen, weil er auf einer Rechtsnorm beruht, die nach Erlass des Verwaltungsaktes für nichtig oder für unvereinbar mit dem Grundgesetz erklärt oder in ständiger Rechtsprechung anders als durch die Agentur für Arbeit ausgelegt worden ist. Die für eine **zeitlich eingeschränkte Rücknahme** in Betracht kommende zweite Alternative **scheitert** vorliegend **daran, dass eine einheitliche Praxis** der Leistungsträger des SGB II **bezogen auf den streitigen Abzug von Kosten der Warmwasserbereitung nicht existiert hat**... § 330 SGB III dient ausschließlich den Interessen der Verwaltung. ...
Über § 40 Abs. 1 Satz 2 Nr. 1 SGB II **gilt § 330 Abs. 1 SGB III** sowohl für die BA als Träger der Leistungen nach § 6 Abs. 1 Satz 1 Nr. 1 SGB II als **auch für die kommunalen Träger** für Leistungen nach § 6 Abs. 1 Satz 1 Nr. 2 SGB II... Auch für die Leistungsbereiche der kommunalen Träger eröffnet sich ... der Anwendungsbereich der Vorschrift aber nur, **soweit eine bundeseinheitliche Verwaltungspraxis besteht**... Erst wenn sich die Verwaltungspraxis ... so verfestigt hat, dass einheitlich alle Leistungsempfänger im Bundesgebiet betroffen sind, kann von einer mit dem unmittelbaren Anwendungsbereich des § 330 SGB III vergleichbaren Lage ausgegangen werden. Auch die Gefahr einer massenhaften Wiederaufnahme bestandskräftig abgeschlossener Verwaltungsverfahren besteht insoweit nur bei einer einheitlichen Verwaltungspraxis im Bundesgebiet. Mit dieser Auslegung ... ist zwar de facto ein erheblich eingeschränkter Anwendungsbereich für kommunale Träger verbunden."

2. **Erstattungsverfahren**

- § 50 Abs. 1 SGB X gilt mit der Maßgabe: **Gutscheine** sind in Geld zu erstatten oder durch Rückgabe des Gutscheins (§ 40 Abs. 6 SGB II).

- Für die Aufhebung und Erstattung nach §§ 45, 47, 48, 50 SGB X gilt ab dem 1. Januar 2023 eine **Bagatellgrenze** von **50 €**; ergäbe sich eine Erstattungsforderung von weniger als 50 €, ist der Verwaltungsakt für die Vergangenheit nicht aufzuheben (§ 40 Abs. 1 S. 3 SGB II). Das gilt auch in den Fällen des § 50 Abs. 2 SGB X und bei Überzahlungen nach § 41a Abs. 6 S. 3 SGB II.

- Die **Haftung Minderjähriger** ist ab dem 1. Januar 2023 auf das Vermögen beschränkt, das am 18. Geburtstag 15.000 € übersteigt (§ 40 Abs. 9 SGB II).

- Erstattungsansprüche nach § 50 SGB X sind monatlich mit **10 %** des Regelbedarfs zu **tilgen**, wenn sie auf die Aufnahme einer bedarfsdeckenden sozialversicherungspflichtigen **Beschäftigung** zurückzuführen sind. Dies gilt nicht, wenn vor Tilgung der gesamten Summe erneute Hilfebedürftigkeit eintritt.

3. § 40 Abs. 7 SGB II verkürzt die Frist von 6 Monaten für die **wiederholte Antragstellung** nach § 28 SGB X: der wiederholte Antrag ist nur wirksam, wenn er unverzüglich nach Ablauf des Monats gestellt wird, in dem die Ablehnung oder Erstattung der anderen Leistung bindend geworden ist.

BSG, Urteil vom 11.07.2024, B 4 AS 11/23 R:
„Es kann dahinstehen, ob der … Kläger … zum leistungsberechtigten Personenkreis … gehörte und ob er als **Student** … ausgeschlossen war. Offenbleiben kann insoweit insbesondere, wie sich die **rückwirkende Beurlaubung** … wegen Krankheit leistungsrechtlich auswirkt. Ebenso dahinstehen kann, ob einem Anspruch … die Erfüllungsfiktion des § 107 Abs 1 SGB X entgegenstehen würde, weil der Träger der Leistungen nach dem BAföG einen Erstattungsanspruch gegen den Beklagten hätte und die Leistungen nach dem BAföG nunmehr als Leistungen nach dem SGB II zu gelten hätten… Der Antrag … wirkt auch nicht … den hier streitbefangenen Zeitraum zurück. … Jedenfalls besteht aber der von § 28 Satz 1 SGB X a. F. geforderte **Ursachenzusammenhang** nicht. Nach dem Wortlaut ("weil")

muss der Leistungsempfänger deshalb von der Stellung eines Antrags abgesehen haben, weil er sich die Gewährung einer anderen Sozialleistung versprochen hat. Dies setzt zunächst einen Kausalzusammenhang zwischen der **Nichtbeantragung** der einen und der **Geltendmachung** der anderen Sozialleistung voraus... Darüber hinaus muss dieser Zusammenhang auf einer **bewussten Nichtbeantragung** beruhen: "Absehen" ist qualitativ mehr als ein bloßes Unterlassen... An dieser **bewussten Entscheidung**, die im Zeitpunkt der Beantragung der "anderen Sozialleistung" vorliegen muss, fehlt es hier. Nach der Feststellung des LSG hat der Kläger nicht von der Beantragung der Grundsicherungsleistungen abgesehen, weil er einen Anspruch auf eine andere Sozialleistung geltend gemacht hat. ... Diese Feststellung des LSG steht ... auch mit den rechtlichen Vorgaben in Einklang. § 28 SGB X dient ... nicht ohne Weiteres dazu, stets Nachteile auszugleichen, die dadurch entstehen, dass aufgrund veränderter Umstände die zunächst vorliegenden Voraussetzungen für eine Leistung rückwirkend wegfallen."

BSG, Urteil vom 06.06.2023, B 4 AS 86/21 R:
„Eine **förderungsfähige Ausbildung** lag ... nicht mehr vor, nachdem der Kläger den Schulbesuch ... **krankheitsbedingt eingestellt** hatte. Nach § 15 Abs. 2a BAföG ... wird Ausbildungsförderung zwar geleistet, solange die Auszubildenden infolge von Erkrankung oder Schwangerschaft gehindert sind, die Ausbildung durchzuführen, nicht jedoch über das Ende des dritten Kalendermonats hinaus. ... Da dieser Zeitraum hier mit Ablauf des 31.3.2016 geendet hatte, lag ab dem 1.4.2016 keine abstrakt förderungsfähige Ausbildung mehr vor. ... Doch wirkt .. der Antrag vom 2.11.2016 gemäß § 40 Abs. 1 Satz 1 SGB II i. V. m. § 28 Satz 1 SGB X ... und § 40 Abs. 7 SGB II auf den hier streitbefangenen Zeitraum zurück. ... Der Kläger hat den Antrag vom 2.11.2016 fristgerecht gestellt. Zum Zeitpunkt der Antragstellung war der Aufhebungs- und Erstattungsbescheid über die BAföG-Leistungen noch nicht bindend. Der streitbefangene Zeitraum liegt auch innerhalb eines Jahres vor Antragstellung. Der von § 28 Satz 1 SGB X aF geforderte Ursachenzusammenhang besteht ebenfalls. ... Nicht abschließend beurteilen lässt sich jedoch, ob und in welcher Höhe der Kläger ... hilfebedürftig war. ...die Leistungen nach dem **BAföG** *(sind)* dem Grunde nach als **Einkommen** ... anzurechnen. Die spätere Aufhebung der Leistungsbewilligung hat keinen Einfluss auf die Anrechenbarkeit der BAföG-Leistungen als Einkommen. ... **§ 28 SGB X a. F. steht einer Berücksichtigung als Einkommen ebenfalls nicht entgegen**. ... Schon nach dem Wortlaut bestimmt § 28 SGB X als Rechtsfolge allein eine Antragsrückwirkung, verhält sich aber zur Berechnung der nachträglich beantragten Leistung nicht. ... Bei seiner erneuten Entscheidung wird das LSG zu berücksichtigen haben, dass Leistungen nach dem BAföG ... i. H. v. 20 % des Gesamtbedarfs eines Auszubildenden ... nicht als Einkommen anrechenbar waren... Dieser Anteil ... diente ... der Deckung der Ausbildungskosten..."

BSG, Urteil vom 19.10.2010, B 14 AS 16/09 R:
„§ 28 Satz 1 SGB X bestimmt, dass ein Antrag auf eine Sozialleistung bis zu einem Jahr zurückwirkt, wenn der Leistungsberechtigte von der Stellung eines Antrags auf diese Sozialleistung deshalb abgesehen hat, weil er einen Antrag auf eine andere Sozialleistung geltend gemacht hat, die ihm "versagt" (im Sinne von "abgelehnt"...) wurde oder die er zu erstatten hat. ... **§ 28 SGB X befreit** nämlich **nicht von dem Antragserfordernis** als solchem, sondern lässt nur den nachgeholten Antrag zurückwirken. ... Soweit die Überschrift zu § 28 SGB X in scheinbarem Widerspruch dazu von einer "wiederholten" (und nicht nur von einer "nachgeholten") Antragstellung ausgeht, ist dies irreführend formuliert... Nach dem Wortlaut des § 28 Satz 1 SGB X ("weil") muss der Leistungsempfänger aber deshalb von der Stellung eines Antrags abgesehen haben, weil er sich die Gewährung einer anderen Sozialleistung versprochen hat. Dies setzt voraus, dass der Leistungsberechtigte **bewusst von einer Antragstellung abgesehen** hat und ein **Kausalzusammenhang** zwischen der Nichtbeantragung der einen und der Geltendmachung der anderen Sozialleistung bestand... Allerdings kann nach § 28 Satz 2 SGB X auch Unkenntnis zu einer Antragsrückwirkung führen, wenn beide Sozialleistungen in einem Vor- und Nachrangverhältnis zueinander stehen, was beim Alg und der Grundsicherung für Arbeitsuchende der Fall ist..."

4. Für die **Vollstreckung** von Ansprüchen der gemeinsamen Einrichtungen gilt das Verwaltungsvollstreckungsgesetz des Bundes (§ 40 Abs. 8 SGB II).

5. **Antragserfordernis** (§ 37 SGB II)
   Der Antrag auf Leistungen der Grundsicherung hat konstitutive Wirkung. Anders als im Sozialhilferecht kommt es nicht darauf an, wann der Träger Kenntnis von der Hilfebedürftigkeit erlangt.
   Der Leistungsanspruch entsteht erst mit der Antragstellung. Ein Antrag auf Leistungen zur Sicherung des Lebensunterhalts umfasst keinen Antrag auf Eingliederungsleistungen.

   Gesondert zu beantragen sind
   - einmalige Leistungen nach § 24 Abs. 3 S. 1 SGB II (Erstausstattungen für Wohnung und Bekleidung, orthopädische Schuhe und therapeutische Geräte)
   - Leistungen für Lernförderung.

Der Antrag auf Leistungen zur Sicherung des Lebensunterhalts wirkt auf den Ersten des Monats zurück: Einnahmen sind auch dann als Einkommen zu berücksichtigen, wenn sie vor Antragstellung im Antragsmonat zufließen.

Sonderrecht für Anträge, die im Jahr **2023** gestellt werden:
Entsteht Hilfebedürftigkeit nur in einem Monat aufgrund einer **Heizkostenabrechnung** oder der **Bevorratung** mit Heizmitteln, wirkt dieser Antrag auf den ersten des Fälligkeitsmonats zurück, wenn er bis Ende des dritten Monats nach dem Fälligkeitsmonat gestellt wird (§ 37 Abs. 2 S. 3 und 4 SGB II). Der Antrag wirkt also bis zu 4 Monate zurück.

BSG, Urteil vom 11.07.2019, B 14 AS 51/18 R:
„Ein **Antrag** auf Leistungen nach dem SGB II kann auch **per E-Mail** gestellt werden. Der Antrag auf Leistungen zur Sicherung des Lebensunterhalts ist dem Jobcenter bereits dann zugegangen, wenn er in dessen Macht- oder Willensbereich gelangt, ohne dass es auf die üblichen Dienstzeiten ankommt. Der Antrag ... konnte auf den 1.1.2015 zurückwirken, weil er dem Beklagten ... noch in den Abendstunden des 30.1.2015 zuging. ... Der Antrag auf Leistungen der Grundsicherung ... ist grundsätzlich an keine Form gebunden, weil insofern der (allgemeine) Grundsatz der Nichtförmlichkeit des Verwaltungsverfahrens gilt... Dies gilt jedenfalls dann, wenn das Jobcenter einen Zugang für die Kommunikation per E-Mail eröffnet hat (vgl. hierzu § 36a Abs. 1 SGB I), der Leistungsanträge nicht ausschließt."

BSG, Urteil vom 24.04.2015, B 4 AS 22/14 R:
„Der Lebensunterhalt ... war ... durch das ... Überbrückungsgeld ... gewährleistet. ... Im vorliegenden Fall spricht gegen eine Auslegung des Antrags des Klägers in dem Sinne, dass er mit "Tag der Haftentlassung" den Tag "nach der Haftentlassung" gemeint haben könnte, bereits der klare Wortlaut seines Begehrens. ... Es entspricht mithin der Meistbegünstigung, wenn der Hilfebedürftige zum frühestmöglichen Zeitpunkt Leistungen ... begehrt. Dabei kommt es nicht darauf an, dass ein Verständnis des Antrags im Sinne des Wirksamwerdens erst nach dem Tag der Haftentlassung zu einer anderen materiell-rechtlichen Rechtslage führen würde, denn zu erforschen ist der Wille des Leistungsberechtigten, der zunächst einmal unabhängig davon ist, ob er seinen Anspruch auch durchsetzen kann. Auch eine **Antragsrücknahme nur für den Tag der Haftentlassung** oder eine nachträgliche Beschränkung des Leistungsantrags ... führt nicht dazu, das Überbrückungsgeld als Vermögen zu qualifizieren. ... Eine derartige nachträgliche Disposition über die Gestaltung des Sozialleistungsverhältnisses ist jedoch grundsätzlich nur zulässig, soweit sie einseitige Rechte und Vergünstigungen des Berechtigten betrifft. Dies ist hier nicht der Fall. ... Als einseitiges Recht ist es dem Antragsteller zwar unbenommen, durch die

Antragstellung den Leistungsbeginn zu bestimmen... Ebenso steht es ihm grundsätzlich frei seinen Antrag zurückzunehmen, um nicht dem Regime des SGB II zu unterfallen... **Der rechtlich zulässigen Disposition** ... **unterfällt** hingegen **nicht die nachträgliche Beschränkung des einmal gestellten Antrags**, wenn dadurch die materiell-rechtlichen Leistungsvoraussetzungen innerhalb des Antragsmonats zugunsten des Antragstellers verändert werden sollen... Abgesehen davon, dass eine derartige Veränderung immer zu Lasten der Steuerzahler ginge ..., widerspräche sie auch dem Nachranggrundsatz... Hilfebedürftigkeit soll jedoch nicht erst durch eine rechtliche Disposition des Antragstellers geschaffen werden können, zumindest wenn er sich mit dem Antrag als "Türöffner" bereits in das Regime des SGB II begeben hat und eine Einnahme nach dem von ihm bestimmten Zeitpunkt des Leistungsbeginns zufließt..."

BSG, Urteil vom 28.10.2014, B 14 AS 36/13 R:
„Entgegen der Ansicht des Klägers bewirkt § 37 Abs. 2 Satz 2 SGB II in der seit dem 1.4.2011 geltenden Fassung, dass ein **Alg II-Antrag grundsätzlich auf den Monatsersten des betreffenden Monats zurückwirkt und** die in diesem Monat anfallenden Einnahmen auch vor Antragstellung nicht als Vermögen, sondern als Einkommen anzusehen sind. Andererseits ist zu beachten, dass die als Einkommen zu berücksichtigende einmalige Einnahme Überbrückungsgeld nach § 51 Abs. 1 StVollzG den notwendigen Lebensunterhalt des Gefangenen für die ersten vier Wochen nach seiner Entlassung sichern soll und damit einer öffentlich-rechtlichen Zweckbestimmung unterliegt.... Es war daher nur für die Zeit vom 13.6. bis zum 10.7.2012 als Einkommen zu berücksichtigen..."
Zitiert nach dem Terminbericht Nr. 49/14 des Bundessozialgerichts

BSG, Urteil vom 02.04.2014, B 4 AS 29/13 R:
„Der Antrag auf Leistungen zur Sicherung des Lebensunterhalts gilt auch nicht nach § 16 Abs. 2 S. 2 SGB I als zu dem Zeitpunkt gestellt, in dem **der Antrag auf Alg** nach dem SGB III bei der Arbeitsagentur einging (22.12.2008). Dieser bei der Arbeitsagentur gestellte Antrag des Klägers zu 1. **umfasste nicht zugleich einen solchen auf Leistungen nach dem SGB II** für ihn und die Kläger zu 2. bis 4. Nach der für den Senat bindenden Auslegung des Alg-Antrags durch das LSG ... war er im konkreten Fall ausschließlich auf das Alg nach dem SGB III gerichtet. ... Eine Berufung auf den **Meistbegünstigungsgrundsatz** kann jedoch in einer Konstellation wie der hier vorliegenden - also der ausdrücklichen Beantragung einer Sozialleistung (Alg nach dem SGB III) bei dem für die weitere Leistung (Alg II/Sozialgeld) unzuständigen Träger ... - allenfalls dann angenommen werden, wenn der Antragsteller einen für den unzuständigen Leistungsträger erkennbaren Willen zum Ausdruck bringt, neben der beantragten Leistung noch weitere Sozialleistungen zu begehren. ... Dies kann etwa dadurch geschehen, dass der Antragsteller zu erkennen gibt, ihm und ggf. der Bedarfsgemeinschaft fehle es an hinreichenden finanziellen Mitteln, um den

Lebensunterhalt zu bestreiten und sie seien deshalb auf weitere Sozialleistungen ... angewiesen. ... Alg und Alg II/Sozialgeld unterscheiden sich im Hinblick auf Anspruchsvoraussetzungen, Leistungssystem und -verantwortung grundlegend, sodass der Antrag auf die eine Leistung nicht zugleich grundsätzlich als ein Antrag auf die andere Leistung angesehen werden kann. ... Ebenso wenig können die Kläger § 40 Abs. 1 S. 1 SGB II i. V. m. § 28 SGB X für sich nutzbar machen, um für den Zeitraum vom 1.1. bis 8.2.2009 zu einer Gewährung von Leistungen zur Sicherung des Lebensunterhalts ... zu gelangen. ... Auch der sozialrechtliche Herstellungsanspruch verhilft den Klägern nicht zum Erfolg ihres Begehrens."

BSG, Urteil vom 16.05.2012, B 4 AS 166/11 R:
„Der **Antrag auf Zustimmung zur Ortsabwesenheit umfasst** auch **nicht** konkludent einen **Antrag auf Fortzahlung** von Alg II für den während der Ortsabwesenheit beginnenden neuen Bewilligungszeitraum. Ein Verständnis vom Antrag auf Einholung einer Zustimmung zur Ortsabwesenheit, das über diesen originären Zweck hinausgeht, widerspräche nicht nur dem Wortlaut des § 7 Abs. 4a SGB II, sondern auch den Erwägungen aus dem Gesetzgebungsverfahren, dem Sinn und Zweck von § 7 Abs. 4a SGB II sowie der systematischen Einbindung der Vorschrift. ... Durch § 7 Abs. 4a SGB II sollte erreicht werden, die missbräuchliche Inanspruchnahme von Fürsorgeleistungen zu vermeiden... Eine **Nachsichtgewährung** oder **Wiedereinsetzung** in den Stand der rechtzeitigen Antragstellung ... kommen ebenfalls nicht in Betracht. ... Das BSG hat zwar in seiner Rechtsprechung unter gewissen Voraussetzungen - abgeleitet aus dem das gesamte Rechtsleben beherrschenden Grundsatz von Treu und Glauben - eine Nachsichtgewährung bei Überschreitung von gesetzlichen Antragsfristen für zulässig und geboten gehalten... Tragende Überlegung für das richterrechtliche Institut der Nachsichtgewährung ist, dass an einen geringfügigen Verstoß weittragende und offensichtlich unangemessene (unverhältnismäßige) Rechtsfolgen geknüpft werden oder der Rechtsausübung kein schutzwürdiges Eigeninteresse zugrunde liegt..."

BSG, Urteil vom 18.01.2011, B 4 AS 99/10 R:
„Die Revisionen der Kläger hatten keinen Erfolg. Sie haben keinen Anspruch auf Leistungen zur Sicherung des Lebensunterhalts nach dem SGB II im Zeitraum vom 1. bis 25.9.2008. Es mangelt insoweit an einem Leistungsantrag nach § 37 Abs. 1 SGB II für den streitigen Zeitraum. Es war vorliegend auch nicht auf das Antragserfordernis zu verzichten, weil eine **Fortzahlung** von Leistungen im direkten Anschluss an einen vorhergehenden Bewilligungszeitraum begehrt wird. Der **Antrag** im SGB II **hat konstitutive Wirkung** und anders als im Sozialhilferecht ist die Kenntnis des Leistungsträgers von der Hilfebedürftigkeit nicht anspruchsauslösend. Den Klägern ist auch keine Wiedereinsetzung in den vorigen Stand nach § 27 SGB X einzuräumen. § 37 SGB II normiert keine gesetzliche Frist. Ebenso wenig stehen ihnen Leistungen zur Sicherung des Lebensunterhalts im

streitigen Zeitraum auf Grund eines sozialrechtlichen Herstellungsanspruchs zu. Es mangelt bereits an einer Pflichtverletzung der Beklagten. Sie ist ihrer **Verpflichtung zur zeitnahen Information** der Leistungsempfänger vor dem Ende des Bewilligungsabschnitts nachgekommen, indem sie im Juli 2008 auf das Erfordernis der Antragstellung auch für den Fall der Fortzahlung über den 31.8.2008 hinaus hingewiesen und einen entsprechenden Antrag übersandt hat."
Zitiert nach dem Terminbericht Nr. 1/11 des Bundessozialgerichts

BSG, Urteil vom 18.01.2011, B 4 AS 29/10 R:
„Ob der Kläger vom 1.1. bis 12.2.2006 einen Anspruch auf Leistungen zur Sicherung des Lebensunterhalts nach dem SGB II hat konnte der Senat nicht abschließend beurteilen. Es mangelt insoweit zwar an einem Leistungsantrag nach § 37 Abs. 1 SGB II für den streitigen Zeitraum. Dem Kläger könnte jedoch ein Leistungsanspruch auf Grund eines **sozialrechtlichen Herstellungsanspruch** zustehen, weil der Beklagte es pflichtwidrig unterlassen hat, ihn **zeitnah vor dem Ende des vorhergehenden Bewilligungszeitraums auf die Notwendigkeit der Beantragung von Leistungen** ab dem 1.1.2006 **hinzuweisen**. Eine derartige Nebenpflicht des Beklagten ergibt sich aus dem Sozialrechtsverhältnis, das durch die Leistungsgewährung im unmittelbar vorhergehenden Zeitraum vom 1.1. bis 31.12.2005 begründet worden ist sowie der konkreten Situation im vorliegenden Fall."
Zitiert nach dem Terminbericht Nr. 1/11 des Bundessozialgerichts

BSG, Urteil vom 19.08.2010, B 14 AS 10/09 R:
„Der Anspruch ... auf Übernahme der Kosten für die selbst angeschaffte Erstausstattung der Wohnung scheitert ... nicht an einer fehlenden Antragstellung. Vielmehr ist davon auszugehen, dass der Kläger bereits mit seinem ... Begehren, Leistungen nach dem SGB II erhalten zu wollen, auch einen **Antrag auf Erstausstattung** gestellt hat. ...
Danach ist durch Auslegung das Begehren eines Antragstellers zu ermitteln. Bringt dieser zum Ausdruck, dass er Leistungen vom Träger der Grundsicherung für Arbeitsuchende begehrt, so ist der **Antrag so auszulegen, dass das Begehren des Antragstellers möglichst weitgehend zum Tragen kommt**. Wie der Senat bereits entschieden hat, sind als beantragt alle Leistungen anzusehen, die nach Lage des Falls ernsthaft in Betracht kommen (Grundsatz der Meistbegünstigung...). Wird mit einem Antrag ein Hilfebedarf nach dem SGB II geltend gemacht, so sind damit **alle Leistungen umfasst, die der Sicherung des Lebensunterhalts in Form des Arbeitslosengeldes II dienen**, also regelmäßig alle im 1. und 2. Unterabschnitt des 2. Abschnitts des 3. Kapitels SGB II genannten Leistungen. Dem steht nicht entgegen, dass es sich bei den in § 23 Abs. 3 SGB II genannten Leistungen um einmalige Sonderbedarfe handelt... So wird einerseits gewährleistet, dass ein Hilfebedürftiger alle ihm zustehenden

Leistungen auch tatsächlich erhält, ohne dass er von vornherein alle denkbaren Möglichkeiten eingeplant haben muss, andererseits ergeben sich aber auch **Vereinfachungseffekte** bei dem Träger, der bei Prüfung der Leistungen auf einen einheitlichen Zeitpunkt abstellen kann und bei zeitlichen Verzögerungen der Streit ausgespart bleibt, ob ggf. eine notwendige Beratung nicht oder nicht in dem notwendigen Umfang stattgefunden hat."

BSG, Urteil vom 28.10.2009, B 14 AS 56/08 R:
„Am 9. Juni 2005 sprach der Kläger bei der Beklagten ... vor. Ihm wurde dabei ein Antragsformular ausgehändigt, auf das im Feld "Tag der Antragstellung" der Stempel "9.6.05" aufgebracht war. Persönliche Daten des Klägers wurden am 9. Juni 2005 ... nicht erfasst. Am 3. Januar 2006 legte der Kläger sodann das nunmehr ausgefüllte Antragsformular vom 9. Juni 2005 bei der Beklagten vor. Er gab an, seinen Lebensunterhalt durch das Alg nach dem SGB III, Erspartes und Darlehen seiner Eltern bestritten zu haben. ... Der **Antrag** ... ist grundsätzlich **an keine Form gebunden**. ... Der Antrag ... ist eine einseitige, empfangsbedürftige öffentlich-rechtliche Willenserklärung, auf die - soweit sich nicht aus sozialrechtlichen Bestimmungen Anderweitiges ergibt - die Regelungen des BGB Anwendung finden (§§ 130 ff BGB). Mit der Willenserklärung des Antragstellenden muss mithin lediglich zum Ausdruck gebracht werden, dass Leistungen vom Träger der Grundsicherung für Arbeitsuchende begehrt werden. ... Es bestehen bereits Zweifel, ob die Beklagte ... sich überhaupt auf **Verwirkung** berufen kann, denn die Beklagte hat ihrerseits in dem durch den Antrag des Klägers eröffneten Sozialrechtsverhältnis ihre eigenen Rechte und Verpflichtungen aus dem ... SGB I und SGB X nur unzulänglich ausgeschöpft. Der **Antrag** ... hat zwar ... zunächst **konstitutive Wirkung** für einen Leistungsanspruch... Der Antrag ... hat darüber hinaus aber auch eine **verfahrensrechtliche Bedeutung**, indem der potentiell Hilfebedürftige durch die Antragstellung dem Grundsicherungsträger signalisiert, dass er nunmehr die Einleitung eines Verwaltungsverfahrens ... begehrt... So muss der Grundsicherungsträger gemäß § 16 Abs. 3 SGB I **darauf hinwirken, dass der Antragsteller unverzüglich klare und sachdienliche Anträge stellt und unvollständige Angaben ergänzt**. Weiterhin treffen den Grundsicherungsträger gemäß §§ 14 ff SGB I weitgehende Beratungs- und Aufklärungspflichten. ...
Gerade das austarierte Regelungsinstrumentarium der Mitwirkungsvorschriften in den §§ 60 ff SGB I macht deutlich, dass die leistungsauslösende Wirkung des Antrags von einem Sozialleistungsträger in der Regel nicht durch die Berufung auf Verwirkung beseitigt werden kann. Insbesondere § 66 Abs. 3 SGB I zeigt, dass ein **Leistungsberechtigter** nach Einleitung eines Verwaltungsverfahrens nach §§ 8 ff SGB X darauf vertrauen kann, dass er **auf Mitwirkungsversäumnisse schriftlich hingewiesen wird** und zudem die Gelegenheit erhält, das Versäumte nachzuholen. Die Beklagte wäre daher ... gehalten gewesen, im Wege der §§ 60 ff SGB I die Mitwirkung des Klägers - mit entsprechenden **Sanktionsmöglichkeiten** - einzufordern. ...

Zu Recht weist der Kläger darauf hin, dass die Beklagte offensichtlich keine **Vorkehrungen** dafür getroffen hat, **wie mit ausgegebenen und mit Datumsstempel versehenen Antragsformularen umzugehen** war. Die Beklagte hat ... noch nicht einmal die Anschrift und Personalien derjenigen Personen erfasst, an die sie die mit einem Datum versehenen Antragsformulare ausgegeben hat. Insofern kann auch bei der Beklagten kein besonderes Vertrauen dahingehend begründet worden sein, dass der Kläger nicht wiederkommen bzw. seinen Antrag nicht aufrechterhalten werde. ... Die Beklagte verkennt insofern, dass das SGB II - anders als früher das Sozialhilferecht - nicht mehr von einem "**Aktualitätsgrundsatz**" geprägt ist, nach dem dem Antragsteller möglicherweise entgegengehalten werden konnte, er habe in der Vergangenheit ja überlebt bzw. gelebt, ohne dass Leistungen zur Sicherung des Existenzminimums tatsächlich gewährt worden seien."

BSG, Urteil vom 26.08.2008, B 8/9b SO 18/07 R:
„**§ 16 Abs. 2 Satz 1 SGB I** bestimmt, dass Anträge, die bei einem unzuständigen Leistungsträger, bei einer für die Sozialleistung nicht zuständigen Gemeinde oder bei einer amtlichen Vertretung der Bundesrepublik im Ausland gestellt werden, unverzüglich an den zuständigen Leistungsträger weiterzuleiten sind. Diese Vorschrift **gilt auch für die Sozialhilfe**, obwohl diese nicht im eigentlichen Sinn antragsabhängig ist... Zu den unzuständigen Stellen gehört der für die Stadt Aachen zuständige Träger der Grundsicherung nach dem SGB II... In dem Antrag auf Übernahme der Haushaltshilfekosten bei dem Grundsicherungsträger für die Stadt Aachen liegt bei sachgerechter Auslegung des Begehrens der Klägerin auch ein Antrag auf entsprechende Leistungen der Sozialhilfe. Insofern ist unter Berücksichtigung des "**Meistbegünstigungsgrundsatz**es" im Zweifel davon auszugehen, dass ein Kläger ohne Rücksicht auf den Wortlaut des Antrags all die Leistungen begehrt, die ihm den größten Nutzen bringen können... § 16 Abs. 2 Satz 1 SGB I begründet dann eine Verpflichtung des Trägers der Grundsicherung zur Weiterleitung des Antrags an den Beklagten. Dies entspricht auch dem Sinn und **Zweck des § 16 SGB I**, wonach der einzelne mit seinem Begehren nach Sozialleistungen gerade **nicht an Zuständigkeitsabgrenzungen** innerhalb der gegliederten Sozialverwaltung **scheitern** soll... Dies **gilt in besonderer Weise für das Verhältnis von Leistungen nach dem SGB II und SGB XII**. **Im Zweifel ist** insofern davon auszugehen, dass **ein Antrag auf Leistungen nach dem einen Gesetz** wegen der gleichen Ausgangslage (Bedürftigkeit und Bedarf) auch **als Antrag nach dem anderen Gesetz zu werten** ist...
Dem Hilfebedürftigen kommt es regelmäßig nur darauf an, die als notwendig empfundene Hilfe vom zuständigen Sozialleistungsträger zu erhalten, und zwar unabhängig von den für einen Laien kaum oder nur schwer durchschaubaren Abgrenzungsregelungen für Leistungen nach dem SGB II und SGB XII."

6. **Vertretung der Bedarfsgemeinschaft**

§ 38 SGB II vermutet die Bevollmächtigung des erwerbsfähigen Leistungsberechtigten für alle Mitglieder der Bedarfsgemeinschaft, Leistungen zu beantragen und entgegenzunehmen. Die Norm gründet in dem Bestreben, Verwaltungsaufwand zu minimieren, indem das Jobcenter nur *einen* Ansprechpartner einer Bedarfsgemeinschaft hat.

Bei mehreren Erwerbsfähigen gilt derjenige als Vertreter, der die Leistungen (zuerst) beantragt.

Die Vermutung ist widerlegbar: Sie greift nicht, soweit die Mitglieder der Bedarfsgemeinschaft erklären, ihre Interessen selbst wahrnehmen zu wollen.

Für Leistungen an Kinder im Rahmen des **Umgangsrechts** kann der Umgangsberechtigte seit dem 1. April 2011 Leistungen beantragen und entgegennehmen, soweit das Kind dem Haushalt angehört.

BSG, Urteil vom 07.07.2011, B 14 AS 144/10 R:

„Der Rücknahmeverwaltungsakt ist wegen Verstoßes gegen die Anhörungspflicht nach § 24 SGB X rechtswidrig. ... Der Revisionskläger ist hinsichtlich der **Anhörung** auch nicht durch seine Mutter vertreten worden, ebenso wenig kann ihm die Anhörung seiner Mutter "zugerechnet" werden... § 38 SGB II ist **keine** über die Vermutung einer Bevollmächtigung hinausgehende **"Zurechnung" von Handlungen einer Person zu anderen Personen** zu entnehmen... Denn das SGB II geht vom **Einzelanspruch** der jeweiligen Person als Hilfebedürftiger oder der mit einem solchen in Bedarfsgemeinschaft lebenden Person aus ... und auch eine Bedarfsgemeinschaft ... ändert nichts an diesem Einzelanspruch, sondern bewirkt nur die Anrechnung von Einkommen und Vermögen verschiedener Personen in einer Bedarfsgemeinschaft untereinander, sodass deren Hilfebedürftigkeit ggf. zu verneinen ist..."

BSG, Urteil vom 02.07.2009, B 14 AS 54/08 R:

„Eine **Vertretungsbefugnis** ... **für das gerichtliche Verfahren folgt nicht aus § 38** Satz 1 SGB II. ... Die Vermutung erfasst alle Verfahrenshandlungen, die mit der Antragstellung und der Entgegennahme der Leistungen zusammenhängen und der Verfolgung des Antrags dienen, mithin auch die **Einlegung eines Widerspruchs**... Sie erstreckt sich aber nicht auf das gerichtliche Verfahren, für das das SGG besondere Regelungen enthält..."

BSG, Urteil vom 07.11.2006, B 7b AS 8/06 R:

„Materiellrechtliche Grundlage für die Auslegung des Prozessrechts ist, dass das SGB II **keinen Anspruch einer Bedarfsgemeinschaft** als solcher, die keine juristische Person darstellt, kennt, sondern dass - außer bei ausdrücklichem gesetzlichen Ausschluss - **Anspruchsinhaber jeweils alle einzelnen Mitglieder der Bedarfsgemeinschaft** sind, selbst wenn dies in den Bescheiden der Beklagten ... nicht deutlich zum Ausdruck kommt... Über den Wortlaut der Norm hinaus, der von einer vermuteten Vertretung aller Bedarfsgemeinschaftsmitglieder (nur) für die Antragstellung und die Entgegennahme von Leistungen spricht, muss die Norm aus Gründen der vom Gesetzgeber gewollten Verwaltungspraktikabilität und Verwaltungsökonomie ... dahin ausgelegt werden, dass die **vermutete Bevollmächtigung alle Verfahrenshandlungen erfasst**, die mit der Antragstellung und der Entgegennahme der Leistungen zusammenhängen und der Verfolgung des Antrags dienen, also insbesondere die Einlegung eines Widerspruchs... Zwar ist die Regelung der Bedarfsgemeinschaft ... insgesamt objektiv der Verwaltungspraktikabilität und Verfahrensökonomie nicht dienlich; jedoch liegt dies weniger an § 38 SGB II, als an der Bedarfsgemeinschaft als solcher. Hält man sie, wie der Gesetzgeber, für sinnvoll, muss sie jedenfalls durch eine Verfahrensregelung flankiert werden, die es zumindest im Verfahren über die Bewilligung der Leistung verhindert, dass die Verwaltung sich gleichwohl und zwangsläufig an jeden Einzelnen wenden muss. Der Widerspruchsbescheid wird aus diesem Grunde auch mit dem Zugang (§ 37 Abs. 1 Satz 1 und 2 SGB X) an den vermuteten Vertreter wirksam gegenüber allen Mitgliedern der Bedarfsgemeinschaft.“

7. Sofortige Vollziehbarkeit

Widerspruch und Anfechtungsklage haben in der Regel aufschiebende Wirkung. Das bedeutet, der Verwaltungsakt kann nicht vollzogen werden; es tritt ein Schwebezustand ein, währenddessen vollendete Tatsachen nicht geschaffen und keine Folgerungen aus dem Verwaltungsakt gezogen werden dürfen. Ordnet die Behörde eine Pflicht an, muss der Bürger sie zunächst nicht befolgen.

Diese generelle Regel gilt *nicht* für

- Entscheidungen, die Leistungen der Grundsicherung aufheben, zurücknehmen, widerrufen, entziehen, die Pflichtverletzung und Minderung des Anspruchs feststellt oder Eingliederungsleistungen regeln oder Pflichten bei der Eingliederung in Arbeit (Erstattungsbescheide sind nicht erfasst)
- Verwaltungsakte, die auffordern, eine vorrangige Leistung zu beantragen
- Meldeaufforderungen.

Diese Verwaltungsakte sind sofort vollziehbar. **Widerspruch** und Anfechtungsklage haben **keine aufschiebende Wirkung** (§ 39 SGB II).

BVerfG, Nichtannahmebeschluss vom 30.10.2009, 1 BvR 2395/09:
„**§ 39 Nr. 1 2. Variante SGB II ist mit dem Grundgesetz vereinbar**. Art. 19 Abs. 4 GG gewährleistet nicht die aufschiebende Wirkung von Rechtsbehelfen schlechthin... Der Gesetzgeber ist vielmehr berechtigt, Ausnahmen von der grundsätzlich aufschiebenden Wirkung von Widerspruch und Anfechtungsklage zu normieren... Diese Möglichkeit ist durch § 86b Abs. 1 Satz 1 Nr. 2 SGG hinreichend gewährleistet."

BSG, Urteil vom 27.09.2023, B 7 AS 10/22 R:
„Nach § 84 Absatz 1 Satz 1 SGG in der **seit 1. Januar 2018** maßgeblichen Normfassung ist der **Widerspruch** binnen eines Monats ... schriftlich, **in elektronischer Form** nach § 36a Absatz 2 SGB I oder zur Niederschrift bei der Stelle einzureichen, die den Verwaltungsakt erlassen hat. ... Über die Möglichkeit, Widerspruch auch in elektronischer Form einlegen zu können, hat das beklagte Jobcenter **nicht belehrt**. § 84 Absatz 1 SGG führt aber die elektronische Form des Rechtsbehelfs als eigenständige Form neben der Schriftform und der Einlegung zur Niederschrift auf. Die Belehrung ... war daher unvollständig, so dass die Jahresfrist galt. **Ob der Beklagte** im damaligen Zeitpunkt **tatsächlich in der Lage war**, im Sinne des § 36a Absatz 2 SGB I **elektronisch eingelegte Widersprüche zu bearbeiten** oder ob dies erst ... nach dem 17. August 2020 der Fall war, ist für die Frage der inhaltlichen Anforderungen an eine zutreffende Belehrung **ohne rechtliche Bedeutung**. Dahin gestellt bleiben kann insoweit, ob er zur Schaffung eines elektronischen Zugangs bereits nach ... § 84 Absatz 1 SGG oder Landesrecht (spätestens) zum 1. Januar 2018 verpflichtet gewesen wäre. Denn er hat mit der Angabe einer **E-Mailadresse auf dem Kopfbogen** des angefochtenen Bescheids den für die Übermittlung eines elektronischen Dokuments erforderlichen **Zugang** im Sinne des § 36a Absatz 1 SGB I zumindest **konkludent eröffnet**. Hinweise darauf, dass dies nicht auch für die Einlegung von Widersprüchen gelten soll, enthält der Bescheid nicht. Nichts anderes gilt, wenn dem Beklagten (technische) Möglichkeiten gefehlt haben sollten, bei auf elektronischem Weg eingelegten Widersprüchen die Einhaltung der Formvorgaben des § 36a Absatz 2 SGB I zu prüfen. Ohne Belang ist zudem, ob vor dem 17. August 2020 eine Kommunikation über ein Elektronisches Gerichts- und Verwaltungspostfach möglich war. Das Prozessrecht schreibt dessen Vorhandensein nur für die sichere Übermittlung von Dokumenten an die Gerichte vor... Insoweit **genügt die Übersendung einer E-Mail**. In diesem Fall ist aber die Verwendung eines elektronischen Dokuments mit einer qualifizierten **elektronischen Signatur** erforderlich. Ein **sicherer Übermittlungsweg** ist insoweit **nicht vorgeschrieben**."
Zitiert nach dem Terminbericht Nr. 38/23 des Bundessozialgerichts

8. **Berechnung der Leistungen und Bewilligungszeitraum**
Der Anspruch besteht für jeden Kalendertag; der **Monat** ist mit **30** Tagen zu berechnen. Das Jobcenter hat die Leistungen jeweils **für 12 Monate zu bewilligen.**
Die bisherige **Rundungsregel** wurde zum 1. April 2011 gestrichen, war aber für Mehrbedarfe nach § 21 SGB II noch bis zum 31. Dezember 2011 anzuwenden, damit die BA in aller Ruhe ihre Software anpassen konnte. Die neue Rundungsregel darf nicht so heißen und bezieht sich nur auf die dritte Dezimalstelle; erforderlich ist diese Regelung z. B. für die Kopfaufteilung bei den Kosten für Unterkunft und Heizung. Bis zum 31. Dezember 2011 war nur mit zwei Dezimalstellen zu rechnen, damit die BA in aller Ruhe ihre Software anpassen konnte (§ 77 Abs. 14 SGB II).

BSG, Urteil vom 12.07.2012, B 14 AS 35/12 R:
„Die Klage ist .. unzulässig, weil es am allgemeinen **Rechtsschutzbedürfnis fehlt**. Ein Klagebegehren, das aus Sicht der Klägerin denkbar **allein** auf die Verletzung der **Rundungsregelung** des § 41 Abs. 2 SGB II a. F. gestützt werden kann und mit dem folglich nur die in dieser Rundungsregelung zum Ausdruck kommende Beschwer (allenfalls 50 Cent pro Monat der Bewilligung von Leistungen) geltend gemacht wird, rechtfertigt für sich genommen die Inanspruchnahme gerichtlichen Rechtschutzes nicht. ...Die Höhe der ... Forderung führt allerdings nicht schlechterdings und für sich allein betrachtet zum Fehlen des Rechtsschutzbedürfnisses. ... Das Rechtsschutzinteresse an einer ... Leistungsklage fehlt deshalb nur dann, wenn besondere Umstände vorliegen, die das subjektive oder objektive Interesse an der Durchführung des Rechtsstreits entfallen lassen... Die Funktionsfähigkeit gerichtlichen Rechtsschutzes darf allerdings nicht durch Verfahren in Frage gestellt werden, in denen es bei Erhebung einer Anfechtungs- und Leistungsklage ... isoliert um die Anwendung der Rundungsregelungen geht. ... Das mit Klageerhebung hierauf beschränkte Begehren auf **Leistungen im Centbereich** lässt die Inanspruchnahme von gerichtlichem **Rechtsschutz objektiv nicht gerechtfertigt** erscheinen, denn es geht der Klägerin erkennbar nicht um einen eigenen wirtschaftlich sinnvollen Vorteil. ... In Rechtsstreitigkeiten, die zulässigerweise auf eine höhere Leistung gerichtet sind, ist auch der Anspruch auf Rundung zu beachten und hierüber zu entscheiden.“

BSG, Urteil vom 19.03.2008, B 11b AS 23/06 R:
„Ggf. wird das LSG auch zu berücksichtigen haben, dass nur die **Endzahlbeträge** der Leistungen **getrennt nach den Individualansprüchen** der Mitglieder der Bedarfsgemeinschaft gemäß § 41 Abs. 2 SGB II **zu runden** sind..., wobei hier offen bleiben kann, ob in dieser Weise auch bei den an den tatsächlichen Aufwendungen orientierten KdU zu verfahren ist... Auf

Zwischenberechnungen erscheint im Interesse einer einheitlichen Handhabung eine Anwendung der allgemeinen Berechnungsgrundsätze des **§ 338 Sozialgesetzbuch Drittes Buch** sinnvoll."

BSG, Urteil vom 23.11.2006, B 11b AS 3/06 R:
„Bei seiner abschließenden Entscheidung wird das LSG auch zu beachten haben, dass nach § 41 Abs. 2 SGB II Leistungen immer als volle Eurobeträge zu erbringen sind. Nach dieser Vorschrift sind **alle Auszahlungen (nicht Berechnungszwischenschritte**...) nach entsprechender **Rundung** in vollen Eurobeträgen zu veranlassen."

9. **Vorläufige Entscheidung**

§ 41a SGB II ermöglicht die vorläufige Gewährung von Geldleistungen, wenn die rechtlichen oder tatsächlichen Voraussetzungen eines Leistungsanspruchs noch nicht endgültig feststehen, um die Existenz der Leistungsberechtigten zu sichern.

Die Norm dient der Verwaltungsvereinfachung vor allem in Fällen, in denen unterschiedliches Arbeitseinkommen zu erwarten ist. Zudem sollen Rückforderungsverfahren in bestimmten Fällen vermieden werden.

BSG, Urteil vom 13.12.2023, B 7 AS 24/22 R:
„Die abschließende **Festsetzung** der Leistungen … „**auf Null**“ war rechtswidrig. Die Klägerin hat Anspruch auf … Alg II … in Höhe des gesetzlichen Regelbedarfs und der kopfteiligen tatsächlichen Bedarfe für Unterkunft und Heizung unter Berücksichtigung eines monatlichen Durchschnittseinkommens des Ehemannes … von 173,33 Euro. Der Kläger (Sohn…) hat Anspruch auf Sozialgeld in Höhe der … vorläufig bewilligten Leistungen. … Die Aufforderung … zur Mitwirkung gegenüber E zog **keine Mitwirkungsobliegenheit** der Klägerin nach sich. Denn die Mitwirkungsobliegenheit des § 60 Absatz 1 Satz 1 Nummer 1 in Verbindung mit Absatz 2 SGB I besteht - auch in einer Partnerschaft - im Grundsatz nur in Bezug auf leistungserhebliche Tatsachen, die dem/der zur Mitwirkung Verpflichteten selbst bekannt sind oder die er/sie sich in zumutbarer Weise beschaffen kann… Unabhängig vom Institut der Bedarfsgemeinschaft … verbleibt es bei individuellen Leistungsansprüchen und **individuellen Mitwirkungsobliegenheiten**. …§ 41a SGB II ändert hieran nichts – *(er)* setzt auch die **Amtsermittlungspflicht** der Behörde nicht aus. … *(Es)* … ist .. von einem **Erkenntnisausfall** im Hinblick auf die Einkommens- und Vermögenssituation des E auszugehen - auch die Klägerin war nicht zu Auskünften insoweit in der Lage. ... Eine Obliegenheitsverletzung des E löst nicht die Rechtsfolgen der § 41a Absatz 3 Satz 3 und 4 SGB II gegenüber den Klägern aus. … § 41a Absatz 3 Satz 3 und 4 SGB II setzt bei einer Mehrheit von Leistungsberechtigten im Zeitpunkt der abschließenden Festsetzung eine Bedarfsgemeinschaft voraus. Nach der **Auflösung der Bedarfsgemeinschaft** können die an diese Verantwortungs- und Einstehensgemeinschaft/Ehe typisierend geknüpften rechtlichen Erwartungen … jedoch nicht mehr erfüllt werden. Es ist dann anzuknüpfen an die sich neu ergebende Situation - hier E als Einzelperson sowie die Klägerin und der Sohn als Bedarfsgemeinschaft. Verletzen letztere ihre Mitwirkungsobliegenheiten bei der Feststellung der Erkenntnisse für die abschließende Festsetzung nicht, entfällt die Berechtigung … ihnen gegenüber nach § 41a Absatz 3 Satz 3 und 4 SGB II vorzugehen. …dann *(sind)* die Leistungen in Höhe der vorläufig bewilligten festzusetzen, soweit nicht durch andere Angaben oder Amtsermittlung gewonnene Erkenntnisse dieser entgegenstehen. Vorliegend hat E geringfügig andere Einnahmen angegeben als prognostiziert,

so dass diese der abschließenden Beurteilung zugrunde zu legen sind. Insoweit und weil der gegenüber E erlassene Bescheid … nicht Gegenstand des .. Verfahrens ist, kann offen bleiben, ob die zur Mitwirkung gesetzte **Frist** angemessen und die **Rechtsfolgenbelehrung** … zutreffend war." Zitiert nach dem Terminbericht Nr. 52/23 des Bundessozialgerichts

BSG, Urteil vom 27.09.2023, B 7 AS 17/22 R:
„Zu Unrecht ist der Beklagte … davon ausgegangen, die Voraussetzungen für eine **abschließende Entscheidung** nach vorläufiger Bewilligung lagen zu diesem Zeitpunkt noch vor. Dies hätte vorausgesetzt, dass im Zeitpunkt des Bescheiderlasses noch eine vorläufige Bewilligung besteht, die durch eine abschließende Bewilligung ersetzt werden kann. Daran fehlte es jedoch, denn die vorläufige Bewilligung … galt bereits mit Ablauf des 31. Dezember 2017 nach … § 41a Absatz 5 Satz 1 SGB II als abschließend festgesetzt (Fiktionswirkung) und damit vor Erlass des hier angefochtenen Bescheids. Eine der gesetzlich vorgesehenen Ausnahmen … der Fiktionswirkung liegt nicht vor. Die Klägerin hat … mit ihrer E-Mail vom 24. November 2017 keinen Antrag auf Erlass einer abschließenden Entscheidung gestellt. Ein solcher Antrag ist auch nicht darin zu sehen, dass sie auf dem im März 2017 eingereichten Formular "EKS" das Erklärungsfeld "abschließende Angaben" angekreuzt hatte. Insoweit **erfüllte sie lediglich ihre Mitwirkungsobliegenheiten**, auf die sie im vorläufigen Bewilligungsbescheid hingewiesen worden war. … Die abschließende Entscheidung … kann auch nicht dahin ausgelegt werden, der Beklagte habe eine Aufhebungsentscheidung nach §§ 45, 48 SGB X treffen wollen. Die **Fiktionswirkung** umfasst zwar nicht auch die Frage der inhaltlichen Richtigkeit, sondern **beschränkt sich auf die Erledigung der Vorläufigkeit der Entscheidung**. Zugleich ist die Überprüfung der Bewilligung auch nicht darauf beschränkt, ob die Voraussetzungen für den Eintritt der Fiktionswirkung vorgelegen haben. Doch liegt im Bescheid … weder eine ausdrückliche Aufhebung der vorläufigen Bewilligung noch ist eine solche im Wege der Auslegung zu erkennen. Schließlich scheidet auch eine Umdeutung des angefochtenen Bescheids in eine Aufhebungsentscheidung aus."

BSG, Urteil vom 20.09.2023, B 4 AS 6/22 R:
„Aufgrund fehlender Feststellungen insbesondere zu den Voraussetzungen für die Rücknahme von Verwaltungsakten nach § 45 SGB X vermochte der Senat nicht zu entscheiden, ob der angefochtene Bescheid rechtmäßig ist. Dieser Bescheid regelte durch getrennte Verwaltungsakte Leistungsansprüche für die Kläger jeweils monatlich neu. Deshalb ist die **Frage nach dem begünstigenden oder nicht begünstigenden Charakter** der Verwaltungsakte und danach, ob als Rechtsgrundlage für eine Rücknahme der abschließenden Festsetzung **§ 44 SGB X oder § 45 SGB X** heranzuziehen ist, ebenfalls **monatsweise zu beantworten**. Aus § 41a SGB II alter Fassung, der von der endgültigen Feststellung des "monatlichen Leistungsanspruchs" ausgeht, folgt nichts anderes. Deshalb durfte nur für die Monate

April und Mai 2016 die Rücknahme der abschließenden Festsetzung auf der Grundlage von § 44 SGB X erfolgen. Demgegenüber waren für Juni bis September 2016 zunächst zu Unrecht jeweils höhere als den Klägern zustehende monatliche Leistungsansprüche zuerkannt worden. Die Korrektur dieser Verwaltungsakte, die einen rechtlich erheblichen Vorteil begründet hatten, ist deshalb an § 45 SGB X zu messen. Bisher hat das Landessozialgericht keine Tatsachen festgestellt, nach denen beurteilt werden kann, ob dessen Voraussetzungen erfüllt sind.“

BSG, Urteil vom 29.11.2022, B 4 AS 64/21 R:
„Zwar war der Beklagte ursprünglich zu der Feststellung berechtigt und verpflichtet, dass ein Leistungsanspruch ... nicht bestand, nachdem die Klägerin der Aufforderung zum **Nachweis der Betriebseinnahmen und -ausgaben** nicht ... nachgekommen war. Insbesondere hatte der Beklagte ... hinreichend über die Rechtsfolgen einer Nichtvorlage belehrt. Hierfür ist lediglich erforderlich, dass über die **primären und spezifischen Rechtsfolgen** des § 41a Abs. 3 Sätze 3 und 4 SGB II belehrt wird. ... Nicht erforderlich ist hingegen, dass über die **sekundäre Erstattungspflicht** nach § 41a Abs. 6 Sätze 3 und 4 SGB II belehrt wird. ... die **im Berufungsverfahren ... vorgelegten Unterlagen** ***(sind)*** bei der Berechnung des Anspruchs **zu berücksichtigen**. Dem steht ... eine prozessuale Präklusion (§ 106a Abs. 3, § 157a SGG) nicht entgegen. Weder das SG noch das LSG hat die ... Beweismittel ... zurückgewiesen. Dies kann von vornherein keinen vom Revisionsgericht zu berücksichtigenden Verfahrensmangel darstellen. Zum anderen folgt aus § 41a Abs. 3 Sätze 3 und 4 SGB II **keine materielle Präklusion**. Aufgrund der einschneidenden Folgen müssen sich Präklusionsvorschriften durch ein besonderes Maß an Rechtsklarheit auszeichnen. ... Bereits dem Wortlaut des § 41a Abs. 3 Sätze 3 und 4 SGB II lässt sich nicht hinreichend klar entnehmen, dass der Betroffene mit weiterem Sachvortrag nach Abschluss des Vorverfahrens ausgeschlossen sein soll.“

BSG, Urteil vom 13.07.2022, B 7/14 AS 57/21 R:
„**§ 44 Abs. 1 Satz 1 SGB X** ist **entsprechend** anzuwenden auf Fälle, in denen geringere Leistungen als zuvor vorläufig bewilligt und gezahlt **abschließend festgesetzt** werden mit der Folge, dass ... Überzahlungen zu erstatten sind (§ 41a Abs. 6 SGB II). ... Sozialleistungen i. S. des § 44 Abs. 1 Satz 1 SGB X *(sind)* zwar nicht "nicht erbracht" worden. Schon die Zahlungen aufgrund der vorläufigen Bewilligung sind ... "erbracht". ... Gemeint ist mit "**Erbringen**" allgemein die **Zahlung**... § 41a SGB II ist keine abschließende Sonderregelung für die Korrektur vorläufiger Verwaltungsakte im SGB II, die §§ 44 ff. SGB X verdrängt. ... Die Rechtsprechung zur entsprechenden Anwendbarkeit von § 44 Abs. 1 Satz 1 SGB X auf Aufhebungs- und Erstattungsbescheide ist auf abschließende Festsetzungsbescheide ... zu übertragen. Die niedrigere abschließende Festsetzung der Leistungsansprüche zieht im Grundsatz zwingend die Pflicht zum Erlass eines Erstattungsbescheids nach sich. Nach der Konzeption des § 41a

Abs. 3 und Abs. 6 SGB II sollen der **abschließende Festsetzungsbescheid** und die **Erstattungsverfügung** eine **rechtliche Einheit** bilden. Abweichende Umsetzungen im Einzelfall führen nicht zum Austausch der Rechtsgrundlage einer Rücknahmeentscheidung. Diese wandelt sich nicht in eine solche nach § 44 Abs. 2 SGB X. Daraus folgt auch, dass das Jobcenter kein Ermessen bei der Rücknahme mit Wirkung für die Vergangenheit auszuüben hat (§ 44 Abs. 2 Satz 2 SGB X). Der Ablauf der Verfallfrist ... steht der Prüfung der Rechtmäßigkeit der Bescheide ... nicht entgegen. Für die abschließende Festsetzung ... greift nicht die verkürzte Ausschlussfrist des ... § 44 Abs. 4 Satz 1 SGB X, sondern die **Vierjahresfrist** des § 40 Abs. 1 Satz 2 Nr. 1 SGB II. ...die Behörde *(hat)* schon eine Rücknahmeentscheidung nach § 44 Abs. 1 SGB X nicht mehr zu treffen, wenn die ... Entscheidung ausschließlich Leistungen für Zeiten betrifft, die außerhalb der ... Verfallfrist liegen... Grundüberlegung für die Beschränkung des § 44 Abs. 4 SGB X war, dass laufende Sozialleistungen wegen ihres Unterhaltscharakters nicht für einen längeren Zeitraum nachgezahlt werden sollen... Diese Erwägungen greifen ... nicht, weil es in Anbetracht der Bedeutung des Begriffs "erbringen" nicht um eine Nachzahlung geht. Vielmehr sind ... Zahlungen rückabzuwickeln. Diese Auslegung stimmt überein mit der .. Abgrenzungsentscheidung in § 40 Abs. 1 Satz 2 Nr. 1 gegenüber Nr. 2 SGB II. ... Die ... Korrektur der Bescheide ... ist ... innerhalb der Vierjahresfrist ... beantragt. ...durch das LSG ... wird weiter aufzuklären sein, ob den Klägern Zahlungen als Darlehen der Tochter nicht zur endgültigen Verwendung zur Verfügung gestanden haben, womit sie kein Einkommen ... sind..."

<u>BSG, Urteil vom 18.05.2022, B 7/14 AS 1/21 R:</u>
„Die **Vorläufigkeit** des Bescheids ... hat sich durch **Zeitablauf** erledigt. Die Leistungen gelten zwischenzeitlich gemäß § 41a Abs. 5 Satz 1 SGB II als abschließend festgesetzt. ... Die Vorschrift ist zur Erhaltung eines Anwendungsbereichs der Übergangsregelung des § 80 Abs. 2 Nr. 1 SGB II dahingehend auszulegen, dass nicht nur fehlende abschließende Entscheidungen nach § 41a Abs. 3 SGB II erfasst werden, sondern auch **unterbliebene endgültige Festsetzungen**... Dass die Klage bereits gegen die vorläufige Bewilligung ... erhoben worden ist, hindert den Eintritt der **Fiktionswirkung** nicht... Eine solche Beschränkung des Anwendungsbereichs von § 41a Abs. 5 Satz 1 SGB II lässt sich dem Wortlaut der Vorschrift nicht entnehmen, der allein an den Ablauf des Bewilligungszeitraums anknüpft. ... Dass der Gesetzgeber die ... Möglichkeit der abschließenden Bestimmung des Leistungsanspruchs nur in Fällen greifen lassen wollte, in denen sich Jobcenter und Leistungsberechtigte gerade "nicht rühren" ... ergibt sich aus den Materialien zu § 41a Abs. 5 SGB II nicht. ... Die als abschließende Festsetzung geltende Bewilligung ... bleibt Gegenstand des Verfahrens... Durch den Eintritt der Fiktion erledigt sich der auf die Vorläufigkeit der Leistungsbewilligung beziehende Teil der Bewilligungsverfügung...

Demgegenüber bleibt die Höhe des bewilligten Alg II unverändert. Diesbezüglich lässt § 39 Abs. 2 SGB X ("solange und soweit") den (Teil-)erhalt der ursprünglich insgesamt angefochtenen Bewilligungsentscheidung zu."

BSG, Urteil vom 18.05.2022, B 7/14 AS 9/21 R:
„Nach § 41a Abs. 4 Satz 1 SGB II a. F. ist bei der **abschließenden Feststellung** des Leistungsanspruchs **nach § 41a Abs. 3 SGB II** im Grundsatz als Einkommen ein monatliches **Durchschnittseinkommen** zugrunde zu legen. § 41a Abs. 4 SGB II a F. enthält insoweit eine Abweichung vom sog. Monatsprinzip, aus dem in ständiger Rechtsprechung u. a. für die §§ 11 ff. SGB II folgt, dass Einkommen in der Höhe zu berücksichtigen ist, wie es im jeweiligen Monat zufließt und als sog. bereites Mittel zur Verfügung steht... Die im Rahmen des § 41a Abs 4 Satz 1 SGB II a. F. durchzuführende Bildung eines Durchschnittseinkommens erfasst im Grundsatz alle Einkommensarten und alle Monate des Bewilligungszeitraums. Es ist **je Einkommensart ein Durchschnittseinkommen** zu berechnen und abschließend das Durchschnittseinkommen um die **Absetzbeträge nach § 11b SGB II** zu bereinigen... **Einmaleinkommen** ist erst ab dem **Folgemonat** des Zuflussmonats bedarfsmindernd zu berücksichtigen. § 11 Abs. 3 Satz 3 SGB II findet bereits nach seinem Wortlaut auch im Fall der abschließenden Feststellung des Leistungsanspruchs nach vorläufiger Bewilligung Anwendung."

BSG, Urteil vom 11.07.2019, B 14 AS 44/18 R:
„Die Bildung eines monatlichen **Durchschnittseinkommens** bei der abschließenden Entscheidung erfolgt **unabhängig vom Grund der Vorläufigkeit**, erfasst **alle Einkommensarten** und **alle Monate** des Bewilligungszeitraums. ... Für eine systematische Auslegung sind insbesondere die §§ 11 ff. SGB II in den Blick zu nehmen, von denen § 41a Abs. 4 SGB II eine spezialgesetzliche Ausnahme regelt. ... Von dem ... Monatsprinzip im SGB II ... weicht § 41a Abs. 4 SGB II ab, weil bei der abschließenden Entscheidung nicht die in einem Monat tatsächlich zugeflossenen Einnahmen ... als Einkommen zugrunde zu legen sind, sondern ein monatliches Durchschnittseinkommen zu bilden ist. ... Auch dass nach § 41a Abs. 4 Satz 2 Nr. 2 SGB II vom Sonderregime des § 41a Abs. 4 Satz 1 und 3 SGB II eine **Rückausnahme** gilt, die eine Berechnung auf der Grundlage des tatsächlichen monatlichen Einkommens erfordert, führt als Ausnahme zur Grundregel des § 41a Abs. 4 SGB II ... nicht zu deren einschränkender Auslegung. ... Eine teleologische Reduktion des § 41a Abs. 4 SGB II auf Fälle schwankenden **Erwerbseinkommens** oder zumindest auf Fälle schwankenden Einkommens scheidet aus. ... Entsprechendes gilt für die einschränkende Auslegung des § 41a Abs. 4 SGB II, die den Fachlichen **Weisungen der Bundesagentur** für Arbeit zugrunde liegt... Deren Verständnis der Vorschrift mag eine von mehreren in Betracht kommenden sachgerechten Lösungen sein, für die sich der Gesetzgeber entscheiden kann; mit

Blick auf die geltende Fassung des § 41a SGB II **fehlt** es hierfür indes an einer **Stütze in dessen Wortlaut**."

BSG, Urteil vom 28.11.2018, B 14 AS 34/17 R:
„Auf die Revision der Klägerin ist das Urteil des LSG aufgebobben und das des SG geändert worden. Der Erstattungsbescheid des beklagten Jobcenters ist entsprechend dem Begehren der Klägerin aufgehoben worden, soweit die Erstattung von Leistungen für die Zeit vor Eintritt ihrer Volljährigkeit verlangt wird. Die auf Verfassungsrecht beruhende **Beschränkung der Minderjährigenhaftung** nach § 1629a BGB gilt im SGB II entsprechend ... Da es auf die Rechtsgrundlage für das Erstattungsverlangen nicht ankommt, ist diese Beschränkung auch auf § 40 Abs. 2 Nr. 1 SGB II iVm § 328 Abs. 3 Satz 2 SGB III in der in 2015 geltenden Fassung anzuwenden. Übereinstimmend mit § 1629a BGB setzt die Haftungsbeschränkung **kein Verschulden des Vertreters des Minderjährigen** voraus, ebenso wenig sind Anhaltspunkte für eine Bagatellgrenze zu erkennen. Die von der Klägerin in ihrer Vermögensauskunft angegebenen Vermögensgegenstände (ein 2 Jahre altes **Handy**, gebrauchte Bücher und CDs) sind, wie das LSG zu Recht ausgeführt hat, **geschützt** (vgl. § 811 Abs. 1 ZPO)."
Zitiert nach dem Terminbericht Nr. 51/18 des Bundessozialgerichts

BSG, Urteil vom 12.09.2018, B 4 AS 39/17 R:
„Auf vor dem 1.8.2016 beendete Bewilligungszeiträume findet § 41a Abs. 3 SGB II keine Anwendung. ... **Im Widerspruchsverfahren vorgelegte Unterlagen** zum Nachweis leistungserheblicher Tatsachen **sind bei abschließenden Entscheidungen nach § 41a Abs. 3 SGB II zu berücksichtigen**. ...jedenfalls tragen weder Wortlaut ... noch Regelungszweck ... noch Entstehungsgeschichte ... den Schluss, dass erstmals im Widerspruchsverfahren vorgelegte Unterlagen bei abschließenden Entscheidungen nach dem Regime des § 41a SGB II unberücksichtigt zu bleiben haben... Anderes folgt bereits aus dem Wortlaut nicht zweifelsfrei. Danach ist zwar für eine **Nullfeststellung** ... gemäß § 41a Abs. 3 Satz 3 SGB II einerseits beachtlich, dass die nachweis- und auskunftsverpflichteten Personen der Aufforderung zum Nachweis der leistungserheblichen Tatsachen "nicht fristgemäß" nachgekommen sind. Voraussetzung dieser Feststellung ist ... aber auch, dass die Auskunftspflicht "bis zur abschließenden Entscheidung" nicht erfüllt worden ist. Dass unter diesen zwei Zeitvorgaben - der datumsmäßig gesetzten Frist und dem Zeitpunkt der abschließenden Entscheidung -, der gesetzten Frist Vorrang zukäme, ist nicht zu erkennen. ... Gleichwohl ist **§ 41a Abs. 3 Satz 2 bis 4 SGB II nicht funktionslos**, wenn verspätet vorgelegte Nachweise bei der abschließenden Entscheidung nach § 41a Abs. 3 Satz 1 SGB II ebenfalls zu berücksichtigen sind. ... Liegen die Voraussetzungen für eine Nullfeststellung ... vor, können die Jobcenter nach dem Bezug vorläufig bewilligter Leistungen abschließende Entscheidungen ohne jeden weiteren Ermittlungs- und Begründungsauf-

wand treffen. Dadurch ist auch der Anreiz zu einer Mitwirkung an der Einkommensfeststellung ... erheblich verstärkt, ohne dass er entfällt, wenn nach Ablauf der ... Frist vorgelegte leistungserhebliche Nachweise bei der abschließenden Entscheidung noch zu berücksichtigen sind. ... Vielmehr kann der ... Frist nur die Bedeutung beigemessen werden, dass vor ihrem Ablauf eine abschließende Entscheidung nicht ergeht und die Leistungsberechtigten sie zur Vorlage der angeforderten Unterlagen ausnutzen können. Gehen bis zur letzten Verwaltungsentscheidung und damit **bis zum Abschluss eines Widerspruchsverfahrens** noch Unterlagen ein, sind sie aber ... ungeachtet des Fristablaufs zu berücksichtigen, weil nach den insoweit zu berücksichtigenden verfassungsrechtlichen Maßgaben im Zweifel der schonenderen Auslegung der Fristbestimmung der Vorzug zu geben ist..."

BSG, Urteil vom 29.11.2012, B 14 AS 6/12 R:
„Ist zum Zeitpunkt der Bekanntgabe der Leistungsbewilligung ein **zukünftig wechselndes Einkommen** nahe liegend, hat das Jobcenter eine lediglich **vorläufige Regelung** zu treffen. Eine endgültige Leistungsbewilligung ist dann von Anfang an rechtswidrig und als Rechtsgrundlage zu deren Aufhebung kommt nur § 45 SGB X in Betracht."
Zitiert nach dem Bericht über die „Tätigkeit des Bundessozialgerichts im Jahr 2012"

BSG, Urteil vom 21.06.2011, B 4 AS 21/10 R:
„Erlässt die Verwaltung einen endgültigen Bescheid auf Grundlage eines nicht endgültig aufgeklärten Sachverhalts und stellt sich später ... heraus, dass der Bescheid bereits im Zeitpunkt des Erlasses objektiv rechtswidrig war, ist ein Fall des § 45 SGB X gegeben. **Mangelnde Amtsermittlung** kann auch **niemals Grund für eine nur vorläufige Leistungsbewilligung** sein. Der endgültige Bescheid ist umgekehrt kein taugliches Instrumentarium in Fällen, in denen ... objektiv nur die Möglichkeit einer prospektiven Schätzung etwa der Einkommenssituation besteht. Eine endgültige Bewilligung unter Abschlag von der Leistungshöhe aufgrund einer prospektiven Schätzung von Einkommen ohne rechtliche Befugnis hierzu ist rechtswidrig... Entscheidet der Träger jedoch endgültig und bewilligt nicht nur vorläufige Leistungen, sind Maßstab der Überprüfung der Aufhebungsentscheidung § 45 oder § 48 SGB X."

BSG, Urteil vom 06.04.2011, B 4 AS 119/10 R:
„Die Regelung der Vorläufigkeit für sich hat **Verfügungscharakter**... Es ist deshalb erforderlich, dass sich aus dem Verwaltungsakt eindeutig ergibt, ob und inwieweit die Verwaltung eine vorläufige Bewilligung verfügt hat... Die "Typus prägenden Merkmale" der vorläufigen Entscheidung müssen unzweifelhaft erkennbar sein...

...die Klägerin konnte durch das dem Bescheid beigefügte Erläuterungsschreiben die Vorläufigkeit der Leistungsgewährung erkennen. Das Erläuterungsschreiben des Beklagten und der Bewilligungsbescheid ... bilden zusammen eine rechtliche Einheit im Sinne eines Verwaltungsaktes... Statthafte Klageart betreffend den Hilfsantrag ... auf Gewährung höherer vorläufiger Leistungen ist ... die kombinierte Anfechtungs- und Verpflichtungsklage in der Form der Bescheidungsklage..."

10. **Auszahlung**

Geldleistungen sind grundsätzlich kostenfrei und **monatlich im Voraus** auf das im Antrag angegebene **Konto** innerhalb der EU zu überweisen, die Schulbeihilfe zum 1. Februar und zum 1. August (§ 28 Abs. 3 SGB II).
Kosten für eine Übermittlung der Leistungen unmittelbar an den Leistungsberechtigten, sind von den Leistungen abzuziehen, es sei denn, er kann ohne eigenes Verschulden kein Konto einrichten (§ 47 Abs. 1 SGB I).

Eine Zahlungsanweisung zur Verrechnung kostet 2,85 € (Grundentgelt); hinzu kommt eine zusätzliche Gebühr, die von dem Zahlbetrag abhängt. Beispiel: Zahlbetrag 800 € – zusätzliche Gebühr 6 €

11. **Unpfändbarkeit**

Der Anspruch auf Leistungen zur Sicherung des Lebensunterhalts kann nicht abgetreten, übertragen, verpfändet oder gepfändet werden. Ausgenommen bleiben die Abtretung und Übertragung nach § 53 Abs. 2 SGB I (§ 42 Abs. 4 SGB II). Der Pfändungsschutz hängt seit dem 1. August 2016 nicht mehr von einem P-Konto ab.

12. **Darlehen**

Zum 1. April 2011 schafft § 42a SGB II Rahmenbedingungen für alle Darlehen nach dem SGB II:

- Darlehen dürfen nur an **hilfebedürftige** Personen vergeben werden!
- Die **Rückzahlungspflicht** beginnt grundsätzlich im Monat nach der Zahlung des Darlehens (ausgenommen sind Darlehen nach § 24 Abs. 5 und § 27 Abs. 3 SGB II).

- Der Darlehensnehmer tilgt durch **Aufrechnung** in Höhe von 10 % des maßgebenden Regelbedarfs. Ab 1. Juli 2023: 5 %.
- Die Aufrechnung ist durch schriftlichen **Verwaltungsakt** zu erklären.
- Sofort fällig sind Darlehen
    - wegen nicht sofort verwertbaren Vermögens nach der **Verwertung** in voller Höhe
    - für **Mietkautionen** bei Rückzahlung durch den Vermieter in Höhe der Restschuld
    - am **Ende des Leistungsbezugs** in Höhe der Restschuld (Ausnahme: Darlehen nach § 27 Abs. 3 SGB II sind erst nach Abschluss der Ausbildung fällig).

  Jobcenter und Darlehensnehmer sollen eine Vereinbarung über die Rückzahlung schließen, die die wirtschaftlichen Verhältnisse des Darlehensnehmers berücksichtigt.
- Bei mehreren Darlehen ist die Tilgung zunächst auf das zuerst erbrachte Darlehen anzurechnen.

13. **Aufrechnung**
§ 43 SGB II regelt in Anlehnung an § 25a BSHG die gegenüber § 51 SGB I verschärfte Aufrechnung: Der Träger kann Geldleistungen zur Sicherung des Lebensunterhalts aufrechnen mit Ansprüchen nach

- § 41a Abs. 6 S. 3 SGB II (vorläufige Entscheidung) in Höhe von 10 % des maßgebenden Regelbedarfs
- § 50 SGB X (Erstattung zu Unrecht erbrachter Leistungen) in Höhe von 10 % des maßgebenden Regelbedarfs in Fällen des § 48 Abs. 1 S. 2 Nr. 3 SGB X, sonst 30 %
- § 34 SGB II (Ersatzansprüche bei sozialwidrigem Verhalten) in Höhe von 30 % des maßgebenden Regelbedarfs
- § 34a SGB II (Ersatzansprüche für rechtswidrig erhaltene Leistungen) in Höhe von 30 % des maßgebenden Regelbedarfs
- § 34b SGB II (Erstattungsanspruch bei Doppelleistungen) in Höhe von 30 % des maßgebenden Regelbedarfs.

Zum 1. August 2016 hat der Gesetzgeber eine **Gesamtdeckelungsgrenze** eingeführt: Überschreiten Aufrechnung und Sanktion 30 % des Regelbedarfs, tritt die Aufrechnung zurück (§ 43 Abs. 3 SGB II).

Die Aufrechnung ist möglich innerhalb von **3 Jahren** seit Entstehung des Anspruchs; sie ist mit schriftlichem Verwaltungsakt zu erklären.

BSG, Urteil vom 20.02.2020, B 14 AS 17/19 R:

„Die **Aufrechnung von Kostenerstattungsansprüchen** aus § 63 SGB X **mit Erstattungsforderungen eines Jobcenters** aufgrund der Überzahlung von Leistungen zur Sicherung des Lebensunterhalts ... verstößt gegen ein normatives Aufrechnungsverbot. ... Das **Aufrechnungsverbot** gegenüber den Klägern als Inhabern der Kostenerstattungsansprüche ergibt sich aus **Sinn und Zweck des § 63 SGB X**. ... Wegen der Komplexität des Sozialrechts ist die ... Zuziehung rechtskundiger Bevollmächtigter ... in der Regel notwendig. ... Die **Kostenerstattung** ... hat bei unbemittelten Widerspruchsführern mehrere **Funktionen**. Sie sichert die Widerspruchsführer vor der Kostenlast bei einem erfolgreichen isolierten Vorverfahren ab, sie gibt im Wege des Freistellungsanspruchs den Bevollmächtigten die Sicherheit, ihre Gebühren und Auslagen auch bei Vertretung von unbemittelten Widerspruchsführern zu erhalten und sie steht dafür, dass auch unbemittelte Widerspruchsführer Anwälte finden, die zu ihrer Vertretung bereit sind, weil sie im Erfolgsfall dieselbe Vergütung erwarten können, wie bei bemittelten Mandanten. Diese Funktionen werden **vereitelt**, wenn bevollmächtigte Anwälte ... damit rechnen müssen, dass der Rechtsträger, der die Kosten des Vorverfahrens zu erstatten hat, seinerseits mit Forderungen gegenüber Widerspruchsführern wirksam aufrechnen kann."

BSG, Urteil vom 09.03.2016, B 14 AS 20/15 R:

„§ 43 SGB II findet in der seit 1.4.2011 geltenden ... Fassung Anwendung... Denn *(es)* ... ist auf **das zum Zeitpunkt der Aufrechnungserklärung geltende Recht** abzustellen. ... Aufgrund dieser Sonderregelung i. S. des § 37 Satz 1 Halbsatz 1 SGB I greift ... der Einwand des Klägers nicht, als Bezieher von Alg II sei er zivilrechtlich vor einer Pfändung geschützt und es müsse dieser Schutz auch gegenüber der .. Aufrechnung greifen... § 43 Abs. 1 SGB II bringt mit der Formulierung "können aufrechnen" nicht nur ein rechtliches Dürfen zum Ausdruck (sog. Kompetenz-Kann), sondern stellt das Ob einer Aufrechnung in das **Ermessen** der Leistungsträger (sog. Ermessens-Kann). ... Gründe, von einer Aufrechnung auch nur teilweise abzusehen, ... sind auch für den Senat nicht ersichtlich. ... Die Höhe der ... im Grundlagenverwaltungsakt erklärten .. Aufrechnung ... von 30 % des ... maßgebenden Regelbedarfs entspricht der ein Ermessen ausschließenden Vorgabe in § 43 Abs. 2 Satz 1 SGB II. ... § 43 Abs. 1 SGB II ... ist **nicht** zu entnehmen, dass das **Ende der Aufrechnung** im Verwaltungsakt i. S. des § 43 Abs. 4 Satz 1 SGB II **zu regeln** ist. ... Der Endzeitpunkt ergibt sich .. aus dem Gesetz ..., es sei denn, im Rahmen des **Auswahlermessens** ("endet spätestens") wird ... eine ... **kürzere Dauer** der Aufrechnung erklärt... Die gesetzliche **Ermächtigungsgrundlage** für eine Aufrechnung ... von 30 % des jeweils maßgebenden Regelbedarfs über bis zu drei Jahre bei einer auf vorwerfbarem Verhalten ... beruhenden Erstattungsforderung ... **steht mit Verfassungsrecht in Einklang**. ... Zwar dient die Aufrechnung weder der Ahndung dieses Verhaltens noch der Erziehung des Leistungsberechtigten, doch bezieht sie sich auf eine vorwerfbare Veranlassung der Erstattungsforderung... § 43 SGB II knüpft damit an seine **Eigenverantwortung** als Mensch, der sein Handeln in Freiheit selbst bestimmt, an. Auch diese Eigenverantwortlichkeit ist Teil der Art. 1 Abs. 1 GG zugrunde liegenden Vorstellung vom Menschen... Bei den **Ermessenserwägungen** zu berücksichtigende Umstände können z. B. sein das Ausmaß der Vorwerfbarkeit ... und die Höhe der Erstattungsforderung ..., die Bereitschaft zu freiwilligen Teilzahlungen oder Ratenzahlungen ... sowie entsprechende Zahlungsbemühungen, ... Aufrechnungen bereits in der Vergangenheit oder noch laufende Aufrechnungen ..., das Zusammentreffen von Aufrechnung und Minderung nach §§ 31 ff. SGB II und das Zusammenleben mit minderjährigen Kindern in einer Bedarfsgemeinschaft.“

BSG, Urteil vom 17.02.2015, B 14 AS 1/14 R:
„Soweit sich ergeben sollte, dass die Erstattungsforderung rechtmäßig war, konnte sie jedenfalls nicht durch Aufrechnung nach § 43 SGB II a. F. geltend gemacht werden, weil die Voraussetzungen ... nicht erfüllt waren. Selbst wenn die allgemeinen Voraussetzungen für eine Aufrechnung vorliegen ..., muss das **Verhalten des Leistungsempfängers** aber jedenfalls **kausal für die rechtswidrige Zahlung** von Leistungen geworden sein... Dieses Kausalitätserfordernis ist hier nicht erfüllt. Selbst wenn das Alg bereits im Mai zugeflossen sein sollte, hätte der Kläger die Erstattungsforderung nicht veranlasst, weil er das Alg II jedenfalls vor dem Zeitpunkt des Zuflusses des Alg, der - ausgehend von den Bescheiden vom 7.5. und 14.5.2009 - erst Mitte bis Ende Mai erfolgt sein kann, erhalten hat (vgl. § 41 Abs. 1 Satz 4 SGB II).“

14. Verteilung von Teilzahlungen

Zum 1. April 2011 verteilt der neue § 43a SGB II das Risiko des Forderungsausfalls gleichmäßig: Teilzahlungen auf Ersatz- und Erstattungsansprüche mindern die Aufwendungen der Träger im Verhältnis des jeweiligen Anteils an der Forderung zueinander.

15. Erlass von Ansprüchen

Das Jobcenter darf Ansprüche erlassen, wenn deren Einziehung nach Lage des Einzelfalls unbillig wäre (§ 44 SGB II). Im Gegensatz zur Niederschlagung wird nicht nur die Weiterverfolgung des Anspruchs zurückgestellt; der Erlass bewirkt die dauerhafte Aufgabe des Anspruchs.

BSG, Urteil vom 10.05.2011, B 4 AS 11/10 R:
„Zu Recht hat das LSG einen **Anspruch** der Kläger auf Übernahme der Aufwendungen für **Schulbedarfe** für das Schuljahr 2006/2007 als Zuschussleistung ... **verneint**. ... Die Kläger haben keinen Anspruch auf die begehrte Leistung als rückzahlungsfreies Darlehen nach § 23 Abs. 1 Satz 1 SGB II. ... Der **Erlass** i. S. des § 44 SGB II, der im Ermessen des Trägers von Leistungen nach dem SGB II steht, wenn die Einziehung der Ansprüche unbillig wäre, **setzt** zudem eine **Verwaltungsentscheidung** des Trägers hierüber **voraus**, woran es vorliegend bisher mangelt. ... Die Rückzahlungsfreiheit des Darlehens kann auch nicht auf einen aus § 44 SGB II zu ziehenden Schutzgedanken gegründet werden ... Eine solche Anknüpfung wäre im Ergebnis eine Umgehung der vom Gesetzgeber ausgeschlossenen Erhöhung der Regelsätze..."

BSG, Urteil vom 07.11.2006, B 7b AS 14/06 R:
„Auch die Anwendung des § 23 Abs. 1 SGB II ... scheidet aus. ... Allerdings handelt es sich bei den Umgangskosten um wiederkehrende Bedarfe, die nur schwer einer darlehensweisen Gewährung zugänglich sind..., weil das Darlehen durch die in § 23 Abs. 1 Satz 3 SGB II angeordnete Aufrechnung zu einer belastenden Hypothek für die Zukunft wird... Zwar kann verfassungswidrigen Auswirkungen dieser Regelung ggf. durch einen (nachträglichen) Erlass nach § 44 SGB II Rechnung getragen werden...; jedoch taugt dieser Gedanke wenig bei Dauerbedarfen wie den vorliegenden... **Der Erlass müsste dann mit der Darlehensgewährung verbunden werden; die Darlehensgewährung würde damit ad absurdum geführt**. Eine solche Lösung wäre im Ergebnis eine Umgehung der vom Gesetzgeber ausgeschlossenen Erhöhung der Regelsätze."

15. Finanzierung

Bund und Kommunen finanzieren die Leistungen und Verwaltungskosten des SGB II: im Jahr 2007 waren das rund 50 Milliarden €; im Jahr 2015 waren es rund 42 Milliarden €.

Der **Bund** trägt die Aufwendungen für die Grundsicherung für Arbeitsuchende einschließlich Verwaltungskosten, soweit die Bundesagentur die Leistungen erbringt (§ 46 Abs. 1 S. 1 SGB II). Hierzu zählen vor allem die Regelbedarfe, Mehrbedarfszuschläge, Sozialversicherung und die Leistungen der aktiven Arbeitsmarktpolitik analog SGB III.

Die **Kreise und kreisfreien Städte** tragen die Aufwendungen, die sie in eigener Trägerschaft erbringen. Also vor allem die Kosten für Unterkunft und Heizung, einmalige Leistungen und die psychosoziale Betreuung.

Die Kommunen sollten durch das SGB II um 2,5 Milliarden € entlastet werden. Um dies sicherzustellen, beteiligt sich der Bund an den Leistungen für Unterkunft und Heizung nach § 22 *Abs. 1* SGB II, also nicht an Wohnungsbeschaffungs- und Umzugskosten, Mietkautionen, Genossenschaftsanteilen und Mietschulden.

Der **Bund** beteiligt sich **höchstens mit 74 %** an den bundesweiten Ausgaben für die Leistungen nach § 22 Abs. 1 SGB II (§ 46 Abs. 5 SGB II). Es gelten **landesspezifische Beteiligungsquoten** (§ 46 Abs. 6 bis 10 SGB II).

Ab dem Jahr 2008 orientierte sich die Beteiligung des Bundes an der Entwicklung der Bedarfsgemeinschaften; sinnvoller wäre eine Koppelung an die Unterkunfts- und Heizkosten.

Ab dem Jahr 2011 knüpft die Beteiligung des Bundes an die Ist-Ausgaben. Damit entfallen die fiktiven Gegenrechnungen unterstellter Entlastungen in § 46 Abs. 5 SGB II a. F.

Die Bundesagentur musste für jeden Hilfebedürftigen, der nach Auslaufen des Arbeitslosengeldes in das Arbeitslosengeld II überging, einen **Aussteuerungsbetrag** an den Bund zahlen (§ 46 Abs. 4 SGB II). Dieser stieß zwar auf verfassungsrechtliche Bedenken, erleichterte aber dem

Bund die Finanzierung seiner Aufwendungen. Nach der Gesetzesbegründung sollte die Bundesagentur hierdurch einen Anreiz bekommen, Arbeitslose noch während des Bezugs von Arbeitslosengeld dauerhaft beruflich einzugliedern.

Diesen Anreiz wollte der Gesetzgeber der BA wohl wieder nehmen: er ersetzte den Aussteuerungsbetrag zum 1. Januar 2008 durch einen **Eingliederungsbeitrag**.

Der verpflichtete die BA, die Hälfte der Aufwendungen des Bundes für Eingliederungsleistungen und Verwaltungskosten zu tragen. Damit erhöhte sich das Engagement der Versichertengemeinschaft von rund 2 Milliarden € auf rund 5 Milliarden € pro Jahr. Obendrein stieg das Interesse der BA, das Personal in den Jobcentern zu reduzieren. Der Eingliederungsbeitrag und die Bundesbeteiligung an den Kosten der Arbeitsförderung sind zum 1. Januar 2013 **entfallen**.

BVerfG, Beschluss vom Beschluss vom 02.08.2010, 1 BvR 2393/08 u.a.:
„Die Beschwerdeführer haben nicht dargelegt, dass sie durch die angegriffene gesetzliche Regelung selbst betroffen sind. ... Adressat der in **§ 46 Abs. 4 SGB II** angeordneten Zahlungspflicht ist die Bundesagentur für Arbeit. Eine hinreichend enge Beziehung zwischen § 46 Abs. 4 SGB II und einer ihnen zustehenden Grundrechtsposition haben die Beschwerdeführer nicht dargelegt. ... Die Beschwerdeführer könnten die von ihnen gerügten Grundrechtsverletzungen durch § 46 Abs. 4 SGB II in zumutbarer Weise in sozialgerichtlichen Klageverfahren geltend machen. **Sozialrechtliche Rechtsbehelfe wären** obwohl sich die Beitragshöhe im Wesentlichen zwingend aus dem Gesetz ergibt, **nicht von vornherein aussichtslos**."

BSG, Urteil vom 29.02.2012, B 12 KR 5/10 R und B 12 KR 10/11 R:
„...die Kläger (*können*) die teilweise Erstattung des Arbeitnehmer- bzw. Arbeitgeberanteils der Beiträge zur Arbeitslosenversicherung für das Jahr 2005 ... bzw. ... für das Jahr 2008 ... nicht beanspruchen. Der Senat hält **§ 46 Abs. 4 SGB II weder** in seiner bis Ende 2007 geltenden Fassung ("**Aussteuerungsbetrag**") **noch** in seiner aktuellen Fassung ("**Eingliederungsbeitrag**") für **verfassungswidrig**. Zur Aussetzung der Revisionsverfahren und Vorlage an das BVerfG nach Art. 100 GG bestand daher keine Veranlassung. Die Kläger waren als Beitragszahler ausnahmsweise ... unter Berücksichtigung des Beschlusses des BVerfG vom 2.8.2010 ... befugt, die Höhe der Pflichtbeiträge im sozialgerichtlichen Verfahren auf ihre Verfassungsmäßigkeit überprüfen zu lassen. Der Senat ist ihnen aber - **trotz ihres zutreffenden Ausgangspunkts der engen Zweckbindung von Sozialversicherungsbeiträgen** - im Ergebnis nicht gefolgt. Selbst wenn man annähme, dass "Aussteuerungsbetrag" und "Eingliederungsbeitrag" sich jeweils auf die konkrete Beitragshöhe auswirkten, wurden

Beiträge zur Arbeitslosenversicherung jedenfalls nicht i. S. von § 26 Abs. 2 SGB IV "zu Unrecht" entrichtet. Nur dann nämlich, wenn bei der Verwendung des Aufkommens aus Beiträgen zur Arbeitslosenversicherung bestimmte äußerste Grenzen überschritten werden, kann dies ... ausnahmsweise auch für die Beitragszahler grundrechtlich bedeutsam sein. Hier hat der Gesetzgeber diese **Grenzen des zulässigen Einsatzes von Beitragsmitteln** indessen **eingehalten**. Die ... Zahlungen der BA an den Bund haben einen noch hinreichenden Bezug zu den beitragsfinanzierten Aufgaben der Arbeitsförderung nach dem SGB III. Dazu gehört seit jeher nicht nur die Gewährung von Entgeltersatz bei Arbeitslosigkeit, sondern auch die Eingliederung in Arbeit. Die Aufgaben- und Finanzierungsverantwortung der BA für Letzteres entfiel ab 2005 nicht vollständig, auch wenn nach Einführung des SGB II die Aufgabe, Erwerbsfähige in Arbeit einzugliedern, nun nicht mehr umfassend ihr, sondern ... auch dem Bund oblag. § 46 Abs. 4 SGB II und die damit verfolgten Zwecke haben einen hinreichenden Bezug zur "Arbeitsvermittlung sowie Sozialversicherung einschließlich der Arbeitslosenversicherung" i. S. von Art. 74 Abs. 1 Nr. 12 GG. Die beschränkt fortbestehende Verantwortlichkeit der BA korrespondierte mit der begrenzten Höhe der Zahlungen. **Die angestrebte Integration von SGB II-Leistungsempfängern in den Arbeitsmarkt eignete sich zudem, die Zahl der Beitragszahler zu erhöhen und kam so zeitversetzt dem SGB III-Leistungs-system zugute**. Die Konstellation weist insoweit Parallelen zu der vom BVerfG bestätigten Finanzierung sozialrechtlicher Folgen der deutschen Einigung aus Beitragsmitteln auf...
Die ab 2008 mit dem "Eingliederungsbeitrag" mitfinanzierten, vom Bund wahrgenommenen Aufgaben sind aus ähnlichen Gründen ebenfalls noch hinreichend mit dem im SGB III geregelten Ziel aktiver Arbeitsförderung verknüpft. Das zeigt nun die pauschale Ausrichtung der Höhe des Eingliederungsbeitrags an den Aufwendungen für die Eingliederung von SGB II-Leistungsbeziehern. Von den Eingliederungsleistungen des Bundes kann darüber hinaus auch der Personenkreis der sog. **"Aufstocker"** profitieren, die sogar **Beiträge zur Arbeitslosenversicherung** entrichten. Die Kläger konnten wegen der dargestellten Einhaltung der kompetenzrechtlichen Grenzen nicht mit Erfolg geltend machen, sie würden hier durch die Erhebung von Beiträgen zur Arbeitslosenversicherung in ihrer durch Art. 2 Abs. 1 GG geschützten allgemeinen Handlungsfreiheit verletzt. Auch ein Verstoß gegen ihr Eigentumsrecht liegt nicht vor - schon das BVerfG hat in seinem Beschluss vom 2.8.2010 ... verneint, dass gezahlte Beiträge insoweit eine von Art. 14 Abs. 1 GG geschützte vermögensrechtliche Position der Beitragszahler darstellen. Eine gleichheitswidrige Ungleichbehandlung zwischen - doppelbelasteten - Versicherten der Arbeitslosenversicherung einerseits und Steuerbürgern, die nicht in der Arbeitslosenversicherung versichert sind, andererseits ist ebenfalls nicht erkennbar, weil die Versicherten einen **systemeigennützigen Solidarbeitrag** leisten, der der eigenen Solidargemeinschaft und damit ihnen selbst zugutekommt."
Zitiert nach dem Terminbericht Nr. 11/12 des Bundessozialgerichts

BSG, Urteil vom 15.12.2009, B 1 AS 1/08 KL:

„Die klagende **Bundesrepublik Deutschland begehrte vom** Beklagten (**Land Berlin**) **Schadensersatz**, hilfsweise Erstattung von ca. 47 Mio. Euro nebst Zinsen **wegen** in Berlin **überhöht aufgewandter Kosten der Unterkunft und Heizung** (KdU; § 22 Zweites Buch Sozialgesetzbuch – SGB II), an denen sich der Bund in den Jahren 2005 bis 2008 beteiligte.

Zum 1. Januar 2005 wurden - mit Inkrafttreten des SGB II - in den Berliner Bezirken auf der Grundlage einer zwischen dem Land und den Agenturen für Arbeit geschlossenen Vereinbarung jeweils Arbeitsgemeinschaften (ARGEn) errichtet, die u. a. Berechtigten in der Grundsicherung für Arbeitsuchende KdU-Leistungen zu erbringen haben. Die ARGEn stellen - so das Bundesverfassungsgericht - eine nur vorübergehend, längstens bis 31. Dezember 2010 hinnehmbare verfassungswidrige Form der Mischverwaltung dar. Der Beklagte bestimmte sich selbst zum kommunalen, für KdU-Leistungen zuständigen Träger der Grundsicherung für Arbeitsuchende und ermächtigte seine Senatsverwaltung, KdU-Verwaltungsvorschriften zu erlassen. Er erließ mit Wirkung vom 1. Oktober 2005 Ausführungsvorschriften (Nr. 4 Abs. 3 **AV-Wohnen**), wonach im Sinne eines Jahresbestandsschutzes **nicht angemessene Kosten der Unterkunft zunächst für das gesamte erste Jahr** des Leistungsbezugs **in tatsächlicher Höhe** übernommen werden sollten. Erst im Anschluss an die Jahresfrist sollte die gesetzliche Regelung des SGB II greifen, die eine solche Kostenübernahme (nur) "in der Regel längstens für sechs Monate" vorsieht. Die Klägerin beteiligte sich im gesetzlich festgelegten Umfang an den tatsächlich angefallenen Kosten der Unterkunft und Heizung in Berlin zwischen 2005 und 2008 mit Beträgen von ca. 350 bis 450 Mio. Euro jährlich. Sie hat nach erfolglosen Beanstandungen im Dezember 2008 beim Bundessozialgericht Klage auf Zahlung von 47.040.000 Euro erhoben.

Der 1. Senat des Bundessozialgerichts hat der Klage am Dienstag, dem 15. Dezember 2009 in Höhe von **13,143 Mio. Euro nebst Zinsen** stattgegeben und sie im Übrigen abgewiesen: Die Klägerin hat gegen den Beklagten einen **Anspruch auf** Zahlung von **Schadensersatz** lediglich in dieser Höhe aus **Artikel 104a Abs. 5 Satz 1 Halbsatz 2 Grundgesetz**. Diese Regelung sieht eine Haftung im Verhältnis zwischen Bund und Ländern vor, die auf das Auseinanderfallen der Zuständigkeit für die Verwaltungstätigkeit einerseits und für die Finanzierung andererseits zugeschnitten ist. Sie zielt auf eine sachgerechte Zuordnung der Verantwortung für die durch eine nicht ordnungsmäßige Verwaltung entstandenen Schäden. Sie greift auch im vorliegenden Fall ein. Die gesetzliche Finanzierungsverantwortung trifft hier teilweise die Klägerin. Der Beklagte trägt allein die Verwaltungsverantwortung für die Kosten der Unterkunft und Heizung; dies gilt insbesondere auch für die von ihm erlassene AV-Wohnen mit Bindungswirkung für die ARGEn im Land Berlin. Die im Gesetz angelegte Bindungswirkung rechtfertigt sich trotz Unvereinbarkeit der Regelung über ARGEn mit dem Grundgesetz daraus, dass das Bundesverfassungsgericht eine vorübergehende Anwendung der Regelung zugelassen hat. Es wollte damit Rechtsunsicherheit verhindern und eine wirkungsvolle, durch das Sozialstaatsprinzip gebotene Aufgabenwahrnehmung ermöglichen, zumal es für die Vielzahl betroffener SGB II-Leistungsberechtigter regelmäßig um exis-

tenzielle Leistungen geht. Die Bindungswirkung entspricht zudem der bisherigen Verwaltungspraxis. **Der Beklagte hat durch den Erlass der AV-Wohnen vorsätzlich und schwerwiegend seine Pflicht verletzt, höherrangiges Recht beim Erlass von Verwaltungsvorschriften zu beachten**. Er hat mit Nr. 4 Abs. 3 AV-Wohnen eine Jahresbestandsschutzregelung getroffen, die offensichtlich gesetzeswidrig war, weil sie klar den bundesrechtlichen Vorgaben in § 22 Abs. 1 SGB II widersprach.
Der Klägerin ist hierdurch ein Schaden von schätzungsweise rund 13.143.000 Euro entstanden. Der Gesamtbetrag überhöhter Zahlungen der Klägerin für die Geltungszeit der rechtswidrigen AV-Wohnen vom 1. Oktober 2005 bis 31. Dezember 2008 beläuft sich auf 54.761.913 Euro. Hiervon sind geschätzt lediglich rund 24% als Schaden einzustufen, nicht 80%, wie die Klägerin meint. Es ist nämlich ein Abzug für die sog Nichtabsenkungsfälle vorzunehmen, in denen es den Leistungsbeziehern selbst nach Ablauf der gesetzlichen Sechs-Monats-Frist nicht möglich oder zumutbar war, ihre unangemessen hohen KdU auf ein angemessenes Maß zu senken. Der Umfang der Nichtabsenkungsfälle bemisst sich nach der insoweit von der Klägerin nicht angegriffenen Berliner Verwaltungspraxis. Das Bundessozialgericht hat weitergehende Ansprüche der Klägerin gegen den Beklagten verneint.“
Zitiert nach der Medieninformation Nr. 57/09 des Bundessozialgerichts

Stichwortverzeichnis

Literatur zur Vertiefung

Bansen, Frank, Eingliederungsvereinbarung und Eingliederungsverwaltungsakt nach dem SGB II, Gummersbach 2017

Bansen, Frank, Einsatz des Einkommens nach dem SGB II, 2. Auflage, Gummersbach 2021

Bansen, Frank, Einsatz des Vermögens nach dem SGB II, Gummersbach 2017

Bansen, Frank, Kosten der Unterkunft und Heizung nach dem SGB II, 3. Auflage, Gummersbach 2023

Bansen, Frank, Sanktionen nach dem SGB II, Gummersbach 2017

Printed in Poland
by Amazon Fulfillment
Poland Sp. z o.o., Wrocław

54857383R00293